国家哲学社会科学成果文库
NATIONAL ACHIEVEMENTS LIBRARY
OF PHILOSOPHY AND SOCIAL SCIENCES

海源阁藏书研究

丁延峰　著

商務印書館
创于1897　The Commercial Press

作者简介

丁延峰　1963年10月出生，山东聊城人。山东师范大学文学学士，南京大学文学博士，国家图书馆博士后科研工作站博士后。聊城大学文学院副教授，运河文化研究中心研究员，硕士生导师。研究方向：中国古典文献学。在《文学遗产》、《文献》、《中华文史论丛》等学术期刊上发表论文60余篇，有多篇被权威期刊推介、转载和引用，出版专著3部，合著2部。多次获科研奖励。曾主持完成国家社科基金项目、全国高校古籍整理研究工作委员会项目、山东省社科规划项目、第46批中国博士后科学基金项目和第3批中国博士后科学基金特别资助项目等。

海源阁藏书楼全景图 （山东省图书馆藏）

海源阁匾额 （山东省图书馆藏）

杨以增像 （山东省图书馆藏）

杨保彝像 （山东省图书馆藏）

丙舍读书图 （山东省图书馆藏）

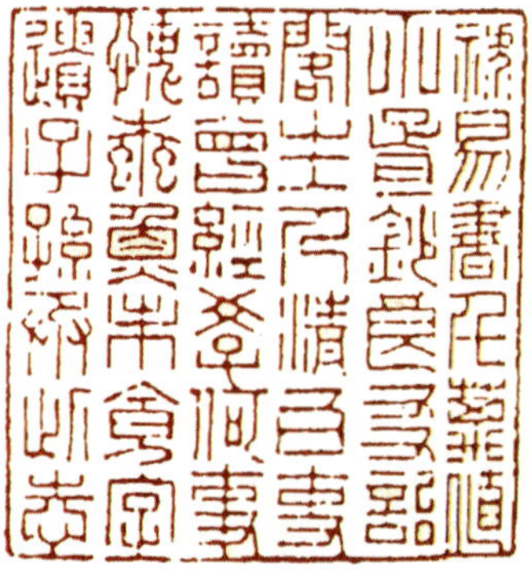

禄易书 千万值 小胥抄 良友诒
阁主人 清白吏 读曾经 学何事
愧蠹鱼 未食字 遗子孙 承此志

海源阁

杨印以增

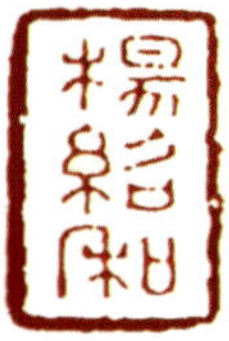

杨绍和

宋存书室

杨印保彝

杨印承训

海源残阁

海源阁善本装函

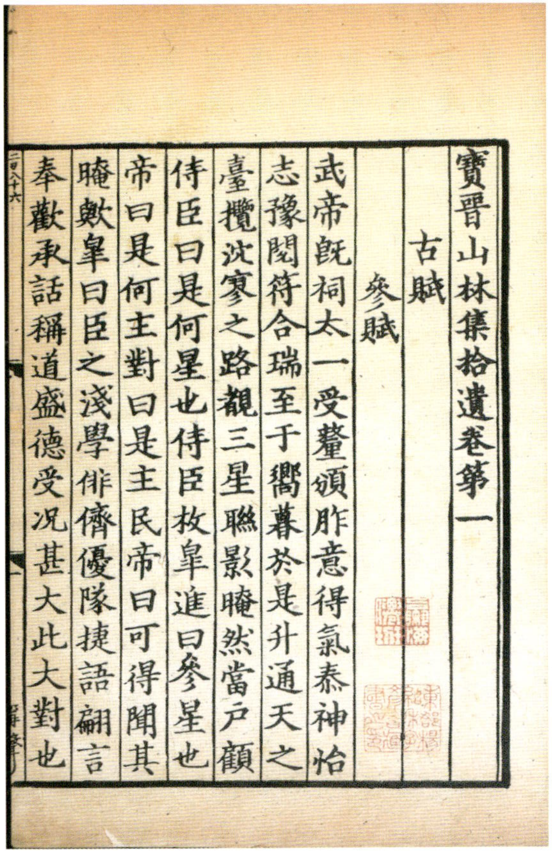
寶晉山林集拾遺卷第一
古賦
參賦
武帝既祠太一受釐頒胙意得氣泰神怡
志豫閲符合瑞至于鬻蕃於是升通天之
臺攬沈寥之路覩三星聯影晻然當戶顧
侍臣曰是何星也侍臣枚皐進曰參星也
帝曰是何主對曰是主民帝曰可得聞其
晻欸皐曰臣之淺學俳儕優隊捷語翩言
奉歡承話稱道盛德受况甚大此大對也

宝晋山林集拾遗八卷　［宋］米芾撰　［明］丰坊跋
宋嘉泰元年（1201）筠阳郡斋刻本　（中国国家图书馆藏）

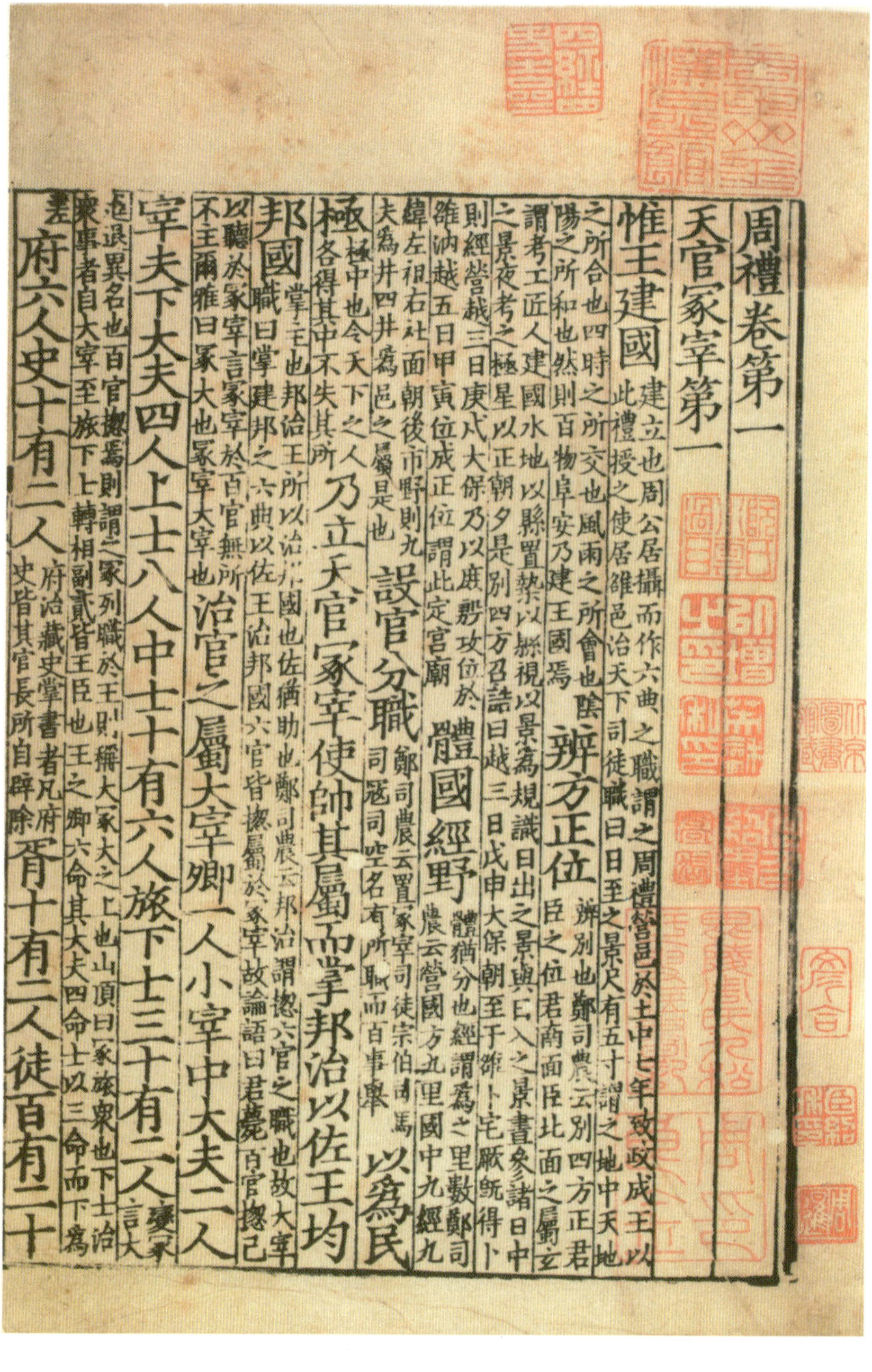
周禮卷第一

天官冢宰第一

惟王建國建立也周公居攝而作六典之職謂之周禮營邑於土中七年致政成王以此禮授之使居雒邑治天下司徒職曰日至之景尺有五寸謂之地中天地之所合也四時之所交也風雨之所會也陰陽之所和也然則百物阜安乃建王國焉辨方正位辨別也鄭司農云別四方正君臣之位君南面臣北面之屬玄謂考工匠人建國水地以縣置槷以縣視以景為規識日出之景與日入之景晝參諸日中之景夜考之極星以正朝夕是別四方召誥曰越三日戊申大保朝至于雒卜宅厥既得卜則經營越三日庚戌大保乃以庶殷攻位於雒汭越五日甲寅位成正位謂此定宮廟體國經野體猶分也經謂為之里數鄭司農云營國方九里國中九經九緯左祖右社面朝後市野則九夫為井四井為邑之屬是也設官分職鄭司農云置冢宰司徒宗伯司馬司寇司空各有所職而百事舉以為民極極中也令天下之人各得其中不失其所乃立天官冢宰使帥其屬而掌邦治以佐王均邦國掌主也邦治王所以治邦國也佐猶助也鄭司農云邦治謂總六官之職也故大宰職曰掌建邦之六典以佐王治邦國六官皆總屬於冢宰故論語曰君薨百官總己以聽於冢宰言冢宰於百官無所不主爾雅曰冢大也冢宰大宰也治官之屬大宰卿一人小宰中大夫二人宰夫下大夫四人上士八人中士十有六人旅下士三十有二人變冢言大進退異名也百官總焉則謂之冢列職於王則稱大冢大之上也山頂曰冢旅眾也下士治眾事者自大宰至旅下士轉相副貳皆王臣也王之卿六命其大夫四命士以三命而下為差府六人史十有二人府治藏史掌書者凡府史皆其官長所自辟除胥十有二人徒百有二十

周礼郑注十二卷 ［汉］郑玄注 ［清］汪喜孙题款
［民国］劳健抄补并跋 宋婺州市门巷唐宅刻本 （中国国家图书馆藏）

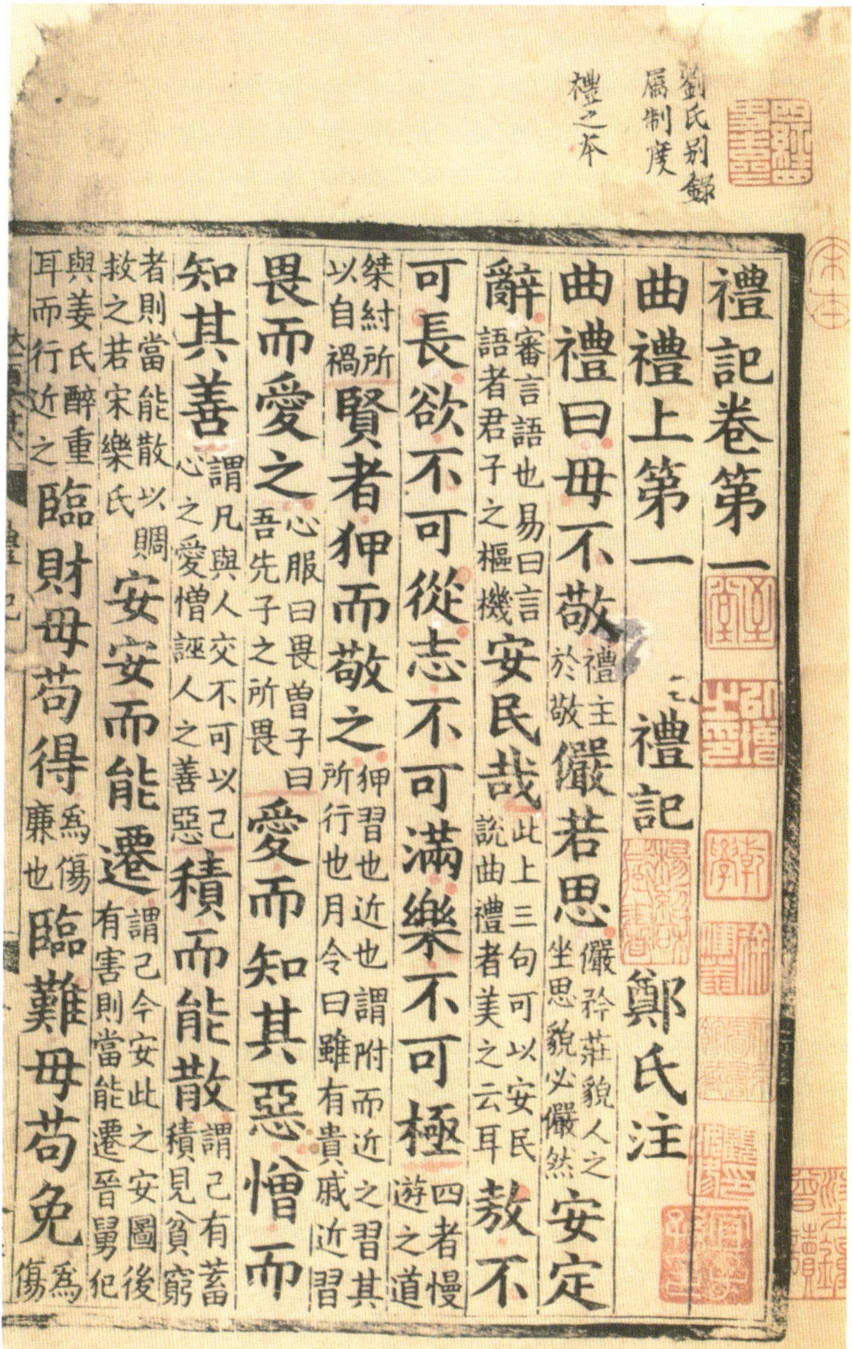

劉氏別錄屬制度　禮之本

禮記卷第一

曲禮上第一　禮記　鄭氏注

曲禮曰毋不敬（禮主於敬）儼若思（儼矜莊貌人之坐思貌必儼然）安定辭（審言語也易曰言語者君子之樞機）安民哉（此上三句可以安民說曲禮者美之云耳）敖不可長欲不可從志不可滿樂不可極（四者慢游之道桀紂所以自禍）賢者狎而敬之（狎習也近也謂附而近之習其所行也月令曰雖有貴戚近習）畏而愛之（心服曰畏曾子曰吾先子之所畏）愛而知其惡憎而知其善（謂凡與人交不可以己心之愛憎誣人之善惡）積而能散（謂己有蓄積見貧窮者則當能散以賙救之若宋樂氏）安安而能遷（謂己今安此之安圖後有害則當能遷晉舅犯與姜氏醉重耳而行近之）臨財毋苟得（為傷廉也）臨難毋苟免（為傷

礼记郑注二十卷　［汉］郑玄注　［清］顾广圻跋

宋淳熙四年（1177）抚州公使库刻本　（中国国家图书馆藏）

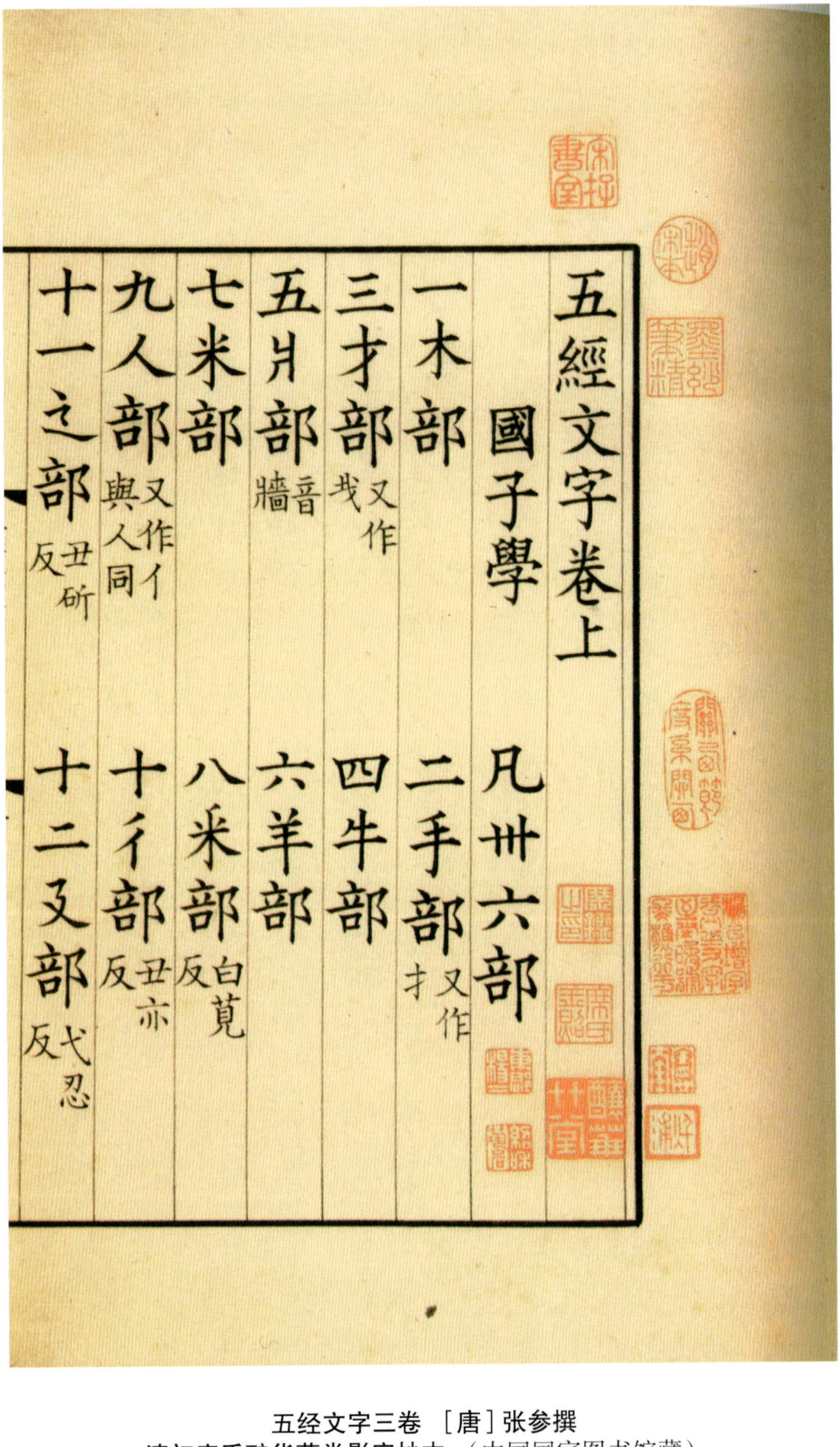
五經文字卷上

國子學　凡卌六部

一木部　二手部又作扌

三才部又作戈　四牛部

五月部音牆　六羊部

七米部　八釆部白莧反

九人部又作亻與人同　十彳部丑亦反

十一辵部丑斫反　十二廴部弋忍反

五经文字三卷　[唐]张参撰

清初席氏酿华草堂影宋抄本　（中国国家图书馆藏）

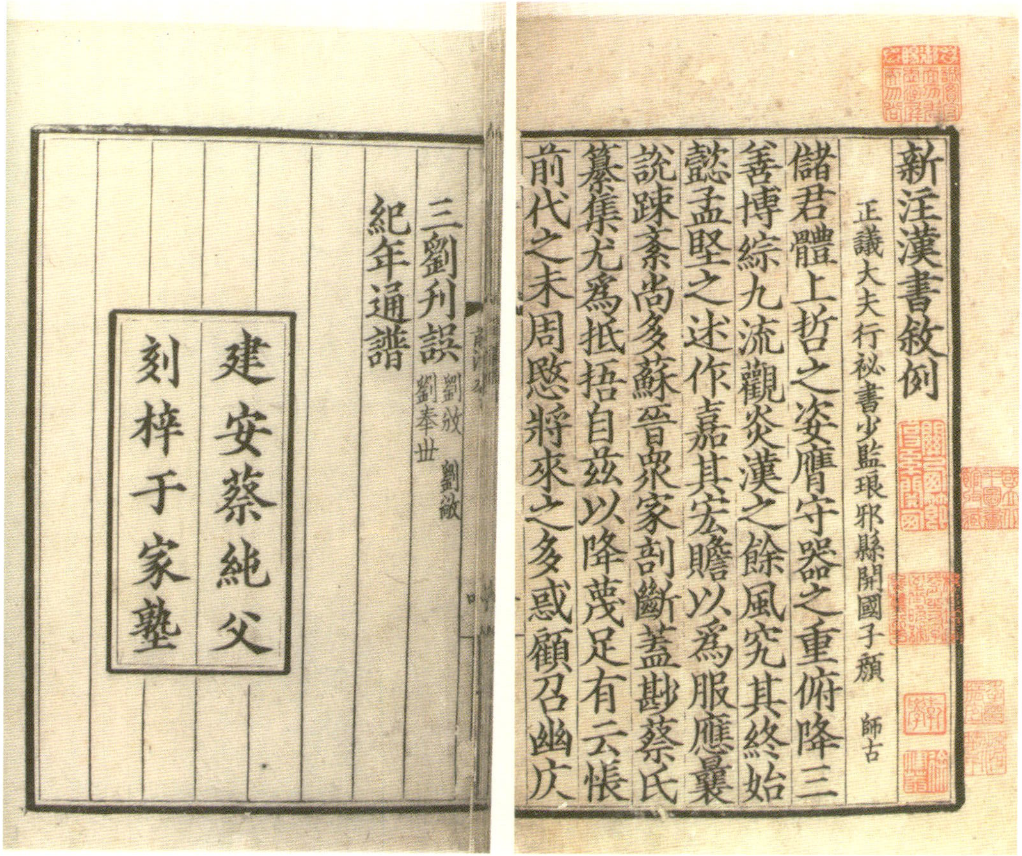

汉书集注一百二十卷 ［汉］班固撰 ［唐］颜师古集注

宋蔡琪家塾刻本 （中国国家图书馆藏）

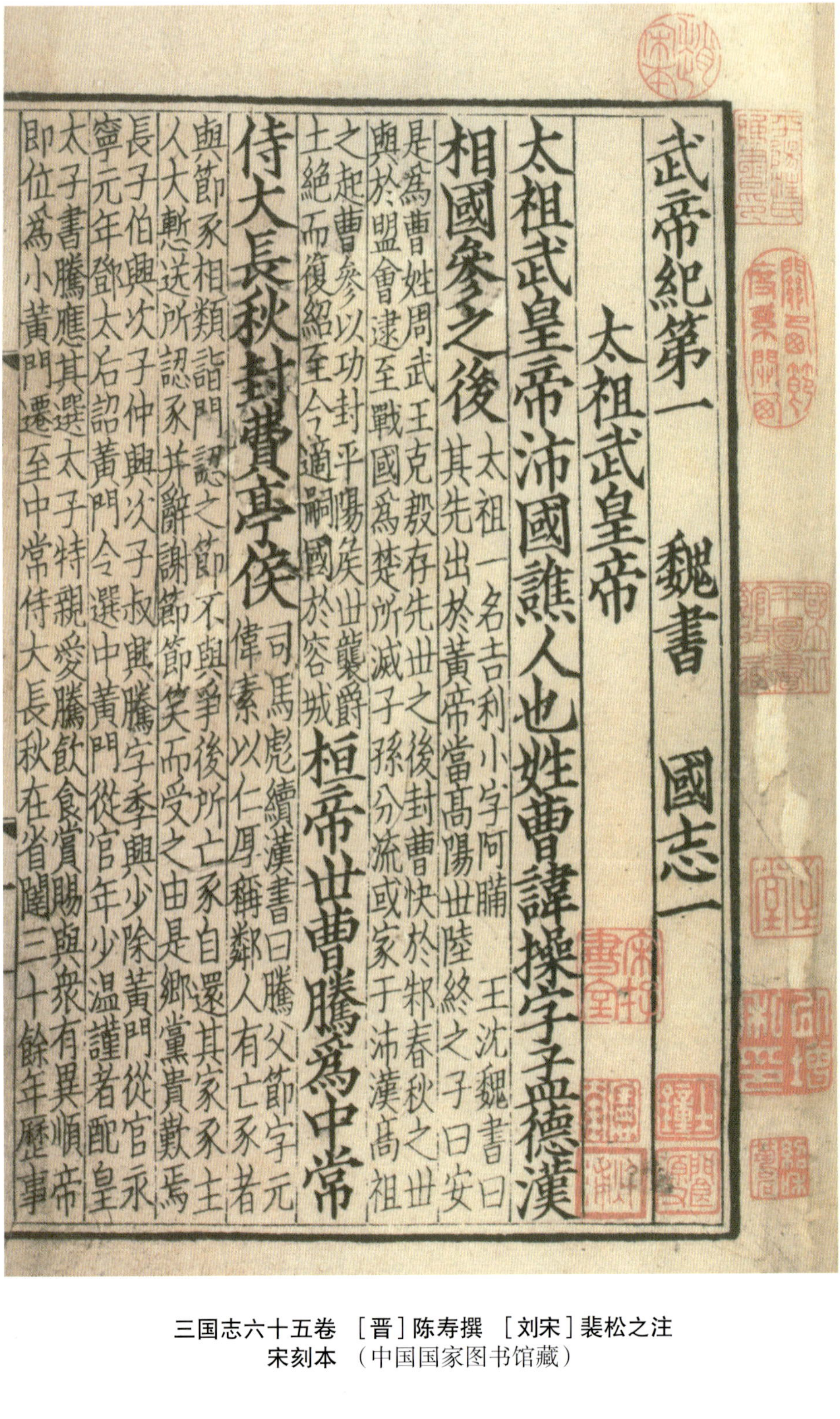
武帝紀第一　魏書　國志一

太祖武皇帝

太祖武皇帝沛國譙人也姓曹諱操字孟德漢相國參之後太祖一名吉利小字阿瞞王沈魏書曰其先出於黃帝當高陽世陸終之子曰安是爲曹姓周武王克殷存先世之後封曹俠於邾春秋之世與於盟會逮至戰國爲楚所滅子孫分流或家于沛漢高祖之起曹參以功封平陽侯世襲爵土絕而復紹至今適嗣國於容城桓帝世曹騰爲中常侍大長秋封費亭侯司馬彪續漢書曰騰父節字元偉素以仁厚稱鄰人有亡豕者與節豕相類詣門認之節不與爭後所亡豕自還其家豕主人大慙送所認豕并辭謝節節笑而受之由是鄉黨貴歎焉長子伯興次子仲興次子叔興騰字季興少除黃門從官永寧元年鄧太后詔黃門令選中黃門從官年少溫謹者配皇太子書騰應其選太子特親愛騰飲食賞賜與衆有異順帝即位爲小黃門遷至中常侍大長秋在省闥三十餘年歷事

三国志六十五卷　［晋］陈寿撰　［刘宋］裴松之注
宋刻本　（中国国家图书馆藏）

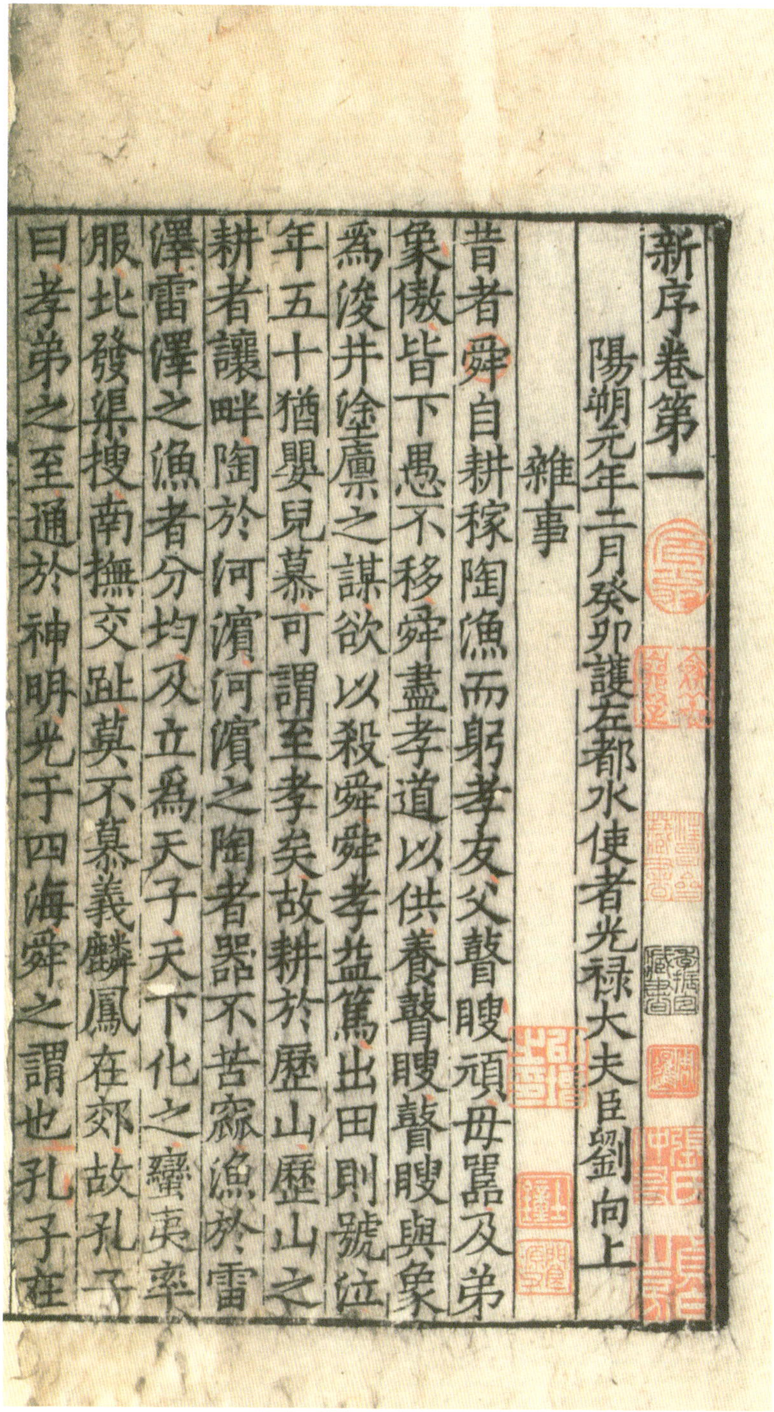
新序卷第一
陽朔元年二月癸卯護左都水使者光祿大夫臣劉向上
雜事
昔者舜自耕稼陶漁而躬孝友父瞽瞍頑母嚚及弟象傲皆下愚不移舜盡孝道以供養瞽瞍瞽瞍與象爲浚井塗廩之謀欲以殺舜舜孝益篤出田則號泣年五十猶嬰兒慕可謂至孝矣故耕於歷山歷山之耕者讓畔陶於河濵河濵之陶者器不苦窳漁於雷澤雷澤之漁者分均及立爲天子天下化之蠻夷率服北發渠搜南撫交阯莫不慕義麟鳳在郊故孔子曰孝弟之至通於神明光于四海舜之謂也孔子在

新序十卷　［汉］刘向撰　［清］钱谦益、黄丕烈、金锡爵跋
宋刻本（中国国家图书馆藏）

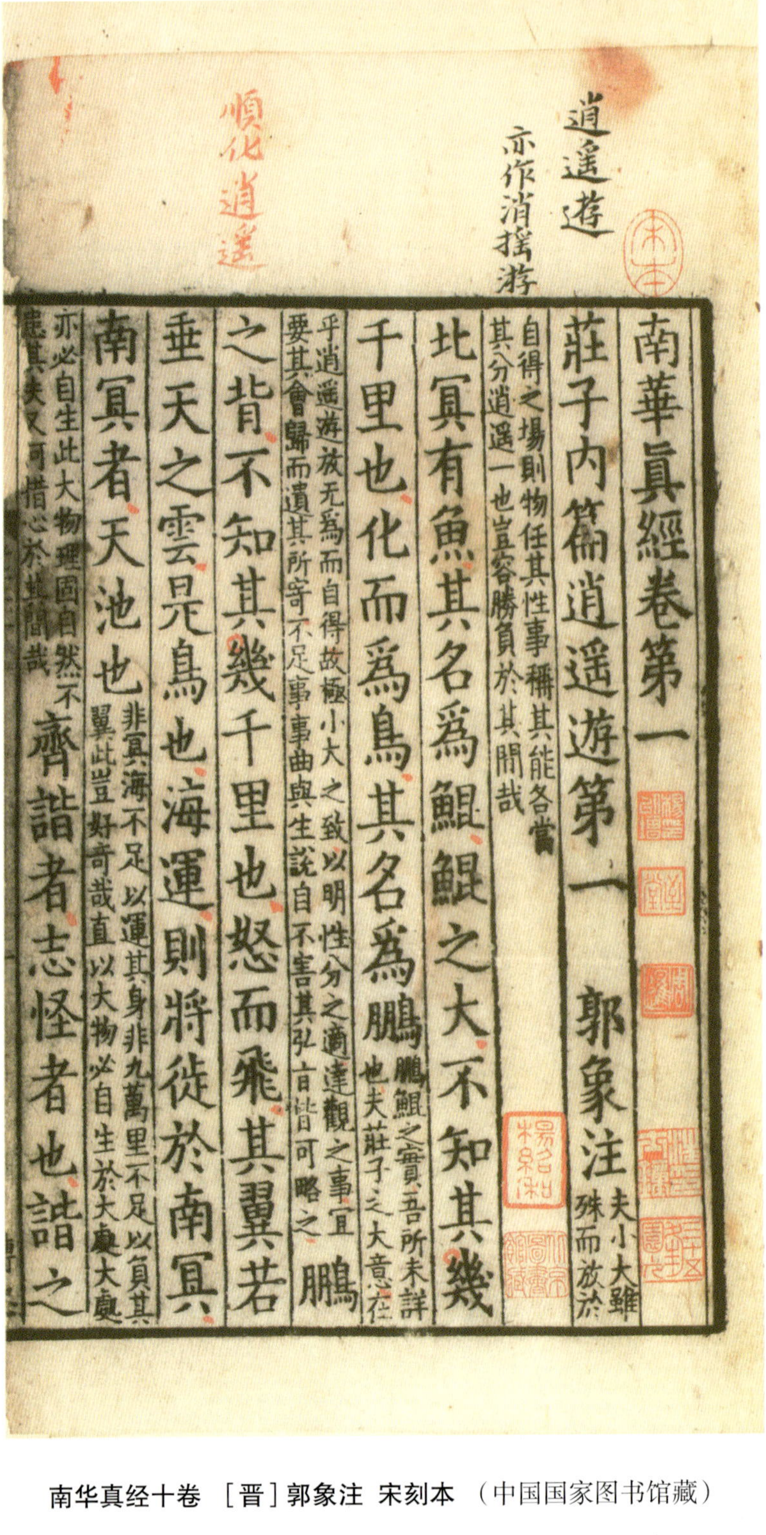
逍遥遊　亦作消摇游

順化逍遥

南華眞經卷第一

莊子内篇逍遥遊第一　郭象注　夫小大雖殊而放於自得之場則物任其性事稱其能各當其分逍遥一也豈容勝負於其閒哉

北冥有魚其名爲鯤鯤之大不知其幾千里也化而爲鳥其名爲鵬　鵬鯤之實吾所未詳也夫莊子之大意在乎逍遥遊放无爲而自得故極小大之致以明性分之適達觀之事宜要其會歸而遺其所寄不足事事曲與生説自不害其弘旨皆可略之　鵬之背不知其幾千里也怒而飛其翼若垂天之雲是鳥也海運則將徙於南冥南冥者天池也　非冥海不足以運其身非九萬里不足以負其翼此豈好奇哉直以大物必自生於大處大處亦必自生此大物理固自然不患其失又何措心於其閒哉　齊諧者志怪者也諧之

南华真经十卷　［晋］郭象注　宋刻本　（中国国家图书馆藏）

墨子卷之一

親士第一

入國而不存其士則亡國矣見賢而不急則緩其君矣非
賢無急非士無與慮國緩賢忘士而能以其國存者未曾
有也昔者文公出走而正天下桓公去國而霸諸侯越王
勾踐遇吳王之醜而尚攝中國之賢君三子之能達名成
功於天下也皆於其國抑而大醜也太上無敗其次敗而
有以成此之謂用民吾聞之曰非無安居也我無安心也
非無足財也我無足心也是故君子自難而易彼衆人自
易而難彼君子進不敗其志內究其情雖雜庸民終無怨
心彼有自信者也是故爲其所難者必得其所欲焉未聞

墨子十五卷 ［清］黄丕烈校并跋
明嘉靖三十一年（1552）芝城铜活字蓝印本 （中国国家图书馆藏）

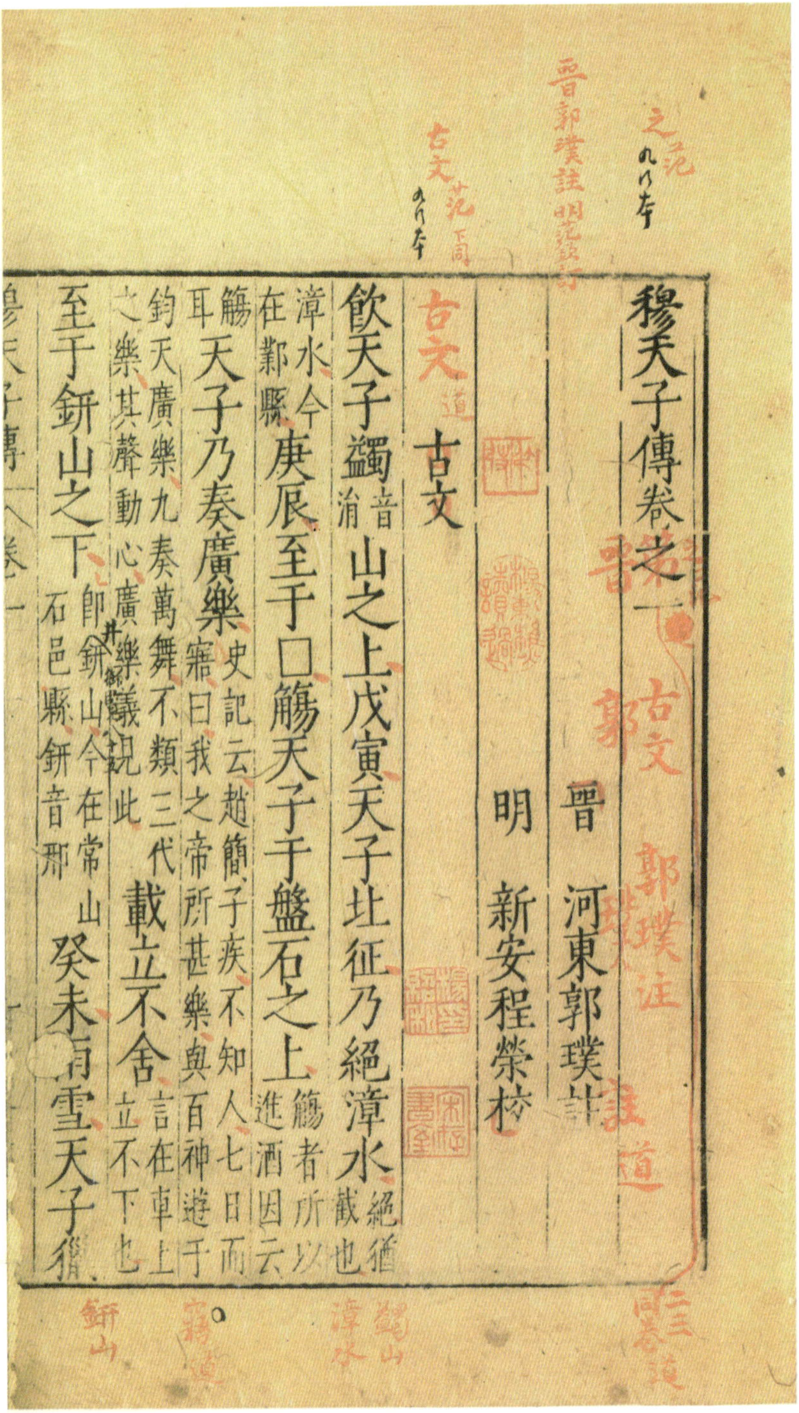
穆天子傳卷之一

晉　河東郭璞註

明　新安程榮校

古文

飲天子蠲音涓山之上戊寅天子北征乃絕漳水絕猶截也漳水今在鄴縣庚辰至于□觴天子于盤石之上觴者所以進酒因云觴天子乃奏廣樂史記云趙簡子疾不知人七日而寤曰我之帝所甚樂與百神遊于鈞天廣樂九奏萬舞不類三代之樂其聲動心廣樂義見此載立不舍言在車上立不下也至于鈃山之下鈃山今在常山石邑縣鈃音邢癸未雨雪天子獵

穆天子传六卷　［晋］郭璞注　［清］黄丕烈校并跋

明万历程荣刻汉魏丛书本　（天津图书馆藏）

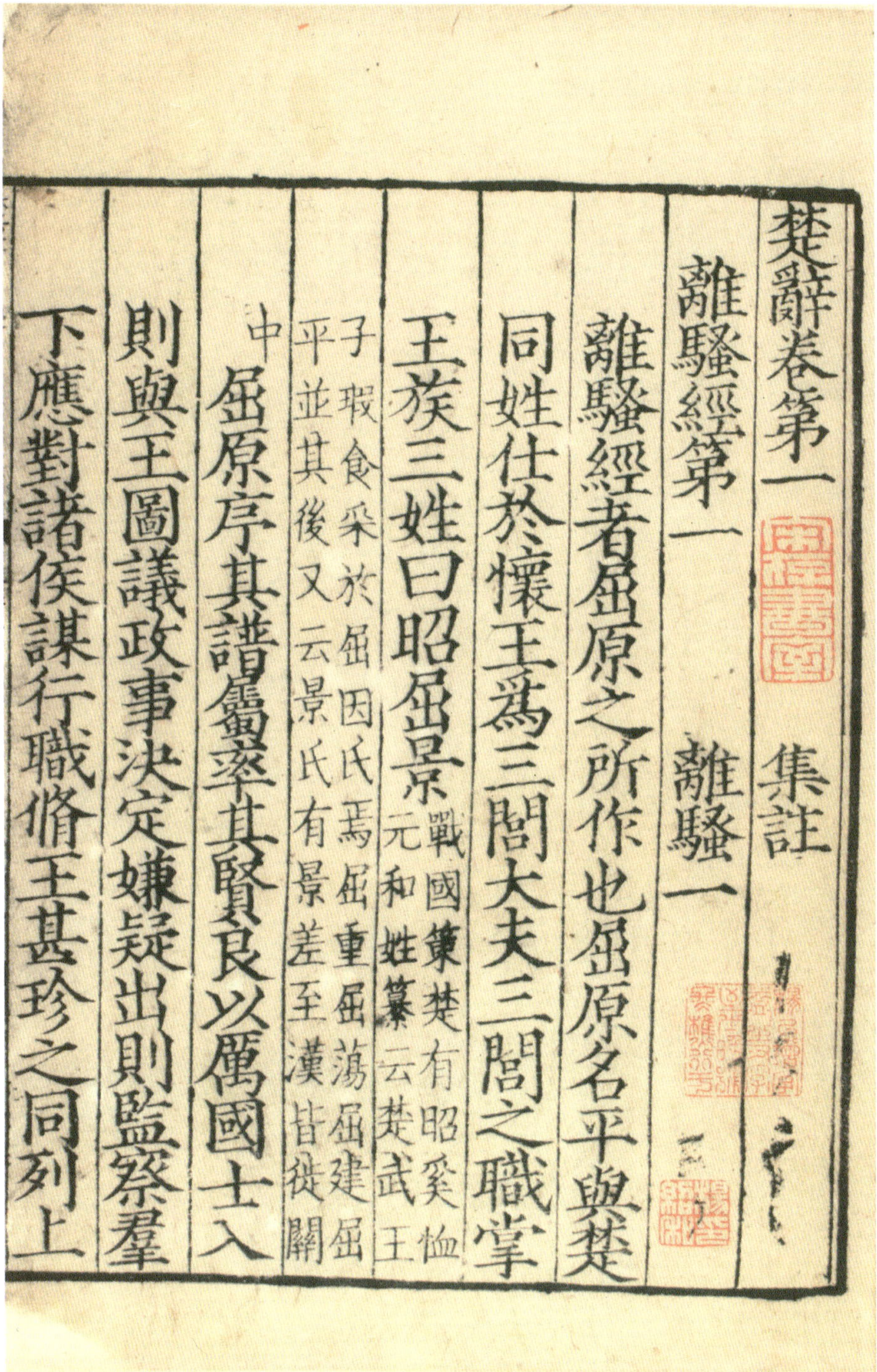
楚辭卷第一　　集註

離騷經第一　　離騷一

離騷經者屈原之所作也屈原名平與楚同姓仕於懷王爲三閭大夫三閭之職掌王族三姓曰昭屈景戰國策楚有昭奚恤元和姓纂云楚武王子瑕食采於屈因氏焉屈重屈蕩屈建屈平並其後又云景氏有景差至漢皆徙關中屈原序其譜屬率其賢良以厲國士入則與王圖議政事決定嫌疑出則監察羣下應對諸侯謀行職脩王甚珍之同列上

楚辞集注八卷　辩证二卷　后语六卷

［宋］朱熹撰　宋端平刻本　（中国国家图书馆藏）

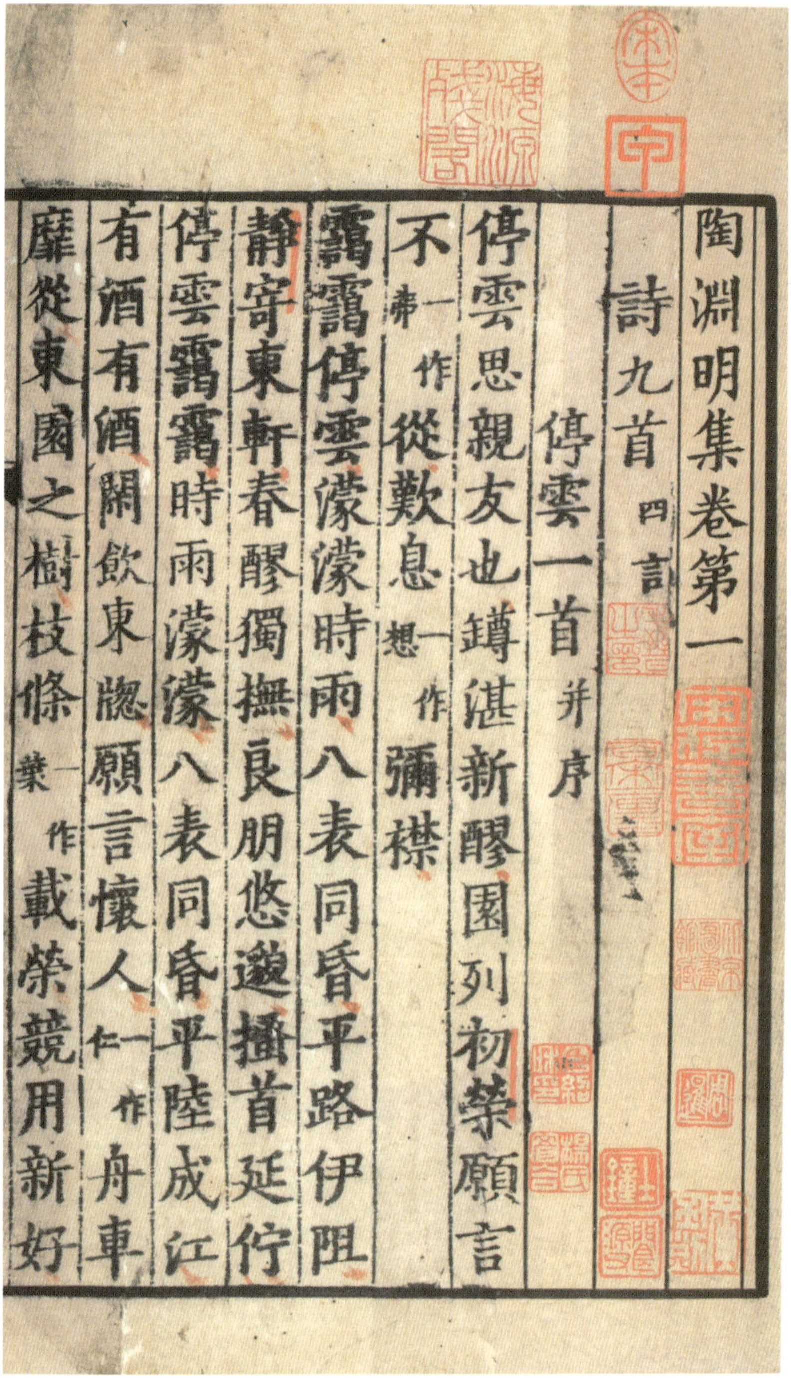
陶淵明集卷第一

詩九首 四言

停雲一首 并序

停雲思親友也罇湛新醪園列初榮願言不（一作弗）從歎息（一作想）彌襟

靄靄停雲濛濛時雨八表同昏平路伊阻靜寄東軒春醪獨撫良朋悠邈搔首延佇

停雲靄靄時雨濛濛八表同昏平陸成江有酒有酒閑飲東牕願言懷人（一作仁）舟車靡從

東園之樹枝條（一作葉）載榮競用新好

陶渊明集十卷　［晋］陶潜撰
［元］金俊明跋　［清］汪骏昌跋　［清］孙延题签
宋刻递修本　（中国国家图书馆藏）

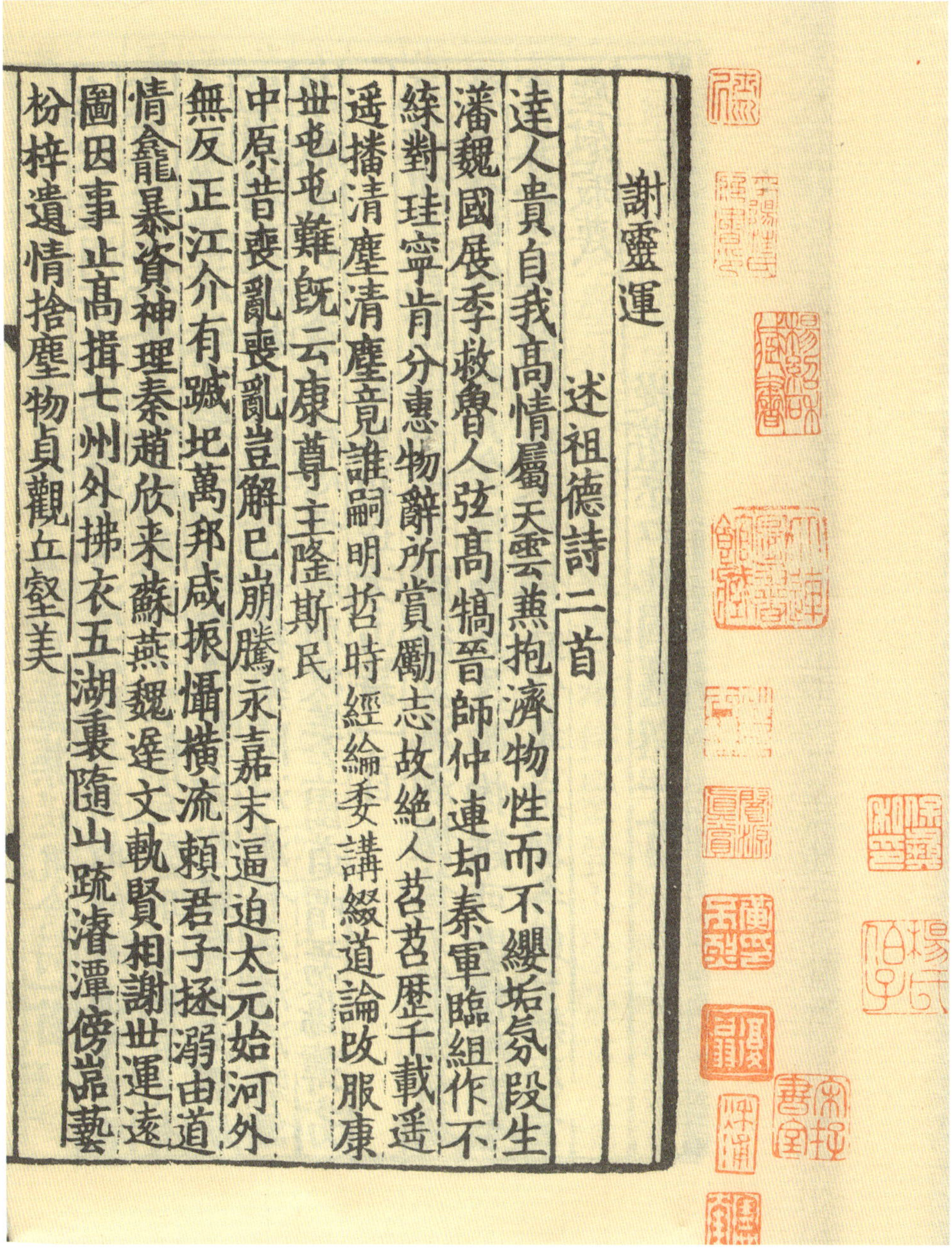
謝靈運

述祖德詩二首

達人貴自我高情屬天雲兼抱濟物性而不纓垢氛段生藩魏國展季救魯人弦高犒晉師仲連却秦軍臨組作不緤對珪寧肯分惠物辭所賞勵志故絕人苕苕歷千載遥遥播清塵清塵竟誰嗣明哲時經綸委講綴道論改服康世屯屯難既云康尊主隆斯民

中原昔喪亂喪亂豈解已崩騰永嘉末逼迫太元始河外無反正江介有蹙圮萬邦咸振慴橫流賴君子拯溺由道情龕暴資神理秦趙欣来蘇燕魏遅文軌賢相謝世運遠圖因事止高揖七州外拂衣五湖裏隨山疏濬潭傍巖蓺枌梓遺情捨塵物貞觀丘壑美

三谢诗一卷 ［南朝］谢灵运谢惠连 谢朓著 ［宋］唐庚辑
宋嘉泰四年（1204）谯令宪重修本 （俄罗斯国家图书馆藏）

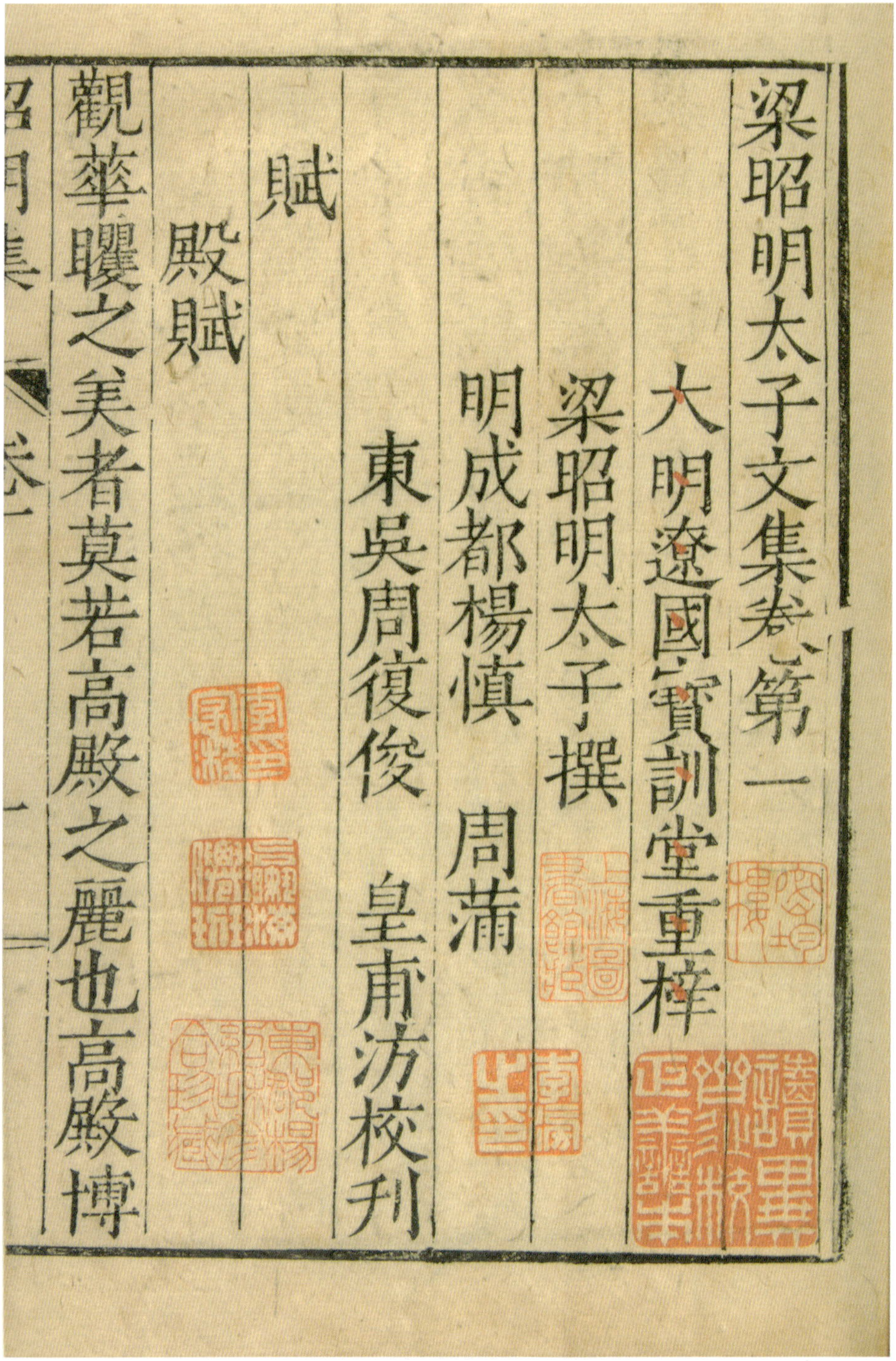

梁昭明太子文集卷第一

大明遼國寶訓堂重梓

梁昭明太子撰

明成都楊慎　周滿

東吳周復俊　皇甫汸校刊

賦

殿賦

觀華麗之美者莫若高殿之麗也高殿博

昭明集　卷一　一

梁昭明太子文集五卷　［南朝梁］萧统撰

明辽国宝训堂刻本（上海图书馆藏）

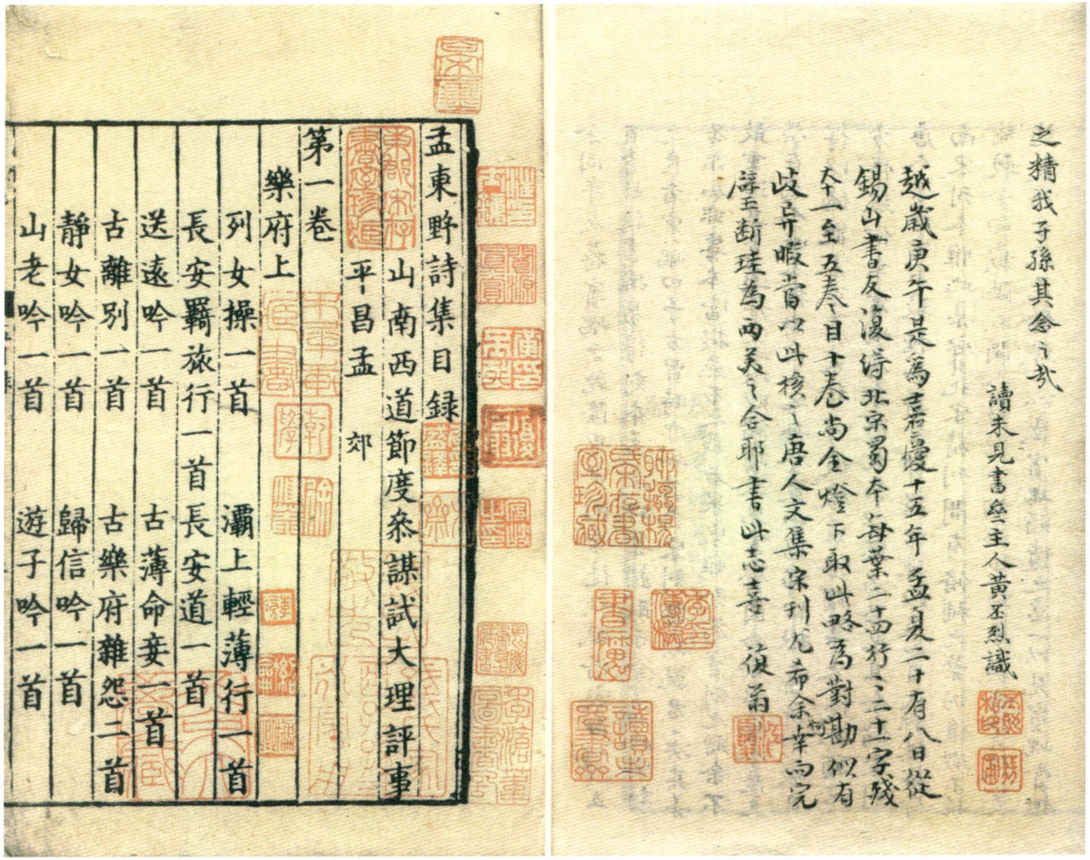

孟东野诗集十卷 ［唐］孟郊撰 ［清］黄丕烈跋 ［民国］傅增湘跋
宋刻本 （北京大学图书馆藏）

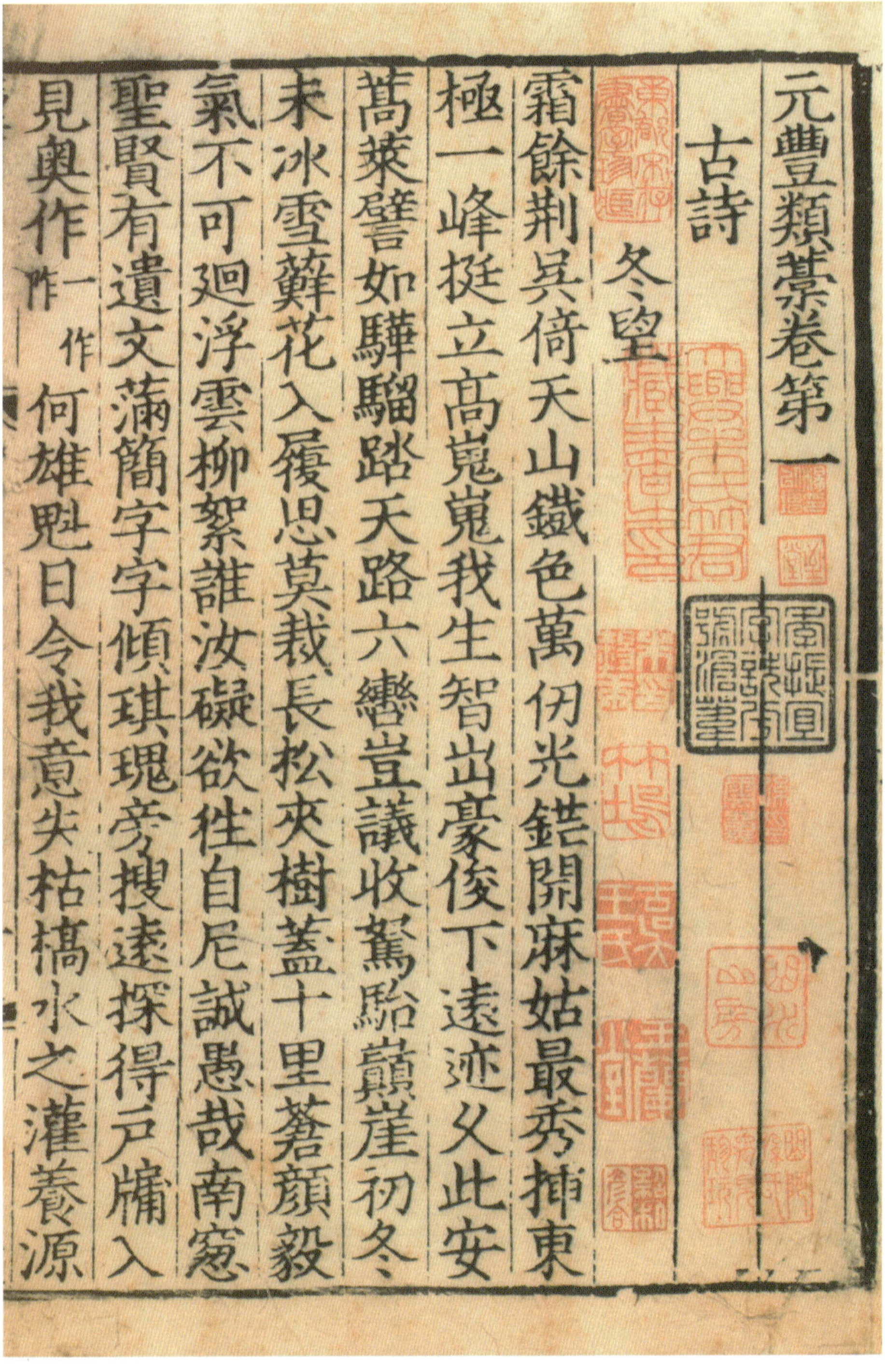
元豐類藁卷第一
古詩
冬望
霜餘荊吳倚天山鐵色萬仞光鋩開麻姑最秀插東
極一峰挺立高嵬嵬我生智出豪俊下遠迹久此安
蒿萊譬如驊騮踏天路六轡豈議收駑駘巔崖初冬
未冰雪蘚花入屐思莫裁長松夾樹蓋十里蒼顏毅
氣不可迴浮雲柳絮誰汝礙欲往自尼誠愚哉南窻
聖賢有遺文滿簡字字傾琪瑰旁搜遠探得戶牖入
見奥作一作作何雄魁日令我意失枯槁水之灌養源

元丰类稿五十卷［宋］曾巩撰 续附一卷［清］朱锡庚跋
元大德八年（1304）丁思敬刻本（中国国家图书馆藏）

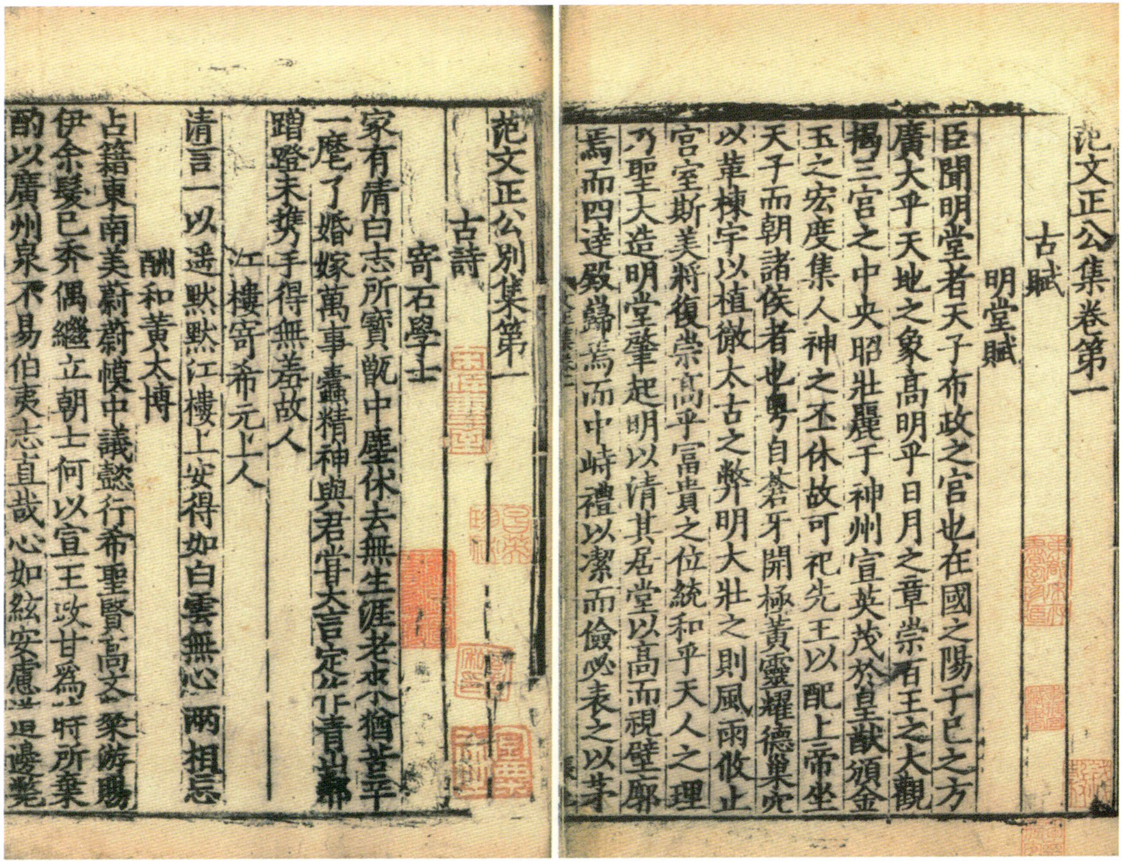

范文正公集二十卷 别集四卷 ［宋］范仲淹撰

元天历至正间褒贤世家家塾岁寒堂刻本 （无锡市图书馆藏）

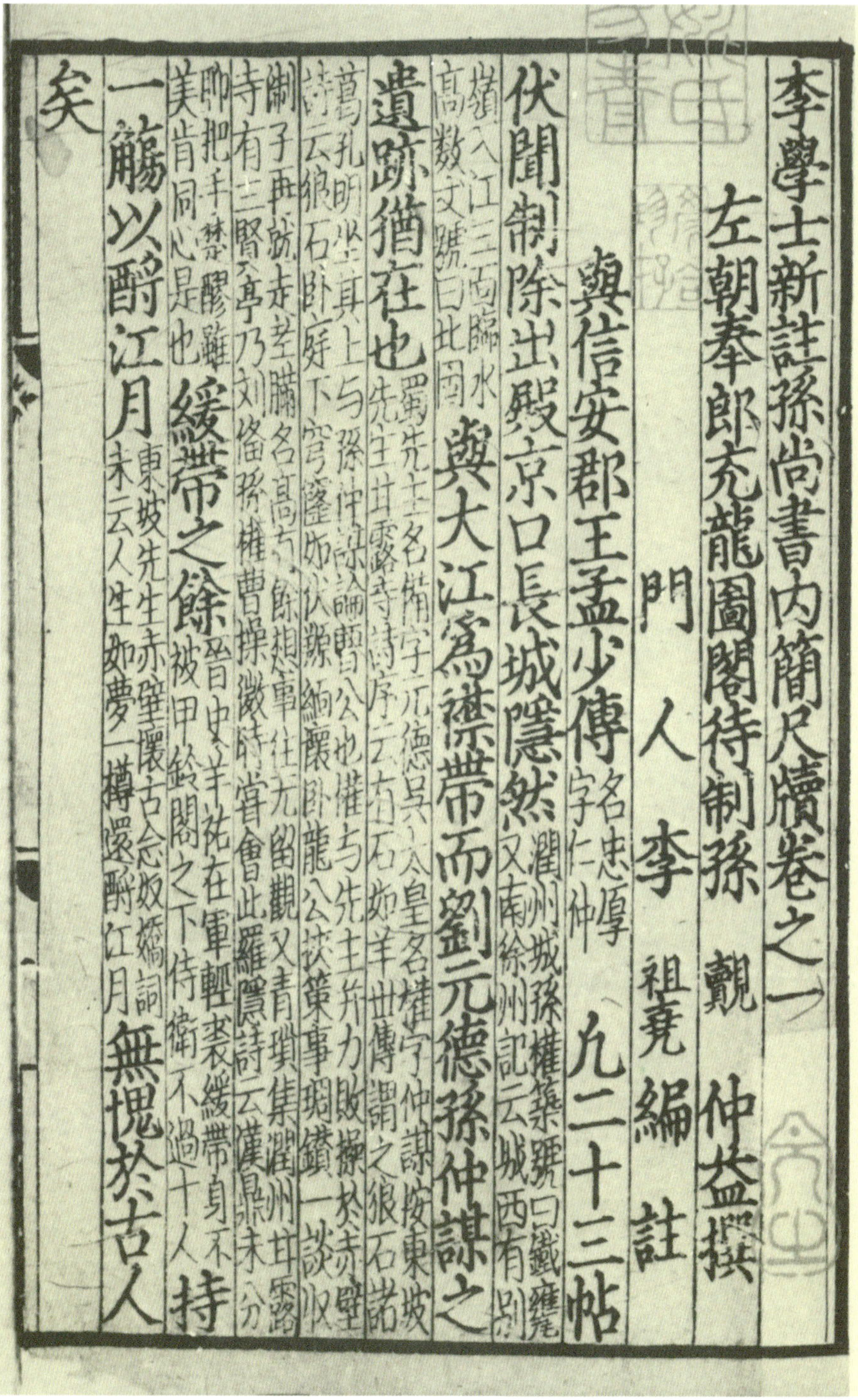

李學士新註孫尚書内簡尺牘卷之一

左朝奉郎充龍圖閣待制孫　覿　仲益撰

門人　李　祖堯　編　註

與信安郡王孟少傅 名忠厚字仁仲 九二十三帖

伏聞制除出殿京口長城隱然 潤州城孫權築號曰鐵甕又南徐州記云城西有別嶺入江三面臨水高數丈號曰北固 與大江爲襟帶而劉元德孫仲謀之遺跡猶在也 蜀先主名備字元德吳大皇名權字仲謀按東坡先生甘露寺詩序云有石如羊世傳謂之狠石諸葛孔明坐其上与孫仲謀論曹公也權与先主并力敗操於赤壁詩云狠石卧牙下穹窿如伏獸緬懷卧龍公挾策事琱鑽一談收劉子再歎走荃牖名髙右郎相與軍往九留觀又青瑣集潤州甘露寺有三賢亭乃劉备孫權曹操微時嘗會此羅隱詩云漢鼎未分聊把手楚醪雖美肯同心是也 綬帶之餘 晉史羊祜在軍輕裘緩帶身不被甲鈴閣之下侍衛不過十人 持一觴以酹江月 東坡先生赤壁懷古念奴嬌詞末云人生如夢一樽還酹江月 無愧於古人矣

李学士新注孙尚书内简尺牍十六卷　［宋］孙觌撰、李祖尧注
宋绍兴间刻本　（台北故宫博物院藏）

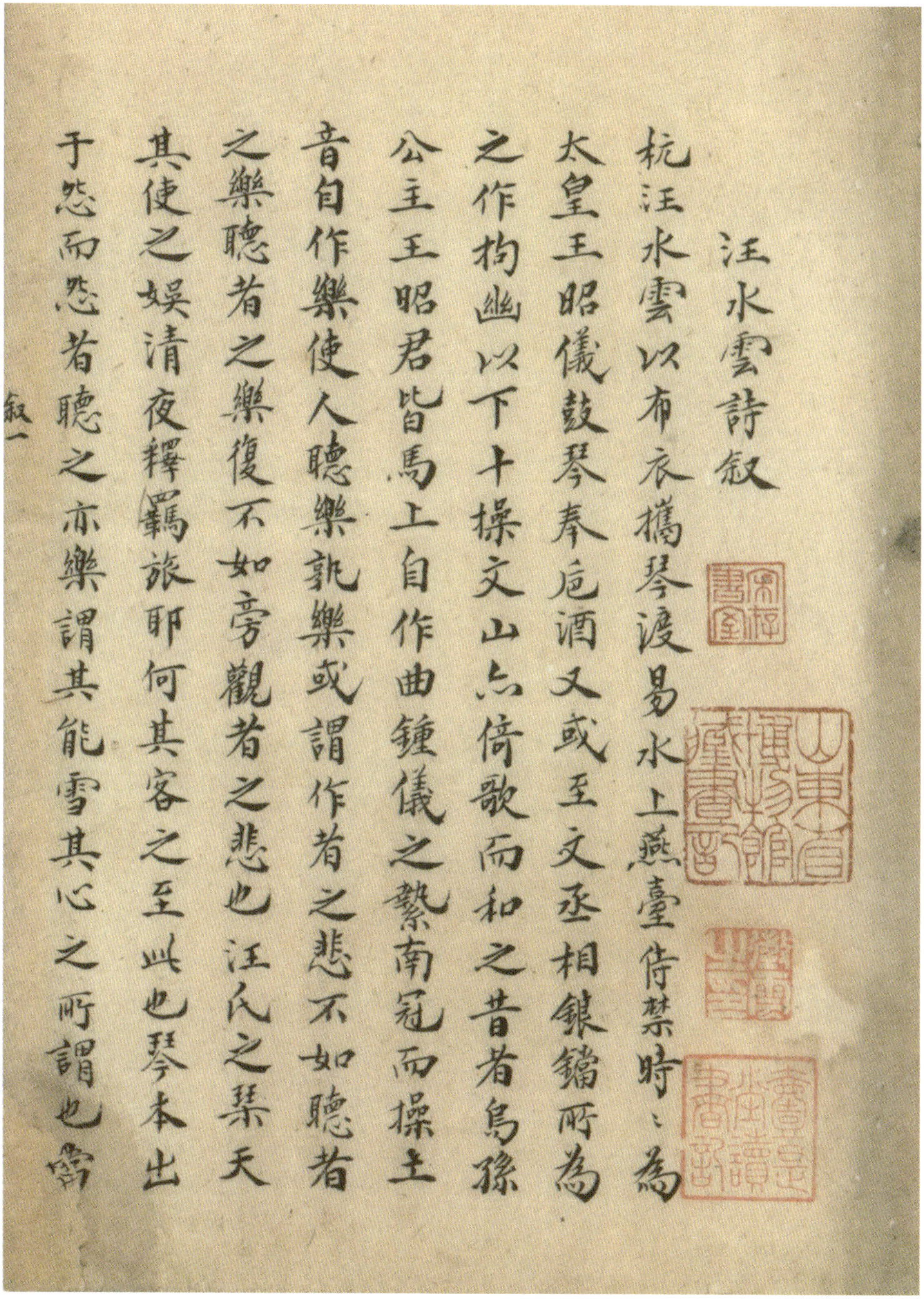
汪水雲詩敘
杭汪水雲以布衣攜琴渡易水上燕臺侍禁時〻為
太皇王昭儀鼓琴奉卮酒又或至文丞相鋃鐺所為
之作拘幽以下十操文山亦倚歌而和之昔者烏孫
公主王昭君皆馬上自作曲鍾儀之縶南冠而操土
音自作樂使人聽樂孰樂或謂作者之悲不如聽者
之樂聽者之樂復不如旁觀者之悲也汪氏之琹天
其使之娛清夜釋羈旅耶何其客之至此也琴本出
于愁而愁者聽之亦樂謂其能雪其心之所謂也雷
敘一

汪水云诗一卷 ［宋］汪元量撰 附录一卷 ［清］钱谦益跋

清初钱谦益家抄本 （山东省博物馆藏）

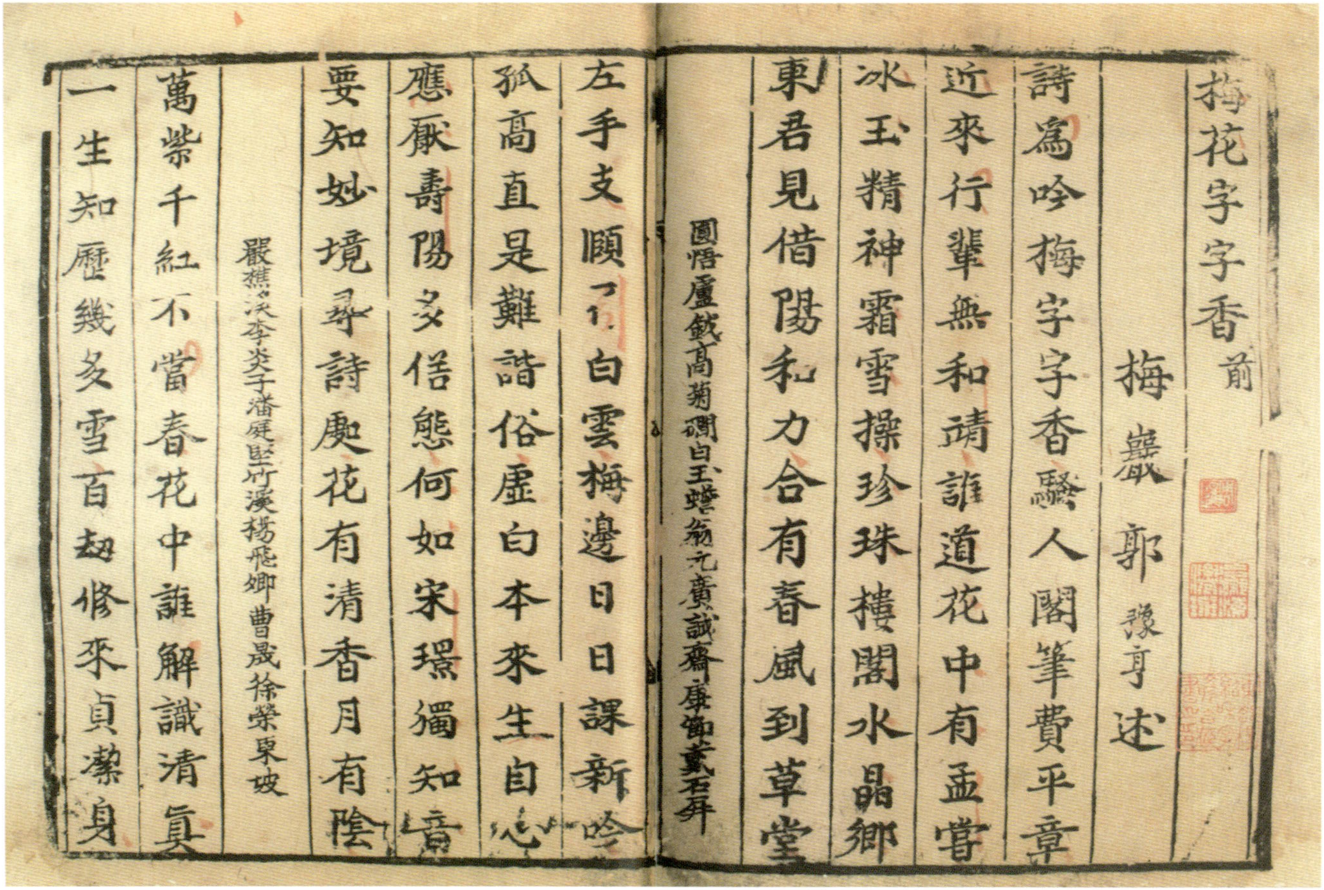

梅花字字香前

梅巖　郭豫亨述

詩爲吟梅字字香騷人閣筆費平章
近來行輩無和靖誰道花中有孟嘗
冰玉精神霜雪操珍珠樓閣水晶鄉
東君見借陽和力合有春風到草堂
圖悟盧鈫高菊礀白玉蟾翁元實誠齋康節戴石屏

左手支頤了白雲梅邊日日課新吟
孤高直是難諧俗虛白本來生自心
應厭壽陽多倍態何如宋璟獨知音
要知妙境尋詩處花有清香月有陰
嚴樵沃李炎子潘庭堅竹溪楊飛卿曹晟徐榮叟東坡
萬紫千紅不當春花中誰解識清真
一生知歷幾多雪百劫修來貞潔身

梅花字字香二卷　［元］郭豫亨撰　［清］杨绍和跋　元至大刻本　（中国国家图书馆藏）

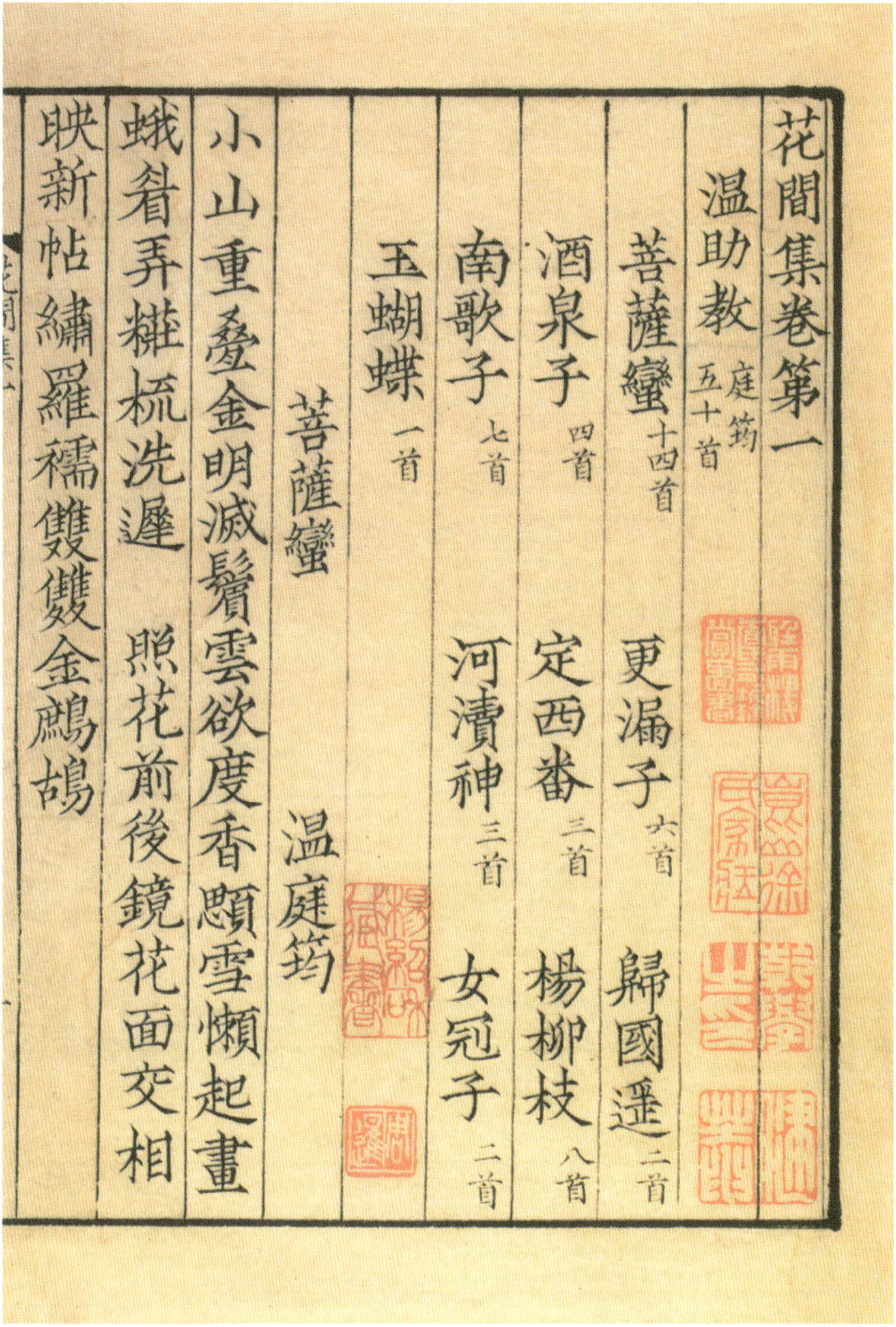
花間集卷第一

溫助教 庭筠 五十首

菩薩蠻十四首　更漏子六首　歸國遙二首

酒泉子四首　定西番三首　楊柳枝八首

南歌子七首　河瀆神三首　女冠子二首

玉蝴蝶一首

菩薩蠻　溫庭筠

小山重疊金明滅鬢雲欲度香顋雪懶起畫蛾眉弄粧梳洗遲　照花前後鏡花面交相映新帖繡羅襦雙雙金鷓鴣

花间集十卷　[后蜀]赵崇祚辑　[清]杨保彝题款

宋刻递修公文纸印本　（中国国家图书馆藏）

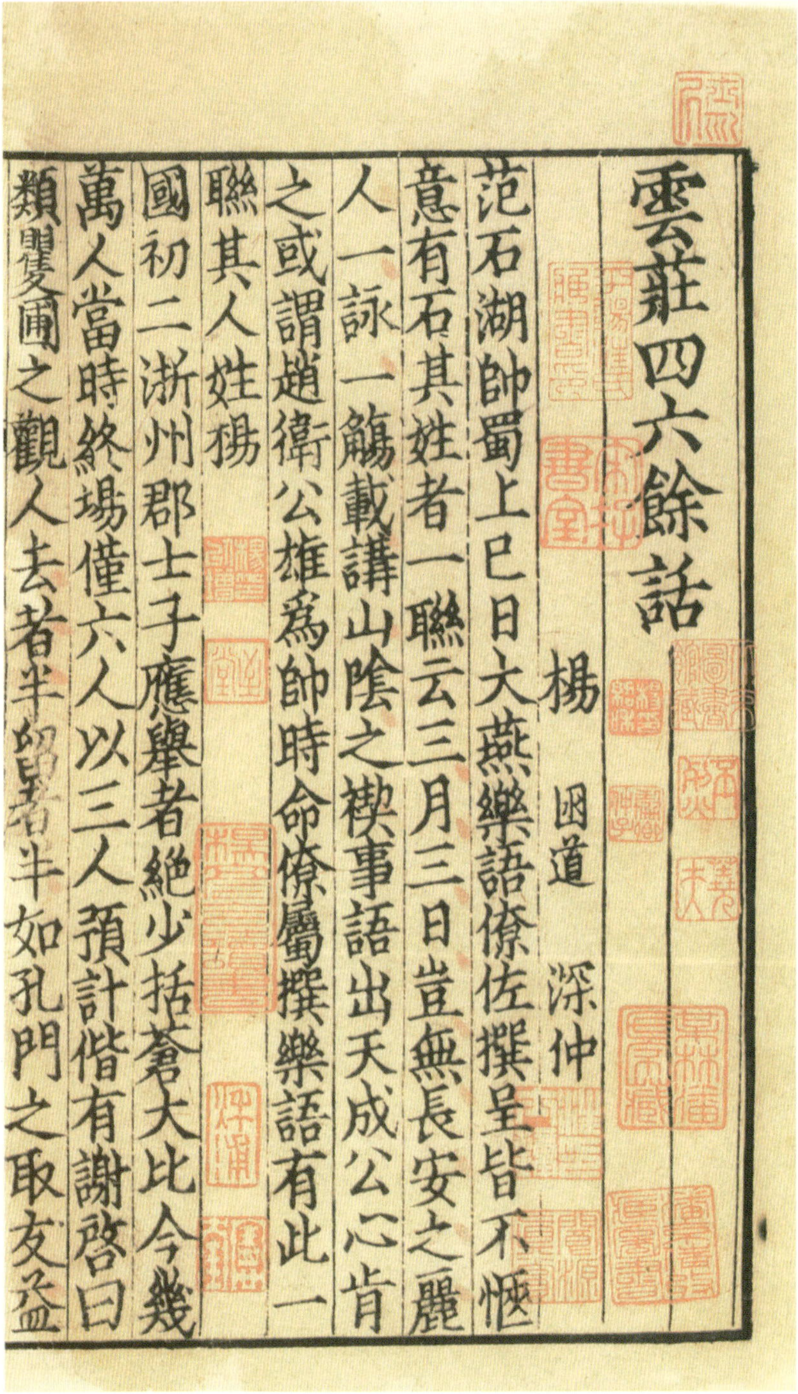
雲莊四六餘話

楊囦道　深仲

范石湖帥蜀上巳日大燕樂語僚佐撰呈皆不愜意有石其姓者一聯云三月三日豈無長安之麗人一詠一觴載講山陰之禊事語出天成公心肯之或謂趙衛公雄爲帥時命僚屬撰樂語有此一聯其人姓楊

國初二浙州郡士子應舉者絕少括蒼大比今幾萬人當時終場僅六人以三人預計偕有謝啓曰類矍相圃之觀人去者半留者半如孔門之取友益

云庄四六余话一卷　［宋］杨囦道撰

宋刻本　（中国国家图书馆藏）

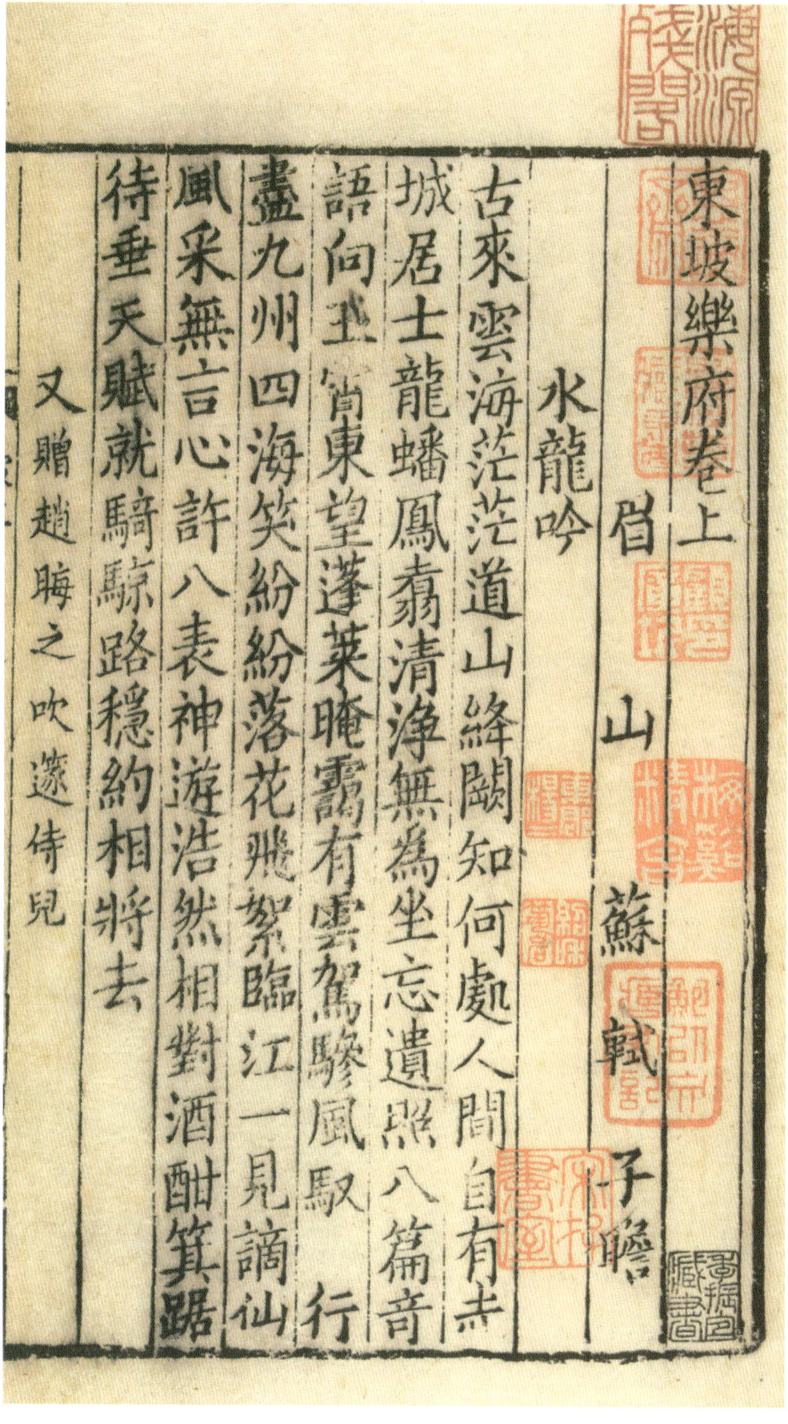
東坡樂府卷上
眉山蘇軾子瞻
水龍吟
古來雲海茫茫道山絳闕知何處人間自有赤城居士龍蟠鳳翥清淨無爲坐忘遺照八篇奇語向玉霄東望蓬萊晻靄有雲駕驂鳳馭行盡九州四海笑紛紛落花飛絮臨江一見謫仙風采無言心許八表神遊浩然相對酒酣箕踞待垂天賦就騎鯨路穩約相將去
又贈趙晦之吹笛侍兒

东坡乐府二卷　［宋］苏轼撰　［清］黄丕烈跋
元元祐七年（1320）叶辰南阜书堂刻本　（中国国家图书馆藏）

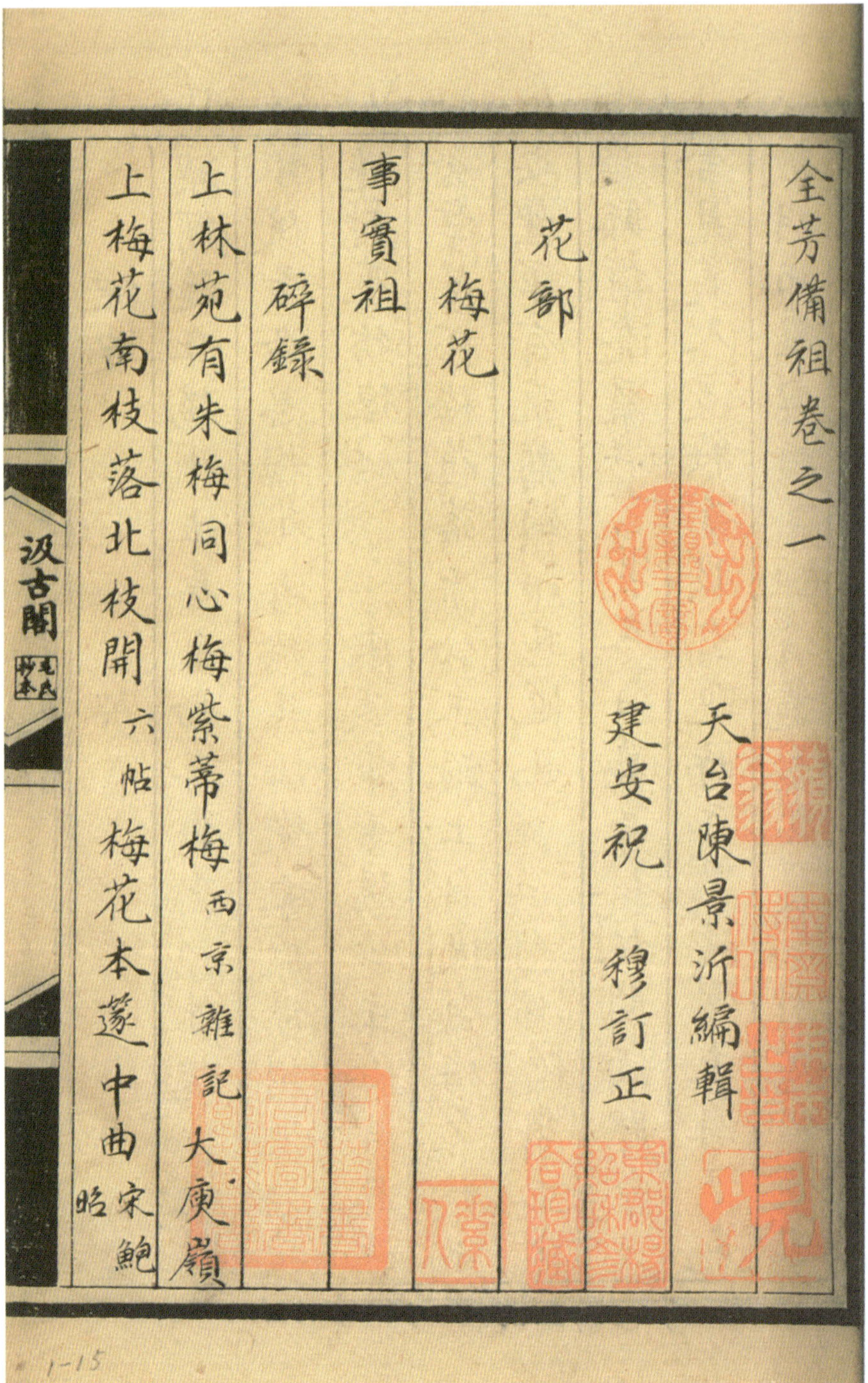
全芳備祖卷之一

天台陳景沂編輯

建安祝　穆訂正

花部

梅花

事實祖

碎錄

上林苑有朱梅同心梅紫蒂梅 西京雜記 大庾嶺上梅花南枝落北枝開 六帖 梅花本遂中曲 宋鮑昭

汲古閣 毛氏抄本

全芳备祖前集二十七卷　后集三十一卷　［宋］陈景沂辑

清初毛氏汲古阁抄本　（上海辞书出版社图书馆藏）

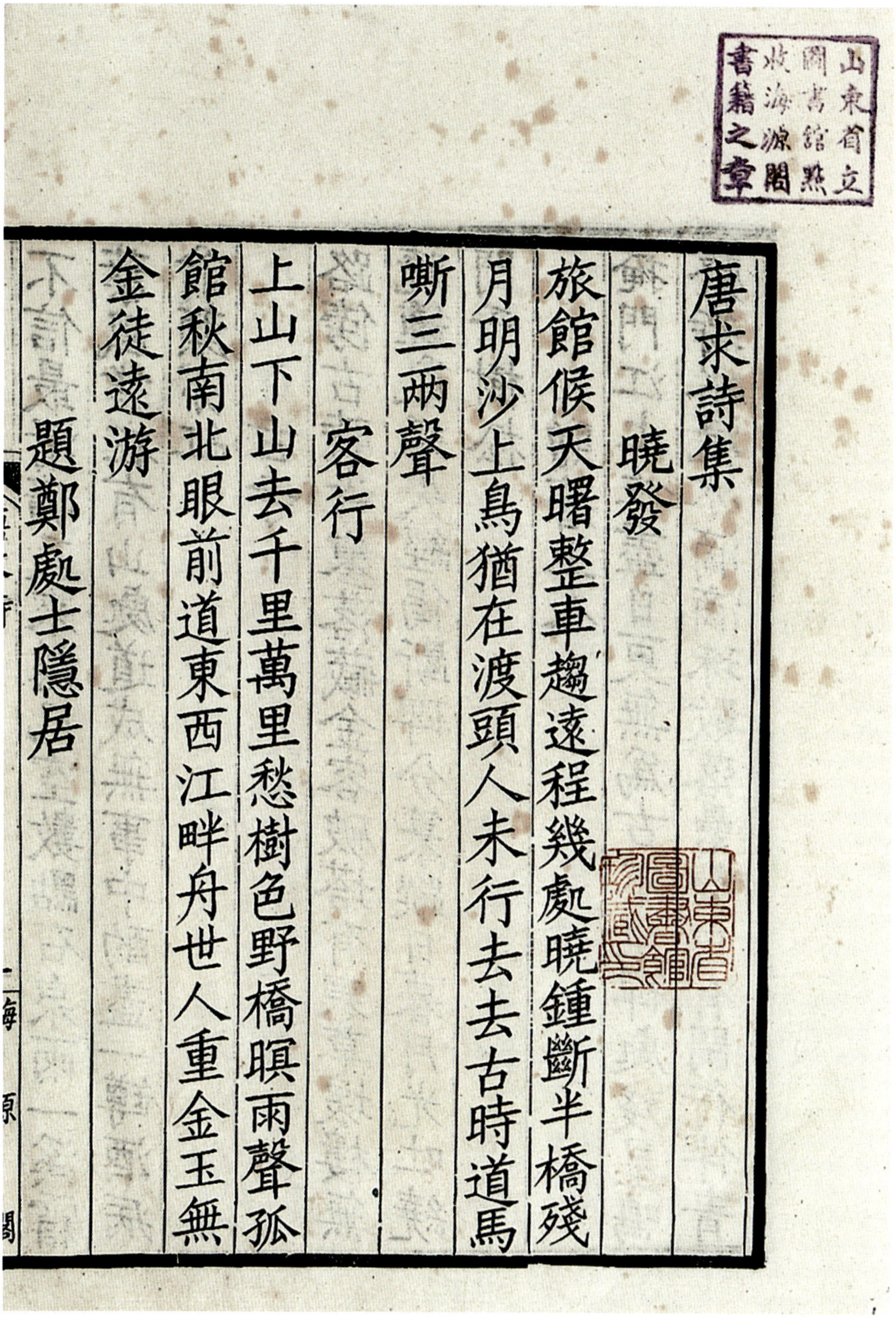

唐求詩集

曉發

旅館候天曙整車趨遠程幾處曉鍾斷半橋殘月明沙上鳥猶在渡頭人未行去去古時道馬嘶三兩聲

客行

上山下山去千里萬里愁樹色野橋暝雨聲孤館秋南北眼前道東西江畔舟世人重金玉無金徒遠遊

題鄭處士隱居

唐求诗集一卷 附录一卷 ［唐］唐求撰
清光绪二十年（1894）海源阁刻本 （山东省图书馆藏）

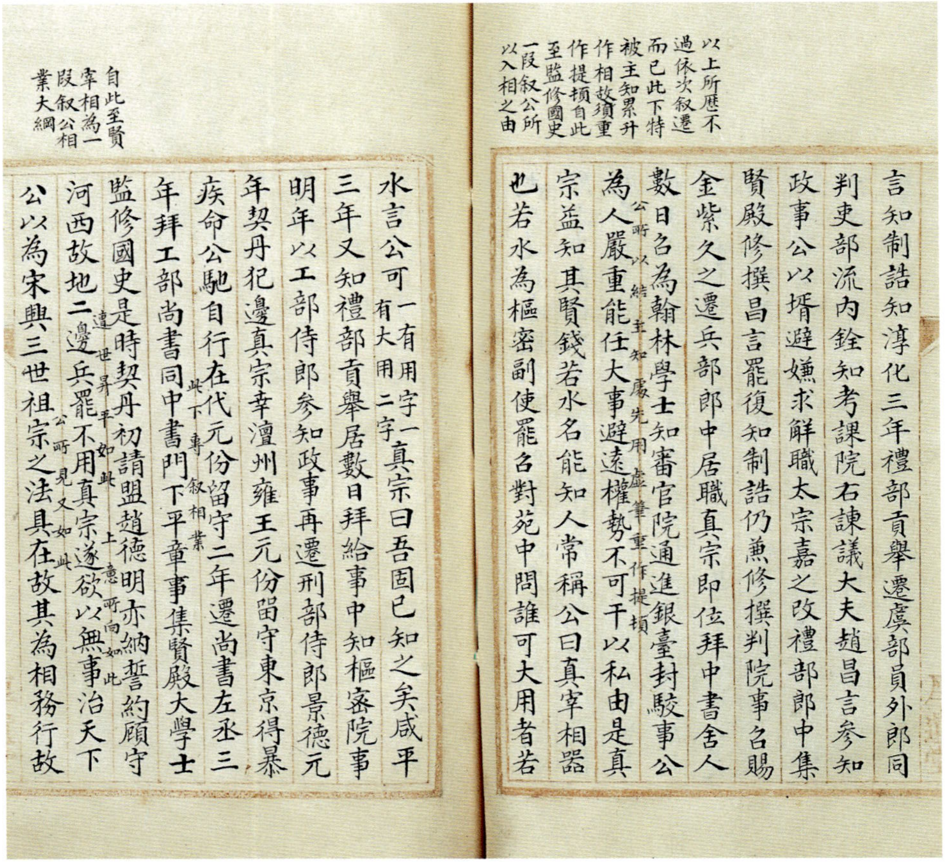

以上所歷不過依次叙遷而已此下特被主知累升作相故須重作提頓自此至監修國史一段叙公所以入相之由

言知制誥知淳化三年禮部貢舉遷虞部員外郎同
判吏部流内銓知考課院右諫議大夫趙昌言參知
政事公以壻避嫌求觧職太宗嘉之改禮部郎中集
賢殿修撰昌言罷復知制誥仍兼修撰判院事召賜
金紫久之遷兵部郎中居職真宗即位拜中書舍人
數日召為翰林學士知審官院通進銀臺封駮事公
（公所以結主知處先用虛筆重作提頓）
為人嚴重能任大事避遠權勢不可干以私由是真
宗益知其賢錢若水名能知人常稱公曰真宰相器
也若水為樞密副使罷召對苑中問誰可大用者若

自此至賢宰相為一段叙公相業大綱

水言公可（一有用字一有大用二字）真宗曰吾固已知之矣咸平
三年又知禮部貢舉居數日拜給事中知樞密院事
明年以工部侍郎參知政事再遷刑部侍郎景德元
年契丹犯邊真宗幸澶州雍王元份留守東京得暴
疾命公馳自行在代元份留守二年遷尚書左丞三
（此下專叙相業）
年拜工部尚書同中書門下平章事集賢殿大學士
監修國史是時契丹初請盟趙德明亦納誓約願守
（遼世昇平如此）（上意所向如此）
河西故地二邊兵罷不用真宗遂欲以無事治天下
（公所見又如此）
公以為宋興三世祖宗之法具在故其為相務行故

欧阳文忠公文抄不分卷　［宋］欧阳修撰　［明］归有光选　［明］归有光等评　［清］王元启辑
清杨氏厚遗堂抄本　（山东省图书馆藏）

《国家哲学社会科学成果文库》
出版说明

为充分发挥哲学社会科学研究优秀成果和优秀人才的示范带动作用，促进我国哲学社会科学繁荣发展，全国哲学社会科学规划领导小组决定自2010年始，设立《国家哲学社会科学成果文库》，每年评审一次。入选成果经过了同行专家严格评审，代表当前相关领域学术研究的前沿水平，体现我国哲学社会科学界的学术创造力，按照“统一标识、统一封面、统一版式、统一标准”的总体要求组织出版。

全国哲学社会科学规划办公室

2011年3月

序　一

徐有富

丁延峰是山东聊城人，热爱桑梓文献，在博士论文选题时，有两个题目可供选择：一是《傅斯年史料学研究》，一是《海源阁藏书研究》。因为《傅斯年全集》已于1980年由台湾联经出版事业公司出版，显然该题目做起来要容易一些，而海源阁藏书则散失殆尽，单就收集资料而言，做起来就会困难重重，丁延峰却毅然选择了后者。傅斯年是聊城人，在中国现代学术史上占有突出地位，但是他长期生活、工作在外地；而海源阁就坐落在聊城东昌府古城区光岳楼南不到一百米处，杨氏藏书绵延五代，而作者就住在附近，从小耳濡目染，也爱好藏书，对海源阁有着亲切的感受，也许这是他选择后者的一个重要因素。

当然，作者也充分考虑到了私家藏书的学术价值，该书《绪论》开宗明义谈道："私人藏书家在中国文化学术史上的地位是不容忽视的，藏书家节衣缩食，不辞劳苦，孜孜于文献的收藏，为保存和传承祖国传统文化做出了卓越的贡献。""可以说，正是藏书家不懈的搜访、借抄、校雠和刊刻，才使中华民族积累起丰富的文化财富。"这一论断是实事求是的。

我国私家藏书源远流长，早在春秋末期，在《墨子·天志上》中，墨子就谈到过当时的私家藏书情况："今天下之士，君子之书，不可胜载。"墨子本人就是一位藏书家，如《墨子·贵义》篇称："子墨子南游，使卫、关中，载书甚多。"《庄子·天下》篇亦云："惠施多方，其书五车。"战国时代出现了百家争鸣、诸子腾跃的局面，私家藏书现象更为普遍，如《韩非子·五蠹》篇云："今境内之民皆言治，藏商、管之法者家有之，而国愈贫。言耕者众，执耒者寡也。境内皆言兵，藏孙、吴之书者家有之，而兵愈弱。"这段话是反对私家藏书的，恰恰反映了在战国纷争的年代，知识分子们为求得自身的发展，提高自己的文化水平而努力藏书、读书的情况。

秦朝私家藏书现象也非常普遍,《史记·秦始皇本纪》记载了李斯有关焚书的一段建议:"臣请史官非秦记皆烧之,非博士官所藏,天下敢有藏《诗》、《书》、百家语者,悉诣守、尉杂烧之。""所不去者,医药、卜筮、种树之书。"这说明秦代焚书前,私家藏有《诗》、《书》、百家语;禁书后,私家仍藏有医药、卜筮、种树之书。同时,有人也暗藏着《诗》、《书》、百家语一类书,否则这些书也不会流传至今。西汉以后,由于政府的大力提倡,纸质图书的出现,印刷术的广泛运用,私家藏书风气越来越盛,我们就不详细介绍了。

在中国藏书史上可以说厄运接连不断,隋代的牛弘在《请开献书之路表》中,提出了著名的"五厄论",即一厄于秦始皇焚书;二厄于王莽之末,长安兵燹;三厄于汉献帝移都,西京大乱;四厄于西晋末年匈奴人刘曜以及羯人石勒等攻陷洛阳与长安;五厄于周师入郢,梁萧绎尽焚藏书。明人胡应麟在《经籍会通》卷一接着又提出新的五厄论:"隋开皇之盛极矣,未几皆烬于广陵;唐开元之盛极矣,俄顷悉灰于安、史。肃、代二宗洊加鸠集,黄巢之乱复致荡然。宋世图史一盛于庆历,再盛于宣和,而女真之祸成矣;三盛于淳熙,四盛于嘉定,而蒙古之师至矣。然则书自六朝之后复有五厄,大业一也、天宝二也、广明三也、靖康四也、绍定五也,通前为十。"此后,祝文白在《两千年来中国图书之厄运》(载《东方杂志》1945 年第 15 号)一文中又总结了元朝至民国时期的五次厄运:一、李自成之陷北平也;二、钱谦益绛云楼之烈焰也;三、清高宗之焚书也;四、咸丰朝之内忧外患也;五、民国中日之战役也。

我国藏书不断遭受厄运,尚能绵延不绝,生生不息,历代藏书家功不可没,他们对文献保存与文化传承起了巨大作用。私家藏书虽然也难以世代保有,但最终通过各种渠道流向图书馆或为其他藏书家所珍藏则是基本趋势。他们为中华文化乃至世界文明做出了突出贡献。

私家藏书关系到文化传承、学术研究、学风建设,但对这一文化现象的研究目前还偏重于资料汇编、宏观论述,尚缺乏全面、深入、细致的个案研究。山东聊城海源阁为我国晚清四大藏书家之一,在我国北方异峰突起,从收聚到散失,最终大部分藏书为国家几大图书馆所有,都非常典型,也备受关注。《海源阁藏书研究》对中国藏书进行个案研究,很有意义。该书在研究的深度与广度两个方面都达到了前所未有的水平。作为私家藏书研究的一个范例,该书必将大幅度提高私家藏书文化的研究水平。由于该书的内容涉及文献学的方方面面,所以该书也是一部中国古典文献学的力作。

作者在文献调查方面采取了竭泽而渔的方法。作为聊城大学教师,曾在南京大学攻读博士学位,后又在国家图书馆博士后工作站从事科研工作,作者因此能充分利用国家图书馆、山东图书馆、南京图书馆、南京大学图书馆的文献资源。他不仅勤于搜集资料,而且细心阅读资料,并能联系社会背景,充分利用文献学知识,采用理论与实践相结合的方法,首次对海源阁藏书进行了全面、系统、深入的研究与论述。该书各章颇多发现与发明,现略述如下:

第一章论述海源阁藏书绵延五世,而在私家藏书史上获得了突出地位。作者详细介绍了杨以增的交游,结论是所与游者皆有益于藏书与刻书。其中《管理与保护》一节写出了杨氏藏书特色,如杨家晒书时间"由清明节起,至立夏止",挺适合北方,若南方"清明时节雨纷纷"是不宜晒书的。杨家姨太太们都会装订修补图书,实为其他藏书家所罕见。论文分析藏书室名与藏书印的文化内涵,颇能给人以启发。

第二章在分析藏书特色时,除宋元旧刻、明清佳椠、抄本、名家校跋本外,还特别分析了杨氏多收重本、残本的原因,观点颇新。《藏书精品叙录》一节,资料翔实,功力非浅。此外,对人们不甚注意的金石书画帖砚藏品,也进行了专门论述。附录《黄丕烈遗书》一节,以海源阁所藏黄丕烈遗书为例,分析了杨氏所藏精品书的特点,可见作者研究之深入。

第三章对杨氏所编目录,甚至一书之目录,做了全面论述。指出"杨氏在编目时于各个环节上突出版本特点",并且分五点做了分析。在研究过程中,注意与《四库全书总目》作比较,而在比较中,特别注意不同之点与改进之处。论文还对杨氏书目中存在的一些问题,做了实事求是的分析。

第四章对杨氏鉴定版本的方法,从形式到内容进行了系统总结,强调了"以校勘为手段研究版本",而这正是学者型藏书家与书贾在鉴定版本方面的最大区别。该章专设《版本源流考证》一节,指出这也是版本鉴定的重要内容,并做了详细论述,而这点也是书贾所望尘莫及的。作者还能用各种方法纠正杨氏在版本鉴定方面的失误,做到了理论与实践相结合。

第五章对海源阁刻书与抄书情况做了考证,编有《海源阁刻书知见录》和杨氏抄书现存二十种叙录。并能联系文化背景,通过个案分析,对杨氏刻书思想与特点进行了总结，对研究私家刻书颇有参考价值。

第六章采用实事求是的态度对杨氏藏书不愿流通的情况做了论述，作为私家藏书不愿流通的典型，海源阁藏书也有参考价值。作者对杨氏藏书散佚后被利用的情况做了深入调查，编了《杨氏藏书重刻、影印及影抄知见录》并对用作底本与参校本的情况做了详细介绍，这也说明私家藏书终究是有利用价值的。

第七章对海源阁藏书的散佚过程做了系统而清晰的论述，作者在调查海源阁藏书的归宿方面用力颇深，收获颇大，如作者用检索目录、查阅资料、实地考察等方法新摸清海源阁遗书去向者达六十四种。

从第八章可见作者对海源阁藏书研究的历史与现状了如指掌，所说成绩与不足，十分中肯，作者正是在前人的基础上，通过不懈的努力，朝前迈进了一大步。

该书注意用图表和统计数据说明问题，能使复杂的问题一目了然。作者成功地运用了比较研究的方法，在分析时注意用实例说明问题，所用资料均能恰到好处。引文注释规范、准确、细致，连期刊论文都注明了页码，说明作者的学风严谨、踏实。

丁延峰的博士论文完成后，被评为南京大学优秀博士论文，接着又被评为江苏省优秀博士论文，但是作者并没有急于出版，而是以此为题申请了国家社科基金项目，经过三年多的磨砺，该书在原有博士论文的基础上又达到了一个新的水平。作者在治学的山路上不断攀登的精神特别值得赞赏。该书有机会出版，作者问序于我，不容推辞，遂写了上面这些话。

徐有富

2010 年 11 月 28 日于问津阁

序　二

来新夏

中国藏书事业源起于春秋战国，儒道墨法诸家均有论述，相因发展，渐次形成国藏、公藏、私藏三大体系，保障藏书事业得以源远流长，日趋兴旺，其中私藏藏主多为学者文士，咸以搜求、庋藏、点勘、研究、刊发为务，私藏事业遂为学人所瞩目，而历代文献颇见记述。自宋以还，私藏事业渐显风采，而至清尤见突出，学人无不藏书，而有关藏书诸学，如版本、目录、校勘、考证等学，亦相应而生，为清学奠定基础。

清代私人藏书家之众，几为前此各代之总，而名家辈出，可称中国私藏之极盛。清初有钱谦益、朱彝尊、徐乾学，乾嘉有黄丕烈、袁廷梼、周锡瓒和顾之逵等人，著称一时。晚清则有陆氏皕宋楼、瞿氏铁琴铜剑楼、丁氏八千卷楼和杨氏海源阁四大家，皆为学人所熟知，而聊城杨氏海源阁独立北国，所藏蔚然为北方图书之府，尤为学人所关注。

海源阁藏书自杨以增父辈始，但大规模聚书之意愿则以杨以增道光二十年(1840)在家乡东昌府建海源阁藏书楼为契机。杨氏官至江南河道总督，时当南方战乱频仍，各大藏书家私藏大都散出，杨以增广加收购，汪士钟艺芸书舍大部分藏书为杨氏所得。杨氏家乡聊城，为大运河九大商埠之一，卸运方便，得书即可直运家乡，海源阁藏书得以日益充实发展，形成藏书家规模，时有“南瞿北杨”的雅称。同治初，以增子绍和在京师任官，乘“祺祥政变”怡府端华得罪之机，府藏散出，绍和收购了怡府乐善堂、明善堂大部分藏书，运回海源阁，与原藏南方图集，汇聚一处，成为南北藏书精华的汇集所，藏书数量及规模超越各家之上，近代藏书家叶遐厂曾言其“汲取南北之精帙，萃于山左之一隅”，足可称一时之盛。

绍和及子保彝不仅世守藏书，还编纂多种目录，如《楹书隅录》、《宋元秘本目录》、《海源阁藏书目》等，均详尽可据。海源阁藏书久已流失，这些书目便成为研究考察海源阁藏书的主要依据和参考资料。保彝嗣子杨敬夫继承家业后，正值民国军阀混战之际，社会动荡不安。20 世纪 30 年代前后，海源阁历经军阀、巨匪等骚扰破坏，损失惨重。杨敬夫不得已，曾于 1931 年将海源阁劫余残存藏书运出安置，最后分别入藏于国家图书馆及山东图书馆，至此历五世百余年的海源阁藏书历史就此告终。后人虽多轸念故阁，搜求爬梳文献资料，研究记述，但多为零篇短作，直至近时，始见山东丁延峰君所作《海源阁藏书研究》，为全面深入研究海源阁之专著。

丁君延峰是山东聊城一位中年学者，1985 年毕业于山东师范大学中文系，曾任聊城大学副教授。2004 年至 2007 年入南京大学中文系，师从著名版本目录学家徐有富教授，攻读中国古典文献学专业，以优秀论文《海源阁藏书研究》获博士学位。2009 年 8 月至今，在中国国家图书馆博士后科研工作站，师从陈力教授，为在站博士后，除主持有关古籍整理的项目外，更进而修订完善《海源阁藏书研究》，成一专著。这部优秀论文经多年锤炼而更臻完美。丁君为已经凋零，空有其楼的海源阁藏书重现全貌，倾极大学术精力，数易寒暑，终撰成研究海源阁历史诸纂述中最有代表性的专著。丁君导师徐有富先生特为撰序，给予高度评价。在即将付梓之前，丁君复携稿亲临寒舍，请序其书。既有徐先生撰序在前，我本可缄而不言，但阅读一过，深感此书内涵充实，研究深入而多有创意，足传后世。读讫颇有心得。乃冒昧略陈所得，以续徐序之貂，率而操笔为序云。

《海源阁藏书研究》一书史料基础扎实，植根博涉而撮取诸家精华。据其所附参考文献，丁君共参考专著 160 余种，论文 80 余篇，采择不可谓不广。在此广博坚实基础上，丁君复从细节做起，对海源阁及其藏书有关问题，分解研究，各成独立论文达三十余篇，逐渐积累，一砖一瓦，经年累月，终成大厦。《海源阁藏书研究》之成为佳著，良有以也。

《海源阁藏书研究》之编排体例，相比其他藏书楼研究之著述别具特色。它以学术视角看待阁藏。全书共分八章，其第一及第七两章专论海源阁藏书缘起与源流及藏书的散佚与归宿，记述海源阁之兴衰始末颇称详备，令读者若见所藏，第二至第六章从藏书特色与精品、目录学、版本学、刊行及利用诸方面,作学术性探讨,将海源阁旧藏置于清代各专学中进行研究论述,极为精深,若非丁君有清学相当基础,曷克臻此?

《海源阁藏书研究》各章中,时见作者创见。如第二章第二节之《藏书精品叙录》不仅著录海源阁藏书精品四部55种,更各撰提要,使散失旧藏精品面貌,重展风姿,为同类著述所少见。又如第四章第四节《善本观念》以杨氏第二代杨绍和为研究对象,总结绍和"以内容为上,兼顾形式的善本观",并以此评价杨氏海源阁的藏书价值说:"在杨氏这种善本观念支持下,杨氏几代主人耗尽毕生精力,搜集到七百余种宋元旧刻,名家影宋元抄本,名家校本。这些善本构成了海源阁藏书的核心部分。"一言道破海源阁藏书的价值所在。丁君于前贤陈说,亦能直指差谬,如杨氏刻书九十年,为北地之大观,而傅增湘、谢国祯诸氏皆言北地刻书"声闻寂寞","冀北鲁东,文物之邦,犹未有刻书之风"等,而丁君认为"以杨氏刻书之质量与数量,在我国出版史尤其是清代私家刻书史上,占一席之地,应是名副其实。"直言不讳,应属创意。

丁君之研究虽以海源阁藏书为鹄的,而辐射延伸者极称广阔。当时及先后之藏书与藏书家多有涉及,尤其于海源阁藏书之研究者特立第八章《海源阁藏书研究的历史及现状》,专论民国学者与当代学者对阁藏及遗书之研究与贡献,一则符合专著必理清该课题之研究成果的规定,再则也使读者对海源阁藏书之研究现状,有所了解,以为进一步研究之根据。丁君对所涉及之其他藏书家与学者均专立一目,详其生平、评论及与杨氏之关系。如《李士钊与海源阁》专目,详述当代学者李士钊对海源阁研究之状况及贡献,对其他涉及者亦无不如此。手此一卷,可见若干藏书家与学者之概况,无异为清代藏书史料之汇总,于研究近代藏书史,大有裨助。

《海源阁藏书研究》之优长处,徐有富先生序言已备论之。此序聊事补苴,非敢言尽当。唯尚愿进言二则:一则书尾照片,十分需要,唯一般惯例,图片置于书首,如正式出版时,望能移动;二则此书包含书名、人名甚多,翻检烦难,如能在书后附一书名、人名综合索引,则读者利便多多。所言是否有当,尚待丁君裁定。

是为之序!

2011年11月上旬写于南开大学邃谷　时年89岁

目　录

Contents

前　言

私人藏书家在中国文化学术史上的地位是不容忽视的。藏书家节衣缩食，不辞劳苦，孜孜于文献的收藏，为保存和传承祖国传统文化作出了卓越的贡献。吴晗在《江浙藏书家史略》中对于藏书家的精神与业绩做过全面的概括："藏书之风气盛，读书之风气亦因之而兴。好学敏求之士往往跋涉千里，登门借读，或则辗转请托，迻录副本，甚或节衣缩食，恣意置书。每有室如悬磬而弃书充栋者；亦有毕生以抄诵秘笈为事，蔚成藏家者。版本既多，校雠之学因盛，绩学方闻之士多能扫去鱼豕，一意补残正缺，古书因之可读，而自来所不能通释之典籍，亦因之而复显于人间。甚或比勘异文，发现前人误失，造成学术上之疑古求真风气。藏家之有力者复举以剞劂，辑为丛书，公诸天下。数百年来踵解武继，化秘笈为亿万千身，其嘉惠来学者甚多。"[①]可以说，正是藏书家不懈的搜访、借抄、校雠和刊刻，才使中华民族积累起丰富的文化宝藏。

但是，藏书家在一些学者眼里，似乎总是得不到认可，并常常成为讽刺挖苦的对象。如余嘉锡就把黄丕烈喻为"卖绢牙郎"，他说："如黄荛圃者，尤以佞宋沾沾自喜，群推为藏书大家。而其所作题跋，第侈陈所得宋元本楮墨之精，装潢之美，索价几何，酬值几许，费钱几两几缗，言之津津，若有余味。颇类卖绢牙郎。至于此书何为而作，板本之可资考证者安在，文字之可供雠校者谓何，则不能知也。"[②]鲁迅先生也曾不止一次地讥刺过北平藏书大家傅增湘。他在《病后杂谈之余》里说："这书（明抄本《立斋闲录》）我一直保存着，直到十

① 吴晗：《〈江浙藏书家史略〉序言》，《江浙藏书家史略》，中华书局 1982 年版，第 118 页。

② 余嘉锡：《〈藏园群书题记〉旧序》，《藏园群书题记》，上海古籍出版社 1989 年版，第 4 页。

多年前，因为肚子饿得慌了，才和别的两本明抄和一部明刻的《宫闱秘典》去卖给以藏书家和学者出名的傅某，他使我跑了三四趟之后，才说一总给我八块钱，我赌气不卖，抱回来了。”[1]这里的傅某就是傅增湘，傅氏曾当过北洋政府的教育总长，是鲁迅的上司。《而已集》中有一篇《谈所谓“大内档案”》，称：“这回是F先生来做教育总长了，他是藏书和‘考古’的名人。我想，他一定听到了什么谣言，以为麻袋里定有好的宋版书——‘海内孤本’……有一天，他就发了一个命令，教我和G主事试看麻袋。”“大约是几页宋版书作怪吧，F总长要大举整理了。”[2]而黄裳更是对其不屑一顾，称傅氏运用“死校”，“并没有什么大突破，也远远赶不上孙（星衍）、顾（广圻）、钱（大昕）等取得的成就，他几乎不能运用‘理校’的方法。主要的原因是他只是把古书当做玩赏的对象，又并无一定研究的专题，所以就远远称不上是‘读书’，难怪不能深刻理解、发现古本的好处与缺点。对书的内容，有时也泛泛地讲点意见，但大都来自《四库提要》之类，绝少新意。在有些题跋中，也附有一些‘校记’，但多数并不完整，因而参考价值也不大。……最有趣的是一次傅增湘买到了宋眉山本《南齐书》，在题跋中津津有味地记下了他如何与书贾讨价还价，‘持书疾归，展览竟夕’的经过，但到底不能知此书的好处何在。直等到一年以后书被章式之借去细读，才发现了中间的‘奇秘’。原来自明以来，《南齐书》传本一直缺失四页，在这一本却保存了其中两页。这说明，把古书当做古董，只是摩挲展览，却不细读内容，被讥讽为‘古董家数’是并不冤枉的”[3]。可见，这里的藏书家如同古董家一样，只把古本当作玩赏的对象，甚至不去研究书的内容，或者就根本不知道如何读书。

其实，如果全方位地观照这些藏书家，不能否认他们当中有些人颇类古董商，但绝不能简单地将两者画上等号，更不能以偏概全，予以否定。以傅增湘为例，他一生收藏古籍近二十万卷，所见则数十万卷，手自校勘的有一万六千余卷（所校《文苑英华》，已成校勘典范之作），撰有题跋五百余篇，毕生致力于目录、版本、校勘之学，成果为人所瞩目。再以校勘言之，清代校勘学极为发达，产生了以顾广圻、黄丕烈等为代表的“死校”和以段玉裁、王念孙等为代表

---

① 鲁迅：《且介亭杂文》，《鲁迅全集》第6卷，人民文学出版社1982年版，第179—180页。

② 鲁迅：《而已集》，《鲁迅全集》第3卷，第564页。

③ 黄裳：《傅增湘》，《珠还记幸》，三联书店2006年版，第48—49页。

的“理校”两大流派，是用不同的方法研究古籍，两者不相排斥。藏书家亦并非不懂“理校”，藏书家重“死校”，这是他们充分利用了自身的藏弆优势。古代藏书家也大都是科举登第，其知识掌握、学术能力毋庸怀疑，他们的学术才能是通过研究藏书的特有形式表现出来的。他们既是典藏家，又精通目录版本校勘之学，几乎都有撰述。如宋代陈振孙的《直斋书录解题》、明代黄虞稷的《千顷堂书目》、清代钱曾的《读书敏求记》、张金吾的《爱日精庐藏书志》、顾广圻的《思适斋集》、叶德辉的《郎园读书志》等，这些目录版本校勘之作，为后人进一步的研究奠定了坚实的基础。

私家藏书在客观上起着保存和传播文化遗产的作用。古往今来，藏书家通过代代相传，不仅自己保存了大量书籍文献，同时，也补充了国家藏书。尤其是经过大变故，藏书大量损失之后，政府往往依靠私家藏书来重建公藏。政府编辑大型丛书时也是常常建立在私家藏书的基础之上的。以清初编纂《四库全书》为例，《四库全书总目》共著录图书一万零二百三十一种(含存目)，其中“内府藏本”有六百九十三种，仅占总数的6%。而署名私家捐献的占32%，凡是献书一百种以上者才予以署名，其他各中小藏书家的献书都归入各省采进本，各省采进本则大部分都是私人捐献。如将署名献书和各省采进本数量相加，则可占《总目》收书的85%以上。再以中国国家图书馆(以下省称国图)藏书来说，1949年之前的收藏大都是收购自徐乃昌、姚覲元、瞿济苍等藏书家，而1949年之后，著名藏书家如傅忠谟、周叔弢、翁之熹、刘少山、邢赞亭、赵世暹、吴南青、赵元方、丁惠康、潘宗周、陈清华等人的藏书悉数捐售给了国图，此外又通过各种途径收购了一些流入港澳的藏书家藏书。可以说，现在的国图基本上就是在私家藏书的基础上建立起来的。其他如山东图书馆馆藏主要来自杨以增、卢松安、王献唐等；北京大学图书馆馆藏来自马幼渔、李盛铎、胡适等；上海图书馆馆藏来自刘体智、姚石子、封文权、柳亚子等；复旦大学图书馆馆藏来自李国松、丁福保、刘承干、王欣夫、刘大杰、赵景深等；南京图书馆馆藏来自刘世珩、邓邦述、刘承干、陶湘、张钧衡、顾鹤逸等；南京大学图书馆馆藏来自陈钟凡、胡小石、罗根泽、缪凤林、欧阳翥、钟泰等。所以，私家藏书保存传递文献的巨大作用可谓举足轻重。

术业有专攻，藏书家对典籍的贡献主要在于传存和研究上。作为一项基础性的文化工作，古代藏书家在保存、传递、校勘、刊布、记录、序化古代文献典籍等方面为繁衍中国学术文化做出了巨大的贡献。因而，在中国文化的大家庭中，不能没有这样的成员。在中国学术的建构中，不能缺少这样一个有机组成部分。如果没有他们的精心护佑，或许万本琳琅，早随佩剑弓刀以俱去；如果没有他们的悉心研究，后学便难以进入真正的学术殿堂。

然而，人们对这些藏书家、文献家的研究与他们对文化学术所做的贡献相比，却并不相称。纵观民初至今的近百年的私家藏书研究历史，其研究主要侧重于两点：一是藏书史料的汇编，如《天一阁藏书志》、《海源阁研究资料》、《铁琴铜剑楼研究文献集》等，属于个案资料汇编。而如《两浙藏书家史略》、《山东藏书家史略》、《中国藏书家考略》、《中国著名藏书家传略》等，亦属区域藏书家的传略概述。《藏书纪事诗》以"书林掌故"、"藏家诗史"发凡起例，其价值也是体现在文献资料的搜罗上；二是宏观研究多，如《中国藏书楼》、《中国藏书通史》、《历代藏书史》、《中国私家藏书史》等属于藏书专史范畴，《藏书与文化》和《中国近代藏书文化》等属于文化范畴。不难看出，对于藏书家的研究，缺少的是个案研究。搜辑资料是为了更深入地进行微观研究，宏观研究亦应建立在微观研究的基础之上。缺少这样的个案研究，资料便无从发挥作用，宏观研究必然有空疏舛误之嫌。过去虽然有一些研究专著和论文，但还远远不能满足私家藏书研究的学术要求。因而，学界需要颇有见地的高质量的论文，需要综合性的系统性的个案研究专著。1991 年台湾汉美图书有限公司曾出版过一套藏书家个案研究专集，计有《铁琴铜剑楼藏书研究》、《晚清藏书家缪荃孙研究》、《范氏天一阁研究》、《清初藏书家钱曾》、《祁承爜及澹生堂藏书研究》、《钱谦益藏书研究》、《观海堂藏书研究》、《丁丙及〈善本书室藏书志〉研究》八种。但这些硕士论文，宥于资料的缺乏，研究深度及广度都受到很大限制，而且这些论文的写作思路模式大都相同，忽略了一些藏书家的个性特征研究。而大陆的综合性个案研究专著除陈登原《天一阁藏书考》、姚伯岳《黄丕烈评传》、李庆《顾广圻研究》等外，则至今鲜有其他著作问世。这样的研究状况与中国拥有数百位著名藏书家的实际状况不符。笔者以为，从大的范畴意义上来看，从事中国藏书史、文献史乃至文化学术史的宏观研究和构建，进行大量的学术性的完整个案研究是个突破口，也是必须做的基础性工作。

杨氏海源阁以其藏书精善和广博，而被誉为中国晚清四大藏书楼之一，又以藏宋元本之多，有"南瞿北杨"之称，其在中国藏书史上的地位有目共睹。海源阁藏书研究，从杨氏藏书 1930 年前后散出时期，到从 1949 年至 1990 年代以前，再到 1990 年代以后至今，经历了一个高潮→低潮→高潮的驼峰式变化过程。自 1927 年阁书陆续散出后，藏书家们终于见到梦寐以求的人间珍籍，于是伴随着海源阁藏书的散佚和收集，对其研究也在民国时期形成高潮。1949 年以后，则呈现出一个平稳的过渡期。从 20 世纪 90 年代开始，由于学术环境的改变，又逐渐形成一个研究高峰。这期间取得了一些成绩。王献唐《聊城杨氏海源阁藏书之过去现在》、傅增湘《海源阁藏书纪略》、李士钊《聊城海源阁杨氏藏书刻书简述》等，对杨氏藏书的概貌和源流做了简述。傅增湘、周叔弢、赵万里、王重民等人著录善本一百五十余种，纠正了前人某些版本鉴定的误说。由曹景英、马明琴主编的《海源阁研究资料》搜集了有关杨氏家世、杨氏题跋、藏书家题跋以及杨氏藏书聚散源流的部分资料。山东省图书馆（简称鲁图）将存于该馆的两千余种明清版本著录成《馆藏海源阁书目》，使人们对杨氏所藏普本有了初步认识。由王绍曾等整理的《订补海源阁书目五种》，对藏书数量进行了统计，对失载于杨氏书目的书籍进行了辑佚，集录了部分藏书家的题跋，摸清了大部分藏书的当今存佚情况，并将杨氏所撰五种书目点校出版。上述几个方面，总体上以收集整理材料和泛论为主，解决了部分问题，但也存在一些问题和不足，主要是缺乏系统、全面、深入的研究。具体而言，首先，研究方式方法有待改进。整理材料，多是散金零玉，且述而不论，因较少系统综合升华，难以揭示杨氏藏书的整体面貌和价值。而一些概述因缺少实证支撑，又多泛泛而论。其次，研究深度不够。有些课题未能引起重视，如杨氏刻书，前人只是搜集了部分简目，而具体的刊刻情况和特点未做深入探讨。研究表明，杨氏刻书在清代刻书史上应有一席之地。杨氏藏书特色，前人只是简单谈及，并未展开论述。对杨氏所藏善本的著录，有不少停留于表面，其文献和校勘价值尚需深入挖掘等。广度上亦有待拓展。如前人较少关注杨氏的学术贡献，进而忽略了学术与藏书的相互作用与影响、海源阁的深层成因、善本的著录整理（前人只是著录了部分善本）与开发利用，等等。再次，前人的研究还有一些误说。如版本鉴定的失误、藏书数量统计不确、有些遗书归宿调查失实等等。综上可知，海源阁藏书研究确待改进完善，其研究空间仍然很大。

为此，笔者对海源阁藏书主要进行了如下内容的研究：

一、藏书缘起与源流。对海源阁形成的原因进行了深入剖析。自宋至清，藏书以江南一带为盛。清末四大家中，三家居江浙，唯海源阁崛起于北方。藏主生于山东孔孟之乡，出身书香之家，酷爱治学，交往广泛，家境殷实，等等，都是海源阁形成的必然条件。就其源流而言，杨氏藏书肇始于兆煜，奠基于以增，补充于绍和，保藏于保彝，散佚于敬夫。

二、藏书思想与特色。探讨了植根于治学的杨氏藏书思想和特色。杨氏藏书所遵循的“海源”治学思想，决定了藏书特色。“源”，表现在版本上即是崇尚宋元古刻、名家校抄；内容上注重原典——诸经正史。其宋版“四经四史”就是这种藏书思想的典型体现。“海”，是指收藏之广博，对明清版本、域外版本等亦尽行搜罗，且又不唯诸“经”正“史”，对其他经史著作以及蓄藏极富的子、集作品也一并收藏。杨氏藏书以质和量取胜，是“精”（源）与“博”（海）的结合。本部分以实例说明其特色。

三、目录版本学。分析总结了杨氏的目录版本学思想及其实践。以往的目录编排往往着眼于内容上的分类，并不注重版本，这种状况至清代有了很大改变。杨氏在编目的各个环节上突出版本特点，而其兼顾版本和内容的编目实践实际上是一个创新。同时，将分类和编年统于一体的编目体例对后世的编目也是一个启示。本部分还以《楹书隅录》为例，用实例详析私家书目对《四库全书总目》的传承与改进。私家书目所作的这种尝试，大大丰富、加深了目录著录内容，并促使目录著录更加完善和科学化。版本学上，主要探析杨氏鉴定版本的方法、善本观、研究版本的基本手段等等。杨氏用刻工、版框尺寸等鉴定版本，对之后的版本学研究有抛砖引玉之功。通过梳理版本源流、比勘版本优劣来勘定版本价值，进一步丰富了研究版本的途径。杨氏是注重内容又兼顾形式的善本观的实践者，这为今后以此为标准的善本理论的形成打下了基础。版本研究是一个历史过程，故杨氏亦有失误之处。尽管如此，基于目录学和版本学的研究，说明杨氏不是仅仅停留于保藏上，而是上升到学术研究的高度，这是十分可贵的。

四、刻书与抄书。详尽考查了杨氏刻书、抄书的数量、种类、规模，并揭示其特点和思想。杨氏刻书有四十余种，由于校勘精审、选择底本谨慎、写刻优美，不少刻本深受学者称誉，如《蔡中郎集》、《柏枧山房集》等。杨氏刻书时间长、地点变换多，但并未因此而降低质量，盖因杨氏刻书将治学置于首位，并以传世为己任。

五、学术利用。探讨了杨氏及其后人的藏书利用情况。与南方藏书家较为开放的观念相比，杨氏藏书只对“挈交”开放借阅，其保守思想既受传统影响，又受个人、地方等特定因素制约。杨氏藏书在归公之后得到了一定的利用，提供了一些底本和校本，体现出很大的校勘价值。但仍有不少“国粹”未能得到开发利用。本部分对杨氏所藏善本中，最为精善之本的版刻及价值进行了钩稽和评估，以冀在古代典籍利用上发挥更大作用。过去的研究较少注意这个问题，本书对此予以关注。

六、散佚与归宿。对杨氏藏书的保藏、遭劫、散佚、归宿等进行了系统的爬梳整理。海源阁藏书能够三世递藏，殊不多见。同时，它又是“私家藏书深受兵燹之祸的代表”。故对其进行解剖研究有典型意义。

本书对杨氏藏书的成因和特色，目录版本学、刻书以及藏书利用等思想和实践的探讨和总结，是前人未曾进行过的专题研究。本书对海源阁藏书的收集、保藏、编目、鉴定、抄刻、利用、亡佚情况做了较为综合、系统、深入的研究，基本摸清了杨氏藏书的真实底蕴，揭示出杨氏在保存和研究古代文化遗产和文化学术所做的实际贡献。海源阁藏书宏富精善，计有四千六百余种二十余万卷，其中宋元校抄七百余种近四万卷。其藏书的收集、保藏、编目、鉴定、利用、刊刻等等，皆有令人称道之处，对其进行研究总结，于藏书文化建设不无启迪。本书考察了某些善本的刊刻情况及其对于古籍与现代整理点校本的校勘价值，以进一步发挥杨氏藏书及古籍善本的学术作用。本书寻绎归纳出了杨氏在目录版本学方面的学术贡献，或可为建构、发展和完善中国古代文献学提供参考。本书旨在做一个真正的藏书家个案研究，循以杨氏收藏、整理、利用之史实和私家藏书的内在规律为经，以学术平议为纬的交织理路来建构全文。意在搭建一个完整的研究构架和平台，尝试为私家藏书研究树立研究范式，亦为广泛开展此项研究提供启示和借鉴。

本书在研究方式方法上也做了一些探索，采用学术视角观照藏书，意图改变以前以编汇史料为主、仅仅着眼于藏书本身的单一研究模式。杨氏治学崇尚“海源”学说、主张汉宋“二者不能偏废”、有自己的经世思想并敦行实践，这些都对藏书起到了推动作用；杨氏利用自己的藏书在目录学、版本学研究上又有不少创获，等等。学术与藏书之间相互生发、促进的这种互动，显示了两者的密切关系。过去的藏书研究多从史传角度出发，侧重于藏书史料的汇编。

由于缺少学术层面上的深度研究，其研究往往只有量的改变，而无质的飞跃。本书把海源阁之“史”与“论”、“述”与“评”结合起来，运用考证、比较、归纳、数字、图表等方法来获取结论，从学术高度来认识考量海源阁在中国藏书史上的地位和影响。

笔者曾多方搜集资料。一是去国家图书馆、山东省图书馆等搜集书跋、手札等资料；二是通过访问当地长者、知名专家，实地考察杨氏故居、文物等，获得第一手材料；三是复制善本资料、拍摄书影等，以便校勘论证善本价值。总之，通过广泛而深入的文献调查和社会调查，尽可能将原始资料搜集齐全，使研究建立在实证的基础上。

总之，随着新材料的不断发现以及对于原有材料再度解读和爬梳，前人未说过的需要从头说，前人未说完的需要接着说，前人说错的还需要更正了说。1930年，王献唐于《海源阁藏书之损失与善后处置》一文中表达了编撰《杨氏海源阁藏书史》和《杨氏海源阁藏志》两书的愿望。1957年，李士钊亦曾有过此项宏愿，惜均未实现。笔者酷爱藏弆，所居与海源阁故址近在咫尺，于杨氏故实朝夕相闻，常感于兹。经过数年搜罗，小有所获。傅斯年说过：“凡一种学问能扩张他所研究的材料便进步，不能的便退步。”又云：“扩张研究的材料”，“动手动脚找新材料，随时扩大旧范围”，然后“照着材料的分量出货”，“一分材料出一分货”。[①] 我本着这样的想法和要求，开始撰写这部书稿，寒来暑往，笔耕五载，将其拉拉杂杂地写成了现在这个样子。如果能够以此撩开杨氏藏书的面纱并摸清杨氏藏书的底蕴，完成前人的遗愿，那将是作者的一丝慰藉。但由于自己的知识水平有限，其中肯定存在不少问题，冀方家多多批评指正。

典藏学不是一个孤立的学科，它隶属于文献学这样一个大系统。清代藏书家大都是学者出身，他们在聚书的同时，也在悉心研究书籍，因而典藏学是与版本、校勘、目录学密切联系的学科，中国古典文献学的组合基础正是这些分支学科的综合。程千帆先生云：“今欲尽其道，则当折中旧说，别以四目为分。若乃文字肇端，书契即著；金石可镂，竹素代兴，则版本之学宜首及者一也。流布既广，异本滋多。不正脱讹，何由籀读？则校勘之学宜次及者二也。

① 傅斯年：《历史语言研究所工作之旨趣》，《国立中央研究院历史语言研究所集刊》第1本第1分，1928年10月刊印，第5、7、8页。

篇目旨意，既条既撮，爰定部类，以见源流，则目录之学宜又次者三也。收藏不谨，斯易散亡；流通不周，又伤锢蔽。则典藏之学宜再次者四也。盖由版本而校勘，由校勘而目录，由目录而典藏，条理始终，囊括珠贯，斯乃向、歆以来治学之通例，足为吾辈今兹研讨之准绳。”[①]祖师之经典概括，可谓言至精髓。今所撰此文之内容构成亦发萌于此。

① 程千帆：《〈校雠广义〉叙录》，《校雠广义》卷首，齐鲁书社 1991 年版，第 6 页。

第　一　章

藏书缘起与源流

藏书有公家和私家之分。追溯历史，私家要比公家稍晚一些，孔子、老子应是史载最早的藏书家。至汉代出现了像西汉河间献王刘德、东汉蔡邕这样的收藏大家。魏晋南北朝时期，由于书籍的制作基本由竹木简牍和缣帛过渡到物廉质轻的纸抄本，私家藏书有了较快的发展。隋唐五代，是中国藏书的发展期，其数量、质量都远远超过前代。如唐代颜师古除收藏书籍外，还收藏书画、器物、书帖等，而五代青州王师范，聚书数千卷，并聘专职人员管理藏书。五代和凝，有集百卷，并自篆上版刻印，开藏书家刻书之风，这对后世藏书事业产生了深远的影响。随着雕版印刷的初兴，宋元时期成为中国私家藏书的繁荣期。藏书家大量涌现，且藏书规模扩大，仅万卷以上的就有近四百人，并有很多私家藏书目录出现。明清是中国私家藏书发展的高峰时期，明代藏书家有七百余人，著名的有宋濂、叶盛、王世贞、项元汴、范钦、赵琦美、黄虞稷等，同时总结出一些藏书理论。清代藏书更是蔚为大观，就藏地而言，几乎遍布全国，除江浙外，北京、山东、福建等亦是藏书集中之地。藏书规模普遍扩大，藏书大家群雄并起。如清初的钱谦益、朱彝尊等，均著称一时；清中叶，出现了乾嘉四大家：吴县黄丕烈、袁廷梼，长沙周锡瓒，元和顾之逵；晚清则有聊城杨氏海源阁、常熟瞿氏铁琴铜剑楼、杭州丁氏八千卷楼、吴兴陆氏皕宋楼等四大藏书楼。这些藏书巨擘均以藏书量大（十数万、二十余万卷），藏书质量高（宋元珍本数以百计）著称于世。伴随着藏书的极度发达，藏书活动规律的研究和总结比前代更加活跃，如孙从添《藏书纪要》、叶昌炽《藏书纪事诗》、叶德辉《书林清话》等专著的相继问世，表明典藏学已成为专门之学。同时，一些目录、版本学著作也大量涌现，并促进了校勘学、考证学的发展。凡事必有因。清代藏书何以如此发达？揆诸缘由，盖有数端。

首先是学术影响。清代学术取得最大成就的是朴学领域，包括文字、音韵、训诂、校勘、辨伪、辑佚、目录、版本等，而从事朴学研究的基础是必须借助大量的藏书。可以说，清代学者的朴学研究主要依靠的是学者自己的藏书。例如作为清学主流的考据学、校勘学，就需要很多图书，尤其是宋元本。清初学者朱彝尊著有《经义考》、《曝书亭集》等，并编纂了《明诗综》、《词综》等，这些著作主要就是依靠自己的藏书。朱氏于浙江秀水建有藏书楼"曝书亭"，家藏三十椟，近八万卷，还借抄三万余卷。清代中期学者陈鳣，精于经学及小学，著有《经籍跋文》、《石经说》、《简庄文抄》等十余种。他为从事经学研究，曾收藏十余万卷，其藏书中有很多宋元经部珍本，如宋本《周易注疏》、《周易本义》、《尚书孔传》、《周礼注》等。晚清学者孙诒让，一生博览群书，著述宏富，在多个领域都卓有成就，为后人留下《周礼正义》、《札迻》、《古籀拾遗》等多种著作。孙氏"玉海楼"有藏书八、九万卷，还庋藏了大量的浙江地方文献，其中温州地区著述有四百六十多种，这就为创作《温州经籍志》提供了极大便利。所以，学术研究的需要促使学者大量收藏图书，当然，丰富的藏书反过来也必然推动学术的发展。因而，私家藏书和学术发展实际上是一种互动关系，洪有丰说："有朴学之提倡，而藏书之需要亟；有藏书供其需要，而朴学乃益发扬光大。"①

其次是经济因素。藏书需要巨大的财力，若没有经济基础，藏书就不可能实现。清代自雍、乾以后，社会渐趋稳定繁荣，经济得以恢复发展，为藏书创造了一个富裕安定的经济环境。鸦片战争以后，又诞生了很多富贾豪商，且清代高官士大夫实行养廉银制，他们的收入高而稳定。这些人士资财雄厚，雅好收藏，广罗古籍，因而有大批藏书家出现。如财大势大的官员怡贤亲王、阮元、端方、丁日昌等，如家中富有无生计之累的士大夫翁方纲、周永年、纪昀、翁同龢、王懿荣、潘祖荫等，富商如鲍廷博、马裕等，同时还有一些极有资材、颇知笔墨的民间士绅亦加入到藏书事业中来。

再次，政府的奖掖也是促使藏书事业兴旺发达的重要因素。如乾隆皇帝对藏书家的隆重褒奖就极大地鼓励、刺激了当时及其后全国范围内私人藏书

① 洪有丰：《清代藏书家考》，《图书馆学季刊》第1卷第1期，(台湾)学生书局1969年影印本，第42页。

事业的迅猛发展。对为编纂《四库全书》而献书的藏书家给予精神和物质双重奖励,凡献书达到一定数量者,均予署名,并奖励武英殿版《古今图书集成》、《佩文韵府》等巨编。乾隆还多次颁旨表彰私家藏书楼的代表——宁波天一阁,并下旨依天一阁规制建藏书楼,专贮《四库全书》。藏书家能够获此殊荣,历史上还从未有过。乾隆时期盛极一时的私家藏书高潮,与这种大力倡导有密切关系。风气渐开,世代相沿。清代藏书之盛无不得益于此。

当然,最主要的还是藏书家的个人因素。除了要有雄厚的经济实力外,必须具备很高的学术素养和版本知识,要有机遇,并有善于把握机遇的能力。诞生于清末的藏书大家聊城杨氏,就是在充分利用了以上这些外因,同时结合自身的优势,经过几代人的不懈努力,创造出中国藏书史上的奇迹——海源阁藏书楼。

海源阁,坐落于山东聊城东昌府光岳楼南,由杨以增于道光二十年(1840)所建。在海源阁建成前后,杨以增已经积累起十几万卷藏书,其后又经杨绍和、杨保彝的扩充,致使海源阁藏书达四千余种二十余万卷,其中宋元刻本及其名家校抄七百余种近四万卷,以其量多质高闻名海内,广为后世所称道。

一个新事物的出现,在看似偶然的背后,常常蕴涵着一定的必然性。明清以降,藏书历来以江南一带为盛,如清末四大家中,其中三家为江浙所有。北方虽然亦有不少藏书家,但达到如钱曾、黄丕烈、张金吾、丁丙、陆心源等同样规模的藏书家,北方只有山东聊城杨氏一家。所以,乍一看来,杨氏的出现似乎是一个偶然的事件。但如深入细致地进行剖析,海源阁于北方的崛起,确有其必然性。从某种意义上来说,相比江南一带的优越的文化、地理、物质环境,在北方产生这样一个大藏书家,确实要艰难得多,如果不具备相当成熟的条件,是不会孕育而成的。但历史偏偏给了杨氏一个机遇,而杨氏以自身的条件敏锐地捕捉住,并将两者融合发挥,从而创造出这样一个"文化奇迹"。可以说,杨氏的家族教育、治学、个性嗜好、宦历以及所处的人文环境等等是促成杨氏藏书并最终成为藏书大家的必要因素。

第一节 家世与传略

杨氏先世为秦人,自陕西华阴县迁至山西洪洞县。元末明初,山东一带战争、自然灾害连绵不断，致使生灵涂炭，百无聊生，方圆数百里荒无人烟。明代统治者进行移民开荒，洪洞军民东迁。此时，占籍洪洞的杨氏以军功授临清卫指挥。清初，迁入东昌，遂著聊城籍。①

杨以增远祖杨宪章乏嗣，由太祉次子国学继之。宪章官县文学，闻同邑从九品唐云楣女孝行，遂于清康熙五十一年（1712）为国学聘之。居二年，国学殁，唐氏时年二十有一，其子帝锡生甫三月。宪章家贫如洗，盎无斗储，唐氏夙夜劳作，扶孤成立，侍奉公婆三十余年，孝养如一。帝锡长大，娶阎氏，有子五人。已而帝锡、阎氏皆殁，唐氏复衔哀扶养诸孙二十年，迨唐氏之殁，诸孙皆冠且娶矣。初太祉有三子，国学过继后，太祉二子早卒无后，唐氏复命三孙如桐还嗣继后。时人皆曰："使杨氏几坠而复续，且两房皆有宗祀不失其世，节母力也。"唐氏卒年八十有四，距国学卒已有六十余年。唐氏之后，杨氏香火日盛。②

杨以增祖父如兰为帝锡次子，字德馨。官候选州吏目。清乾隆三十九年（1774）八月，山东聊城爆发了王伦起义，起义失败后，杨如兰随山东巡抚徐绩和东昌府知府季世法查办余党。胥役以此为借口索要贿赂，多蔓引花名册者万余人，杨如兰知其冤而不敢言。于是中途夜燔其帐，原册烬焉。天亮自缚请罪，抚军惊怒，既而叹息曰："不惜一身以救万人之命，德量之宏，吾不及也！"孙星衍有感于是，作《义士传》颂之。娶妻赵氏，子二：长子兆俊，早卒，次子兆煜。③

杨兆煜（1768—1838），字炳南，又字熙崖，自号实夫。应童子试，擢第一。清嘉庆三年（1798）举于乡。十三年会试大挑二等，十八年选授莱州府即墨县教谕。不久，奉母归。除母丧始随子就养湖北襄阳。兆煜官即墨之前，即墨教职与县令不和，互相攻讦，以致殒命，遂成大狱。而诸生亦与县令相持不下，多所牵连。时督学又连章上告，诸生或死狱里，或死道中，五年之后方才定案。于是教官颇如首鼠，士人轻之。兆煜到任后，勤于督课，稳定情绪，以鉴前车，

① 参见[清]王延庆：《孝直先生传》，《耆献文征》卷中，靳维熙等纂修《聊城县志》，清宣统二年（1910）文行出版社印行。

② 参见[清]钱仪吉：《杨节母家传》，《耆献文征》卷中，《聊城县志》，清宣统二年（1910）文行出版社印行。

③ 参见《杨如兰传》，《聊城县志》卷8。

明晓事理。即墨人士，遂以率从。上官闻之，将要举荐时，兆煜则释然而去。古人云“凡学者，所以学为忠与孝也”，兆煜归里是为奉母孝亲之道。其时母九十高龄，兆煜六十多岁，居家“奉母承色笑，日取元人诸院本或小说家言之佳者，琅琅雒诵，母乐甚。母或时不怿，必长跪陈启，至欢慰乃起。……母殁，丧礼参宋儒《书仪》、《家礼》，饬子以增建祠，规制一准诸《大清通礼》，识者韪之”①。并于墓旁筑庐守孝两年。兆煜颀长美髯，为人仁恕而质直，胸不设城府机械。利达不骄，贫寒无怨。超然毁誉之外，处朋友诤而无后言。常有济世之心，而绌于力。门士综服官事亲，上乡谥，赞曰“孝为顺德，直则生之理也”，卒谥“孝直先生”。娶和恭人，生子以增，早卒。继娶赵恭人，生子以坊，视以增如己出。以坊，廪贡生肄业，国子监候选训导，从父家居。女一，适同邑拔贡生李宗泰。②

杨以增(1787—1855)，清乾隆五十二年(1787)九月十六日，生于聊城东昌府城关万寿观前街杨宅。字益之，一字至堂，别号东樵，又号退思老人。嘉庆八年(1803)，年十七补博士弟子员。二十四年，举于乡。道光二年(1822)，以第八十三名第二甲赐进士出身，分发贵州，权长寨同知。四年，补荔波县知县。八年十月，充乡试同考官，调任贵筑县知县。十一年正月，升松桃直隶厅同知。十三年，调贵阳府知府，并受皇帝接见。十四年九月调湖北安、襄、郧、荆道，署湖北按察使。十六年，迎养父杨兆煜至襄阳节署。十七年四月，与湖广总督林则徐初交订谊，投分遂密，子绍和问学于林则徐。六月十九日，杨兆煜卒于襄阳道署。杨以增扶柩回里，葬父于聊城西南田庄。十九年，丁母忧。二十年，在聊城城关万寿观前街杨氏住宅第三进院的东跨院里建家祠“海源阁”，楼下祭祀先人，楼上则专藏宋、元佳椠。又于第四进院筑屋藏明清普本及书画碑帖等。二十一年九月，服阕授河南开归陈许道员，署河南按察使。二十三年，升两淮盐运使，补授甘肃按察使。二十四年，署甘肃布政使。二十六年十月，任陕西布政使。二十七年三月，林则徐举荐其任陕西巡抚。八月，署陕甘总督。

① [清]王延庆：《孝直先生传》，《耆献文征》卷中，《聊城县志》。

② 杨兆煜事迹参见：[清]王延庆：《孝直先生传》，《耆献文征卷》卷中，《聊城县志》；[清]梅曾亮：《诰封中宪大夫安襄郧荆道即墨县教谕杨府君墓志铭》，《柏枧山房文集》卷13；[清]钱仪吉：《赠资政大夫陕西巡抚故山东莱州府即墨县教谕熙崖杨公墓碑铭》，《衎石斋记事续稿》卷9(咸丰六年钱彝甫刻本)；《杨兆煜传》，《聊城县志》卷8。

二十八年九月，为江南河道总督，河督馆署于江苏清江浦（今江苏淮安）。咸丰元年（1851），以丰工漫口，革职留任。三年，奉旨督防江北，兼署漕运总督。四年，兼理淮北盐务。咸丰五年（1855）十二月十八日，卒于官，时年六十八岁。卒后追赠右都御史衔，谥号“端勤”，国史馆立传。恩荫一子入监读书，期满以知县铨选，旋请以长孙保彝承荫。咸丰七年，山东巡抚崇恩题请入祀乡贤祠。九年，陕西巡抚曾望颜题请入祀通省名宦祠。同年，两江总督何桂清等提请入祀淮安清河名宦祠，均奉旨入祠。杨以增原配徐氏，赠一品夫人。继配朱氏，封一品夫人。子三，长子绍谷，云南大理府通判，山东团练加同知衔；次子绍和；三子绍穆，早卒。女四，适刘兰绪，候选教谕；李庆翔，候选通判；乌梦鳞，翰林院待诏；刘延桓，未入仕。①

杨绍和（1830—1875），字彦合，一字念徽，号勰卿。生有夙慧，龆龀即知向学。性端重，喜怒不形于色。年十八为县学生，咸丰二年（1852）举于乡。三年，杨以增奉旨督防江北，兼江南北粮台大臣，绍和侍于戎幕，辅佐赞画机宜。五年，父卒，绍和哀痛之余，检覆文书，钩稽钱谷出入，皆井井有条。历官内阁中书，户部候补郎中，擢道员，记名简放。然绍和不欲外任，上书巡抚，请假省亲。巡抚既留，陕甘总督又邀赴陕。绍和请示朱太夫人，夫人复书云“汝父未葬，吾已老，其善辞之”。同治四年（1865）中进士，改庶吉士，散馆一等，授翰林院编修，擢詹事府右春坊、右赞善、右中允、司经局洗马，赏戴花翎。再擢翰林院侍读，赏三品衔，升用侍讲学士，充日讲起居注官，文渊阁校理。大考二等，遇缺题奏。光绪元年（1875）京察一等，覃恩，晋阶通议大夫。十二月卒于官。娶傅氏，江苏巡抚傅绳勋长女。一子保彝。

杨保彝（1852—1910），字奭龄，号凤阿，晚号瓻庵。以祖父荫得知县。幼承庭训，循礼法，天怀旷逸。喜论掌故，上起古人，下迄清朝，口若悬河，娓娓动听，令人忘倦。同治九年（1870）举贤书，以迭遭父母丧、嗣父母丧、祖母之丧，居家十余年，所学益有根底。改官内阁中书，转员外郎。调总理各国事务衙门章京，资深，擢道员，晋二品衔。光绪二十九年（1903），退隐肥城陶南山馆。平

---

①　杨以增履历事迹见梅增亮《兵部侍郎江南河道总督杨公家传》（《柏枧山房文续集》，杨绍谷、杨绍和清同治三年补刻本）、龙启瑞《兵部侍郎都察院右副都督御史江南河道总督杨公神道碑》（《经德堂文集》卷4，龙继栋清光绪四年京师刻本）、许乃普《江南河道总督杨公墓志铭》（清宣统二年修《聊城县志·耆献文征卷下》）和《聊城县志·杨以增传》。

时俭约自奉，每与乡邻清话，人爱戴之，若忘其显贵者。光宣间，延为续修山东通志局会纂，兼充优级师范教长。不久辞归，郁愤而卒。娶诸城王太珊，及朱氏、郭氏。无子，择族子敬夫为嗣。①

杨敬夫(1900—1970)，原名承训。幼从学于济南徐敬铭。徐乃进士，知识渊博，教学严谨，敬夫受益匪浅。十五岁时，又从同邑宿儒靳维熙问学，靳氏指导敬夫阅读古书，讲述杨氏先世治学、藏书事迹及做人立世之本。敬夫先与张英麟之孙女成婚，妻早卒。1920 年，娶阳信劳之常女为妻，1921 年入济南山东省立法政专门学堂学习，1923 年辍学赴北京，经劳之常介绍，任北洋政府教育部秘书厅行走。旋入赈灾委员会，先后任职于京奉铁路局文书科、京汉铁路总务处、北洋政府交通部。1927 年定居天津。1928 年，国民党北伐军抵定北京，又于京奉铁路局工作五个月，不久交通部迁往南京，遂在天津做“寓公”。抗日战争前，寓住天津英租界十七号路时，因与山东乐陵宋哲元将军为邻，常相过从，非常友契，1935 年冀察政务委员会成立，聘为参议。“文化大革命”期间，惨遭迫害而死。②

杨氏世系图：

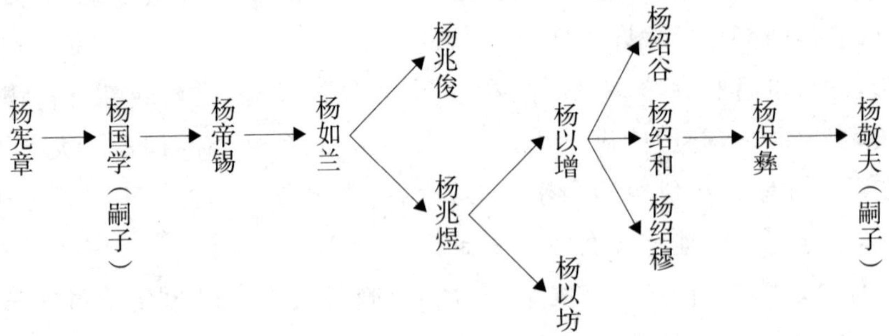

① 参见《杨保彝传》，《聊城县志》卷 8，文行出版社宣统二年(1910)印行。2008 年 1 月 15 日下午，笔者拜访杨氏世交朱成德先生，先生称敬夫为表爷爷，云：保彝无子，继承者本来应为本家子弟杨宝(小名)，但杨宝不务正业。为保护家产和书籍，遂以杨氏在乡下的远房子弟杨敬夫为继承人。而为安抚杨宝，遂给一顷多田地度其余生。先生又说：他和敬夫见过多次面。解放后土改时，敬夫家数百亩肥田被没收，敬夫想要回来，这叫做“倒算”。不但没有成功，反而被逮进聊城监狱一年多。因敬夫有文化，狱中还经常向大家读报纸，做义务宣传员。出狱后，先生还特地看过敬夫，见他精神很好，个子不高，很稳重。

② 参见李士钊：《聊城海源阁藏书重要史料片断——1966 年 2 月 10 日在天津访问海源阁第四世主人杨承训(敬夫)先生》，《山东出版志资料》第 1 辑，山东人民出版社 1984 年版，第 179—180 页。

家庭是国家、社会的构成基础，治国兴邦宜从治家开始。杨以增引归有光言曰："故家大族实与国相维持者，系风俗世道之隆污所不可不重也。"[①]杨氏重于治家。治家以传统的孝礼为基本思想，世代相沿，同时杨氏极其注重家族成员的知识素养的培养，因而，杨氏家族主人大都科举入仕。从现有最早的文字资料记载来看，自明初至清中叶的数百年里，杨氏家族一直都寂寂无闻。杨氏家族的为官源头为明初临清卫指挥，是一个世袭武职。按明代有关规定，世袭武职进行专门户籍管理，不得轻易转换，所以终明一代，杨氏家族没有科举显达的记录，直到清初。杨宪章曾经官县文学，杨氏家族开始由武转文，并系统接收以儒学为主的文化教育。以后，杨氏主人一连早逝，没能发达显贵。为杨氏家族带来转机的是唐氏，正是由于她的努力，不仅使杨氏后代子孙满堂，而且孝悌勤俭的品德给杨氏后人树立了榜样，钱仪吉云："以杨氏之世有贤母，而其先德诸老以身教家者，举可见矣。宜其兴也，而一皆出于节母之贻训。夫以一身担荷于震撼摧陷之下，亡者使存，危者使安，因以长养蕃硕于无涯，节之系于家国也，岂不重哉！"[②]因而唐氏在杨氏家族史上起到了重要作用，杨以增请钱仪吉为其作《杨节母家传》，就是要"继之者之感于其德，长思慕而不忘，以久于尔家也"。唐氏之后，杨氏"传曾元而日盛，世科第以起其家"。[③] 杨如兰出为县吏；杨兆煜为嘉庆举人，铨即墨县教谕；杨以坊为候选训导，杨以增为道光进士，官至河督；杨绍和为同治进士，官侍讲学士、文渊阁校理，杨绍谷为云南大理通判。杨以增三婿分为候选教谕、候选通判和翰林院待诏；杨保彝同治举贤书，官内阁中书、总理章京。至道光时期，杨以增官至河督——从一品的封疆大吏，杨氏家族始真正显赫起来，并延续两代。杨氏的高官地位，使他们结交更多的上层知识精英，可以使他们有更高的眼光和境界，可以使他们拥有充裕的资金用来购书。中国封建社会的官宦家庭往往和科举有着必然的联系。要想步入官宦并保持住家族的地位，除了荫得之外，就是通过科举考试。杨氏家族之兴盛，走的也是科举一途。但是，通过科举考试，需有扎实的知识储备。在这方面，杨氏几代人可以说都具备了一定的基础，并进而在治学上亦取得了一定成绩。治学极易促发藏书的欲望，一旦条件成熟，这种欲望就会变

---

① 《续修张氏族谱序》，《海源阁研究资料》，山东友谊书社 1990 年版，第 278 页。

② 《杨节母家传》，《耆献文征》卷中，《聊城县志》，清宣统二年(1910)文行出版社印行。

③ 同上。

成现实。以读书治学促进藏书，又以藏书形成良好的治学条件和氛围，再以治学来提高藏书质量，最终形成治学与藏书之间互动的良性循环，以达到提高家族文化的目的，并实现典藏的目标。不仅如此，在杨氏家族中，还承传了中国的儒家传统，如忠孝、仁和等思想。这些也都为藏弆提供了一些正面的辅助条件。因而，孝礼、知识、官宦是杨氏家族的特点，这样的家庭毫无疑问地为其藏书奠定了良好的基础。

第二节 杨氏藏书的社会文化背景

海源阁的产生，既是家族文化的结晶，也与当地的人文环境有密切联系。山东为孔孟之乡，自古以来，形成了读书藏书的优良传统。学者藏书家，代不乏人。叶昌炽《藏书纪事诗》收录五代至清代山东藏书家二十九人，汪訚《明清蟫林传》收录明清山东藏书家三十九人，《中国藏书家辞典》收录两汉至近现代山东藏书家六十二人。但这些远不是实际人数。其后，王绍曾、沙嘉孙历时九年，遍检史传碑志，终在 1992 年撰成《山东藏书家史略》一书，详细钩稽出山东历代藏书家共五百五十九人，超过吴晗《江浙藏书家史略》所统计的江苏四百九十二人，浙江三百九十九人。当然，不能排除吴晗采摭未备这个因素，但也足以说明山东藏书家之多。这其中山东清代藏书家最夥，达三百四十九人，亦超江浙。这些藏书家中，如王士祯、卢见曾、孔继涵、周永年、桂馥、郝懿行、刘喜海、马国翰、许瀚、徐坊等，都是名重一时的藏书大家。他们为保存、整理、传播古代文献做出了贡献。聊城地处鲁西，受其浸染，聊城在清代也涌现出许多藏书家，而杨氏即为其中之一。

杨氏出生和居住地为聊城东昌府古城区光岳楼南不到一百米的万寿观街东首路北杨宅。东昌府历史悠久，早在春秋战国时期已是齐国西部重要城邑，曾为齐燕征战之地，鲁仲连射书即在此地。隋唐以后，一直为州府治所。今为地级聊城市唯一的市辖区。东昌府古城区布局方正，颇似棋盘，明初建立的光岳楼（全国重点文物保护单位）矗立于古城中心。城外有四万二千平方公里的护城湖（即东昌湖）环绕四周。京杭大运河依城而过。运河作为南北交通大动脉，其漕运极为发达，亦为东昌府带来长期的繁荣。尤其是明清时期，江浙、秦晋、湖广等地商贾云集于此，当时金店、银号、书坊、笔庄、药铺、茶馆遍布城区。

“廛市烟火之相望，不下十万户”，城市之繁华可见。同时，外商于东昌府建立的会馆傍河林立，现在作为全国重点文物保护单位的山陕会馆就是代表之一，也使东昌府成为沿河九大商埠之一。皇帝南巡亦必经此地，如清康熙帝四次来聊，乾隆帝九次驻跸。经济的繁荣，带来了文化的昌盛、教育的发达，书院、私塾和学馆等应运而生。以书院为例，明清时期，聊城共有书院二十六所，而东昌府有六所，这六所全在以光岳楼为中心的不足五平方公里的古城区内，即东林、光岳、龙湾、阳平、启文、摄西书院。东林书院，设在老城东部，由明代参政耿明创建。光岳书院在老城的南门里，清雍正四年(1726)由聊城知县张维垣所建。龙湾书院在运河龙湾段以西，由太常寺少卿任克溥所建。阳平书院在府学东，清康熙五十八年(1719)由知府杨文干所建，至清乾隆二十五年(1760)，知府吴承勋改其为万寿宫，又在司马街另购一宅设为阳平书院。启文书院在孙家胡同，乾隆二十九年由知府胡德林购孙启淑旧宅改建，后经知府张官五、程绳武的重修和扩建，房屋最多时达五十多间。著名学者毕亨、武亿均曾授业于此。摄西书院在老城东北隅，清光绪二十二年(1896)由知县凌芬创建。这些书院招收生徒，组织教学，设立书斋、书库，在培育了大量人才的同时，还储藏了很多书籍，藏书少者数千卷，多者逾万卷。① 书院，是中国古代一种讲学、藏书、刻书的综合教育学术机构，一个地区书院的规模大小和数量的多少，标志着这个地区的文化发达程度。明清时期，东昌府的刻书亦很兴盛，当时城中很多达官贵人及私家书坊都刻书鬻书，所用书板有不少是沿运河由南方运来。

优越的文化教育环境培养了众多名人，如明大臣朱延禧，理学家穆孔晖，明末大将左良玉，清代书法家崔班，画家董立元，状元傅以渐、邓钟岳等。这其中，以东昌府八大名门望族最为著名，如朱延禧，聪颖好学，擅长诗文，著有《畸斋诗文集》五十卷，编修《两朝实录》，书室名“遁斋”、“畸斋”。明万历进士，官至太子太师、建极殿大学士兼吏部尚书，史称“朱相国”。朱鼎延，明崇祯进士，官至工部尚书兼吏部侍郎，鼎延潜心宋儒理学，著有《知年初集》等。朱氏后人朱学笃于清咸丰九年(1859)荣登二甲第一，科名仅次于状元傅以渐、邓钟岳，

① 参见《书院》《聊城地区文化志》第9章，山东省聊城地区文化局史志办公室1990年编印(油印本)，第11—13页。

官浙江道、湖广道监察御史。学笃曾主讲并任济南泺源书院山长。任克傅，清顺治四年(1647)进士，官至刑部左侍郎，加四级正一品，诰授光禄大夫。有清一代，自顺治三年开科取士，至光绪三十年(1904)停止科考，二百五十八年中，山东共出状元六人，而东昌府竟有两人。邓钟岳，康熙六十年(1721)状元，曾有御批"字压天下"之誉，充江苏学政、内阁学士兼礼部左侍郎，治学推崇程朱理学，刊刻《近思录》、《白鹿洞规》等书，尤邃《易》、《礼》。著《寒香阁诗文集》八卷等。傅以渐，清朝第一位状元，官至武英殿大学士兼兵部尚书，这是清朝最高官阶。傅以渐治学严谨，学识渊博，经史百家无不通晓，著作极丰，但多毁于失火，尚存者《易经通注》(与曹本荣合著)、《内则衍义》两种均收入《四库全书》中，其他尚有《贞固斋试艺》两卷及序跋碑铭等。傅氏家族自傅以渐起至清末，共有进士六名，举人十一名，拔贡十一人，国子监生九十一人，秀才一百一十人。其官位正七品以上的就有二十二人，傅氏家族是名副其实的官宦世家，但其步入仕途都是通过科举获得，可见傅氏家族教育程度之高。傅氏传至八世即是号称"现代状元"的近代著名学者傅斯年。

杨氏与这些家族大都有交往。如朱鼎延家族，两家既有世交，又是表亲。杨以增卒后，绍和请朱学笃书写墓志，刻石立碑于田庄杨氏祖茔，此碑解放初尚存。杨氏书籍从不示外人，却常邀朱氏族人如朱学笃、朱正履等前去帮助护理藏书，这说明两家关系之近密。① 杨氏与傅氏家族交往极为密切，杨以增官江南河道总督时，傅绳勋曾任江苏巡抚，绍和娶绳勋长女为妻，等等。这些家族都是知识官宦家庭，拥有大量藏书，有的刻了不少书。如邓钟岳之父吉哲游江南时，尝以千金购书，如明崇祯十三年(1640)本《十三经类语》十四卷，钤有"邓吉哲印"、"东昌邓氏"、"邓钟岳印"、"东京第一家"诸印。此书后来为海源阁所藏，今存鲁图。除了几大望族都有藏书外，东昌府还有诸如乾隆举人任宣锡、光绪举人邹道沂及靳春泰、杨毓春等文化人士也有不少藏书。聊城辖下的其他八县都有藏书家出现，据王绍曾《山东藏书家史略》一书统计明清聊城藏书家有四十人，其中不乏大家，如清末临清徐坊，号梧生，藏书有五百二十五种，以集部最夥，其中宋本十六种、元本九种、宋刊元修本二种，最著者为宋绍

---

① 参见朱成德:《世进士第 翰墨流芳——朱鼎延及其家族纪略》,《东昌望族》,政协聊城市东昌府区文史资料委员会 2003 年编印,第 65 页。

兴临安府刻南宋监本《周易正义》，此书原为俞石涧、季振宜旧藏，海内孤本。其他尚有宋绍兴九年(1139)临安府刻本《文粹》、宋本《六臣注文选》、宋本《韩集举正》、宋蜀刻大字本《文章正宗》、宋监本《荀子》等。傅增湘云："历观近代胜流，若盛意园、端匋斋、徐梧生诸公，当其盛时，家富万签，声名煊赫，骎骎与南瞿北杨齐驱方驾。"①茌平王曰高，顺治进士，授编修，俸禄所得尽以购书，多至万余卷，室名"槐轩"。茌平崔庄临，嘉庆举人，署曹州府教授，与王引之、毕亨等交往深厚，家多蓄书。身处这样的人文环境，杨氏自然而然地要受其影响。这种影响一是由科举带动起来的治学风气，同时，他们大都有藏书，有的还刻书。因而杨氏萌发藏书心理，并一发而不可收，与其自幼朝夕相处的文化环境有着密不可分的关系。

"在考察清代的主要藏书楼时，我们发现一个有意思的现象，那就是，三百多年间的五百多个藏书家承继着藏书的事业，私人藏书的链条是一环紧扣一环的。往往彼时彼地的藏书散开了，而到此时此地又被重新聚集了起来。"②但这种"重新聚集"需要一定的条件和机缘。有清末季，中国内忧外患。鸦片战争、第二次鸦片战争、中法战争、中日甲午战争以及随之而来的边疆危机和民族危机，使大清王朝千疮百孔，岌岌可危。太平天国运动、捻军起义、义和团运动更给予清政府以致命的打击。在战争和社会动乱的环境下，文献典籍历经兵燹劫难，散佚极多。官藏典籍中，重大的书厄就有太平天国战争时期《四库全书》江南三阁所遭到的破坏，英法联军对圆明园及文渊阁《四库全书》和《永乐大典》的焚烧和劫掠等。官府藏书体系至此受到严重破坏，而私家藏书更是连遭蹂躏，如鸦片战争中英军对宁波天一阁善本的盗掠，太平军攻至江宁，朱绪曾"开有益斋"十余万卷藏书被战火焚烧，甘国栋、甘福、甘熙三代所经营之"津逮楼"十余万卷藏书一夕之间化为乌有等。在清末连续不断的战乱中，遭受损害最为严重的莫过于江浙一带。私家藏书，历来以江浙最为发达，清代此处又是汉学最为兴盛的地区，其藏书中心的地位进一步得到巩固，藏书大家多出于此。江浙作为沿海地区不仅多次受到异族入侵，又为太平天国运动的主要战场，备受兵燹战乱之苦。自然私家藏书首当其冲，藏书被毁、散佚最为严

① 傅增湘:《〈双鉴楼善本书目〉序》,《藏园群书题记》,上海古籍出版社 1989 年版,第 1048 页。

② 谭卓垣著、徐雁译、谭华军校:《清代藏书楼发展史》,辽宁人民出版社 1988 年版,第 49 页。

重。同时，江浙还是中国封建经济动荡最为剧烈的地区，在旧式生产关系解体、资本主义经济入侵的形势下，原有的封建官僚和世家大户纷纷破产，难以维系，其后代已无力把持大量藏书，于是典当变卖文籍成为必然。例如苏州汪士钟艺芸书舍、阳湖孙星衍平津馆、江都秦恩复石研斋等所储大量藏书，皆在这一时期散出。与此同时，文献典籍亦藉此得以重组，并涌现出许多新的藏书家和藏书中心。叶德辉云："赭寇乱起，大江南北，遍地劫灰。吴中二三百年藏书之精华，扫地尽矣。幸有常熟瞿氏铁琴铜剑楼保守其孑遗，聊城杨氏海源阁收拾余烬……"①而最有代表性的就是清末瞿、杨、陆、丁四大藏书家。他们是这一时期文献典籍聚散、重组的结果，也体现出清末私家藏书的最高成就。杨氏海源阁就是在这一宏观背景下诞生的。

杨以增丰富的宦游经历，敏锐的鉴藏眼光，雄厚的经济实力，促使他在这一文献大散佚中有可能、有能力、有实力抓住时机购藏书籍。他为官湖北、河南、陕西等省时均有购藏，而其藏书的高峰时期，是在出任江南河道总督的近八年时间里，而此时正是汪士钟等江南大家藏书散出之时，书贾往往携书沿运河北上高价兜售，河督官署所在地的清江作为当时经济最为发达的沿河城市之一，吸纳了大量的南来藏书。不仅如此，杨以增还沿河南下至扬州、苏州等地购书。杨绍和在京都为官时，又赶上明善堂藏书散出，绍和更是积极购入。所以，杨氏藏书可谓得于天时。而且，杨氏藏书还拥有一般人所不具备的良好的运输条件。清江浦距离海源阁不足千里，且有京杭大运河连通两地，每年络绎不绝的北上运粮船，为杨以增提供了将所购藏书运回海源阁的方便。这样就为其安全地保存书籍奠定了基础。

在对杨氏藏书原因的考察中，我们发现，杨以增的交游甚广是其重要原因之一。杨氏藏书有很大一部分来源于友朋的馈赠和帮助，杨氏的刻书亦无不得益于此。在此，我们舍以篇幅，对其爬梳考证，以便揭示杨氏藏书刻书之盛的深层次原因。

杨以增性情豪爽，正直坦荡，笃于"师友气谊"②，为人处世极得人缘，与其相交三十余年的同年友梅曾亮深感其做人之道：

① [清]叶德辉：《吴门书坊之盛衰》，《书林清话》，中华书局 1999 年版，第 256—257 页。

② [清]龙启瑞：《兵部侍郎都察院右副都御史江南河道总督杨公神道碑》，《经德堂文集》卷 4，清光绪四年(1878)龙继栋刻本。

> 夫自守而不能容人,随人而不能自守者,皆不足以运世。圣贤者,能运世者也。至堂守身如金城汤池,粟私不可攻至。与人接务,恢恢乎如河岳之无涯量。鲸虾之巨细,犀象虎豹之珍怪,无不容纳于其间。自县令至封疆,守正无婞婳,而一无所齷龊,盖不以处己者望人之同,故正人与之。即志行殊者,亦信其无私利心,能推利于人而不害其事也。[①]

挚友陈官俊曾以"公、忠、正、厚"四字概括其品行。至交林则徐曾以"学有经法,通知时务,行无瑕,直到古人"楹联赠之。包世臣曰:"至翁清畏人知,慈切身受,其德实贯绝三江。"又云:"孟子曰:'礼貌未衰,言弗行也,则去之。'然言之无行,不由至翁。"[②]优秀的品格使杨以增深得友人信赖,于友人中口碑极佳。凡交往者,都极相契重,交友遍布四方。杨绍和亦云:"先君端勤公于生平笃交际。"[③]广泛的交往为他藏书创造了极为有益的条件。在由其子绍和撰写的《楹书隅录》及书信、题跋等材料中,随处可见他与"至交"互相赠书、购书的记录,其中有不少是宋元精椠,如果不是"至交",是不可能获得这些连城之璧的。杨以增还刻了很多书,杨氏刻书有不少是在友人襄助之下完成的,与杨以增结交文友,如梅曾亮、包世臣、高均儒等均曾游于幕中,为其鉴定、校勘、刻印书籍。关于杨以增交游的事迹除在《楹书隅录》及一些藏书、刻书题跋中有所交代外,《海源阁珍藏尺牍》(藏鲁图)是一部极其难得的第一手资料,这些尺牍全部是杨以增的师友往来信札手稿。原编共二十册千余页,现在保存下来的有六册,共十三位友朋的三十四封手札,这十三位朋友分别是林则徐、萨迎阿、翁同书、陈官俊、吴式芬、崇恩、胡开益、钱仪吉、彭邦畴、许乃普、吴荣光、许瀚、陈尔墉等。这些信札对研究杨氏交游非常重要。又杨绍和《〈海源阁珍藏尺牍〉序》云,二十册中之第一册为叶葆、彭春农、宫星楣及汤金钊四人信札,惜其不存,而另外十三册所辑究竟是何人手札现在不得而知,但总人数应有数十人之多[④]。所以,从这些现存

① [清]梅曾亮:《兵部侍郎江南河道总督杨公家传》,《柏枧山房文续集》,清同治三年(1864)杨绍谷、杨绍和补刻本。

② [清]包世臣:《复陈大司寇书》,《中衢一勺》卷7下,《包世臣全集》,黄山书社1993年版,第218、220页。

③ [清]杨绍和:《〈海源阁珍藏尺牍〉序》,《海源阁珍藏尺牍》,今存山东省图书馆。

④ 原书信当不止20册,据杨绍和《〈海源阁珍藏尺牍〉序》可知,这些信札早在清咸丰十年(1860)捻军之乱时已经损失不少。

及散佚信札中可以看出杨以增交往的广泛。海源阁研究方兴未艾，但对于海源阁主人交游方面的研究，则少见爬梳整理。今从其杨氏大量交往材料中，采撷杨氏与二十位师友交游事例数端，略述于兹。

叶葆（1759—1821），名永成，后更名葆，字宝田，号玉岑，一号石农，因病足又号跛奚。聊城东昌府人。叶葆见闻渊博，识字传经，授业有方，远近闻名，德高望重，著有《诗法浅说百篇》、《跛奚年谱》等。梅曾亮《叶石农先生教思碑》云："叶石农先生自年二十四、五，即以经书及时义文教授里中，至六十余岁不辍。弟子从学者常数百人，远者或数百里，又有远不能及门，而必寄文以求政者。其举于乡及礼部者众矣，而人皆以为能得师传，无悻获，故远近争附，信有如班氏所言'徒众之盛，会车可数百两者'，虽谓儒林之风于先生再见可也。"① 杨兆煜、杨以增父子曾从学于叶葆。杨绍和于《〈海源阁珍藏尺牍〉序》云："先生名葆，先世吴人，迁居聊城。乾隆乙酉（1765）举于乡，教授里中生徒数百人。先大父、先君两世及门，渊源尤深。"嘉庆十一年（1806），杨以增二十岁时，曾至道南家塾师从叶葆，《跛奚年谱》之"嘉庆十 ·年"条云："十一年丙寅四十八岁，课徒道南家塾，来游者……杨生以增。即命三子锡骏从杨生读书。"杨以增于嘉庆十五年（1810）赴秋试时，叶葆曾赐札，绍和《〈海源阁珍藏尺牍〉序》云："此札乃嘉庆庚午，先君赴秋试时，先生所赐也。"嘉庆二十四年（1819），杨以增三十二岁时举于乡，叶葆之子于《跛奚年谱》之"嘉庆二十四年"条云："杨君以增、邓君琳枝同中经魁。以增系兆煜子，两世及门，尤为府君所青盼。壬午以增成进士，惜府君已不及见矣。"杨以增为念恩师，于咸丰五年（1855）曾嘱梅曾亮为其撰教思碑，又嘱高均儒将《跛奚年谱》手书付版。然书未及刊成，杨以增即殁。高均儒《〈跛奚年谱〉跋》云："拳拳师门，久而愈挚，侍郎之贤，即足以征。"②

阮元（1764—1849），字伯元，号芸台，又号雷塘庵主，晚号怡性老人，江苏仪征人。乾隆五十四年（1789）进士，官至礼仁阁大学士，谥文达。工诗文，精鉴金石、书、画，善篆、隶、行、楷。著《皇清碑版录》、《积古斋钟鼎疑识》、《两浙金石志》、《揅经室集》等。阮元作为徽派朴学发展后期的重镇巨掣，其治学师承戴震，守以古训发明义理之旨。一生扬历中外，主持风气，修书撰著，创立学

① ［清］梅曾亮：《叶石农先生教思碑》，《柏枧山房文续集》，清同治三年（1864）杨绍谷、杨绍和补刻本。

② ［清］高均儒：《〈跛奚年谱〉跋》，《跛奚年谱》卷末，清咸丰六年（1856）杨以增刻本。

堂，提携后学，不遗余力，因大力提倡文教，被士林尊为泰斗。一时名士如陈奉祺、王引之、汤金钊、许宗彦、姚文田、郝懿行之流，皆出其门下。道光十五年六月，阮元路过襄阳，与杨以增言及桂馥《说文解字义证》，杨以增曾致信许瀚曰："惟记乙未六月，芸台相国过襄，言及此书，嫌其不无芜杂，须巨眼人通为校正，乃成完璧。"[①]道光二十九年(1849)正月二十日，阮元八十六岁大寿，杨以增贺寿并获赠"湘烟春霁"大理石画屏与吉羊汉砖砚。杨以增题大理石屏曰："道光己酉正月二十日，祝阮太傅八旬晋六寿辰，承赐大理石画屏、吉羊汉砖砚各一，此石屏即'石诗记'中所首载者中，附识于此。海源阁藏。"下钤印"海原阁"。此画屏今藏于鲁图。所得宋端砚，杨以增题曰："门下门生，备员属诚。匪直私淑，八载传经。南来仰止，老成典刑。端溪小友，常此心铭。增出萧山汤相国门下，萧山登庸衣钵，受之于仪征阮太傅。太傅总制滇黔，增由黔令洊升左江道，今秉河钺，得研经遗砚，铭而识之。追溯渊源，敢忘所致。"[②]海源阁藏有阮元校刻清嘉庆刊本《十三经注疏》等。

包世臣(1775—1855)，字慎伯，晚号倦翁、小倦游阁外史。安徽泾县人，泾县古名安吴，故人称"包安吴"，嘉庆十三年(1808)举人，官新喻(今江西新余)知县，仕途不顺，终归布衣。世臣学识渊博，对经济、文艺有研究。工诗文书画，能篆刻，其书法备得古人执笔运锋之奇，一时称为包体，并有论书专著《艺舟双楫》。治学循魏源、龚自珍之"今文"经学，提倡"经世致用"，因而对于当时的农政、漕政、盐政、货币、水利及其他政法、财经、军事等事关国计民生的诸多问题进行了深入细致的研究与探索，撰写了大量专论。

杨以增任河督时，世臣于清道光二十九年(1849)夏客于南河节署。世臣云："世臣衰朽余生，感至翁三使之盛，重游袁浦。生平所学，在节费而不为已甚。至翁闻斯行诸，已觉此举大拂人性，尼之者多。"又云："深感至翁之清德谦光，是以未忍决舍。"[③]其时，杨以增奉之上宾，并以次子绍和从于学。丁晏云："……(包世臣)客南河节署数年，余每来作十日谈，常至夜分不倦。"[④]故当时

① 《杨至堂致许印林书八通》之三，王献唐编：《顾黄书寮杂录》，齐鲁书社1984年版，第148页。

② 李士钊：《聊城海源阁杨氏藏书刻书》，《山东出版志资料》第1辑，济南：山东人民出版社1984年版，第158页。

③ [清]包世臣：《复陈大司寇书》，《中衢一勺》卷7下，《包世臣全集》，黄山书社1994年版，第220页。

④ [清]丁晏：《包慎伯大令》，《颐志斋感旧诗》，清咸丰五年(1855)颐志斋刻本。

世臣与江淮名士丁晏、梅曾亮及杨氏父子每每谈艺论文，旬日不休。杨氏购书、刻书大多在其任河督的八年里，而主要襄助者便是上述几人。王献唐云："包慎伯时客杨氏河署，或能襄助鉴定……就海源阁藏包君尺牍，知杨氏所刻各书，多经其手，当能臂助一二。"①道光三十年（1850）二月世臣为杨氏刻本《石笥山房集》作长序。咸丰二年（1852）春二月世臣为海源阁刻本《柳真君劝孝歌》作序，《序》以世臣手写上版。是年秋，世臣为海源阁刻本《九水山房文存》作《后序》，历叙刊刻、交游始末云："己酉（1849）夏，世臣客杨至堂侍郎南河署，晤长嗣文昭。茂才询遗书，唯前后杂文一册。侍郎珍藏至壬子秋，以嘱嘉兴高伯平茂才校而刻之，仅三万余言，先生为学之宗旨具在。果有好学深思触类而长之儒善读之，则先生之学不患其无传。侍郎此举非唯笃念耆旧已也，其嘉惠来学，意至深远，世臣故历叙缔交始末，并略记所闻以告观者。"②世臣与绍和于咸丰三年（1853）冬游淮上时得金本《新刊韵略》五卷，并《跋》云："昨冬与勰卿有淮上之游，得此书而归，呈诸先生。命世臣补录钱詹事原跋二则，并疏各本异字于另纸，附之卷后，以存古籍之遗焉。"③钱大昕曾为金本《新刊韵略》作两跋，为治学之便，世臣据杨以增之意迻录钱跋两则，并校勘异字附录于后。《海源阁书目》子部著录《包慎伯先生评本吕氏春秋》二十六卷，卷首有嘉庆二十三年（1818）、二十四年包氏手写题记两则，极为珍贵，当为包氏遗赠杨氏之物。从上可知，包世臣客于南河署时，不仅襄助杨氏刻书，还有藏书事宜。

叶志诜（1779—1863），字东卿、廷芳。湖北汉阳人。曾任内阁典籍官、兵部郎中。金石学家，医家。著《御览集》、《神农本草经赞》等，辑《平安馆印谱》、《平安馆节署烬余古印》等。杨氏藏宋本《通鉴总类》即为志诜自京师寄赠。绍和于《隅录》卷二宋本《通鉴总类》题曰："道光癸卯（1843），先公陈臬陇西，汉阳叶东卿先生志诜自京师寄赠者也。"

钱仪吉（1783—1850），字衎石，号心壶，又号新梧，浙江嘉兴人。嘉庆十三年（1808）进士，散馆授户部主事，擢给事中。道光中叶游广东，主学海堂。晚客汴，主大梁书院讲席十余年。博通群籍，撰《三国会要》若干卷、《衎石斋记

① 王献唐：《聊城杨氏海源阁藏书之过去现在》，王献唐编述《山东省立图书馆丛刊》第1种，1930年，第8页。

② ［清］包世臣：《〈九水山房文存〉后序》，《九水山房文存》卷末，清咸丰二年（1852）杨以增刻本。

③ 《楹书隅录》卷1，清光绪二十年（1894）杨保彝刻本。

事》正续集二十卷，辑《国朝碑传集》一百六十卷。出所藏书，集资补刊《通志堂经解》之失收者四十一种，名曰《经苑》。

道光二十二年(1842)，杨以增分巡开归陈许道，官署河南开封，钱氏此时亦在此主讲大梁书院，遂结为至交。钱氏刻《经苑》，以增曾出资襄助①。其后，虽分游各地，仍通简不断，常互致诗作录请鉴正，《海源阁珍藏尺牍》中就有钱氏寄以增诗作三首。钱氏曾为杨氏先人作《杨节母家传》，钱氏云："余客大梁之七年，杨君至堂观察于汴，逾年，奉节母事状，乞为家传。"②杨以增奉旨调陕后又以信嘱仪吉为父兆煜作碑铭，其《赠资政大夫陕西巡抚故山东莱州府即墨县教谕熙崖杨公墓碑铭》云："今以增擢任陕西巡抚，署陕甘总督，恭迂慈寿，推恩，晋赠公资政大夫。如其官，爰准通礼树外碑，而属仪吉为之文。"③宋蔡琪家塾刻本《汉书》，为四经四史斋所藏《汉书》第一本，以增曾搜求多年。绍和于《隅录》卷二题曰："道光壬寅(1842)，先公观察夷门，嘉兴钱心壶先生方主讲大梁，与先公为至交。一日语先公曰：'公好聚书，此间有一奇书，乃人人所共读，而人人所未见者，公其有意乎？'先公惊询之，以此本对，并云商丘宋氏故物也，而访求不果获。至丁未(1847)，先公巡抚关中，始以朱提五百易得之。"钱氏乃识书之人，绍和又曰："心壶先生谓是奇书，亮哉！"故杨以增能得此书，其功应首推钱氏。

林则徐(1785—1850)，字元抚，号少穆、石麟，晚号竢村老人。福建侯官县人。清嘉庆进士，授编修。道光十七年(1837)，任湖广总督，厉行禁烟。十八年十一月，受命钦差大臣，前往广东查禁鸦片。二十年正月，接任两广总督。五月，鸦片战争爆发。九月，被革职。二十二年，遣戍新疆伊犁，途中奉旨赴河南祥符办理堵口工程。二十五年九月，署理陕甘总督，后任陕西巡抚。二十七年升任云贵总督。三十年十月十九日卒于广东普宁县驿馆。赠太傅，谥文忠。著有《云左山房文抄》、《云左山房诗抄》、《使滇吟草》等。林则徐于从政之暇，尤喜藏书，家有"七十二峰楼"，专用于储书，积三十余楹。贬谪伊犁时，以大车七辆载书二十箧。

杨以增最早与林则徐结交时间为道光十七年，时林则徐任湖广总督，杨以

① 参见[清]朱彝尊：《曝书杂记》卷下，《丛书集成初编》，商务印书馆1939年版，第78—79页。

② [清]钱仪吉：《杨节母家传》，《聊城县志》卷8，清宣统二年(1910)文行出版社印行。

③ 《衎石斋记事续稿》卷9，清咸丰六年(1856)钱彝甫刻本。

增署安襄郧荆道员。是年四月十八日，杨以增来省见林则徐，初交订谊。时子绍和七岁，聪慧能诗，遂执贽为弟子。翌年，交往愈深。十八年六月十九日，父杨兆煜卒于襄阳道署。六月二十八日，林则徐已刻公祭杨太翁。六月三十日卯刻，杨以增往襄阳奔丧，林则徐与同人赴其寓中送之。① 二十二年七月，黄河于河南祥符决口，情况危急，军机大臣王鼎奏请被贬往伊犁途中的林则徐回河工效力赎罪，皇帝准旨。这样，时任开归陈许道员的杨以增与林则徐又一起同甘共苦堵黄决口达六个月。二十六年三月，林则徐任陕西巡抚，十月，杨以增擢陕西布政使。时陕西大旱，林则徐年迈多病，力不从心，于是力荐杨以增署理抚篆。十月十三日，林则徐致信杨以增云："弟九月间卧疾数日，已觉精神大减。本月初在校武外场，又复重感风寒，致仍大咳失音，至今未愈……自知如此病躯，若一冬勉强从事，断受不起。且目睹天时之旱，麦不能种，种不能生，蒿目焦心，只有添疾，而不能减。如不去官，则恐为嶰翁之续。此心已决，惟待相机而行耳。"②十月十四日，又致信以增云："不得已曲体其请，委会兼署，现已叙折由驿具奏矣。此席首推阁下，计子月初，必可奉到恩纶，不胜欣盼之至。"③十一月十六日，林则徐在上奏皇帝《患病未痊请开缺调治折》中正式奏请由杨以增护理巡抚印务，《折》云："奏为微臣自十月患病，至今未痊，现仍力疾办公，谨沥下清，据实具奏，请将印务责交新任藩司杨以增……该司历在湖北、河南、甘肃等省，办理诸务，臣见其诚正清勤，明敏谙练，实为臣所不能及。……合无仰恳皇上天恩，俯念臣患病实情，准令杨以增先在陕西护理巡抚印务，俾臣得以交卸调治，庶免误公。"④十二月一日又致信促其早日迁居，并为其准备停当。十二月二日午刻，林则徐接到准奏谕旨，心情甚快，即日致信云："陕藩一席，人人无不推袁⑤，顷于初二午刻接奉谕旨，果如众望。可见天从人愿，欣快莫可名言……弟即先奏明，将抚篆交台端署理，以便弟调摄夙痾，

① 参见《林则徐日记》相关条目，《林则徐日记》，中山大学历史系编著，中华书局1965年版。

② 《林则徐致杨以增手札》第1封，《文献》，1981年第1期。

③ 《林则徐致杨以增手札》第2封，《文献》，1981年第1期。

④ ［清］林则徐：《奏折卷》，《林则徐全集》第4册，海峡文艺出版社2002年版，第84页。

⑤ 推袁：袁，指袁枚，清代诗人、散文家。字子才，号简斋，晚年自号仓山居士、随园主人、钱塘人。清乾隆四年（1739）进士，历任溧水、江宁等县知县，乾嘉时期代表诗人之一，与赵翼、蒋士铨合称"乾隆三大家"。作诗倡导"性灵说"。清代四川诗人张问陶论诗主张性灵，做诗喜性情之作，对袁枚的诗作倍加推崇，甚至将自己的诗集命名为《推袁集》。此借指敬重之意。

不胜欣盼之至。”[①]十二月七日，林则徐又上奏皇帝《即将巡抚关防交藩司杨以增护理片》云：“臣因患病日久，于十一月内恭折奏恳圣恩，开缺调理，请将陕西巡抚印务交新任藩司杨以增署理，并声明该司未到任以前，臣仍力疾办事。近日以来，复添气喘之症，夜不能寐。正觉难以支持，兹杨以增业已行至咸阳，即可进省，拟于十二月初十日将巡抚关防委员赍交该司护理……”[②]林则徐得恩准赏假调理三月，杨以增代理巡抚诸务。在此期间，林则徐又致信敦促其来西安办理公务，并为其准备好住所，杨以增出于礼节制度，一直未到西安，但奏折则以邮递形式共同商议后两人联合署名。二十七年三月十六日，皇帝谕令林则徐为云贵总督，杨以增正式接任陕西巡抚。同年四月十四日，林则徐携夫人、小女，自西安起程，经四川赴滇。杨以增派戈什哈等六人，专程护送到四川成都。分别时，林则徐把自己一直佩带的宝剑赠与杨以增作为纪念。在赴滇途中，两人通信频繁，林则徐常将行途艰苦情形告知，并委托其办理一些家务和其他事情，而杨以增亦因林则徐以多病之体长途劳顿，常寄资接济，倍加关切。两人拳拳之谊，令人感动。

道光二十六年(1846)孟秋，杨以增著成《志学箴》，《跋》云：“……因作《志学箴》，发明疏证。盖有志未逮也，愿学非能也。质诸先生，请事斯语。”[③]《志学箴》寄于林则徐，回信言：“昨读大著《志学箴》，语简意赅，洵足提要钩元，为正学树之正鹄。而分注及后跋，犹复过自卑牧，且于鄙陋推奖逾情，读之但多愧汗耳。谨将抄本留于儿辈，想檀几上别有副墨，即不复奉缴矣。”[④]林则徐生前将自己收藏的珍贵写本《铁堂诗草》二卷赠给杨以增，高均儒《跋》是本云：“一昨侍郎又语均儒，此写本为林文忠公以贻，且述文忠之言曰：‘吾□少攻帖括，长规规于试事。比宦成，以□□之晦操管，辄欲饰古作者，夫何能及□？观斐然成章，如许先生所作仅存，尚患泯焉。’□□亦奚以为文忠是言允为天下之学而仕，仕而学者。”[⑤]可见，杨以增从林则徐亲聆教诲不少。

杨绍和于《〈海源阁珍藏尺牍〉序》中云：“林文忠公与先君同宦楚、豫、秦、

---

① 《林则徐致杨以增手札》第5封，《文献》，1981年第1期。

② [清]林则徐：《奏折卷》，《林则徐全集》第4册，第90页。

③ [清]杨以增：《〈志学箴〉跋》，《志学箴》卷末，清咸丰三年(1853)杨以增刻本。

④ 《林则徐致杨以增手札》第11封，《文献》，1981年第2期。

⑤ 杨氏抄录副本今藏鲁图，见第5章第3节抄本部分。

陇，投分最密。丙午(1846)，文忠抚关中，将引疾归，适先君擢藩两陕，遂举以自代。……古所谓知己者，非欤?”许乃普云:“林文忠公深契公，至举公自代。”①梅曾亮云:“林文忠公可谓知人矣。其言曰:杨至堂乃圣贤门中人也。……于是益叹文忠为知人也。”②两人之交，已传为后世佳话。

梅曾亮(1786—1856)，字伯言，一字柏枧。江苏上元(今南京市)人。清道光进士，用知县，以“亲老”告归。后入赀官郎中，晚年辞官，主讲梅花书院。为文师从姚鼐，古文成就为人瞩目，被誉为桐城派后期大家。

杨以增与梅曾亮同为道光二年(1822)进士，杨氏中二甲第八十三名，梅氏中三甲第八十九名。而两人相识亦当在是年春季的京师殿试。其后，两人又同发贵州以知县用，梅氏因俸父母老而“不乐外吏”。道光十三年八月，杨以增再调贵阳府知府时因受皇帝接见，进京与梅曾亮再次会面。《梅郎中年谱》之“道光十三年”条云:“在京。与张渊甫、荔门范今甫、王慈雨、杨至堂、朱小波、孙秋士交，讨论文字，甚乐。”③梅氏于是年有诗感言:“当年鹤版(诏书)共黔中，叱驭回车偶不同。似我依违真画虎，看君谈笑得凭熊。风如唐魏知刑简，土杂民夷见政通。更欲借询朱季子，应将教授倚文翁。”④时梅曾亮四十七岁，杨以增四十六岁。十一年前两人同受鹤版，今忽而再聚，自然感慨颇多。而此时杨以增也以政绩著名，梅曾亮则以朱熹、文翁之典赞其治民以教化为先，有儒官循吏风。道光十八年(1838)杨以增官署襄阳时，父兆煜卒，以增致信请铭于在京的梅曾亮⑤。道光二十八年(1848)冬，杨以增赴江苏清江浦督河，而梅曾亮亦于道光三十年秋辞官抵家(指上元)。咸丰元年(1851)，梅曾亮于扬州主讲梅花书院，至咸丰三年冬再归上元。此年太平军陷城，处城中，不得出，役以担水。军卒知为贫老读书之士，乃释之去。梅曾亮潜出城，至王墅。咸丰四年又移居兴化，迁淮安。⑥ 梅曾亮避乱王墅村时，生活艰辛无着，其六首组诗

① [清]许乃普:《江南河道总督杨公墓志铭》,《耆献文征》卷下,《聊城县志》,清宣统二年(1910)文行出版社印行。

② [清]梅曾亮:《兵部侍郎江南河道总督杨公家传》,《柏枧山房文续集》,清同治六年(1867)杨绍谷、杨绍和补刻本。

③ [清]吴常焘:《梅郎中年谱》,《国专月刊》第4卷第1号,1936年9月15日出版。

④ [清]梅曾亮:《赠杨至堂》,《柏枧山房诗集》卷5,清同治六年杨绍谷、杨绍和补刻本。

⑤ 梅曾亮《诰封中宪大夫安襄郧荆道即墨县教谕杨府君墓志铭》云:“生以寄状，且请铭。”见《柏枧山房文续集》。

⑥ 参见《梅郎中年谱》之“道光三十年至咸丰四年”条,《国专月刊》第4卷第1号,1936年9月15日出版。

《村居无书、无墨、无笔、无砚、无纸、无衣作六无歌》形象地描述诗人当时的生活情形。组诗之一云："我家高楼向南起，悬隔方山四十里。去家避地王墅村，村居正著方山趾。茫然四顾将安归？亲戚暂保聊因依。荒居人事断还往，无书拨闷如輖饥。儿童咿唔《鲁论》半，《春秋》那复窥断烂！出愁入愁朝复朝，出对方山入空案。"又《漫兴》诗云："村南村北如鸡栖，青衫破帽行步迟。相逢但是无家客，同话天寒缩手时。"[①]除了生活的贫困之外，精神空虚百无聊赖简直令他无法忍受，然又万般无奈。而此时杨以增对同年的遭遇一直记挂于心，高均儒云："岁癸丑(1853)，粤匪南扰，未得户部音耗，侍郎念之辄欲唏嘘。""明年(1854)八月，闻户部再徙淮郡，侍郎馆于清宴园。"[②]在终于知悉情况后，杨以增立即把其迎养至南河督署之清宴园。自太平之乱，颠沛流离，至此始定，梅曾亮感慨万千。是年作诗云："见即开宾榻，知君友意真。残生逗优渥，高兴拨悲辛。意倦聊齐帙，情忘任吐茵。梦魂安幕府，飘撼尚江津。"[③]患难见真情，濒临绝境中的梅曾亮得同年真意厚待，感何铭焉？同年好友离散三十多年终又相见，怎不令人"高兴拨悲辛"、"情忘任吐茵"？杨以增亦感叹云："以同年三十余年之久，经忧患之余得见而聚处朝夕，不可谓非幸事矣。"(《〈柏枧山房文集〉序》)居清江后，两位同年朝夕论艺，梅曾亮记其事云："予馆署中，对案食者一年。……晚食后会谈文艺及往旧事。"[④]咸丰五年(1855)，杨以增欲刊业师叶葆年谱，嘱其为之撰《教思碑》，曰："某则诚宜为之，然是文也，必吾年友不得辞！"[⑤]可见以增对同年之信任。期间，杨以增又校刊曾亮诗文集，作为七十寿辰之礼。咸丰五年《柏枧山房文集》刊成，即将续刻诗集，梅曾亮再次作诗云："不计人非笑，君深我自知。为刊三箧稿，多愧百朋仪。后息终谁胜，吾生固有涯。却怜文已倦，只欲细论诗。"[⑥]诗中表达了"君深"自愧之情。遗憾的是，《柏枧山房诗续集》还未刊成，杨以增即于咸丰五年十二月十八日卒于任上。对于好友的猝然离去，梅曾亮痛苦万分，高均儒记云"户部来哭侍郎"[⑦]，又云

---

① [清]梅曾亮：《柏枧山房诗续集》卷1，清同治六年(1867)杨绍谷、杨绍和补刻本。

② [清]高均儒：《〈柏枧山房文稿〉跋》，《柏枧山房文稿》卷末，海源阁杨氏抄本，藏国图。

③ [清]梅曾亮：《至清江杨至堂留寓节署》，《柏枧山房诗集》卷7。

④ [清]梅曾亮：《兵部侍郎江南河道总督杨公家传》，《柏枧山房文续集》。

⑤ [清]梅曾亮：《叶石农先生教思碑》，《柏枧山房文续集》。

⑥ [清]梅曾亮：《至堂为刊文集成续刊诗集骈体志感》，《柏枧山房诗续集》卷2。

⑦ [清]高均儒：《〈跛奚年谱〉跋》，《跛奚年谱》卷末，清咸丰六年(1856)杨以增刻本。

"户部与均儒视敛,相对哽咽不能语"[1]。以增卒后,曾亮"益若无所归。然杨之二子,视先生礼甚至"[2]。二十四天后,曾亮亦卒。当时作为两人好友的丁晏目睹了这一切,云:"癸丑(1853)春,陷贼中,逾月。乘间逸出,全家转徙至淮。与余辛已同年,讲学论文,旧交益密。至堂河帅同年备加赒急,屋宇衣食皆资焉。及河帅殇,伯言年逾七旬,抚尸恸而无泪,数日遂殇。著《柏枧山房集》亦河帅所刊行也。"[3]

"公与先生同年进士,为文字之交最久"。[4] 这种交往亦使他们在藏书上常常互相交流心得,互为对方购赠珍本佳椠。杨绍和云:"昔日梅伯言丈官京师,喜购书,得一佳本,辄邮筒相告,或辍赠焉,每以京都风行宋、元刻本不能多购为恨。"[5]同时于刻书,杨氏两代刊刻了足本《柏枧山房集》三十一卷。先是杨以增于道光二十五年(1845)为官甘肃布政使时,就去信嘱在京的梅曾亮抄录旧稿,是年梅曾亮作《杨至堂属全录旧稿寄之并作此寄呈》一诗志其事。高均儒云:"时侍郎按察甬,户部居郎省,数千里惓惓文稿,意之深厚,非徒以同进士之友也。"[6]杨以增得旧稿后又录得副本。至咸丰五年(1855)先刊出文集。高均儒又云:"噫!侍郎十年前录此本,十年后户部更定,乃付刻。夫岂徒重区区同进士之谊哉!"[7]以增卒后,又由子绍谷、绍和兄弟先后经两次续刻,至同治三年(1864)方刻成足本。杨氏刊刻梅集,一方面是两人文字之交的结晶与见证,同时,另一深远意义在于给后人留下了一笔巨大的文化遗产。梅曾亮是桐城派后期之最重要作家,梅氏全集的问世就为桐城派文学的研究提供了重要文献。

陈奂(1786—1863),字硕甫,号师竹,晚号南园老人。江苏长洲人。咸丰初年举孝廉方正,曾从段玉裁习《毛诗》、《说文》,后又从学于王念孙、王引之父子,晚年潜心著述。所撰《诗毛诗传疏》贬抑朱熹《诗集传》,笃信《诗序》,尊崇《毛传》,不满郑玄兼采"三家"诗说,专从文字、声韵、训诂、名物等方面阐发《毛诗》本义,见解颇多精当,可谓清代研究毛诗的集大成之作。杨以增与陈奂相

① [清]高均儒:《〈柏枧山房文稿〉跋》,《柏枧山房文稿》卷末。
② [清]吴常焘:《梅郎中年谱》,咸丰六年条,《国专月刊》第4卷第1号,1936年9月15日出版。
③ [清]丁晏:《梅伯言户部》,《颐志斋感旧诗》,清咸丰五年(1855)颐志斋刻本。
④ [清]董文焕:《〈柏枧山房文稿〉跋》,《柏枧山房文稿》卷末。
⑤ [清]杨绍和:《宋本〈政类本草〉题识》,《隅录》卷3,清光绪二十年(1894)杨保彝刻本。
⑥ [清]高均儒:《〈柏枧山房文稿〉跋》,《柏枧山房文稿》卷末,藏国图。
⑦ 同上。

知于河南开封，陈奂《师友渊源记》云："相知任开归陈许道时。设刻书局于济宁，币聘逮余，余未及汴，闻迁去乃返。现官南河河督，手简通焉。"[①]陈奂有《流翰仰瞻》专集友朋书札，原书十四册收入一百二十九家，现存于上海图书馆的有四册二十三家，但不见有杨以增书信，故其"手简"很可能存于佚去的十册里。不过在现存书札中，有汪喜孙致陈奂的信札数封，其中多次提到杨以增和陈奂的交往。杨以增官河南时刻桂馥《说文解字义证》、许云峤《方舆纪要补》，并欲刻陈奂的《诗毛诗传疏》，还力邀陈奂来豫协助校刊，为此先行寄去奉金，又嘱陈奂随带刻工三四人。汪喜孙致陈奂信云："……（杨以增）并为刻《毛诗传疏》，此等高谊，岂可求之今人，足下想必惠然肯来。……顾校《方舆纪要》原本，千祈携来，至堂观察许有张古余先生所藏旧抄本，可互校也。……至堂观察好书如命，即有升转，亦必留项始终其事，为人细密，绝不致有始无终……必终竟其事。"[②]又云："至堂杨观察今任开归，好文礼士，有阮相国风，千载一时，时不可失。度江浙无能刊布此书者。……至堂观察闻喜孙言，不以为妄，毅然许刻大稿，不让他人，引为己任，此至圣在天之灵默有以相之，非喜孙之言所能动。观察现刻许云峤《方舆纪要补》、桂氏《说文注》（五十册）。足下惠然肯来，与许印林同校《说文》，并刊《诗》学，千年不朽，其亟图之（观察属江少泉别驾并遣使赍白金百廿金奉逮，属带写字刻工三数人来，书仿宋本，以精为妙，万勿相却）。"[③]其后由于杨以增调陕，陈奂未能至豫，刻书中止。道光末年，杨以增于清江督河，仍然欲邀其入馆，此时陈奂正受请陆建瀛校刻郝懿行《尔雅郭注义疏》二十卷，道光三十年（1850）《义疏》刊成，陈奂未能"得陇望蜀"，陈奂在致许瀚的信中谈及此事："奂为陆之翁校刻郝疋金礼（郝疋，即郝懿行《尔雅义疏》。金礼，即金鹗《礼说》）。今又属校胡竹村《仪礼疏》。且注白下，流连岁月而已。致堂河帅，曩者下招，去岁有续招之说，闻诸道路，不知信否。况得陇岂望蜀，然下士风流，勤勤恳恳，令人感感矣。书函通问，寄语谢之。"[④]尽管最终未能成行，成为两人终生遗憾。但通过此事，可以看出杨以增对陈奂的信任和仰慕。

---

① ［清］陈奂：《杨以增》，《师友渊源记》，清光绪十二年（1886）钱唐汪氏函雅堂刻本。

② ［清］陈奂辑、吴格整理《流翰仰瞻》（陈硕甫友朋书札），《历史文献》第 10 辑，上海图书馆历史文献研究所编，第 61 函，第 63 页。

③ ［清］陈奂辑、吴格整理《流翰仰瞻》（陈硕甫友朋书札），《历史文献》第 10 辑，第 65 函，第 65 页。

④ ［清］陈奂：《陈硕甫：致许印林书》，《顾黄书寮杂录》，齐鲁书社 1984 年版，第 24 页。

汪喜孙(1789—1847),一名喜荀,字孟慈。江苏扬州人。嘉庆十二年(1807)举人,援例为内阁中书,户部员外郎,出为河南怀庆府知府,以积劳病卒于官。喜孙博览群书,于文学、音训多所研究,尤能融会汉、宋,力除门户之见,与独抱遗经硁硁自守者不同。父为乾嘉名儒汪中,亦以治学藏书知名。著述、吟咏之所为"且住庵",藏所"问礼堂",贮书达几万卷。收藏的宋本有《周礼》、《春秋经传集解》等。著有《国朝名臣言行录》、《经师言行录》、《尚友记》、《且住庵诗文稿》等。

杨以增于道光二十一年(1841)九月,服阕授河南开归陈许道员时曾与之共事,喜孙子保和、延熙云:"杨至堂抚部以增……莫不礼貌相加,期许甚至。"[①]杨绍和则云"订交最密"[②],而杨以增之所以延聘许瀚为《义证》总校,也是由于喜孙力荐。之后校刊《义证》和《方舆考证》时,杨以增并聘喜孙校勘。王欣夫曾云:"杨至堂以增在豫刻许云峤《方舆纪要补》,桂未谷《说文解字义证》,均孟慈为之经理"。[③] 两人在藏书上的交往颇多,绍和于《隅录》中记载数条。如卷一宋本《说文解字》题云:"向藏江都汪容甫先生家,其哲嗣孟慈太守官豫中,适先公分巡大梁,订交最密,太守因以此本为贽。时道光之辛丑、壬寅间也。"宋本《周礼郑注》十二卷六册购"于扬州汪容甫先生之子孟慈太守家"[④]。宋巾箱本《春秋经传集解》,"向为青浦王德甫先生所藏,后归扬州汪孟慈太守。道光己酉(1849),先公于太守之子延熙处得之"[⑤]。其他如宋本《扬子法言》,钤有"汪喜孙"印,金本《新刊韵略》,钤有"汪大喜孙"、"孟慈父"印。乾隆四十六年(1781)星渚项氏刻本《初唐四杰集》三十七卷,钤"扬州汪喜孙孟慈父印"。嘉庆道光间刻本《江氏音学十书》(存七种十二卷),钤"孟慈"、"汪氏问礼堂珍藏印"等。另外,海源阁还收有喜孙撰《从政录》四卷(道光二十一年刻本)以及汪中撰道光喜孙刻本《述学内篇》三卷、《外篇》一卷、《补遗》一卷、《别录》一卷,《容甫先生遗诗》五卷、《补遗》一卷,《广陵通典》十卷等。汪喜孙父汪中(1745—1794)为清代著名学者,精于史学,博考先秦图书,研究古代学

① [清]汪保和:《孟慈府君行述》,《邃雅斋丛书·汪孟慈文集稿本》,1934年邃雅斋刻本。
② [清]杨绍和:《宋本〈说文解字〉题识》,《隅录》卷1,清光绪二十年(1894)杨保彝刻本。
③ 王欣夫:《汪胡尺牍》提要,《蛾术轩箧存善本书录》,上海古籍出版社2002年版,第603页。
④ [清]杨绍和:《宋本〈周礼郑注〉题识》,《隅录》卷1,清光绪二十年(1894)杨保彝刻本。
⑤ [清]杨绍和:《宋本〈春秋经传集解〉题识》,《隅录》卷1。

制兴废。与阮元、焦循为“扬州学派”三杰。著有《述学》、《广陵通典》、《容甫遗诗》等。杨氏曾将汪中辑《古文喜诵》三十四卷抄写一过，谓海源阁抄本（今藏中国科学院国家图书馆）。可见两家以书为缘，来往之密，故叶昌炽云：“读《楹书隅录》，聊城杨氏记其所藏书也，士礼居物居十之五，皆自艺芸归之，其他则汪孟慈家物也。”①

刘喜海（1793—1854），字燕庭，一作燕亭。山东诸城人。嘉庆举人。历官福建汀州知府，陕西延榆道，按察使，浙江布政使。喜海藏书极富，且多精本，如宋本《史记集解》、《史记集解索隐》和三家注《史记》、宋本《张说之文集》等，有《刘燕庭藏书目》，今藏山东大学图书馆。又喜鉴赏金石，著《金石苑》一百二十一卷。抄罕见之书达八十余种，刻有《嘉荫簃丛书》。

喜海与以增同省，海源阁藏孤本宋刊《详注东莱先生左氏博议》，即为喜海官浙江布政使时寄赠。绍和于《隅录》卷一题云：“咸丰甲寅（1854），燕庭刘丈寄赠先公于袁江节署。”旧抄本宋人词集《燕喜词》无卷数一册，有喜海题记。清康熙范弘遇刻本《范忠贞公集》十卷，上钤有“燕庭藏书”、“东武刘氏味经书屋藏书印”、“文正曾孙”等印。清清白草庐抄本《皇朝编年备要》三十卷，钤有“刘”、“燕庭藏书”、“嘉荫簃藏书记”。清彭氏知圣道斋抄本《昭忠录》一卷，有喜海跋。明本《石田先生文集》十五卷《附录》一卷，王献唐云“刘燕庭旧藏”，校抄本《龙云集》三十二卷《附录》一卷王献唐云“递经刘燕庭收藏”，旧抄本《张右史文集》六十卷，钤有“嘉荫簃藏书记”②。这些善本在《刘燕庭藏书目》中均有著录。某次，上元朱绪曾送喜海于嘉禾舟次，喜海谓绪曾曰：“《六艺纲目》，未得卢抱经校本，《宝刻类编》未补其阙卷，《助字辨略》未刊，三憾事也。”③喜海曾藏朱笥河手校元本《六艺纲目》，并于道光二十八年（1848）影元精刊，由于印数较少，杨以增以喜海底本于咸丰三年（1853）又重加刊印，以增《跋》云：“大兴朱笥河先生，手校《六艺纲目》，元至正本也。吾乡刘燕庭方伯影抄藏弆，经徐君青方伯改正，纠中脱误若干字。燕庭开藩两浙，就文澜阁本复事校刊付梓。见殆是书……重加剞劂。”④咸丰五年（1855）九月，杨氏海源阁刻本《助字辨

① ［清］叶昌炽：《缘督庐日记》，（台湾）学生书局 1964 年版，第 128 页。

② 王献唐：《聊城杨氏海源阁藏书之过去现在》，《山东省立图书馆丛书》第 1 种，第 38 页。

③ ［清］朱绪曾：《〈助字辨略〉提要》，《开有益斋读书记》卷 5，清光绪庚辰（1880）绪曾子崇峄刻本。

④ ［清］杨以增：《〈六艺纲目〉跋》，《六艺纲目》卷末，清咸丰三年（1853）海源阁刻本。

略》刊成,亦得以了结喜海之一憾事也。

丁晏(1794—1875),字俭卿,号柘唐,江苏山阳(今江苏淮安)人。性嗜典籍,勤学不辍。兼通史事,故经世优裕。尝在籍办堤工,司赈务,修府城,浚市河,有功乡里。咸丰庚申(1860),捻军袭淮安北关,号召练勇,分布要隘,城赖以全。随叙前绩,由侍读衔内阁中书加三品衔。卒年八十有二。少多疾病,迨长,读书养气,日益强固,用是得享高寿。笃好郑学,著《六艺堂诗礼》七编。同时治《易》、《书》、金石等,亦无不有著。

杨以增与丁晏同年同门。嘉庆二十四年(1819),两人同举于乡,并于道光二年(1822)同问学于萧山师相汤金钊①。丁晏云:"余乙卯同年,又同侍萧山师相之门,讲学论文,契洽无间。"②杨以增督河时,交往益密。咸丰元年(1851),黄河泛滥,时有人建议于山阳西乡开孔泄洪,杨以增征询丁晏意见,丁晏力陈其弊,泄洪终未施行。山阳人士无不感念其德。丁晏在《复里河分府于湘山司马书》一文中言及此事:"……设四孔洞,每洞口门六尺,与天妃大闸金门相埒,西乡将为泽国,同乡士民纷纷惊诧。弟虽未列名公牍,而城乡之人走相告语,弟亦为之不安。是以不得已面肯至堂河帅,蒙允不办。同乡闻之,欢呼感激,如获再生。"③丁寿恒等编《柘唐府君年谱》亦云:"时河未北徙,连年运水涨漫。有议于头壩开设四孔以泄盛涨,山阳西乡将成泽国。杨端勤公询府君,力陈其弊,举乾隆初卫太守(哲治)永闭双孔闸碑记为证。端勤公即停止以顺舆情。"④咸丰三年(1853),太平天国军攻陷南京、镇江、扬州,江北岌岌可危。杨以增奉旨督防江北,延丁晏招募兵勇,防御太平军北上。丁晏云:"癸丑年(1853),粤贼陷金陵、镇、扬,过江直下。河帅延余团练筹御,逆氛顿沮,清淮以安。公逝,而代者至,清桃旋焚掠失陷矣。"⑤两人相交,极相契重,互为知己,

① [清]汤金钊(1772—1856),字敦甫,一字勖兹,浙江萧山人。清嘉庆己未(1799)进士,改庶吉士,授编修,官至吏部尚书,加太子太保。谥文端。有《寸心知室集》。杨以增于一宋端砚题云:"增出肖相国门下。"(见李士钊《杨承训为兴建"海源阁纪念馆"捐献重要文物》)杨绍和《海源阁珍藏尺牍序》云:"先君己卯、壬午会试房师。汤文端公壬午座师也。"

② [清]丁晏:《杨至堂河帅》,《颐志斋感旧诗》,清咸丰五年(1855)颐志斋刻本。

③ [清]丁晏:《颐志斋文抄》,清咸丰五年(1855)颐志斋刻本。

④ [清]丁寿恒等编:清抄本《柘唐府君年谱》之"咸丰元年"条目,《北京图书馆藏珍本年谱丛刊》第148册,北京出版社1999年版。

⑤ [清]丁晏:《杨至堂河帅》,《颐志斋感旧诗》,咸丰五年颐志斋刻本。

丁晏云"惟公知我，惟我知公"①。又诗云："男儿生当世，知己有几人。聊城首屈指，心醉如饮醇。千金享敝帚，磔书付手民。剞劂未及半，骑箕归帝阍。癸年助筹笔，安堵清淮滨。长城忽已圮，忍见昆冈焚。"②杨以增卒于官，丁晏十分悲伤，作长文《祭同年杨河帅文》以祭奠：

惟公厚德，钟于岱宗。断断无技，休休有容。钜公赏识，始林文忠。自谓不及，上达九重。帝简封疆，镇如山岳。综密理微，平实坚确。劳于庀事，逸于任人。光风和煦，与物皆春。淮徐保障，几辅要冲。蔽江而下，猖獗贼踪。举一吴令，截断凶锋。北门官籥，维公之功。抚驭海邦，奸宄屏迹。歼厥渠魁，定以传檄。悬首藁街，陆讋水慄。安堵无警，生民休息。动劳不伐，恩谊弗居。与物无竞，守道盅虚。位跻八座，萧然书生。布衾土铿，署冷于水。粹然如玉，韫之愈莹。皎然如雪，挹之弥清。廉而好施，予而不取。笃念友朋，存恤孤孺。万间广厦，八百孤寒。温以仁絮，嘉善矜顽。民戴慈父，士亲经师。斠一静谧，吹万蕃滋。公之德量，宰辅之器。公之艺文，学统所系。斯文沦丧，天下憗遗。

灵光圮殿，星野骑箕。惟公知我，惟我知公。萧山师相，沆瀣攸同。瞻拜画像，石室文翁。寝门一恸，匪云私衷。为天下惜，吾道将穷。呜呼哀哉。尚飨。③

于藏书，两人颇有交往，如海源阁藏明铜活字本《栾城集》五十卷、《后集》二十四卷、《三集》十卷，《应诏集》十卷，钤有"山阳丁晏"、"俭卿过目"两印，绍和《隅录》卷五题是书云："予得诸山阳俭翁丁丈者。"而杨以增亦赠书丁晏，如杨以增致丁晏信曰："河库各种书谨呈一分，存慎翁处两箱，内有《安澜纪要》、《南河祀典》二种带往丰工，回时可奉上也。"④于刻书，杨以增为其刻《六艺堂诗礼七编》十七卷及《百家姓三编》一卷。杨以增曾想把丁晏作品悉数刊刻，然由于谢世过早，惜未完成。丁晏子寿恒云："端勤公欲尽刊府君

① ［清］丁晏：《祭同年杨河帅文》，清抄本《颐志斋文集》卷5，清抄本，藏南图。
② ［清］丁晏：《杨至堂河帅》，《颐志斋感旧诗》，咸丰五年(1851)颐志斋刻本。
③ ［清］丁晏：《祭同年杨河帅文》，清抄本《颐志斋文集》卷5。
④ ［清］杨以增：《致丁晏信》，《山阳丁氏投赠书牍》(稿本)第1册卷首，藏南图。

说经等书，先以《郑氏诗谱考证》镂版，接刊《诗》、《礼》七编，共十八卷（应为十七卷）。”①丁晏云：“尝出资汇刻余所著书，以惠来学。仅刻《毛郑诗释》、《郑君诗谱》、《诗考补注》、《补遗》、《仪礼释注》、《周礼释注》、《礼记释注》，总为七编。河帅为之序，又刻《百家姓》三编，大字本。《禹贡集解》写样，未及刊版而河帅归道山矣。钟期不作，使人有破琴绝弦之叹。”②

吴式芬（1796—1856），字子苾，号诵孙。山东海丰县（今无棣县）人。道光进士，官南昌知府、广西右江道，授鸿胪寺卿，提督浙江学政，迁内阁学士兼礼部侍郎。式芬好金石文字，凡鼎彝碑碣、汉砖唐镜、印玺封泥等无不收藏，且长于考订，撰著极丰。式芬与以增常互致信函。杨以增曾将所刻书数种寄赠式芬，式芬致信云：“惠赐书籍，《中郎》为专集之首，《六艺》为初学所先，校刻均精，永当珍庋。毕如水先生著作，从前只见《说迪》一篇，今获观全集，快甚。年大人表章先哲，嘉惠士林，甚咸举也。”式芬南下杭州时曾途经清河，以增待之甚厚，并派差弁一路护送，式芬感激备至，式芬致信云：“昨遇清河，幸聆雅教仰荷。盛宴宠召，善弁护行，厚谊有加，感枕曷已！别来寻日，序入新春，伏惟棨节延釐，丝纶锡福，临风驰仰，莫罄颂忱。弟解维后，因沿途阻冻，至十九日，始得渡江，又以月河水浅，登陆至丹阳换船，今日可抵常州。……带来差弁二员，一路大得其力，而李弁人尤妥干，不辞劳瘁，备著辛勤。”③

许瀚（1797—1868），字印林。山东日照人。许瀚一生致力于学问，尤精于小学，精于校勘，杨绍和曾有诗赞曰：“说文八千字，汝南承家学。穷年事丹铅，观书眼卓荦。”④杨以增与许瀚的结识最初由翟文泉、李方赤和汪喜孙等人从中推介，杨以增初与同邑翟云升合刻《隶篇》时是在道光十七年（1837），所以早在此时，杨以增通过翟云升就已经知道许瀚，到杨以增于道光二十一年署河南按察使时，又与汪喜孙共事，得悉许瀚更详：“曩者由翟文泉、李方赤处，得悉声华。”⑤杨、许两人结缘后最重要的事情就是刊刻桂馥撰《说文解字义证》五十

① ［清］丁寿恒等编：清抄本《柘唐府君年谱》，清咸丰元年（1851）条，藏南图。

② ［清］丁晏：《杨至堂河帅》，《颐志斋感旧诗》，清咸丰五年（1855）颐志斋刻本。

③ 《海源阁珍藏尺牍》，藏鲁图。

④ 《许印林广文翰》，《仪晋观堂诗抄》，杨敬夫 1920 年刻本。

⑤ 《杨至堂致许印林书八通》（省称《八通》）之一，王献唐编《顾黄书寮杂录》，齐鲁书社 1984 年版，第 147 页。

卷和许鸿磐撰《方舆考证》一百二十卷。杨以增因慕桂书，欲刻该书，又得喜孙推荐，便请许瀚代为校正，杨以增在给许瀚的第一封信里云："桂未谷先生著有《说文义证》，……此老一生心血，毕在是书。弟欲代为刊行，而苦于不能校正。因为孟慈太守言及阁下精于六书之学，敢烦先觅抄胥，逐一校正。然后付诸剞劂，久远流传，可无遗憾。吾辈与未谷先生谊均桑梓，阁下亦必不惮勤劬也。"（《八通》之一）许瀚慨然应允并致信。杨以增便就桂书校勘诸事告知许瀚："《说文义证》未免有涉芜杂之处，摘其尤者，略为删汰，似亦无妨。"（《八通》之二）并让许瀚担任总校："《说文义证》交孟慈与自江南来者，分任其劳，尤望吾兄之总校也。"（《八通》之二）江都汪喜孙、江宁汪梅村、上元管嗣复等任分校（《八通》之四），再延桂大兄同校："祈会同桂世兄，细加校正，缮成副本，以为刊刻先资。"（《八通》之六、七）之后，许瀚对删汰一事恐有不适复又寄信以增，以增并回信云："未谷先生《说文》，可以不删去，自应概照原文，以待天下后世之论定。惟记乙未六月，芸台相国过襄，言及此书，嫌其不无芜杂，须巨眼人通为校正，乃成完璧。近接方赤、珊林来信，所言亦不约而同。尚希逐加核定，可存尽存。其有援引牵强，或前人之伪造各书，似无妨量为删减。仍候钧裁。"（《八通》之三）并附呈李方赤抄本及所需库纹三百两。许瀚旋复以增《〈说文解字义证〉校例》、《刻书事宜十二条》及《附答杨至堂先生书略》①。道光二十二年（1842）四月，以增奉调甘肃，为晤见许瀚及商榷刻书事宜带来不便，"只好先请汪、管二兄回南"。（《八通》之五）但仍祈许瀚校勘不辍："未谷先生《说文义证》，本立意及早刻成，奈甘肃路遥，何能时时商榷……此间仍求阁下会同孟慈太守，代为校勘。先觅好书手，抄好底本，将月汀（方赤又字月汀）本并曲阜本（指原稿本）一一核之。目下或随校随刊……如何通盘筹画，总以能办不歇手为望，需资当再寄也。"（《八通》之五）对于校理《义证》诸事，许瀚还特别做了手录："杨至堂观察写刻桂未谷大令《说文义证》，属瀚校理，所有书籍板片写刻支度，凡经手诸事，总录此册。""壬寅腊，汪孟慈先生由河南带到《说文义证》十册（由第一册至第十册），余存曲阜孔荷华先生处。癸丑二月十九日，孟慈先生将前者十册交存书院，觅写手十人分抄。"②对所聘诸

① 参见［清］许瀚：《攀古小庐杂著》卷5，清光绪吴重熹刻本。

② ［清］许瀚：稿本《〈说文义证〉校理志事》，《山东文献集成》第1辑第44册《许印林遗书》（一），山东大学出版社2006年版，第618页。

写手的支领纸张数量、抄写数量及付薪情况均有详细记录，如所记李允文条曰："二月廿七日，领去《义证》第十册，领印格纸十张，又领印格纸十张；廿八日领印格纸二十张；三月初三日领纸十张；初九日领纸十五张；十三日写毕，共计字三万六千四百四十二，合于三千六百四十四文。十七日付清。"从这些手录来看，许瀚对抄写的要求很高。如所记张氏条云："二月廿四日领去《义证》第九册，领印格纸十张，廿六日又领印格纸十张。字甚潦草，不能再写此书。改写《石经考》，廿八日领《石经考》下卷去……"不料此后汪喜孙与许瀚就删校《义证》一事发生冲突，喜孙以为如依许瀚《校例》则删亦无多，仍是不欲删改之意。由是喜孙对许瀚删汰大为不满，遂奋笔批评，并寄信杨以增。以增以汪批桂书示许瀚，许瀚于道光二十三年(1843)五月拟《某先生校桂注〈说文〉条辨》，并寄示以增，以为汪校谬误层出，"于桂书大有害"。无奈之下，孟慈半途去，许瀚一人任校刻之事，终因力薄，致使此事中辍。最终《义证》仅刻一册，殊为可惜。[1] 道光二十七年(1847)，《义证》改由杨尚文(字墨林)出资刊刻，许瀚因肩负《史籍考》校勘之事，随聘薛寿、田普为分校，后因错漏百出，随即停刊。但杨以增并不知晓此事。以增于道光二十八年(1848)三月自陇中寄信许瀚云："未谷先生《说文》，想已校勘录出。闻此书已有人在江南付梓，未知确否？吾辈刊行之意，原为阐扬起见，既有人刻，吾辈又何必再劳剞劂，似与争名耶。"(《八通》之八)道光三十年(1850)二月，许瀚移局于江苏赣榆(即今连云港市赣榆县)青口镇再度刊刻《义证》，至咸丰二年(1852)二月终于刊成。此时杨以增已经调任南河总督，官署江苏清江浦，距赣榆颇近，对许瀚之前未能刻成此书不但不予怪罪，反而对此次刻书又给予极大帮助。据许瀚云，除刻书主持人杨尚文外，杨以增是出资最多的，"至堂先生河帅六百，墨深二百，吕鹤田一百……"[2]

杨以增让许瀚代理校刻的另一部书是许鸿磐撰《方舆考证》一百二十卷。李兆洛曾对此书有过高度评价："此书考证博于顾氏，又稍变其例，以明统括定限断，书成，治地理者可以无憾矣。"[3]《方舆考证》，初由许瀚将抄本寄与以增，

---

① [清]陈庆镛《〈说文义证〉序》云："闻杨廉访以增已于沛上开雕一册，寻以迁任，事不果行，叹惜久之。"《籀经堂集》卷11，清同治十三年(1874)诵芬堂木活字排印本。

② [清]许瀚：《许印林致王菉友札》，《顾黄书寮杂录》，齐鲁书社1984年版，第68页。

③ [清]李兆洛：《方舆考证总部序》，《方舆考证》卷首，1918年潘复刻本。

以增云："寄来许先生地理书，亦必传之作，似须及早写样，闻此间刻手尚佳也。孟慈太守已另函呈明矣。"（《八通》之一）随后以增又去信嘱许瀚：为不让招募来的南方刻工赋闲，可以先刻舆地书（即《舆地书》、《方舆考证》），并"祈与孟慈商之。《地舆书》尽可用宋字，《说文》样本应用何体，尚希会商示之。经费容即专人赍送，不致误延。"（《八通》之二）至于校勘、版样诸事宜，以增又云："至许云峤先生《方舆书》，祈与升斋[1]先生酌定体例，由棨庭兄校对。再呈吾兄复校，然后发刊。此等事固应不厌精详也。"（《八通》之三）"《地舆书》亦望吾兄尽心核正，其版样字样，孟慈颇有见解，亦无妨商榷及之也。"（《八通》之四）遗憾的是，由于以增调甘，该书亦只刻《总目》一册即罢。而此时，两人还未曾谋面，杨以增就把校刊两大书诸事交付许瀚处理，足见杨以增对许瀚人品、学品之信任。

杨以增调甘肃陕西之后，由于路途遥远，音讯渐少，但对许瀚一直记挂于心。道光二十八年（1848）三月杨以增在得知《义证》另有他刊后，致信许瀚云："自癸卯（1843）后，音敬久疏。甲辰（1844）年曾接名笺，知卷资已邀鉴纳。乙巳（1845）年寄赠，仍将原信带回，云公车未曾北上，未识停云何处。屋梁落月，时切怀思，念甚歉甚。"（《八通》之八）道光二十九年（1849），杨以增迁官南河清江浦，终于和时于赣榆青口镇刻书的许瀚见面。这次见面，虽然我们还未找到书面材料，但从以增赞助许瀚重刻《义证》及两地颇近来看，他们的会面是毋庸置疑的。咸丰五年（1855）八月，吴式芬官浙江学政，许瀚应邀赴杭，随署校文。在赴杭途中路经清江，两人又得以重聚，以增对许瀚悉心照料，令许瀚感动不已。到杭后，将途中和到杭后的情形立即致信杨以增："前者枢谒，渥承钧诲，备荷鸿慈，蠲其宿逋，筹及内顾，感何可名？拜此后，即日登舟，于是月十一日抵杭。沿途均叨庇平顺，各处年岁丰穰，情形安谧。惟月河潮勇，不便行人，乃皆取道孟河，江面太阔，又值阻风，耽延五日，是以到杭较迟。与子苾先生接见，久别重会，情谊殷拳。同事十余人，或旧好，或神交，或新识，皆相契洽。主人公暇，辄聚同好诸友讨论金石文学，意欲有所著定，尚无章程，兼之拓本重累，在署十无一二。又鲜书籍，遇有考订，靡所稽察。此事固非可以白战奏功，聊复萃集众见，留备采择。将未来必能有所成笔也。瀚到日无多，行止未能即决。知荷廑注，先此略陈大概。禀请钧安，余容续禀，瀚谨禀。"[2]

---

① 李德立，字升斋，济宁人，清嘉庆十四年（1809）进士，授编修。许瀚在济宁任山长时，与其有交。

② 《海源阁珍藏尺牍》，藏鲁图。

在两人十余年的交往中，不仅刻书，相互购赠善本书也是他们交往的重要内容。杨以增早在河南任官时就为许瀚购过《北堂书抄》、《白孔六帖》、《百三名家》等书。如以增致信许瀚云："《北堂书抄》、《白孔六帖》奉上查收。弟无《古微书》，其《百三名家》，尚存舍下，容续寄可耳。"（《八通》之六）又云："前寄一椷并《白孔六帖》等书，谅登收照……嘱觅《百三名家》十函，遵呈邺架。"（《八通》之七）道光二十二年（1842），许瀚寄《方舆考证》与以增，以增深感此书为"必传之作"，才欲刻此书。当时此书还未有刻本，寄给以增的是抄本，此书有一百二十卷，仅民国潘复刻本就有六函五十册之巨，想必当时条件下邮寄如此巨著，必然颇费周折。在《说文义证》未能刻成之后，杨以增又嘱许瀚购一新刻《义证》，以增致信许瀚云："桂书如有新刻者，祈觅寄一部为望。"（《八通》之八）清道光三十年（1850）杨以增官南河时，嘱许瀚从苏州购宋本《山谷老人刀笔》，绍和于《隅录》卷三题曰："道光庚戌（1850），日照印林许丈瀚为先公购于吴门。"咸丰五年（1855）七月，《柏枧山房文集》十七卷刻成，杨以增即刻寄赠当时在杭州的许瀚，许瀚致信以增云："赐寄旧籍，先生文集、异子丈诗集各五部，均已拜□，属送涤翁各一部，即送去。龙瀚臣适已到京，亦将《柏枧山房》如指送交，并达尊意拳拳，瀚臣当即有书奉报也。……付梓，功德无量。我辈咸当感恸肺俯。拙文为涵通楼谬收。承加奖勉勖，惭感之至，学业未成，偶深响德，敢不益自……其诗集续刊印成，仍望赐寄。想比来所作又必不可少，前所寄示两册，是知交传观殆遍，传抄太多，已教布人间矣。"又云："命觅涵通楼全帙，续有乡人常到，必当寄呈，此版在桂林。"①可见两人交往之密之勤。

高均儒（1812—1869），字伯平，一字茂才，号郑斋，谥号孝靖先生。浙江秀水人。均儒不喜著书，而善校书，尝任浙江书局总校。清咸丰间客游江淮，为杨以增校刻书籍，校勘精细。晚年主杭州东城讲舍，以朱子小学及程氏读书分年日程，启迪后生，士之好学者多归之。著《续东轩遗集》三卷。杨绍和亦有诗赞曰："严君退食暇，孜孜学不倦。先生大雅林，精义相磨研。秘笈授梓人，千秋文誉擅。"②

均儒性耿介，与杨以增志趣相投，吴昆田云："及君三至淮上，已抱病困悴特

---

① 《海源阁珍藏尺牍》，藏鲁图。

② ［清］杨绍和：《高伯平茂才均儒》，《仪晋观堂诗抄》，1920 年杨敬夫刻本。

甚。某总兵复以三百金乞丁俭卿先生持赠，不受，劝之，怒，作色起立而言曰：'均儒旦暮人耳，岂有死人而受人金哉？'言毕面赤气逆，俭卿先生怏怏而去，狷介皆此类也。……河帅杨至堂侍郎刻书延主校勘，极相契重。"①道光二十八年（1848），杨以增督南河，均儒游于门下。常与梅曾亮、包世臣、丁晏及杨以增论艺谈旧，相处极洽。均儒云："侍郎由陕抚来督南河，均儒来游，友人有属以校勘事者，刊本为侍郎所赏，遂出所藏古籍及近儒撰著，示榷订谈。……冬，均儒旋里。又明年五月，均儒应侍郎招，复游淮浦，侍郎导均儒与户部相见。"②

杨以增刻书得高均儒襄助最多，王献唐云："得嘉兴高均儒致慎伯手札，又见吾乡许印林与王箓友函稿，及校本杨刻《蔡中郎集》题辞，始悉杨氏幕中，其治校勘、版本学者，最推高君……海源阁所刻书籍，多出高君校勘。"③杨绍和云："茂才为先君校刻书十余种。"④今据现有材料统计，在杨氏刻书中，由均儒经手校刊的共九种，其中，《惜抱先生尺牍》和《跛奚年谱》两种都为均儒手写上版。咸丰六年（1856）杨以增、胡珽刻本《尔雅郭注义疏》二十卷，乃均儒得严鹤山所抄郝懿行足本后，杨以增读而善之刻之。咸丰三年刻本《礼理篇》，均儒为之撰写长《跋》。咸丰六年刻本《柏枧山房集》三十一卷，均儒云："侍郎曰：'伯言文集已刻而板未勘正，盍见校之？'校毕，刻工滞至十月始修成。十一月，校诗集，刻未三卷，十二月，侍郎薨。……先是，户部苦鼻塞减食，二十二日，旋淮郡，寮舍濒水，语均儒曰：'杨公子善体先志，期必刻完拙集，雠校仍倚君。'均儒诺之。二月，杨公子奉侍郎丧还，泣申前意。均儒且校且刻，三月告蒇。"⑤杨氏足本《石笥山房集》二十三卷的刊刻，是高均儒"司其事"⑥，咸丰二年春鸣泰《跋》曰："伯平悉心校核校正原刊错字甚夥。"⑦均儒亦曰："受而读之，参互详核。"⑧现在鲁图存有清抄本《石笥山房文集》六卷《诗集》四卷，即是刻本的底本，上有高均儒批校之语累累，可见均儒为刊刻是集所付出的劳动。咸丰二年

① ［清］吴昆田：《〈续东轩遗集〉序》，《续东轩遗集》卷首，清光绪七年（1881）刻本。
② ［清］高均儒：《〈柏枧山房文稿〉跋》，《柏枧山房文稿》卷末，海源阁杨氏抄本，藏国图。
③ 王献唐：《聊城杨氏海源阁藏书之过去现在》，《山东省立图书馆丛刊》第1种，第6页。
④ ［清］杨绍和：《高伯平茂才均儒》，《仪晋观堂诗抄》，1920年杨敬夫刻本。
⑤ ［清］高均儒：《〈柏枧山房文稿〉跋》，《柏枧山房文稿》卷末，海源阁杨氏抄本，藏国图。
⑥ ［清］杨以增：《〈石笥山房文集〉叙》，《石笥山房文集》卷首，清咸丰二年（1852）杨以增刻本。
⑦ ［清］胡鸣泰：《〈石笥山房文集〉跋》，《石笥山房文集》卷末。
⑧ ［清］高均儒：《〈石笥山房文集〉跋》，《石笥山房文集》卷末。

刻本《九水山房文存》二卷，杨以增云："道光三十年(1850)，先生长嗣文昭存增于南河署，询求遗书，仅存此册。而传抄不无错误，因属嘉兴高君伯平详校，付之梓人。"①咸丰五年刻本《惜抱先生尺牍》，梅曾亮《序》云："延高君伯平重为校刊，伯平遂悉乎写之于版。"②咸丰六年刻本《跛奚年谱》一卷，均儒《跋》云："属均儒书付诸版，原稿有羡改涂乙。侍郎郑重摩核，更属均儒重校。"咸丰五年刻本《助字辨略》，刘毓崧跋曰："延秀水高君伯平精校授梓。"③而咸丰二年刻本《蔡中郎集》，从《凡例》到文中数千条校勘记的撰写更是倾注了均儒的心血。不仅如此，均儒之子高行信亦参与了杨氏的刻书活动，咸丰三年刻本《志学箴》，就是行信"检《说文》依字作篆"，并以邓完白书"钩摹"手写上版的。④对于杨氏藏书，均儒也襄助不少，如道光二十三年(1843)杨以增得元本《文选》，以增倾见陈鳣曾为元本作过一《跋》，为读书方便，嘱均儒录于卷末，均儒《跋》云："右陈仲鱼征君鳣《跋》元本李善注《文选》，载简庄《集》缀文中，至堂先生属录于所藏元本后。……咸丰三年八月朔四日高均儒拜后。"海源阁藏道光吴寿民抄本《铁堂诗存》二卷，钤有"闽县高均儒伯平印信"，可见此书出自均儒。

胡珽(1822—1861)，字心耘。浙江仁和(今杭州)人。官至太常寺博士。父树声，字震之，所购宋元旧本，积至数千卷，建"琳琅秘室"以储。胡珽继承父志，专收宋元旧刻及流散的书籍，并遍加校勘，刻有《石林奏议》，道光中辑印有《琳琅秘室丛书》三十种。海源阁藏影宋精抄本《重续千字文》二卷，即由胡珽所赠，绍和云："先公得宋榘葛刚正《三续千字文》重刊之，常州心耘胡君珽因以此本寄赠。"(《隅录》卷一)杨以增刊印足本《尔雅郭注义疏》，刻未完即遽归道山，其后由胡珽续刻而成。

陈官俊(？—1849)，字伟堂，山东潍县人。清嘉庆十三年(1808)进士，选庶吉士，授编修，历户部、吏部侍郎，擢礼部尚书。道光二十四年(1844)，以吏部尚书协办大学士，历典乡会试，殿廷御试，充上书房总师傅。官俊与杨以增同省，以增常年宦游在外，而官俊则大多居京服官，两人通信频繁，交流信息心得。在海源阁仅存的三十四封友朋尺牍中，就有三封是陈官俊寄给杨以增的。

---

① [清]杨以增：《〈九水山房文存〉序》，《九水山房文存》卷首，清咸丰二年(1852)杨以增刻本。

② [清]梅曾亮：《〈惜抱先生尺牍〉序》，《惜抱先生尺牍》卷首，清咸丰五年(1855)杨以增刻本。

③ [清]刘毓崧：《〈助字辨略〉跋》，《助字辨略》，中华书局1954年版，第293页。

④ 参见[清]高行信：《〈志学箴〉题识》，《志学箴》卷末，清咸丰三年(1853)杨以增刻本。

杨以增最早的一次刻书是联合陈官俊等诸戚好，刊刻了翟云升的《隶篇》四十五卷。

许乃普(？—1866)，字滇生。浙江钱塘人。清嘉庆二十五年(1820)进士，历任内阁学士、工部尚书、吏部尚书等职，工于书法，宗祖二王，并善绘花鸟。许乃普与以增相识于道光五年(1825)，乃普云："余乙酉岁奉使贵州，时公任都匀，一见即深相契，投分遂密。"[①]绍和于《隅录》卷二宋本《通鉴纪事本末》题曰："先大夫督袁江时，许滇生师寄赠。"咸丰元年(1851)春，许乃普曾登阁一览，并借观校宋本《礼记郑注》。绍和于《隅录》卷一校宋本《礼记郑注》题云："咸丰纪元春，钱唐许乃普借观于海源阁。"海源阁曾藏有宋本《莆阳居士蔡文公集》三十六卷和宋本《元丰类稿》五十卷《续附》一卷，都曾为大兴朱笥河所藏，均钤有朱氏藏印，此两种即由乃普为之搜购并寄于以增的，乃普在致以增的信中云："兹□来工学习之颜员外锡惠带上蔡忠惠《端明集》两函、曾子固《南丰类稿》两函，祈饬纪检。存此二书，皆大兴朱笥河先生旧藏本，较《四库》所收本，卷数增多。见少河山人跋尾。谨归之邺架。公余检阅，或可少舒心目，亦野人献曝之意也。"[②]杨以增卒后，绍和曾从其游，并请铭于乃普，乃普为之作《江南河道总督杨公墓志铭》，云："后公子绍和复从余游，卅年交谊，兼以通家，言虽不文，其何敢辞？"并对杨以增一生做了高度评价，铭曰："赤泉之族关西雄，间世挺生聊城公。清白吏承先世风，卓哉不朽推立功。……"[③]绍和居家丁忧时，乃普服官京城，邀请绍和赴京叙旧论艺，绍和有诗云："春明柳色尚依然，又促征轮旧梦牵。鲤信遥传千里外，鸿泥怕忆五年前。自惭抱负班超笔，敢望功名祖逖鞭。海上三山应在望，莫教风力引回船。"[④]足见两家三十年交往之深。

陈祖望(生卒年不详)，字冀子，号拜芗。浙江会稽人。工诗善书，梅曾亮言其诗云："顾其诗清旷迈俗而杀缚事实，词与事称，非博览载籍一资以为诗者不能也。"[⑤]杨以增官于河南时，曾延馆署，后以增调甘，祖望因病归里，以增又延

① [清]许乃普：《江南河道总督杨公墓志铭》，《聊城县志·耆献文征》卷下，文行出版社清宣统二年(1910)版。

② 《海源阁珍藏尺牍》，今藏鲁图。

③ [清]许乃普：《江南河道总督杨公墓志铭》，《聊城县志·耆献文征》卷下。

④ [清]杨绍和：《应许滇生夫子招将赴京师口占》，《仪晋观堂诗抄》，1920年杨敬夫刻本。

⑤ [清]梅曾亮：《〈陈拜芗诗〉序》，《柏枧山房文集》卷5，清同治三年(1864)杨绍谷、杨绍和补刻本。

之不能至，便以刊诗为念。以增云："陈君拜芗，以章奏翰墨为诸侯老宾客。后东河决口，君所主者失官，无所馆。上书于林文忠公，余见其书骈体文极工，因延馆余署，并见其所为诗，为之序者甚多，而余同年梅伯言尤极称许之，后余赴甘肃由西安至南河，君已归里病痱，余延之不能至，而寄其诗稿为托，念以君之才一无所遇与世，而生平所自力者，惟诗不可不有以存之，因亟为刊刻。君以诗谢，今殿于集终者是已。及刊成，君已不复见，然余心许之，固不可忘，因记其缘起如此。"①《思退堂诗抄》第十二卷末陈拜芗题诗《编录新旧诗竟漫成一律兼呈杨东樵河帅以增》云："此生事业更何论，浪墨浮烟爪雪痕。老尚好名名况小，晚方向学学无根。人非李杜诗才薄，乡有王（阳明）刘（蕺山）道脉尊。衰病讵堪加策励，赖公犹得一编存。"道光三十年（1850）十月，杨以增为其刊成《思退堂诗抄》十二卷《青琅玕吟馆词抄》一卷。

傅绳勋（生卒年不详），字接武，号秋屏。聊城东昌府人。其高祖傅以渐为清朝开国状元，家学深厚，自幼受母严教，刻苦读书，嘉庆十九年（1814）中进士。先后任工部主事、工部郎中、广东琼州知府、陕西潼关兵备道、广东盐运使、陕西按察使、云南广东布政使、浙江巡抚、江西巡抚、江苏巡抚等。晚年主讲于济南泺源书院及聊城启文书院。

傅、杨两家同为东昌名门望族，并世居于光岳楼下，交往源远流长。两家曾结为世交与姻亲。杨以增之父杨兆煜与傅绳勋之父傅廷辉"性情气谊大略相同，故投契最深，无三日不过从也，如是者廿年"，杨以增曾将父辈之交比作东汉的范式和张劭之间的"死生交"，尝云："元伯巨卿，谁谓古今人不相及哉！"②道光九年（1829），东昌知府刘煜倡议重建"东昌府考院"，傅廷辉偕同杨兆煜带头捐资，可见两人志趣之投合。傅绳勋之母与杨以增之妻同系顺治朝工部尚书朱鼎延的后裔，又绳勋的长女嫁给了以增次子杨绍和为妻③，杨以增与傅绳勋又为"总角交"。道光二十年（1840），以增丁忧居家时，和绳勋一起倡修光岳楼，杨以增云："道光庚子间，方与傅子绳勋读礼家居。詹子恩以楼为全郡保障，及此不修，后将愈难为力，遂呈明祝太守、章明府定议兴修。"④光岳楼

① ［清］杨以增：《〈思退堂诗抄〉后序》，《思退堂诗抄》卷末，清道光三十年（1850）杨以增刻本。

② ［清］杨以增：《映宸傅公家传》，《东郡傅氏族谱》，清道光二十三年（1843）刘喜海嘉荫簃刻本。

③ ［清］张英麟《翰林院侍讲学士杨公墓志铭》云："杨绍和娶傅淑人，江苏巡抚傅公绳勋长女。"《聊城县志·耆献文征》卷下，文行出版社清宣统二年（1910）版。

④ ［清］杨以增：《重修光岳楼记》，《退思庐文存》，1920 年杨敬夫刻本。

历时四年修毕，受到当地人士好评。杨以增撰《重修光岳楼记》，傅绳勋“书丹”，其碑刻今仍立于光岳楼下。道光二十二年（1842），傅绳勋重修《东郡傅氏族谱》，杨以增为之作《重修傅氏族谱序》，嘉其善行云：“秋屏廉访以重修《东郡族谱》问序于余。余阅其体例一依古法，折衷而参用其长……盖谱为司马公创作，廉访因其封公重修之，后复加订辑，故体例若是精严。使后之子孙世世增修之，年虽远而昭穆秩然，于以敬宗，于以合散，木本水源之思，守而弗失。”杨以增还为绳勋父母分别作《映宸傅公家传》和《傅母朱恭人家传》，其《傅母朱恭人家传》云：“吾乡之称妇德者，举恭人为首，数十年无异词。余内子与恭人同系朱，而于傅则为弥甥，都转又余之总角交也。登堂拜母，知之较详。余欲慰都转兄弟之悲而宣扬母德也，为叙其梗概如此。”[①]以两家之亲密关系，与书之往来，亦是自然之事，傅斯年回忆道：“忆余八、九岁时，见祖父处有《夏内史集》一薄册，旧抄本，海源阁物（或勰卿先生所遗，不可知也）。”[②]傅斯年祖父名傅淦，傅淦为傅绳勋弟继勋子，抄本《夏内史集》很可能就是杨绍和赠送给傅淦的。据傅氏后人傅乐铜先生讲，今在台湾傅斯年图书馆和历史语言研究所都藏有一些海源阁遗书，这些藏书或为当年杨氏赠于傅淦，或是海源阁藏书散佚时，傅家就近收购，之后傅斯年带回史语所等。杨氏藏书只对至交开放，作为世交与姻亲，傅淦经常到杨家借书给子孙看是常事，而傅斯年自幼打下的国学基础与此不无关系。[③]

崇恩（生卒年不详），字仰之，号语舲、禹铃，亦称语舲道人，别号香南居士。满洲正蓝旗人。官至山东巡抚。能诗，善书，性嗜购藏图书，多为碑帖拓本，以所藏《圣教序》等七种宋拓本而闻名。藏书印有“青壶阁”、“语舲所藏初印”、“玉牒崇恩”、“澹园”等。崇恩与杨氏有世契之交。先是杨以增与崇恩结谊深厚，常有通信，并互索近作，如崇恩曾致信以增云：“前在沔县，曾布一函，专致谢忱，谅登签掌。兹于月之廿一日，获读，心注籍知，起居万福，勋业千秋，遥企清辉，莫名欣慰。别时承索近作，途中未暇录呈，今小憩成考，谨抄数首章。奉寄《蜩塘细响》，不足言诗，望开示而琢磨之，幸甚感甚。”[④]道光二十八年（1848），

---

① 《映宸傅公家传》和《傅母朱恭人家传》均载《东郡傅氏族谱》，《东郡傅氏族谱》，藏国图。

② 傅斯年语见《〈夏节愍全集〉题记》，“台湾中央研究院历史语言研究所”傅斯年图书馆藏清同治己巳年（1869）刻本《夏内史集》，卷首有傅斯年手写题记。

③ 2008年1月8日上午，笔者拜访了傅斯年的侄子傅乐铜先生（1949—　，山东第二职业技术学院教师），此材料即据傅先生谈话所记。

④ 《海源阁珍藏尺牍》，今藏鲁图。

崇恩出使，在陕西与以增“欢聚旬日”，以增出秘笈，并祈崇恩题字留念。以增卒后，绍和又“时承存问”，厚情日益。同治五年(1866)秋，绍和将秘不示人的珍宝《大观帖》借观崇恩两月之久，并属题识，此举乃非至交者不为也。崇恩《跋》云：“勰卿太史二兄世契以此三巨册见视。从函谛玩，光焰照人，奕奕如生，对之全我神王。一见即定为真本，无可疑者，固不待以纸光墨色及石边泐损处决之也。至于收藏印记，流传有绪，在在固的然可征。勰卿跋几至万言，勤矣博矣，亦特为界疑似者说法耳。贾胡遇宝，洞澈中边，识真赏佳，何待商榷？窃谓鉴定昔贤真迹，惟以神完力足，气韵如生，无一败笔无一稺草……古刻碑帖亦然，然此亦只不为知者道，苟非其人，终难破其固结也。质诸勰卿，其韪我不？此册乃尊甫至堂先生遗物，勰卿宝爱弥护，可谓得所传矣。道光戊申(1848)，恩奉使伟藏，路出秦关，得与至翁欢聚旬日，间出秘笈书帖命题，回首前尘者如梦寐。幸哲嗣玉立，克绍家声，且不弃衰残，时承存问，厚情古谊，有足与者。因属是帖，不觉缕缕及云云。”[①]可见两人把玩之余，还进行学术交流。

潘祖荫(1830—1890)，字伯寅，号郑盦。江苏吴县人。钦赐举人。咸丰壬子(1852)进士，授编修。官顺天府尹，擢工部尚书。卒谥文勤。祖荫幼好学，涉猎百家，淹通经史。唯生平绝少著述，除所刊《滂喜斋丛书》间存并世通儒遗著外，自撰只《攀古楼彝器款识》、《秦辅日记》等零星小品而已。尤喜搜罗善本书，金石碑版之属。滂喜斋所储，不以繁富相炫，但多精品。江南大藏书家汪士钟与祖荫姑母家联姻，汪氏所储宋元善本散出后，部分归入滂喜斋。

潘祖荫的祖父世恩为大学士，与杨以增有交，以其世谊，故潘祖荫称之为丈。[②] 祖荫主要和海源阁第二代主人杨绍和相交。由于志趣相投，两人来往甚勤。据《楹书隅录》及其他资料记载，于藏书事交往尤多。如同治十年(1871)春正月，潘祖荫与鲍源深、朱学琴同观宋本《咸淳临安志》于仪晋观堂。[③] 五月，潘祖荫观宋本《端明集》等三十种。[④] 光绪九年(1883)，杨保彝还

---

① [清]崇恩：《大观帖》2、4残卷跋尾，《大观帖》，藏北京故宫博物院。

② 参见[清]潘祖荫：《〈艺芸书舍宋元书目〉跋》云：“……(艺芸书舍)经史佳本往往为杨致堂丈所得。”

③ 参见[清]杨绍和：《宋本〈咸淳临安志〉题识》，《楹书隅录》卷2，清同治三年(1864)杨绍谷、杨绍和补刻本。

④ 参见潘祖荫批注：《〈竹汀日记抄〉提要》，《蛾术轩箧存善本书录》，上海古籍出版社2002年版，第152页。

将孤本明蓝印铜活字本《墨子》借于潘祖荫。(《隅录续编》卷三)众所周知,海源阁闭之极紧,对一般人是不开放的,据现有书面资料记载,能够有幸三度登阁观书的,唯潘氏一人。故潘祖荫云:"门人杨勰卿海源阁藏宋元本最富,余皆得见之。"①而且,杨绍和在《楹书隅录》初续编刚刚完成尚未出版的情况下,就把手稿借给潘祖荫以编刻《士礼居藏书题跋记》,这都证明潘氏与杨氏的关系确不寻常,潘祖荫云:"因思先生一生精力尽在于是,乃从杨至堂河督之子勰卿太史录得先生手跋百余条。"②绍和不但借手稿、借书给潘氏,还赠书于他,如清抄宋嘉泰本《宝晋山林集拾遗》八卷四册,杨保彝于《隅录续编》卷四校旧抄本《宝晋英光集》六卷识云:"家藏影写精校本,已持赠潘文勤师滂喜斋。"滂喜斋藏"宋本"《梦溪笔谈》二十六卷,该书亦钤有"杨绍和读过"、"东郡杨绍和观"两印,这说明此书曾藏海源阁③。祖荫所藏明翻宋本《诗集传》、宋本《诗集传》、宋本《本草衍义》亦归诸绍和④。并且两人还互有夺爱之举,如《滂喜斋尺牍》中祖荫曾调侃曰:"杨勰卿欲夺齐镈,是何理也?"⑤可见绍和与祖荫于观书、借书、赠书、购书等乃寻常事。

第三节 杨氏藏书的学术背景

杨氏几代都是读书种子。杨兆煜博学英特,喜咏古人诗作,论帖、品诗、读画俱有鉴裁。著有《分析书》等,尤爱孟浩然诗。杨以增自谓"迷闷簿书……只以性无他嗜,结习难忘,鞅掌余闲,见猎心喜"。⑥ 挚友高均儒云:"先生藏书数万卷,退食劬读,日昃不遑。"⑦两江总督陆建瀛云:"吾向以至堂好蓄书,今乃

---

① [清]潘祖荫:《〈后汉书〉跋》,李盛铎著《木犀轩藏书题记及书录》,北京大学出版社1985年版,第95页。

② [清]潘祖荫:《〈士礼居藏书题跋记〉跋》,《士礼居藏书题跋记》卷6,书目文献出版社1989年版,第327页。

③ 参见[清]潘祖荫:《宋本〈梦溪笔谈〉题记》,《滂喜斋藏书记》卷2,《续修四库全书》本。

④ 参见潘祖荫批注《竹汀日记抄》云:"《诗集传》,明翻宋本。……余得一部,已归勰卿。前余有宋刊《书集传》……已归勰卿处,可惜。""余有《本草衍义》一部已归勰卿。"《蛾术轩箧存善本书录》,上海古籍出版社2002年版,第154—156页。

⑤ 王欣夫:《〈滂喜斋尺牍〉提要》,《蛾术轩箧存善本书录》,第605页。

⑥ [清]《杨至堂致许印林书八通》之一,见《顾黄书寮杂录》,齐鲁书社1984年版,第148页。

⑦ [清]高均儒:《〈礼理篇〉跋》,《礼理篇》卷末,清咸丰三年(1853)杨以增刻本。

知其得一书必阅一书也。”[①]以增于治学亦成绩卓然，著有《退思庐文存》、《志学箴》、《古韵分部谐声》及大量序跋、尺牍、奏疏、碑铭等。绍和治学秉承庭训。年七岁就能赋诗，受知于湖广总督林则徐。酷爱《左传》，有杜预之癖，曾自谓“一卷《春秋》元凯癖”[②]。后又受经学八法于包世臣，受古文辞于梅曾亮，经术辞章，皆深入古人堂奥。绍和在《楹书隅录》中就常常流露出浓重的治学、劝学情结，如绍和题宋本《新序》云：“楹书莫读，老大徒伤，执卷涕零，悲乌能已。”[③]题宋本《周礼郑注》云：“重惜予之谫陋，不克自励而自弃也。”尝作诗感言：“手泽重翻倍泫然，楹书犹记一经传。箕裘未易承门业，霜露祇余哭墓田。弹指驹光虚子舍，伤心鲤学负丁年。无聊我欲青天问，斯事还容慰九泉。”[④]绍和著有《楹书隅录》九卷、《仪晋观堂诗抄》一卷等。杨保彝则有《归瓻斋诗词抄》一卷等。正是由于杨氏四代人的读书好学，勤于治学，才形成了杨氏较为系统的学术观点和治学思想，并在学界产生了一定的影响。

一 “海源”学说

“海源”本出于杨氏藏书楼名。杨以增于道光二十年（1840）建藏书楼，取名海源阁，以增于匾额旁题跋语曰：“先大夫欲立家庙未果，今于寝东先建此阁，以承祀事。取《学记》‘先河后海’语，颜曰‘海源’，盖寓追远之思，并仿鄞范氏以‘天一’名阁云。”“海源”本为“祀事”，即追远先辈之思，但又合治学之意。关于其中所包含的治学意义，杨以增在其碑铭《海源阁藏书记》[⑤]中做了说明，其后梅曾亮又在此基础上，作《海源阁记》[⑥]，对“海源”之内涵做了进一步阐述。所谓“源”是指经、史、子、集的原典作品；“海”则是指根据这些原典衍生出来的无数的经、史、子、集著作。杨以增云：“书自汉以后，家置一说，人各一师，立一书于此。而后之人，从而附合，缘饰之，又从而排击之，捃摭之，且剽窃之，附而相推，激而相摧，演而愈淆，引而愈支，使人惶惑而无所归心。故书犹海也，流之必至于海也，势也。”[⑦]梅曾亮进而云：“昔班固志艺文，自六艺而外，别

① [清]梅曾亮：《兵部侍郎江南河道总督杨公家传》，《柏枧山房文续集》，清同治三年（1864）杨绍谷、杨绍和补刻本。

② [清]杨绍和：《前诗赋就怦然有感再成六律》之一，《仪晋观堂诗抄》，1920年杨敬夫刻本。

③ [清]杨绍和：宋本《新序》题识，《隅录》卷3。

④ [清]杨绍和：《前诗赋就怦然有感再成六律》之三，《仪晋观堂诗抄》。

⑤ 全文见《海源阁杨氏著述考》，《文献》，2006年第2期。

⑥ 参见[清]梅曾亮：《海源阁记》，《柏枧山房集》卷11，清同治三年（1864）杨绍谷、杨绍和补刻本。

⑦ 全文见《海源阁杨氏著述考》，《文献》，2006年第2期。

为九流，则凡书之次六艺，如诸子者，皆流也，非其源也。况又次于诸子，如诗赋诸略者乎？然当秦火后，余裁数经。至汉成帝时，间二百年，书已至万数千卷之多。而自汉以后，几二千年以至于今，附而相推，激而相催，演而愈淆，丽而愈支，昔之所谓流者，且溯而为源，而流益浩乎其无津涯。”[①]可见，狭义而言，这里所谓“源”即指六艺——“《易》、《书》、《诗》、《礼》、《乐》、《春秋》”，但随着时代的演进，一些原来为“流”的亦成为“源”，如诸子者即是。以增又云：“昔之人有言曰：‘十三经、十七史外，岂有奇书？’夫古今才人，如此其众也，著书垂后，怪奇伟丽者，如此其多也。而云尔者，是之源者也。”[②]所以，广义的“源”是指十三经、十七史以及诸子、诗赋类的初创原典著作。至于由“源”而衍生出的作品，两千年来，则浩如海洋，难以数计。

学者治学要处理好这两者之间的辩证关系：要涉猎广泛，畅游大海，方能避免孤陋寡闻，但因为一书演为千百书，一言衍为千万言，自然“大海”中有精华，亦有糟粕，如果只知埋头沉游于“大海”之中，不知其源流，就会事倍功半，即使劳碌一生亦只会徒然无获。杨以增云：“学者而不观于海焉，陋矣。虽然是海也，久其中而不归，茫洋浩瀚，愈远而不知其所穷，倘然不知吾所如，帆樯倾侧，卒不得自休，以终其身，为风波之民，其不惑哉？”[③]梅曾亮又云：“今且类其物而分之，比其物而合之，摭一书为千百书，而其势犹未已也。由今以观，周秦人书，于汉人见之外，别无见也。由今以观，魏晋人说经，于唐人载之外，别无见也。其见于史，见于集者，亦希矣。然今之说者，不惟视唐加详也，且视汉而加详也。夫汉唐人之书具是矣，其后此者，非衍词也，即变文也。不然，则凿空者也。而作者勤焉，学者骛焉，以千万言说书之一言，而其辨犹未知所息也。”[④]要想做到事半功倍，不为“大海”所惑，学者首先要精研这些原典，并借助史、子部作品，由“海”溯流而上，寻归到“源”。只有知其源，才能辨清众说之是非，理出各家派别之源流。以增云：“知其源，则百家众说之歧趋异派者，无可以寻源而得其归矣，有史焉足以记事矣。”[⑤]曾亮云：“有史焉，足以纪事矣；有子焉，足以辨道术矣。”[⑥]但是只知道“源”，而不知“海”之大，又怎能知道

① 参见[清]梅曾亮：《海源阁记》，《柏枧山房集》卷11，清同治三年(1864)杨绍谷、杨绍和补刻本。

② 全文见《海源阁杨氏著述考》，《文献》，2006年第2期。

③ 同上。

④ 参见[清]梅曾亮：《海源阁记》，《柏枧山房集》卷11，清同治三年(1864)杨绍谷、杨绍和补刻本。

⑤ 全文见《海源阁杨氏著述考》，《文献》，2006年第2期。

⑥ 参见[清]梅曾亮：《海源阁记》，《柏枧山房集》卷11，清同治三年(1864)杨绍谷、杨绍和补刻本。

“源”之流之无穷呢？所以曾亮又云：“凡书之因而重，骈而枝之，悉屏绝之，其可乎？曰：‘乌乎可。’游滥觞之渊，而未极乎稽天；浴日月之大浸，是未知海之大也，又安能知源之出而不可穷也哉！”①

简而言之，学者治学的最高境界就是涉海归源，即既要博览群书，更要精研原典，以能辨析源流，廓清是非。这种治学思想，既是杨以增根据自己治学的切身体会总结出的经验之道，实际上亦是后人治学之标榜。或许学者对此亦有体会，但杨以增将其提高升华到理论境界，以“海源”之词加以提炼概括，意义不同一般。

杨以增邃于汉郑之学，酷爱龙门、班、范之书，这是他治学的根基。同时，对宋明理学亦不偏废，对经、史、子、集都有涉猎，熟复兵河盐务诸书，作诗追慕陶孟，爱读陶诗、《离骚》。正如梅曾亮在《海源阁记》中所云：“同年友杨至堂无他好，一专于书，然博而不溺也，名藏书阁曰海源，是涉海而能得所归者欤！”从藏书来看，“四经四史”诸本显然是杨氏藏书之“源”，同时，海源阁藏书几乎涵盖了四库所有门类，内容上无所不包，亦即藏书之“海”。所以杨氏藏书承继了“海源”学说，考察杨氏藏书特色，就可以看出“海源”学说在其藏书上得到了充分的体现。

二 汉宋“二说不容偏废”

杨氏汉郑之学，始于杨兆煜。兆煜在任教谕时，所传经义，即以汉郑为主。杨宅大门上曾悬有“传经北海”匾额，这个匾额就是兆煜在即墨教书时学生赠送的。从“传经北海”四字内容看，兆煜的教学无疑以传北海“郑学”为核心，而且教学效果得到了学生的好评。杨氏家族笃重家教、秉承庭训，故而杨以增的治学之基亦应源于此。杨以增自幼治经学，曾得王引之器重。龙启瑞云：“公少治经学，为高邮王公引之所重。”②以增督南河时，客于杨氏节署的包世臣、梅曾亮等都感受到以增的汉学功夫，如包世臣云：“唐以后音学少专家之书，至我朝诸儒而极盛。世臣于音均之学无心得，年来居退思先生节幕，先生湛深汉学，于音均尤精，后学多获教益。”③

---

① 参见[清]梅曾亮：《海源阁记》，《柏枧山房集》卷11，清同治三年(1864)杨绍谷、杨绍和补刻本。

② [清]龙启瑞：《兵部侍郎都察院右副都御史江南河道总督杨公神道碑》，《经德堂文集》卷4，清光绪四年(1878)龙继栋刻本。

③ [清]包世臣：《金本〈新刊韵略〉跋》，《隅录》卷1，清同治三年(1864)杨绍谷、杨绍和补刻本。

杨以增云："学先识字，循轨辙于汝南（许慎），教重传经，溯渊源于高密（郑玄）。"[①]可见，以增是把"许学"和"郑学"看作治汉学的基础。郑玄（127—200），字康成，北海高密（今山东省高密县）人，东汉经学家马融弟子。郑玄博通古文、今文、谶纬之学，经术湛深，是汉代经学的集大成者，其学世称"郑学"，与"许学"并重于世。他曾遍注群经，今天保存下来的只有《毛诗》和三《礼》四种。张舜徽曾概括郑玄在校雠过程中做得最为精密的工作为：一、备致多本，择善而从；二、注明错简，毫无固拘；三、考辨遗编，审证真伪；四、叙次篇目，重新写定；五、条理礼书，普加注说；六、辨章六艺，阐明体用。[②] 郑玄在经学史上的地位，范晔《后汉书》卷六十五《郑玄列传》云："自秦焚六经，圣文埃灭。汉兴，诸儒颇修艺文。及东京学者，亦各名家。而守文之徒，滞固所禀，异端纷纭，互相诡激，遂令经有数家，家有数说，章句多者或乃百余万言，学徒劳而少功，后生疑而莫正。郑玄括囊大典，网罗众家，删裁繁诬，刊改漏失，自是学者略知所归。"故后人治汉学者无不奉若圭臬。释注"三《礼》"是郑玄整理古籍的最主要成就之一，他融会贯通，释疑排难，成为后世治礼学的必读之物。皮锡瑞曾指出："郑学最精者三《礼》。"[③]杨绍和云："先公毕生邃于经学，服膺北海。"[④]杨以增何以如此服膺郑学？他在《六艺堂诗礼七编》序中云：

> 乡先生北海郑君《经》、《传》洽孰，为世儒宗，其所注《易》、《书》、《论语》皆佚，今所传者《诗笺》、《礼注》而已。自后儒空言义理，而郑君之学微。然王祎谓：朱子《诗集传》训诂多用毛、郑。朱子《〈论孟精义〉序》云："汉儒正音读，通训诂，考制度，辨名物，其功博矣。学者苟不先涉其流，则亦何以用力于此？"《孟子集注》以《柏舟》为"卫之仁人"、《白鹿洞赋》"广青衿之疑问"，仍用毛、郑旧说。至《仪礼经传通解》征引三《礼》，备载郑注。读经而不由郑学，犹欲入室而不由门户也。

---

① 《杨至堂致许印林书八通》之一，王献唐编《顾黄书寮杂录》，齐鲁书社 1984 年版，第 147 页。

② 参见张舜徽：《中国文献学》，上海古籍出版社 2005 年版，第 206—207 页。

③ ［清］皮锡瑞：《〈易经〉·论郑荀虞三家之义郑据礼以证易学者可以推补不必推补爻辰》，《经学通论》，中华书局 2003 年版，第 21 页。

④ ［清］杨绍和：宋本《周礼郑注》题识，《隅录》卷 1。

与后儒的“空言义理”不同，郑学的特点是“微”。所以在杨以增看来，郑玄治经考证精密，为世儒宗。即使提倡宋学、崇尚义理的朱熹在治经时，郑氏注《诗》、《礼》仍然必不可少。由此可见，精研郑学是治经的必由之路。不唯如此，杨以增还以实证揭示了服膺郑学的原因：

> 郑氏注《礼》至精，去古未远，不为凭虚臆说。迄今可考见者，如《仪礼·丧服》注多依马融师说。《士虞礼》“中月而禫”，注：“二十七月”，依《戴礼》“丧服变除”。《周礼·大司乐》“鼓”，“鼗”，注依许叔重说，与先郑不同。《小胥》“县钟磬”，注：“二八十六枚而在一虡”，依刘向《五经要义》。《小宗伯》，注：“五精帝”，依刘向《五经通义》。《射人》注称“今儒家”，依贾侍中注。《考工记》“山以‘章’”，注作“獐”，依马季长注。《礼记·檀弓》“瓦不成‘味’”，注当作“沬”，依班固《白虎通》。《王制》“大‘绥’小‘绥’”，注当作“緌”，依刘子政《说苑》。《玉藻》“玄‘端’朝日”，郑读为“冕”，依《大戴礼》“朝事”义。《祭法》“幽‘宗’”、“雩‘宗’”，郑读为“禜”，依许氏《说文》。郑君信而好古，原本先儒，确有依据。凡此释义，补孔之遗阙，皆前人未发之秘。疏通证明，灿若爟火。[①]

此例，杨以增于经学素养亦可见一斑。杨以增认为郑玄注《礼》，“确有依据”，“无穿凿附会之辞”，是建立在实证的基础之上的，这与后人的空言义理、任凭臆说是有本质的区别的。杨以增通过实例，一方面体现出他对经学郑学的精通与深邃，另一方面也说明他对郑学的极力推崇乃由衷而发，有据而出。杨绍和秉承父学，亦邃于郑学，尝谓“阐洙泗之微言，导新安之先路，未有如郑君者也”。[②] 又题宋本《周礼郑注》时云：“学者（指郑玄）诚能致力于此，博考互稽，析疑申奥，则训诂既定，义理斯明，于经学岂曰小补之哉？”（《隅录》卷一）绍和“为学主敬工夫，而犹邃于汉郑学，名物训诂，研究精密，《毛诗》、《公羊》皆有札记，未成书”。[③] 可见绍和对汉学亦颇有研究，仅是未成专著而已。

杨以增深于汉学，对小学勤于研究。梅曾亮云以增“名物、象数、音声、训

---

① [清]杨以增：《〈六艺堂诗礼七编〉序》，《六艺堂诗礼七编》卷首，清咸丰二年（1852）杨以增刻本。

② [清]柯劭忞：《〈楹书隅录〉跋》，《楹书隅录》初续编卷末，清光绪二十年（1894）杨保彝刻本。

③ 《杨绍和传》，《聊城县志》卷8，清宣统二年（1910）文行出版社印行。

诂亦勤恳研究”①。古韵分部是音韵学中的一个部分，清代是古韵部研究的鼎盛时期，先后出现的古韵学家有二三十家之多，其中最著名的有顾炎武、江永、戴震、段玉裁、王念孙、孔广森和江有诰等。其中，江有诰的二十一部之分法，创获颇多，得到了段玉裁、王力等音韵大家的推许，古韵分部的研究亦随之基本定局。在杨以增所编著的《古韵分部谐声》一书中，就依江有诰的古韵分部标准，又据《唐韵》(即《广韵》)对二十一部的谐声字进行了归类。由此亦见杨以增对音韵学的精通熟悉。东汉经学家、文字学家许慎所著《说文解字》是我国历史上最早、影响最大的字典。杨以增认为，学先识字必须“轨辙”于《说文》，因而他对精于六书之学的桂馥所著《说文义证》极为推崇，并致力于刊刻是书及早问世，以广其传。除此，还刊刻了多部小学书，如刘武仲兄弟《字册》(即《助字辨略》)，他认为此书“引据赅洽，实为小学书之创例”，“诂训益精密”，②便出资刻之，又如《三续千字文注》等亦然。杨以增不仅精研小学，并致力于推广，作为一个读书家的藏书家，这的确难能可贵。杨以增曾自言：“古人曰归耕，吾不能也矣。若著毡冠，披羊皮裘，课乡里小童经书，吾诚乐之。”③虽是戏言，却表现了他笃爱小学、致力于小学的治学思想和学术追求。

杨氏孜孜于汉学，但并无门户之见，对宋学亦不偏废。杨以增对主张宋学的姚鼐极为推崇，这从刊印他的《惜抱先生尺牍》就可知道。梅曾亮曾云：“盖先生所论学术，非独与流俗殊也，即称为学人者，亦未尝俯同之，故信而好者或鲜。然则侍郎固有过人之识，而能心知其意者哉。”④而且，以增还践履之，梅曾亮于《兵部侍郎江南河道总督杨公家传》中云：“其事父母、待兄弟、朋友及和调家庭，言动有常节，一以宋儒之礼法为归。”又云：“姚姬传先生尝言，近世言汉学者，无宋儒苦身力行之学，而摘其文义小疵相诟病，是妄人也。公深契乎先生之言……公之所以自处者可见也。”杨以增于咸丰三年(1853)刊刻了《礼理篇》，这部书包括张成孙答方履篯(彦闻)的三封信和凌廷堪《复礼》上、中、下三篇。以增将张氏与凌氏之作合于一起，刊诸于世，并以“礼理”命名，实际上

① [清]梅增亮：《兵部侍郎江南河道总督杨公家传》，《柏枧山房文续集》，清同治三年(1864)杨绍谷、杨绍和补刻本。

② [清]杨以增：《刘武仲〈字册〉跋尾》，《山东省立图书馆季刊》第1集第1期，山东省立图书馆1930年编印，第139页。

③ [清]梅增亮：《兵部侍郎江南河道总督杨公家传》，《柏枧山房文续集》。

④ [清]杨以增：《〈惜抱轩尺牍〉序》，《惜抱轩尺牍》卷首，清咸丰五年(1855)杨以增刻本。

包含着深刻的学术意义和治学思想。

凌廷堪①治学渊源于同乡江永、戴震，遵宗汉学，反对宋学，专攻礼学。他用了二十年时间写成了《礼经释例》一书，对礼制进行了细致的整理归纳考订研究，其《复礼》三篇标志着凌氏礼学思想的形成。清学在康雍乾嘉间一直有两大流派，一是程朱理学，一是汉学。凌氏礼学思想就是这两大学术碰撞交融的产物。凌氏礼学实肇自乾嘉汉学，但又与之不同。乾嘉汉学以考证为主，造成与现实人生隔绝之弊端。凌氏起而矫正，指出学问当以经世为归，而经世之最切实用者，莫如典章制度，故倡导整理典制。在古今庞杂的制度中，凌廷堪独从礼切入，力图通过复礼来经世正俗。在《复礼》上篇中，凌氏提出"圣人之道，一礼已矣"，凌氏认为一切道德仁义都附于礼上，舍礼言道，则空无所凭，舍礼言性，则茫无所从，礼是道、性的具体实现。这种礼学思想成熟后，即对程朱理学进行了否定，认为"宋学之理义乃禅学"②，将周、孔之学导入异端而不自知，实际与周、孔之学风马牛不相及。周、孔之道所论治民正俗之方，皆不外乎礼，根本未见辨析理气，凌氏并云"圣学，礼也，不云理也"③。他披寻《左传》、三《礼》，又检视宋儒最喜引用的《大学》、《论语》二书，证明其中并无"理"字，只有"礼"字，进而全面否定理学，直接揭示周、孔之道乃以礼学治世之道。但是考查凌氏礼的内容，则包括伦理、政事、刑罚、上下等级、惠和等，举凡政治、伦理的一切措施都是礼，而他关注的重点则是伦理和部分礼俗，亦即五伦。所以，虽然否定理学而代之以礼学，但在推行五伦之礼治社会与端正人心和社会风俗方面，其精神仍与朱熹、江永、戴震等人的重礼传统相一贯。与朱熹等不同在于，凌氏将其提高到践履的层面上，追求其实际社会效应，欲经世挽俗，就必须"复礼"，而理学家则重于内在心性体悟涵养。凌氏礼学思想后经阮元、焦循等人推导，风靡学界，遍及徽州、江浙，和当时的理学界形成对峙局面，并引发了一系列的礼、理争辩。如张成孙与方履篯的"表与里"之争、方东树的"天理与节文"之辨、黄式三"约礼求理"及与夏炘、夏炯之辩难等。

凌廷堪卒于清嘉庆十四年（1809），而学界的论辩至迟在嘉庆十七年

---

① 凌廷堪（1755—1809），字次仲。安徽歙县人。一生致力于著述，有《礼经释例》、《校礼堂文集》等。

② ［清］凌廷堪：《好恶说》下，《校礼堂文集》卷16，中华书局2006年版，第144页。

③ ［清］凌廷堪：《复礼》下篇，《礼理篇》，清咸丰三年（1853）杨以增刻本。

(1812)已经展开,其辩论文字即是张成孙给方履篯[①]的三封信。这三封信分别撰写于嘉庆十七年的八、九、十月。两人论礼、理之三书,只见张氏“答书”,未见方氏“问书”。然从“答书”中,仍可梳理出争论之来龙去脉。第一封信讨论何谓汉学、宋学;第二封信论辩圣人之道和入圣之道的途径;第三封信分辨两者之异。

针对凌廷堪的礼学思想,杨以增认为廷堪“根据礼经铨发圣学,以礼为学之终始。仪征阮相国称其‘卓然可传,唐宋以来儒者所未有也。’顾仁义道德,非礼不成,自属实事求是”。[②] 杨以增肯定了凌廷堪的礼学思想,认为以礼为治学的始终是一个创举。再好的仁义道德不通过礼来实现也不能有任何的社会效应,只有坚持实践才能实现道德之完成。这自然抓住了问题的本质。但是,杨以增对凌廷堪所云孔子“但恒言礼,未尝一言及理也”(《复礼》下),则以为“持论似觉失中”(《〈礼理篇〉跋》)。这不仅是一个文字有无的问题,而是涉及是否认识到理的问题,所以杨以增力辩之。他说“圣贤未始不言理也”(《〈礼理篇〉跋》),并举例云:“‘文理密察’见于《中庸》,‘理义悦心’见于《孟子》,‘穷理尽性至于命’见于《周易》”(《〈礼理篇〉跋》)。其后,杨以增又读到张成孙致方履篯书三篇,认为“其说相成而不相悖”(《〈礼理篇〉跋》)。张成孙认为汉学、宋学的差异是其重点的不同:“汉之学,要在礼。宋之学,要在理。汉儒非不言理,以为言礼即具理也。宋儒非不知礼,以为言理而后可以言礼也。汉俟其人自明,故其言宏;宋强人以为善,故其言密。然则不学于宋,无以正其趋;不学于汉,无以充其用。”[③]汉学重礼,因而汉学侧重行为之实践与治天下之方策;而宋学重理,所以强调人天性之善之扩充。前者的目的在“充其用”;后者的目的在“正其趋”。二者只不过是各就其一而精言之,并不相歧。成孙在第三封信中不仅直接分辨礼、理之异,且明白表示在礼理汉宋之间自己支持礼学,并详论其原因:“礼者,言表而含里者也;理者,言里而遗表者也。汉人说礼,而制

---

① 张成孙,字彦惟,张惠言之子,通小学,工历算,于经精研礼意。著有《端虚勉一居文集》3卷。方履篯,字彦闻,清嘉庆二十三年(1818)举人,博学于文,金石文字研究尤深。著有《万善花室文稿》7卷,海源阁亦曾抄录副本。张、方两人交情至厚,今所见论述最详之方氏之生平行事,即为张氏所撰。见张成孙《方彦闻传》,《端虚勉一居文集》卷2,常州先哲遗书本。又见陈用光《〈万善花室文稿〉序》,海源阁杨氏抄本《万善花室文稿》,藏鲁图。

② [清]杨以增:《〈礼理篇〉跋》,《礼理篇》,清咸丰三年(1853)杨以增刻本。

③ [清]张成孙:《答方彦闻书》,《礼理篇》。

作之精自具；宋人说理，举理以附合之，其说乃全。”[①]这里，成孙以非常形象的词语——“表”和“里”来表示汉宋礼理之别。成孙所谓表是指已经订立的礼制等，它必定包含具有其被制定的原则和道理，原则等是内在的“里”。所以，作为礼的表是兼含着理的里之表，而里则只指原则等，是内在的，无法包含外在的礼制等。尽管成孙指出了理的缺陷，但同时指出了理的重要性，“凡事莫不各具其理，圣人制礼，必揆于事之所必然者，而后著以为经，使可举焉。则理者，儒者之所不可不知也。”（《与方彦闻书》）礼的基础是理，没有理，不会产生礼，由此亦可看出理的不可或缺性。但是理只有成为礼制后才能施行。这是理学家尤其要注意的。杨以增在《礼理篇》跋中，转引了张成孙的上述三段话，认为“是彦惟此书与次仲之论足相发明”，廷堪强调立足于社会效应层面，集中考虑如何把道德五伦在实事上践履出来，即他关心的不是理，而是理的实践方式和完成。成孙推尊的是已经内摄义理原则的制度——礼，成孙支持礼学，但并不排斥理学，两者只是有所侧重而已。正是在此基础之上，杨以增提出了汉宋礼理“二说不容偏废”（《〈礼理篇〉跋》）的学术观点。汉、宋之争一直是清代学术的一个焦点，尊汉抑宋或者尊宋抑汉，二百年来水火不容，难以调和。杨以增在张成孙基础上能够找到一个契合点并兼顾容纳二说，在清代学术史上的意义不言而喻。

杨以增有意将《复礼》三篇和《答方彦闻书》三篇合刊，并未停止于仅仅表述出自己学术观点的层面上，而是将此问题提升到了如何治学的高度，向学界提出了应遵循的治学标准。关于这个问题，高均儒跋《礼理篇》云：

> 礼犹体，理即脉。人具体而脉不调，则病；人袭礼而理不析，则诬。汉儒精言礼，宋儒承之，而特揭理字，导人以从入之径、持循之端，犹之医者切脉以审人气血偏滞之由，而后方以治之，其体始可无恙也。学者不察，自判汉宋，各执门户，为一家言，亦曰勤止，而制礼之初意，果如是乎？至堂先生学审其是，征流溯源，恐沿之者日滋于弊也。爰以近儒凌君次仲廷堪《复礼》三篇、张君彦惟成孙《与方彦闻书》三篇合刊，而书其后。先征“理”字之见诸经者，以孔子读《烝民》之诗为折衷，末附陈侍郎序姚郎中

① ［清］张成孙：《与方彦闻书》，《礼理篇》。

《经说》之语，惟学逊志主善，为师之硕义，于是灿然。……而仅举此以示为学之准，其用意微挚，亦惟智者善喻之耳。若谓调停汉宋，模棱持两端，是浅识之昧昧自诬。直与病入膏肓，尚讳言忌医，强诩克保其体者同堪闵已。

高均儒对以增的观点做了说明，指出礼、理不可偏执，一为体、一为脉，一是外在仪节、一是内在气血，如同一个事物的两个不可分割的部分。显然，杨以增刊刻《礼理篇》并非仅仅通过表明上述观点而达到调和汉宋、"论学之大公，息群儒之聚讼"[①]的目的。造成汉、宋之争的重要原因是"学者不察，自判汉、宋，各执门户，为一家言"，譬如廷堪尽管否定理学，但就礼学的内容而言，与理学并不矛盾，仅仅为了门户之见，从而失去了判研事物的准则。以增编刊是书的更高的意图是在揭示为学之准的，亦即"为师之硕义"，主张"惟学逊志主善"，勿为门户之见。

杨以增《礼理篇》跋云：

孔子读《烝民》之诗曰："为此诗者，其知道乎！故有物必有则，民之秉彝也，故好是懿德。"物则者，理所著也。好德者，礼所生也。学者以宋儒之"居敬穷理"，为汉儒之"实事求是"，天德王道，一以贯之。盖汉儒精于训诂，宋儒深于义理。陈侍郎用光序姚郎中《经说》云："先生之于经，不孤守宋儒而兼总郑、马以核其实，不矜言汉学而原本程、朱以究其归。"亦若是焉已矣。

《诗经·烝民》云："天生烝民，有物有则。民之秉彝，好是懿德。"孔子在解释其意时，增"必"、"也"、"故"字，意在强调有物必有此物之则，因为人之性善，所以"好"此美德之物则。程、朱性理学者十分推崇此诗所包含的义理。朱熹云："言天生众民，有是物必有是则。盖自百骸、九窍、五脏，而达之君臣、父子、夫妇、长幼、朋友，无非物也，而莫不有法焉。如视之明、听之聪、貌之恭、言之顺、君臣有义、父子有亲之类也，是乃民所执之常性，故其情无不好此美德者。……昔孔子读诗至此而赞之曰：为此诗者，其知道乎！……而孟子引之，以证性善

① ［清］高行信：《〈志学箴〉跋》，《礼理篇》卷末，咸丰三年杨以增刻本。

之说。其旨深矣。读者其致思焉。”[①]朱熹依此力证“物则”之普遍性，亦即理的无所不在，有此事物，必有相应的法则天理。所以杨以增云，物则就是理，正因为人们有好德之天理，才会产生礼制，礼、理之间存在着不可分割的必然的内在联系。宋儒的“居敬穷理”[②]和汉儒的“实事求是”，一以贯之。汉儒通过考证循文字诂训以知解礼之器数、仪文，包括小学洒扫应对等的及身工夫，以精确地复原古代礼制，立足于社会实践；宋儒则主张视个人内在心性修养体悟天理道德最为切要。两者都属儒家思想的范畴，一个问题的两个方面，只是侧重点不同而已。最后杨以增引用陈用光的话从正面总结并肯定了张成孙的学术观点，认为其最大特点就是，不立汉、宋门户，客观地尊重每家学说的合理成分。因而杨以增在此所要反复申明也是最终要表达的是一种治学的态度。

这种学术态度在《志学箴》中得到进一步阐发。杨以增云：“非汉、唐则典章制度无存，故注疏为尚；非程、朱则风俗人心莫挽，故践履为先。其于学之实事求是一也。”[③]任何学说都有其产生的合理义则，杨以增认为“汉、唐、宋，学无异”，汉、宋的学问，没有什么不同，关键在于你是采用什么样的态度，而“实事求是”应是永远的一贯的治学准则。程瑶田在《论学外篇》中说：“端居自治其身，日与斯人之徒相与，不废其所有事，居亨常然，处困亦无不然，此皆所谓实事也；事必有义，义有至分，是为求是。”[④]那么，治学就是要扎实尽责地去做，要探求出事物的“义”和“分”，亦即事物之间的区别和联系，何必为了门户之见，彼此互相攻讦？透过这一学术争论，杨以增想要表达的是一种更高的学术理想。即治学的准则应是“实事求是”，不偏主一家，摒弃历史上汉学、宋学之分，客观地对待各家学说。正是在这种学术思想的支持下，杨以增才“步趋程、朱，自无流弊；攻击陆、王，吾无取焉”[⑤]。国图和中科院图书馆所藏的《礼理篇》后皆附有《志学箴》一文，从将两文合刊可以看出，杨以增就是想在《礼理篇》之基础上，表达他的“志学之箴言”，以此来达到其“为正学树之正鹄”[⑥]的

---

① [清]朱熹：《崧高八章章八句》，《诗集传》卷7，文渊阁《四库全书》本。

② 中国宋代程、朱学派所倡导的一种道德修养方法。说：“学者功夫唯在居敬穷理二事。此二事互相发。能穷理，则居敬工夫日益进；能居敬，则穷理工夫日益密。”《朱子语类》卷9，文渊阁《四库全书》本。

③ [清]杨以增：《志学箴》，清咸丰三年(1853)杨以增刻本。

④ 《通艺录》第57篇，清嘉庆八年(1803)程氏家刻本。

⑤ [清]杨以增：《志学箴》。

⑥ [清]林则徐：《林则徐致杨以增手札》第11封，《文献》，1981年第2期。

目的。“实事求是”一词源于《汉书·河间献王刘德传》，此后学者尤其是清代学者引用诠释不辍，如上所举程瑶田等。杨以增在此将其运用于汉、宋之争衍生出的礼、理之争，这对于以后的治学者，无疑具有普遍指导意义。

杨氏的学术思想和治学理念对于藏书起了决定性作用。如对汉学原典的收藏，构成杨氏藏书的最主要部分，杨以增服膺北海，“于是北海之学存于今者，咸获善本，洵经厨之大观也。”[①]对宋学的推崇，亦使他尽藏理学家的著作，如朱熹的作品，杨氏几乎网罗殆尽。据统计，杨氏收藏朱子之作有十六种，有的还一种多本，如《诗集传》就有宋本一种，清本两种，《楚辞集注》宋本一种，明本两种。如果连同复本亦算在内，则有近三十种之多。其他如戴震、阮元、焦循、姚鼐等汉、宋学家的著作亦大批收藏。杨氏刻书，如《礼理篇》、《六艺堂诗礼七编》及多部小学著作都是这种治学思想的体现。

三　经世思想及实践

将学术与经世致用结合起来，自清初黄宗羲、顾炎武等已经开始。论学的目的就是为了经世，如顾炎武说：“君子之为学也，非利己而已也。有明道淑人之心，有拨乱反正之事，知天下之势之何以流极而至于此，则思起而有以救之。”[②]又说：“君子之为学，以明道也，以救世也。徒以诗文而已，所谓雕虫篆刻，亦何益哉？”[③]但是这一经世致用思想至乾嘉时逐渐被“乾嘉学派”的“纯学术”所取代，从而使学术研究逐渐变成远离现实、脱离政治的为考据而考据的学风。清季中衰，学者仁人对其日趋不满，对经世主张和经世实学则愈加重视。因而，不仅连素负盛名的经学家段玉裁晚年慨叹自己一生“喜言训诂考核”，是“寻其枝叶，略其根本”，最终落得个“老大无成，退悔已晚”。[④] 更是出现了如姚鼐、方东树等重新倡导宋学的桐城学派。至道、咸时期，经世学风终于形成一股气势磅礴的时代思潮。在道、咸经世派中，既有“经世济民”的龚自珍、“倡经世以谋富强”的魏源、“有经济大略”的包世臣、“以经世自任”的姚莹、张穆、张际亮等大批沉困下僚的饱学之士和失意文人，更有“以济人利物为志”的陶澍、“以经世自励”的林则徐、贺长龄、徐继畬这样的督抚大员。他们相与

① ［清］杨绍和：宋本《周礼郑注》题识，《隅录》卷1，清光绪二十年（1894）杨保彝刻本。

② ［清］顾炎武：《亭林文集·与潘次耕札》，《顾亭林诗文集》，中华书局1983年版，第116页。

③ ［清］顾炎武：《亭林文集·与人书二十五》，《顾亭林诗文集》，第41页。

④ 参见［清］段玉裁《〈朱子小学恭〉跋》，《经韵楼集》卷8，《丛书集成初编》本。

应和，互相砥砺，精研河道、漕运、盐法、钱币、兵事等实际学问，以匡济天下为己任，发议论，办时务，倡改革，使得经世致用之学在道、咸之间风起云涌，蔚为大观。

作为江南河道总督的杨以增也是道、咸时期经世派的代表人物之一，并取得了一定的政绩，亦得到了人们的肯定和赞扬。道光皇帝曾言杨以增"实心实政，足以匡时济难"①，包世臣云"河帅有心当世之务"②，陈官俊云："吾弟才大心细，凡有可见教之处，兄无不虚心领受，更望早膺节钺，丕展硬硕，犹为国家遏杜邪萌，培养善气。"③杨绍和云其"立身立政，事关修身治人之要，国计民生之重"(《〈海源阁珍藏尺牍〉序》)。杨以增的经世思想实际上渊源于家族教育。杨兆煜铨即墨教谕时以宋初胡安定的"苏湖教法"，分别讲授古之经义与今之治事。钱仪吉言兆煜"教士用胡安定分舍法，古经今事胪别综贯，指讲上下可拾级至也"④。这种分斋教学法，主张在学校中"当仿安定湖学教法，而更损益之。如经义则当分为《易》、《诗》、《书》、《礼》、《春秋》诸科，治事则宜分为天文、地理、河渠、兵法诸科"⑤。一生致力于探求治世之道的颜李学派创始人——清初颜元就十分推崇胡瑗的学术思想，指出："惟安定胡先生，独知救弊之道在实学不在空言，其主教太学也，立经义、治事斋，可谓深契孔子之心矣。"⑥苏湖教法在明清之际曾经得到大力提倡，所开设的课程注重实用。这与清初的经世致用的实学思想有密切联系。兆煜不仅将其运用到学校教育中，还运用于家族教育中，并收到了良好的效果。王延庆于《孝直先生传》中云兆煜"教其子以圣贤有用之学。观以增由州郡洊历台司，施措乎于朝野，道不既行矣乎？"故而杨以增受到的这种家庭熏陶显而易见。

杨以增进入仕途以后则主要受林则徐的影响。杨以增自谓"侯官林少穆先生读书经世，中外蜚声，钦迟久矣"⑦。署湖北道员时，林则徐总制荆湘，此

---

① [清]龙启瑞：《兵部侍郎都察院右副都御史江南河道总督杨公神道碑》，《经德堂文集》卷4，清光绪四年(1878)龙继栋刻本。

② [清]包世臣：《复陈大司寇书》，《中衢一勺》卷7，《包世臣全集》，黄山书社1994年版，第218页。

③ [清]陈官俊：《致杨至堂书》，《海源阁珍藏尺牍》，藏鲁图。

④ [清]钱仪吉：《赠资政大夫陕西巡抚故山东莱州府即墨县教谕熙崖杨公墓碑铭》，《衎石斋记事续稿》卷9，清咸丰六年(1856)钱彝甫刻本。

⑤ [清]陆世仪：《思辨录辑要》卷20，《丛书集成初编》本。

⑥ [清]颜元：《存学编》，《习斋四存编》卷1，上海古籍出版社2000年版，第114页。

⑦ [清]杨以增：《〈志学箴〉跋》，《志学箴》，清咸丰三年(1853)杨以增刻本。

后两人又为官陕西，出于对杨以增的信任，还举以自代。二十余年的追随与熏陶，使其受益良多。“自时厥后，搴茭河上，秉钺陇中，皆与追随，备蒙陶冶”。“先生眄睐日加，诱之至道，循循若此，敢不拜嘉……”[①]。林则徐在任京官时，谢绝庸俗应酬，“力学而潜修”，“益究心经世学”，“虽居避清秘，于六曹事例因革、用人行政之得失，综核无遗”[②]。在其宦海生涯中，他更是致力于实政，无论是整顿河工、兴修水利、救灾放赈，还是查禁鸦片、改革财政等，均有不俗政绩，即使在远谪边疆，他亦倡导垦荒开井，传播先进技术。在杨以增的经世履历中，林则徐无疑是最有影响的人物。包世臣一生经历乾、嘉、道、咸四朝，是一位颇负盛名的学者型经世人物。他“自十二三岁即慨然有志于用世”，并将留心经济问题视之为“吾儒分内事耳”。[③] 然其虽有抱负，却命运多厄，无处施展。尽管如此，他仍然“不以所遇豁勃，稍减救世汲汲之志”[④]，并“转侧江淮燕齐数十年，时时与当路者论说民间疾苦，为补救之方”[⑤]。李慈铭云：“慎伯于河事毕生尽力，自齐、徐、端以至杨以增，凡为河帅者，皆咨其方略，故通筹利害，熟悉源流，随地随时，深权形变，而终守潘季驯之说，以靳辅陈潢为善因，盖皆目论心稽，不为高论。”[⑥]由于他长期为地方大员做幕僚，大量接触并参与处理农政、河工、漕运、盐法、战守等实际问题，积累了很多经济之学的经验，从而成为一位“善经济之学”、“有经济大略”[⑦]的专门之家，“东南大吏，每遇兵、荒、河、漕、盐诸巨政，无不屈节咨询，世臣亦慷慨言之。”[⑧]道光十九年(1839)正月，林则徐赴广东查禁鸦片，途经南昌时，就曾与包世臣相晤，听取他的建议。包世臣先为河督潘锡恩幕僚，后于道光二十九年(1849)夏，客于杨以增南河节署，在此期间，两人常常切磋意见，共谋治河之策。世臣还经常深入基层，实地勘查巡河，将建议即时提出。《中衢一勺》卷七下载有世臣于咸丰元年(1851)闰月初七日《复杨河帅书》，此信长达两千余言，所提建议有十余条。尤其是杨以

---

① [清]杨以增：《〈志学箴〉跋》，《志学箴》。

② [清]李元度：《林文忠公事略》，《国朝先正事略》卷25，岳麓书社1991年版。

③ [清]包世臣：《与秦学士书》，《中衢一勺》卷4，《包世臣全集》，黄山书社1994年版，第92页。

④ [清]姚柬之：《书〈安吴四种〉后》，《管情三义·齐民四术》，《包世臣全集》，黄山书社1997年版，第554页。

⑤ [清]包世臣：《中衢一勺·附录序言》，《包世臣全集》，黄山书社1994年版，第9页。

⑥ [清]李慈铭：《安吴四种》题记，《越缦堂读书记》，上海书店出版社2000年版，第1110页。

⑦ [清]李伯荣：《魏源师友记》，岳麓书社1983年版，第86页。

⑧ 《包世臣列传》，《清史稿》卷486《文苑传》，中华书局1998年版，第3435页。

增初到任时，对当时情形还不甚了解，这时立即将其请于门下，他的不少建议都得到了采纳。如道光二十九年(1849)五月，袁浦城中大水淹灌，舟行城中，世臣自下游巡视至浦，闻六月初一有开坝之说，于是进署问于以增，"至翁言：运河水大，河员请开坝甚急，道将已定初一日前往。世臣即答以下河去年被水，流亡初集，现在两湖、西江、安徽皆被江患，苏、杭尤甚，灾象已成。惟下河七邑，收成较早……现今立秋不过二十三日，一路见堤工高水面尚有四五尺，工俱坚实，必可保至秋后。下河有二收，便足民食，若延至秋后，可得六分收成，即有余粮二、三千万石，接济邻近灾郡，又省七邑灾赈费数十万，又增新漕十余万，以助仓储。世臣来时，途中闻下河民人已吃挨饭，若月初必放坝，本年流民无处投奔，且虑他变。河员不过以东堤失事，则下河被害，更烈于放坝；且大小河员例俱摊赔，以为恫喝。此时唯有稍发钱粮，饬令贮工，以备抢筑子堰，昼夜严防，必俟秋后，再行酌放，是为至要。"以增"闻言恻然"。经过通盘考虑，决定"迁延至秋后三日方启高邮各坝"。结果"下河赶收，竟及七成。北则袁浦，南则苏、杭，米客纷沓赴下河采买，至今不绝。半年之间，唯此二举为大快"①。杨以增将其所学致用经世，既与其自身所受的教育有关，更与其所处的时代学术和社会环境有密切关系。

杨以增云："是达而为名臣，穷而为名儒，其道不同，其应运而生，秉道而为后起之仪，型则一也。"②不论是为官抑或为学，虽然所走的途径不同，但都要秉持正道，为后人做出榜样，为国家做出自己的贡献。为学在于致用，重在实践，其最终目的就是要齐家、治国。当出之为官时，就必须始终想着有用于天下后世，因而以增又云："通经学古，践履居先。处而修之于家，则孝、弟、忠、信；出而膺廊庙之选，则必思有济天下后世。"③杨以增自牧令起家，因而对中国的基层官员有着深刻的认识。唐、宋京畿的地方长官称州牧，正六品官。清代知州已降为与知县级别略相等的地方长官，但文字上仍尊称为州牧，与知县并称牧令，正七品。旧时亦以此代称为地方长官。清谢金銮云："天下真实紧要之官，只有两员，在内则宰相，在外则县令。学者果有修己治人之术，不为宰相必为县令。盖宰相有不如县令者矣。天之所以立帝王者，以为民也。帝王

① [清]包世臣：《复陈大司寇书》，《中衢一勺》卷7，《包世臣全集》，第219—220页。
② [清]杨以增：《重修光岳楼记》，《退思庐文存》，1920年杨敬夫刻本。
③ 同上。

不能以一人之耳目遍及天下，必分立官府以治之，其实政实治则在县令。帝王者天下之王，县令一邑之主也。一县令坏则一邑之民心去矣，其祸将谁归哉？”[①]曾任过数县县令的袁枚则开宗明义曰：“夫治民者，州县之职也。”[②]杨以增认为，国家百姓，寄托于牧令，“顾社稷民人，惟牧令是寄”[③]。作为最接近百姓的牧令官，其治民首先要“亲民”，为官必须保有一颗报效国家的赤子之心才能将一邑治好，而一邑治，则天下无不治。故他在《〈牧令书辑要〉叙》中鲜明地指出：“诚以牧令乃亲民之官，以保赤之心为心，则一邑治，即推之天下无不治。”为此，他刊印了清代知县必读的国朝官箴书《牧令书》，在论及该书的针对性时云：“高安朱文端公辑历代《循吏传》，始汉终元，皆录旧史，并取散见他书者以附益之，而未及于昭代。吴江陆朗甫中丞《切问斋文抄》、长沙贺耦耕制府《经世文编》，于我朝循政良规搜罗宏富，然非专为牧令言也。”[④]所以他力荐徐致初太守官水部时专为牧令所作的这部《牧令书》，他认为该书“因时制宜，精义致用，彼西京之通于世务，明习文法以经术润吏事者”。在具体谈到是书之善时，他说：“为目十八，为卷二十三，博采旁收，辞归简要，不复列叙前代，略观梗概，备三善焉。古人筮仕之初，比于学制发硎新试，畀之大邑，操刀实伤，如古训何！是书条分理合，确有持循，虽在中材，可勉而致，其善一。乃或专门名法，以刻为明，用持巧心，析律贰端，陷民非罪，跅驰之弊，甚于迂踈。是书弁以治原治术之醇，根于学术，其善二。天下事常者治之易，变者治之难。水旱盗贼自古有之，治乱相因，其奚以济，而《筹荒》、《戢暴》、《备武》具于是书。复以《保甲》总其纲。无事则豫切讲求，有事则不虞扞格，其善三。”[⑤]于此亦见杨以增刊刻是书之良苦用心。清政府对吏治相当重视，杨以增云：“国朝重熙累治，列圣相承，以察吏为图治之先务。皇上御极以来，慎简牧令，其课最者，往往恩予召对，不次擢迁，尤称异数。”[⑥]而以增自七品牧令擢升至从一品河督，以自己的实际行动赢得了百姓和皇帝的肯定，每次调任，阖境士民，遮道攀辕走送，

① ［清］谢金銮：《居官致用》，［清］徐栋辑《牧令书》卷1，清道光二十八年（1848）杨以增、李炜刻本。

② ［清］袁枚：《答门生王礼圻问作令》，《皇朝经世文编》卷21，清光绪十二年（1886）武进盛氏思补楼刻本。

③ ［清］杨以增：《〈牧令书辑要〉叙》，《牧令书》卷首，道光二十八年杨以增、李炜刻本。

④ 同上。

⑤ 同上。

⑥ 同上。

至有泣下者;而道光皇帝亦数次召见①,并云其"勉为好官"②。

杨敬夫《退思庐文存》跋云:"俾端勤公敷持躬之大节,由经术发为治术,其有关于国家致治者甚大。"《崇祀乡贤录》亦云其"以经术饰吏治"。因而作为官宦型的经世派的杨以增所运用的最重要的经世策略就是将"经术发为治术"。杨以增所践履的"治术",带有鲜明的儒教特点,如先教化后刑政。许乃普曾将其概括"有两汉循吏风"。以增于道光二年(1822)中进士后先以分发贵州,权长寨同知。当时"有夫出妇者,讼于公。公婉谕之竟日,夫妇皆感悟拜泣去"。有老吏必侍侧倾听,每讯一狱,辄不胜叹息,及去任,哭而送曰:"小人年七十矣,未见有慈父母如公者也。"③以增于道光初任荔波知县,贵州荔波诸县,乃苗民杂处之地,素称难治,以增知县时,日坐书院,与诸生说经习文,指授文字,专以德化。且轻徭役,免追呼。苗民俯首贴耳,争先恐后就役,同官惊服为神④。他"下车之始,增修荔泉书院,培植人才。居官数年,有惠政。去后,邑人思之,立位祀于文庙之名宦祠"⑤。经过杨以增的治理,该地风气大变,"观乎人文以成化,亦将蒸蒸日上矣"⑥。以增还捐资为当地创建了凤梧书院⑦。署甘藩时,适藩司邓廷桢查办开垦土地以征税赋,以增以为欲筹国计,先恤民生,于是上书大府云:西陲瘠贫之地,气候严寒,水田或挹彼注兹山田,则有耕无获,倘再征赋税,民不堪命矣!大府虽未尽用,然升科复停者数十县,民力不至重困。任巡抚时,以三辅民俗朴厚,大灾后元气未复,谕嘱吏务休养生息,毋烦苛扰民。咸丰五年(1855)六月,黄河决口兰阳,大水由大清河入海,家乡东昌府所属阳谷、东阿等皆被水淹,杨以增署河繁忙又身患重病,但"乡信鸿哀,

---

① 《杨端勤公奏疏》卷1杨以增《道光二十三年八月初八日恭报接受署甘肃臬篆叩谢天恩折》中云:"召见五次",又杨以增曾于清道光二十八年(1848)冬就任河督时进京展觐,则召见至少六次。《杨端勤公奏疏》,藏鲁图。

② 见《杨端勤公奏疏》卷1《道光二十三年八月初八日恭报接受署甘肃臬篆叩谢天恩折》道光皇帝批语。

③ [清]许乃普:《江南河道总督杨公墓志铭》,《聊城县志》卷8,文行出版社清宣统二年(1910)版。

④ 参见[清]龙启瑞:《兵部侍郎都察院右副都御史江南河道总督杨公神道碑》,《经德堂文集》卷4,清光绪四年(1878)龙继栋刻本。

⑤ 《荔波县志·国朝名宦》,《荔波县志》30卷,清光绪元年(1875)稿本。清苏忠适修,李肇同、董成烈纂。1965年贵州省图书馆据抄本复印,《中国地方志集成》第24册收入。

⑥ [清]杨以增:《募修荔泉书院小引》,《荔波县志·艺文志》。

⑦ 参见吴崇津:《解放前清镇县办学概述》,《贵州文史丛刊》,1996年第2期。

闻之心恻,购粟千五百石,交官散放,全活尤众"①。存恤民生,提高黎民素质,施以仁政,这样的政例在杨以增的宦历中屡见不鲜。龙启瑞言以增"以求己依仁为务,盖其学有本原如此"②,可见他是以儒学思想施用于吏治,从而得到很好的治世效果。

杨以增是河道专家,经理河务达二十余年,积累了丰富的经验。林则徐云:"阁下现权之席,事事就熟驾轻。"③咸丰五年九月四日,由于兰阳漫口问题,有人提出宜因势利导,河流从归北去,皇帝就此谕令:"事关大局……非可草率从事。杨以增熟谙河务,于古今治河源流谅能通晓,如有所见不妨据实敷陈,以备采择。"④他在督任南河时,提出了多项改革措施。由于河患严重,清政府投入的治河经费年年增加,致使政府财政不堪重负,而且有的官员还趁机上下欺蒙,侵吞大量溃决堵合之费,由于治河堵河成为"食河之饕"的发财之机,"其不肖者,甚至以有险工有另案为己幸"⑤,河务中的黑暗污浊可以想见。杨以增甫一上任,即对河费进行重新调整规划。道光二十九年(1849)正月三日,杨以增上奏了任河督时的第一个奏折——《遵议撙节工费裁撤冗员》:"发办工程,务求核实,相沿浮费,竭力剔除,每岁所需,通盘筹划,总期量入为出,可省则省,并以多设一厅,即多一厅工费,现与督臣熟商,归并裁撤。"⑥这样,河费由原来的三百万两减少为一百五十万两,"较嘉庆中费不什一"⑦。虽然其后在实施过程中遇到了一些困难,但这样一个利国利民的善意举措,说明了杨以增的经世初衷。过去,驻河厅员所费皆为己出,杨以增进行了改革,从而消除了厅员的后顾之忧,"薪炭盐米,不以费属吏官钱,官吏兴奋,归实费于工。"⑧咸丰四年(1854),由于战事吃紧,兵饷急需,杨以增根据当时情形,裁撤宿迁粮台,以节经费,得到了皇帝的肯定并予施行。"臣查多一处粮台,即多一处经费……

① 《崇祀乡贤录》,藏"台湾中央图书馆"。

② [清]龙启瑞:《兵部侍郎都察院右副都御史江南河道总督杨公神道碑》,《经德堂文集》卷4,光绪四年龙继栋刻本。

③ [清]林则徐:《林则徐致杨以增手札》第17封,《文献》,1981年第2期。

④ 《文宗实录》卷176,《清实录》第42册,中华书局1985年影印本,第968页。

⑤ 见魏源《筹河篇》,《魏源集》,中华书局1976年版,第365—366页。

⑥ 《宣宗实录》卷463,《清实录》第39册,第846—847页。

⑦ 《杨以增传》,《清代河臣传》,《清代传记丛刊》第56册,台湾明文书局1986年印行,第190—191页。

⑧ [清]梅曾亮:《兵部侍郎江南河道总督杨公家传》,《柏枧山房文续集》,清同治三年(1864)杨绍谷、杨绍和补刻本。

宿迁粮台亦即归并清江，所有原归宿迁粮台支应之官弁兵勇盐粮马干等项，均由清江局内给发，以归简易。”[①]咸丰元年(1851)一月，太平天国金田起义爆发。咸丰三年(1853)，太平军相继攻克江宁、扬州，直逼清江、淮安，形势甚危。杨以增奉旨督防江北，为保护江淮一带的百姓不受侵扰和稳定当地局势立下殊功。清江作为南北咽喉，一旦失守，其后果不堪设想，他说：“清江地当孔道，一为扬州之后路，一为山东之门户，实系南北咽喉。”[②]此时清江兵勇多调徐州等处协防，且钱粮紧缺，在极度困难的情况下，以增“先机运微，筹画兵食，不见罅漏，兵民安谧于无事。浦之南，江宁、镇江、瓜州，西北则庐州，北则河南，贼或据或流，烽火相望不绝，独丽浦郡县民饮食得安乐，商贾得贩卖，熙熙然不知数百里外有十万环寇师。岂非公心力之为之欤！而公之心神亦自此伤矣”。[③]

以经世致用为己任的杨以增勤于操持，许乃普曾忧虑道：“公勤筹画，心力交劬，尚希随时摄卫。”[④]他常常亲临治河工地，实地勘查指挥，并与下属一起风餐露宿。道光二十二年(1842)七月，任河南开归陈许道时，“奉檄督两坝事，昕夕莅工次，虽风涛冲击，身屹立不少避，阅数月遂蒇工。”[⑤]道光二十三年(1843)十二月，杨以增在接到暂时出任陕甘总督一职后，云“甘省系紧要边疆，任重事繁，措施非易。臣惟有实心实力，于理财用人之道，日切讲求，断不敢以暂时署理，稍涉因循”[⑥]。又云“弟四载陇中，冰兢日切，乃秩迁屏翰，已愧滥竽，节拥旌旄，尤虞覆餗”[⑦]。道、咸时期，江淮水患不断，给当地人民带来极大危害。由于黄河七百多年来都是夺淮入海，到清嘉庆时又施行“借黄济运”，致使黄河、运河、淮河河道淤塞越来越严重，而当时的河道官员采用了治标不治本的权宜之计，只知道加高堤岸，不知道疏浚运河河道，以致后来，无论是加高

---

① [清]杨以增：咸丰四年正月二十七日《奏请将宿迁粮台归并清江等情折》(第220折)，《清政府镇压太平天国档案史料》第12册，社会科学文献出版社1992年版，第376页。

② [清]杨以增：咸丰三年六月二十六日《奏陈清江紧要请速调兵来浦协防折》(第2369折)，《清政府镇压太平天国档案史料》第8册，第228页。

③ [清]梅曾亮：《兵部侍郎江南河道总督杨公家传》，《柏枧山房文续集》，清同治三年杨绍谷、杨绍和补刻本。

④ [清]许乃普：《致杨至堂书》，《海源阁珍藏尺牍》，藏鲁图。

⑤ [清]许乃普：《江南河道总督杨公墓志铭》，《聊城县志》卷8，清宣统二年(1910)文行出版社印行。

⑥ [清]杨以增：《道光二十三年十二月二十日恭报接署甘肃藩篆叩谢天恩折》，《杨端勤公奏疏》卷1，藏鲁图。

⑦ [清]杨以增：《杨至堂致许印林书八通》之八，《顾黄书寮杂录》，齐鲁书社1984年版，第154页。

堤岸还是年年疏浚，都无济于事，一到雨季，作为黄河、运河、淮河交汇之地的清江一带水灾连绵。至杨以增督河时，这种情况更加严重。为使灾害降低到最低限度，杨以增付出了巨大努力，同时亦承受了极大的压力。咸丰元年(1851)八月丰工决口，以增于风雪之除夕，暮宿河上，“深自咎责，谓不能保父民以致负国也。”[①]杨以增在任河督时，宦海沉浮多次，但其经世报国思想和意志从未动摇过，即使于革职留任期间仍认真履行职责。道光三十年(1850)正月，南河吴城六堡溃堤，未能合拢，运道淤垫，漕船万难回空，皇帝颁谕：杨以增著加恩改为降四级留任，陆建瀛著加恩改为降二级留任，均不准其抵消。[②] 咸丰元年八月九日，风雨交作，河水漫堤，杨以增驰抵丰北三堡勘得口门续经塌宽至一百八十五丈，水深三、四丈不等，被淹居民流离失所，惨不忍睹。急奏闻皇上。皇帝“实深悯恻”，连下谕旨：“著该督抚等迅速筹款派员，妥为抚恤，勿令一夫失所。河溜现已分作两股，所拟启放各坝并勘估各工，均著赶紧筹办……倘再有疏虞，或致贻误漕船回空，该河督等自问该当何罪耶？……杨以增身任河督未能先事予防，实难辞咎，著摘去顶戴，与兼管河务之两江总督陆建瀛交部分别议处。”[③]咸丰二年(1852)十一月，粤匪窜扰两湖，江南设防，军饷空缺，杨以增捐银一万两，奉旨赏戴花翎。咸丰三年二月，杨以增以《丰北大工合拢稳固，全黄归正》上奏皇帝，谕曰：“杨以增经理得宜，不负委托，著加恩开复革职留任处分。给还顶戴，赏加三级。其前次捐输河工经费，并著交部从优议叙……”[④]同年五月二十八、二十九日，雷雨大作，丰工合拢大坝又被刷开口门三十余丈。皇帝谕令：“杨以增身任河防，未能先事绸缪，以致新筑坝工，遽行漫蛰，咎实难辞。杨以增著即革职，仍留本任，责令督饬道将等迅即盘筑裹头，毋令续有坍塌，并将如何堵御抢筑及抚恤灾民、弹压土匪，妥筹办理……”[⑤]咸丰四年(1854)二月，有人奏报丰工下游包家楼一带，土匪渡河北窜，皇帝将淮徐道王梦龄、徐州总兵百胜均予革职留任，杨以增身为河督亦因“未能先事筹防，并

---

① [清]龙启瑞：《兵部侍郎都察院右副都御史江南河道总督杨公神道碑》，《经德堂文集》卷 4，清光绪四年(1878)龙继栋刻本。

② 参见《文宗实录》卷 2，《清实录》第 40 册，中华书局 1985 年影印本，第 79 页。

③ 《文宗实录》卷 41，《清实录》第 40 册，第 567 页。

④ 《文宗实录》卷 84，《清实录》第 41 册，第 70 页。

⑤ 《咸丰三年六月十一日内阁奉上谕杨以增奏黄水陡涨丰工西霸漫塌现在抢办情形一折》，《咸丰同治两朝上谕档》第 3 册，广西师范大学出版社 1998 年版，第 236 页。

著交部议处”。[①] 这期间，以增身兼数职，不仅督河，还兼漕运总督，兼理盐务，兼江南北粮台大臣，并承担防堵太平军北窜进入清江等要务，日理万机，鞠躬尽瘁。咸丰五年(1855)冬，终因积劳成疾，致病不起，而“临终时犹筹度其事未已已矣”[②]。卒之日，远近失声。龙启瑞以铭概之云：“吏乎儒者，惟古是师。燕处澄观，先绳己疵。吏乎循者，惟民是毗。保我室家，如勤己私。公全体之，为国荩臣，节钺再秉，遘此艰屯。……公心用瘁，公疾弗瘳。以勤死职，归神首邱。”[③]

杨氏经世富有传统。杨绍和身为朝廷命官，经理事务亦兢兢业业。官户部郎中时，条钱法利弊，尤为僚吏所称。户部侍郎杜公充山东团练大臣，奏调襄办团练，一切依办于绍和。时乡间土豪治团练者多与地方官吏互相勾结，沆瀣一气，民怨载道。绍和到任后即行解散，其众不敢违逆，盖“以乡人无贤不肖素谂公名故也”。杜公被召还京，巡抚谭廷襄奏留绍和总理军务。其时宋景诗起义军围攻东昌，绍和乞师于科尔沁忠亲王，亲王借五百骑驰援，身当前敌，连战皆捷，旬余迭复四县，东昌之围被解。居京时，奉恩召对，穆宗皇帝垂询先世及山东办理军务情事甚悉，立擢右赞善。绍和遂疏陈四事：曰求才宜慎，即取士应以经学史才，天文算法，兵法制造，分课诸生；曰兵制宜改，谓南北洋及各省分练精兵，裁撤绿营，并饬福建船厂，讲求新法，筹造战舰，此当今急务也；曰节财用，指洋货入华，为漏卮之大端，宜详求制造，以期抵制，变通钱法，力裁浮费，庶可补苴；曰谨海防，是自强之术，宜于政治民风，海防军旅，土货财源，事事讲求实际，力戒因循。诸事均切中时弊。厥后海疆多故，交涉日棘，不知绍和卓见早已及之。[④] 张英麟曰：“盖同治中戡定大乱，远夷慑国威，约束尚易，然公已鳃鳃焉虑异日祸乱之不可测，其深谋至计，岂近世功名之士所能及其万一者哉！故公之卒已二十年，而知公前事者犹太息其言如蓍龟之毕中。呜呼！可谓知几之君子矣。然公年未五十而卒，不获展其匡济之略，则犹可为痛惜者欤？”[⑤]杨保彝，调总理各国事务衙门章京时，遇事敢言，多有建白，时济宁孙莱

---

① 《文宗实录》卷 122，《清实录》第 42 册，中华书局 1985 年影印本，第 102 页。

② [清]梅曾亮：《兵部侍郎江南河道总督杨公家传》，《柏枧山房文续集》，清同治三年(1864)杨绍谷、杨绍和补刻本。

③ [清]龙启瑞：《兵部侍郎都察院右副都御史江南河道总督杨公神道碑》，《经德堂文集》卷 4。

④ 参见[清]张英麟：《翰林院侍讲学士杨公墓志铭》，《耆献文征》卷下，《聊城县志》，文行出版社清宣统二年(1910)印行。

⑤ [清]张英麟：《翰林院侍讲学士杨公墓志铭》，《聊城县志》。

山毓汶为军机大臣，多所倚重。光绪二十六年(1900)，义和团起义，京城官员多被迷惑，甚至有崇拜者，保彝独立上书当道，洋洋数万言力陈其不可恃，且论外交不宜失和等等为世所重。李福銮在《归瓻斋诗词抄》跋中云："综计一生，人第见席丰履厚。荣膺膴仕，若处人生可乐之境，殊不知自少而壮而老，日在忧患之中。"可见尽忠为国的经世之心一如杨以增。

与林则徐一样，杨以增是以大吏之身从事经世事业的，他们都是道、咸经世派作为官吏的代表。他们与龚自珍、魏源、包世臣等学者型的经世不同，不是以学术研讨经世，故而其学术著作及其理论不多，更多的是通过行政手段戮力于实务，将种种经世思想或方案付诸实践。"中国传统经世致用之学本来就是以政治为本位，只有实际参预政务，方能实践形形色色的经世构想。经世的最终目标是'治世'、'理世'。因此，官宦型经世派是中国传统经世精神的重要实践者。"①

杨以增"熟复兵河盐务诸书，以考其得失，要务为经世之学"②。经世致用的思想使杨氏藏书具有鲜明的实用特点。例如杨以增所收藏的职官类、河渠类等书籍，均是经世必读书目。职官类三十种里包括官箴之属十三种，如《为政忠告》、《历代臣鉴》、《居官内省录》、《学治臆说》、《牧令书》等皆论为官之道。河渠之属一般藏书家并不重视，杨氏却收藏四十三种，如仅《水经注》的各种本子就收有十三种之多。其他如《治河方略》、《安澜纪要》、《湖北安襄郧道水利集案》、《淮扬水利图说》、《淮扬治水论》、《南河成案续编》、《扬州水道记》、《靳文襄公治河方略》等都是治河的必读之卷。杨氏刻书，亦留下深深的治学经世烙印，如所刻《蕉声馆集》③有许多有关治河的篇章。杨以增《叙》云："其《居西台请查封禁山》一疏，杜渐防微，谋及深远；《请禁水师配驾商船》、《查直隶被水情形》、《查抑阻捐振》、《禁奸商囤积》、《私贩修濬》、《江浙海口壅塞酌筹内外缉捕》六疏，则皆事系民瘼，政切国本，而诸弊迄今未能尽除，则外吏奉行不力之故，非言者所逆料也。《裁汰各部院无当册籍》一疏，祛部胥之需索，减有司之浮费。《鼓励宗学》一疏，劝课公祖，储材培本于正体，所关尤钜。其督漕南服

① 冯天瑜、黄长义：《晚清经世实学》，上海社会科学院出版社2002年版，第95—96页。

② 《崇祀乡贤录》，藏台图。

③ 参见《蕉声馆集》，朱为弼著。为弼，清嘉庆乙丑(1805)进士，官至漕运总督。

也，与有漕督抚函商恤丁，以官经理闸壩，诸费塞夫头之弊源而不为已甚，遴选能事大员兼司闸壩事宜，又不苦以所难致荒，本务一切，近于人情，是以虽值时势艰阻，而卒能有济。”[①]又如他极力推荐并刊刻的清代四大官箴书之一《牧令书辑要》等。杨以增于清咸丰二年(1852)刊刻了《柳真君劝孝歌》一卷(唐柳真君撰)，该书分两部分，即吕纯阳祖师弟子柳宏教真君《劝男孝歌》与《劝女孝歌》。关于杨以增刊刻是书的原因，包世臣《序》中云：“曾子所谓五非孝乃议道自己，孟子所称五不孝则制法以民。孟、曾相去仅百余年，而议殊如此。盖世风日下，药必对症方能奏效故也。柳真君去孟子又二□□年，人心世道，其变幻实亦远已，是以分劝男、女《行孝歌》，其言必浅近俚俗，使村夫灶妪，无不通晓，闻歌无不汗下。然足以挽薄俗而回流风，以此知真君救世之心弥苦，而立言更切。得是书者，如以其浅近俚俗而忽视之，则亦自外生成，而兹真君所不能振板者矣。”从《序》中，可以看出杨以增的经世劝世思想。这些藏书以及刻书都为他及后人的经世提供了学术辅助。

清道光二十六年(1846)，杨以增创作了《志学箴》，系统地阐述了自己的治学和经世思想。《志学箴》经文云：

> 士希贤，曰尚志。惇五典，敬五事。先植基，经与史。汉唐宋，学无异。凡七略，原其始。若九能，余技耳。思济人，务求己。依于仁，寿命久。[②]

读书人要使自己努力成为有道德、有学问的贤人，就必须砥砺自己的意志，持之以恒地追求。首先，要修炼好道德，做好五件事，即“父义、母慈、兄友、弟恭、子孝”，因为此五厚可以厚天下。其次，治学要以经与史为根基。学问没有什么不同，只要有用于世，都应汲取，无论汉学或是宋学，不应自立门户，排斥攻讦。实事求是应是唯一的标准。再次，在以上基础上，还要掌握更多的知识和各种实际技能，才能为国家所用。对于自身，严格地要求自己，关键在于自己如何做；对于天下，要时刻想着有利于国家。总之，济人求己，以仁为核

① [清]杨以增：《〈蕉声馆集〉叙》，《蕉声馆集》卷首，清咸丰二年(1852)杨以增刻本。

② 《志学箴》，清咸丰三年(1853)杨以增刻本。

心，仁者寿，天下久。这里，杨以增将做人、治学与经世报国统一起来，因为只有这样，自己才能成为一个完美的人，国家才能变得繁荣富强，长治久安。

杨氏于治学、经世的同时，还致力于文学创作。杨氏几代尤其喜爱诗词创作，并有专著问世。溯其源流，这种爱好实始于杨兆煜。兆煜生平好讽诵陆游、吴梅村诗，时或声振林樾。而对孟浩然诗情有独钟，就养襄阳时，修葺孟亭，并手书刻石："隐继庞公，山登叔子。一代风流，青莲知己。省中阁笔，疏雨微云。谁其抗手，摩诘与君。踏雪寻梅，重阳就菊。神兮归来，襄水之曲。"[①]病重时，犹悬孟公像于室中。兆煜这种浓浓的追孟情结直接影响到后代。杨以增的诗歌创作亦受孟诗影响，绍和于《隅录》卷四宋本《陶靖节先生诗》题曰："先公为诗，宗王、孟而探源彭泽，陶公诸作，莫不讽诵焉。宦游垂四十载，虽文书填委，军报倥偬之际，退食少暇，未尝废吟咏，至老犹孜孜不倦。"杨以增还对陶诗、《离骚》钟爱有加，从以增诗歌"探源彭泽"就可知道，杨绍和又云："先公爱读《离骚》、陶诗，每夕将眠，必拥被默诵一过始就枕，数十年以为常。"[②]杨以增宦游四十载，肯定创作了不少诗歌。杨绍和瞻于文辞，援笔立就，而文法精密，尤钟于诗歌创作，著《仪晋观堂诗抄》一卷，并颇得好评，张英麟云："余思诗之善，视乎才，才之充，由于学。彦合出身名门，随侍数省，其诗之气韵天成，得力于江山之助者已多。而书卷纷纶又能贯穿而得其要领，是其功力之所到，有非寻常所能拟。议者虽所存只有此数而再三雒诵，犹想见刻意揣摩。不囿于世胄豪华之习，而同官倡和，他山之攻错尤多。故能出风入雅，绝无剽窃沿袭之迹，而唐人之遗规如将见之，是不亦可贵矣乎？"[③]今观《放歌行赠王君孟泉》、《感怀旧游十首》、《拟唐杨巨源春日奉献圣寿无疆词十首》诸诗颇合张氏所言。绍和亦倍加慕陶，从将其室名命为"四陶居"和"仪晋观堂"亦可知道。《仪晋观堂诗抄》有《对菊偶成》四首，其一云："偶从陶令问前身，微笑拈花悟夙因。寂寞疏窗无个事，一镫如对古诗人。"其二云："萧斋兀坐即深山，风雨重阳好闭关。不是此花偏耐冷，要留傲骨在人间。"可见绍和将陶潜当成异代知音，其高洁的品格亦深深感染着自己。保彝亦承父学，学有根底，喜作诗词，并有专集《归瓻斋诗词抄》一卷，收诗词共四十六首。靳维熙云："同治庚午、辛未年

---

① [清]杨绍和：宋本《孟浩然诗集》题识，《隅录》卷4，清光绪二十年(1894)杨保彝刻本。

② [清]杨绍和：宋本《陶靖节先生诗》题识，《隅录》卷4。

③ [清]张英麟：《〈仪晋观堂诗抄〉序》，《仪晋观堂诗抄》卷首，1920年杨敬夫刻本。

间，相与树帜文坛，联镳诗社。君天才卓越，独出冠。时乡先辈咸以远到期之。顾时方习举业，古近体诗不常作，作则出语惊人，必屈其侪偶。余愧弗如也。”又言其诗云：“率皆晚岁都中所作，笔力控纵，寄托遥深。视前时盖又变一格矣。嗟嗟士君子生当晚近，经济学问不获大展于时，第籍是区区者，发之声而为言，以抒写其昂藏之志气，抑可悲已！”①如《叶眉士太守书来询京师近事口占七言绝十首复之亦短歌当哭之意云尔》之第一首云：“握手临岐记得无，匆匆车马出皇都。秋来一样长安月，空照江亭柳数株。”②虽然是一首普通的告别诗，却道出了庚子之乱后的家国荒凉之景，寄意深邃。又如《新竹》一诗云：“卐字围墙亚字栏，此君消息可平安。草名平虑宜为伴，花纵能香不耐寒。劲节真同君子性，清标未许俗人看。托根倘近蓬瀛岛，一样吹箫引凤鸾。”此诗抒写了保彝“昂藏之志气”。

杨氏对文学创作的喜爱，使杨氏对于集部善本锐意收藏。譬如杨氏都追幕陶诗，便将陶集或有关著作视作“皆平生第一铭心绝品也”③，因而杨氏将陶集各本几乎尽数收藏，计有宋刻递修本《陶渊明集》十卷，宋淳祐元年（1241）汤汉序刻本《陶靖节先生诗注》四卷，校宋本《陶渊明文集》十卷，明崇德堂刻本《陶靖节集》八卷，清嘉庆十二年（1807）鲁铨重刻宋本《陶集》十卷，清同治二年（1863）何氏笃庆堂重刻宋本《陶集》十卷，清道光二十年（1840）周诒朴刻本《靖节先生集》十卷，清刻本《陶渊明诗集》四卷。即使残本如《陶靖节先生集》（宋本）亦收于阁内。在现存四种宋本陶集中，海源阁就搜求到三种，可见杨氏在保存宋本陶集时所做的巨大努力。他如对《王摩诘集》、《孟浩然集》以及《楚辞》等集部之作的搜集亦然。可以说，杨氏的文学创作对其收藏集部起到了很大的推动作用。

读书如有可能还是尽量要读原本，绍和题宋本《周易本义》云：“和幼时读《周易》，先公谕曰：‘此非朱子之旧也。’检顾氏《日知录》示和，而访求《本义》旧本不可得。所藏者，乃内府摹刻宋吴革本也。”（《隅录》卷一）从这则例子中，可以看出杨氏藏书重古本的原因。在谈到关于收藏与治学的关系时，杨绍和云：“宋椠所以可重也，要在学者之善读耳。倘胶柱鲜通，徒知墨守而不能旁征博

---

① [清]靳维熙：《〈归瓻斋诗词抄〉跋》，《归瓻斋诗词抄》卷末，1920年杨敬夫刻本。

② [清]杨保彝：《归瓻斋诗词抄》，1920年杨敬夫刻本。

③ [清]杨绍和：《宋本〈陶靖节先生诗〉题识》，《隅录》卷4。

引，以参订其异同是非，则所谓重宋椠者，不过如书估之取备庋阁而已，又岂真知宋椠者哉？"[①]收藏了古本就要善于利用，否则就辜负了古本，可见，杨氏藏书就是为了治学。杨氏治经遵汉郑，便锐意搜藏郑注诸经古本；治史以班、范为本，就努力搜集古本《史记》、《汉书》等；喜好创作，则刻意收藏集部著作。同时杨氏又为经世而藏书、刻书。故此，治学、经世与藏书、刻书融合于一体，是杨氏藏书的最重要的特点。

四　杨氏著述考略

杨氏四代，杨以增、杨绍和治学最有成绩，著述亦丰，然散佚亦多。在以前诸家对海源阁的研究中，对杨氏著述整理搜集不多，惟见 1990 年由曹景英、马明琴主编的《海源阁研究资料》一书有所网罗，共十三篇（其中与《退思庐文存》重复者四篇），但这个数量远远不是杨氏作品最终数字。那么，杨氏作品现存到底有多少？经笔者详细考究，得出如下结果。

杨以增：序跋二十五篇：《牧令书辑要叙》、《灵棋经叙》、《蔡中郎集叙》、《隶篇叙》、《石笥山房文集叙》、《九水山房文存叙》、《柏枧山房文集叙》、《退思堂诗抄后叙》、《重修傅氏族谱序》、《礼理篇书后》、《三续千字文跋》、《蕉声馆叙》、《襄阳节署古井铭并序》，以上十三篇存《退思庐文存》，藏国图、鲁图等。《续修张氏族谱序》、《刘武仲字册跋尾》、《六艺纲目跋》，以上三篇存《海源阁研究资料》。《志学箴识》，藏国图、南图。《渊雅堂集题识》、《古文奇赏题识》、《笏山诗集题识》、《居士集题识》、《六艺堂诗礼七编序》、《试篆存稿序》、抄本《中庸、大学、孟子跋》、《跋刘松岚观察谒虚谷先生墓诗后》。[②]

尺牍九通：《杨志堂致许印林书八通》，存《顾黄书寮杂录》（齐鲁书社，1984 年版）。《致丁晏书》一通。

传记碑铭六篇：《映宸傅公传》、《重修光岳楼记》，存《退思庐文存》；《傅母朱恭人家传》，存《东郡傅氏族谱》，藏国图；《募修荔泉书院小引》、《海源阁碑铭》、《梁本恭墓志铭》、《重修松桃直隶厅城隍庙碑记》。

宋端砚铭文三篇：此三方砚是海源阁第四代主人杨敬夫 1957 年为兴建聊城"海源阁纪念馆"捐献文物之一，现存鲁图。

---

① ［清］杨绍和：《宋本〈论语注疏解经〉题识》，《隅录》卷 1。

② 凡不注出处者，为笔者搜辑杨氏佚文，共 24 篇，其中《海源阁杨氏著述考》共迻录 14 篇，见《文献》2006 年第 2 期。

《楹书隅录》中题识二篇：金本《新刊韵略》、校宋本《孙可之文集》。

《退思庐文存》一卷，民国九年(1920)海源阁刻本，共收序、跋、传、记十五篇。

《志学箴》一卷，清咸丰三年(1853)海源阁刻本，存国图、南图等。

《古韵分部谐声》不分卷四册，海源阁抄本，《崇祀乡贤录》著录，存鲁图。

《杨端勤公奏疏》三十六卷三十六册，绍和于清同治十年(1871)编定，海源阁抄本，共有折片八百六十二篇。现存二十一卷二十一册，共四百四十篇，存鲁图。

杨绍和：序跋十二篇：《海源阁珍藏尺牍序》、《柏枧山房文集跋》(与兄绍谷合著)、《楹书隅录自序》、《楹书隅录续编序》，存本书及《海源阁研究资料》。《临文便览序》、《杨端勤公奏疏序》、《助字辨略跋》、《夏小正传跋》、《急就章考异跋》、元本《范德机诗集题识》、明本《程雪楼集题识》、明本《昌黎先生集考异题识》、《争座位帖跋》。

藏书题识二篇：旧抄本《姜氏秘史》题识、元本《中庵先生刘文简公文集》题识，存台北"中央图书馆"(以下省称台图)。

《楹书隅录》五卷，《续编》四卷，清光绪二十年(1894)海源阁刻本，存国图。

《海源阁书目》不分卷六册，与子保彝合著，海源阁抄本，存鲁图。

《宋存书室宋元秘本书目》四卷，海源阁抄本，存国图。

《海源阁藏书目》四卷，清光绪十四年(1888)元和江标师鄦室刻本，存鲁图。

《仪晋观堂诗抄》一卷，民国九年(1920)海源阁刻本，收诗共一百三十八首，存鲁图。

《延令宋板书目批注》，石印本。①

杨保彝：序跋杂记三篇：《楹书隅录跋》、《海源阁宋元秘本书目跋》，存本书。《重修陶南山庄眉园记》。藏书题识一篇：旧抄本《姜氏秘史》题识，存台图。

---

① 郑伟章云："有一石印本《延令宋板书目》，用朱、蓝、绿三色过录朱澂、杨绍和及某氏三家批注，注各书后归何处，可为寻绎季氏书者参考。"又考《楹书隅录》，杨绍和征引《延令宋板书目》处极多，故绍和批注此书当为不虚，然此书今藏何处，郑氏并未言明，姑留此待考。《文献家通考・季振宜》卷2，中华书局1999年版，第79页。

《楹书隅录》中题识五篇：金本《新刊韵略》、宋本《吕太尉经进庄子全解》、宋本《南华真经》、元本《稼轩长短句》、宋本《花间集》。

《隅录》续编中题识三篇：校明蓝印铜活字本《墨子》、校旧抄本《宝晋英光集》、校旧抄本《湖山类稿》。

《归蘊斋诗词抄》一卷，民国九年（1920）海源阁刻本，收诗词共四十六首，存鲁图。

《海源阁宋元秘本书目》四卷，民国二十二年（1933）王献唐校订排印本（《山东省立图书馆丛刊》第二种），存鲁图。

《海源阁书目》不分卷六册，与父绍和合著，海源阁抄本，存鲁图。

以上仅是现在保存下来的杨氏著作，而散佚之作，则难以统计。杨氏著述除专著外，多以题跋、杂记、尺牍等形式出现。以题跋为例，在《海源阁研究资料》和《退思庐文存》中，仅收以增父子十九篇。而杨氏实际创作的绝对不止此数。杨氏藏书有四千余种、所刊有四十余种以及所抄有二十余种，杨氏所撰题跋大多附于藏书、刻书以及所抄书中，而这些书籍又多历劫难，毁佚不少，则题跋亦随之散佚。有不少题跋是以手稿形式另纸附于书之扉页的，即使原书保存下来，但有的题跋于原书辗转流传中已经丢失。如宋拓真本《大观太清楼帖》（现藏故宫博物院），崇恩在二、四残本合卷卷末识云："勰卿跋，几至万言，勤矣博矣。"但查验全帖，绍和之跋不见。又如宋嘉定四年（1211）刘甲刻本《经史政类备急本草》，据傅增湘 1931 年 2 月 12 日在天津盐业银行目验是书时，见"勰卿自记累数百言"①，但目验国图藏本并不见此跋。再如宋本《吕太尉经进庄子全解》，据保彝云："卷首前护叶有先君子手《跋》二千余言，为友人假校，越数年始还，前《跋》竟失，惟余后《跋》。疑是由书中撤付抄胥，抄竟，未经装入。而友没，未及录副，随不可考。"②《楹书隅录》卷四著录宋刻本《陶靖节先生诗注》四卷，并迻录杨绍和跋三段，在第三段末注"均在卷末"。但检原书卷末仅保留下首段，附于黄丕烈跋之上，其余两段不见。幸亏《楹书隅录》迻录下来，不然后两段长跋也无由得见了。而对于那些未佚题跋来说，至今存于鲁图、国图、山东省博物馆（以下省称鲁博）及台图的这些珍本佳椠，如不去翻捡，

① 《藏园群书经眼录》卷 7，中华书局 1983 年版，第 580 页。

② ［清］杨保彝：宋本《吕太尉经进庄子全解》题识，《楹书隅录》卷 3，清光绪二十年（1894）杨保彝刻本。

很多题跋则不能呈现于世。再如尺牍,杨氏家族素重交游,与师友等往来信札不断。杨绍和于《〈海源阁珍藏尺牍〉序》中说:"先君端勤公于平生笃交游,每获师友信札,辄什袭箧中,或畀绍和收弆。阅时既久,所积遂夥。顾宦辄十有数省,舟车所至,不无零失。咸丰辛酉(1861)捻寇之乱,其存诸陶南别墅者,又多坠红羊,得千余纸,付之装池,都为二十册。"这二十册只是"师友"的寇乱之后的残余之作。海源阁于民国间惨遭洗劫时,又损失十四册。在现在保存的六册信札中,共有十四位友朋的三十九通手札。原藏尺牍到底多少,目前尚无法知道。但鲁图的只有六册(重装后为两册,其中林则徐致杨以增书札为一册,原为三册,其余为一册)实为残本,仅存二十二通及林则徐致杨以增十七通。林则徐于清道光二十七年(1847)一月二十日自西安致杨以增的信中言:"至堂大兄大人阁下:昨连接初八、九日两次惠答,备挹㧑光……"[①]通信皆为双向交流,但杨以增致林则徐的信件则一封不存。现在保存下来的杨以增致师友的书信只有九封。由此可见,杨氏尺牍散佚之多。2004年5月16日,中国书店曾拍卖杨以增书札一通,共两页,尺寸15×12cm,估价1000—1500元,最后成交价为1100元。书札落款为"世愚弟杨以增顿启"[②]。以此又知,保存于民间的肯定还有不少。就诗文而言,海源阁第四代主人杨敬夫曾言:"杨氏三代先人未刻的书籍很多,过去都放在我家后上房的木炕上的'多宝阁'中,可惜战乱中很多都遗失了。杨氏先人的著作……《海源阁金石书画目录》……先祖勰卿先生的《海源阁诗文集》(十二卷)等等。还有很多历代先人的手稿,我自己还未翻阅过,就都已失散了。"[③]就敬夫所言,除《书画目录》外,现存《杨氏三代诗文》只有三卷,而绍和则只有诗集,其文集则不见踪影,这比起十二卷本《海源阁诗文集》尚差九卷之多。据绍和宋本《陶靖节先生诗》题识可知,杨以增不仅有诗歌创作,而且还有自己的作诗理论及师法。至于其他"手稿"就更多,梅曾亮曰:"公辰见宾客,治文书,事毕即手一卷。"[④]这些诗作及"文书"很可能保存在"多宝阁"中,但"多宝阁"佚于匪劫。再如杨保彝,现在保存下来的只有《归瓻诗词抄》一卷,其实保彝是性情中人,喜怒哀乐俱有诗词以传,李

① 《林则徐致杨以增手札》,第6封,《文献》,1981年第1期。

② 《中国古籍文献拍卖图录年鉴·中国书店》2004年卷,中华书局2005年版,第171页。

③ 李士钊:《聊城"海源阁"藏书重要史料片断——1966年2月10日在天津访问海源阁第四世主人杨承训(敬夫)先生》,《山东出版志资料》第1辑,第187页。

④ 《兵部侍郎江南河道总督杨公家传》,《柏枧山房文续集》,清同治三年(1864)杨绍谷、杨绍和补刻本。

福銮在为其表兄保彝《归瓻诗词抄》作跋时云："所作文辞，随手弃掷，未尝留稿身后。哲嗣敬夫表侄搜求遗著于断纸零缣之中，仅得诗词若干首，手录成帙，迨十百中之一二焉。吉光片羽，少而弥珍，于此亦可略见一斑。"如此，杨氏的散佚之作该有多少！所以辑佚杨氏作品仍是海源阁研究的重要任务之一。因为这些佚作对进一步深入研究海源阁主人的生平、思想、学术及藏书文化都有着至关重要的作用。正如杨绍和于《〈海源阁珍藏尺牍〉序》中云："当时所交名卿硕儒，其尺一之往返，或叙述情话，或考论文义，以及修身治人之要，国计民生之重，靡不详载其间。于先君立身立政，亦可微见大凡。噫！是乌可以词翰观也。"

第四节　藏书源流

杨氏藏书始自杨兆煜。兆煜虽收藏不多，却为子孙播下了藏书的种子。杨氏藏书中，杨以增最多，占其藏书总量的85％左右，以督南河的近八年里购书最夥，其宋椠"四经四史"和宋椠唐集等多为此时所购。其后杨绍和于京服官时又收怡府散出藏书不少，使杨氏藏书更加壮观，保彝收书主要为明清版。从绍和至保彝，主要进行图书整理著录，并加以维护保藏，购书逐渐减少。保彝卒后，家中无主，购书则基本停止。综观杨氏几代购书，实际上经历了一个从孕育发展到高潮、再到衰落以致最后散佚的变化过程。

一　杨兆煜的开创

王献唐云："海源阁购藏书籍，始于杨至堂。"[①]故王氏于《聊城杨氏海源阁藏书之过去现在》之第三部分"杨氏三世传略"中未列杨兆煜。其实，海源阁藏书开始于杨兆煜。兆煜身为教谕，博学通经，收藏图书应在情理之中。如兆煜爱读申甫诗，曾欲得全集未果，杨以增官河南时于商丘得《笏山诗集》，从而实现了父亲的宿愿。以增《序》云："先大夫读笏山先生《送袁简斋改官江南七律四章》，以为清超华妙得晚唐人胜境，觅全集未获，用是憾焉。"[②]这说明兆煜是为治学而求书。宋本《仪礼郑注》十七卷，即为兆煜所购。《楹书隅录》卷一著录此书，绍和云："此严州本。先公四经四史斋藏，宋本三礼郑注之一也。先大

① 《聊城杨氏海源阁藏书之过去现在》，《山东省立图书馆丛刊》第1种，1930年4月，第4页。
② 《笏山诗集》，清乾隆刻本，藏鲁图。

父得之。同年友江公持赠，吾乡邢太仆故物也。”“先大父”即是杨绍和之祖父杨兆煜。据题识可知，兆煜是从同年友江氏获赠，此书原藏同邑邢氏，故杨氏宝爱有加，且绍和言语中透露亲切珍惜之情。邢太仆即邢侗，字子愿，山东临邑邢柳村人，明万历年间进士，官至太仆少卿，后辞官归里，建“来禽馆”藏书读书处。该书卷首序后有“来禽馆珍藏宋本甲”诸字。兆煜曾手抄《归有光等评点欧阳文忠文抄》（不分卷）四册，此本版心下题“厚遗堂”，厚遗堂是杨兆煜的室名。《宋存书室宋元秘本书目》和《海源阁藏书目》集部中均著录“《归震川评选六一先生文抄》无卷数三册”，兆煜抄本当据此本录副，故知《宋存书室宋元秘本书目》著录之底本为兆煜所得无疑，而兆煜因怕底本丢失才抄录副本。兆煜还有抄本《古诗杂抄》不分卷，版心下亦题“厚遗堂”。从抄书来看，兆煜有很强的传世宝藏意识。兆煜有藏书印“古东郡厚遗堂杨氏藏”和“东郡杨氏厚遗堂珍藏”两方，前者为朱文方印，至今存于鲁图。海源阁藏清光绪十三年（1887）曲阜孔宪兰刻本《圣门礼志》一卷、《乐志》一卷，曾钤有“古东郡厚遗堂杨氏藏”印，此本刻于光绪间，并非兆煜所收，又有绍和藏印及“聊城杨氏三世庋藏”之印，则此书为保彝时所得无疑，保彝钤曾祖之印，意在说明杨氏先人素来重视此书，在杨氏后人眼中，早有蓄书之意。

二　杨以增的奠基

从杨以增把兆煜所收宋本《仪礼郑注》当做“四经”之一来看，其形成收藏宋本“四经四史”之初意大概源于此本。而且，此后杨以增开始陆陆续续收书，直至道、咸之间，形成收购高峰。毫无疑问，杨以增的聚书直接受其父杨兆煜的影响。因而海源阁藏书，杨兆煜有创始之功。关于杨以增藏书，杨敬夫曾在《藏书三期》中说：

> 端勤公任湖北安襄郧荆道员时开始正式收集书籍，以普通及精刻本为主，可谓初期；任陕西总督时以精刻本、善本为主，兼收并蓄，对我家藏书之总卷来说，以此时所购为最多，宜为中期，亦称盛期；任河督时，不仅以珍本为主并见精刻本付之，善本以此时所得最多，可谓末期。①

① 转引自刘文生《海源阁藏书概述》，《聊城文史资料选辑》第1辑，1982年聊城县政协文史组编印。

杨敬夫道出了杨以增收购图书的三个时期的不同特点，条理出杨以增藏书的总脉络。敬夫所言初期是指以增任职湖北时，其实在这之前，以增为官贵州时已经有所收购。杨以增自清道光二年(1822)题名进士后，分发贵州，以知县用，到道光十三年(1833)升任贵阳府知府，一共居黔十一年，这期间究竟收购了哪些图书，因找不到文字记载，一时还无法得到印证，但《海源阁书目》之《史部・都会郡县之属》中著录七种贵州方志，可能为此时所收。如抄本《黔中风土志》三十二卷，清乾隆六年(1741)刻、嘉庆补刻本《贵州通志》四十六卷，清乾隆刻德州田氏丛书本《黔书》二卷，清嘉庆九年(1804)刻本《续黔书》八卷，抄本《贵州全省舆地图》无卷数等。杨以增于道光十四年(1834)九月调湖北安襄郧荆道员，署湖北按察使，馆驻襄阳，直至清道光十八年(1838)丁忧。这个时期收书较多，并有不少见于文字记载。其中收藏的湖北方志有十四种，如乾隆刻本《襄阳府志》、乾隆刻本《湖北下荆南道志》、嘉庆刻本《郧阳府志》、嘉庆刻本《荆门直隶州志》等都是以增所辖治所府志，其他如嘉庆刻本《汉阳县志》、清刻本《湖北舆地图》、康熙刻本《湖广吴昌志》等。河渠类如清乾隆刻本《湖北安襄郧道水利集案》二卷亦当收于此时。道光十五年(1835)仲夏，杨以增观察襄阳时得《渊雅堂集》五十九卷。道光十七年(1837)三月上旬，得《古文赏奇》二十二卷《续古文赏奇》三十四卷，并在节署为之题识："……渊海珍异，触目琳琅，汲古探原，未始非文津之宝筏也。道光丁酉三月上浣，杨以增识于襄阳节署。"所以这个时期，除收方志外，集部书籍亦收藏不少。可以想见，此时已经年近五十岁的杨以增一定还收藏了很多其他图书。但因所履宦地都为边远地区，宋元本及名家校抄本流入很少，故此时收购善本书不会太多，应以地方文献为主。

道光二十年(1840)，杨以增在已经积累了相当数量的藏书后，于家乡聊城城内光岳楼南五十米路西万寿观街东段路北杨氏家宅第三进院的东跨院里建藏书楼——海源阁。楼为坐北朝南，三楹二层的楼房。楼下为杨氏家祠，里供杨氏先人牌位；楼上为杨氏宋元珍本及精校名抄等秘笈收藏处。第五进院内为明清版本及碑帖、端砚、书画等收藏处，其中有北瓦房五间，东西瓦房三间。海源阁藏书楼前有东西两廊，其长院东部廊侧，有南北两座全木结构门窗的高台读书亭，亦作春季曝书之用。海源阁楼的东侧，有一甬道通往后花园及第五进院。海源阁藏书楼的上层中间门楹上，悬杨以增在建楼时亲书的"海源阁"

阳文匾额一方，白地蓝字，长 112 厘米，宽 45 厘米，字径 25 厘米。下钤有“杨以增”和“至堂”阳文篆体印章两方，楼下家祠门外前厦的金柱上，有木刻楹联一副：“食荐四时新俎豆，书藏万卷小琅环。”在第三进院门上还有杨以增撰句的“喜有盈书庋东壁，原将采服咏南陔”，都表达了杨氏为读书求知而多多藏书的理想。道光二十四年(1844)，杨以增还在距聊城东南一百余里的肥城陶山之阳建另一藏书处——陶南山庄。有了固定的藏书楼之后，杨以增便开始大规模地购书，而此时购书包括普本，宋元本亦有购入。

杨以增服阕任河南开归陈许道员，官署开封。开封是中国著名历史文化名城之一，有“七朝古都”之称。至清代，名人荟萃，书市繁荣，积蓄了丰厚的文化底蕴。杨以增虽然仅在此地为官两年，但却结交了很多学者和藏书家，如钱仪吉、汪喜孙等，从而获得善本极多。这个时期的购书情况在《楹书隅录》中多有反映。如道光二十一年(1841)，汪喜孙太守因与之“订交最密”，就把其父汪中所藏宋本《说文解字》赠之以增，这也是有文字记载的杨氏所得的第一种宋本。道光二十二年(1842)，河南中河通判王葵初持赠元本《集千家注批点杜工部诗集》二十卷。清道光二十三年(1843)三月中旬，以增于梁园(今商丘古城东南)购得兆煜生前未能得到的乾隆刻本《笏山诗集》十卷二册，并为之序。《序》曰：“增承乏梁园，于坊间破书堆捡出此本，装池成帙，而先大夫乃不及见矣，爰茹痛志之时，道光癸卯(1843)三月中浣以增书于习勤补拙之斋。”

道光二十三年(1843)，杨以增进京朝觐皇帝，于都门购元本(实明嘉靖元年(1522)汪谅刻本)《文选》六十卷(《隅录》卷五)。此年，以增调陕西，又继续购求善本。在陇西，得汉阳叶东卿自京师寄赠宋嘉定刻本《通鉴总类》二十卷四十册，此书镌印精佳，古香袭人眉宇，且首尾完善，无一阙损，宋椠中尤极罕觏，询乙部之甲观矣(《隅录》卷二)。道光二十七年(1847)，在陕西得到“四经四史”之一的宋蔡琪家塾刻本《汉书》一百二十卷，此书最初由“至交”钱仪吉在开封主讲大梁书院时推荐之，此后经过五年的不懈搜求，终于以银五百两易得之(《隅录》卷一)。道光二十八年(1848)，又得宋本唐集《莆阳居士蔡公文集》三十六卷(《隅录》卷五)。是年仲秋，得宋本《孙可之文集》十卷(《隅录》卷四)。是年冬，杨以增自陕西巡抚擢督南河，进京展觐时获宋蜀刻本《昌黎先生集》四十卷外集十卷(《隅录》卷四)。因而，杨以增在为官河南、陕甘的六年里，收书不少，宋元善本亦有收购。因这一时期的交游比以前更加广泛，有不少精善版本都是友朋寄赠的；再者杨以增利用两次进京展觐的机会购书亦不少。而且，此时所收地方志也最多，达六十六种。这个时期应是杨以增收书的发展期，在收藏普本的同时，因有宋元本不断进账，使杨氏藏书在质量上较以前有较大提高。

杨以增于道光二十八年(1848)冬到任江南河道总督，其官署所在地为江苏清江浦，即今江苏省淮安市。清江浦又称袁江或袁浦，居京杭大运河正中，运河穿城而过。自宋代黄河夺泗、淮以后，清江成为黄、淮、运交汇之所，“江船达扬州，汴船达河阴”①，遂成运河漕运一大中转站，渐为东部中心部位的水陆交通枢纽，城市也空前繁荣。至清代，由于黄、淮经常泛滥成灾，漕运窘迫，治河成为当局要务，于是治河、导淮、济运三策毕萃于淮安清口一隅。由于河务诸事繁多，清政府遂改明代漕督兼任河督为分设制，清江由此成为漕运总督、河道总督驻节之地，每年治理河道的常规经费就高达数百万两白银，每次决口还另有拨补。清江还是淮北盐集散中心和盐税大关。到清代中、前期，清江城市地域、人口迅速扩张，高官相拥，商贾云集，云帆衔尾，车马相接，酒肆栉比，夜半弦歌，“三城内外，烟火数十万家”，“热闹繁华，俨若省会”。繁荣的都市经济也带来了文化的昌盛。有清一代，朴学大师顾炎武、阎若璩，诗人王士祯、袁枚，小说家吴承恩、刘鹗，思想家龚自珍，学者潘德舆，藏书家程晋芳等都曾在此从事过文化活动。这里的书院仅在乾隆以后就有十二家②，清季进士有一百三十人③。与此同时，出版业亦得到迅速发展，其私家刻书有四十二家。由于清江的独特地理优势，其书籍流通事业也随之繁荣起来。这些都为杨以增大规模收藏善本奠定了良好的物质条件。

杨以增督河时的收藏可以分为三个阶段，其一是道光二十九年(1849)至道光三十年(1850)。此时运河畅通，书贾将江南散出善本沿河北运清江，故以增得书极多。如道光二十九年以重金购得汪士钟藏宋建本《三国志》(《隅录》卷二)，吴枚庵藏《明王文恪公手写文集》、《白云集》、《玉山名胜集》三种等(《隅录续编》卷四)，友人寄赠者如许乃普寄赠朱锡庚藏宋绍兴十年(1140)荆湖北路安抚使司刻递修本《通鉴记事本末》(《隅录》卷二)。同时，以增还于道光二十

---

① [宋]司马光：《资治通鉴》，中华书局1956年版，第7286页。

② 参见《淮阴市志》，上海社会科学院出版社1995年版，第1738—1739页。

③ 参见《江苏区域文化研究》，江苏古籍出版社2002年版，第11章《教育与人才分布的区域特征》。

九年沿河南下访书，如自扬州汪容甫处购“四经四史”之一宋本《毛诗诂训传》二十卷和宋巾箱本《春秋经传集解》(《隅录》卷一)，自苏州得“四经四史”之一季振宜、徐乾学藏宋淳熙本《史记》(《隅录》卷二)，黄丕烈“陶陶室”藏宋版《陶渊明集》十卷和《汤注陶靖节先生诗》四卷两种(《隅录》卷四)，许瀚为之购明黄忠端藏宋本《山谷老人刀笔》(《隅录》卷五)，等等。

其二为清咸丰元年(1851)至咸丰二年(1852)，这是杨以增督河期间购书最多的两年，所购主要为苏州藏书大家汪士钟所藏。汪士钟(约1786—?)，字春霆，号阆源，父汪文琛以开益美布商而饶於赀，并有大量藏书。嘉道时，江南四大著名藏书家黄丕烈、周锡瓒、顾之逵、袁廷梼，藏书均以精博著称，后大都归于汪士钟门下，其藏书楼曰“艺芸书舍”。《艺芸书舍宋元善本书目》共著录宋本三百一十九种，元本十四种。顾广圻《艺芸书舍宋元善本书目》序云：“汪君阆源藏书甚富……凡于有板以来官私刊刻，支流派别，心开目了，遇则能名。而又嗜好所至，专一在兹。仰取俯拾，兼收并蓄，挥斥多金，曾靡厌倦，以故郡中传流有名秘笈，搜求略遍。远地闻风挟册趋门，朝夕相继。如是累稔(年)，遂获目中所列宋若干种，元若干种，既精且博，希有大观。海内好古敏求之士，未能或之先也。”①潘祖荫《艺芸书舍宋元善本书目》跋云：“吾郡藏书家，自康、雍之间碧凤坊顾氏、赐书楼蒋氏后，嘉庆时以黄荛圃百宋一廛、周锡瓒香严书屋、袁寿阶五砚楼、顾抱冲小读书堆为最，所谓四藏书家也。后尽归汪阆源观察士钟。”②但清道光末年(1850)至清咸丰十年(1860)以前，汪氏藏书全部散出，其中以咸丰元年至二年(1851—1852)为最多。《清朝野史大观》卷十“艺芸精舍”条云，太平军至苏州，“合家离散，宋元善本悉为邻家携去”③。汪氏藏书散出后得之最多者为杨以增。潘祖荫《艺芸书舍宋元善本书目》跋又云：“咸丰庚申(1860)以前，其书已散失。经史佳本，往往为杨至堂丈所得。兵燹以后，遂一本不存。”④江标亦云：“吾郡黄荛圃先生所藏书，晚年尽以归之汪阆源观察。未几，平阳书库扃钥亦疏，在咸丰辛亥(1851)、壬子(1852)间，往往为聊城

---

① 转引自[清]叶昌炽：《藏书纪事诗·汪士钟阆源》，《藏书纪事诗附补正》，上海古籍出版社1999年版，第615页。

② 《艺芸书舍宋元善本书目》卷末，清同治十二年(1873)潘祖荫滂喜斋刻本。

③ 《清朝野史大观》，河北人民出版社1997年版，第1131页。

④ [清]潘祖荫：《〈艺芸书舍宋元善本书目〉跋》，《艺芸书舍宋元善本书目》卷末，清同治十二年(1873)潘祖荫滂喜斋刻本。

杨端勤公所得。"[①]李盛铎云:"汪氏之书,杨至堂所收而外,丰顺丁氏从上海郁氏搜罗而去者有之;归安陆存斋购得者有之;常熟瞿氏收藏者有之;余亦散布海内,殆未毁于兵燹也。"[②]李氏所意亦是以增得之为最多。不过,曾亲至菰里为瞿氏编撰书目的叶昌炽云:"汪氏书,长编钜册,皆归菰里瞿氏;归杨氏者,其畸零也。"[③]今检两家书目以题跋和印章验之,发现《铁琴铜剑楼藏书目录》于千余种书中所载汪氏书不足十部,实为"畸零"。瞿氏得书来源最多者乃同邑张金吾,其次为陈揆。而《楹书隅录》于二百六十余种书中所载汪氏书则达五十部,占去五分之一,显然汪氏书为杨氏收藏之主要来源。故缪荃孙云:"艺芸所收,悉出士礼,后归海源阁、持静斋为多。"[④]所言极是。

杨绍和云:"咸丰初,扬州始复,南北各军往来淮上,往往携古书珍玩求售。"[⑤]这两年的购书在《隅录》中记载最多,其中又以所得汪士钟藏书较多。如咸丰元年(1851),以增在清江得宋淳熙七年(1180)池阳郡斋刻本《山海经》、宋本《韦苏州集》、宋本《孟东野诗集》,咸丰二年(1852)得北宋本《淮南鸿烈解》等,这些善本都曾为汪士钟藏。同时,咸丰元年,杨以增又一次去苏州访书,此次所收如宋乾道七年(1171)蔡梦弼东塾刻本《史记集解索隐》、元本《增刊校正王状元集注分类东坡先生诗》等亦为汪氏藏。但海源阁收藏汪氏藏书绝不仅是《隅录》中所著录的五十余种,在其他杨氏善本简目以及鲁图藏书中均有大量汪士钟藏书。这一时期,杨以增还收藏了其他江南藏书家的善本,如清咸丰元年,得徐乾学藏宋庆元六年(1200)罗田县庠刻本《离骚草木疏》、由北方流入南方的元本《陆宣公奏议》等。后者初由纳兰性德之弟即清康熙朝大臣揆叙家藏,钤有"谦牧堂藏书记"。是年,于苏州访书期间购得毛晋、徐乾学、季沧苇、周良金诸名家收藏的宋王叔边刊本《后汉书》等等。清咸丰三年(1853),当太平军威胁清江时,杨以增为保全这些藏书,于此年冬,将包括宋本《史记》在内的大批善本载归陶南山馆。[⑥]

---

① 《〈聊城杨氏海源阁藏书目〉跋》,《聊城杨氏海源阁藏书目》卷首,清光绪十三年(1887)江标刻本。

② 《〈艺芸书舍宋元善本书目〉题记》,《木犀轩藏书题记及书录》,北京大学出版社 1985 年版,第 11 页。

③ [清]叶昌炽:《藏书纪事诗·汪士钟阆源》,《藏书纪事诗附补正》,上海古籍出版社 1999 年版,第 616 页。

④ [清]缪荃孙:《续记》,《艺风藏书记》,(台湾)广文书局 1967 年版。

⑤ [清]杨绍和:《金本〈新刊韵略〉题识》,《隅录》卷 1,清光绪二十年(1894)杨保彝刻本。

⑥ [清]杨绍和于《隅录》卷 2 宋本《史记》题云:"癸丑冬,载归陶南别业。"

其三是咸丰三年(1853)至咸丰五年(1855),这个阶段是杨以增督河期间收书的最后时期。咸丰三年,由于太平军接连攻占南京、扬州等沿江都市,私家藏书相继散出。但由于此时杨以增宦务缠身,收书不如以前多。《隅录》中未见记载咸丰三年收书事宜,咸丰四年(1854)时有所记载,如《隅录》卷一著录宋本《三续千字文注》,《隅录》卷四著录残南宋蜀本《孟东野文集》一至五卷,《隅录》卷一著录刘喜海寄赠宋本《详注东莱先生左氏博议》等,但不是很多。杨以增卒于清咸丰五年(1855),可见其收书一直持续到去世之前。

纵观杨以增的藏书历史,自官贵州始,而收藏善本则始于任河南道员时,至署河督时达到高峰,大量收购则是在督河最初的四五年里,其四经四史以及子集之精善之本大都在此时获得,所得以江南著名藏书家收藏以及友朋寄赠为主。而督河时,之所以能够收藏如此之多的善本,是因此时正赶上太平军起义,致使许多私家藏书散出,杨以增抓住了时机。故王献唐云:"洪、杨之乱,江南各地藏书,一时俱出,杨至堂以在河督任内,因利乘便,与瞿氏铁琴铜剑楼,购藏最多。虽不名一家,而精帙殊富,此海源阁藏书又一支也。"[①]海源阁藏书正是在杨以增时期,奠定了十数万卷的收藏基础。

三 杨绍和的扩充

杨敬夫云:"殆学士公(绍和)、观察公(保彝)两代,我家已藏书数十万卷,进入整理安排时期。此时市上珍本已罕见,精本亦有显著减退之势。"[②]杨绍和最早购书是在咸丰元年(1851),于清江得元本《梅花百咏》一卷[③]。咸丰三年(1853)冬,时杨绍和与包世臣同游于淮上,得金本《新刊韵略》五卷三册。世臣《跋》是书云:"昨冬与勰卿有淮上之游,得此书而归,呈诸先生。……甲寅(1854)四月,布衣包世臣。"(《隅录》卷一)绍和又于清同治元年(1862)仲夏题是书云:"此本为但云湖鹾使所得,云老转贻家简侯丈,简丈以之赠余者也。"(《隅录》卷一)明铜活字本《栾城集》亦为绍和"昔年所购善本","得诸山阳俭翁丁丈者(丁晏)"(《隅录》卷四)。由此可见,杨以增官南河时,随父宦游的杨绍

① 《聊城杨氏海源阁藏书之过去现在》,王献唐编述《山东省立图书馆丛刊》第1种,1930年4月,第3页。

② 《藏书三期》,转引自刘文生《海源阁藏书概述》,《聊城文史资料选辑》第1辑,1982年聊城县政协文史组编印。

③ 参见[清]杨绍和:《元本〈梅花百咏〉题识》,《隅录》卷5,清光绪二十年(1894)杨保彝刻本。

和亦购入一定数量的善本。但自杨以增卒后的七年间，绍和因奉讳归里，一直未得善本，直到清同治元年（1862）秋客京师时，才于厂肆得宋刻《晋书详节》，又于济南获宋刻《脉经》（实为明本）。绍和云："自丙辰奉讳归里，于兹七载，从未睹一旧籍，恒用是悒悒。今秋送家弟绍程赴布政司试，偶于书肆获宋刻《晋书详节》，迨发榜中式，携其至济，复得此本，颇为之一乐也。"①综观绍和收书，除以上外，其大宗主要为怡府乐善堂散出藏书，另一部分是在京城厂肆等处零星收购者。

怡府藏书，始自清圣祖第十三子怡贤亲王之子弘晓。弘晓（？—1778），号冰玉道人，平居积古好学，凡经史传记以及诸子百家之编，靡不探其深颐，著有《明善堂集》。其藏书之所，曰乐善堂，又有安乐堂、似太古斋、冰玉山庄。有《怡府书目》四册抄本存世，著录约四千五百种，精善书约七百余种，宋元本极富，明本亦极夥。藏书印有"怡府世宝"、"安乐堂藏书记"、"明善堂珍藏书画印"、"明善堂览书画印记"、"明善堂鉴定书画印记"等。关于怡府藏书的来源，陆心源云："绛云楼未火之前，其宋元精本大半为毛子晋、钱遵王所得。毛、钱两家散出，半归徐健庵、季沧苇。徐、季之书由何义门介绍归于怡府。乾隆中，《四库》馆开，天下藏书家皆进呈，惟怡府之书未进。其中为世所罕见者甚多，如《施注苏诗》全本有二，此外可知矣。"②曾经亲自到过乐善堂观书的耿覲光记录下了弘晓藏书之富："及得游藏书所，牙签缥袟，充盈栋宇，凡有关于世道人心及为诸经羽翼者，不下千百种，而文集、诗集尤为巨观。"③但"怡府之书，藏之百余年，至端华以狂悖诛，而其书始散落人间。"④怡府藏书散出是在清同治五年（1866）春，此时杨绍和正服官京师，得天时地利，获之极多。⑤ 陆心源云："聊城杨学士绍和，常熟翁叔平相国同龢，吴县潘文勤公祖荫，钱唐朱修伯宗丞得之为多。"⑥傅增湘亦云："怡府书散，其时朱子清、潘伯寅、翁叔平争相

---

① ［清］杨绍和：《宋本〈脉经〉题识》，《隅录》卷 3，光绪二十年杨保彝刻本。

② ［清］陆心源：《宋椠婺州〈九经〉跋》，《藏书纪事诗附补正》卷 4"怡贤亲王"条，上海古籍出版社 1999 年版，第 333 页。

③ ［清］耿覲光：《〈明善堂集〉序》，《藏书纪事诗附补正》卷 4"怡贤亲王"条，第 335 页。

④ ［清］陆心源：《宋椠婺州〈九经〉跋》，《藏书纪事诗附补正》，上海古籍出版社 1999 年版，第 333 页。

⑤ 叶昌炽《缘督庐日记钞》卷 3 甲申六月四日云："郑盦丈（潘祖荫）言，庚申（咸丰十年，误，应为十一年），都下怡王府宋元椠本捆载出售，所见《周易单疏》、《左传单疏》，皆北宋大字监本，惊人秘籍，全部不过数金，皆为常熟翁尚书及杨勰卿太史所得。"则在清同治五年（1866）之前，怡府藏书还有一次散出，但此次杨绍和购书情况，并不见记载。

⑥ ［清］陆心源：《宋椠婺州〈九经〉跋》，《藏书纪事诗附补正》，第 333 页。

购致，而勰卿亦颇得精秘之本。”①杨绍和在《隅录》卷三宋本《证类本草》题识中则记录下了收书情形：“今春明善堂书散出，予得明刊宋元人集及各子书善本百余种，而宋元本独鲜，惟此与《韩》、《柳》二集、元椠《尔雅》可称珍籍。”其实，绍和收藏乐善堂宋元本不止上述四种，如宋本《愧郯录》十五卷，绍和云：“丙寅初秋获诸都门。卷前有乾学徐健庵印，乃东海故物，后入怡邸者也。”（《隅录》卷三）宋淳祐刻本《兰亭续考》二卷、元本《梅花字字香》二卷、金本《道德宝章》一卷、明修金本《丹渊集》四十卷《拾遗》二卷《附录》一卷、元至正六年(1346)吴志淳好古斋刻本《复古编》二卷、蒙古宪宗三年至五年(1253—1255)张宅晦明轩刻本《资治通鉴》一百二十卷、元本《注心赋》四卷、元元统间刻本《中庵先生刘文简公文集》二十五卷等均为宋元精善之本。一些抄本如《汗简》七卷、《沈下贤文集》十二卷、《乐全先生文集》四十卷、《演山文集》六十卷、《庆湖遗老诗集》九卷《拾遗》一卷等亦为抄本中的极品。其他则都为明本。今据作者目验所得和《隅录》初续编的绍和题识及藏印、王绍曾《隅录补遗》以及鲁图《馆藏海源阁书目》中的藏印，辑录出绍和购藏怡府藏书共四十一种，其中《隅录》初续编著录了七种，王绍曾《补遗》共十八种，《馆藏海源阁书目》十八种则全为明本，如按版本，则宋本五种，元五种，金本二种、蒙古本一种，抄本六种，余为明本。以集部最多，达二十五种。但这个数量与绍和所言百余种尚差很多，个中原因，当是一则弘晓藏书并非全部钤有藏印，如宋本《愧郯录》即是。二是可能还有一些钤有藏印，限于条件不能检出者。故以上述诸家所言和绍和题识，所言百余种当为不虚。故王献唐云：“余以目验所及，知其得于乐善堂者，正不亚于艺芸书舍。”②

绍和零星收购者亦不少，且质量较高。这一部分主要是于京都厂肆所购，绍和云：“年来珥笔之暇，往往作海王村之游。”③保彝亦云：“忆昔先大夫之在朝也，珥笔余暇，辄约二三同志作海王村游，每得善本，则折柬相邀，并几赏玩，考订商榷，流连晨夕，致足乐也。”④如清咸丰九年(1859)得宋本《花间集》(《隅

① 《海源阁藏书纪略》，《大公报》，1931年5月24日第3版。

② 《聊城杨氏海源阁藏书之过去现在》，王献唐编述《山东省立图书馆丛刊》第1种，1930年4月，第3页。

③ [清]杨绍和：《宋本〈脉经〉题识》，《隅录》卷3，清光绪二十年(1894)杨保彝刻本。

④ [清]杨保彝：《〈楹书隅录〉初续编跋》，《楹书隅录》初续编卷末。

录》卷五)，同治二年(1863)四月得元本《集千家注分类杜工部诗》(《隅录》卷四)等。同治五年(1866)，绍和不仅收购了很多明善堂藏书，还从厂肆收藏不少其他著名藏家的善本，如是年秋，得明锡山华中甫真赏斋旧藏宋嘉泰辛酉筠阳郡斋刻本《宝晋山林集拾遗》(《隅录》卷五)、诒晋斋故物北宋本《康节先生击壤集》(《隅录》卷五)、季振宜藏宋本《咸淳临安志》(《隅录》卷二)等。同治七年(1868)八月于都门厂肆购明本《程雪楼集》和明李文贞刻本《昌黎先生集考异》二册①。清同治九年(1870)八月，得元元统间刻本《中庵先生刘文简公文集》，绍和题云："同治庚午(1870)秋八月以朱提二十四星购于京师厂市。"②清同治十年(1871)以十两银子得元本《范德机诗集》③。有时绍和亦托人购之，如同治九年(1870)秋，得宋本《东南进取舆地通鉴》，绍和云："今秋家弟以此本邮寄，云得之浙士周姓者，展卷阅之，固东海本也。"(《隅录》卷二)从以上来看，绍和零星收藏的这些书籍在质量上并不亚于怡府藏书。绍和还肯定收有不少明清版本及校抄本，但由于没有题识，无法得到证实，如清京都琉璃厂荣锦书坊木活字本《满汉名臣传》八十卷、清道光十二年(1832)京都琉璃厂文光堂刻本《历代约说》二卷等(见鲁图《馆藏海源阁书目》)，这些厂肆刻本很可能都是绍和在京都时零星所购。整体来看，无论从数量还是从质量上，绍和购书还不能与其父相比，但仍然有不少可圈可点之处。应该说，杨氏藏书在绍和的努力之下，在杨以增的基础上得到了进一步的扩展。

四　杨保彝的慎守

清光绪以后，中国积累流传了数百年的文物书籍经过太平军、捻军以及八国联军数次的洗劫，散佚毁焚无数，残余下来的珍本已属凤毛麟角。藏书家视若球璧，大多私守传世。所以市上已经很难觅到宋元善本了。杨氏藏书至杨保彝阶段，其主要职责是谨慎地守护，购书已经不多。保彝购书见于文字记载的极少，现在知道的宋本有两种，一是宋咸淳廖氏世彩堂刻本《昌黎先生集》四十卷《外集》十卷《遗文》一卷，据杨敬夫云："宋版世彩堂刻本的《韩昌黎集》是庚子之役后，掖县吕海寰世伯以四百两银子在北京代买了又送到聊城的。"④

---

① 此两书均有绍和题识，书藏鲁图。

② 见该书绍和题识，书藏台图。

③ 见该书绍和题识，书藏鲁博。

④ 李士钊:《聊城"海源阁"藏书重要史料片断——1966年2月10日在天津访问海源阁第四世主人杨承训(敬夫)先生》，《山东出版志资料》第1辑，第181页。

罗振常亦云:“此集《楹书隅录》正续编均未载,盖书录编于同治辛未(1871),刊于光绪甲午(1894),此书尚未得。得此集时,勰卿已殁,故仅有保彝诸印也。”[①]二是宋鹤林于氏家塾栖云阁刻元修本《春秋经传集解》三十卷(存二十三卷)[②]。在保彝之前的一些刻本是否为保彝所收,因无确凿证据,我们不敢肯定,但不能排除为保彝所购的可能性。在绍和去世之后至保彝卒前的这一段时期内,所收藏的刊于此一时期之内的刻本多为保彝所收无疑,诸如光绪三年(1877)刻本《百宋一廛赋》一卷,光绪五年定州王氏谦德堂刻本《介庵经说》十卷《补遗》二卷,光绪六年刻本《昭德先生郡斋读书志》二十二卷,光绪九年佞宋斋刻本《藏书纪要》一卷等等。只钤有保彝印章的可能亦大多为其所收,如明嘉靖二十年(1541)温秀刻四十四年(1565)重修本《批点唐诗正音》十五卷,明嘉靖二十八年(1549)文斗堂刻本《唐雅》八卷,明刻套印本《柳文》七卷,一些丛书如《观古阁丛刻》、《纪载汇编》、《功顺堂丛书》、《蜕学翁遗集》、《谢程山全书》等亦然(以上书目见鲁图《馆藏海源阁书目》)。显然,保彝收书主要为明清本。

清末世道离乱,护书益艰。保彝深知先人创业不易而守成更难,故深自秘惜,不轻示人。在保彝卒前,从未见到有关海源阁藏书散出的片言只字,可见保彝善保杨氏先德藏书之用心。保彝于京服官时,关注时事,曾预“知大乱将作,因呈请以道员归部铨,藉以回籍”[③]。虽为归隐,实际未必不是以回家保藏先世遗业为计。保彝卒前,因无子继承祖业,恐身后族后争产,仿潘氏例,呈府备案,亦可谓煞费苦心。

保彝卒后,杨敬夫尚幼,自1910年至1922年,家政由保彝妻王少珊主持。这个时期,是中国近代史上军阀混战的开始,袁世凯二子均曾觊觎过杨氏藏书,少珊为保护阁书不受损害和散失,付出了巨大努力。由于家中缺少经济来源,购书基本上处于停止状态。鲁图《馆藏海源阁书目》著录了六种民国版本,则肯定是这个时期所收。董氏诵芬室刻本《诵芬室丛刊初编》刻于清光绪至民国间,其中《梅村先生乐府三种》四卷就刻于民国五年(1916)。其他尚有民国吴兴刘氏求恕斋刻本《校经室文集》六卷《补遗》一卷,民国上海朝记书庄石印本《校碑随笔》不分卷,民国三年(1914)裘氏铅印本《明秋馆诗词杂著》四卷,民

① 罗振常:《宋世彩堂本〈昌黎集〉杂识》,北京图书馆善本组编《1911—1984年影印善本书序跋集录》,中华书局1995年版,第408页。

② 参见《弢翁藏书题识》,《自庄严堪善本书目》,天津古籍出版社1985年版,第111页。

③ 李福蓥:《〈归瓻斋诗词抄〉跋》,《归瓻斋诗词抄》卷末,1920年杨敬夫刻本。

国四年(1915)山东通志刊印局铅印本《(宣统)山东通志》二百零二卷,民国六年(1917)潮阳郑氏刻本《风俗通义》十卷。另有清宣统元年(1909)刻本《(宣统)重修恩县志》十一卷等当亦在此时所收购。民国、宣统以前的可能亦有,但肯定很少。

杨氏有稳定的经济收入,生活无忧,故而藏书是只进不出,不像其他有些类似"贩掠家"的藏书家,靠进进出出,赚取差价。这就使杨氏藏书相当稳定,且代有递增,至末则蔚成大观。在获书方式上,多种多样。有书估上门兜售者,如绍和于宋本《东南进取舆地通鉴》题云:"昔在袁江,有估人持吴郡故家秘书一单求沽,中有宋本《东南进取舆地通鉴》,为宋廛故物,亟命持来。"(《隅录》卷二)有朋友寄赠寄购者,如绍和于《隅录续编》卷一元本《尔雅》题云:"今岁偕李伯雨驾部游书肆,伯雨获此本,即以见赠。"有通过访书而得者,如荛翁陶陶室两种就是杨以增访书苏州时获得(《隅录》卷四)。从《隅录》所载购书情况来看,以增分别于清道光二十九年(1849)沿运河南下,访书于扬州和苏州,于清咸丰元年(1851)再次访书苏州,所得极丰。所以杨氏为了收藏,可谓费尽心思。

杨氏对于善本书,不惜重金购买。如宋本《史记》,杨以增以"三百八十金购之吴门"(《隅录》卷二),宋本《汉书》"以朱提五百易得之"(《隅录》卷二),宋本《三国志》"以重金得之"(《隅录》卷二)等等。在《隅录》中这样的记载颇多,这一方面反映出杨氏资金的宽裕,又可见杨氏为善本倾囊而出的决心。关于杨氏购书资金来源①,有人曾经怀疑杨以增位居高官,以权谋私。清代河道总督确实是一个肥缺,但以增在任以及卒后,从未有过负面消息,其廉洁有目共睹。生活中,杨以增相当简朴,卒后,未留下任何遗产,两江总督怡良云:"闻其宦囊萧然,深为悯恻。"②《清河县志·杨以增传》亦云:"卒之日,库存甚富,而私囊萧然。"杨以增为官口碑甚好,郡人既请入崇祀名宦,更为请谥于朝,谥"端勤",其"端"字之意盖在于此。总起来讲,杨氏购书资金主要来自于:一、高官厚禄。据清光绪《清全典事例》记载,河道总督为从一品,除有俸禄维持生活外,尚有养廉银六千两,这对于平生无其他嗜好而一专于书的杨以增来说,应是一笔不少的购书资金。二、刻书盈利。杨氏刻有不少精品书,如仿宋刻本

---

① 当时流传过这样一个故事:某年,黄河决口,皇上出银八十万两命以增堵修,及以增到了决口处,河水又自行退去,银子分文未动,杨以增又原封不动带回京城,皇上说:"出库之钱,岂能再入,赏给爱卿买书看可也。"见鲁西野人《海源阁与鲁仲连台》,《大公报》,1931 年 6 月 29 日第 9 版。

② 《崇祀乡贤录》,藏台图。

《蔡中郎集》,被学者誉为自有蔡集以来最好的本子,销路极广,销量颇多。杨刻蔡集当时有两种纸型,一白纸,一毛边纸,且印数较多,直至民国间南北书肆仍以高价销售。《来青阁书目》集部著录第两千五百种即为该集:"《蔡中郎集》十卷《外纪》一卷《外集》四卷《传表》一卷,咸丰二年(1852)杨氏海源阁仿宋刻本,宽大。六本,白纸十元;四本,毛边纸十二元。"①现在各大图书馆都藏有该书,直至2004年时,北京嘉德拍卖行还曾以万元高价拍出过。与海源阁纪念馆毗邻的原聊城教育学院图书馆亦都藏有此书,由此可见当时此书风靡之情形。三、肥田租金。杨氏富有田产,于聊城西南田庄,包括墓葬坟地、林道牌坊、护林住所等有二百多亩。在墓地林场之西、南、北则是杨家购买的十八顷良田,号称"杨十八顷",这些肥田租给附近村上的佃户耕种,这也是杨氏购书的不薄收入。另外杨氏藏书中有很大一部分是友朋馈赠。因而对杨氏购书进行无端猜疑是没有理由的。过去官员藏书,因嗜书而丢官者不少,如朱彝尊、陈介祺等,但杨氏却将两者处理得相得益彰,颇为难得。用"君子藏书,取之有道"来概括杨氏藏书实在恰如其分。

杨氏藏书就地域而言,因为宦游各方而聚书覆盖面相当广泛,除荟萃南(江浙)、北(北京)两路精华外,还有东、西路来源。杨兆煜任即墨县教谕时,在胶东一带已有收藏,此谓东路;杨以增曾于贵州、湖北任职,贵州一带为王阳明讲学之地,民间藏书较多,收书颇易,此为西南路来源;杨以增在陕西、甘肃、河南时也收有不少善本书籍,此为西路来源。这一点如果和瞿氏做一比较,就更可看出杨氏收书地域之广。瞿氏由于绝意仕途归退乡里,其求书则集中于常熟,这一点由所求苏州汪氏书较少亦可看出。不过,由于常熟文化源远流长,至明清时出现了大量的藏书家,如杨仪、赵用贤、毛晋、孙庆增、钱曾、陈揆、张金吾等,从而积蓄了大量的珍本佳椠,这为瞿氏购藏宋元校抄创造了条件,其数量还超过了杨氏。瞿氏所藏的方志亦很丰富。陈揆的收藏以方志见长,瞿氏所藏大多得自陈氏,但大部分为邑中文献。再者与常熟有关的地方文献,收藏也不少。钱笠夫说:"其所藏乡先贤著述,多为邑中文献之传,亦不在少数。"②而杨氏除重视家乡方志及文献外,其宦游所到之处,无不采撷。从《海

① 《来青阁书目》,《中国近代古籍出版发行史料丛刊》补编第12册影印本。北京图书馆出版社2003年版。其第2501种为光绪庚寅番禺陶氏仿刻海源阁本,白纸五本六元。

② [清]钱笠夫:《铁琴铜剑楼》,仲伟行等编著《铁琴铜剑楼研究文献集》,上海古籍出版社1997年版,第106页。

源阁书目·史部》中可知，仅地理类就有二百八十八种之多，超过了《瞿目》的六十四种。其中，方志类一百四十一种，且大部分为山东、贵州、湖北、河南、陕西、江苏等地府县方志。

纵观杨氏收书，从无到有，由少到多。盖始于杨兆煜，奠基于杨以增，又经杨绍和扩展，杨保彝补充，历时百年，辗转各地，艰难困苦，玉汝于成。经过杨氏四代人不懈的努力开拓、发展以及精心藏护，终于成就了清末北方最大的私家藏书楼——海源阁。

海源阁与铁琴铜剑楼藏书源流和散佚（散佚部分见第七章）对照图：

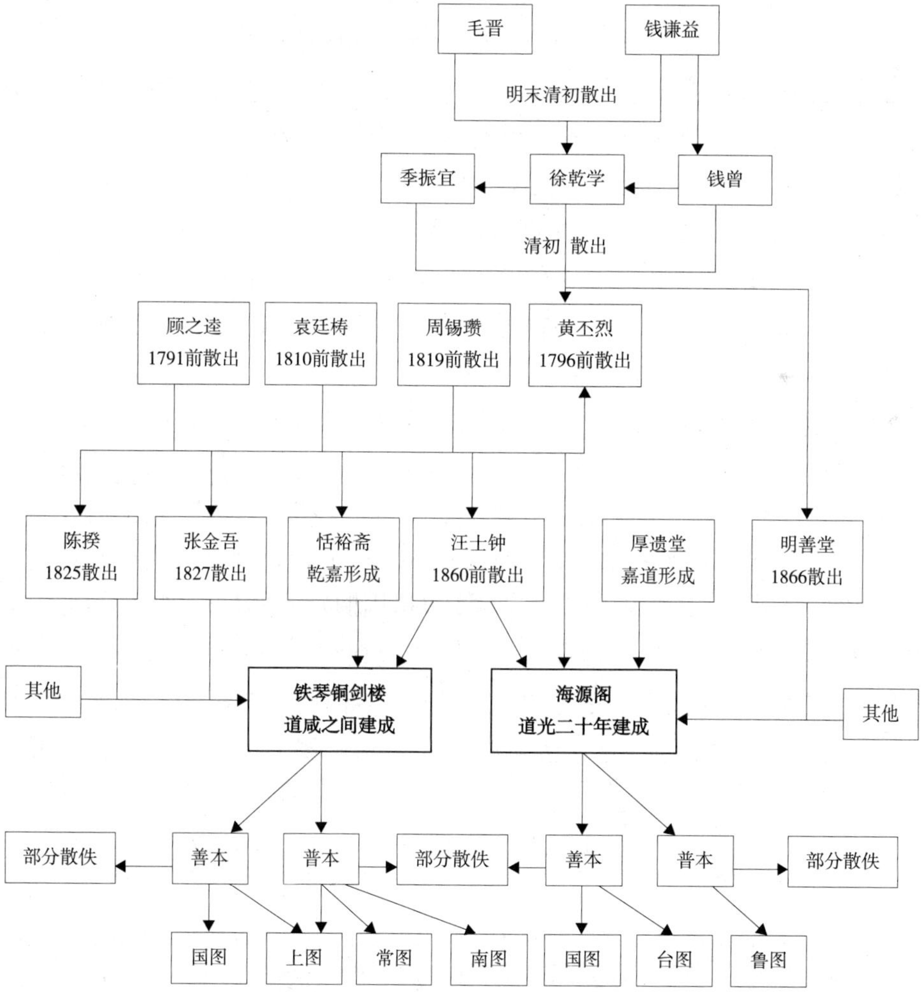

第五节 管理与保护

收书益艰，护书更甚。在藏书活动中，最让主人担心的问题莫过于书籍的安全。如何对辛勤收集的藏书加以保护而使其不受或少受损失，杨氏几代人可谓费尽了心思。

从开始建造藏书处所来看，杨以增显然就已想到了长久保存之法。杨氏信奉“大乱居乡，小乱居城”的观点，所以，杨以增除在聊城城里万寿观街杨宅海源阁专门藏书外，还在岱西肥城陶山之阳华跗庄建有陶南山馆。另外在聊城西南田庄杨氏“弘农丙舍”亦有藏书，主要是藏明清版本及刻书书版等。杨敬夫在《藏书三期》中说：“余曾祖父指示，书分两份，以十分之四藏于聊城故居，十分之六藏于陶南别墅。”[①]这说明，陶南山馆所藏比海源阁还要多，所以江标在观书后叹云“岂知琅嬛福地，别在陶南”[②]。从杨绍和在《楹书隅录》诸书题识中也可印证这一点。直到杨保彝隐居山馆时，此处仍有“旧物书千卷”[③]。所以杨氏将藏书分散多处存藏，也是为了一旦遇乱，避免全部损失，或一处有乱，再转移到另一处。杨以增将藏书处名为海源阁，本义为祭祀先祖，这其中当然也蕴涵着藏书永久保存之义。

海源阁旧址不存，但从现在保存的原海源阁图片来看，阁基高于地面，这显然是为了预防大水灌入阁内。阁上有窗户，可以通风除潮去湿。阁前有专门的晾书亭，定期晒书。院里还有两口水井，是用来防火的。杨宅很大，房屋百余间，但专用于存藏善本的海源阁则是单独建造，并不与寝舍相连，这是为了防止家人随意进出藏弆之所，以免藏书受到损失或干扰。杨氏藏书分类分级存放，布置严谨有序。海源阁楼上二层五间北屋专藏镇阁之宝——宋元佳椠与精校名抄，其东屋内置子部，东屋里间置经部，西屋内置史部，西屋里间置集部。后院藏明清版本。这样精心布置存放，一是便于日常管理，如晒书时出

① 转引自刘文生《海源阁藏书概述》，《聊城文史资料选辑》第1辑，1982年聊城县政协文史组编印。

② ［清］江标：《〈海源阁藏书目〉跋》，《海源阁藏书目》卷末，清光绪十四年(1888)元和江氏师鄦室刻本。

③ 杨保彝《陶南别墅偶成》：“但有花为伴，何嫌士也寒。今才还故里，昔悔客长安。旧物书千卷，清辉月一丸。古人堪尚友，风雨共盘桓。”见《归瓻斋诗词抄》，1920年杨敬夫刻本。

入放置不易错乱等;二是如遇有险情,便于优先及时地抢护。杨氏藏书迭遭劫掠,而四经四史能够及时抢运出阁,与这种藏书存放体系不无关系。海源阁藏书管理极严,除非"契交"外,一概不准登阁观书。更毋论借书。即使家主人亦如此,只有到了懂书的年纪才得允许观书,杨敬夫回忆说:自己是在十六岁以后才开始有机会看到宋元珍本书籍的,以前先母王太夫人以为小孩不懂事,不许看,以免胡乱作践。到了十六岁之后,觉得自己掌握了一定的知识,并已经知道保护书籍的重要性了,才放心地让看善本书的。[①] 杨氏旧例是:家中仆役,向不准登楼,所以有服役数十年者,竟不知楼上情形。但即使这样,他们亦都忠心耿耿。王献唐在海源阁遭劫后赴阁查阅遭损情况时,对这一点深有感触地说:"余在杨宅前后凡七日,与其家人相接,类皆忠悃恳诚,流露词色。问之,则皆数世服役者也。呜呼！风纯俗朴,百年来山左文献之荟萃呵护者有自矣!"[②]

杨氏善本书均以楠木匣盛之,匣内再以函套装之。如宋本《南华真经》十卷十册一函,书外装一锦函,锦函外并套有杨氏海源阁所制木书匣,上镌"子部宋本《南华真经》十册全东郡宋存书室藏"等字样。这是海源阁善本用木匣贮藏的统一形式。杨氏收书的高峰时期是在道、咸时期,而此时战乱频仍,许多流出之书的包装遭到破坏,杨氏购书后就重加装池。《楹书隅录》中记载此类事件颇多。金本《新刊韵略》五卷,绍和云:"装成。"(《隅录》卷一)宋本《说文解字》三十卷,绍和云:"咸丰壬子(1852)重装于南清河节署。"(《隅录》卷一)宋本《汉书》一百二十卷,"重加装潢,贮以六函,函十册"(《隅录》卷二)。宋本《政类本草》三十二卷,"命工重付装池"(《隅录》卷三)。宋本《离骚草木疏》四卷,"重加装池"(《隅录》卷四)。元本《文选》六十卷,绍和云:"倩良工重加装池。"(《隅录》卷五)宋本《花间集》十卷,卷末保彝《跋》云:"光绪乙酉(1885)十月重加手装,凤阿记。"(《隅录》卷五)由于需要重新装池的书籍较多,甚至杨氏家人中亦颇通装订技术,杨敬夫云:"我家的老姨太太是诸城相州王家陪嫁来的丫鬟,本姓朱,虽然是个没读过书的农村妇女,但她却很知道爱护书籍。另一位庶母姓郭,是肥城人,也很知道书的贵重,她

① 参见李士钊:《聊城"海源阁"藏书重要史料片断——1966年2月10日在天津访问海源阁第四世主人杨承训(敬夫)先生》,《山东出版志资料》第1辑,第181页。

② 《聊城杨氏海源阁藏书之过去现在》,《山东省立图书馆丛刊》第1种,第14页。

们都学会了很熟练的装订书籍的技术。”[1]如果前代藏书家已经装池，杨氏则保持旧装，不轻改易。周叔弢就对杨氏的这种做法激赏不已，其子珏良回忆道：“他常说清末四大家瞿、杨、丁、陆，以瞿、杨两家藏书最富，而就装潢而论则杨家远胜瞿家。他说杨家善本书都制楠木匣保存，但若原书有前代藏书家书匣的则保持不动，如黄荛圃旧藏的宋本汤汉注《陶靖节先生集》就是保存了黄氏的原匣，对这一点他很赞赏。”[2]弢翁于元本《注心赋》题云：“杨氏藏书，皆善保旧装，不轻改易。”[3]杨氏藏书还有一种无函套只用木匣的包装形式，论其珍善程度大概仅次于以上这些宋本。如鲁博藏元本《范德机诗集》七卷，此书四册一函，用一精致梨木木箱包装，木箱一端分别刻绿字“元椠范德机集”和红字“杨氏海源阁藏书”，箱内有一小包白绵纸包装的樟脑面。木箱四周封闭，箱面有通风口，木箱两头为活动挡板，箱内书下有垫板，垫板头上中间有一木杻，取书时将挡板向上提出，再攥住木杻将垫板拉出，书亦随之出。垫板比书略窄，这样从垫板上取书时就极为方便。此书为杨绍和购于京都厂肆，从这个木箱的设计来看，绍和对书的保护可谓匠心独运。杨氏所藏明清版本一般都是用函套包封，如现在藏于鲁图的大都是如此，还有个别只用上下两夹板的，如藏于济南市图书馆的日本文化二年(1805)刻本《唐土名胜图绘》即是。

杨氏对书籍的保护可谓无微不至，笔者曾多次目睹杨氏所藏原书，每每所见内页皆手泽如新，未见一丝污染痕迹。曾经手五十余种善本的周叔弢对杨氏护书深有感触，弢翁云：“杨氏书初出时细审之无一指爪痕，想见当年藏书之谨惜。敬夫未克严守此戒，传之者多非真知笃好之人，不知毁却多少好书矣！”[4]从弢翁对敬夫和后人不知爱惜好书的责怨中，反衬出对杨氏先人“谨惜”好书的钦佩，赞扬他们才是真正的真知笃好之人。杨氏藏书保存如此之好，与杨氏先人的教育有关。杨以增常常教导子孙如何珍护书籍，杨绍和在《隅录》卷三宋本《新序》题识中提到这样一件事，颇能说明杨氏护书之心得：

卷首载信阳王氏所刊《温公训子语》一则，与先公珍护缥缃及所以教和

---

① 李士钊：《聊城“海源阁”藏书重要史料片断——1966年2月10日在天津访问海源阁第四世主人杨承训(敬夫)先生》，《山东出版志资料》第1辑，第181页。

② 《周叔弢先生的版本目录学》，《文史知识》，1992年第2期。

③ 《弢翁藏书题识》，《自庄严堪善本书目》，天津古籍出版社1985年版，第125—126页。

④ 《弢翁藏书年谱》，黄山书社2000年版，第53页。

者，正先后同揆，孰谓古今人不相及耶？惟是手泽如新，言犹在耳。……《温公训子语》云：温公独乐园之读书堂，文史万余卷，公晨夕所阅，虽累数十年，皆新若手未触者。尝谓其子公休曰："贾竖藏货贝，儒家惟此耳，然当知宝惜。吾每岁以上伏及重阳间，视天气晴明日，即设几案于当日所，侧群书其上，以暴其脑，所以年月虽深，终不损动。至启卷，必先视几案净洁，藉以茵褥，然后端坐看之。或欲行看，即承以方版，未尝敢空手捧之，非惟手汗渍及，亦恐触动其脑。每至看竟一版，即侧右手大指面衬其沿，而覆以次指面捻而挟过，故得不至揉熟其纸。每页汝辈多以指爪撮起，甚非吾意。今浮图老氏犹知尊敬其书，况以吾儒反不如乎？汝当志之。"

防止书籍损坏的一个重要措施就是定期晒书，杨氏根据北方天气特点制定出晒书以及开窗通风的时间，并且整个晒书过程安排得周密严格，次序井然。杨敬夫在《曝书》一文中说：

我家遵守旧规，每二年或三年必晒书一次，全家共同从事，并预先邀同亲友数人帮忙。由清明节起，至立夏止。据先世遗言云："夏日阳光强烈，书曝晒后，纸易碎裂，不耐久藏，且时多暴风雨，有卒不得收拾之虞；秋季多阴雨，潮湿气盛故易袭入书内。清明节后，气候干燥，阳光暖和，曝书最为适宜。立夏后渐潮湿，即不宜晒书矣。"晒书时，将每册书按次序散列案上，在阳光下晒一至两个小时，即移回室内，再按原来次序排列原架格上，并用白丝棉纸将樟脑面包成许多小包，分别用一、二小包随书装在函内，但不得放入书内，至更换书皮时，书线亦于此期为之。海源阁藏书，尽属珍本，外有木匣，内有锦函，并在清明后，每日将全部门窗悉行放开，以使日暖风和之气徐徐进入，只将架隔上浮尘掸净，但不启函出书，由上午十时起至下午四时止，大致有五天至七天。过此时期，即将全部门窗重行关闭，严密封锁，同时封条，以昭慎重。①

杨氏对收藏珍稀残本非常重视，因这些残本亦极不易得，故而珍惜宝爱，

① 转引自刘文生《海源阁藏书概述》，《聊城文史资料选辑》第1辑，1982年聊城县政协文史组编印。

设法修补成全帙，恢复旧观，成为杨氏整个藏书链条中的重要一环。在《楹书隅录》里，有许多这样的事例，如宋本《汤注陶靖节诗》四卷，绍和云："往得马和之画《屈子九歌图册》……马《图》，即思翁所称有吴傅朋书者。吴迹惜不知何时佚去，因属周丈容斋尔墉补书之。"(《隅录》卷四)辛酉遭乱后，陶南山馆所藏善本中，有许多惨遭焚坏。宋乾道七年(1171)蔡梦弼东塾刻本《史记集解索隐》一百三十卷，"辛酉春，遭捻寇之乱，全书毁裂。壬戌(1862)计偕，携之都门，重事装潢。而旋途渡桑干河，舟覆落水，洪涛汹涌，瞬息将逝，亟争救之，幸未为波臣攫去，然解囊检视，已浸痕过半。今岁修饰，始略还旧观。噫，何兹书之多厄耶！顾离困者数，而卒以获全，谓非在在处处有神物护持耶？世世其慎守之。"(《隅录》卷二)此即杨氏四经四史之斋旧藏宋本《史记》第一部，为成全帙，杨氏复经多次配补。残元本《资治通鉴》一百五十卷，此书原来藏本据绍和云为一百八十余卷，因遭寇乱，焚失包括《考异》和末卷在内的三十余卷，绍和复"爰取胡刻新本补之"(《隅录》卷二)。但仍有一些本子因是独家孤本，无法觅到别本而得不到修补，致使主人可惜可憾。如宋本《花间集》，卷末三页，因"世鲜宋椠，无由补写，致可惜也"。(《隅录》卷五)

杨氏珍护缥缃，从建筑、存放、装池、阅读、修补等各个环节上，都极为考究严格，这也是杨氏藏书能够长久完善保藏的重要原因。正如王献唐所言："杨氏四世藏书，又皆版本学、目录学专家，其保藏方法，至为完善。近以迭遭世变，不无损失，而善本孤帙，尚巍然俱在。"①

古代藏书能历三代不失者，除瞿氏、范氏外，惟杨氏一家。除杨氏几代人的保藏经营得方外，当然亦需要在其他诸方面相辅相济。王献唐曾对杨氏的"长守之术"做过恰当中肯的概括："历代私人藏书，往往旋得旋失，如绛云楼、士礼居等，则及身售出；宜稼堂、皕宋楼等，则身后尽散。人亡人得，聚散何常？其能三世递藏，若海源阁、铁琴铜剑楼，殊不数数见也。大抵长守之术：第一，须有相当之资产，维持生计。第二，其子孙深知笃好，能赓继先人之家学。第三，保藏方法，须严密妥慎。第四，其子孙能慎终追远，束身自好，不以浪费，危及楹书。吾观杨氏藏书之所以长相系守者，胥在于是。后之视昔，今不可知，然如勰卿、凤阿两先生，固无不备此四事也。"②纵观杨氏四代藏书之所以安好

---

① 《海源阁藏书之损失与善后处置》，《山东省立图书馆季刊》第1集第1期，第13页。

② 《聊城杨氏海源阁藏书之过去现在》，《山东省立图书馆丛刊》第1种，第39—40页。

如初，确如王氏所言。杨氏几代主人为朝廷高官，没有生计之忧，所以杨氏藏书代有递增；杨氏治学秉承庭训，渊源有自，读书的种子一旦播下，藏书的果实自然形成；杨氏后代都无不良嗜好，皆以慎终追远、孝悌克敬先人祖业为美德。保彝无子，为防止藏书散佚，呈请政府备案，可谓保护得法。在保彝卒后的近二十年里，虽有外人不时觊觎，然其家人忠心耿耿，皆忠悃恳诚。所以能够善保阁书无恙，精心呵护至四代，这其中熔铸了杨氏家族每一个成员的心血。余秋雨曾总结过古代藏书家诞生的苛刻条件。他说，历史把藏书事业托付给了一些非常特殊的人物，他们必得长期为官，有足够的资财可以搜集书籍；他们为官又最好各地迁移，使他们有可能搜集到散落四处的版本；他们必须有极高的文化素养，对各种书籍的价值有迅捷的敏感；他们还必须有清晰的管理头脑和超越时间的精细谋划。当这些苛刻的条件全都集于一身时，他才有可能成为古代中国的一名藏书家。① 余先生列举的这些苛刻条件，本来是特意为天一阁的创始人范钦准备的。历史往往会有惊人的相似，在范钦去世二百年后，山东聊城的杨以增又具备了上述的条件。考察两人的宦历与治学，竟是如此的相似。这样的文化现象和事实说明，当诸多看似偶然的因素已经形成并有机地融合在一起时，一种必然的结果就会自然产生。

第六节 室名与藏书印

海源阁藏书历经五代蓄积，孕育出丰富独特的藏书文化。从室名和藏书印这一侧面也能反映出来。杨氏藏书“室名”有十七个，这些名称绝不仅仅是一个符号，而是蕴含了丰富的文化涵义，或显其旨趣爱好，或含其学术思想，或括其遗风厚俗……无不有典有故。除上面已经提到的海源阁和传经北海之外，以下室名还需要做一阐释。

厚遗堂、袖海庐：均为杨兆煜读书、藏书寓所之名。杨氏坟茔在聊城西南田庄西边，在田庄庄内路南有一院落，即为杨氏别墅。1949 年以前，聊城人士高萍踪曾到此观赏过，砖瓦建筑，小巧雅致，院中青砖铺地，居室精雅，南屋内靠西墙悬挂一匾，棕黄底绿字，上书“厚遗堂”三个真书大字。“厚遗堂”匾额除

---

① 参见余秋雨：《风雨天一阁》，《文明的碎片》，春风文艺出版社 1994 年版，第 7—8 页。

在田庄外，亦悬于万寿观街杨氏住宅大厅，为木刻兰字。杨保彝于清光绪二十九年(1903)重新修葺陶南山庄时，又将寓所命名为此。[①]“厚遗堂”三字为当时书界名人汤金钊[②]书，杨以增曾于清道光二年(1822)就学于汤金钊，汤氏题字当在此时，但此号在题字之前已经有了。“厚遗”实际上表达了杨氏治家的优良传统，如仁义、忠孝、质直等等[③]。田庄杨氏另一斋名为“袖海庐”，袖，小也；海，大也。亦即以小见大，袖间藏海、袖里乾坤之意。清末浙江上虞著名书画收藏家徐三庚曾借用此意用其为号；又清代黄汝成藏所名曰“袖海楼”，《海源阁书目》载有《袖海楼杂著》十二卷(清黄汝成撰，清道光十八年(1838)西谿草庐刻本)。以区区小庐庋藏之多，是谓袖海。

四经四史之斋：杨氏藏书尤重“经史”。视宋版“四经四史”为镇库之宝，别辟书室以珍藏，颜其室名为“四经四史之斋”。杨绍和于《隅录》卷四宋本《韦苏州集》题识中曰：“余藏宋椠各书，经部则有《毛诗》、三《礼》；史部则有《史》、《汉》、《三国》，尝以‘四经四史’名斋。”晚清学者陆以湉云：“聊城杨至堂河督以增得宋版《诗经》、《尚书》、《春秋》、《仪礼》、《史记》、两《汉书》、《三国志》，颜其室曰‘四经四史之斋’，是皆可为艺林佳话。”[④]实则陆君“四经”之说有误。杨绍和在《楹书隅录·宋本〈毛诗〉》题识中做了更正，曰：“先公所藏四经，乃《毛诗》、三《礼》，盖为其皆郑氏笺注也。《尚书》、《春秋》虽有宋椠，个别储之。先公与陆君平生未识面，当由传闻偶误耳。”(《隅录》卷一)“四经四史”共十三种，代表了杨氏藏书的最精华部分。

宋存书室：杨氏藏书崇尚宋刻，因而“别辟书室曰‘宋存’，藏天水朝旧籍，而以元本校本抄本附焉”。[⑤] 杨绍和所编善本书目亦以《宋存书室宋元秘本书目》命名。关于杨氏是否实有“四经四史之斋”和“宋存书室”，王献唐在做过考

---

① 参见[清]杨保彝：《重修陶南山庄眉园记》，《王子霖古籍版本学文集》第 3 册，上海古籍出版社 2006 年版，第 142 页。

② 参见本书第 1 章第 2 节丁晏条。

③ “厚遗堂”三字相传为皇帝赐予。杨以增先祖曾任东昌参将衙门管理公文之职，某夜，忽接到公文，说要屠杀堂邑县生灵，务使鸡犬不留。杨氏观后，恻隐之心油然而生，竟然一火焚之，但又惴惴不安，上司追问，他回话云，接到公文时，不小心烧了，罪该万死。此举使堂邑全邑生灵免遭杀身之祸。皇帝知道后，非但未给予任何惩治，反念其存心恻隐，就赐给“厚遗堂”，作为堂号，以嘉其德。见高萍踪、沈宝章《聊城古迹·厚遗堂》，《聊城文史资料》，政协聊城市文史资料研究委员会 1985 年编印，第 85 页。

④ [清]陆以湉：《艺林佳话》，《冷庐杂识》卷 1，中华书局 1984 年版，第 2—3 页。

⑤ [清]杨绍和：《〈楹书隅录〉自序》，《楹书隅录》卷首，清光绪二十年(1894)杨保彝刻本。

察后云："余抵海源阁时，求所谓'宋存书室'及'四经四史之斋'者，其家人皆不知所在。问之有无此项匾额，亦答无有。但云杨氏藏书，除海源阁外，尚有后宅三舍。及往视之，则皆普通版本，与《隅录》所记不合。其宋元旧椠，精抄名校，均藏海源阁内，亦与所谓'别辟书室，藏天水朝旧籍'者情形不符。据其家人之老于年事者，谓杨氏当时，只虚构此名，并未专辟一室。余以《隅录》曾载清捻匪之乱，毁其华跗庄陶南山馆宋、元旧椠，似当时杨氏书籍，多存该处，或宋存书室、四经四史之斋在陶南山馆，亦未可知。彼答该处书籍，久已移藏家中，陶南山馆之内，亦未见此书室名称。然就杨氏藏书题记及所钤印章，反复推证，似非虚构。或原有此室，今已废置，别为眷属居所，未可定也。"[①]今检《隅录》题识中有"东郡杨绍和识于四经四史斋"（如《隅录》卷一宋本《监本纂图重言重意互注点校毛诗》题识）、"彦合主人识于宋存书室"（如《隅录》卷一宋巾箱本《春秋经传集解》题识）者十一处，又据绍和《隅录》中对两室的命名，似实有其室。绍和撰《隅录》时，正里居海源阁，两室当在阁内。但《隅录》卷二宋本《咸淳临安志》题识，云"庚午小阳，彦合杨绍和识于宋存书室"。庚午（1870）小阳为清同治九年（1870）十月，此时绍和正服官京城。又清道光二十八年（1848）仲秋，杨以增得宋本《孙可之文集》十卷一册，并用黄氏校本、家藏明抄本手校一遍，并题云"退思老人识于四经四史斋"（《隅录》卷四），而此时杨以增正于陕西服官。故而这两个室斋很可能随主人而迁名。然亦有可能虚构一个象征名字。因无资料可据，姑且存疑。重要的是，杨氏以此命名，反映出杨氏重宋椠、重治学的藏书思想。

弘农丙舍：此所在聊城西南十五公里田庄西一里许。道光十三年（1833），杨以增官贵阳府知府时受到皇帝接见，途经聊城时，请风水先生勘定杨家茔地，即聊城西南十五公里田庄西一里许的"杨家林"。"杨家林"占地约二百余亩，坐西朝东，有墓葬坟地、林道牌坊、护林住所等，又有华表、石羊、石猪、石马、石桃、翁仲等石像依次排列，而周围又有杨家购买的大片土地，号称"杨十八顷"。道光十八年（1838）六月杨兆煜卒于襄阳道署，杨以增按照礼法合葬父母于此地。杨以增丁忧期间于"杨家林"又筑"弘农丙舍"。"弘农"是杨氏家族堂号。据宋章定撰《名贤氏族言行类稿》卷二十二引《姓纂》云："周武王子唐叔

---

① 王献唐：《聊城杨氏海源阁藏书之过去现在》，《山东省立图书馆丛刊》第1种，第9—10页。

虞封于晋，出公逊子齐，生伯侨，天子封为杨侯。子孙以国为氏。”据此可知杨姓是出自周武王，也是周文王的众多儿子中最为神气的一房。由伯侨所建立的杨国，位置在今山西洪洞县与河南灵宝县交界处，杨姓的发源地即在于此，汉时置郡弘农。后人为纪念祖先功德便以祖先发祥地为本族郡望标记，即堂号，于是杨姓便有“弘农堂”。“丙舍”，本指汉宫中正室两旁的侧室，以次于甲乙，所以丙舍。三国魏钟繇有《墓田丙舍帖》，又指墓地旁的房屋。杨以增为给先人尽孝，就在其墓地一侧筑有“丙舍”。“弘农丙舍”有追远祖先、怀念前辈之意。杨以增还请著名画家江苏盐城万岚、汪镛“绘《丙舍读书图》，并集《葩经》为墓田丙舍”（《崇祀乡贤录》）。此图寓意杨以增在先人墓旁终年守孝，而“葩经”（即《诗经》）正是其父生前最爱读的经书。后来“弘农丙舍”成为杨氏藏书的另一处所，主要收藏明清书籍和海源阁刻书的版片等。1938年，日寇陷聊城，田庄“弘农丙舍”所藏书籍连同大部分房屋惨遭火焚。“文革”初期，当地干部和学生开始了“砸烂杨家坟”的破四旧行动，杨氏坟墓和林道牌坊等一同被彻底毁掉。[①]

退思庐：杨以增于丁忧期间，在“弘农丙舍”内造书斋，名曰“退思庐”。“退思”语出《左传·宣公十二年》：“林父之事君也，进思尽忠，退思补过，社稷之卫也。”后因以指退归思过，事后反省之意。后人亦常用以自名其居。如宋王十朋有“退思轩”，宋鲁宋道有“退思岩”，清史允澄亦有“退思轩”等。而杨以增以此为名用意在于以孝退思而补过矣。此意在他的《退思庐砚铭》有载：“吾得退休，当庐墓三年，稍赎远宦离亲之罪。”（《崇祀乡贤录》）杨母和氏谢世早，为弥补对母之不孝，他为其外祖父请移赠通奉大夫衔。而舅父无子，家也贫穷，过继一子，并为其置办宅产，藉以展孝思。杨以增文集名亦曰《退思庐文存》。

勤习补拙之斋：杨以增官河南、陕西时所用斋名。以增于清道光二十三年（1843）三月题《笏山诗集》末署名云“以增书于习勤补拙之斋”，又于道光二十六年（1846）题海源阁抄本《居士集》时，末署名云“东郡海源阁主人识于金城臬署习勤补拙之斋”，盖取治学自励之意。

常惺惺室：杨以增室名。“常惺惺”意为时时提醒、警觉自己。宋王迈撰

---

① 参见田绍润：《杨以增族人墓地与毁坏经过》，《聊城文史资料》第7辑，1995年政协聊城市文史资料研究委员会编印，第132—135页。

《臞轩集》卷十二古诗有《常惺惺室》诗。见第五章第二节之抄书部分。

陶南山庄:此庄在聊城东南一百余里肥城城西的华跗庄(即今泰安肥城西南杨庄)。杨保彝云:"余生三年,维咸丰甲寅(1854)丁寇乱。江河南北,莠民蜂起。时吾先祖端勤公帅南河,奉命治军江北,积劳甚病。及发逆北窜,迭陷几疆,神京震动。吾父学士公奉吾祖母太夫人家居,秘通寇氛,人心慄慄。吾父谋所以安亲纾难及避难之策于外王父傅秋屏先生,先生曰:'事危矣,子父子谊应徇国,然明德达人,不可无后。吾闻距吾郡百里,古肥子园有地,境僻而山匝,土沃而民纯,所谓桃源者似矣。子盍奉母挈子往居之,而后驰纾父难也可。'学士公从之,陶南山庄卜筑于是焉。"①秋屏先生即绍和岳父傅绳勋。又杨绍和曾于清咸丰三年(1853)冬将包括宋本《史记》在内的善本载归此处,则山庄当由杨绍和于咸丰三年冬至四年春建立。陶南山庄实为杨氏藏书除海源阁之外的第二个重要藏所。但咸丰十一年,陶南山庄藏书遭捻军焚毁多半。杨保彝于《重修陶南山庄眉园记》中云:"始咸丰辛酉,捻匪扰河北,踞山庄,火其屋,燔其书,百物荡然。"清光绪二十九年(1903),杨保彝对其进行了修葺。保彝又云:"光绪癸卯,余归自京师,来是庄,见草汙花肆,垣颓井湮,念为先人之所置,而吾髫□之所游也。慨然葺之,乃鸠工庀材,诛茅补屋,莳花种竹,架石引泉,虽不敢上拟平泉独乐之胜,乃居然有考槃之遗风焉。"

绍和将其命名为"陶南山馆",是因该馆建在肥城西北陶山之阳,保彝亦云"陶山镇其北"。另外,春秋末年越国大夫、著名政治家范蠡(字少伯)辅佐越王勾践灭吴,创一世英名后携西施浮海北行,曾定居于齐国肥城西北陶山之阳,自号"陶朱公"。清著名学者唐仲冕(1753—1827)(字六枳,号陶山居士,世称唐陶山),原籍善化(今湖南长沙),后客居此处。著有《岱览》、《陶山文录》、《陶山诗录》等。清道光七年(1827)病卒,其子遵遗嘱将其归葬肥城陶山。杨保彝《归瓻斋诗词抄·感怀四首》之第四首注云:"陶南,仆别墅名。地居岱西陶南。昔唐陶山先生居此。有山泉花木之盛。距灵岩三十里。先大夫故庐在焉。"杨氏命名之所含慕陶之意亦当由此而来。

仪晋观堂:杨绍和之书斋名。"晋观堂"是清代著名书法家、金石学家翁方

---

① [清]杨保彝:《重修陶南山庄眉园记》,《王子霖古籍版本学文集》第3册,上海古籍出版社2006年版,第142页。

纲(1733—1818)的斋名,因搜求到东晋王羲之所书的《大观帖》而自题堂名“晋观堂”。绍和于《楹书隅录》卷四宋本《陶靖节先生诗》题曰:“家藏思陵内府本《太清楼帖》(即《大观帖》)五卷,第二、第四、第六、第八、第十五卷。视北平翁氏第六卷右军书,无毫发异,皆南宋精拓。援窃取翁氏‘晋观名堂’之意,自署曰‘仪晋观堂’,复以两《陶集》为之配,藉于山阴彭泽寓景仰之思云。”杨氏收藏宏富,不仅书籍,兼及书画碑帖,而景仰晋人之书籍及碑帖之于此可见一斑。其诗集名称亦谓《仪晋观堂诗抄》。

四陶居:杨绍和之书斋名。绍和于《楹书隅录》卷四宋本《陶靖节先生诗》题云:“往得马和之画《屈子九歌图册》,董思翁《跋》徵仲小楷书《离骚》、《九歌》长卷……既又得李伯时画《靖节高风图册》。绍兴癸丑,富直柔书陶诗于左方,乃明杨文敏公故物。尝并两《陶集》同储,珍为四宝,居恒置诸座右,以时展玩,皆平生第一铭心绝品也。绍和年来田居无事,惟与金石翰墨为缘。”则马和之画《九歌图》、徵仲楷书《离骚》与《九歌》、李伯时画《靖节高风图》及两《陶集》为杨氏“四宝”。

五端友斋:杨绍和服官京都时斋名,绍和于《隅录续编》卷末跋云:“同治辛未中秋,彦合主人识于京寓五端友斋。”愚意“五端友”当是有过共同收藏端砚爱好的五位好友,然究竟是哪五位?不见记载。

归瓻斋:杨保彝归隐陶南山庄时所用书斋名。保彝晚号瓻庵。《重修广韵》卷一云:“瓻,酒器,大者一石,小者五斗。古之借书盛酒缾。”又邵博《闻见后录》卷二十七云:“古语‘借书一瓻,还书一瓻’。”故后人作借书一瓻。“瓻庵”为远离闹市之读书所在,而“归瓻”意谓回归书瓻之所。考保彝之阅历则此名副其实。保彝举贤书后服阕十余年,为官时又曾两度“归瓻”。首度归隐为清光绪二十九年(1903),《聊城县志·杨保彝传》云:“……变法以来,以不宜于时,遂退隐于肥城陶南山庄。筑眉园以居之,绝口不谈时事。”其后,又“延为续修《山东通志》局会纂。并充优级师范教长。以岁饥,诸生膏火不敷,捐薪俸以济之。旋亦辞归,悯时将乱,以郁愤致疾卒”。保彝于《归瓻斋诗词抄·留别陈麓实京卿并柬如仙槎户部》一诗中感叹曰:“浮名再误已中年,何必升沉苦问天。五斗羞餐陶令米,几人空羡祖生鞭。茫茫未忍思前路,济济端应避后贤。客里江关莽萧瑟,莼鲈归梦在秋先。”因而“归瓻”,实际上表达了杨保彝的“用行舍藏”、因时制宜,一旦不见用于世便“归洁其身”的思想。这种思想在他的

《重修陶南山庄眉园记》中又以主客问答形式做了表白："（客）问于主人曰：'异哉！先生之为园也，仆习先生也，旧矣。海内藏书，先生称首，山东阛阓，王谢门高。先生幼负奇气，长而知名，学优而仕，芥拾紫青，蜚誉京辇，交游公卿。既而入禁垣，登紫阁，参史局，校秘阁，四十才至尚书郎，八年方为典属国，官非甚卑，粗足成名。乡之八方谓光黄胜达，指顾遭逢，得时则为邦家用；名显足为乡里荣。何一旦坠厥志、弃厥官，毁冠裂冕，若将浼焉，以去之，皇皇然归，惟园林之是谋，不惜身之劳而境之困也。宁有说乎？'主人哑然而答曰：'浅乎哉！夏虫之谈也。子不读《鲁论》乎？用行舍藏，夫子之教也。归洁其身者，避世则有田子泰；逃名或若梁伯鸾，古之人非欤？自甲午以来，奇士崛出，异说争鸣，背父师，亲异族，或走之他方，胁肩谄笑，窃其唾余。皝皝然归而骄人，曰：昔之人罔所知吾之术，致富强非必有心得独造之能。起泥途，踞要津，哓然而谈国是。读书甘淡泊者辄谓愚泰不识时务，岂言褒服饰智惊愚，甚至鼠目寸光，不难举九朝之家法，政体名物典章，一削而除之，营私背本，且驯至误国焉。盖世变稍稍亟矣，乌乎，子顾谓吾仕乎？夫知几者鉴远，物洁者品尊，爵禄云乎哉？'"可见保彝之不与流俗为伍的高洁品质。

眉园：杨保彝于清光绪二十九年（1903），在陶南山庄内所修花园堂所之总名。杨保彝《重修陶南山庄眉园记》云："今吾园也，左揖泰山，右扶大河。汶泗遶其南，陶山镇其北。山川雄俊，花木蔚然。非得天者欤？且日相见，而与吾游者举不知地球间事，而吾也傀然以处。虽面目觍然，无复耳目之治，一若眉之居其所，而无所职焉，是所谓吾之园也。爰名吾门前之山曰伏凤山原名启凤；新种之树曰种字林；堂曰厚遗堂；斋曰归瓻斋。而总其名曰：眉园，是所谓吾之园。"则眉园亦表达了保彝的归隐思想。

皕砚斋：杨敬夫存藏端砚之斋名。"皕"，二百也。清光绪间，浙江杭州陆心源以藏有宋版书二百种，故名"皕宋楼"。杨氏不仅藏书，还藏有二百多方端砚，故而杨敬夫名其室曰："皕砚斋"。

与杨氏藏书室名一样，藏书印也是海源阁藏书文化的一个重要部分，也是整个海源阁藏书体系中的一个组成部分。杨氏藏书印的特点有：一、印章贯串杨氏五代，历时百余年。二、数量多，是中国历代藏书家中藏印最多的，据目前统计有一百三十七方，而列第二者为汲古阁毛氏有九十五方[①]。三、印章形制

① 据林申清著《明清著名藏书家藏书印》和任继愈主编《中国藏书楼·中国私家藏书印印文选录》著录的汲古阁毛氏藏印统计。

多样，有阴文（白文），阳文（朱文），阴阳文。印底有方形，圆形，椭圆形，方印圆形等。方形中有正方形、长方形。同一印名有多种字形、字体大小不同的印章，如“宋存书室”有白文、朱文、方形及长方形且字体大小、字形不同者六方，“至堂”有字体大小、字形不同的朱文方印三方。就字数而言，字数少者一字，多者三十六字。四、印章含义包罗万象、丰富深邃。这些藏印分别从不同角度诠释了海源阁丰富的藏书文化。如三十六字铭文印“禄易书，千万值。小胥抄，良友诒。阁主人，清白吏。读曾经，学何事。愧蠹鱼，未食字。遗子孙，承此志。”（下省称为铭文印）如同一篇短文，体现了杨氏收藏书籍以承传子孙、清白做官处世和治学经世的思想。阅读这些印记，仿佛在解读杨氏几代藏书的轨迹和治学思想。五、杨氏在钤盖印章时，往往一书钤有多印，有的钤有杨氏三代或四代藏印，如宋本《古文苑》十七卷（原二十一卷），钤有杨以增、杨绍和、杨保彝三人共三十四方之印，说明杨氏对此书的重视以及独家传世保有之心态；杨氏印章除常常钤于卷首、卷末及每卷开首之页外，往往还于卷首护页空白处钤盖藏印，有些书无护页者则另加护页。最多者为“海源阁”和铭文印。今将目验各书后所搜罗到的杨氏印章辑录于此，亦见杨氏藏印之丰富。印章中个别未能标出形制者，为笔者未见，只有资料记载，但为求其全面，亦并迻录于此。

杨兆煜藏印两方：

古东郡厚遗堂杨氏藏朱文方印　东郡杨氏厚遗堂珍藏

杨以增藏印五十二方：

海源阁朱文长方印　海原阁朱文长方印　杨以增印白文方印　至堂朱文方印三（大小、字形不同）　字益之号至堂朱文方印　杨印以增白文方印二（大小、字形不同）　以增之印白文方印　以增私印白文方印　杨朱文圆印　杨以增字益之又字至堂晚号东樵朱文方印　杨以增字益之又字至堂晚号东樵行一朱文方印　杨东樵　杨东樵读过朱文椭圆印　东樵启事朱文方印　益之手校朱文方印　瀛海仙班白文方印　杨氏海原阁藏双边长方印二（白文、朱文）　杨氏海原阁鉴藏白文长方印　杨氏海源阁鉴藏印白文长方印　海源阁藏书朱白文方印　宋存书室白文方印　宋存书室白文长方印　宋存书室朱文方印四（大小、字形不同）　东昌杨氏海原阁藏书记朱文长方印　东郡杨氏海原阁藏朱文方印　东郡海原阁藏书印朱文方印　东郡杨氏海源阁珍藏白文方印　东郡杨氏　东郡杨氏宋存书室珍藏白文方印东郡宋存书室珍藏朱文长方印　聊摄杨氏宋存书室珍藏朱文方印　聊摄杨氏海原阁藏书印朱文长方印　聊城杨氏宋存书室珍藏朱文方印　古东郡海原阁杨氏珍藏朱文方印　东郡杨氏海源阁鉴藏书画印朱文方印　四经四史之斋白文长方印　古东郡四经四史斋朱文方印　退思庐朱文方印　关西节度系关西朱文椭圆印、白文长方印　东郡杨氏鉴藏金石书画印白文长方印　东郡杨氏鉴藏金石书画印朱文长方印　墓田丙舍炳烛读书朱文方印　墓田炳舍退思庐考记朱文方印　实事求是　常惺惺室　禄易书千万值小胥抄良友诒阁主人清白吏读曾经学何事愧蠹鱼未食字遗子孙承此志朱文方印二(小大、字形不同)

杨绍和藏印六十方：

杨绍和朱文长方印　绍和白文方印　杨勰卿　勰卿朱文长方印、朱文方印　绍和勰卿朱白文方印　杨二勰卿朱文长方印　杨氏彦合　彦合　杨彦合朱文长方印　杨彦合读书朱文长方印　彦合读书白文方印　杨彦合读书印朱文方印　杨绍和藏书朱文长方印　杨绍和印　杨印绍和白文方印　勰卿仲子朱文方印　彦合珍存朱文长方印　彦合珍藏方印(白文、朱文)　彦合珍玩朱文方印　勰卿珍赏白文方印　勰卿读过白文方印　杨绍和读过白文方印　臣绍和印朱白文方印　臣绍和印白文方印　绍和筠岩朱白文方印二(小大、字形不同)　杨绍和字彦合一字念徽号勰卿又号筠岩白文方印　竹言居士朱文方印　杨绍和审定朱白文方印　东郡杨绍和印朱文方印　东郡杨绍和彦合珍藏方印二(白文、朱文)　东郡杨绍和观　肇锡余以嘉名朱文方印　东郡杨绍和字彦合鉴藏金石书画之印方印二(白文、朱文)　杨绍和鉴定朱文方印　东郡杨绍和鉴藏金石书画印白文方印　杨氏勰卿平生真赏朱文长方印　东郡杨绍和字彦合藏书之印朱文方印　道光秀才咸丰举人同治进士朱文方印　秘阁校理朱文方印　日讲起居注官　史馆纂修白文方印　西清侍值朱文方印　仪晋观堂朱文长方印、朱文方印　仪晋观堂鉴藏甲品白文方印　墨华飞雨　世德雀环子孙洁白朱文方印　东郡杨二白文方印　杨端勤公仲子朱文长方印　杨氏仲子朱文方印二(字形不同)　杨绍和曾敬观天禄琳琅秘笈朱文方印　先都御史公遗藏金石书画印白文方印　储端华重朱文方印　四陶居朱文长方印　臣有左癖

杨保彝藏印二十方：

杨保彝　杨保彝印白文方印　杨印保彝白文方印　杨保彝藏本朱文方印　聊城杨保彝鉴藏印朱文方印　保彝私印白文方印　陶南布衣白文方印　陶南山

馆方印二(白文、朱文,字体大小、字形均不同,一方为双边) 杨氏伯子朱文方印 枕经胙史 归瓻斋 眉园朱文印 凤阿朱文方印 聊城杨氏三世庋藏朱文园印(框边正方) 付家清白昔无恧白文方印 文笔鸣凤 世延叔向系家近仲连台朱文长方印[①] 香南室朱文方印 奭龄鉴藏朱文印

杨敬夫藏印五方:

海源残阁朱文方印 杨印承训白文方印 聊城杨承训鉴藏书画印朱文印二(方、长方,字形不同) 悭人

这些藏书印的内容极为丰富。有表归属的,这类印章最多。杨氏深知得书不易,因而"世守勿替"的心态尤其强烈。宋本《周易本义》在屡经季振宜、徐乾学、周元亮、曹寅、沈廷芳诸名家鉴藏后,终于为杨绍和所得,绍和感慨系之,"因敬钤先公印章于卷之首末,俾子孙世守勿替云。"[②]杨保彝则刻有"聊城杨氏三世庋藏"印以表达了世代递藏心理。杨氏五代用了多种命名方式来表达这种收藏思想。名号印,如"字益之号至堂"、"杨绍和"等;斋馆堂号印,如"海源阁"、"陶南山馆"等;里居印,如"古东郡四经四史斋"等;仕履印,记仕途学历者,如"道光秀才咸丰举人同治进士"等,记官职者,如"关西节度系关西"、"秘阁校理"、"史馆纂修"等;行第印,如"东郡杨二"、"杨氏伯子"等。

表鉴赏校读的,杨氏几代以藏书为业,都为读书种子,因而表达此意的印章亦很多。收藏印,如"杨绍和藏书"、"东郡海原阁藏书印"等;鉴别印,如"杨绍和鉴定"、"奭龄鉴藏","宋存书室"虽是室名印,但它是专指宋本而言;校读印,如"杨东樵读过"、"益之手校"等;观赏印,如"杨氏勰卿平生真赏"、"彦合珍玩"等。

表志趣爱好的,言雅趣癖好,如"瀛海仙班"、"陶南布衣";说处世为人,如"付家清白昔无恧"、"世德雀环子孙洁白";记治学追求,如"实事求是"、"文笔鸣凤"等。

有的以藏书佳话入印,如"四经四史之斋"、"宋存书室"等。"四陶居",常置四种陶集于居室之内,左右不离,表现了杨氏对陶渊明的极度崇慕与喜爱。有的引用典故,则含义别有意味,如"仪晋观堂"、"归瓻斋"等。"储端华重",

---

① 此印钤于廖莹中世彩堂刻本《昌黎先生文集》卷中,罗振常于《韩集杂识》中列举杨氏印八方,其中就包括此印。

② [清]杨绍和:宋本《周易本义》题识,《隅录》卷1,清光绪二十年(1894)杨保彝刻本。

“储端”，太子詹事的别称。南朝梁陆倕云：“尊官厚秩，无因而至；陋巷筚门，郁成爽塏。储端华重，实异恒司。”①沈约《齐故安陆昭王碑文》云：“傧府寄隆，储端任显。”李周翰注：“储端任显，谓缅为太子詹事也。”②绍和曾擢翰林侍讲，赏三品衔升用侍讲学士，充日讲起居注官。此名实代以绍和于朝中所服官职也。宋本《咸淳临安志》，海源阁抄本《三历撮要》及杨绍和序本《临文便览》等均钤有此印。“世德雀环子孙洁白”则取自于典故“杨雀衔环”，《后汉书》卷八十四《杨震列传第四十四》注云：“《续齐谐记》曰：宝（杨震父）年九岁时，至华阴山北，见一黄雀，为鸱枭所搏，坠于树下，为蝼蚁所困。宝取之以归，置巾箱中，惟食黄花百余日。毛羽成，乃飞去。其夜，有黄衣童子向宝再拜曰：‘我西王母使者，君仁爱救拯，实感成济，以白环四枚与宝。令君子孙洁白，位登三事，当如此环矣。’”其后，杨震四世三公位置显赫，清白无比，传为佳话。杨氏以此典故入印，乃取其施恩必有善报，清白做人方能家世显赫之意。“肇锡余以嘉名”出自屈原《离骚》之“皇览揆余初度兮，肇锡余以嘉名。名余曰正则兮，字余曰灵均。”亦含有此意。“臣有左癖”，是绍和读书治学印，绍和在《仪晋观堂诗抄·前诗赋就怦然有感再成六律之一》有诗句云“一卷春秋元凯癖”，并注云“幼时喜读《春秋》，曾镌‘臣有左癖’小印”。元凯是晋杜预字，杜预曾撰《春秋左传经传集解》，享誉后世。“眉园”，是杨保彝在陶南山馆的花园，保彝在《归瓻斋诗词抄·眉园即事》一诗中表达了忘却名利世俗，逍遥自然的精神境界：“昔隐曾朝市，归来久闭关。园中无俗卉，门外见名山。把酒同花醉，开帘待燕还。何如功利客，匆匆遍尘寰。”

有些印章表达了主人的特殊境遇和心情，如“海源残阁”、“悭人”，杨敬夫云：“我的‘海源残阁’和‘悭人’两方藏书印章，是1930年聊城海源阁藏书遭到重大损失之后，已经无法收拾残局的情况下，我在济南时请聊城的一位世交老兄篆刻家叶筱衡先生刻的。‘悭人’是含蓄着自己的心要坚定不移的意思。至于‘海源残阁’四个字，反映我当时的痛苦心情自不待言了。”③

关于这些藏书印的制作，由于时代久远，文字资料无多，可考者仅有铭文

① ［南朝］陆倕：《除詹事让表》，《汉魏六朝百三家集》卷93，文渊阁《四库全书》本。

② 《六臣注文选》卷59，文渊阁《四库全书》本。

③ 李士钊：《聊城海源阁藏书重要史料片断——1966年2月10日在天津访问海源阁第四世主人杨承训（敬夫）先生》，《山东出版志资料》第1辑，第186页。

印两方和“海源残阁”、“悭人”两印。杨氏曾有“海源阁藏书铭”横额一轴，1957年由杨敬夫捐献于山东省文化部门，今存鲁图。该铭文与上两铭文印文字悉同，铭文字体为隶书，铭文下落款为“海源阁藏书铭 仪征吴让之”，末钤有“熙载之印”、“吴让之氏”两方篆体朱文印，知此铭文由吴熙载书写。吴熙载(1799—1870)，江苏仪征人，曾从学包世臣，与杨以增有交往，善各体书法，兼攻篆刻。此两印章亦当为吴氏篆刻。吴氏是否还刻过杨氏其他印章，因吴氏与杨以增、杨绍和父子为同时期人，如刻杨氏其他藏书印，当不应有疑，然究竟刻有哪些，则不可考矣。“海源残阁”、“悭人”则是杨敬夫于1930年请叶筱衡所刻。但对下列两说法应予纠正。一是，杨保彝印章为赵之琛所刻有误。1930年海源阁藏书遭劫后，海源阁藏书印曾流入济南，当时的山东省立图书馆曾收得九方，1931年3月出版的《山东省立图书馆季刊》第一集第一期作过专载，印文分别为“保彝私印”、“凤阿”、“勰卿读过”、“杨”、“陶南山馆”(两方)、“香南室”、“仪晋观堂”、“杨氏海源阁藏”。印下说明文字为“此印记九石，亦本馆最近所收。其‘保彝私印’、‘凤阿’二石为赵次闲篆刻。”赵之琛(1781—1852)，字次闲，号献父，又号宝月山人，浙江钱塘人，是清代著名篆刻家、画家，“西泠八家”之一，“浙派”篆刻艺术特色的代表。但杨保彝生于1852年，而赵之琛亦卒于此年，故《季刊》的这个说明显然失误。二是，杨绍和印章为张樾丞所刻亦误。鲁图藏有1957年杨敬夫捐献的十一方杨氏藏书印，据该馆的杨秀英先生撰文云：“其中‘东郡杨绍和字彦合鉴藏金石书画之印’系白芙蓉石狮纽章，印石为白芙蓉将军洞石，质地纯正，温润如玉。印石弥足珍贵，篆刻更巧夺天工，印文古朴典雅，堪称精美。日本中日书画篆刻交流会会长陈茗屋先生对印章进行了鉴定后，赞不绝口，称其为张樾丞所刻。”①张樾丞(1883—1961)，原名福荫，河北新河人。幼习治印，于北平西琉璃厂设同古堂为人刻印，曾刻“宣统鉴赏”、“无逸斋精鉴玺”等国印，有“铁笔圣手”之誉。然张氏出生时杨绍和已经去世八年，故张氏是不可能再为绍和刻印的，陈茗屋先生臆测有误。杨氏藏印作者虽多不可考，但有一点可以肯定的是，以杨氏的名声地位，延聘篆刻界名家当不容有疑。从现存印章来看，杨氏藏书印都制作精美，质料优良，如“杨以增印”为白牙质印；“至堂”、“字益之号东樵”、“古东郡厚遗堂杨氏藏”

---

① 杨秀英：《阅尽沧桑伴书香·山东省图书馆的藏书印章》，《图书馆工作与研究》，2003年第3期。

为黄寿山石印;“东樵启事”、“东郡杨绍和字彦合鉴藏书画之印”为白寿山石印;“海源阁藏书”、“聊城杨氏三世庋藏”为红寿山石印;“东郡杨氏海源阁鉴藏书画印”则为田黄石印,此印有清晰的萝卜纹,正方形,通高7.3厘米,朱文篆书,为浙派刀法,字体凝重,令人叹为观止。有些印章上还附刻图形,如“海源阁藏书”上刻石羊三只,“聊城杨氏三世庋藏”上刻石兽一只,“东郡杨绍和字彦合鉴藏书画之印”则上刻母狮和雏狮各一只,颇为精美。这些制作精美的藏书印成为至今保存下来的不可多得的珍贵文物。

令人遗憾的是,这些藏印在1929年至1930年海源阁连续遭劫后损失殆尽。王献唐于1929年11月下旬赴聊城海源阁调查劫后余书时,目验到二十七方藏印,并做了印名记录。之后则大部分不知去向,或者“迭经兵燹,沦于牛溲马勃,碎为砂砾者,更不知凡几”[①]。其间有一小部分流入济南,1931年3月为山东省立图书馆收购者共九方,如上所述。至1931年8月已累至十五方。后经日军炮火轰炸,今已不存。1957年杨敬夫曾向山东省文化部门捐献海源阁文物八十一件,其中有十一方藏书印,计“杨以增印”、“至堂”、“字益之号东樵”、“东樵启事”、“古东郡厚遗堂杨氏藏”、“海源阁藏书”、“聊城杨氏三世庋藏”、“东郡杨绍和字彦合鉴藏书画之印”、“清白吏子孙”、“子子孙孙永保用享”、“肇锡余以嘉名”。其中“清白吏子孙”、“子子孙孙永保用享”两方分别属于明代文彭和何震的藏书印。这些印章今存鲁图。另一方“东郡杨氏海源阁鉴藏书画印”今藏青岛市博物馆。因而至目前调查为止,只有十方存世,其余均不知下落。对杨氏藏书印的整理出版最早是在1931年8月,王献唐将搜罗到的杨氏藏书印以《杨氏海源阁印砚拓本》三卷出版,共录杨氏藏书印十五方,砚三石。1937年1月,王献唐又整理出版了《海岳楼藏印甲集》二卷,其上卷所录为海源阁藏印。献唐云:“去夏拓集山东图书馆藏清人牙、石各印,得二册。上册为聊城杨氏遗印……共成三帙,一藏馆中,一贻仲采,一自藏。署各甲集者,尚有他印拟继续拓之也。”[②]两书印数较少,今已不存,所录究竟是何印名,都无法知道。而原拟继续编印的乙集、丙集等亦未见出版。2000年10月由林申清编著的《明清著名藏书家·藏书印》(北京图书馆出版社)出版,该

① 王献唐:《杨氏海源阁印砚拓本》题记,《双行精舍书跋辑存》,齐鲁书社1986年版,第166页。
② 王献唐:《双行精舍书跋辑存》,第207页。

书从海源阁藏书中搜集影印了九十二方杨氏四代印章，这是第一次大规模搜集整理杨氏藏书印，其后由王绍曾等整理出版的《订补海源阁书目五种》共整理出四十二方，但多与林氏重复。不过，能够将杨氏藏书印搜集整理集中出版终是一件保存传统文化的好事。

这些藏书印折射出海源阁及中国传统文化的多个方面，它既为篆刻史留下了重要的资料，也为版本的递藏和鉴别提供了有力的佐证，同时，更体现了丰富的文化意义。因而它与海源阁藏书一样，也是一笔宝贵的文化遗产。

第　二　章

藏书特色

经过明末至清中叶长达二百多年的积累，藏书家已经形成大致固定的藏书风格和特点，这种强大的惯性促使晚清藏书家对前代必然有所继承，比如同嗜宋元旧刻、求精求善等等。同时，有清末季，社会形势、学术背景等又与前代有所不同，再加藏书家个人因素，因而晚清藏书家表现出了既有与前代相同的共性又极富个性的藏书特色。海源阁藏书尤其如此。

第一节　杨氏藏书的特色

海源阁藏书从大的范畴上来讲，遵循的是“海源”思想。“海源”是杨以增用来比喻祭祀先人和治学欲以追远之意的，其实这种思想也深深植根于杨氏的藏书观念中。藏书之“源”，表现在版本上即是崇尚旧刻，内容上为重正“经”正“史”。其所藏宋版“四经四史”就是这种藏书思想的典型体现。杨氏治学毕生邃于经学，服膺北海，因而对郑玄笺注的“四经”推崇备至，将存世的宋本郑注“四经”全部收齐藏于阁中。杨氏治史以四史为本，所以不遗余力搜罗宋版“四史”。藏书之“海”，则是在追古的同时，又广泛搜罗其他版本，即使明清版本、海外版本亦尽行搜罗，就内容而言则又不惟正“经”正“史”，对其他经史著作以及蓄藏极富的子集作品也极尽囊括。因为治学溯源，决定了杨氏藏书之精，又因治学求博，决定了杨氏藏书之广。杨氏藏书既重质又求量。清陈康祺曾概括云：“今天下藏书家博且精者，无出杨氏右者。”[①]故而“精”和“博”是杨

---

① ［清］陈康祺：《杨至堂之事功学问》，《郎潜纪闻三笔》，中华书局1984年版，第704页。

氏藏书的整体特色。

一 宋元旧刻与四经四史

杨绍和云："书以最古者为可贵。"①杨氏收书，尤重版本，偏爱旧刻，尤其是宋元善本。绍和云："余性爱蓄书，于述古、佞宋之癖，尤窃慕之。"②述古堂是清初大藏书家钱曾的藏书室，钱曾藏书讲究版刻，对宋、元旧刻多有收藏，自谓"平生所嗜，宋椠本为最"③。"佞宋主人"是乾嘉藏书家黄丕烈的雅号，"佞宋"是其藏书的最大特点。"窃慕"钱、黄的杨氏对于宋、元旧版书的嗜好，有过之而无不及。经过杨以增、杨绍和两代人的不懈努力，海源阁所收宋元善本达二百多种。就宋版书来说，共收一百二十四种，金元本一百零五种，这在晚清四大家中，数量仅次于常熟瞿氏，于北方藏书家中独树一帜。杨氏辟专室储藏这些善本，曰"宋存书室"，又将宋本之最精者"四经四史"再以"四经四史斋"藏弆。这些善本至今有不少已成孤本，设非杨氏几代人刻意搜求，或许早已永失人间。

杨氏选购图书以宋元旧刻为其主要目标，不惜斥投巨资，主要是因为宋元旧刻更多地保存了书的原貌，而后刻抄则动辄妄改，致使真面尽失。绍和云："予谓宋椠各书有官板、坊板之殊，其刻之精粗，校之详略，原弗能一致。然彼时去古未远，陈编具在，渊源有绪，付授匪诬，真面幸存，尚不至庐山罕见。即间或有讹误，大都写刊者无心之过，循文考义，亦易推求，非若后世谀闻小生，动辄率意妄改，遂令故步全移，迷津永堕。"④如宋本《脉经》八卷，明代虽有刻本，然已经面目全非，如"明赵邸居敬堂及吴勉学本多脱误不可读，袁景从校本稍善，而以意删改，弥非真面。"(《隅录》卷三)武林赵意林有摹刻宋本《九经字样》，"然意林校语皆附于每部之后，以致行式移易，殊失其真。"⑤明人刻书妄改颇多，致使原刻本来面目不存，绍和多次指出这一弊病。宋本《童蒙训》三卷，绍和云："是书明时有覆本，行式无异，然较之原刻，则东施效颦矣。"(《隅录》卷三)因而求古存真的思想是杨氏藏书"嗜宋"的根本原因。杨氏收书恰在

---

① [清]杨绍和：校明抄本《元音遗响》题识，《隅录续编》卷4，清光绪二十年(1894)杨保彝刻本。

② [清]杨绍和：宋本《脉经》题识，《隅录》卷3。

③ [清]钱曾：《述古堂藏书自序》，《丛书集成初编》本，商务印书馆1935年版。

④ [清]杨绍和：宋本《论语注疏解经》题识，《隅录》卷1，清光绪二十年(1894)杨保彝刻本。

⑤ [清]杨绍和：影宋精抄本《新加九经字样》题识，《隅录》卷1。

道、咸离乱之际，能于此时收集如此之多的宋本精椠实属不易，其中尤以宋版“四经四史”著称。绍和于《隅录》卷二宋蔡琪家塾刻本《汉书》识云：“昔王弇州《跋》自藏《汉书》云：‘余生平所购《周易》、《礼经》、《毛诗》、《左传》、《史记》、《三国志》、《唐书》之类，过二千余卷，皆宋本精绝。最后班、范二《汉书》尤为诸本之冠，桑皮纸，匀洁如玉，四旁宽广，字大者如钱，绝有欧、柳笔法，细书丝发肤致，墨色清纯，奚潘流沈。盖自真宗朝刻之秘阁，特赐两府，而其人亦自宝惜，四百年而手若未触者。’今证之此本，正无毫发异，重规叠矩，洵足熀耀前辉。而《周易》、《礼经》、《毛诗》、《左传》、《史记》、《后汉书》、《三国志》之属，余斋亦皆有宋本，卷且过之，琅環之福为何如乎？”可见能够藏有如此之多的精善之本，亦令杨氏足以称傲。

“四经四史”共有十三种，全部是宋版书。杨绍和于《隅录》卷二宋本《后汉书》题云：“以四经四史斋所藏者为甲观。”可见，杨氏是把这十三种宋本以自己藏书中的最佳者视之的。学者、藏书家亦对此有过高度评价，如傅增湘在《海源阁藏书纪略》中云：“综名家论定观之，是海源阁藏书为海内之甲观，而四经四史又海源阁中之甲观矣。”董康云：“四经四史，卓然为诸藏书家冠冕。”[①]叶昌炽云：“四经四史同一斋，望洋向若叹无涯。”[②]所以“四经四史”不仅是海源阁藏书中最为精善之本，也是诸多藏书家藏书之翘楚。“四经”是指宋建阳刻本《毛诗诂训传》三卷（残）、宋建本《监本纂图重言重意互注点校毛诗》（残）、宋婺州市门巷堂斋刻本《周礼郑注》、宋严州本《仪礼郑注》、宋淳熙四年（1177）抚州公使库刻本《礼记郑注》。除“四经”外，尚有宋本《周易本义》、宋本《张先生校正杨氏易传》、宋本《诗说》、宋本《文公家礼》、宋本《论语注疏解经》、宋本《孟子注疏解经》、宋刻元修本《说文解字》、宋本《三续千字文注》、宋本《附释文互注礼部韵略》、宋本《朱文公订正门人蔡九峰书集传》、宋抚州公使库本《礼记释文》、宋淳熙二年（1175）镇江府学刻公文纸印本《新定三礼图集注》、宋巾箱本《五经》、宋本《春秋名号归一图》等。这些宋本传至今日大多已成孤本。

史部“四史”是指宋本《史记集解》、宋乾道七年（1171）蔡梦弼东塾刻本《史记集解索隐》、宋淳熙三年（1176）张杅桐川郡斋刻八年（1181）耿秉重修本《史

① ［清］董康：《〈楹书隅录〉跋》，《楹书隅录》初续编卷末，清宣统三年（1911）董康补刻本。

② ［清］叶昌炽：《藏书纪事诗·杨端勤以增》，《藏书纪事诗附补正》，上海古籍出版社1999年版，第627页。

记集解索隐》、宋蔡琪家塾刻本《汉书集注》、宋刻元明递修本《前汉书注》、宋王叔边刻本《后汉书注》、宋刻元明递修本《后汉书注》、宋本《三国志》。除“四史”外尚有许多宋本之至精者，如宋本《两汉博闻》，绍和云：“《四库》著录者，乃明时黄省曾刊本，此则南宋初胡元质之精雕也。”(《隅录》卷二)宋本《晋书》、宋绍兴二年(1132)两浙东路茶盐司公使库刻本《资治通鉴考异》、宋宝祐五年(1257)赵与𥲅刻元明递修本《通鉴纪事本末》、宋绍兴十年(1140)荆湖北路安抚使司刻递修本《建康实录》、宋本《通鉴总类》、宋刻递修本《舆地广记》、宋咸淳三年(1267)吴坚、刘震孙刻本《新编方舆胜览》、宋咸淳刻本《咸淳临安志》、宋本《东南进取舆地通鉴》、宋刻元修本《会稽三赋》、宋本《通鉴释文辩误》、宋本《国语》、宋本《路史前记》、宋淳祐刻本《兰亭续考》等亦多为孤本。

经史之外，子部宋版佳椠亦是杨氏努力追逐的对象，因而所获甚丰，有二十余种，如宋本《荀子》、宋本《新序》、宋本《说苑》、宋刻宋元递修本《扬子法言》、宋本《童蒙训》、宋本《管子》、宋蜀本《证类本草》、宋本《淮南鸿烈解》、宋本《愧郯录》、宋刻元修本《十二先生诗宗集韵》、宋淳熙七年(1180)池阳郡斋刻本《山海经》、宋本《华南真经》十卷、宋本《本草衍义》、宋本《西山读书记》、宋本《大学衍义》、宋嘉定四年(1211)刘甲刻本《经史证类备急本草》等，其中不乏孤本秘笈。

杨绍和云：“予斋藏唐人集廿余种，皆宋元椠之致佳者。”[①]广收宋刻唐集是海源阁集部之收藏特点，都二十二种。集部中有与“四经四史”相媲美的“陶、韦、王、孟”五种。杨绍和云：“今以集部之陶、韦、王、孟四者，又皆得此至精至善之本，洵可谓琅環奇福矣，世世其永宝之。”[②]“陶、韦、王、孟”是指宋刻递修本《陶渊明集》十卷、宋本《汤注陶靖节诗》四卷、宋临安府睦亲坊南陈氏书棚本《韦苏州集》十卷、宋蜀刻本《王摩诘文集》十卷、宋本《孟浩然诗集》三卷。宋代刊刻唐人集较多的主要有两大家，一是宋蜀刻本，一是宋杭州临安府陈宅书棚本。杨绍和云：“南宋初刻唐人集，每半叶十二行，行二十一字之本凡数十种，与北宋蜀本，每半叶十一行，行二十字唐人诸集并称，最为精善。顾今世流传绝罕，偶或遇之，率已损阙，求完帙不易得也。藏予斋者凡三：一《浩然》，一

① [清]杨绍和：宋本《孙可之文集》题识，《隅录》卷4，清光绪二十年(1894)杨保彝刻本。

② [清]杨绍和：宋本《韦苏州集》题识，《隅录》卷4。

《可之》，皆完帙；一残本抄补者，即此《孟集》与此。”[①]绍和所指此四种实际上均为宋蜀刻唐人集十二行本，含《孟浩然诗集》三卷，即“陶、韦、王、孟”五种之一；《孙可之文集》十卷；《孟东野文集》十卷（存五卷）；《昌黎先生文集》四十卷《外集》十卷（卷五至七、十七至二十四、《外集》卷一至十配清影宋抄本）。宋蜀刻唐人集十一行本两种为《骆宾王文集》十卷和《王摩诘文集》十卷。南宋中期刻大字本两种为《新刊经进详注昌黎先生文》四十卷《外集》十卷《遗文》三卷《志》三卷和《新刊增广百家详补注唐柳先生文》四十卷。宋蜀刻本至今存世者都二十三种，而海源阁竟藏八种，除《孙可之文集》有复本外，其余均为孤本，足见杨氏在搜求宋蜀刻本唐人集方面所做的贡献。

南宋临安府棚北大街睦亲坊南陈宅书籍铺刊印唐集颇多，亦很精善，世称“书棚本”。绍和云：“临安陈氏书棚本，唐人集最多，在宋椠中亦最精善。”[②]杨氏曾着意罗致，终得七种。其中有四种合装一函，为《常建诗集》二卷、《杜审言诗集》一卷、《岑嘉州诗集》四卷、《皇甫冉诗集》二卷，绍和云：此四种“版刻颇精，古香可挹。”（《隅录》卷四）《罗昭谏甲乙集》十卷，绍和云：“此本尤书棚本中上驷也。”（《隅录》卷四）另有《韦苏州集》十卷和《唐求诗集》一卷。

海源阁搜集宋刻《韩》、《柳》两集的成就也引人瞩目。绍和云：“予家藏旧椠唐宋人诸集善本颇夥，宋元刊《韩》、《柳集》凡六，此为《柳集》第一本。”实版凡六：《柳集》第一本为宋本《五百家注音辨唐柳先生文集》四十五卷《外集》二卷，第二本为宋蜀刻本《新刊增广百家详补注唐柳先生文》四十卷，第三本为宋嘉定间姑苏郑氏刻本《添注重校音辨唐柳先生文集》四十五卷；《韩集》第一本为宋蜀刻本《昌黎先生文集》四十卷《外集》十卷，第二本为宋蜀刻本《新刊经进详注昌黎先生文》四十卷《外集》十卷《遗文》三卷《志》三卷，第三本为杨保彝所得，即宋咸淳廖氏世彩堂刻本《昌黎先生集》四十卷《外集》十卷。这六种除《柳集》第一本下落不明外，其余均存世间，成为校勘韩集、柳集的最佳版本。

其他宋椠有宋端平刻本《楚辞集注》、宋庆元六年（1200）庚申罗田县庠刻本《离骚草木疏》、宋嘉泰重修本《三谢诗》等，均为存世孤本。

宋刻宋集是海源阁集部的另一部分，绍和云：“予斋所藏唐人集多旧椠，而

---

① ［清］杨绍和：宋本《昌黎先生文集》题识，《隅录》卷4。

② ［清］杨绍和：宋本《韦苏州集》题识，《隅录》卷4。

宋刻宋人集殊不多。”[①]虽有遗憾，但仍有十二种。如被绍和称之为“第一铭心绝品”的宋本《莆阳居士蔡公文集》、宋咸淳五年(1269)伊赓崇阳县斋刻本《乖崖先生文集》、宋建安蔡子文东塾之敬室刻本《康节先生击壤集》、宋嘉泰淮东仓司刻本《注东坡先生诗》第四十一、四十二卷、宋乾道麻沙镇南刘仲吉宅刻本《类编增广黄先生大全文集》、宋嘉泰辛酉筠阳郡斋刻本《宝晋山林集拾遗》、宋本《后村居士集》、宋本《云庄四六余话》、宋刻递修公文纸印本《花间集》、宋本《李学士新注孙尚书内简尺牍》、宋婺州吴宅桂堂刻本《三苏文粹》、宋本《放翁前集》等。另有总集一种为宋庆元三年(1197)书隐斋刻本《新刊国朝二百家名贤文粹》，亦甚珍贵。

旧刻善本中，首为宋本，次为元本。海源阁藏元本百余种，数量虽不多，但其精善程度，并不亚于其他三家。元本经部二十九种，善本极夥。元翠岩精舍刻本《韩鲁齐三家诗考》，绍和云：“元刻元印，楮墨绝佳。”(《隅录》卷一)周叔弢亦云：“黄纸精印。”[②]元至正七年(1347)福州路儒学刻明修本《礼书》一百五十卷和《乐书》二百卷《目录》二十卷《附乐书正误》一卷两种，绍和云：“二书传于今者，以此为最旧矣。”(《隅录》卷一)杨氏治学首倡小学，故集得精善元本字书五种，元本《广韵》五卷、《古今韵会举要》三十卷、元至正十五年(1355)高德基等刻公文纸印本《说文字原》一卷，其中《尔雅》两种尤为珍秘，绍和云：“余斋旧藏宋椠诸经善本颇夥。往岁于江南得汲古阁旧藏元刻《尔雅注疏》、元雪窗书院刻本《尔雅》三卷，皆精善之本。”(《隅录》续编卷一)还有一些元本未能收入《隅录》，而只收入善本简目《海源阁宋元秘本书目》中，如礼类元翻宋十行本《周礼正义》、元本《仪礼图》，其他尚有元本《书义矜式》、元翻宋本《尚书注疏》、元本《诗集传》、元本《春秋经传集解》、元翻宋本《春秋穀梁注疏》、元至正六年(1346)吴志淳好古斋刻本《复古编》、元本《六书正讹》、元本《书集传》等。被《隅录》和善本简目所遗漏的元本七种亦为今世不可多得，如元延祐五年(1318)余氏勤有堂刻本《书集传辑录纂注》、元至正十二年(1352)刘氏日新书堂刻明修本《诗传通释大成》、元本《三礼考注》、元至正十一年(1351)虞氏明复斋刻本《春秋诸传会通》、元大德九年(1305)刻明修本《白虎通德论》等。

史部元本都十六种，其中正史类有十三种，成为宋本“正史”的有力补充。

---

① [清]杨绍和：宋本《莆阳居士蔡公文集》题识，《隅录》卷5，清光绪二十年(1894)杨保彝刻本。

② 《楹书隅录》批注，见王绍曾等整理点校本《楹书隅录初续编》9卷各书目补遗所引，《订补海源阁书目五种》上册，齐鲁书社2002年版。以下省称为《隅录》批注。

另有元本《资治通鉴》两种、《宋季三朝政要》六卷及元元统二年(1334)范氏岁寒堂刊本《范文正公政府奏议》二卷均为元椠中精品。

子部元本共十四种，其中医书类六种颇为难得，如元至正二十七年(1367)书林刘克常刻本《新笺诀科古今源流至论前集》十卷《后集》十卷《续集》十卷《别集》十卷等，黄丕烈云："余素不谙医，而喜蓄医书，非真好也，好遗书之为宋元旧刻者。"①对复翁崇慕有加的杨氏购书似亦循此道。其他如元本《新编晦庵先生语录类要》十八卷、元至正本《玉海》二百卷、元本《事文类聚》六十册、元本《韵府群玉》二十卷、元至正七年(1347)释念常摹刻本《佛祖通载》二十二卷、元本《注心赋》四卷亦为元刻精椠。

集部元本最多，达三十一种，尤其是根据元人编注的前代作品以及元人著作所刊行的初刻本，海源阁收藏了不少，这些本子如同宋刻本一样，保留了本朝人士创作及原刻的本来面貌。元至顺四年(1333)集庆路儒学刻本《修辞鉴衡》二卷，元王构编。该书是我国第一部以"修辞"命名的修辞专著，其元至顺四年本系现存最早刻本，世间仅存此孤本。元至大刻本《梅花字字香》二卷，是由元初郭亨豫采撷历代咏梅诗句编集而成，成书于元至大辛亥年(1311)，并刻于至大年间。元至正刻本《梅花百咏》一卷，则由元人韦珪撰。这两部均为初刻本，世无二帙。由元人苏天爵编辑的《国朝文类》七十卷，元刊最著者一是元至元、至正间西湖书院刻大字本，一是刘氏翠岩精舍小字本，均为初刻本。海源阁藏大字本和据小字本翻雕本，绍和就小字本翻雕本题识云："此本虽不著刊书年月，而纸墨俱旧，镂镌尤工，决系元椠无疑，可与翠岩、西湖相为鼎峙矣。"(《隅录》卷五)苏、辛词的单刻传世最早刻本为元延祐七年(1320)叶曾南阜书堂刻本《东坡乐府》二卷和元大德三年(1299)广信书院刻本《稼轩长短句》十二卷，均为海内外孤本。元至正十四年(1354)刘氏翠岩精舍刻本《注陆宣公奏议》十五卷，为传世最早刻本，元本《集千家注批点杜工部诗集》二十卷、元本《集千家注分类杜工部诗》二十五卷附《文集》二卷均由宋黄鹤补注，刘辰翁批点，此两元刻均为传世珍本。其他佳刻有元本《朱文公校昌黎先生文集》四十卷《外集》十卷附《集传遗文遗诗》一卷、元建阳书坊刊本《增广注释音辨唐柳先生文集》四十三卷《别集》二卷、元本《增广音注唐许郢州丁卯诗集》二卷《续集》

① ［清］黄丕烈：宋刻本《洪氏集验方》题识，《荛圃藏书题识》，上海远东出版社1999年版，第285页。

一卷(两种)、元大德刻本《筠溪牧潜集》七卷、元本《文则》二卷、元元统间刻本《中庵先生刘文简公文集》二十五卷、元至元六年(1269)益友书堂刻本《范德机诗集》七卷、元本《伊川击壤集》十八卷等。

从以上可以看出,广购宋元佳刻是海源阁藏书的重要的特点。就内容而言,"四经四史"无疑是杨氏藏书的重中之重。它包含十三经中的"诗"、"礼"四经,以及十七史中的前四史。再扩而大之,就是十三经、十七史,杨氏收藏的宋元版经史著作正是围绕这个中心来进行的,如宋本经部中二十八种全部属于十三经,宋本史部二十八种有十三种属于正史十七史中的前五史。在宋版子部、集部中,子部以儒家诸子为主,集部则以大家为主,如"陶、韦、王、孟、韩、柳、苏、黄"以及《楚辞》、《离骚》等,所以在子、集类中,仍有一个"源"。四部中均有精品,而正是这些精品构成了杨氏藏书的基础。

二　明清佳椠与经史子集

如果说海源阁杨氏收书以宋元书版的经、史著作为主,重在一个"精"字,那么,杨氏对明清版本以及其他经、史、子、集作品也一概收入,则体现了一个"博"字,所以杨氏藏书在于"精"和"博"的结合。杨氏藏书相当开放,求广求博,一是出于治学,二是杨氏对书籍保有存世的心理非常强烈。周少川云:"在私家藏书中,有一些藏书家出自对书籍保有的强烈兴趣,以博采广贮为藏书目的,他们或由于时间、精力的关系,或由于学识的局限,未能对收藏的书籍作其他途径的利用,但是却嗜书如命,广收博采,以补石室金匮之亡缺,以备闲来浏览和鉴赏,从而成为藏量极其丰富的藏书家。他们有的也刻印过一些书籍,但并未做过校勘考订;他们有时也赏鉴图书,但不是为了著述和校勘,而是在休闲中欣赏。他们为收藏而收藏,所以可称之为博采类藏书家。"①周少川并把杨氏归入博采类藏书家,这种概括虽未必完全符合杨氏藏书之客观事实,但杨氏藏书的传世保有的心态还是显而易见的,我们从杨绍和《楹书隅录》中很多祈祷独家传世之语就可见出。因而,广收博采,实为杨氏的第二个藏书特色。

收藏之博,从内容来讲,兼收并蓄,求藏书之丰富齐备,经、史、子、集每个门类无所不包。就连不为一般藏书家所重视的天文、术数、医学、堪舆、小说、词曲等类图书,都尽力以求。以医家类为例,海源阁共收宋、元、明清刻本及抄

---

① 周少川:《藏书与文化》,北京师范大学出版社 1999 年版,第 203 页。

本七十七种，如宋本《脉经》、宋蜀本《证类本草》、宋本《本草衍义》、宋嘉定四年(1211)刘甲刻本《经史证类备急本草》、元本《皇帝素问灵枢经集注》、元本《大观本草》、元本《证类本草》、元本《世医得效方》、元本《巢氏诸病方论》、元至正九年(1349)庐陵竹坪书堂刻本《纂图方论脉诀集成》、明本《如宜方》、明高丽本《东医宝鉴》和汲古阁精抄本《石药尔雅》等都是医书中的秘笈，这在一般藏书家中并不多见。杨氏藏书重实用，除以上所举用于治学的经、史、子、集精品外，杨氏还购藏了大量的史部方志类著作，这与杨以增的宦游阅历有密切关系。方志类中除总志四十三种外，都会郡县志一百三十九种，这些方志遍布各省。饶有意味的是，作为杨氏的家乡，山东只有九种，这与陈揆稽瑞楼、瞿镛铁琴铜剑楼以收本省方志为主有很大不同。杨以增收藏方志以所历宦地为主，其宦游地主要有贵州、湖北、河南、陕西、江苏等，而他所收各省方志数量较多者正是这些地方，其中陕西三十五种，河南三十一种，湖北十四种，江苏八种，贵州七种，其他则与宦地临界各省如浙江、广西、甘肃、宁夏、青海、广东、四川、云南、福建、北京、安徽、山西、河北等亦有收藏。杨以增爱读书，但他把读书与经世结合起来，他每到一地必先搜求当地方志，这些方志帮助他了解了当地的风土人情、社会习俗，以使他能更快地融入当时当地的环境。杨以增注意为官之术、为民之道，这一定是他从所藏很多官箴书籍中汲取了不少营养成分。在毫无背景之下，他从一县令升至从一品封疆大吏，不能不说是得益于他的酷爱藏弆和阅读。杨以增是河道专家，曾因治河有方有功而得到咸丰皇帝的褒扬，但这一定与他收藏阅读大量的河渠类作品有关。

古人藏书往往对本朝版本不以为意，如宋人重唐写本，叶梦得云："唐以前，凡书籍皆写本，未有模印之法，人以藏书为贵。人不多有，而藏者精于雠对，故往往皆有善本。学者以传录之艰，故其诵读亦精详。五代时……自是书籍刊镂者益多，士大夫不复以藏书为意。学者易于得书，其诵读亦因灭裂，然板本初不是正，不无讹误。世既一以板本为正，而藏本日亡，其讹谬者遂不可正，甚可惜也。"①可见，旧写本以稀有为贵，藏书家益加珍惜，故而反复校雠，使内容更趋于正确无误。刻本虽易生产，可一旦制成，错误也就流传开去，不易更改。而刻本的速成易得，又促使写本"日亡"，故而写本尤显珍贵。这也是宋人重前代写本而忽略本朝刻本的原因。晚清藏书家对本朝版本亦多不重

---

① [宋]叶梦得：《石林燕语》卷8，中华书局1984年版，第116页。

视，如瞿氏《铁琴铜剑楼藏书目录》就一本也不收入，明本也是有选择地著录。黄丕烈藏书不求品种之全只求版本之善，因而尤重宋元佳椠。但杨氏与瞿氏、黄氏等在藏书选择上的最大区别就是，不仅对宋元等精善本加意搜罗，而且对这些明清时期的普通本、本朝的通行本也予收藏，并专门编辑普本书目予以著录，这在晚清藏书家中并不多见，这就体现出杨氏藏书贵古不贱今的思想。清本在本朝人看来多是“世间经见之书”，但在今天看来亦价值连城，这说明杨氏藏书有着不同一般人的预见性和藏书观念。

杨氏藏书如以地区来分，则浙本、蜀本、建本、平水本等均有收藏；以形式分，巾箱本、写刻本、朱墨套印本等亦无不收入。以套印本为例，如明万历四十四年(1616)闵齐伋刻朱墨套印本《檀弓》二卷、清康熙内府刻古香斋袖珍五色套印本《新刻袖珍御选古文渊鉴》六十四卷、清乾隆十五年(1750)内府刻四色套印本《御选唐宋诗醇》四十七卷《目录》二卷等都是套印本中的上品。

非雕印本分写本和印本两种，写本又包括稿本和抄本，印本则包括各种活字本和影印本。海源阁藏稿本共五种，如何焯《手书八法》、清楚裳辑乾隆二十四年(1759)手稿本《隶辨摘要》二卷、林则徐及翁同书等撰手札《海源阁珍藏尺牍》六册、清戴锡瑞撰清同治七年(1868)稿本《音韵启蒙》五卷、清江南司编稿本《江南司编案》二册等都为孤本。抄本有三百余种，抄本中又以富藏名家抄本最为可贵(见本节抄本部分)。活字本有乾隆武英殿活字印聚珍版丛书本经、史、子、集四十余种，如清嘉庆十六年(1811)活字本《小云谷诗抄》八卷《文集》八卷《名帖纪闻》一卷、清道光二十三年(1843)高承钰等活字本《养一斋文集》二十卷《补遗》一卷、清道光二十六年(1846)白门倦游阁活字本《安吴四种》三十六卷、清咸丰三年(1853)仁和胡氏琳琅秘室活字本《琳琅秘室丛书》三十种一百五十七卷等。活字本如以材料来分有明铜活字本《蔡中郎集》、《墨子》、《开元天宝遗事》等，清道光二十六年泾县翟金生泥活字本《僊屏书屋初集诗录》十六卷《诗后录》二卷等。影印本有光绪十五年(1889)罗嘉杰铅印本《离垢集》五卷、民国三年(1914)裘氏铅印本如《明秋馆诗》二卷《词》一卷《杂著》一卷等。

如以版本国别来看，域外书版也照收不误，虽所收不多，但说明了杨氏收藏思想是相当开放的。如明高丽本《东医宝鉴》、明高丽仿宋本《全韵玉篇》等。日本本《佚存丛书》三十册，该书由日本林衡编，日本宽政至文化间刻本，都十六种七十八卷。日本本还有日本国刻本《外藩刻群书治要》(唐魏徵等撰)五十卷、日本大正十年(1921)排印满蒙丛书本《卜愧城赋》(清英和撰)一卷、《唐土名胜图绘》六卷等,这些本子在中国大陆并不多见。

除书籍外,金石、碑帖、书画、图籍、端砚、秦砖、汉瓦等亦收集不少。如端砚有二百多方,商周铜器十几箱,历代碑刻拓片二十多箱。端砚中有不少是宋端砚,藏书印中有明代文彭、何震印,书画中如南宋马和之《九歌图》、宋李伯时《靖节高风图》,碑帖如宋拓《大观帖》、《争座位帖》等都是文物精品。

海源阁藏书不但求善、求全,还追求异本。所谓异本就是稀见珍本,这里的异本既指版本,也指内容。宋本《脉经》八卷,《四库全书总目》不著录,自宋以来流传极少,尤其是据此而出的《脉诀》流传开来后,原本《脉经》几乎绝迹人间,绍和于《隅录》卷三题云:"孔硕《序》亦有'《脉诀》出而《脉经》隐,医者不读,鬻者不售,板遂不存'云云。可知在宋时已极罕秘,故自明以来,数百年来绝少流传。医书中之秘笈也。"金刻本传之不多,因为稀少,故影金抄本也很珍贵,杨氏注意搜罗,所藏刻本及影抄本均极珍秘,如金本《新刊韵略》五卷,杨以增云:"是书罕见著录,惟张氏《爱日精庐书目》中收之,乃黄复翁藏本,而月宵记之者也。金源人著述颇稀,而版刻传于今者尤鲜,数百年来历为名家收弆,劫烬之余,尤可珍已。"(《隅录》卷三)金本《道德宝章》一卷,绍和云:"金源旧椠,则致为罕遘。"(《隅录》卷三)影金精抄本《地理新书》十五卷,绍和云:"近来收藏者,则绝少著录,亦术数家之枕中秘矣。"(《隅录》卷三)其他如明铜活字本《栾城集》,绍和云是书为"希有之秘笈也"(《隅录》卷五),蒙古宪宗三年至五年(1253—1255)张宅晦明轩刻本《资治通鉴》一百二十卷,《丹渊集》四十卷《拾遗》二卷《附录》一卷,明抄本《李校书集》三卷等亦为稀见之本,其珍自不待言。

自上可知,杨氏收藏可谓不拘一格,无所不包,其"海"之特点体现得淋漓尽致。

三　抄本

在海源阁所藏四千六百余种古籍中,抄本计有三百四十二种,可以说,明清名家抄本以及影抄本大都有所收藏,成为杨氏藏书之一大特色,这在清末藏书家中并不多见。其中明抄本有五十九种,元抄本四种,余多为清初抄本。抄本是保存文献除刻本之外最多亦是最有效的途径。未有印刷术之前,文献之传播依靠的最主要方式就是抄写,发明印刷术之后虽然大量刻印图书,抄写仍然是传存文献的重要手段。具体而言:第一,许多著作赖抄本以存。海源阁第三世主人杨保彝云："书无旧刊，惟旧抄可贵。"①尤其是有些抄本是据宋元孤本抄写而来，如果原刻本已经不存，则独赖抄本流传。如毛氏汲古阁影宋抄本《鲍氏集》十卷，今藏国图，原宋刻本失传，现存最早刻本则为明正德朱应登刻本。元本《字鉴》五卷无存，影元抄本是最早传本，今存最早刻本为清康熙四十八年(1709)张士俊刻泽存堂本。高诱注姚宏续注《战国策》宋本有两种，一为南宋绍兴间初刻本，因曾为梁溪(今江苏无锡)高姓藏书家收藏，世称"梁溪高氏本"；二是南宋重刻本，因曾为梁溪安姓藏书家收藏，世称"梁溪安氏本"。杨氏所藏是据重刻本影抄的本子②，杨绍和于《隅录》卷二题做"影宋精抄本"，并云："乃影抄之致佳者，珍之。"绍兴本仅存一帙，重刻本则已经失传，而杨氏所藏的这个影抄本就成了重刻本的唯一传本。抄本还使仅存原刻本有副本流传，这样的抄本既为治学提供了方便，又为防止散佚留下了副本，有播迁之功。如宋刻《三历撮要》，现今存世者仅有一本(今藏国图)，海源阁曾据此影抄。第二，不少抄本比刻本完整，因而可补刻本之不足。如清嘉庆张敦仁影宋抄本《仪礼要义》五十卷，首尾完具，末仅缺一页，杨绍和于《隅录》卷一题云："宋刊《仪礼要义》，藏武林汪氏欣讬山房；宋景德官本《仪礼疏》，藏吴门黄氏百宋一廛，皆经学失传之书。《要义》旋归吴兴严久能先生。此本即先生从宋刊录出而张古渔太守又依之传写者……近年吴越兵燹，两宋刊恐已坠劫中，幸赖此本犹存真面，愈当拱璧视之矣。"今查宋本，国家图书馆只存一部，即宋淳祐十二年(1252)魏克愚刻本，但该本目录、卷一至六、二十五至二十八、四十一至四十三因缺配清抄本，而影宋抄本就可以将所缺补齐。第三，抄本往往是校勘的绝好资料。一些抄本，尤其是影抄本，实际上等于保留了原刻本风貌。如用以校勘他本，则可正他本之讹误。如顾广圻就曾用清嘉庆张敦仁影宋抄本《仪礼要义》校勘它本，顾氏于卷第三十七后题云："右三卷赖以正今本《注疏》之误者特多，以下三卷差少于此，益惜单疏本之不完也。"杨氏所藏抄本价值自不待言，为使人们对海源阁所藏抄本有一个大概了解，下面就以其精善程度和抄写时代分类述之。

抄本如从抄写时代、文物价值来看，当以清抄本、明抄本、元抄本次序为

---

① [清]杨保彝：《抄本〈姜氏秘史〉题识》，藏台图。

② 参见王慧：《馆藏高注〈战国策〉版本源流考》，《山东图书馆季刊》，2002年第1期。

珍。海源阁藏清抄本中以清初抄本居多，如《绍兴十八年同年小录》、《宋遗民录》、《文房四谱》、《霏雪录》、《吕衡州文集》等等。明抄本中，如明天启五年(1625)抄本《鬻子》一卷，绍和云："写校甚精，珍籍也。"(《隅录》卷三)明抄本《茅亭客话》十卷，绍和引黄丕烈题识云："此抄本为佳，往往与宋刻合，此本外又益一旧抄矣。"(《隅录》续编卷三)《李校书集》三卷，惟明代有活字本，传本绝稀，故明万历抄本洵堪宝秘。其他尚有明抄本《开原图说》、《新编古今姓氏遥华韵》、《砚笺》、《李伟公文集》、《宝刻丛编》、《贞白先生陶隐居文集》、《沈下贤文集》、《不系舟》、《鸣鹤余音》等等。元抄本中，如《鄱阳集》四卷，绍和云："此叶文庄藏抄本《鄱阳集》，元人手录者也。按《四库全书提要》：《鄱阳集》四卷，宋洪皓撰，原本诗已佚，今从《永乐大典》录出。是此集无传本久矣。卷中有元人原标款字数，每册题眉为匏庵相国笔，盖文定得诸南阳者。字法古雅，名迹灿然，洵仅见之本也。"(《隅录续编》卷四)《阳春白雪》十卷，绍和引密娱轩题识云："此本抄手极旧，字迹古秀，于信州本为近。元人佳抄殊不易睹……尤足珍爱。"(《隅录》续编卷四)

黄丕烈云："大凡书籍，安得尽有宋刻而读之？无宋刻则旧抄贵矣。旧抄而出自名家所藏，则尤贵矣。"[①]名家抄本与普通抄本的区别在于校勘精善，讹误少，书写极好，因而尤为藏书家所钟爱，甚而以奇书视之。在海源阁所藏抄本中就有不少这样的名家"奇书"。绍和题叶石君精抄本《汉简》云："予昔在江南得汲古阁主人旧藏《佩觿》、《字鉴》，有斧季朱笔校正手迹，精雅绝伦，得未曾有。近获《龙龛手鉴》及此本，尤称精善。《龙龛手鉴》为子晋写以赠勅先者。此本则叶石君由牧斋所藏旧本手写而成，字体古秀，较冯己苍本款式稍大，而点画特为精妙，勘校綦详，洵奇书也。"(《隅录续编》卷一)吴宽(1435—1504)，明文学家、藏书家、书法家，字原博，号匏庵。长洲(今江苏吴县)人。明成化八年(1472)举进士第一，授修撰，官至礼部尚书。卒谥文定。工诗文，著有《家藏集》七十七卷；善书法，书法师宋苏东坡，自成一格。明王鏊曰："作书姿润中时出奇倔，虽规模于苏，而多取自得。"[②]吴宽藏书以抄本见多，其自抄本用红印

---

① ［清］黄丕烈：《校宋明抄本〈李群玉诗集〉三卷〈后集〉五卷题识》，《士礼居藏书题跋记》卷5，书目文献出版社1989年版，第207—208页。

② ［明］王鏊：《资善大夫礼部尚书兼翰林院学士赠太子太保谥文定吴公神道碑》，《震泽集》卷22，《四库全书》本。

格抄写，以私印记之。时吴中藏书家多以秘册珍籍相夸尚，如朱存理、阎起山、都穆辈皆仿其抄书。叶德辉称“吴抄”为“明以来抄本书最为藏书家所秘宝者”之一[①]。孙从添曰：“吴匏庵抄本用红格，其手书者佳”。其藏书楼名“丛书堂”，有《丛书堂书目》一卷。海源阁藏有吴宽丛书堂抄本《学斋佔毕》四卷（存一至二卷），十行二十字，红格格心有“丛书堂”三字，卷末副页有“明吴匏庵先生手订藏本”一行。此书为宋史绳祖撰，为传世最早的本子。又如抄本《山海经》十八卷，是明成化元年(1465)吴宽从元本抄写的，卷后有吴宽跋云：“是书予手录，始于成化乙酉，毕于明年正月六日。”绍和云：“匏庵以为从元本录出也。楷法精雅，古香袭人，洵是匏翁手迹无疑，珍之珍之。”（《隅录》卷三）周叔弢目验是书后云“抄本书中上乘”（《隅录》批校）。其他尚有明怡颜堂抄本《建炎时政记》、明沈与文野竹斋抄本《画鉴》与《西溪丛语》、明叶林宗抄本《经典释文》、明嘉靖王臣抄本《李群玉诗集》、明谢氏小草斋抄本《后村集》、明一粟斋抄本《汪水云诗》、明崇祯叶奕抄本《李群玉诗集》等等。名家抄本中，杨氏收藏最多的是清抄本，如清初钱曾述古堂抄本楮墨精良，下真迹一等，仿之汲古阁毛氏抄本亦无多让，海源阁藏《吕衡州文集》五卷即是。其他如清顺治六年(1649)张秀抄本《钱考功诗集》、清顺治十七年(1660)叶畤、叶畴抄本《汪水云诗抄》、清何煌抄本《绛云楼书目》、清康熙陆漻抄本《蜕庵诗集》、清康熙周荣起抄本《衍极》、清康熙间过录明嘉靖间王良栋抄本《云溪友议》、清乾隆鲍廷博知不足斋抄本《拱和诗集》和《书林外集》、清苕溪漫士经鉏堂抄本《五礼新义》、清乾隆吴翌凤抄本《江淮异人录》和《湖山类稿》、清黄丕烈士礼居抄本《马令南唐书》和《盐铁论》、清彭氏知圣道斋抄本《昭忠录》、清翁方纲抄本《庄子内篇》等都是清抄本中的珍品。

如果说抄本起到保存文献的作用的话，那么影抄本，特别是影摹宋元精抄本，在保存文献的同时，还能使我们目睹原本的面貌。因而从版本意义上，藏书家对于抄本，常以抄本、影抄本、影元抄本、影宋抄本依次为贵。海源阁共藏影宋、金、元抄本二十六种，其中影宋精抄本二十种。有十七种著录在《隅录》初编中，两种著录于《隅录续编》。余下七种可能为后收，未能著录《隅录》初、续编中。由此可以看出海源阁主人对影宋元精抄本迳以宋本待之。如影宋精

---

① 参见[清]叶德辉：《明以来之抄本》，《书林清话》卷10，中华书局1999年版，第275页。

抄本《高注战国策》，绍和云："乃影抄之致佳者，珍之。"（《隅录》卷一）影金精抄本《滏水文集》，绍和云："微特金元精椠不易得，即旧抄亦殊罕遘。此本影写极工雅，久经名流珍弆，殊可宝也。"（《隅录》续编卷四）其他还有影宋精抄本《六帖补》、影宋精抄本《舆地广记》、影金精抄本《地理新书》、影宋抄本《史记法语》、影宋抄本《新仪象法要》、影宋抄本《历代纪年》、影宋抄本《吕衡州文集》、影宋抄本《默堂先生诗集》、影元抄本《春秋权衡》、影元抄本《政府奏议》、影元抄本《丁鹤年集》，等等。

在影宋抄本中，又以名家影抄本为珍。名家影写更重质量，其影摹酷似原刻，在校勘他本时更能发挥作用。如清初席氏酿华草堂影宋精抄本《五经文字》三卷、《新加九经字样》一卷，原武林赵意林有摹刻宋本，但用影抄本校之，仍有讹谬。绍和云："武林赵意林信有摹刻宋本《九经字样》，《自序》曰'从姚怀祖获观赵氏学士楼所藏宋椠，凡十九叶，此顾亭林、朱竹垞俱未得见者，洵为可贵。用手摹校定，重镂板以行'云云。然意林所据虽出宋椠，亦未若此本之尽善矣。"（《隅录》卷一）其他如清嘉庆十一年（1806）张敦仁家影宋抄本《仪礼要义》、顾千里影宋精抄本《和靖先生诗集》、海源阁影宋精抄本《三历撮要》等殆与原刻本无让。

名家影宋元精抄本中，当以毛氏汲古阁最为精善。汲古阁抄本，世称"毛抄"。毛晋藏宋本最多，其有世所罕见而藏诸他人不能得者，则选善本以最佳纸墨影抄之。毛氏抄写工整，其字划、纸张、乌丝、图章等无不追摹宋刻，非细审不能辨，如为使图章逼真，抄前先加腊，致抄本几与宋刻乱真，使"宋椠之无传者赖以传之不朽"，被孙从添誉为"古今绝作"①。正如绍和所言："毛氏影抄，艺林咸爱重之。"杨以增为得毛抄，曾着力搜求数年。绍和于《隅录》卷四影宋精抄本《鲍氏集》题云：

> 是书宋刻久稀，惟汲古阁影宋抄本最称精善，即卢抱经学士校本也。顾近世收弆者，大抵转相过录，非复毛氏之旧。此本乃汲古原书，纸白如玉，字法工雅绝伦，正如钱遵王所谓"楮墨更精于椠本，洵缥囊中异物也"。毛氏影抄，艺林咸爱重之，得辄什袭，颇少流传。先公官江南时，极力访求，所获致佳者止数种。

① ［清］孙从添：《抄录》，《藏书记要》，燕山出版社1999年版，第100页。

鲍照集现存最早版本为明刻本，而此影宋抄本从版本源流上就是最早的本子了。杨氏所藏毛抄共八种，影宋精抄本共五种，除《鲍氏集》外，尚有影宋精抄本《干禄字书》、影宋精抄本《佩觿》，绍和云："二书皆汲古阁影宋精抄之本，字极工雅。《佩觿》中朱笔校正尤详，则斧季手迹也。"(《隅录》卷一)影宋精抄本《西昆酬唱集》二卷，绍和云："此本先公得之江南，亦汲古阁影抄之致佳者，笔精墨妙，雅可宝玩，诚希世珍也。"还有影宋精抄本《龙龛手鉴》四卷。(《隅录》卷五)其他尚有影元精抄本《字鉴》，绍和云："亦毛氏精抄本也。"《石药尔雅》二卷和《清塞诗》二卷亦为毛氏精抄。杨氏对毛抄可谓推崇之极，即使是毛氏补抄的残本亦当珍物，如宋本《骆宾王文集》十卷，卷六至十为毛氏抄补，绍和云："卷第六至末，汲古阁毛抄补，极佳。"(《隅录》卷四)甚至对逼似毛抄者亦另眼相看，如影宋精抄本《重续千字文》，绍和云："此本虽无毛氏印章，然楮墨绝佳，篆法精妙，与予所藏所见汲古阁影宋诸书，宛出一手，或即斧季乔梓，由宋版过录者，致足珍矣。"(《隅录》卷一)

关于抄本之可贵，施廷镛又说道：

"大率抄本之可贵者，须具有几项要素：一、名人手抄，确认是某人真迹；二、其非名人手抄，但经名手校正，而校正之字，胜于刻本；三、字句与刻本不同，其不同处，较刻本为佳；四、通行本之字句，有为抄本所缺者，而所缺之字句，反足以证明刻本中文字有非撰者原文；五、刊本久佚，存者仅此抄本，则此抄本之价值，实与孤本或稿本无异；六、有名人手跋，或收藏印记。"①

施先生对抄本之价值的概括非常经典。明清著名抄书家的抄本，海源阁几乎都有收藏。而一些抄本虽然不是名家抄写，但因为经过黄丕烈、顾广圻、何义门等名家校勘、题跋过，则质量远胜于原本或其他抄本、刻本。如旧抄本《权载之文集》五十卷《摭遗》一卷《附录》一卷，绍和题云：

是集《四库全书》所载，乃明嘉靖二十年(1541)杨慎得于滇南，仅存《目录》及《诗赋》十卷。刘大谟《序》而刻之之本，五十卷之原帙久佚不传，

---

① 施廷镛：《版本的种别》之六《抄本》，《中文古籍版本简谈》(初稿油印本)，南京大学图书馆 1973 年编印，第 40—41 页。

近只渔洋《居易录》称无锡顾宸有藏本，刘体仁之子写之以赠，而其书亦不存。乾隆间，大兴朱竹君学士得旧抄全本。彭文勤公从朱文正公假之，亲为校勘，于嘉庆丙寅重付剞劂。文正《序》谓："询之姪锡庚，问其所得之由，曰'五柳居陶书贾告予父曰：有不可得之书在某公处，公能以宋椠名本数种易之，可得也。予父允之。陶果得其书，请假抄一部，以原书归予父。然则海内不过二本耳，不敢轻以失人'云云，则其珍宝可知。"此本乃孙渊如先生所藏，当与朱本同出一源。惟新刻本版式俗劣，校尤草略。如卷一先赋后诗，故目录卷一后标题"赋诗"二字，新刻竟倒作"诗赋"。又目录每题自为一行，新刻则分作两重，遇题目字多者，任意芟削，几不成语。又卷中"一作"云云者甚多，固未必尽是。然存之足资参考，且原书所有应从其朔，而新刻悉经刊落，不识何以舛误乃尔？微特非朱本之旧，恐并失彭校之真矣。此本幸尚存庐山面目，卷中用朱笔勘正处亦极详密。卷末从《文苑英华》、《文粹》、《古今岁时杂咏》、《全芳备祖》、《万首绝句》、《全唐诗》搜辑集中所无者为《摭遗》一卷；又集新、旧《唐书》本传、韩昌黎《墓碑》、杨于陵、李直方、王仲舒、萧籍《祭文》，并采《唐书·艺文志》、《郡斋读书志》、《直斋书录解题》、《经籍志》、《居易录》、《钦定四库全书总目》著录是集语，及明刻本杨慎《序》、刘大谟《跋》为《附录》一卷。《附录》之目尚是渊翁自书，当即渊翁所摭录，故朱本无之。以世间仅有之秘笈，复经前贤手订，亟当宝重，毋因其已有刻本而忽视之也。有"东鲁观察使者孙星衍印"各印。（《隅录》卷四）

此本之可贵在于一是它虽不是名家抄本，但经乾嘉著名校勘学家、"渊如学派"创始人孙星衍朱笔详密勘正，洵为至宝；二是这个抄本为历来本子中收录最全的，比底本和另一朱抄本还多《摭遗》一卷《附录》一卷，而现存宋刻本只有十九卷；三是它保留了原本真面，可补正新刻本之脱落舛误；四是底本和另一抄本至今不存，且后世诸刻本大都字句脱误甚多，已非权集原貌。此本现藏国图，成为真正的"世间仅有之秘笈"。海源阁所藏这样的校抄本大约有八十余种，而且大都保存至今，足见海源阁藏书于世所做的巨大贡献。

四 名家校跋本

宋元古本藏至清季毕竟数量不多，流传有限，且为藏书家视若珍玩，一般人是极难看到的。出于治学的需要，于是后人大量刊刻和传抄这些古本。但这些刻本和抄本因刻书人和抄手的参差不齐，其质量往往得不到保障，因而对这些晚出书籍的校勘就是必需的，很多校本得以应运而生。自然，名家校勘才能充分保障质量。名家国学功底深厚，校雠精湛，经过他们的勘对，使原来或许是讹误很多的本子就能变成一个和原本一样的本子，或者更能接近原本的面貌。名家校本一般对其校勘经过、版本情况等都有所交代，因而校本往往附有这些校勘家的题跋。本来这个本子的质量可能一般，但因了名家的校勘和题跋，实际上已经改变了这个本子的版本形态，使它更接近原本，因而这个本子的价值也就大大增加。如果这个本子再经多家收藏和校跋，就又出现了一本多校、一本多跋的现象，因而有不少本子朱、墨、黄笔等校语累累，序跋题识多多，这个本子就愈加珍贵。总之，名家校本要比一般版本保真度高，因而尤其受到青睐，进而成为藏书家除宋元刻本、抄本之外，另一个追逐收藏的对象。

海源阁藏书中，就藏有很多这样的名家校跋本。据统计，杨氏共收校本一百七十种，其中名家校本一百四十七种，占总数的86%，也是清末四大家中收藏最多的。名家校本中，尤其以清代乾嘉时期的校本最多。乾嘉学术发达，学者治学严谨，校书一丝不苟，因此涌现出很多校勘家和名家校本。在杨氏收藏的校本中，这些著名校勘家的校本几乎都有网罗。黄丕烈校本九十八种，何焯父子九种，顾广圻六种，张绍仁六种，陆贻典四种，吴翌凤三种、沈钦韩三种，叶石君三种，陆损之三种，冯武三种，余有朱彝尊、鲍廷博、吴枚庵、叶奕、沈大成、冯舒、秦四麟、王闻远、朱邦照、沈廷芳等人校本不一而足。名家题跋本，据《楹书隅录》及鲁图馆藏《海源阁书目》著录，计有一百八十九种，其中黄丕烈跋本一百二十种，顾广圻跋本十八种，张绍仁九种，何焯父子八种，钱谦益五种，汲古阁毛氏五种，叶石君五种，陆贻典四种，吴翌凤三种，其他尚有钱曾、吴枚庵、瞿中溶、周锡瓒、袁廷梼、赵琦美、陈鳣、朱锡庚、孙星衍、钱大昕等人数种，尤其可贵的是还有明代名家题跋本数种，如吴宽、黄忠端、丰坊、文震亨、文彭等。如果和其他晚清藏书家相比较，杨氏是收藏名家校跋本最多的，以铁琴铜剑楼为例，瞿氏共收校本七十种，难与杨氏相比。

值得注意的是杨氏收藏名家校本跋本最多者为乾嘉文献大家黄丕烈，杨氏有慕黄之癖，故搜罗佞宋主人黄丕烈的校本跋本最多，在晚清藏书家中可谓独占鳌头。关于这个问题，我们将有专节讨论。其他名家校跋本中，如何焯、顾广圻、张绍仁校跋本等亦为珍贵。何焯通经史百家学，长于考订校勘，著有《义门读书记》、《道古斋识小录》等，其子何小山承继父学，亦校书多种。绍和云："何义门先生博极群书，精于校理，手自契勘之本，不下数百种，至今艺林奉为枕秘。"①海源阁藏何校本九种，其中八种附有题跋。批校本《唐诗鼓吹》十卷，绍和云："卷末有小山题语，丹黄满纸，皆先生手迹，批校至为详赅，洵珍籍已。"(《隅录》卷五)校明抄本《元音遗响》三卷，绍和云："此本犹是明初人抄，字法古秀可爱，复经义门昆仲手校，殊非俗本可及矣。"(《隅录》续编卷四)其他如校宋本《国语补音》三卷、校本《水经注》四十卷、校宋本《国语》二十一卷、校本《钓矶立谈》一卷、校本《封氏闻见记》十卷、校旧抄本《麈史》三卷、批校旧刻《中州集》十卷《附录》一卷等亦为精校善本。顾广圻通经学、小学，尤精校雠，经他校过的图书都具有较高的学术价值，孙星衍、张敦仁、黄丕烈、胡克家、秦恩复等人相继延聘为之校书，傅增湘云："涧苹先生者，受业于江艮庭，传惠氏之遗学，当时名贤大师，皆得奉辞承教，故于经学训诂，咸所通晓。其校勘之精严，考订之翔实，一时推为宗匠，即荛圃亦自愧弗如。"②海源阁收藏的顾氏校跋本六种和跋本十二种均为精善之本，如影宋抄校本《仪礼要义》五十卷，绍和云："且经涧苹居士以景德官本单疏手为契勘，洵经笥中一秘宝也。"(《隅录》卷一)校本《说文解字系传》四十卷，绍和云："此本涧苹居士以影宋本手自契勘者，其云十一至二十，盖指补脱之卷言之，非所校止此。又间有称残本处，则以黄本参校者也。寿阳所刻固已精密，然此本为涧苹手校，且合大徐、《韵会》，互相稽考，尤极详审，亦读楚金书者所亟当探讨已，故并储之。"(《隅录》卷一)其他顾校本有校明抄本《盐铁论》十卷、校本《博雅》十卷、校本《蔡中郎集》十卷《外集》一卷等。

海源阁还藏有很多复经多家校勘题跋的本子。如校宋本《国语》二十一卷，经钱曾、钱正兴、陆贻典、惠栋、叶石君、顾广圻、黄丕烈等名家校过，并有八人题跋十三篇，题款十一条。复翁云："而今而后，《国语》本当以此为最，勿以寻常校本视之。"(《隅录》卷二)故绍和云："此本为钱、陆、惠、叶、顾、黄诸家精校，覆勘精核，致为可宝。"(《隅录》卷二)校宋明抄本《刘子新论》十卷，此本有

① [清]杨绍和：批校本《唐诗鼓吹》题识，《隅录》卷5，清光绪二十年(1894)杨保彝刻本。

② 傅增湘：《〈思适斋题跋〉序》，《藏园群书题跋记》附录2，上海古籍出版社1989年版，第1071页。

叶子寅、许心扆、黄丕烈、陆损之、孙星衍跋十三则，黄丕烈、陆损之校，张绍仁题款。其中黄丕烈以宋本、明铜活字本、《子汇》本、《道藏》本校之。绍和云：此本“且历经前贤手校，极为精审，至可宝也。”（《隅录》续编卷三）据统计，海源阁所藏校跋本中，为一本多人校勘者三十五种，一本多人题跋者八十五种，名家校本跋本合而为一者共一百零二种。可以说这些本子经多家校勘题跋后，其接近原本的程度要比一家校跋本更高。这些本子连同以上校跋本，杨氏是相当看重的，通过杨绍和将其大多著录在《楹书隅录》续编中就可以看出，杨氏是将其视之为“下宋本一等”的珍品。这些校跋本成为海源阁藏书中重要的一部分，亦是海源阁藏书的一道独特风景线。

在名家题跋本中，一些宋元古本自明代至清中前期的长达五百余年的流传过程中，由于屡经名家递藏，到晚清时，已经积累起很多名家题跋。宋元佳椠再加名家题跋，则无疑使原本更加珍贵。如宋本《毛诗诂训传》，有查慎行、顾广圻跋二则，吴荣光题款；宋本《新序》，有钱谦益、黄丕烈、金锡爵跋五则；宋本《汤注陶靖节诗》，有黄丕烈、周春、顾自修跋八则等，海源阁藏这样的宋元题跋本三十九种以及个别明本至佳者八种，均著录于《楹书隅录》中。这些题跋对鉴定版刻、判明真伪优劣、探究学术价值、揭示递藏过程等等都起到了重要作用，并且已经成为该书不可分割的重要组成部分。

五 重本

杨氏藏书爱收重本，在所收百余种宋本中，几乎每种都有重本，有的甚至多达十几种。如《毛诗诂训传》收有五种，宋本两种为一南宋初刻本，一南宋监本，明本三十卷八册本和十册本各一种，清道光九年(1828)广东学海堂刻本一种。《汉书》有十三种，宋本两种为宋蔡琪家塾刻本和宋刻元明递修本，元本两种为元本和元大德九年(1305)太平路儒学刻本，校本七十卷本一种，明本六种，有崇祯十二年(1639)葛鼎刻本、明本、明嘉靖汪文盛本、明德藩最乐轩刻本、明汲古阁本及汲古阁十七史本，清本两种一是武英殿刻本，一是武英殿二十四史本。《后汉书》亦有十三种。这种广收重本的藏书思想，使杨氏的收藏实际上变成了对版本的收藏，从而形成了杨氏海源阁别具一格的藏书特点。杨氏收书何以一书欲集多种版本？在校旧抄本《归潜志》题识中，杨绍和引复翁《跋》云：“书必备诸本，凡一本即有一本佳处。即如此，固多讹舛矣，而亦有一二处为他本所不及。故购者必置重沓之本也。”（《隅录》续编卷三）所以这种一书兼收众本的做法实际上是出于治学和校勘之用。海源阁曾收元本《集千家注杜诗》两种，元本《集千家注批点杜工部诗集》二十卷以刘辰翁评点为主，而元本《集千家注分类杜工部诗》二十五卷《附文集》二卷则博采诸家，此两元刻均为传世珍本。绍和于元本《集千家注批点杜工部诗集》题云："是书专主须溪评点，故楚芳删附诸注，仅存其半，殊未若《分类集千家注》本之详。然分类本所采须溪语绝廖廖，正宜合观，庶可参证。"（《隅录》卷四）《大广益会玉篇》三十卷，海源阁收藏元延祐二年(1315)圆沙书院本、清康熙四十三年(1704)吴郡张士俊泽存堂刻本、清康熙四十五年(1706)扬州诗局曹寅刻本三种，其中元本为传世最早刻本，绍和云："即张、曹两本得此互校，是正良多，可珍已。"（《隅录》卷一）杨氏藏清传抄宋嘉泰本《宝晋山林集拾遗》八卷和校旧抄本《宝晋英光集》六卷，绍和云："余藏影写本颇精，取此相校，其卷第叙次迥乎不合。"[①]杨氏对这些重本的校本极为看重，在《隅录》所著录诸书中，这些校本往往和原宋本等同时著录于一处，如《隅录》卷一经部"宋本《礼记郑注》二十卷，校宋本《礼记郑注》二十卷"、"宋本《大戴礼记》十三卷，校宋本《大戴礼记》十三卷"等。甚至存藏时亦同藏一处，如史部著录宋本《舆地广记》三十八卷，继之著录校影宋抄本《舆地广记》三十八卷，绍和云：此本"周校朱笔，皆顾抱冲藏宋刻覆本，存之以见其异，可与宋刻并藏"。（《隅录》卷二）可见杨氏如此，一是为了治学校勘之便，同时杨氏亦将其作为宋本待之。惟其如此，杨氏才购入了不少这样的重本，并且常为不能购到重本以资校勘而深感惋惜，如宋本《东南进取舆地通鉴》二十卷，绍和云："世鲜别本，无由校证，殊可惜耳。"（《隅录》卷二）

杨氏收书多重本的另一个原因是以备刊刻之用。如《史记》，海源阁共藏宋元明清刊本三十一种。[②] 其中宋本五种，包括一家注《集解》本两种，即宋建本和宋刻三卷残本。二家注《史记集解索隐》本三种，即宋乾道本、宋淳熙本及宋乾道残本；元本二家注《史记集解索隐》三种，元中统本、元翻中统本、元至正本；明本十九种，一家注本一种为汲古阁本《史记索隐》三十卷。二家注本一

① [清]杨绍和：校旧抄本《宝晋英光集》题识，《隅录》续编卷4，清光绪二十年(1894)杨保彝刻本。

② 安平秋云："最具版本价值的《史记》宋元刊本，据初步统计，存世的有14种31部(包括残本)。其中，中国内地所藏为10种16部；中国台北藏4种6部；日本藏7种9部。"见《〈史记〉版本研究》序，载张玉春著《〈史记〉版本研究》卷首，商务印书馆2001年版。杨氏藏宋元本8种，除元本2种不知下落外，余均存国图。

种为正德刘弘毅慎独斋刻本。三家注本十七种，明万历二十四年(1596)南京国子监刻本、万历南雍重刻本、万历张守约广东刻本、明嘉靖四年至六年(1525—1527)王延喆刻本、嘉靖四年(1525)汪谅重刻宋本、嘉靖十三年(1534)秦藩朱惟焯刻本、德藩最乐轩本、重刻宋本、汲古阁十七史本，明本《史记评林》三十册本一部、四十册本两部、二十册本两部。校本两种为，崇祯间程正揆刻陈仁锡评清席子侃批校本、归震川校宋本。另有不著版本名称者三种；清刻三家注本四种，乾隆内府刻古香斋袖珍丛书本、乾隆内府刻本、武英殿本、武英殿二十四史本两部。如再欲细分注本则《集解》本、《索隐》本三种；《集解索隐》本六种；《集解索隐正义》本二十二种。由此可以看出杨氏在搜罗《史记》上所下的工夫。绍和于宋本《史记》题云：先公"尝欲广稽诸本，订其异同，重为刊正，故访购宋、元、明以来善本颇多"。(《隅录》卷二)又如《蔡中郎集》，据《楹书隅录续编》和《海源阁书目》所载有四种，即顾广圻、黄丕烈以叶树廉旧抄本和明华坚兰雪堂铜活字本校万历间徐子器刻本《蔡中郎集》十卷《外传》一卷，明兰雪堂活字本蔡集十卷《外集》一卷，明嘉靖二十七年(1548)杨贤本蔡集六卷，清道光四年(1824)王氏刻本《蔡氏月令》二卷，然据杨以增《〈蔡中郎集〉序》和高均儒《〈蔡中郎集〉跋》及《凡例》，清咸丰二年(1852)杨以增刻本《蔡中郎集》十六卷，其所用底本和参校本实际上达九种，因而杨氏为刻《蔡集》所集版本绝不是如著录者四种。所以，刻书也是杨氏藏书博采众本的一个重要原因。

杨氏藏书有不少残本，为配补成完本，往往就要收藏同一版本复本多部。杨以增于清咸丰元年(1851)购宋乾道七年(1171)蔡梦弼东塾刻本《史记集解索隐》一百三十卷，但"原册已损敝"，为补成完善之本，于是"次年又得一是刻残帙，命绍和互校，以清晰者入之"(《隅录》卷二)。杨以增于清咸丰二年(1852)所购残帙为乾道七年(1171)蔡梦弼东塾刻本九十二卷，将原本中"损敝"者抽出互换的有第十五卷《六国表》、第十六卷《秦楚之际月表》等，王献唐于1929年冬去海源阁调查劫后残余时发现被抽出者，并作著录云："宋本《史记》一册(残)。海源阁宋椠《史记》有三。此册内多抄补，适为《六国表》、《秦楚之际月表》等，首页并钤'宋本'、'季振宜'诸印。证之《隅录》，即宋乾道本，海源阁《史记》之第一本也。"[①]宋巾箱本《春秋经传集解》，原本三十卷，辛酉遭乱

① 王献唐：《聊城杨氏海源阁藏书之过去现在》，《山东省立图书馆丛刊》第1种，第21页。

后，焚失八卷，殊为可惜，然绍和仍奉为连城之宝（《隅录》卷一）。其后，杨氏着意搜求此本，又得两宋本，因与此不是同一版本而未能补配。所以，杨氏收重本的一个重要目的是为了补配完本。

藏书家广收重本，除上述原因外，还有防止散佚，供开办图书馆借阅之用等，关于这一点，可见藏书利用一章。

六　残本

杨氏非常注意古书的卷帙完缺。尤其是宋元书版，因为流传日久，难免残缺，所以如有全本收藏，自然奉为至宝，如宋本《附释音春秋左传注疏》六十卷，完整无缺，绍和云："通体完善，毫无修补，亦必是宋印之旧，良可贵矣。"（《隅录》卷一）但全本得之岂是易事？正因为古书全本之难得，所以杨氏才特别重视对残本的收藏，即使吉光片羽，亦以为在在处处有神物护持，故而宝爱有加。杨氏曾收得宋本《施顾注东坡先生诗》之《和陶诗》二卷，系全部之第四十一、四十二卷，虽不全，亦自可单行。然藏书家并不满足于此，于是杨氏搜寻翁方纲藏全本数十年而未可得，全本既然难以得到，毕竟还有"不绝如线之残编"，则足幸矣，绍和云：

> 噫！使施、顾原书不能传之千古，而后世之人徒深慨想，不获一睹施、顾之真，所谓知其究竟，据以详核者，竟至茫如昧如，果谁之过乎？……此本只《和陶》二卷，然是武子嘉定时初刻，尚可考见本来面目。翁本既无传，而施、顾灵爽式凭，不至终归磨灭，吉光片羽，实赖此硕果之仅存。六百余年，沧桑屡变，独未与劫火同销，岂偶然哉？昔人云："凤凰一毛，麒麟一甲，终是希世之宝。"信已。①

宋本《毛诗诂训传》二十卷，虽劫后只余三卷，仍视若球璧，绍和云："然钱遵王有言：'此等书勿论其全不全，譬诸藏古玩家收得柴窑残器半片，便奉为天球拱璧，而况镇库典籍乎？'信已。"（《隅录》卷一）在杨氏收藏的古书中残本很多，如宋本《监本纂图重言重意互注点校毛诗》十一卷（原本二十卷）、宋本《仪礼郑注》十七卷（卷首前数页焚失）、宋巾箱本《春秋经传集解》二十三卷（原本三十卷）、宋本《史记集解》三卷（原本一百三十卷）、宋乾道七年（1171）蔡梦弼

① ［清］杨绍和：宋本《注东坡先生诗》题识，《隅录》卷5，清光绪二十年（1894）杨保彝刻本。

东塾刻本《史记集解索隐》九十二卷(原本一百三十卷)、宋刊元明递修十行本《晋书》三十卷(原本一百三十卷)、宋本《陶靖节先生集》四卷(内残破)、宋蜀刻本《孟东野文集》五卷(原本十卷)、宋庆元三年(1197)书隐斋刻本《新刊国朝二百家名贤文粹》一百九十七卷(原本三百卷)、宋本《古文苑》十七卷(原本二十一卷)等。这些残本的价值一如杨绍和所云:"然赵璧不幸碎于柱下,而得其片玉,岂遂与郑商之环等价哉!仍当以连城宝之。"①

杨氏收残敝之本是为了将其补成一部完善的全本。宋乾道本《史记集解索隐》第四十三卷《赵世家》残缺,原藏书主人以他刻配补,殊不协调,绍和于"壬申夏仲,从朱修伯宗丞处假得明朱文石所藏蔡刊残帙,影录易之"(《隅录》卷二)。此卷共二十五页,末有"保彝影写"四字,栏外有"光绪元年(1875)七月宋存书室依宋本影抄"。宋本《三续千字文注》一卷,辛酉遭焚后,仅存数页,"因以新本配补,俾成完帙"(《隅录》卷一)。元本《文选》,"旧册残敝,卷首孙渊如先生题语亦多漫漶",于是"属幕中顾君淳庆照录"(《隅录》卷五)。宋本《监本纂图重言重意互注点校毛诗》二十卷,辛酉遭寇乱,自第十二卷以下及陈鳣和吴骞跋皆焚失,杨氏便从《经籍跋文》中录得陈鳣跋,而吴骞跋则莫由补写,余下九卷因未能找到与之相匹配的版本,而使主人深感遗憾。元本《梅花字字香》二卷,绍和于清同治五年(1866)冬得时,文内字句已经有所脱落或漫漶不清,绍和于是凡"纸破处,以胡(珽)刻补录",所补如"一页七行:'甚佳,愿请一观'。'称奇赏羡';二页八行:'引白云';后十三页四行:'沈适';十五页十一行:'赵福元';十六行四页:'斩新一朵'。十一行:'会须载酒';十七页八行:'林季谦'。九行:'不受胭脂'。十行:'风吹雪压'。十一行:'方士劚成'。"(《隅录》卷五)因致此本臻至完善。

使残帙复完,是藏书家的梦想。宋鹤林于氏家塾楼云阁刻元修本《春秋经传集解》二十三卷,由杨保彝于清光绪二十七年(1901)购自京师,原本三十卷,已佚七卷,保彝制椟时预留空间,希望以后购到复本时再行补入。1935年11月杨敬夫将此残本售于周叔弢,弢翁云:"乙亥夏,杨君敬夫忽以残本二十三卷见示……此书杨氏先德光绪辛丑年(1901)得于北京。当时已逸七卷,制椟时乃预为之地,盖以期他日之复合也。"②仅从保彝制椟来看,就可知道其收书时

① [清]杨绍和:宋巾箱本《春秋经传集解》题识,《隅录》卷1。

② 周叔弢:《弢翁藏书题识》,《自庄严堪善本书目》,天津古籍出版社1985年版,第111页。

的良苦用心。绍和于清咸丰三年(1853)冬得金本《新刊韵略》五卷三册,然“惜四、五两卷后半廿余页已沦劫中,世鲜别本,未由校补”。(《隅录》卷一)元本《韩鲁齐三家诗考》六卷,本是刊附于胡一桂《诗集传纂疏》之后,杨氏得此书时,《纂疏》已佚,绍和云:“惜《纂疏》不知何时散佚,未识有缘尚能作延津之合否?”(《隅录》卷一)

第二节 善本叙录

2005年,文化部、财政部启动了“中华古籍特藏保护计划”,为确保该计划的有效实施,由中国国家图书馆制定了《中国古籍定级标准》(草案)。按照这个标准,将古籍划分为四个等级,“具有特别重要历史、学术、艺术价值的代表性古籍”被列为一级古籍[①]。如果参照这个标准,来衡量海源阁藏书的话,大约有四百余种善本可为一级古籍。为使人们能够了解海源阁的善本典藏面貌和价值,特从这些一级古籍中再遴选出至精至善之本五十余种,分别以版本名称、题跋、版本形态、刊刻时地、递藏源流、杨氏书目著录及收藏情况等著录项目,考释叙录于兹。

经部——以宋刻“四经”为主

1 **《张先生校正杨氏易传》二十卷** [宋]杨万里撰,[宋]张敬之校正。宋刻本。[元]郑希圣跋、[明]朱良育跋。《楹书隅录》卷一著录[②]。半页十行(以下均为半页,用省写),行二十字,注文小字双行,行二十六字,细黑口,左右双边,双鱼尾。卷前有杨万里自序,卷末又有万里后序。前三卷每卷卷端题:“张先生校正杨宝学易传上经第×”;第二行低八格题:“庐陵杨万里廷秀”;第三行

---

① 参见李致忠《关于中国古籍的定级》之附录部分《中国古籍定级标准》(草案),《国家图书馆学刊》,2006年第3期总第57期。《草案》云:“一级古籍的标准为:1.元代及其以前(包括辽、西夏、金、蒙古时期)刻印、抄写的书本。2.明清时期各学科名家名著的代表性稿本。3.明清时期著名学者的代表性批校题跋本。4.明清时期朝廷组织编纂的代表性巨著原本。5.明代及其以前铜活字印本、木活字印本、套版印本、饾版印本、拱花印本、饾版拱花印本,以及用特殊技法印制的各种有代表性书本。6.明代及其以前用特殊纸张刷印、具有特殊装帧形式的代表性书本。7.清代磁版印本、活字泥版印本等等。”

② 本节以下凡引杨绍和《楹书隅录》题识,均见本条开首著录该书相关卷次,为省篇幅,不再加注。

与第二行平格题:"门人张敬之显父校正。"自第四卷起,每卷卷端题:"诚斋先生易传第×",第二行低八格题:"庐陵杨万里廷秀"。万里后序称"惟《易》与《春秋》,所谓夫子之文章者欤。……嘉泰甲子四月八日后序。"卷前万里序后有宋嘉定元年(1208)八月十八日下吉州给付笔札录进《易传》指挥省札;又有宋嘉定二年四月二十二日《易传》进呈毕,宣付史馆下吉州照会指挥省札。故此书应刻于宋嘉定二年之后。然具体刻于何时何地,书中并无绍介。杨绍和题云:"镂锲精工,犹是当时初印。"铁琴铜剑楼藏同一版本,瞿镛云:"此本校自张显父,盖最初之本……'恒'、'貞'、'桓'、'構'、'慎'、'敦'等字皆缺笔。《系辞》'力少而任重'、'兼三材而两之'、'三材之道也',《序卦》'必反于家'、'决必有遇',《杂卦》'蛊则饰也'皆同古本。殆即徐健庵尚书所称宋刊之精者,特非郑希圣所藏耳。明嘉靖间有二刻:一刻开州,一刻鄞县。而开州刻较前,所谓疗鹤亭本也。然其误已不可胜乙。姑以《序言》之'幽观其变,湛思其通'二句,误为'于是幽观其通';'故易者通变之书也',脱'故'字;'变在彼,变变在此'脱下'变'字;'于何求中正'脱'中'字。经文悉改从俗本,即此,而宋椠之精亦略可见矣。"①可见,亦定为宋本,且可证明本之误。李致忠云:"此本为竹纸印造,字体颇有柳公权笔意,看去极类闽中刻本。"②陈振孙《直斋书录解题》著录此书,再据讳字、字体等,当刻于南宋末年。

据明朱良育《跋》称,该书最早为宋元间易学家俞琰收藏,俞琰(1253—1316),吴郡(今江苏苏州)人,字玉吾。生活在宋元之际,宋亡,隐林屋山著书立说,故自号林屋山人,因所居旁有一石涧,学者称石涧先生。一生熟读经、史、子、集,以词赋闻名,雅好鼓琴,尤精于易学。他自幼承其家学,刻苦研《易》三十余年,其《周易集说自序》中自言:"予生平有读《易》癖,三十年间虽隆冬大暑不辍,每读一字一句而有疑焉,则终日终夜沉思,必欲释其疑乃已,自得其说则欣然,如获拱璧。"③其易学著作有《周易集说》四十卷,《读易举要》四卷,《易图纂要》二卷等。李致忠又云:"此书如果真的是他在宝祐间收集到的,则此书的刊版时间,便被限制在嘉定三年(1210)至宝祐六年(1258)这

① [清]瞿镛:《张先生校正杨宝学易传》题识,《铁琴铜剑楼藏书目录》,上海古籍出版社2000年版,第24—25页。

② 李致忠:《〈张先生校正杨氏易传〉叙录》,《宋版书叙录》,北京图书馆出版社1994年版,第29页。

③ [宋]俞琰:《〈周易集说〉自序》,见《经义考》卷40,文渊阁《四库全书》本。

四十八年间了。"①俞琰生于南宋宝祐间(1253—1258)②,至宝祐最后一年,俞琰始六岁,而此时的俞琰不可能"以词赋称",亦不可能收藏此珍贵之书。李先生据此所判定的刻书时间尚有待商榷。此书流传有绪,据明朱良育《跋》云:"予得之祝希哲,希哲得之朱性甫,性甫得之南园俞氏,知其为俞石涧先生家藏。"再据诸家藏印可知,此书历经宋俞琰、明朱性甫、祝希哲、朱良育、毛晋等藏,入清则又经手徐乾学、黄丕烈、汪士钟,后归海源阁。卷末郑希圣《跋》云:"鬻书客潘生所售余者,置诸巴焦林中读书处。时至大二年龙在己酉端阳日。"郑希圣作此跋时为元至大二年,即公元1309年,则俞琰书散出后必经郑氏藏过。杨氏藏书散出后,归刘少山,今藏国图。

2　**《朱文公订正门人蔡九峰书集传》六卷《书传问答》一卷**　[宋]蔡沈撰。宋淳祐十年(1250)吕遇龙上饶郡斋刻本。《宋存书室宋元秘本书目》和《海源阁宋元秘本书目》著录。八行,行十八字,小字双行字同,上下细黑口,左右双边,双鱼尾,上鱼尾上题字数,下题书传几,下鱼尾下题页数,最下题刻工姓名。该书自卷首依次为蔡沈之子蔡抗之《进书表》、《面圣表》,后省看详文牒、《书传问答》、《〈书传问答蔡抗〉跋》及蔡沈《〈九峰蔡先生集传〉序》。卷尾依次为绍定壬辰长至后十日后学黄自然跋、孙监跋、吕遇龙跋。蔡沈自序云:"庆元己未冬,先生文公命沈作《书集传》。明年,先生殁。又十年始克成编。"南宋宁宗庆元五年(1199)蔡沈受命于朱熹,始作《书集传》,六年,朱熹卒,至宋嘉定三年(1210)撰成。据蔡抗《进书表》可知,该书由蔡抗于宋淳祐七年(1247)八月进呈。此书卷四、卷五末均镌"淳祐庚戌季秋金华后学吕遇龙校正刊于上饶郡学之极高明"二行,又吕遇龙《跋》云:"斯《传》上经乙览,四方人士争欲得而诵之,犹惧其售本之未善也。遇龙倚席上饶,际先生的嗣久轩先生为部绣衣,茂明家学,而遇龙得以承教焉。遂从考质,锓梓学宫。观者能以一时师友问答求之,则知其不专于训诂也。淳祐庚戌九月既望后学金华吕遇龙敬书。""际先生的嗣久轩先生",是指遇龙在上饶为官时,正遇到蔡抗亦来上饶。蔡抗字仲节,号久轩,绍定进士,官至参知政事。三年前,蔡抗进呈乙览,三年后于上饶相遇遇龙,再次考质后,于淳祐十年庚戌(1250)镂版印行。傅增湘云:"此书大字雕镌

---

① 李致忠:《〈张先生校正杨氏易传〉叙录》,《宋版书叙录》,北京图书馆出版社1994年版,第29页。

② 据[明]王鏊撰《姑苏志》卷54《人物志》13"俞琰"条云:"字玉吾,吴县人,生宋宝祐间,以词赋称。"文渊阁《四库全书》本。

精丽，吕氏跋文以手书上版，下真迹一等。”然又云：“据吕跋称倚席上饶，锓梓学宫云云，则为上饶郡学所刊，为是书第一刻。”①误。蔡抗《面圣表》云：“玉音云：‘曾刊否?’臣奏坊中板行已久，蜀中亦曾板行，今家有其书。”此《表》落款时间为宋淳祐七年(1247)八月二十六日，即在此之前，该书已有坊刻本和蜀刻本。然此两本均已失传，故吕刻本实为传世蔡《传》最早刻本。该书钤有：“安乐堂藏书印”、“东郡宋存书室珍藏”等印，则由杨绍和于京都怡府藏书散出时购得，故《隅录》不载。今藏国图。

3 **《监本纂图重言重意互注点校毛诗》二十卷(存十一卷)《图谱》一卷**

[汉]毛苌传，[汉]郑玄笺，[唐]陆德明释文。宋刻本。[清]陈鳣跋。《隅录》卷一著录。十行，行十八字，小字双行，行二十四字，细黑口，左右双边，双鱼尾，书耳记篇名。“四经四史”之郑笺《毛诗》之一。杨氏购得该书时为全帙，清咸丰十一年(1861)遭乱时，第十二卷以下皆焚失。原本卷末有陈鳣跋和吴骞跋，亦不存。其后杨氏从别下斋刻本《经籍跋文》中复补陈跋于卷尾，而吴跋则莫由补焉。关于此书的版本面貌，陈鳣《跋》颇详：“首题：监本纂图重言重意互注点校毛诗卷第一；次低二格题：唐国子监博士兼太子中允赠齐州刺史吴县开国男陆德明释文附；又次顶格：周南关雎诂训传第一；又次低一格：夹注释文；后接：《毛诗・国风》，夹注释文；接：郑氏《笺》，加注释文；次提行：关雎，后妃之德也。每叶二十行十八字。凡重言、重意、互注俱用规识。凡《释文》与《传》、《笺》相连，不加识别，与家藏宋本《尚书》体例略同……《经义考》载有宋刻《纂图互注毛诗》，当即此本。惟彼前有《毛诗举要》二十五图，此但存《毛诗图谱》，并不知何人所刻。宋时各经、诸子，皆有重言重意，盖经生帖括之书。此本刻画工整，纸墨精良，且原于监本，斯为可贵。审其避讳，‘慎’字缺笔，‘敦’字则否，殆是孝宗时刻者。因校对素所肄业之本。经文……《传》、《笺》之足证今本之误处尤多。”此本避讳极谨，凡遇“玄”、“匡”、“貞”、“慎”等字皆缺末笔，而“敦”字则不避。南宋孝宗赵昚之“昚”之异体字为“慎”，避“慎”字，而光宗赵惇之讳字“敦”不避，说明此书当刻于孝宗一朝。谓“监本”者，指南北宋国子监刻本，但也有经国子监校勘后让地方开雕，或地方雕版后又版运国子监，由国子监再印，均称监本。因而，书中带有“监本”字样的并非都是国子监所刻，或许是地

① 《藏园群书经眼录》卷1，中华书局1983年版，第30页。

方刻本，如此本即是。李致忠云："纸墨字迹、版式风貌，似都出自闽建。"[①]杨绍和题云："字画流美，纸墨亦佳，信为锓本之精者。"此本原为陈鳣藏，后归汪士钟，钤有"仲鱼图像"、"三十五峰园主人"诸印，汪氏书散出，归海源阁。1939年2月，杨敬夫以七百元售于周叔弢。今藏国图。

国图还藏有另一《监本纂图重言重意互注点校毛诗》二十卷《图谱》一卷全本。该本与海源阁藏本有密切关系，原为士礼居故物，黄丕烈跋，劳健跋，周叔弢跋。荛翁于清嘉庆十五年(1810)秋《跋》云："内原缺第五至第七，计三卷。……今岁夏初，五柳主人从都中归，携有全部宋刻，行款正同，谓可借以影抄补全，无如已许售海宁陈仲鱼，遂转向仲鱼借之，以了此愿。"荛翁所借陈仲鱼本其实就是海源阁藏本。清嘉庆十五年(1810)夏，北京琉璃厂陶五柳从都中携此本归吴郡，并售于陈鳣。因是本行款与黄本同，故黄丕烈倩人影宋抄补所缺卷五、卷六、卷七。黄本后来亦归周叔弢。诸人都以为两本为同一版本，其实不然。弢翁曾详细比较两本，发现"杨本，与余本实非一刻，杨本《图谱》版心作'诗谱'。误字：二卷一叶八行'匪席'误'匪石'；三卷十七叶八行'市朱'误'市宋'，余本皆改正。宋讳缺笔，杨本较谨严，余本或依翻雕也。惜杨本四周余纸短狭，比之余本宽阔相差甚远。"[②]如弢翁所言，黄本可能是依据海源阁藏本翻刻的，在翻刻过程中，将原本错误予以纠正，因而黄本在文字准确程度上要优于海源阁本，但海源阁本在刊刻时间上又早于黄本，其版本价值自不待言。

4 **《毛诗》二十卷(存三卷)**　[汉]毛苌传，[汉]郑玄笺，[唐]陆德明释文。宋刻巾箱本。[清]查慎行跋、[清]顾广圻跋，[清]吴荣光题款。《隅录》卷一著录。"四经四史"之郑笺《毛诗》之二。十三行，行二十四字，小字双行字同，细黑口，左右双边，双鱼尾，栏外记篇名。杨绍和题云："朱竹垞引陆元辅曰：'此书不知何人编辑，锓刻甚精。首之以《毛诗举要图》二十五，次之以毛诗篇目。其卷一至卷终，则全录大小序及毛传、郑笺、陆氏释文。而采《左传》、三《礼》有及于《诗》者为互注。又标诗句之同者为重言，诗意之同者为重意，盖唐宋人帖括之书也。'张月霄《藏书志》云：'是书《传》、《笺》下附《释文》及互注重言重意，盖南宋麻沙坊本也。《传》、《笺》、《释文》俱双行小字。《传》无标题山井鼎云：今本

① 李致忠：《〈监本纂图重言重意互注点校毛诗〉叙录》，《宋版书叙录》，北京图书馆出版社1994年版，第84页。

② 周叔弢：《宋本〈毛诗〉题识》，《弢翁藏书年谱》，黄山书社2000年版，第133页。

有传字者，后人所加也。笺以'笺云'冠之山井鼎云：'笺云'二字，郑氏之旧，所以别毛氏《传》也。无《传》者亦无标题如《关雎序》，发犹见也。《葛覃序》，躬俭节用之类。陆德明云：序并是郑注，所以无'笺云'者，以无所疑乱也。犹是郑君之旧。'皆即是书，虽刊在南宋初，然毛郑诗之最古本也。"由以上可知，此本实际上与《监本纂图重言重意互注点校毛诗》是同一个监本系统。杨绍和与张金吾都认为是南宋麻沙坊刻本。李致忠曰："今观此书风貌，盖信张、杨意见为不诬。"①清道光二十九年(1849)，杨以增访书扬州，从汪中家购得全帙，清咸丰十一年(1861)，陶南山馆遭劫，此本仅存十八至二十卷，殊为可惜。查慎行于清雍正二年(1724)跋云"此本购自江西志局，确系宋雕本，二十卷，首尾完好"。顾广圻于清嘉庆七年(1802)跋云"钱曾《敏求记》云《毛诗郑笺》廿卷，南宋刻本，首载《毛诗举要图》者，即此刻本也。十年前，家兄抱冲收得之，藏于小读书堆"。则此书于汪容甫之前历经钱曾、查慎行、顾之逵递藏，并经顾广圻、吴荣光等名家借观。顾跋又云"所见毛郑诗本子莫有旧于此者，洵足宝已"。故绍和将此本与监本之"同一精好，乃并储之四经四史斋中"。今藏国图。

5 **《周礼郑注》十二卷** [汉]郑玄注。宋婺州市门巷唐宅刻本。[清]汪喜孙题款，劳健抄补并跋。《隅录》卷一著录。"四经四史"之郑笺三《礼》之一。十三行二十五至二十七字不等，注文小字双行，行三十五、六字不等，白口，左右双边。卷八末页缺，为劳健抄补。卷三末有"婺州市门巷唐宅刊"双行牌记，卷四、十二后有"婺州唐奉议宅"双行牌记。刻工有：王珍、沈亨、余竑、徐林、李才、卓宥、高三、包正、吴亮等，另有单字刻工数人，盖双字刻工之省称。"敬"、"竟"、"玄"、"讓"、"殷"、"徵"、"貞"、"匡"、"桓"、"構"、"慎"诸字均为字不成。据书牌所记，则此书为宋婺州市门巷唐宅刻本当无疑问。然究竟是宋代何时所刻却并无确证。《中国版刻图录》据刻工和讳字推定为南宋初刻本，云"宋讳阙笔至'桓'、'完'字。刻工沈亨、余竑又刻《广韵》，《广韵》阙笔至'構'字、'眘'字，因推知此书当是南宋初期刻本……唐奉议疑即唐仲友，仲友以校刻《荀子》等书遭朱熹弹劾得名"②。赵万里所断极是，惟讳字缺笔不至于北宋末帝钦宗赵桓名讳，而是至南宋第二帝赵眘之名讳"慎"字。刻工中"沈亨"并未参与刻

① 李致忠：《〈毛诗诂训传〉叙录》，《宋版书叙录》，第90页。

② 《中国版刻图录》，文物出版社1990年版，《叙录》，第22页。

《广韵》，同时参与刊刻《周礼》和《广韵》的是余竑和吴亮，而吴亮又刻宋淳熙八年(1181)台州军唐仲友刻本《荀子》二十卷。《图录》的第三个证据是“唐奉议疑即唐仲友”。唐仲友(1136—1188)，字与政，浙江金华人。宋高宗绍兴进士，调衢州西安簿。中弘词科，通判建康府。孝宗时上书论时政，召除秘书省著作郎，出知信州。宋淳熙七年(1180)移知台州，八年擢江西提刑，被劾奉祠。十五年卒，年五十三。《宋元学案》卷六十、《宋史翼》卷十三有传。其刻书活动主要是南宋淳熙间(1174—1189)知台州时，所刻之书有《荀子》、《杨子法言》、《中说》、《昌黎先生集》、《后典丽赋》等。其中《荀子》二十卷，为唐仲友于宋淳熙八年在临海台州任上所刻。今日本有藏本，举为国宝。“太常、秘书、殿中丞为奉议郎”[①]，而仲友于孝宗时除秘书省著作郎，如是则《周礼》刻于孝宗时正与书牌所记职官相符，且讳字亦至孝宗赵昚之“慎”字。婺州即浙江金华，至于“婺州市门巷唐宅”则很可能是指当时唐氏居住于婺州一条街巷名曰市门巷的巷子里。所以将此书定为“南宋初婺州市门巷唐宅刻本”愈发可信。

李致忠云：“此本中字秀雅，刀法剔透，皮纸印造，墨色匀净，一看便知是宋时浙刻风貌。”[②]杨绍和则从文字内容和书写上进一步肯定了该本的价值：

此本则与严、抚两刻同为郑注专本，首尾完具，镂镌精工，亦无弗同，而经注之胜各本者，证之彭文勤公《石经考文提要》……阮文达公《周礼校勘记》及复翁《札记》、简庄跋文，尤多吻合。如倦翁云：“《秋官》‘司寤氏掌夜候’注：‘夜时谓夜晚早，若今甲乙至戌。’疏又以‘甲乙则早时，戌亥则晚时’实其说。惟蜀本作‘戊’字。窃谓‘戊’字为是，疏则因传写之误而曲为之说尔。注意正指甲夜、乙夜至戊夜也。”是“戊”字之沿讹已久，故今据校之宋本，从无云作“戊”者。而此本独未误。又倦翁云：“开元所书《五经》，往往以俗字易旧文。五季而后，镂版传印，经籍之传虽广，而点画义训，讹舛自若。盖宋时刊书多出坊贾，俗文破体，大抵类然。”此本字学独极精审，几于倦翁所谓偏旁点画，不使分毫差误，故宋讳之缺避，校他本颇详。可知此本非特今世为罕见之珍，即宋椠各本，亦莫与之京矣，不更宝中宝耶？(《隅录》卷一)

① 见《钦定历代职官表》卷68《宋代》部分，文渊阁《四库全书》本。
② 李致忠：《〈周礼郑注〉叙录》，《宋版书叙录》，北京图书馆出版社1994年版，第106页。

是书藏印累累，自明以来，递藏有绪，先经明嘉靖进士高岱、嘉靖藏书家周良金，入清传入大学士英和恩福堂，又叠经书法家何绍基、金石收藏家汪喜孙等人收藏，杨以增督南河时从扬州汪喜孙处获得。1934年，周叔弢从杨敬夫处购之。杨氏得是书时，内有缺页，弢翁得后嘱劳健抄补。劳健《跋》是书云："第八卷末有缺佚，原装附画栏空纸三页，叔弢属为据文禄堂新印影宋建本补完。约略依本书行款字数写之，适满一页。卷尾应著'周礼卷第八'一行。本书是否别作一页，或有经注字数，有木记，皆不可知，姑从缺佚。"国图还藏有该书同一版本六卷残本(袁克文藏)，则杨氏此全本弥足珍贵。今藏国图。

6 **《礼记郑注》二十卷** ［汉］郑玄注。宋淳熙四年(1177)抚州公使库刻本。［清］顾广圻跋。《隅录》卷一著录。十行，行十六字，小字双行，行二十四字，白口，四周双边，双鱼尾。版心上记字数，上鱼尾下题"礼记"，下鱼尾下记页数，下记刊工姓名。每卷末均镌该卷大小字数。卷二十末镌刻总字数。卷末有两篇顾广圻手写跋文，对于鉴定版本极有价值。其一云："此抚州公使库刻本《礼记》，是南宋淳熙四年(1177)官书，于今日为最古矣。末有名衔一纸，装匠误分入《释文》首，不知者辄认为旧监本，非也。嘉庆丙寅顾广圻题。"其二云："近张古余太尊开工重雕行世，嘉惠学子，兼成先从兄收藏此书之志，良可感也……"顾氏所提到的名衔一纸，遍查该书不存，可能已经佚去，但顾氏对版本的判定分明就是据此而来。顾氏又云"近张古余太尊开工重雕行世"，说明张古余据以重刊了此本。今查张氏影刻本，名衔赫然俱在，盖当时张氏刻是书时名衔仍存，张氏重刻时已经纠正了装订之误，并移至卷末。名衔共有十行，依次为"抚州公使库"；"新刊注礼记二十卷并释文四卷"；"福州乡贡进士陈寅校正"；"修职郎司户参军权教授赵善瓚"；"修职郎司理参军权推官余驹"；"从事郎军事判官逄维翰"；"从政郎充州学教授张湜"；"朝奉郎权通判军州事吴子康"；"奉议郎权发遣抚州军州事赵烨"；"淳熙四年二月□日"。将首行、第二、第十行合起来就明白无误地说明此本就是：宋淳熙四年(1177)抚州公使库新刊《注礼记》二十卷《释文》四卷。傅增湘言"抚州原刊，无补版，初印精善，墨色浓郁，行间眉端墨书，为宋人手迹，至可宝也"[①]。绍和又云："此先公四经四史斋所藏宋椠三《礼》郑注本之一也。黄东发咸淳九年(1273)《修抚州六经跋》云

---

① 《藏园群书经眼录》卷1，中华书局1983年版，第51—52页。

‘抚州旧版，惟《六经》、《三传》，今用监本添刊《论语》、《孟子》、《孝经》，以足《九经》之数’。此本乃宋淳熙四年(1177)原刻初印，犹在黄氏修补前百年，可宝也。黄氏又跋《仪礼》云：‘淳祐九年(1249)，本州初建临汝书院时尝模印入书阁’。则抚州《仪礼》当有两刻。今与诸经俱不可见，惟此本仅存，愈不啻人间星凤矣。至此本之佳，张古余先生《考异》及见于前贤论著者綦详，不复赘云。”(《隅录》卷一)抚州公使库所刻群经，大部分已经失传，传世者除此本外，“仅知《周易注》九卷《略例注》一卷，且为递修，较此本《礼记》初印精美，要逊一筹”[①]。此书钤有“宜子孙印”、“徐健庵”、“乾学”、“顾汝修印”、“思适斋”、“汪士钟曾读”及“四经四史之斋”、“杨绍和藏书”诸印。今藏国图。

7 **宋本《说文解字》三十卷** [汉]许慎撰，[宋]徐铉校定。宋刻宋元递修本。[清]丁晏跋。《隅录》卷一著录。十行，行十六至十八字不等，注文双行，行约三十字左右，白口，左右双边，白纸，单鱼尾，版心上记大小字数，下记刊工姓名。此本各卷卷端首行顶格镌“说文解字第几上或下”，下题“汉太尉祭酒许慎记”；二行低二格镌“银青光禄大夫守右散骑常侍上柱国东海县开国子食邑五百户徐铉等奉敕校定”。卷末有中书门下于北宋雍熙三年(986)奉旨下牒徐铉等新校定《说文》牒文：“许慎《说文》起于东汉，历代传写，讹谬实多，六书之踪，无所取法。若不重加刊正，渐恐失其源流。爰命儒学之臣，共详篆籀之迹。右散骑常侍徐铉等，深明旧史，多识前言。若能商榷是非，补正缺漏，成书上奏，克副朕心，宜遣雕镌，用广流布。自我朝之垂范，俾永世以作程。其书宜付史馆，仍令国子监雕为印版，依《九经》书例，许人纳纸墨价钱收赎，兼委徐铉等点检书写雕造，无令差错，致误后人。”可见，由北宋雍熙三年(986)国子监雕印的这部《说文》，从负责校定，到点检、书写、雕造等都是由徐铉领衔主持的。但此本却并非就是北宋国子监初刻本，这一点从避讳可以看出。监本避讳一般都很严格，此本则如“貞”、“慎”等字有避有不避，则定非原监本。《说文》是小学书中最重要的字书，故其后便一刻再刻，但所刻都以最早的北宋雍熙三年(986)本为底本，从现在保存于国图的另两部宋本就可知道。此本亦不例外。然究竟刻于何时？清代学者以宋讳多不缺笔，定为北椠本，赵万里认为这是“以讹传讹，绝非事实”[②]。今考其卷中刻工，知赵氏说法确然。刻工约分三

---

① 李致忠：宋本《礼记郑注》提要，《宋版书叙录》，北京图书馆出版社1994年版，第129页。

② 《中国版刻图录》，文物出版社1990年版，《叙录》，第12页。

期：如何升、何泽、许忠、顾永、蔡邠、阮于、张升、周明等为南宋初叶杭州地区良工，是谓第一期，何升、何泽曾刻宋眉山本《南齐书》、宋嘉定杭州本《荀子》，周明曾刻宋庆元六年(1200)绍兴府八行注疏本《春秋左传正义》；南宋中叶杭州地区补版工人有陈寿、董澄、詹世荣、陈彬、陈晃、丁之才、金嵩、丁松年、刘昭、夏乂、曹鼎等，为第二期，董澄曾刻宋郑定嘉兴刊《唐柳先生集》、宋刊《太玄经集注》等书，丁松年曾参与宋两浙茶盐司黄唐刊越州本《周易注疏》、宋绍兴淮南路转运司本《史记集解》以及宋杭州本《经典释文》的补版工作；宋元之际和元时补版工人为史伯恭、石中、敬明、李德瑛、胡胜、郑埜、范坚、徐泳、李宝等为第三期，史伯恭是宋元之际的刻工，于元朝曾参与宋两浙庾司刊本《礼记正义》、宋庆元六年(1200)绍兴府刊本《春秋左传正义》的补版工作，李德瑛曾参与宋两浙茶盐司黄唐刊越州本《周礼疏》、宋杭州刊《国语解》的补版工作。且以上这些刻工都为杭州地区刻工。综上三批刻工，推知此书应著录为"南宋初期杭州地区刻宋、元递修本"最为切宜。李致忠又云："行格适度，字体严整，刀法稳健，端庄古朴，有明显的补版。"①杨绍和则云："近时汲古阁本、平津馆本、藤花榭本，皆依宋椠开雕。汲古阁本行字不同，而此本毛氏之印累累，当亦汲古阁所弆。至延令书目著录之《说文》六本，及藤花榭所据之宋椠，即此本也。百宋一廛所载小字本款式无异，不知同出一板否？但彼多抄叶，此则完帙耳。"

该书名家藏印有近七十枚，如"虞山毛氏汲古阁收藏"、"季振宜印"、"苏斋桂馥之印"、"阮元印"、"姚氏伯山"、"新安汪灏藏本"、"戴大章印"、"叶志诜"、"顾广圻印"、"额勒布号约斋"、"无峰宝奎之章"、"许瀚之印"、"何绍基观"、"汪喜孙印"、"陈庆镛颂南"及杨氏藏印，杨以增于清道光二十一年(1841)、二十二年(1842)任河南道员时，由"契交"汪喜孙赠之。杨以增得此书后，越十年重新装池，再越十年，绍和又作题识，可见是书于杨氏如何见重。杨氏书散出后，归陈清华，后转归国图。

8　**《附释文互注礼部韵略》五卷**　[宋]丁度撰。宋刻本。《隅录》卷一著录。九行，行大小相间二十二、三字不等，小字双行，行字不等，细黑口，左右双边，双鱼尾，版心上题大小字数，下镌刊工姓名。此书并无书牌等可资鉴定版本，但其刻工为定版刻提供了有力证据，这些刻工有：吴文彬、莫冲、刘士震、范

① 《宋版书叙录》，北京图书馆出版社1994年版，第274页。

贵、范文贵、刘羽、陈敬甫、郑安礼、邓举、危杰、上官生、刘千、岑广、陈文等。如吴文彬、刘士震、范贵、陈敬甫、邓举、危杰、上官生、刘千等，其中有不少曾参与过南宋理宗宝庆元年(1225)刻本《新刊校定集注杜诗》三十六卷的雕印工作，此书由广东漕司福清曾噩倡出资刊刻，故称为宋宝庆元年(1225)广东漕司刻本，《杜诗》开版宏朗，与《韵略》字体刀法如出一辙，疑即《韵略》亦为宋宝庆初广东漕司刻本。杨绍和云："是书当日官本既不可见，而曹本(即清康熙时曹楝亭刻本)之为后人移掇添补，《总目》已详辨之。钱本(即清常熟钱孙保家影宋刻本)附载之《贡举条式》，亦必非原书所有。守正(即宋代郭守正)称书肆板行漫者凡几，一漫则一新。可知辗转传刻在宋时初非一本。此本以《淳熙重修文书式》及《绍熙重修文书令》冠首，别无序文、条式，自是锓木在先，尚未经后人附益者，较之求赤、楝亭所据为最旧矣。且开板宏朗，字法规橅欧、颜，精彩夺目，尤宋椠中希有之奇。昔述古主人藏楚金《系传》，诧为惊人秘笈。此本亦予斋惊人秘笈也。"李致忠亦云此本"其珍贵特色较上述之本(即南宋绍定三年(1230)藏书阁刻本)有过之无不及。……开板宏朗，字大如钱……楮墨精良，确系惊人秘笈"[①]。周叔弢云："白纸，精美，阔大……大版心，天地头宽阔。"(《隅录》批注)而是书框高23.5厘米，广17.5厘米，诚如弢翁所言。钤有"南京兵马指挥司副指挥堂关防"、"夹山人书画印"、"长洲顾仁效水东馆考藏图记私印"等印。表明此书于明曾为官书，又为明文士顾仁效所藏。顾氏字彦先，江苏长州人。王鏊云："顾君仁效结庐其下。仁效年少耳，则弃举子业，独好吟咏，性偏解音律，兼工绘事。每风晨月夕，闭阁垂帘，宾客不到，坐对阳山，拄颊搜句，日不厌。或起作山水人物，或鼓琴一二行，或横笛三五弄，悠然自得，人无知者。"[②]其藏书处曰水东馆，缘于好吟，故收此书。清代传于汪士钟。杨氏收藏后，复散出归刘少山，1951年，刘氏捐于国图。

9　《新定三礼图集注》二十卷　[宋]聂崇义撰。宋淳熙二年(1175)镇江府学刻公文纸印本。[清]钱谦益跋。《宋存书室宋元秘本书目》著录。十六行，行二十六、七字不等，白口，左右双边。公文纸印。所谓公文纸印本即是把废弃的公牍档册的无字的背面当做刷印纸而印制的书籍。此书纸背公文有宋淳

---

① 《宋版书叙录》，北京图书馆出版社1994年版，第311页。

② [明]王鏊:《震泽集》,《阳山草堂记》卷17，文渊阁《四库全书》本。

熙五年(1178)镇江府学教授徐瑞卿、中奉大夫充徽猷阁待制知镇江府司马笈衔名,卷二十末淳熙二年(1175)陈伯广刻书《跋》云:"《三礼图》,始熊君子复得蜀本欲以刻于学,而予至,因属予刻之。予观其图,度未必尽如古昔,苟得而考之,不犹愈于求诸野乎!淳熙乙未闰月三日永嘉陈伯广书。"据明万历《镇江府志》卷十六之"宋教授学正教谕附"目所载,熊克,字子复,宋乾道八年(1172)曾任镇江府学正,宋淳熙二年(1175)陈伯广续任后,因嘱其刻之。又据纸背衔名,则刷印当在淳熙五年之后。卷末钱谦益于清顺治十八年(1661)《跋》云:"宋显德中聂崇义《新定三礼图》二十卷,援据经典,考释文象,由唐虞讫建隆,灿然可征。……此等书经宋人考定,其图象皆躬命缋素,不失毫发。近代雕本,传写讹谬,都不足观。余旧藏本出史明古家。遵王此本有俞贞木图记,先辈名儒,汲古嗜学,其流风可想也。"则钱谦益此跋是为钱曾藏本而作。钱氏不仅赞其考订精审,且刊刻足观,又经名家递藏,因而可以想见先贤嗜学之风流。钱谦益所跋的这个"遵王此本"就是现今藏于国图的杨氏海源阁收藏之本。李致忠云:"全书皮纸印造,字体近欧,刀法严整,线条流畅,显系宋刻之上乘",观其书版,确如所言,且"传本极罕","似是海内仅存的宋刻本"[①]。藏印有"俞贞木"、"华夏"、"真赏""立盦图书"、"沧苇"、"季印振宜"、"徐健庵"以及杨绍和诸印。俞贞木(1332—1401),初名桢,以字行,号立盦。名门俞琰之孙,俞琰曾藏宋本《张先生校正杨氏易传》,自宋末至明初,余氏四代皆藏书治学。此书先藏明初俞氏,明嘉靖中归华夏真赏斋,《真赏斋赋》著录。清初又传于钱曾、季振宜、徐乾学。后为杨氏收藏。1935年11月归周叔弢。今藏国图。

10 **《春秋经传集解》三十卷(存二十三卷)** [晋]杜预撰,[唐]陆德明释文。宋鹤林于氏家塾栖云阁刻元修本。周叔弢跋。海源阁五种书目均不著录。十行,行十六、七字不等,注文双行,行三十二字,白口,左右双边,双鱼尾。每卷卷尾均镌有"鹤林于氏家塾栖云之阁锓梓"长方形双栏牌记。但"鹤林"、"于氏"究竟为谁,长期以来人们无从知道。"鹤林"一词,本为佛教用语,原指坐化之所。后引申为佛寺旁的树林,元稹《元氏长庆集》卷十三《大云寺二十韵》有"鹤林萦古道,燕塔没归云"句,即此意。然用于此处是否指地名不敢确定。根据书中讳字,南宋第一任皇帝赵构和第二任皇帝赵昚的名讳均不行回

① 《宋版书叙录》,北京图书馆出版社1994年版,第157页。

避，但北宋末帝钦宗赵桓之名讳“桓”字则避讳极谨。所以此本极有可能刻于北宋末。傅增湘题宋嘉定九年(1216)兴国军学刻本云:“疑于氏就兴国军本重刊，而附入释音，更加句读耳。”[①]如傅氏所言于本则很可能在兴国军学本之后，但通过上述所证，傅氏所言有误，因为赵扩嘉定年号已在南宋中晚期，而于本则在北宋末，正好与傅氏所说相反。且两本在版面形式上截然不同，李致忠曾对两本在行款、书口，以及有无《释音》和句读等方面做过详细比较，发现两本差异颇大。[②] 岳珂在《九经三传沿革例》中极称于本之善，但却把于本和兴国军学本混为一本:“世所传《九经》，自建、蜀、京、杭而下，有建余氏、兴国于氏二本，皆分句读，称为善本。”则将两本做一比较和刊刻时间上的差异可知，岳氏之说显然错误。此书系杨保彝于清光绪二十七年(1901)得于北京，都二十三卷，计卷一、卷三至九、卷十一至十三、卷十五至十六、卷十九至二十、卷二十二至二十五、卷二十七至三十。1935 年 11 月，杨敬夫售于周叔弢。除卷十外，其他六卷由弢翁从各家收购而来，并连同杨氏所藏二十三卷都二十九卷于 1951 年一起捐入国图。弢翁云此本为“海内孤本，世所罕见”[③]。

史部——以宋刻“四史”为主

11 **《史记集解索隐》一百三十卷** [汉]司马迁撰，[刘宋]裴骃集解，[唐]司马贞索隐。宋乾道七年(1171)建安蔡梦弼东塾刻本，卷四十三《赵世家》配清光绪元年(1875)杨保彝影宋抄本。《隅录》卷二著录，“四经四史”之宋椠《史记》第一部。十二行，行二十一字，注文双行，行二十八字，白口，四周双边，双鱼尾，版心上记字数，下鱼尾下记页数。《三皇本纪》第一上卷末双行牌记:“建溪蔡梦弼傅卿亲校刻梓于东塾时岁乾道七月春王正上日书”。“七月”为七年之误。据此可知此本刻于南宋孝宗乾道七年(1171);在《补史记序》、《六国年表》、《秦楚之际月表》、《汉兴以来诸侯年表》、《乐书》、《历书》后均刊双行书牌“建安蔡梦弼傅卿谨案京　蜀诸本校理置梓于东塾”;《目录》后题:“三峰樵隐蔡梦弼傅卿校正”;《五帝本纪》、《周本纪》末有书牌两行“建溪三峰蔡梦弼傅卿亲校谨刻梓于望道亭”;《殷本纪》末有书牌两行“建溪三峰樵隐蔡梦弼傅卿亲

---

① 《藏园群书经眼录》卷 1，中华书局 1983 年版，第 66 页。

② 参见李致忠:《〈春秋经传集解〉叙录》，《宋版书叙录》，北京图书馆出版社 1994 年版，第 169 页。

③ 周叔弢:《弢翁藏书题识》，《自庄严堪善本书目》，天津古籍出版社 1985 年版，第 111 页。

校梓于东塾”;《礼书》后有书牌一行“建溪蔡梦弼校正刊于东塾”。贺次君云:“此本校勘精善足匡正它本之讹谬,如《夏本纪》‘云土梦为治’,此与《索隐》本合,它本作‘云梦土为治’;《殷本纪》‘纣乃重刑辟之法’,此与北宋本同,它本‘刑辟’二字误倒;《秦本纪》‘简公昭子之弟’,它本脱‘子’字,‘斩首万级’,它本脱‘级’字……校史者必须汇集诸本,相互比勘,而后正其讹舛,则此本颇有可取,不能以其残损而忽视之。然此本亦有错字,如《秦楚之际月表·沛公二十八月》‘出令三军,秦民大悦’,它本及《汉书》表、传均作‘出令三章’,此‘军’为‘章’之讹……”[①]傅增湘云:“此书刻工劲秀,南宋初建本之精者,《史记集解索隐》合刊者以此为最早。”[②]贺次君则据书牌“谨案京蜀诸本校理”之语认为“《史记集解索隐》合刻,今传世者以此本为最早,后四年(应为五年)张杅桐川郡斋本亦系《集解索隐》合刻本,且皆溯自蜀本……”[③]也就是说贺氏以为蔡本只是传世二家注合刻本的最早刻本,之前已经有二家注合刻本,只是如今失传而已。贺氏理解有误,理由有三,其一,晚于蔡本五年的宋淳熙三年(1176)张杅桐川郡斋刻本,其卷末载张杅《跋》云:“惟唐小司马用新意撰《索隐》,所得为多,至有不可解者,引援开释明白。每恨其书单行,于披阅未便。比得蜀本,并与其本书集而刊之,意欲垂模与南方学者,其未暇也。朅来桐川踰季,郡事颇暇,一搜厮中书,蜀所刊小字者偶随来,遂令中字书刊之;用功凡七十辈,越肇始四月望,迄六月终告成。”蔡本刊行五年之后,张杅竟然还不知已有二家注合刻本行世,而以为己之所刻乃为首刻,可知当时二家注合刻本尚属初创时期。故而蔡本应是最先开创了合刻体例。其二,蜀本是一个《集解》本。蜀本现存九卷,保存在宋绍兴淮南路无为州官刻本中,而淮南路本是一个单解本。而且在张杅《跋》中也明言是用司马贞《索隐》与蜀本“集而刊之”,这里所指显然是一个集解本。其三,在蔡本之前,尚未见任何记载有二家注合刻本。另外,贺氏谓蔡本“溯自蜀本”,亦误。实际上所谓“京、蜀诸本”并非所据底本,而是指参校本而言,贺氏显然是误解了书牌之意。张玉春将蔡本和包括蜀本在内的诸本进行异文对校,发现异文极多,根本不主一本。[④] 钱大昕又云:“《史记索

① 贺次君:《史记书录》,商务印书馆1958年版,第79—80页。

② 《藏园群书经眼录》卷3,中华书局1983年版,第165—166页。

③ 贺次君:《史记书录》,第79页。

④ 参见张玉春:《〈史记〉版本研究》,商务印书馆2001年版,第212—215页。

隐》、《正义》皆各自为书，不与本书比附。宋南渡后，始有合《索隐》于《正义》者，创自蜀本。继有桐川、三山两本，皆在淳熙以前，其时《正义》犹单行也。”①是钱氏亦为书牌所误。蜀本不是二家注合刻本，蔡本亦不祖蜀本。蔡本实为最早二家注合刻本。

是书原为清彭城钱兴祖、季振宜、汪士钟旧藏。清咸丰元年(1851)，杨以增以三百八十金购自苏州，原册已损敝，次年又得一残刻，绍和互校，并以清晰者入替。《赵世家》一卷，杨保彝从朱修伯处借得蔡本残帙，影录易之，俾为完帙。杨氏书散出后，此本归陈清华，后归国图。

12 **《史记集解索隐》一百三十卷** [汉]司马迁撰，[刘宋]裴骃集解，[唐]司马贞索隐。宋淳熙三年(1176)张杅桐川郡斋刻八年(1181)耿秉重修本。[宋]耿秉跋、[宋]张杅跋。《隅录》卷二著录，“四经四史”之宋椠《史记》第二部。十二行，行二十三至二十七字不等，注文双行字数同，白口，左右双边，版心上鱼尾下题“史记几”三字，下鱼尾下记刻工姓名。贺次君与张玉春均将每半页十二行误为“十行”。《史记集解索隐》二家注合刻本最早刻本为宋乾道七年(1171)蔡梦弼东塾刻本，越五年，张杅在常州又刻二家注本，所用底本之一为蜀小字本。又过五年，即宋淳熙八年(1181)，江阴耿秉对张刻有误者进行补正重修，其行款幅式均同张本。耿本卷首有耿秉淳熙八年《序》，详述此本刊刻由来：“淳熙丙申(1176)，郡守张介仲刊《太史公书》于郡斋，凡褚少孙所续悉削去，尊正史也；学者谓非全书，怀不满意，且病其讹舛。越二年，赵山甫守郡，取所削别刊为一帙，示不敢专，而观者复以卷第不相入，览究非便，置而弗印，殆成弃物。信乎流俗染人之深，夺而正之，如是其难！然星之于月，其不侔亦昭昭矣；屏之使不得并，孰若附之其旁，则大小较然，不其愈尊乎。别以所续从其卷第而附入之，两存其板，俾学者自择焉。其讹谬重脱，因为是正，凡一千九百九字，以辛丑仲秋望日毕工。”由耿《序》知，耿本对张杅所删篇卷进行了增补，并校正讹误文字，而行款格式一仍其旧。故蜀小字本、张本、耿本实际是同一个版本系统，但就其质量而言，耿本无疑要优于前两本。如张杅刊刻时，悉依班固、张晏之说，以为十篇皆褚少孙所补者，张杅《跋》云：“其文猥妄不经，芜秽至不可读，每翻阅至此，辄败人意，不知何人遽续而传之？”故将《孝景纪》、《孝

① [清]钱大昕：《十驾斋养新录》，《钱大昕全集》第7册，江苏古籍出版社1997年版，第346页。

武本纪》等九篇删去，仅存其目。但他又认为“然其间亦有可喜，如《日者传》则大类庄周书意”，未加删除，而以注文小字出之。除此九篇外，张杅又删去它篇中认为是后人附益的文字，致使不全。而耿秉的修补则恢复了旧本的原貌。耿本还对张本之讹误者予以补正，如《六国年表》“初以君主妻河”：《索隐》“妻河，谓嫁之河伯”，张本“谓”误为“与”，耿本改之。类是者极多，不再赘述。由于张本今只以六十三卷残本存世，故而耿秉重修本犹显珍贵。

此本钤有“华阳顾仁效印”、“毛晋秘笈”、“乾学”、“季振宜读书”、“孙育私印”、“汪士钟印”以及多方杨氏藏印，知先后经明顾仁效、毛晋，清季振宜、徐乾学、孙育、汪士钟等名家递藏。清道光二十九年(1849)，杨以增访书苏州时，以三百金购得。海源阁遗书散出时，该书为银行家刘少山购得，今藏国图。

13 《史记集解》一百三十卷 [汉]司马迁撰，[刘宋]裴骃集解。宋刻本。《隅录》未著录，《宋存书室宋元秘本书目》则著录“宋本《史记》七十卷二十册四函”，《海源阁藏书目》于此目下，有王晋卿目验题记云“此系全书，归德化李氏”，则此本册数、函数均与今藏于北大图书馆的此本相符，故杨氏所言卷数为“七十卷”者实为“一百三十卷”之误。“四经四史”之宋椠《史记》之第三部。行格时有不一，十三行，行二十三字，小字注文双行，字数二十七字左右。偶有半页十四行，行二十四至二十七字，注文二十七至三十二字者，白口，左右双边，双鱼尾，版心题字不一，如“史一”、“传一”、“列三”等，无刻工姓名，偶尔在下象鼻右半刻有字数。此书无刻梓书牌，不知具体刊刻时地人等。宋讳“玄”、“弦”、“眩”、“敬”、“擎”、“弘”、“殷”、“匡”、“境”、“桓”、“貞”、“慎”等字缺笔，知其可能为南宋初孝宗时所刻。《中国版刻图录》云“字体近瘦金，纸墨版式，纯系南宋初期建本风格”①。张玉春又云：“字体与邵武朱中奉刊本极为相似，即《中国版刻图录》所说的近瘦金体。……朱中奉本刊于南宋绍兴十年(1140)，依字体推论，此本应是绍兴年间刊于福建。据此本避孝宗名讳，知其刊刻在孝宗即位以后，晚于朱中奉本。此本不仅字体与朱中奉本相似，刊刻风格也一致。即全书前半部字体娟秀，而后则刊刻草率，字形松散。建本最为主要的特点是校勘不精，讹误严重，这一点于此本体现尤为明显，可以说与朱中奉本如出一辙，因此定其为建刊本是不会错的。”②此本虽为全本，亦有抄配，卷五至

① 《中国版刻图录》，文物出版社 1990 年版，《叙录》，第 36 页。

② 《〈史记〉版本研究》，商务印书馆 2001 年版，第 199 页。

卷七配北宋本，卷一百之一、二页配元彭寅翁刻《史记集解索隐》本，《集解序》首半页以及正文尚有三十余页，似出明人抄配，脱落甚多。是书藏印二十余方，历经毛晋、汪士钟、杨以增等藏，从杨氏散出后，归李盛铎，转归北大图书馆，《北京大学图书馆藏李氏书目》著录。

14 **《汉书集注》一百二十卷**　[汉]班固撰，[唐]颜师古集注。宋蔡琪家塾刻本。《隅录》卷二著录。"四经四史"之宋椠《汉书》第一部。八行，行十六字，注文双行，行二十一、二十二字不等，细黑口，四周双边，有单鱼尾，有双鱼尾，版心上记字数，中题卷第，下记页数。书耳题如"叙传下"等。卷二十九、四十五至四十七、五十六至五十七上、八十六、八十八、九十九，配另一宋刻本。目录后有"建安蔡琪纯父刻梓于家塾"牌记，但无刻书年月。今藏日本静嘉堂文库的《后汉书》残本七十五卷，其目录后有"时嘉定戊辰季春既望刊于一经堂，将诸本校证，并无一字讹舛，建安蔡琪纯父谨咨"三行木记，嘉定戊辰即宋嘉定元年(1208)。以《后汉书》刻于嘉定元年(1208)例之，且两书行款、书口完全相同，字体亦似。此本当亦刻于宁宗嘉定前后。又宋讳"慎"、"敦"、"廓"字缺笔，"廓"乃宁宗赵扩之名讳，故此书刻于宁宗时应无疑义。《汉书》自北宋初太宗赵昚于淳化五年(994)时命官分校三史，始有刻本，至真宗景德、仁宗景祐先后重刊，最为精善。南宋宁宗庆元年间，刘之问取萧该《音义》、三刘《刊误》、宋景文《校语》附之注末，并以数本逐加雠对刊印，是正良多。蔡琪本即据庆元本覆出。钱泰吉曾以残本八卷校殿本，比之殿本多出三十余条，复以吴骞藏十四卷残本校汲古阁本，其改易处不下数十百处，故绍和云："全书之佳，可以概见。"《中国版刻图录》又云："初印精湛，纸墨如新，可称建本上乘。"[①]傅增湘于《海源阁藏书纪略》中云："大字妍美，铁画银钩。"周叔弢云："建本初印，字大行宽。"(《隅录》批注)钤有"古虞毛氏奏叔图书记"、"季振宜读书"、"沧苇"、"乾学"诸印，杨氏藏印有"杨东樵读过"、"四经四史之斋"、"杨彦合读书印"、"宋存书室"、"世德雀环子孙洁白"等二十余方，由杨以增官陕西时，以银五百两易得，之后又精心装池，视若宝物。该书为存世孤本，今藏国图。

15 **《前汉书注》一百二十卷**　[汉]班固撰，[唐]颜师古集注。宋刻元明递修本。[清]杨绍和跋。《隅录》卷二著录。"四经四史"之宋椠《汉书》之第二

---

① 《中国版刻图录》，文物出版社1990年版，《叙录》，第38页。

部。十行,行十九字,注文双行,行二十五至二十八字。黑口,四周双边,补版间有四周单边或左右双边,并不统一。双鱼尾,上鱼尾下题“前汉×卷几”或“前汉几”,下题页数。此书宋刻部分与海源阁藏宋本“四史”之《后汉书》第二部“行式悉同”,因卷末亦为补版,故而牌记亦无。但相其字体,与“四史”之《后汉书》第二部极似,当为宋刻。缺笔至“構”字,“慎”字间有缺笔,盖初刊于南宋孝宗时期。此后叠经补版,如“匡”、“恒”、“樹”、“敦”、“郭”诸字间有缺笔,补版时避讳并不严谨。补刻部分,版心上题字数,下题刻书时代,并间题刻工或写手,如元刻,《前汉纪》卷四第十六页版心有“大德十年刊”字样。《前汉叙传》卷七十上第五页版心题“大德九年刊”。如明刻,《前汉纪》卷一第二十三页,版心下题“宣德九年刊”。《前汉叙传》卷六十九下第十七页,上鱼尾下题“李敬刊”,下鱼尾下又题“正统八年刊毛俊写”。《前汉叙传》卷七十上第二十页,上鱼尾下题“陈亚祐”,下鱼尾下又题“正统八年赵观写”。亦有后人抄补,如《前汉叙传》卷七十下第十一至二十四页等。知此本自宋代刻成后叠经元、明两朝补版。钤有“旧卢氏之章”、“屠倬孟昭父印”及杨氏藏印多方。原与宋本《后汉书》第二部共为一帙,《隅录》卷二及《海源阁宋元秘本书目》卷二均题“三十册”,盖因与第二部《后汉书》合为一函之故。实为六十册。今藏国图。

16 **《后汉书注》九十卷** [刘宋]范晔撰,[唐]李贤注,《志》三十卷,[晋]司马彪撰,[梁]刘昭注。宋王叔边刻本。[清]杨绍和跋。《隅录》卷二著录。“四经四史”之宋椠《后汉书》第一部。卷四十下配另一宋刻本。十三行,行二十三、四字不等,注文双行,行二十八字左右,细黑口,左右双边,版心题“后汉纪”字。《目录》后有牌记“今求到刘博士《东汉刊误》续此书后印行”,又五行书牌“本家今将前后《汉书》精加校正,并写作大字锓板刊行,的无差错。收书英杰,伏望炳察。钱塘王叔边谨咨”。后隔三行题“武夷吴骥仲逸校正”。王叔边盖浙人而开书肆于建阳者。南宋初,福建建阳书坊雕版自淳熙以来比杭州还要发达,因而吸引不少浙籍刻工来此参加雕印工作,不少还开设了书肆,在麻沙、崇化众多的书坊中,王叔边一经堂,也称王叔边宅,就是从杭州迁来的为浙人在建阳开设的一个著名书肆。何焯校本《后汉书》记宋隆兴二年(1164)麻沙刘仲立本,亦有吴骥题款,可证王叔边《后汉书》确在建阳开雕。此本书体秀媚,字近瘦金体。纸墨版式纯系南宋初建本风格。傅增湘则谓“字体秀劲,与乾道蔡梦弼本《史记》相类，盖闽本之最佳者”[①]。杨绍和云：“先公得嘉定本班《书》后，尝欲更得范《书》善本以为之偶，而求之数年不遇。咸丰辛亥(1851)始获此本于吴门，亦南宋时刊，虽密行细字，视班《书》少异，而昔人所云纸润墨香，秀雅古劲，展卷便有惊人之处者，则同一精绝。且嘉定本范《书》、《志》前删去刘宣卿注补本《序》，每卷仍首题宣城章怀衔名，极为何义门所诋，此本固无是也。”则是本之佳尤足称道。钤有汲古阁毛氏父子、季振宜、徐乾学、周良金诸家印记，又杨氏诸印，都三十余方，可见各家于此之器重。今藏国图。

17 《后汉书注》九十卷　[刘宋]范晔撰，[唐]李贤注，《志》三十卷，[晋]司马彪撰，[梁]刘昭注。宋刻元明递修本。《隅录》卷二著录。“四经四史”之宋椠《后汉书》第二部。十行，行十九字，注文二十五至二十八字，黑口，左右双边。关于此本之初刻，杨绍和云：“《藏书志》又云：卷末有‘右奉淳化五年(994)七月二十五日敕重校定刊正’一条，后列‘承奉郎守将作监丞直史馆赐绯鱼袋臣孙何、承奉郎守秘书省著作佐郎直集贤院赐绯鱼袋臣赵安仁’二行。此本卷末数页并《志》第十至十九均旧抄补，而标题行款殊不合，当据他刻录入，故无此衔名矣。又《潜研堂集·跋后汉书》云：‘此本虽多元大德九年(1305)补刊之页，尚是旧刻，于朓、敬、恒、徵字皆阙末笔，而让、勗却不回避，知系嘉祐以前刊本，较之明本有宵壤之隔矣。’是钱氏亦以此本为北宋椠，因并记之。”淳化乃北宋第二任皇帝宋太宗年号，据讳字，则此本初刻应在北宋第四任皇帝仁宗以前，或据淳化五年(994)刻本翻刻而致，如此，此本就是传世最早的刻本了。其后为元大德及元统年间修补，并明宣德、正统年间续修。《志》十至十九卷配清抄本。绍和又云：“昭文张氏《藏书志》载有北宋刊《后汉书》云：‘字画清朗，桓字、构字俱不缺笔，板心有大德九年(1305)、元统二年(1334)补刊字，盖北宋刊版，元代补修之本……’即此本也。但此本尚有注宣德、正统者，自是印时在后，又经明代续修矣。海宁陈氏《缀文》中所跋《后汉书》，亦即此本，特定为元翻宋板，则偶未审耳。盖自大德上溯元初，仅廿余年，若出元刻，不应已有补修也。”关于是本校刊之精审，陈鳣《跋》是书时，指出“斯可宝五”，所言甚是，文繁不录，可见《隅录》卷二杨绍和题识所引。该书由杨以增所购，置于四经四史斋中，钤有杨氏藏印多方。今藏国图。

---

① 《藏园群书经眼录》卷3，中华书局1983年版，第194页。

18 《三国志》六十五卷 [晋]陈寿撰,[刘宋]裴松之注。宋刻本。《隅录》卷二著录。"四经四史"之宋椠"四史"之一。卷二、卷四十至四十一配清影宋抄本。十行,行十八至十九字,注文双行,行二十三至二十四字,黑口,四周双边,左栏外有书耳记篇名。宋讳缺笔至"廓"、"郭"字,知为南宋中叶宁宗时刊本。《中国版刻图录》云:"审其字体刀法,知是南宋中叶建本。"①宋本《三国志》传世者以衢州州学本为多,但亦基本上都是宋、元、明三朝递修本,今残卷分散于北大图书馆、上图、甘图及宁波天一阁文物保管会等;另有宋咸平国子监刻南宋初补刻本,仅存《吴书》二十卷,藏日本静嘉堂文库;南宋初刻小字本,残存《魏书》卷七至九、卷二十五至三十,现藏国图;南宋绍兴刻本,只存《魏书》三十卷,亦藏国图。南宋绍熙间福建刻本传世者有两部,其一为日本宫内厅书陵部所藏,然缺首三卷;其二是杨氏海源阁所藏,此本为存世最为完整者。傅增湘曾云:"各史中唯《三国志》未见宋刊完帙,生平所阅非残缺即入南监补版者。"②当 1931 年 2 月于天津盐业银行见到此本时,他惊叹曰:"字体方劲,锋棱峭历,与黄善夫刊《史记》极相类,建本之精者,印本亦清朗。"③又于《海源阁藏书纪略》中云:"《三国志》宋椠最罕见,此精印尤难得。"周叔弢亦云:"建本,精美,黄纸。"(《隅录》批注)但建本历来为人所诟病的主要原因就是文字校勘上的粗疏,此本亦是喜忧参半。关于此本之优,杨绍和在题识中已经提及,可见第四章校勘一节所引,对于此本校刊上之粗率,程远芬在《跋涵芬楼影印南宋建本〈三国志〉》④一文中以《三少帝纪》一卷为例,找出明显讹夺之例有数十处之多,仅举几例识之。三页后二行注"樊城被攻","被"误作"破";六页后五行"则其身不正",脱"其"字;八页前七行注"将为臣何","何"误作"向";十页前六行注"师老众疲","老"误作"若";二十二页后五行注"爰有黄气烟煴于堂","气"误作"帝"……。程先生共指出三十五条误例,其中各本均不误而宋本独误者十八例,由此亦见此本之讹甚。尽管如此,因其保存最全,刊刻较早,亦可宝贵。民国间,张元济就以和此本为同一本的日本藏本为底本影印入《百衲本二十四史》中,就可说明此本之珍。此本钤有"士钟"、"秋浦"以及杨氏诸印,知

① 《中国版刻图录》,文物出版社 1990 年版,《叙录》,第 39 页。

② 《藏园群书经眼录》卷 3,中华书局 1983 年版,第 203 页。

③ 同上。

④ 参见《书目季刊》第 33 卷第 1 期,"台湾中央图书馆"编,2002 年 8 月。

先为苏州汪士钟所藏，清道光二十九年(1849)杨以增“开府袁江，以重金得之，取配旧藏宋椠《史记》、两《汉》，共成四史”。[①] 今藏国图。

19 《资治通鉴考异》三十卷 [宋]司马光撰。宋绍兴三年(1133)两浙东路茶盐司公使库刻本。《隅录》卷二著录。十一行，行二十字，注文双行，字数同，白口，左右双边，单鱼尾，鱼尾上记字数，下题“通鉴几”，下题刻工。卷二十七至三十配清影宋抄本。此本实际上是宋绍兴三年(1133)两浙东路茶盐司公使库刻本《资治通鉴》二百九十四卷《目录》三十卷《资治通鉴考异》三十卷合刻本的第三部分。傅增湘目验是书后云：“此与余藏百衲本《通鉴》中第一种绍兴浙东茶盐司本同。”[②]傅氏题百衲宋本《资治通鉴》云：“第一种：版匡高六寸六分，广四寸七分。每半页十二行，行二十四字，白口，左右双栏，版心上记通鉴几，下记刊工姓名。字体方正浑厚。避宋讳至‘構’字止，‘慎’字间去剜痕，当为后印时所剔去者。卷末有司马光《上通鉴表》、元祐元年(1086)尚书省下杭州镂板札子及绍兴初两浙东路茶盐司刊板监修及校勘官衔名。题‘绍兴二年(1132)七月初一日两浙东路提举茶盐司公使库下绍兴府余姚县刊板，绍兴三年十二月二十日毕工，印造进入’。其后有绍兴府及茶盐司官吏衔名六行，校勘监视诸人衔名十七行，均为嵊县、余姚两县进士、学官及簿、尉等。当是绍兴三年刊成于余姚者。”又云：“惟此帙中之绍兴二年浙东茶盐司公使库本，版式字体犹存北宋古茂遗矩。缘公库开版，例宜进御，故写官削氏必选精良，校勘监修又皆时彦。且时属南渡之初，旧工犹在。用是详审齐整，迥然不同，余尝遍考各家书目，均未录及此本。惟《天禄琳琅后目》载有一本，虽未注行款，颇疑即此绍兴本。……唯存此绍兴官刊，为元祐嫡子，岿然为传世诸本之冠，至可宝也。”[③]今国图藏有宋绍兴三年两浙东路茶盐司公使库刻本《资治通鉴》二百九十四卷《目录》三十卷和海源阁藏本，将两本比对，除行款不同外，其余和傅氏所言俱同。至于行款之异，系两板分别开板雕造所致。《北京图书馆善本书目》著录两书，均题宋绍兴二年至三年(1132—1133)两浙东路茶盐司公使库刻本。再检刻工，朱祥、朱礼、沈绍、胡杏等均是南宋初杭州地区良工。故而定

① 杨绍和：《宋本〈三国志〉题识》，《隅录》卷2，清光绪二十年(1894)杨保彝刻本。

② 《藏园群书经眼录》卷3，中华书局1983年版，第236页。

③ 傅增湘：《百衲宋本〈资治通鉴〉书后》，《藏园群书题记》卷2，上海古籍出版社1989年版，第103—104页、第105页。

此本为浙本应当属实。钤有“曾在春星堂”、“汪士钟曾读”、“宋本”诸印，又有“杨东樵读过”、“杨绍和审定”、“聊摄杨氏宋存书室珍藏”等杨氏印记。今藏国图。

20　《通鉴纪事本末》四十二卷　[宋]袁枢撰。宋宝祐五年(1257)赵与𥲅刻元明递修本。[清]朱锡庚跋。《隅录》卷二著录。十一行，行十九字，白口，左右双边，单鱼尾，鱼尾上记字数，下题“通鉴纪事本末卷几”，下题页数，下题刻工姓名。卷十三至十七、十九、二十二、二十九配清抄本。间有元、明补修数页。刻工有吴炎、梁贡甫、余甫、余和、刘拱等四十余人。卷首有宋宝祐五年(1257)赵与𥲅《序》，云：“严陵旧本字小且讹，乃易为大书，精加雠校，以私钱重刊之，非特便老眼训子弟，庶与四方朋友共之。”傅增湘又云是本“煌煌巨编，纸墨清朗，锋棱毕露，视昔时厂中习见之品实为远胜，要亦足珍矣”①。宋宝祐本世称大字本，赵氏所言严陵小字本即此书初刻本——宋淳熙二年(1175)严陵郡庠刻本。关于此本与严州本之长短，傅增湘于《藏园群书题记》卷三《宋淳熙刊小字本通鉴纪事本末跋》云：“赵与𥲅居湖州，出私钱重刻之，序言‘严陵旧本字小且讹，乃易为大书，精加雠校’云云，即诸家常见之大字本也。顾大字本既行世，人喜其庄严闳整、豁目悦心，争相赞美。又以严陵本世不多觏，更深信赵氏‘字小且讹’之言，……今得此本反覆展玩，书法劲整，有颜筋、柳骨之风，且校对颇审，余前略举订正诸条，实出大字本之上。《仪顾堂续跋》跋湖州本云：‘严州所刻写刊精良，校雠细密，远胜此本，德渊因其字小改为大字重刊可也，必欲诬之为讹，岂公论乎？今两本具在，孰精孰讹，必有能辨之者。’据存斋所言，于赵序深为不平，与余所怀吻合。盖皕宋楼藏有小字残本，手自编摩，深知其胜，与流俗之徒望风逐影者异矣。”盖于外观上大字本胜于小字本，而于内容上则又逊于小字本。王国维《两浙古刊本考》亦著录此本，云是嘉兴府刊版，而傅氏则以为湖州刻本，以赵氏所居，湖州本更为可信。此书由杨以增督清江时由许乃普寄赠，钤有朱锡庚及杨氏藏印多方。今藏国图。

21　《建康实录》二十卷　[唐]许嵩撰。宋绍兴十八年(1148)荆湖北路安抚使司刻递修本。《隅录》卷二著录。十一行行二十字，注文双行，约三十字，白口，左右双边，单鱼尾。版心下镌有刻工，计有潘洪、余中安、余文、詹元、王

① 傅增湘:《藏园群书经眼录》卷3，中华书局1983年版，第268页。

匣、傅忠、宋琳、萧昌龄、俞邦、陈仲。补版姓名有吴坚、王克明、李茂、周震、王珪、危世安、王太、杨永年、王青、张彤、张敏、张用、蔡仲、黄宥、吴友成、赵褒、邓亮等。这些刻工都为南宋初浙籍良工。书末有“江宁府嘉祐三年(1058)十一日(“日”应为“月”)开造《建康实录》,并案《三国志》,东、西《晋书》,并南、北《史》□□勘至宋嘉祐四年(1059)五月毕工,凡二十卷二十五万七千五百七十七字,计十一□”及“将仕郎守江宁府溧水县主簿张庖民校正”等衔名七行,知此本由江宁府初刻于北宋仁宗嘉祐三年(1058)。其后又有“绍兴十八年(1148)十一月　日荆湖北路安抚使司重别雕印”及校勘官韩轸等衔名九行,知此本确系绍兴十八年(1148)荆湖北路安抚使司越九十年后重刻北宋嘉祐本,据《宋史·地理志》记载,绍兴五年(1135)荆湖北路置安抚使于江陵府,则此书当刻于江陵。检阅讳字,卷中遇北宋仁宗讳“桢”字注“御名”或“今上御名”,如卷四“谓之御名祥”,卷二十“御名明三年入隋”。故知绍兴本出自北宋嘉祐本。又遇南宋高宗讳“構”字,注“今上御名”,如卷十三“闻元凶今上御名逆,遂垂涕召沈庆之及其僚佐等议”。则南宋初绍兴年间所刻无疑。又补版中,“慎”字、“敦”字亦缺笔,则补版亦至光宗绍熙年间。《中国版刻图录》谓“孝宗朝又经修版”①,恐不确。

宋嘉祐三年(1058)江宁府本已佚,则此为八百年来传世最早孤本,故藏书家视若球璧。绍和叹曰“洵世间仅存之宝笈矣”。是书唐、宋时广为流传,《新唐书·艺文志》、《郡斋读书志》、《直斋书录解题》、《文献通考·经籍考》和郑樵《艺文略》等均有记载。元、明未见传刻记载。至明末为毛晋收藏,后转归季振宜,载于《延令宋板书目》中,著录为十二册。再经徐乾学收藏,编入《传是楼宋元板书目》,已分装成十六册。其后,又经周锡瓒、汪士钟递藏,汪氏书散出多归海源阁,此为其一。此书卷中朱笔批校,或出自杨以增之手,卷首钤有“益之手校”一印可证。1930年前后,此书归入周叔弢,后捐献于国图。

22　**《两汉博闻》十二卷**　[宋]杨侃纂。宋乾道八年(1172)胡元质姑孰郡斋刻本。《隅录》卷二著录。十行,行十九字,白口,左右双边,双鱼尾,版心中题“两汉博闻几”,下鱼尾下题页码,下记刻工姓名。卷一至三、卷五第十四至三十一页,卷六目录及正文第一至五页,卷十目录及正文第一至七页,卷十一

---

① 《中国版刻图录》,文物出版社1990年版,《叙录》,第42页。

目录及正文第一至七页，均以清影宋抄补配。卷末胡元质《跋》云："元质顷游三馆，蒐览载籍，得《两汉博闻》一书，记事纂言，真得提钩之□□，其传之不广也。爰是正而芟约之，刻版□□孰郡斋，□□□辰十月旦日吴郡胡□□□书。"《跋》中"辰"即"壬辰"，宋乾道八年(1172)。胡元质字长文，长洲人。宋绍兴十八年(1148)进士，孝宗时曾出知和州(今安徽历阳)、太平(今安徽当涂)、建康，以敷文阁学士、吴郡侯致仕。著有《左氏摘奇》一书并刻之于世，此书末题："乾道癸巳(1173)锓木于当涂道院。"姑孰即今安徽当涂，亦即太平，因知《两汉博闻》和《左氏摘奇》均刻于太平任时。又该书刻工有陈震、杨珪、毛用、唐彦、朱文、赵通、胡彦、黄宣、骆善等。陈震系南宋初南京良工，曾参与刊刻绍兴江南东路转运司刻宋、元递修本《后汉书》。避宋讳严谨，"殷"、"匡"、"貞"、"徵"、"構"、"恒"、"桓"等缺笔。是书为传世孤本，傅增湘云："字体瘦劲，初印精湛，麻纸细洁可爱。"[①]该书内容为纂辑两《汉书》而成。晁公武云："《两汉博闻》十二卷。右皇朝杨侃纂。景德中，侃读两《汉书》，取其中名数前儒解释为此书，以资涉猎者。"[②]黄鲁曾云："韩子所谓记事者必提其要，纂言者必钩其玄。宋儒之意以为读者读其实而已，其浮泛游移之辞，奚足芎尚。此《两汉博闻》之不可以或少也。"[③]全书计《前汉书》七卷，《后汉书》五卷，凡一千三百三十三条，附三十八条，每条均依次为题目、正文、注，注文取颜师古及章怀太子注，列于正文之下。因而，本书不仅是两《汉书》的提要钩元之作，而且于版本亦可反校宋本两《汉书》，故此价值亦不能小觑。此书本为汪士钟旧藏，后归入海源阁，今藏国图。

23 《咸淳临安志》九十五卷 [宋]潜说友撰。宋刻本。[清]季振宜题款，[清]傅王露跋、[清]杨绍和跋。《隅录》卷二著录。十行，行二十字，注双行低格，十九字二十字不等，白口，左右双边，双鱼尾，版心上记字数，大小分左右，下记刻工人名，每卷一人，有单字和全称，似皆为一人，如尤、尤明等。宋讳极谨，如"玄"字注"圣祖讳"，"筐"、"匡"、"桓"、"署"、"樹"、"旭"、"構"、"匀"诸字注"庙讳"，"璇"字注"御名"，语涉宋帝皆提行，如遇"咸淳"年号等亦空一格。无书牌，因而不知是书具体所刻年、刻书人。《中国古籍善本书目》题"宋咸淳

① 《藏园群书经眼录》卷6，中华书局1983年版，第521页。
② [宋]晁公武：《郡斋读书志》卷7，上海古籍出版社1990年版，第302页。
③ [明]黄鲁曾：《〈两汉博闻〉序》，《两汉博闻》卷首，明嘉靖三十七年(1558)黄鲁曾刻本。

刻本”，《北京图书馆古籍善本书目》则题“宋咸淳临安府刻本”，《现存宋人著述总录》亦然。然据考证该书是否能在咸淳期间刻成，颇有疑问。主持纂修人潜说友于宋咸淳四年(1268)升两浙转运副使、知临安府。七年(1271)代户部尚书，兼知临安军府事。后升端明殿学士，调知平江府。宋德祐元年(1275)，元兵入建康，下苏州，说友弃城逃遁，至福州降元。宋景炎二年(1277)二月，王积翁以言激众，潜说友被元将李雄剖腹身亡。[①]《咸淳临安志》当为说友任职于临安时所纂，其任职具体下限不明，但据《咸淳志》纪事至宋咸淳九年(1273)可知，此书编纂应在宋咸淳四年到咸淳九年(1268—1273)，或延至咸淳九年以后。宋度宗于咸淳十年(1274)七月驾崩，故此书一百卷煌煌巨册，在当时条件下，是不可能在短短一年多的时间里编纂刊刻而成的。再检讳字，南宋理宗后，国运颓败，刻本避讳不多见。然《咸淳志》中避讳仍见，如“啓”字注“御旧名”，宋度宗赵禥初名孟启。“旋”字注“今上御名”，如卷三十八第十二页最后一句“洄今上御名泝流而上”，“旋”字避宋恭宗赵㬎嫌名。故此书必成于咸淳之后，其刊刻时间应在咸淳、德祐间。又查刻工，王垚曾参与刻宋咸淳廖氏世彩堂刊本《昌黎先生集》和宋咸淳刊本《草窗韵语》等，王春、梁贡甫、沈祖、范仲实等又刻宋宝祐刊本《通鉴纪事本末》，这些刻工皆为南宋末杭州地区良工，有些刻工已入元初，如陈政就曾参与元初刊本《金史》的雕版工作。因此，将此书刻年限定于咸淳年间不确。而该书是否为临安府所刻，也并无确证。北图等之所以题“临安府”刻，恐怕与说友知临安府有关。南宋临安府内有刻书处，如《西汉文类》卷四十末题：“绍兴十年(1140)四月日临安府雕印”，故于府内刻此书是有可能的。但当时临安官私刻书者多家，至于此书是否为临安府所刻，书中并无有关信息，故定为临安府刻本实为推测。虽然此书是否为临安府所刻不能确定，而为官刻当不容有疑。因为从避讳极谨来看，只有官刻才能如此。再者，南宋书版所留板片到元代有些为杭州西湖书院所收，由书院山长黄裳等人于元泰定元年(1324)编成的《西湖书院重整书目》中著录的是“临安志”，据王国维考证，“此即潜说友《咸淳临安志》”。[②]又顾志兴云：“元代杭州西湖书院所藏二十余万板片……除少数几部是元集庆路板片外，其余均为南宋国子监

① 参见[明]王鏊：《潜说友传》，《姑苏志》卷40《官宦》4，文渊阁《四库全书》本。

② 王国维：《两浙古刊本考》卷下《西湖书院书版考·临安志》，《闽蜀浙粤刻书丛考》，北京图书馆出版社2003年版，第227页。

及浙江各府所刻书板。”[①]由此可知，西湖书院所收均为官刻版片，故此，《咸淳临安志》为官刻定然。从字体、刀法上，亦颇似南宋杭州官刻风格，陆心源曰：“字体圆劲，刊手精良，不下北宋官刊，杭州汪氏新刊本，摹刻亦精，视此则有天壤之判矣。”[②]又据刻工皆为杭州地区良工，故将此刻本定为宋末杭州官刻本为宜。关于是书之佳，卷末傅王露《跋》云：“今观季氏所藏宋椠《咸淳临安志》百卷，共八函，纸洁版新，字画明晰，披阅一过，古香纷然，洵可宝贵。残缺虽夥，而补抄本亦复端雅可观，使数百年不易购之书首尾完善，亦可见前人之用心矣。”

原书一百卷，杨绍和得时九十五卷。海源阁惨遭兵燹时，毁佚十七卷，现存七十八卷。钤有“季振宜藏书”、“徐乾学”、“珊瑚阁珍藏印”诸印。“珊瑚阁珍藏印”为百龄[③]藏书印。杨绍和于清同治五年(1866)购于京师。此书自阁书遭劫后，其散毁流传颇多故事[④]。今藏国图。

24 《汉隽》十卷 [宋]林钺撰。宋淳熙十年(1183)象山县学刻本。《宋存书室宋元秘本书目》著录。九行，行十五字，注文双行，字数三十字，白口，左右双边，双鱼尾，上鱼尾下题“卷几”，下鱼尾下题页数，下题刻工姓名。刻工姓名可辨者有孙济、陈真、施瑞、陈文、王进、王缙、孙湛、方迪、洪说、洪悦、孙善、朱芾等十二人。宋讳“殷”、“驚”、“匡”、“筐”、“恒”、“桓”、“慎”等字缺笔，说明是刻已在南宋初期以后。卷首有宋绍兴三十二年(1162)林钺《自序》，卷末有魏汝功宋淳熙五年(1178)《后序》，云：“汝功顷得《汉隽》，爱其用力之周，有益于学者，兹守滁阳(今徐州)，蒐诸库，得梨板，命工刊之，以广其传。”据此，滁阳太守魏汝功于淳熙五年(1178)曾刻是书，又据“蒐诸库，得梨板”云云，似可能之前已有刊本。越五年之后，亦即淳熙十年(1183)，象山县学再刻是书，是谓“淳熙十年象山县学刻本”。《天禄琳琅书目后编》卷四著录是书宋本两部。其《天禄》乙本，审其印记及行款等与海源阁藏本悉同。《天禄》本有淳熙十年杨

---

① 顾志兴：《杭州西湖书院藏板与刊书》，《浙江出版史研究——元明清时期》，浙江古籍出版社1993年版，第23页。

② [清]陆心源：《〈宋椠咸淳临安志〉跋》，《仪顾堂题跋》卷4，《续修四库全书》本。

③ 百龄即百文敏，张姓，字子颐，号菊溪。辽东人，隶汉军正黄旗。清乾隆三十七年(1772)进士，选庶吉士，授编修，累官至兵部尚书、协办大学士。清嘉庆十六年至二十一年(1811—1816)官两江总督。卒谥“文敏”。见张一民《“珊瑚阁”藏书主人是谁?》，《山东图书馆季刊》，2002年第3期。

④ 参见第七章末之《海源阁藏〈咸淳临安志〉散佚考》一文。

王休《跋》及工价、校刊人姓名，海源阁藏本均已佚去，刻工与《天禄》乙本稍异，盖海源阁藏本有毁损之处，无法辨识所致。淳熙十年杨王休《跋》云："象山县学《汉隽》，每部二册，见卖钱六百文足，印造用纸一百六十幅，碧纸二幅，赁板钱一百文足，工墨装背钱一百六十文足。列衔从事郎知明州象山县主管劝农公事兼主管王泉盐场蒋鹗、迪功郎明州象山县主簿徐晟，乡贡免解进士县学长章镕校正，乡贡进士门生樊三英校正。"又题云："善本锓木，储之县庠，且藉工墨盈余为养士之助。"[①]杨王休，象山人，字子美，南宋乾道二年(1166)进士，历官黄岩县尉、礼部侍郎、华文阁待制等，与辛弃疾等为全国四个"名监司"之一。杨王休在《汉隽》刻行之际，亲为之作跋。淳熙十年本与淳熙五年本初看极为相似，但仔细对勘，虽行款、书口相同，然两本所用版片并不是同一版。张元济《宝礼堂宋本书录》著录了海源阁藏本，云"此为滁州第一刊本，而象山本则取是覆刻也"，误。实为淳熙十年蒋鹗象山刊本。滁州本，今藏上海图书馆，虽行款同，但刻工迥异，滁州本刻工有龚旻、龚亮、萧茂、黄升、龚以达、邓升、邓俊、邓鼎、蔡恭、蔡昌、蔡懋等，为季振宜、徐乾学、清内府旧藏。而《楹书隅录·补遗》在转引《宝礼堂宋本书录》著录是本云"绍兴壬午(三十二年)魏汝功滁阳刻本"，实际上《宝礼堂宋本书录》并未言"绍兴壬午"，绍兴壬午即绍兴三十二年(1162)，林钺于此年撰成是书，但其《自序》中并未交代刻书事宜，而魏汝功已在《后序》中明白交代了是在宋淳熙五年(1178)刊刻是书。所以《楹书隅录·补遗》这一转引显然张冠李戴。钤有"愚公"、"季振宜藏书"以及杨氏藏印。此书自海源阁散出后，为番禺潘宗周所得，今藏国图。

子部——以宋刻诸子为主

25　**宋本《荀子》二十卷**　[战国]荀况撰。宋刻本。[清]顾广圻跋。《隅录》卷三著录。十行，行十八字。未见。是书自杨氏书散出后，叶恭绰、周叔弢、王子霖、均曾经眼。周叔弢云："钱佃本，印晚。白纸。日本。顾跋。"(《隅录》批注)又王子霖《海源阁藏书六种善本流失情况》著录该书云："南宋江西漕司刊本，卷首有道光己丑(1829)顾千里跋，卷一有'徐健庵乾学'、'百宋一廛'、'杨氏伯子'、'以增私印'、'东郡杨二绍和筠岩'、'杨彦合读书记'等藏章，每卷

① 《〈汉隽〉提要》，《天禄琳琅书目后编》4，中华书局1995年影印本，第285页。

后有校语，半页十行，行一十八字。"[①]则该本当为南宋淳熙间江西漕司钱佃刊本。陈振孙言钱本云："淳熙中，钱佃耕道用元丰监本参校，刊之江西漕司。其同异著之篇末，凡二百二十六条，视他本最为完善。"[②]卷首顾广圻跋云："艺芸书舍藏宋椠《荀子》二：北宋，则吕夏卿监本；南宋，则钱佃江西漕司本。佃字耕道，陈直斋称其本最为完善，指同时建、浙、蜀诸本而言。若校监本，互有短长，正以合之，乃成两美耳。……钱本，合《孟》、《杨》、《文中》为四书，刊于淳熙年。吕本，耕道谓刊于元丰。"可见钱本远在诸本之上。又叶恭绰云是本为"艺芸书舍藏"[③]，则递经徐乾学、黄丕烈、汪士钟等名家收藏，其后，由杨以增收归海源阁。1928年，此书自杨敬夫售书贾后，又经日人收购包括此本在内的子、集宋本六种，一并存入由日人控制的大连满铁图书馆，之后被苏联红军攫走，今存俄罗斯国家图书馆。

26　《说苑》二十卷　[汉]刘向撰。宋刻本。明人题款，[清]黄丕烈跋。《隅录》卷三著录。未见。是书自杨氏书散出后，傅增湘、叶恭绰、周叔弢、王子霖、郦承铨均曾经眼。兹据以上各家著录，其版式为：十一行，行二十字，白口，左右双边。卷六末黄丕烈跋一则，卷二十末有无名氏题款"嘉靖四十一年(1562)六月廿八日看毕"，末钤有朱文"张氏收藏"印；黄丕烈清嘉庆十二年(1807)跋一则；卷二第五页佚去，用咸淳重刊本补录；附录小读书堆残宋本卷十九、卷二十宋刻款识："《说苑》卷十九。岁壬申秋，瑯山翁士白重修校正。《说苑》卷二十。乡贡进士直学胡达之视役。迪功郎差充镇江府学教授徐沂。咸淳乙丑(1265)九月，迪功郎特差充镇江府府学教授李士忱命工重刊。"傅增湘目验是书后云："宋刊本……字体方严与《新序》相近。"[④]《隅录》卷三、叶恭绰《遐庵谈艺录》和王子霖《海源阁藏书六种善本流失情况》均题北宋本。黄丕烈于卷末跋云："余喜是书可与《新序》为合璧，而行款多同，必是北宋以来旧本，因遂得之。取校咸淳重刊本，实多是正，即如卷六'阳虎得罪'条，多'非桃李也'四字。卢抱经《群书拾补》中，据《御览》以为有'非桃李也'四字，讵知宋刻初本固有之耶。其他佳处，不可枚举。余悉校诸程荣本，以供同好之传录云。至于书有初刻、重

① 《王子霖古籍版本学文集》第2册，上海古籍出版社2006年版，第138页。

② [宋]陈振孙：《〈荀子注〉解题》，《直斋书录解题》卷9，上海古籍出版社2005年版，第270页。

③ 《海源阁藏书》，《遐庵小品·遐庵谈艺录》，北京出版社1998年版，第19页。

④ 《藏园群书经眼录》卷7，中华书局1983年版，第542页。

刻之别，又有原板、修板之殊，前所收《新序》系初刻，而阳山顾大有藏者系翻板。兹所收《说苑》系原板，而虞山钱遵王校者系重刊。彼此先后，各有异同，今余何幸，而两书尽善尽美之本，展读一过，尽正群讹，岂不快哉！岂不快哉！”据此当为北宋原版初刻，而南宋咸淳三年(1267)刻本据此而出，但已讹误甚多。藏印除“张氏收藏”外，尚有“汝南均图书记”、“文春桥畔□□□”、“平阳氏珍藏”、“士礼居”、“丕烈”、“汪士钟印”以及“杨以增”、“杨绍和”、“宋存书室”等杨氏诸印。今存俄罗斯国家图书馆。

27 **《童蒙训》三卷**　[宋]吕本中撰。宋绍定二年(1229)玉山堂刻本。《隅录》卷三著录。十行，行二十字，白口，左右双边，双鱼尾，下鱼尾下记页数。卷末有题记四行云：“绍定己丑(1229)，郡守眉山李埴得此本于详刑使者东莱吕公祖烈，因锓木于玉山堂，以惠后学。”则此本当重刻于南宋中叶绍定年间。是书明时有覆本，行式无异，然较之原刻，当不能同日而语。卷首末钤有“莫氏寿朴堂记”、“都氏元敬”、“南濠居士”、“张□之印”、“黄复之印”、“汪士钟曾读”诸印，经明初莫辕及明中叶都穆①收藏，入清为汪士钟所得，后为杨氏购之，钤有“杨绍和藏书”、“宋存书室”诸印。此书自杨氏散出后，北京崇文斋主人孙瑞卿得之于山东德县打尖集市一旧货摊上，后转归北京图书馆，今存台图。

28 **《管子》二十四卷**　[春秋]管仲撰。宋绍兴二十二年(1152)瞿源蔡潜道宅墨宝堂刻本。[清]陆贻典跋、[清]黄丕烈跋、[清]杨绍和跋。《隅录》卷三著录。未见。是书自杨氏书散出后，傅增湘、叶恭绰、周叔弢、王子霖、郦承铨均曾经眼。兹据以上各家著录，其版式为：七行，行二十字，注文双行，字数二十八字。卷一后有木记云：“瞿源蔡潜道宅墨宝堂新雕印。”末卷后有木记云：“蔡潜道宅板行，绍兴壬申(1152)孟春朔题。”则为南宋初刻本。其后并巨山张嵲《读管子》一则，谓“绍兴己未从人借得，舛错甚众，颇为是正，抄藏于家”。绍和案：“壬申乃绍兴二十二年，上距己未仅十二年，潜道所刊，当据张氏抄藏之本，在今日为最古矣。”绍和以此本校他本之讹脱衍倒有二十五例之多，可见此本之珍。卷首钤有“刘氏伯温”、“黄氏”、“汪氏”以及“以增之印”、“绍和”、“四经四史之斋”诸印。今存俄罗斯国家图书馆。

---

①　都穆(1458—1525)，字玄敬，一字元敬。吴县人。明弘治进士，搜访金石遗文，拓印缮定，作《金薤琳琅录》20卷。又富藏书，著《铁网珊瑚》、《南濠诗话》等。

29 《淮南鸿烈解》二十一卷 [汉]许慎注。宋刻本。[清]顾广圻跋、[清]杨绍和跋。《隅录》卷三著录。未见。是书自杨氏书散出后，傅增湘、叶恭绰、周叔弢、王子霖、郦承铨均曾经眼。兹据以上各家著录，其版式为：十二行，行二十二字，注文双行，行二十五字。每卷第二行题“太尉祭酒臣许慎记上”。每册书面题签“《淮南子》，许叔重注。北宋本。第几册。”《隅录》、《记大连图书馆所收海源阁藏宋本四种》均题北宋本。绍和云：“‘慎’字惟卷十八缺笔，当是修补之页。”弢翁云：“建本。密行细字。”(《隅录》批注)顾广圻曾以此本校《道藏》本，校出讹脱倒衍五十五例，其中讹误四十六例，脱五例，倒一例，衍三例，故云：“以上诸条，实远出《道藏》本之上，而他本无论矣。至于注文足正各本之误者，尤不胜枚举，兹弗具述。”又云“此于今日，洵为最善之本矣”。绍和亦云：“若此至精至善之本，实于人间无两。”钤有曹楝亭、黄丕烈、顾广圻、汪士钟诸印。清咸丰二年(1852)，杨以增得于清江。今存俄罗斯国家图书馆。

30 《山海经》十八卷 [晋]郭璞注。宋淳熙七年(1180)池阳郡斋刻本。《隅录》卷三著录。十行，行二十一字，注文双行，行字同，白口，左右双边，单鱼尾，鱼尾上记字数，下记“山海经上、中、下”，下记刻工。宋讳缺笔至“慎”字。《直斋书录解题》卷八著录《山海经》十八卷，曰：“今本锡山尤袤延之校定。”此本刻工有金大有、曹侃、李彦、刘仲、刘文、叶正等，与国图藏宋淳熙八年(1181)尤袤池阳郡斋(今安徽贵池)所刻尤袤校《文选》刻工相同。《文选》补版刻工刘彦中、刘用、王明、盛彦、曹佾、唐彬等，亦均见此书。此外，清初毛扆所见宋刻尤袤校本版心亦作上、中、下[①]，与此本相合。由上可知，此本当为《直斋书录解题》所载尤袤校刻本。明末清初时，毛扆所据校的这一宋刻尤袤校定本尚流传于世，先后为项元汴、季振宜、徐乾学诸家递藏，季振宜《延令宋板书目》著录，现已不存。毛扆曾据此本校明刊本，毛扆校本今藏国图，毛扆曾将这一宋本上的尤袤跋影写下来，尤跋作于淳熙庚子年(1180)，于校刊《山海经》经过记述颇详。而海源阁所藏的这一宋本尤袤跋脱去，幸有毛扆所见宋本、尤跋及刻工等可证。季、徐藏本已佚，则杨氏藏本在今日已为仅存的最古版本了。钤有“宋本”、“汪士钟曾读”以及杨以增、杨绍和父子印多方。盖此本初为汲古阁

① 杨绍和引毛扆校明刊本《〈山海经〉跋》云：“又斧季《跋》云：‘板心分上中下’”。见杨绍和《隅录》卷3宋本《山海经》题识。

藏，后入艺芸书舍，杨以增于清咸丰元年（1851）得于清江。1934年8月，周叔弢购自杨敬夫。今藏国图。

31　**《华南真经》十卷**　［晋］郭象注。宋刻本。《隅录》三著录。十行，行十五字，注文双行，行三十字，白口，左右双边，单鱼尾，鱼尾下记“庄子几”，下记页数，下记刻工姓名。刻工俞邦、赵褒、邓亮、吴友成、詹元、张彤、许和、余中、宋琳等，宋绍兴十八年（1148）又刻荆湖北路安抚使司本《建康实录》，宋讳缺笔至“遘”字，因推知此书当是南宋初年湖北地区刻本。傅增湘云：“版心记刻工姓名，与鄂本《建康实录》有同者。”[①]周叔弢云：“此非杭本，乃湖北本，刻工姓名与《建康实录》同，纸墨亦相近。”（《隅录》批注）关于此本的校勘价值，傅增湘于《藏园群书经眼录》卷十宋蜀中赵安仁刻本《南华真经注》题云：“此本与世德堂本校勘，其异处与涵芬楼北宋本合。又世行本于《天运》篇中混入成玄英《疏》三十五字，从‘夫至乐者’至‘太和万物’。自宋末坊刻已然，而此本无之，是蜀刻源于古本审矣。”检校此本，《天运》篇中亦无成玄英《疏》三十五字，说明此本亦源于古本。蜀本缺笔至“慎”字，显然要比此本晚，则蜀本又极可能出于此本。且全书经前人以多种失传本校过，可谓除现存敦煌唐写本外，此本“乃为最古最有校勘价值的《庄子》版本了”。[②] 字体清秀，纸墨精莹，无一补版，故绍和云“此郭象注本，乃南宋精刊”。钤有“担菴”一印，篆法古秀，色绀而旧，杨保彝考证云，此印或为宋人钤矣。又有“汪士钟印”、“三十五峰园主人”和杨氏诸印。此书自海源阁散出后，周叔弢从文在堂魏子敏处购得，今藏国图。

32　**《经史证类备急本草》三十一卷**　［宋］唐慎微撰。宋嘉定四年（1211）刘甲刻本。《海源阁书目》著录。十一行，行十九字至二十一字不等，白口，左右双边，版式高广，大字疏朗，有颜柳体势，为蜀刻之精者。卷首有刘甲《序》。傅增湘云：“与广都裴氏本《文选》甚相类。前有宋嘉定四年（1211）知潼州军府事刘甲序，言初雠于江西，再刊于南隆，今又点勘与东梓云云，盖梓州覆刻宋淳熙十二年（1185）江西路转运司本也。卷中尚存淳熙十二年（1185）江西刻书衔名。”[③]可知此书在宋时有江西、南隆、东梓三个刻本。东梓即四川潼川，古称梓州。钤有“吾仲内氏”、“吴氏家藏”两印，杨氏藏印有“彦合珍玩”、“瀛海仙

---

① 《藏园群书经眼录》卷10，中华书局1983年版，第900页。

② 王良玉：《宋刻本〈南华真经注〉》，《文献》，1988年第1期。

③ 《藏园群书经眼录》卷7，第579页。

班”、“海源阁”、“东郡杨绍和彦合珍藏”等，均为杨绍和之印。盖此书为绍和后得，故《隅录》未及著录。今藏国图。

33 《兰亭续考》二卷　[宋]俞松辑。宋淳祐刻本。《海源阁宋元秘本书目》著录。九行，行十七至二十字不等，白口，左右双边。东晋永和九年(353)三月三日，王羲之与谢安等四十一人在会稽山阴兰亭修禊，以诗歌唱答。之后将其诗作汇为一集，并由王羲之亲笔作序，这就是著名的《兰亭序》，亦叫《禊帖》、《临河序》等。《兰亭序》为王羲之的书法代表作品，为历代名家品题，因而先后有《兰亭考》和《兰亭续考》，《直斋书录解题》卷十四著录浙东庾司刻本《兰亭考》十二卷，共收十三篇。此《续考》二卷为南宋俞松所辑。卷首有宋淳祐二年(1242)蜀人李心传序，序中交代了俞松搜辑该书的经过和意义。该书杨氏藏本只有前一卷一册。此书《四库全书》收有明嘉靖三十四年(1555)姚咨抄本全本，此本出自宋本，卷末姚咨《跋》云：“正德间，吴人柳大中佥尝藏书万卷，特以抄本鬻于嗜古者，此册亦出诸柳氏，云系宋刻大字本搨之，又有桑泽卿《兰亭考》十二卷，藏于家。今大中亡矣，所藏皆散去。余偶得之，华少岳忽病痁，不能执笔，乃命儿子手搨以供老境清玩，复缀数语末简云。嘉靖乙卯(1555)杪秋廿二日，勾吴茶夢散人姚咨时年六十有一。”姚《跋》之前，又有景欧堂主人宋淳祐四年(1244)《跋》。其后鲍廷博据明嘉靖三十四年(1555)姚咨抄本刻入《知不足斋丛书》中。周叔弢在购得知不足斋本后，嘱劳健从是本补入了第二卷及卷末景欧堂主人宋淳祐四年(1244)《跋》。这则跋文对考证此书刊刻时间有重要作用：“《兰亭续考》前一卷，其间有松所藏本与他人所藏者，合为一卷。后一卷，皆松所藏。尝经秀岩李先生品题，命工锓板，以贻同志。淳祐甲辰(1244)中秋日书于景欧堂。”“李先生”很可能就是卷首《序》作者李心传，而此《跋》作者其实就是俞松自己，《跋》中“松”云云为自称，《四库全书总目》卷八十六著录是书云：“后有自跋，称甲辰书于景欧堂，盖淳祐四年(1244)也。”显然此处所指亦为俞松本人。由此可以推知，此本为俞松辑录，并于淳祐四年“命工锓板”，是谓南宋淳祐四年俞松辑刻本。又刻工曹冠英，曾刻嘉兴本《愧郯录》和《重校添注柳文》等，则顾志兴于《浙江出版史研究》中又将其作为嘉兴刻本。①

① 参见顾志兴：《浙江出版史研究》，浙江人民出版社1991年版。第三章第五节第三部分《嘉兴府刊书》。

《海源阁宋元秘本书目》题《禊帖续考》一卷一册。王绍曾《隅录补遗》卷三著录此书云:"《海源阁宋元秘本书目》题宋本《禊帖续考》一卷一册,当即此书,惟卷数册数有误。"案:《海源阁宋元秘本书目》题"一卷一册"者不误,盖绍和所收时即为一卷一册,其后周叔弢从杨敬夫处购得后,嘱劳健抄补一卷一册,有弢翁题识及劳健跋为证。弢翁于《自庄严堪善本书目》题识云:"宋淳祐刻本,卷二配劳健抄本。"①劳健于抄补第二卷后有《跋》,对是本流传、版刻和抄补等做了详细交代,颇为珍贵,兹录于此:"宋大字本《兰亭考续》,怡邸旧藏,原装析作二册,归海源阁时仅存上册。顷岁聊城兵乱,阁书多散佚,此为旌德江君所收。癸酉岁暮,叔弢复得诸北平文禄堂书铺,以示健,属为依知不足斋刻本补写足之。宋本上册并序,都三十三叶;今略依其行款字数仿下册,仅得十九叶。疑宋本下册或有附页题跋甚多,惜早佚不可见。知不足斋据嘉靖姚氏抄本传刻,与宋本小有异同。如卷首标名,宋本只作'吴山俞松',鲍刻则多一集字。宋本于宋讳,如殷、敦、徵、敬诸字,皆未缺笔,独'貞'字缺笔谨严,疑别是私讳。鲍刻则于宋讳字皆从缺笔;贞观或作正观,兹仿写悉改从宋本例。又鲍刻因当时文字禁忌,于胡虏字皆改易。今取此上册之可证者,如杀虎林为杀胡林,改从宋本。其疑者,如北庭或为虏庭之改,顾未可武断,则姑从鲍本云。宋本写刻甚美,叔弢谓当是作者自书上板,于宋椠中绝罕见,洵可宝贵。拙书续貂,陋劣愧不相称。幸佚册倘犹在人间,会有延津剑合之时,姑视此为筌蹄,以俟异日覆瓿可耳。甲戌正月桐乡劳健笃文书于唐山。"劳健抄于 1934 年初。是书钤有怡府藏印,则为绍和于京都购之,有"东郡宋存书室珍藏"印。此书散出后,先为旌德江汉珊所得,又为京都文禄堂收藏,弢翁又从文禄堂得之。今藏国图。

集部——以宋刻唐集为主

34 **《楚辞集注》八卷《辨证》二卷《后语》六卷** [宋]朱熹集注。宋端平二年(1235)刻本。《隅录》卷四著录。九行,行十八字,白口,左右双边,大版心,双鱼尾,上鱼尾上记字数,下题楚几,下鱼尾下题刻工。卷末依次有邹应龙嘉定五年(1212)序,朱熹子朱在嘉定十年(1217)跋,朱熹孙朱鉴端平二年跋。《楚辞》的最早本子是汉刘向编订的十六卷本;后汉王逸为之章句,续增其自著

---

① 《自庄严堪善本书目》,天津古籍出版社 1985 年版,第 47 页。

的《九思》一篇，成十七卷本；宋晁补之又择后世文辞与《楚辞》相类似者，编为《续楚辞》二十卷，又择其余文赋或大意祖述《离骚》，或一言似之者，为《变离骚》二十卷；朱熹根据王氏和晁氏二书，进行增删，附入注释，定为八卷本。其《后语》六卷则是根据晁氏《续楚辞》和《变离骚》加以增删而成。《辨证》二卷是他自撰的不能附入注释中的考证之语。因而朱熹的《楚辞集注》八卷《辨证》二卷《后语》六卷，是一个至宋代为止的最完备的《楚辞》集子，包括了屈原的全部作品和受屈原影响的宋以前的历代最好的作品。今晁氏书不传，王氏《章句》宋本亦无存，故而朱熹的这个注本就极为难得。《楚辞集注》八卷《辨证》二卷的最早刊本是在宋嘉定六年(1213)，即江西章贡郡斋刻本，这个本子入清为铁琴铜剑楼所藏，今藏国图。其后，《后语》六卷由其子朱在于宋嘉定十年(1217)刊出，但这个本子已经失传了。十六年后，其孙朱鉴集合三部分，于宋端平二年(1235)再行刻梓(见朱鉴《跋》)。故而端平本是今存朱熹《楚辞集注》最完备的本子，而为杨氏所藏时已成海内孤本。绍和题云："镌刻精善，装池古雅，可宝也。"钤有"海源阁"、"东郡杨氏海原阁藏"、"东郡宋存书室珍藏"、"杨以增字益之又字至堂晚号东樵行一"、"杨印绍和"、"宋存书室"、"杨印保彝"及三十六字铭文印等杨氏三代诸印，又有"东莱刘占洪字少山藏书之印"，知此书后为刘少山所得，今藏国图。

35　**《离骚草木疏》四卷**　[宋]吴仁杰撰。宋庆元六年(1200)罗田县庠刻本。《隅录》卷四著录。十二行，行二十一字，白口，左右双边，双鱼尾，版心上记字数，下记刊工姓名。卷末有宋庆元三年(1197)吴仁杰《自序》，《序》云："因按《尔雅》、《神农》书所载……悉本本元元，分别部居，次之于椠，会萃成书，区以别矣。"可见仁杰是在庆元三年撰成是书的。吴《序》后又有方灿庆元六年(1200)识语："比以《离骚草木疏》见属，刊于罗田县庠。"方灿识语后有校正衔名三行："州学生张师尹校对，罗田县县学生杜醇校正，免解进士蕲州州学正充罗田县县讲书吴世杰校正。"证明此书首刊于庆元六年罗田县学。康熙《昆山县志·人物志》云仁杰"登淳熙五年(1178)进士第，历罗田县令，国子学录"，盖仁杰稿成后于庆元六年嘱方灿刊于罗田。仁杰创作此书颇有含意，其前三卷专疏芳草嘉禾，卷端下题署"通直郎行国子录河南吴仁杰撰"，而第四卷疏馋花媚草，则不署己名。鲍廷博曾据此本重刻，其《跋》明其意云："维时宁皇初政，韩侂胄方专拥戴功，与赵汝愚相轧，罢朱子，严伪学之禁。斗南(仁杰字斗南)

未敢诵言，乃祖述《离骚》，譬诸草木，熏莸既判，忠佞斯呈，因以畅其流芳遗臭之旨。……前三卷首列名衔，而末卷自《赍》、《菉》、《葹》以下缺而不署，隐然寓不屑与小人为伍之意。其疾恶之严如此，则深得斗南作书之微旨矣。"①此为传世孤本，《四库》所收为安徽巡抚采进的影宋抄本，《总目》卷一百四十八提要云："此本为影宋旧抄，末有庆元庚申（1200）方灿跋，又有校正姓氏三行，盖仁杰官国子学录时属灿刊于罗田者。旧板散佚，流传颇罕。写本仅存，可谓艺林之珍笈矣。"绍和云："是写本已罕秘乃尔，况此为方氏原刊，更当何如宝贵耶！"卷末有"弘治五年（1492）孟秋读过"识语一行，则经明代士人阅过。清代藏印有"乾学"、"徐健庵"、"汪士钟印"、"阆源父用"以及杨氏诸印，今藏国图。

36 **《陶渊明集》十卷**　[晋]陶潜撰。宋刻递修本。[元]金俊明跋、[清]汪骏昌跋，[清]孙延题签。《隅录》卷四著录。十行，行十六字。白口，左右双边，注文小字双行，字数同。单鱼尾，鱼尾下题"陶集几"，版心下题刻工姓名，计有施章、王伸、洪茂、方成、何彦、吴申、胡时、刘仁、余仲等十人，又有"洪明重刊"、"杨昌重刊"、"吴宝重刊"、"吴宗重刊"、"施祥重开"、"胡端重开"、"王进重刊"、"陈文重刊"、"施俊重刊"、"朱坦重刁"等，"刁"应是"雕"的省写。卷十末附录《曾纮说》。《汲古阁珍藏祕本书目》题为北宋本，绍和依之，但据讳字和刻工则应为南宋初刻本，并经修补。此本缺笔避讳至高宗名讳"遘"、"搆"字止，而孝宗名讳"慎"字以下诸讳一无所避，而且避讳缺笔字均在原刻页上。则此本必刻于南宋孝宗之前，亦即高宗之时。再检刻工，《中国版刻图录》云"施章、王伸、洪茂、方成皆南宋初年杭州地区良工，宋绍兴十七年（1147）又刻明州（宁波）本《徐铉文集》，补版刻工与明州本《白氏六帖》、《文选六臣注》多同，因疑此本当为明州本。毛氏《汲古阁秘本书目》定为北宋本，恐不确"②。又《中国版刻图录》著录宋绍兴明州递修本《文选六臣注》，该本修版时间是在宋绍兴二十九年（1159）③，补版刻工为洪茂、方成等。《陶渊明集》的补修时间当与之大体同时。再据《陶渊明集》避讳至高宗止，则补版定在绍兴后期为适。所以此本

---

① [清]鲍廷博：《〈离骚草木疏〉跋》，《离骚草木疏》卷末，清乾隆四十五年（1780）《知不足斋丛书》本。

② 《中国版刻图录》，文物出版社 1990 年版，《叙录》，第 21 页。

③ 《中国版刻图录》第 1 册第 21 页著录宋绍兴明州递修本《文选六臣注》，据该本卷末明州参军卢钦后题"《文选》板岁久漫灭殆甚，绍兴二十八年（1158）冬十月直阁赵公来镇是邦，首加修正，字画为之一新"，及[宋]罗濬撰《宝庆四明志》卷 1《郡志一・郡守》所载赵善继条目，云："右朝散大夫直祕阁，绍兴二十八年（1158）十月初八日到任，二十九年（1159）六月二十六日罢任。"（文渊阁《四库全书》本）则修补此本当然亦在此时。

应是绍兴初刻，绍兴后期补刻。然何以毛氏、杨氏均题北宋本？原来书后《曾纮说》之最后一句话云："宣和六年七月中元临汉曾纮书刊。"宣和六年即北宋徽宗宣和甲辰年(1124)。实际上，南宋绍兴本确曾出自曾纮北宋宣和六年刻本，但不是宣和本，而是宣和本的重刻本。《曾纮说》云："余尝评陶公诗，语造平澹，而寓意深远，外若枯槁，而中实敷腴，真诗人之冠冕也。平生酷爱此作，每以世无善本为恨。顷因阅《读山海经》诗，其间一篇云'形夭无千岁，猛志固常在'，且疑上下文义不甚相贯，遂取《山海经》参校。《经》中有云'刑天，兽名也。口中好衔干戚而舞。'乃知此句是'刑天舞干戚'。故与下句'猛志固常在'意旨相应。五字皆讹。盖字画相近，无足怪者。……宣和六年七月中元临汉曾纮书刊。"绍兴本卷四《读山海经》十三首第十首"形夭无千岁"，小字旁注"刑天舞干戚"。据《曾纮说》中所云，则"形夭无千岁"之误为曾纮校勘发现，可知曾纮于宣和六年再次校刊时予以加注持增，这是曾刻的确证。而绍兴本对此给予完全保留，这显然说明绍兴本所用底本就是曾刻本。复据《曾纮说》末句所署，则绍兴本出自宣和本更无疑问。① 其实，绍兴本录此《曾纮说》亦正是想要说明该本的底本，不想却设下误会，而毛氏、杨氏均未细审，导致误判版本。

是书为毛子晋故物，毛晋幼子毛扆曾以此校出通行本讹脱数例，《汲古阁珍藏秘本书目》著录该书云："宋版《陶渊明集》二本，与时本夐然不同。如《桃花源记》中'闻之欣然规往'，今时本误作'亲'，谬甚。《五柳先生赞》注云：一本有'之妻'二字，按《列女传》是其妻之言也。他如此类甚多，不可枚举。即《四八目》注比时本多八十余字，而通本一作云云，比时本多千余字，真奇书也。签题系元人笔，不敢易去。"②然亦有未尽之处，郭绍虞指出："如宣和王氏本王仲良《后序》所论宋时《陶集》误字，以'库钧'为'庾钓'，'丙曼容'为'丙曼客'，'八及'为'八友'之类，此本误字亦与之同。是则此本在世诧为奇珍者，在宋时亦未为佳刊也。"③但与传世其他宋本相比，它仍然是最好的善本，邓小军在对各宋本详细研究后云："曾纮本(原曾纮本不存，即绍兴本底本，见以上论证)当基本保存宋庠本异文，校注异文七百余处，仅次于曾集本，尤其不录思悦《书后》，

---

① 详文可见邓小军《陶集宋本源流》，《诗史释证》，中华书局 2004 年版，第 90—94 页。

② 《汲古阁珍藏秘本书目》，《丛书集成初编》第 0034 种据《士礼居丛书》本排印，中华书局 1985 年版，第 27 页。

③ 郭绍虞：《陶集考辩》，《照隅室古典文学论集》上册，上海古籍出版社 1983 年版，第 279 页。

比苏写本更接近宋庠本原本，是今存宋代刻本最善之本。”又云：“陶集校勘，当以曾纮本为底本，以苏写本、曾集本、汤汉注本及焦本等为主要校本。”[①]且世间仅此一帙，弥足珍贵，历来为藏书家见重。其藏印有四十余方，如“桃源戴氏”、“啸庵”、“商微子后，自亳之吴，再迁于鄞”、“文彭”、“毛氏子晋”、“宋本”、“甲”、“黄丕烈”、“骏昌”、“士钟”以及杨氏诸印。《百宋一廛书录》著录云：“‘啸庵’、‘桃源戴氏’、‘宋（应为商字）微子后，自亳之吴，再迁于鄞’三印，验其篆文印色，皆元时人也。”[②]文彭则是明代文征明之子，大藏书家、书法家。“宋本”、“甲”是毛晋珍藏宋本秘笈的特有印章。卷末黄丕烈题曰：“陶陶室藏《靖节集》第一本。”荛翁藏书多归长洲汪士钟，《艺芸书舍宋元秘本书目》著录。道光己酉（1849）、庚戌年（1850）间归杨以增，绍和题云：“我子孙其永宝用之。”1931年周叔弢自杨敬夫处购得，今藏国图。

37　**《陶靖节先生诗》四卷**　［晋］陶渊明撰，［宋］汤汉注。宋刻本。［清］周春跋、［清］顾自修跋、［清］黄丕烈跋，［清］孙延题签。《隅录》卷四著录。七行，行十五字，注文双行，字数同，白口，左右双边，双鱼尾，版心上方记字数，上鱼尾下记卷次，下鱼尾下记页数，下记刻工姓名。卷前有宋淳祐初元（1241）九月九日汤汉自序。刻工有蔡庆、邓生、张生、吴清、蔡刁、江梓等，有些则是单字刻工如庆、吴、清、蔡等，疑是双字刻工的省写。其中，蔡庆、邓生、吴清等于宋咸淳元年（1265）又刻建宁府知府吴革刻本《周易本义》，宋咸淳年间建宁府另一任知府吴坚于福建漕治所刊的《张子语录》，也有刻工邓生等，因此推断，此本大概亦是建宁府刻于咸淳前后。又据《宋史》卷四十五《理宗本纪》载，宋景定五年（1264），太子谕德汤汉知福州。《宋史》卷四百三十八之《列传·儒林八》第一百九十七《汤汉传》云，度宗即位（即宋咸淳元年，公元1265年）召奏事，授太常少卿兼国史院编修，久之又召为刑部侍郎兼侍读以龙图阁待制知福州、福建安抚使。可见，在宋咸淳元年前后，汤汉是最有条件延请建宁刻工刊刻是书的，而且，这与《周易本义》、《张子语录》的刊刻时地正好一致，故而将此本定为宋咸淳福州刻本，应无疑问。《中国版刻图录》认为“此本疑是咸淳元年前后重刻本”[③]，但这之前是否还有汤注首刻本，则无任何证据。该书版本价

---

① 参见邓小军《陶集宋本源流》，《诗史释证》，中华书局2004年版，第115—116页。

② ［清］黄丕烈：《百宋一廛书录》，《荛圃藏书题识》附录一，上海远东出版社1999年版，第985页。

③ 《中国版刻图录》，文物出版社1990年版，《叙录》，第40页。

值极高，周春题识云："是书乃世间所希有，宋刻之最精者也。流传日久，纸墨敝渝。偶从友人处得之，不胜狂喜，手自补缀，亟命工重加装订，分为两册，完好如新。余家旧藏有东涧选本，妙绝古今，此更出其上矣。"又云："此本大字端楷，作欧阳率更体，颇便老眼，且校雠亦鲜'形夭'、'庾钧'之讹，装后覆阅数过，诚可宝爱。"该书黄皮封面题："陶诗汤注　上册　甲戌春孙延题"，卷末黄丕烈题："陶陶室藏《靖节集》第二本。"书内明清藏印累累。"秀石"、"景仁"、"董宜阳"、"项印禹揆"、"项子毗真赏章"、"周春"、"黄丕烈"、"汪印士钟"以及杨氏三代诸印。杨以增督南河时，访之吴门购得。1931 年 11 月，由王子霖作介转归周叔弢，今藏国图。

38　《三谢诗》一卷　［晋］谢灵运、［晋］谢惠连、［南朝］谢朓撰。宋嘉泰四年(1204)谯令宪重修本。［清］蒋杲跋、［清］黄丕烈跋。《隅录》卷五著录。此书原本未见，1943 年桥川时雄据原本影印，又 1984 年上海古籍出版社据桥川本影印入《古逸丛书》三编之中，今据《古逸丛书》本可知其版刻情况。十二行，行二十二字，左右双边，单鱼尾，上题字数，下题页数，中题"三谢诗"。卷首附页有隶书"郭氏木叶斋鉴定宋本"九字，卷末页第二十一行低三格题"宋宁宗嘉泰四年(1204)"七字，第二十二行低三格题"嘉泰甲子(1204)郡守谯令宪重修"十一字，但第二十一行题字，因并不避讳，显然为后人所书，绍和以为"篁翁笔也"(蒋杲号篁亭)。是集共录谢灵运诗四十首、谢惠连诗五首、谢朓诗二十一首，系宋唐庚从《文选》中辑出。三谢诗歌原都有专集，谢灵运集，《隋书·经籍志》卷四著录为"宋临川内史谢灵运集十九卷"，注云"梁二十卷，录一卷"，旧《唐书·艺文志》卷四十七、新《唐志》卷六十均作十五卷。之后散佚，明人辑有《谢康乐集》。谢惠连集，《隋志》卷四著录为六卷，注云"梁五卷，录一卷"，新《唐志》卷六十作五卷，《直斋书录解题》著录为一卷，云"本集五卷，今惟诗二十四首"。明有仿宋刻一卷本等。谢朓集，《隋志》卷四著录为十二卷，逸集一卷，两《唐志》、《郡斋读书志》均作十卷，《直斋书录解题》卷十六著录作五卷。现存谢朓集尚有明抄五卷本，但由于原本不见，不知是否据宋本而来。傅增湘《藏园群书题记》卷十一著录一残宋本《谢宣城集》，共目录(缺二页)和卷一赋九首、雩祭歌八首、四言诗二十八首，卷二鼓吹曲四十三首，傅氏以字体、讳字和刻工姓名考证为宋嘉定十三年(1220)洪汲翻雕楼炤本，《天禄琳琅书目》卷三载有宋嘉定刊本，但傅氏却未能在故宫博物院查到此书，不知嘉定本流落何处。傅氏所记残宋本也未能流传下来。由以上可知，三谢诗专集传至宋代时已经散失很多。现今流传下来的明清刻本多是根据宋本或《文选》而来，但宋本传至今天，已经全部失传。宋嘉泰本卷末所题"重修"，似是之前已有刻本，但这个本子究竟如何，已经无考。所以宋嘉泰本就成为宇内传世最早的孤本了。用此本校勘之后的本子以及《文选》所录三谢诗，则能是正良多（见第六章第四节）。

是书钤印累累，有"邵弥"、"黄印丕烈"、"汪士钟印"以及杨氏二十余方藏印。盖明代由高僧邵弥收藏，清康熙时归入苏州蒋杲家，乾隆间，黄丕烈以高价购得，复翁于卷末《跋》中叹曰"宋刻之贵，至以叶论价，亦贵之甚矣"。后归汪士钟，再后为杨以增所得。今存俄罗斯国家图书馆。

39　**《骆宾王文集》十卷**　［唐］骆宾王撰。宋刻本。［清］黄丕烈跋、［清］顾广圻跋。《隅录》卷四著录。卷六至十配毛氏汲古阁影宋抄本。十一行，行二十字，白口，左右双边，单黑鱼尾，版心中题"宾几"，下题页数。字体有颜体风格，严谨古朴，与宋蜀刻《李太白文集》、《王摩诘文集》在字体、刀法上极似，版式亦同，属于宋蜀刻十一行二十字本系统，这个系统的本子多刻于南北宋之间，此本宋讳缺笔至"遘"、"溝"字"溝"字或不缺，"遘"字乃南宋第一任皇帝高宗赵构之名讳，表明此书刻于南宋初年。《直斋书录解题》卷十六著录《骆宾王文集》十卷两本，谓"又有蜀本，卷数亦同，而次序先后皆异。"当即此本。陈振孙所说的另一个宋刻本，今亦不存，故而此蜀刻本为现存最早的骆集刊本。明清骆集刊本颇多，但以清秦氏石研斋影宋本最佳，而之前的明本虽然不少，然与宋本相比，异文较多，刊刻之粗率毕现，以明万历八年(1580)胡维新、原一魁刻本为例，其卷目编次均同宋本，但字句异文极多，如卷一《萤火赋》之"像招远之夕煇"句，胡刻本"煇"作"烂"；"陋蝉蜩之习悦"句，胡刻本"悦"作"蜕"；"独宛颈以触龙"句，胡刻本"龙"作"笼"。卷二《游德州赠高四》之"何汰衷襟乎"句，胡刻本"襟乎"二字空格。卷六《请陪封禅表》，胡刻本"封"误作"则"；《上齐州张司马启》，胡刻本脱"齐州"二字。蜀本虽非尽善，然后世传本讹谬更甚，故以蜀本校正他本，对还原骆集真面大有裨益。此本钤有"宋本"、"甲"、"汲古主人"、"鲁可主图书"、"顾广圻字千里号涧苹"、"汪印士钟"、"三十五峰园主人"以及杨氏藏印诸方。今藏国图。

40　**《唐四家诗集》九卷**　宋刻本。子目为：《常建诗集》二卷，［唐］常建撰;《杜审言诗集》一卷,[唐]杜审言撰;《岑嘉州诗集》四卷,[唐]岑参撰;《皇甫冉诗集》二卷,[唐]皇甫茂政撰。《隅录》卷四著录。四集同装一函,其版式、行款等俱同。十行,行十八字,白口,左右双边。单鱼尾,鱼尾上间题字数,鱼尾下题"审言诗几"或"岑诗几",下题页数。《岑嘉州诗集》版心下题刻工:子文;《杜审言诗集》版心下题刻工:范伯材刊。宋刻本《常建诗集》二卷亦见于《天禄琳琅书目》后编卷第六,谓"书二卷,计诗五十七首。上卷末刻'临安府棚北大街睦亲坊南陈宅刊印',即陈道人书坊也。《唐书·艺文志》载《建集》一卷,《书录解题》尚仍之。此本乃陈起宗之书肆所镌,作二卷,盖其所分。"王国维《两浙古刊本考》亦著录此宋本为"临安府棚北大街睦亲坊南陈宅刊印"本。中华再造善本影印此书,李致忠鉴定是书云:"版式规制、行款字数、字体风格、镌刻刀法,都与有实证的南宋临安府棚北睦亲坊陈宅书籍铺所刻唐人文集极为类似,与当年天禄琳琅所藏的那一部陈宅所刻《常建诗集》盖亦相同,因疑此本也出于陈宅之手。"[①]周叔弢《自庄严堪善本书目》著录此四种唐集,并于《常建诗集》题云:"此本卷下后剜去牌记一行。"[②]目验确如弢翁所言,剜去者当即《天禄琳琅》所记陈氏书牌。天禄本今藏于台湾故宫博物院,《"国立故宫博物院"宋本图录》著录[③],并附书牌图录,可为见证。其他三种与《常建诗集》之版式、行款、字体等均同,周叔弢又云"行款、版式全同"。杨绍和云:"四集同出一版。"王文进《文禄堂访书记》卷四著录此四集,言"宋陈氏书棚刻本"。故此为南宋临安府陈氏书棚本不疑。四集除《常建诗集》外均为传世孤本,《常建诗集》钤有"庐山阳陈徵印"、"伯恭"、"崇本珍赏"、"顾千里经眼记"诸印。《杜审言诗集》钤有"平生真赏"、"吴郡顾元庆珍藏记"、"大有"、"顾千里经眼记"、"唐印子言"等印。《岑嘉州诗集》钤有"袁褧"、"陈崇本书画印"、"商丘陈群"、"袁氏尚之"诸印。《皇甫冉诗集》钤有"元甫"、"克承"、"安雅堂"、"陈淳私印"、"周印日东"、"晋风□商"、"顾千里经眼记"诸印。故此四集,前经多家分散珍藏,后为顾广圻所聚,合成一函。钤有杨氏藏印多方。此本散出后为周叔弢购得,今藏国图。

---

① 李致忠:《宋刻唐人文集(一)》,《文献》,2005 年第 2 期。

② 《自庄严堪善本书目》,天津古籍出版社 1985 年版,第 71 页。

③ 宋书棚本《常建诗集》,《"国立故宫博物院"宋本图录》,"国立故宫博物院"1977 年印行,《叙录》第 143—144 页,图录第 65、66 页。

41 **《王摩诘文集》十卷**　[唐]王维撰。宋刻本。[明]袁褧题款,[清]顾广圻跋。《隅录》卷四著录。十一行行二十字,白口,左右双边,单鱼尾,版心鱼尾下记"摩诘几",下记页数,间记刻工。此本与蜀本《李太白文集》、《骆宾王文集》之版式相同,为蜀本十一行二十字本系统。宋讳"殷"、"贞"、"敬"等缺笔,而"縠"、"構"、"茍"字不缺笔。则北宋末刻梓无疑。陈振孙《直斋书录解题》卷十六载《王右丞集》十卷,云:"建昌本与蜀本次序皆不同,大抵蜀刻唐六十家集多异于他本处,而此本编次尤无伦。"[①]陈氏所言建昌本又称麻沙宋刻,《读书敏求记》、《百宋一廛赋》、《皕宋楼藏书志》等均有著录。建昌本前六卷为诗,后四卷文。蜀本第一、四、五、六、九、十卷为诗,余四卷为文,分类不分体。杨绍和云:"卷第序次虽以建昌本为胜,而此本乃北宋开雕,其间佳处实建昌本所从出之源,宋椠中之最古者矣。"周叔弢云:"汲古原装,纸印精美,完整无缺。此宋本之神品。"(《隅录》批注)此本卷五后款云"袁褧观",又钤有"项墨林鉴赏章"、"袁氏尚之"等印,则经明代袁褧、项元汴递藏,入清归汪士钟,再后与《骆宾王文集》同入海源阁。1930年归周叔弢,今藏国图。

42 **《孟浩然诗集》三卷**　[唐]孟浩然撰。宋刻本。[清]黄丕烈跋。《隅录》卷四著录。十二行,行二十一字,白口,左右双边,单鱼尾,鱼尾下记"孟上、孟中、孟下",下记页数。宋讳惊、恒字缺笔。细审字体、刀法,当是南宋中期蜀刻本,属十二行二十一字本系统。清嘉庆六年(1801)五月,黄丕烈得此书于坊间,遂取元刘须溪批点本与之对勘,发现"彼此善恶,奚啻宵壤,非特强分门类,不复合三卷原次序,且脱所不当脱,如《岁晚归南山》,《新唐书》所云浩然自诵所为诗也,元刻在所缺诗中。衍所不当衍,如《岁除夜有怀》,明知《众妙集》中为崔涂诗也。元刻在所收诗中,去取果何据乎?今得宋刻正之,如拨云睹青矣。至于此刻为南宋初刻,类此版式,唐人文集不下数十种……然皆残缺过半,究不若此本之为全璧也"。(见本书卷首黄跋)可见此本版本价值之高。张元济和四库馆臣又对此本的底本源流进行了探讨,张元济云:"卷首宜城王士源《序》,次韦滔《序》,次标目。王《序》谓其诗二百一十八首,分为士疑七之讹类,分上、中、下卷。诗或缺未成,而《思清美》及《佗人酬赠》咸次而不弃。是本并未分类,即首数亦微有不符。上卷八十五首,中、下卷各六十四首,总二百一

① [宋]陈振孙:《〈王右丞集〉解题》,《直斋书录解题》卷16,上海古籍出版社2005年版,第468页。

十三首。又附张子容二首,王维一首,视王《序》所云尚缺其二。《四库提要》谓,所收无不完之篇,亦无唱和之作,指为并非原本。此虽有张、王酬唱三首,而未成者却未见,且未分七类,故亦不能认为原本。……陈氏《解题》亦有分为七类之说,杨守敬《日本访书志》有日本元禄庚午(1690)刻本,分游览、赠答、旅行、送别、宴乐、怀思、田园七类,明刊本又有以五古、七古、排律、五言律、七言律、五绝、七绝分类者,其数亦七,然余皆以为后人附会王《序》,勉强配合,而原本亦恐不尔也。是为宋刻蜀本,镌印甚佳,惜被书估剜割描画,殊可惋惜。"[①]张元济和《总目》从分类和数量上对其是否为王士源底本提出了质疑,似不无道理。陈振孙谓"宜城王士源序之,凡二百十八首,分为七类,太常卿韦滔重序"[②]。陈氏对王士源原本的肯定使人更加相信蜀刻本与王本之不同,晁公武谓其"所著诗二百一十首,宜城处士王士源序次为三卷,今并为一。又有天宝中韦滔《序》"[③]。这说明在宋代已有对王士源本进行重新编次之本,而蜀本就是其中一个。不过,包括蜀本在内的宋本虽然都不是王士源原本,但又都直接或间接出自王本则无疑问。至今,据王本重新编刻的宋本,只有蜀本保存了下来,其他都已亡佚。因之此蜀本是现存孟集中的仅存的最早刻本,同时也是最接近王本原貌的本子,用它来校勘其他本子包括现在的整理本具有无可替代的作用。

此书钤有"翰林国史院官书"、"荛圃卅年精力所聚"、"汪印士钟"、"文登于氏小謨觞馆藏本"以及杨氏十九方藏印,则元代为官书,至清先为黄丕烈收藏,后归汪士钟,汪氏书散出,又为文登于昌进所得,终归杨以增。杨氏对此书宝爱至极,自所钤十数印就可知道。1927年,李盛铎从杨敬夫处购得,复归潘宗周,今藏国图。

43 **《昌黎先生文集》四十卷《外集》十卷** [唐]韩愈撰。宋刻本。《隅录》卷四著录。卷五至卷七、十七至二十四,《外集》卷一至十配清抄本。十二行,行二十一字,白口,左右双边,版心上黑鱼尾,中题"昌几"或"昌集几",下题页数。宋讳缺笔至"敦"字,当刊于南宋中期。细审刀法、字体及版式等与同时期蜀刻

---

① 张元济:《〈孟浩然诗集〉提要》,《宝礼堂宋本书录》集部,《张元济古籍书目序跋汇编》上册,商务印书馆2003年版,第288页。

② [宋]陈振孙:《〈孟襄阳集〉解题》,《直斋书录解题》卷19,上海古籍出版社2005年版,第558页。

③ [宋]晁公武:《〈孟浩然诗〉解题》,《郡斋读书志》卷17,上海古籍出版社2005年版,第847页。

本《李长吉文集》、《陆宣公文集》等相同，确系蜀刻风格，属宋蜀刻唐人集之十二行二十一字本系统，当为《唐六十家集》之一。宋以后，《韩集》刊刻颇多，然以注本为主，而白文本传世者惟此一种，故其版本价值极高。绍和云："卷首冠以赵德文录《序》，次李汉《序》。无注，而字句异同，注'一作'云云者极详核。中阙二十一卷……抄补工致，当由原刻影写，非漫然为之者。惟《目录》、《外集》，除《顺宗实录》外，计三十七篇，而抄补则与朱子本同，仅二十六篇，此本无《与大颠师书》。或当时援嘉祐蜀本之例，卷中已从刊落，目尚仍旧，如《考异》所云'虽不载其文，犹存其目'耶？盖此本即以原刻之卷证之目录，如卷七衍《赠李大夫苦寒歌》，第十三脱《河中府连理木颂汴州东西水门记》，亦殊矛盾。故未敢因其不相应遽疑从别本出也。且凡自别本缀补者，牵合行式，痕迹显然。此本天衣无缝，实非作伪者比，不特宋讳之缺笔及注'一作'云云，均视原刻恰符，为可信也。何义门引毛斧季云：'宋本李、杜、韩、柳集，李、柳两家最少。'予谓今所习见《杜集》之高楚芳删节《千家注》本，《韩集》之王伯大重编《考异》本，皆明代翻雕，纰缪百出，若宋末元初椠本，则并不多觏。等而上之，崧卿朱子之原书，更鲜而又鲜。此本刻时约尚在朱子之前，尤《韩集》中之最少者，可珍已。"钤有"翰林国史院官书"、杨氏三代藏印和"东莱刘占洪字少山藏书之印"，则此书自杨氏散出后归刘少山。今藏国图。

44　**《昌黎先生集》四十卷《外集》十卷《遗文》一卷《朱子校昌黎先生集传》一卷**　[唐]韩愈撰，[宋]廖莹中校正。宋咸淳间廖氏世彩堂刻本。《海源阁宋元秘本书目》著录。九行，行十七字，注文双行，字数同，白口，四周双边，双鱼尾。版心上记字数，中题"昌黎集几"及页数，下题"世彩堂"三字。各卷后有双行书牌"世彩廖氏　刻梓家塾"八字。廖莹中字群玉，号药州，邵武（今福建建安）人。尝举进士，却为奸相贾似道门客，专事典理图书。除太府丞，知某州，皆不赴。廖氏刻书都在宋咸淳年间，如命工翻刻《淳化阁帖》和《绛帖》。廖氏刻《韩集》和《柳集》，盖亦在此时。周密《志雅堂杂抄》和《癸辛杂识》谓廖刻诸书，用江西抚州萆抄清江纸，造油烟墨印刷，此书即如此。由于字体隽秀，刀法剔透，纸质莹洁，历来为藏书家看重。《藏书纪事诗》引丁氏《持静斋书目》云："《韩昌黎集》，宋廖莹中世彩堂精刊本。相传刊书时用墨皆杂泥金香麝为之。此本为当时初印，纸宝墨光，醉心悦目。"[1]莫友芝云："明东雅堂翻刻世彩堂

---

① [清]叶昌炽：《藏书纪事诗》附补正，上海古籍出版社1999年版，第70页。

《韩文》,一仍旧式而不著其所从来。今观此本,每页中缝下截悉有'世彩堂'字,徐氏悉以'东雅堂'易之。纸墨精好,字体在欧、褚间,徐尤未能毕肖也。"①今检此本,确如莫氏所云。曾影刻是本和柳集的罗振常将两本做过细致比较后云:"韩柳两集,本一人所书,然韩集中有数页字较粗大,似出两手,细察仍是刻工有优劣之故。盖开板时,必先韩后柳,刻久则能整齐划一。观此粗笔数页,仅见于第一、二卷可证也。惟柳集略配翻本,此则一无配页,允称完美。"②《中国版刻图录》又云:"此书与《柳集》齐名,二集字体版式悉同。书法在褚柳间,秀雅无二。"③廖氏人所不齿,然刊刻韩、柳两集却有功于世。

此本钤有"西□□氏"、"紫玉元居宝刻"、"项笃寿印"、"汪士钟印"、"郁松年印"诸印。关于此本的递藏,罗振常云:"两集分合之迹,观诸藏印可以推知。'西□□氏'之印在诸印中最古,而《柳集》中无之,知在某氏有《韩》无《柳》。至紫玉元居而合,项氏因之。其后又由合而分,以迄于今,未能合也。此集由项而汪、而郁、而丁,郁得汪氏藏书见之《师友渊源记》。郁书自粤乱后,多为丰顺搜罗,观《持静斋书目》中之书,为郁氏旧藏者不少,可证。"④盖是书自丁丙八千卷楼藏书散出后,辗转为杨保彝所得。杨氏诸印均为杨保彝所钤,计有"杨保彝印"、"杨保彝藏本"、"聊城杨保彝鉴藏印"、"陶南布衣"、"世延叔向系家近仲连台"、"海源阁藏书"、"四陶居"、"四经四史之斋"。罗振常又云"'陶南布衣'印,自属杨氏,然杨氏自端勤以下,三世悉非布衣,此印不知谁属"。这是杨保彝隐居陶南山馆时的谦称。在保彝《归蕥斋诗词抄》中就有不少抒写自己退隐陶南山馆时作为"布衣"的感受。世无二帙。自杨氏书散出后,归陈清华。今藏国图。

45 《新刊经进详注昌黎先生文》四十卷《外集》十卷《遗文》三卷《韩文公志》三卷 [唐]韩愈撰,[宋]文谠注,[宋]王俦补注。宋刻本。《宋存书室宋元秘本书目》、《海源阁藏书目》、《海源阁宋元秘本书目》著录。卷十二至十八配另一无注宋刻本。十行,行十八字,注文双行,字数同,白口,左右双边,单鱼尾。

---

① [清]莫友芝:《〈韩昌黎集〉题识》,《宋元旧本书经眼录》卷1,北京图书馆出版社2000年影印本。

② 罗振常《宋世彩堂本〈昌黎集〉杂识》,见1928年罗振常蟫隐庐影刻海源阁藏宋咸淳廖氏世彩堂刻本《昌黎先生集》卷末。亦见《1911—1984年影印善本书序跋集录》,中华书局1995年版,第406—407页。

③ 《中国版刻图录》,文物出版社1990年版,《叙录》,第15页。

④ 罗振常《宋世彩堂本〈昌黎集〉杂识》,《1911—1984年影印善本书序跋集录》,第406—407页。

版心下方记刊工姓名。观其字体、刀法,有颜体风格,瘦劲有骨,知是南宋中叶蜀本。避北宋讳,但不很严格,南宋讳亦不谨,"構"字缺笔,但"慎"字不缺。卷首有宋绍兴十九年(1149)文谠序和宋乾道二年(1166)进书表,说明文谠详注韩文是在南宋初,并于孝宗时进献,因而此书刊刻必在南宋初以后。王子霖在经眼是书后题"宋乾道刊本"①。刻工有张昌、李正、杨定、张德先、史丙、王公济、王龟、田正二、文望之、文来、单回、姚明、单仝、杨先、单太、单定、杨炳、吕洞、王胜、张巳孙、单召、吕道、宋正、宋真、王承、马行等。书中多次出现"史丙"这一刻工姓名,还有一处写作"眉史丙","眉"字很可能就是四川眉山的简称。国图所藏宋眉山刻本《淮海先生闲居集》,其卷一首页版心下端刻有"眉山文中刊"五字。因而,"眉史丙"很有可能就是"眉山史丙"之意。又如南宋宁宗庆元五年(1199)成都府学刻本《太平御览》,版心下镌"成都杜俊"字样,与"眉山文中刊"和"眉史丙"等亦属"籍贯"加"人名"等同一种形式。特别是《太平御览》所出现的刻工姓名中,也有单回、张昌、王龟、宋正等人,且这些姓名的刻写和《新刊经进详注昌黎先生文》一样,也是真、草、行各体并出,阴阳文并用,规范字与缺笔少画、俗简体字并存,刻工姓名上有时也雕个鱼尾。显然,这一地区已经形成了固有的雕镌风格。由此可以判断,文谠详注经进的这部《韩文》,与庆元时刊刻的《太平御览》在刊刻时地上,大致相同,应是南宋中期成都眉山地区刻本。然此本又与现存宋蜀刻本唐人文集的十一行本系统和十二行本系统不同,抑或属于十行本系统。

书中补配的七卷白文本,观其字体、刀法,当为宋代池州刻本,其刻工有王寿、王亨、斯从文、王辰、潘晖、夏旺、曹胜、蔡胜、刘通、朱佺、蔡正、田原、田良、金通等,还有不少单字刻工。今山西省祁县图书馆藏宋刻《昌黎先生集考异》十卷,1988年上海古籍出版社影印出版。其卷后有宋绍定二年(1229)朱熹学生张洽识语:"晦翁先生因方氏《举正》之书,取而评论,其未合者,使一归于是。……今方氏书刊刻已广,独此书先生末年所著,未有善本。洽通守池阳,初欲刻之泮宫,已而不果,乃以本听币余,命工刊刻。庾使赵侯范继其费,益以属邑学帑之助,并刊《考异》于后。"说明此书是绍定二年张洽任池阳通判时所刻,张洽先刻

① 王子霖:《古籍善本经眼录》,《王子霖古籍版本学文集》第二册,上海古籍出版社2006年版,第91—92页。

朱熹校定的《韩文》，又刻《考异》十卷，置于《韩文》之后。池州本《考异》刻工如王寿、王亨、斯从文、王辰、潘晖、夏旺、金通等与补配本刻工姓名大多相同。且《考异》与补配本行格相同，字体刀法极为相似，版框尺寸相同，而配补本各卷卷端也作“昌黎先生集”，与《考异》书名一致，因而推知，这个补配七卷本，就是宋绍定二年(1229)张洽池州本，与《考异》是同一部书的两个组成部分。池州本《考异》与此补配本均钤有“乾学”、“徐健庵”等印，可能此书为徐乾学收藏时原为一书，殆散出后又为人拆分作两部分。经进详注本《韩文》七百年来不见有复本，亦无翻刻本，传至今日已为孤本。书中钤有“昆山徐氏家藏”、“乾学之印”、“汪士钟藏”、“长洲汪骏昌藏”以及杨以增、杨绍和、杨保彝三代藏印若干。今藏国图。

46 **《新刊增广百家详补注唐柳先生文》四十五卷** [唐]柳宗元撰，[宋]童宗说等注释。宋刻本。海源阁书目五种均不著录。十行，行十八字，注文双行，字数同，白口，左右双边，单鱼尾。版心下方记刊工姓名。避北宋讳不谨，南宋讳字不避。有少量抄配页，有剜挖藏印处。此本与《新刊经进详注昌黎先生文》有很多相似之处。如注释者，此本有“新刊百家音辨诂训柳文诸儒名氏”，共列注释者姓名一百零一人，其中有为四川眉山刻本《新刊经进详注昌黎先生文》作注的川籍文谠和王俦两人。两书标题标识方式亦同，《韩文》标题下注文低三格，“详注”无特殊标志，而补注内容则用阴文圈出“补注”二字作提示。该书卷一前题作“新刊经进详注昌黎先生文卷第一”，下书“补注附”三小字，但部分卷次的前题却迳作“新刊经进详补注昌黎先生文卷第几”，目录前题中也作“详补注”。而百家注柳本，可能因注家众多之故，为明确区分各家之注，不仅有姓氏的用阴文圈出“童曰”、“韩曰”等，而且无姓氏的也用阴文圈出“详注”、“补注”，其标识与《韩集》相同。《柳文》的前题与《韩集》极似，《柳文》或题“新刊增广百家详补注唐柳先生文卷第几”或“新刊增广百家注音辨唐柳先生文卷第几”，主要区别只是“经进”和“增广”而已。不惟如此，两书在版式和刻工上亦基本相同。如版框尺寸一致，版式行款相同，字体刀法亦似。版心下刻工写刻风格一如《韩集》，非常随意。且刻工如史丙、张昌、姚明、文望之、马行、文来、李正等，都曾是《韩集》的刻工。刻工、版刻风格的相同和类似，足以说明两书是同一时代、同一地区所刻，其具体的刊刻时间可能有先有后，但相去不会太远。综上可知，此本和《新刊经进详注昌黎先生文》一样，应是南宋中期成都眉山地区刻本。传世宋代蜀刻本有两个系统，一是十一行二十字本，二是十二行二十一字本，而第三个系统很可能就是这个有着独特写刻风格的十行十八字本。此书卷帙完整，镂版精致，字画遒劲，纸墨晶莹，与《韩集》堪称韩柳蜀本双璧。宋刻《柳集》流传至今的很少，即使能够流传下来的，有的已经残缺不全，此本则是现存《柳集》中收录最全亦是较早的注本，在编次、注释以及文字校勘上自成一体，足资校勘研究之用。而且书中还保存了许多他书不载的资料，有些注释人的姓名连同他们的著作早已湮没无闻，则仅赖此书得以传播。故而该书的版本价值不容低估。[①]

《隅录》未著录是书，只在卷四《添注重校音辨唐柳先生文集》四十五卷《外集》二卷题识中提到一句："往于江南获《百家注》本，乃传是楼故物。"书中钤有"汪士钟印"，但未见徐乾学印记，《传是楼宋元板书目》不著录，绍和似是误记。此书由杨以增督南河时所购，钤有杨氏三代藏印近三十方。自杨氏散出后为刘少山所得，今藏国图。

47　《重校添注音辨唐柳先生文集》四十五卷《外集》二卷　[唐]柳宗元撰，[宋]郑定辑注。宋刻本。目录及卷中八十余页为抄补。《隅录》卷四著录。九行，行十七字，注文双行，字数同，白口，单鱼尾，版心记字数，下记刊工姓名，计有王禧、王遇、毛端、缪恭、王显、王仔、徐禧、高春、高春、高寅、高文、朱春、朱梓、石昌、马良、马文、吴铉、丁松、金流、董证、郑锡、刘昭、张侍周、庞知德、庞初柔、曹冠宗、曹冠英、丁日新等。宋讳避至"慎"字。昌彼得在目验是本后云："全书无一修补版，唯刷印稍晚，书中版叶间有短缺及断残者，但尚鲜漫漶处。除卷一脱《示民诗》一篇未抄补，且于总目删去此篇目未抄入外，其余缺页及断版均经依原式补抄，字体仿宋，书写颇佳，不知出何人手？唯核其所抄，非悉据原本影写，致间有讹夺，断残之描润亦偶有舛误。"[②]此书无书牌，不知具体刻书时地，但刻工如丁松、曹冠宗、曹冠英、王显、金滋、王遇、王禧、吴椿、石昌、董澄等和宋本《愧郯录》相同，而《愧郯录》之岳珂《序》末署"嘉定焉逢淹茂梓于禾中"，即《愧郯录》由岳珂在南宋宁宗嘉定七年(1214)刻于嘉兴，因这批刻工相同，则《柳文》亦可能刻于嘉定年间。又据陈振孙《直斋书录解题》卷十六著录

① 参见陈杏珍《宋代蜀刻〈经进详注韩文〉与〈百家注柳文〉》，《文献》，1992年第1期。

② 昌彼得：《蟫庵群书题识》，(台湾)商务印书馆1997年版，第263页。

此书云:“《重校添注柳文》四十五卷、《外集》二卷　姑苏郑定刊于嘉兴。以诸家所注辑为一编,曰集注,曰补注,曰章,曰孙,曰韩,曰张,曰董氏,而皆不著其名。其曰‘重校’,曰‘添注’,则其所附益也。”①核之《柳文》,与《直斋》所言俱合,则愈信此书就是姑苏郑氏于嘉定间所刻之本。绍和于《隅录》卷四题《柳文》时,据刻工、《直斋书录解题》著录,推断《柳文》为“郑定嘉兴所刊愈无疑义”。然又据《愧郯录》之作《序》时间,曰两书“必同时授梓”,则非。对此昌彼得曾做过考证:“郑定之知嘉兴府年代无考,据明万历二十八年(1600)修《嘉兴府志·职官门》载,宋宁宗嘉定年间凡易八守,以岳珂最早。岳氏于七年刻《愧郯录》,或即在其任中。其后历五守,始由郑定继任,继郑氏者为刘汉弼。按《宋史》卷一零六《刘汉弼传》,刘氏登宋嘉定九年(1216)进士,授吉州教授,历秘书郎、著作佐郎,其升著作郎出知嘉兴府,虽本传不载何年,依仕宦升迁年限推之,当在嘉定末季。则郑定之任职,当亦在十多年间,距岳氏之刻《愧郯录》亦仅数载,故刻工仍多相同。杨氏谓二书同时授梓,恐未确也。”②盖岳珂刻《愧郯录》在先,而郑定刻《柳集》在后。《义门读书记》又著录此书云:“康熙丙戌(1706)新秋,假外弟吴子诚所收宋椠大字本《柳先生文集》,粗校一过。缘失序文、目录,不知出于何人。其字画乃乾淳以前书也。此本合《非国语》上下二卷,共编四十五卷,而《外集》二卷附焉。……虽阙十之二,然近代所祖刊本,皆莫及也。”③杨绍和复据义门“校语中称大字本者数条,证之此本,无不吻合,是即义门所据校,《直斋》所著录者也。”(《隅录》卷四)可见该书之校勘价值非同一般。是本国家图书馆存另一瞿镛藏本,惜只存五卷(卷十八至二十,四十三至四十四)。

钤有“秀水朱氏潜采堂”之印,则经朱彝尊收藏,清道光二十六年(1846),杨绍和购于都门,钤有杨绍和、杨保彝、杨承训三代藏印十六方。此书散出后,为嘉兴藏书世家张乃熊氏收藏,抗日战争时,南京中央图书馆又从张氏手中购入馆中。1949年随船运至台湾,今藏台图。

48　**《孟东野诗集》十卷**　[唐]孟郊撰。宋刻本。[清]季振宜题款,[清]

---

① [宋]陈振孙:《〈重校添注柳文〉四十五卷〈外集〉二卷解题》,《直斋书录解题》卷16,上海古籍出版社2005年版,第477页。

② 昌彼得:《蟫庵群书题识》,(台湾)商务印书馆1997年版,第261页。

③ [清]何焯:《〈河东集〉下题记》,《义门读书记》卷37,中华书局2006年版,第676页。

黄丕烈跋。《隅录》卷四著录。十一行,行十六字,白口,左右双边,双黑鱼尾。上鱼尾上间记字数,下题“孟诗几”,下鱼尾下题页数,通卷长号,凡一百六十八页。补版下记刊工姓名。黄丕烈于卷末题曰:“惟此集实北宋精刊,间有修补之页,仍复瑕不掩瑜,较余向藏洪武间人影写书棚本《东野集》,奚啻宵壤。”绍和亦题北宋本。《中国版刻图录》云:“卷中原版无刻工,仅存十一页,内四页又杂掺一部分补版,约刻于南北宋之际,余均南宋初期补版。”[①]补版“慎”字缺笔,乃南宋初期补版无疑。补版刻工为周升、周俊、余山、余松、余彦、余盛、吴洪、曾柏、曾角、李凉、李仁、江陵、江发、江翌、江醇、吴光、官信、虞拱、虞羔、先□、俊□、拱□、江□、羔□、余□。这些刻工都为南宋初期,如周升、周俊、余山、江陵等刻宋刊《五朝三朝名臣言行录》,此书亦“慎”字缺笔。余彦、江陵等刻宋刊山中一半雨本《王右丞文集》,吴洪、李仁曾分别参与宋两浙庾司本《礼记正义》的补版和原版的雕刻工作,曾柏、李仁曾刻宋抚州公使库刊本《周易》,因推知此书当为江西某地官版,而王晋卿云此书为宋蜀刻本[②],恐不确。检其刻工与蜀本刻工无一重名。傅增湘亦云:“审其刀法笔势,当为江右刊本。”[③]是书历经清代著名藏书家递藏,卷末有“泰兴季振宜沧苇氏珍藏”题识一行,藏印有“钱氏敬先”、“季沧苇图书记”、“徐健庵”、“陈氏悦岩宝玩”、“安岐之印”、“昆陵唐良士藏书”、“士礼居”、“汪士钟印”以及杨氏父子诸印。1927年,绍和将二十六种善本运抵天津后,包括此种在内的“二孟一黄”三种最先出售给李盛铎。今存藏北京大学图书馆。

49　**《孟东野文集》十卷(存一至五卷)**　[唐]孟郊撰。宋刻本。[清]黄丕烈跋,傅增湘、劳健跋。海源阁书目五种均不著录。十二行,行二十一字,白口,左右双边,双鱼尾,上鱼尾下题“孟几”,下题页数。观其字体刀法等都似宋蜀刻本,实为宋蜀刻之十二行二十一字本系统。黄丕烈于卷末《跋》云:“或云是蜀本,余以字形核之,当不谬也。……获观者相传卷中有‘翰林国史院官书’朱记,余即断以为宋刻,盖余家藏有二刘及孟浩然孟集独全,周丈香严藏有姚合诸集,同此字形,并同此朱记,故信之也。”但复翁又以此本为北宋蜀本,复翁跋宋本《孟东野诗集》云:“嘉庆十五年(1810)孟夏二十有八日,从锡山书友复得北

---

① 《中国版刻图录》,文物出版社1990年版,《叙录》,第33页。

② 参见《文禄堂访书记》卷4,1943年文禄堂书籍铺排印本。

③ 《藏园群书经眼录》卷12,中华书局1983年版,第1047页。

宋蜀本，每页二十四行，行二十一字，残本一至五卷，目十卷全。”蜀刻十二本均刻于南宋中期，此本“敦”字缺笔即明证。傅增湘纠正了这一错误：“各集中敦字已阙笔，《元微之集》序言刻于建安，则黄氏所言北宋蜀本者殆疏于考证而以意推之耳。”①弢翁《自庄严堪善本书目》亦题为“南宋蜀本”②。

此本曾藏于元代官府，钤有“翰林国史院官书”。清代先归黄丕烈，后归汪士钟，钤有“百宋一廛”、“黄丕烈”印，又有“汪印士钟”、“阆源甫”和“郁印松年”、“泰峰”诸印。杨氏得此书后，不知为何未予著录，只见杨绍和曾于校宋旧抄本《孟东野诗集》题识中附记云：“小字本已归余斋，越四年甲寅，残宋本亦归余斋。”绍和所云小字本即宋本《孟东野诗集》，所云残宋本即此本。此书不知何故，于1914年流入厂肆，傅增湘得一、二卷，完颜景贤得三、四、五卷，这五卷后来又都同归周叔弢。劳健《跋》云：“宋本《孟东野集》，存目录卷一至卷五。递藏士礼居黄氏、艺芸书舍汪氏、宜稼堂郁氏，后归海源阁杨氏。不知何时散佚，目录及卷一卷二，丙辰冬归江安傅沅叔，卷三至卷五为完颜景朴孙所得。两家互不相让。丙寅春，叔弢得景氏所藏卷三至卷五，复从沅叔乞让首册，逾年又在文德堂韩左泉处搜得卷二之第八页。于是此书分裂三处者，复合而为一。佛氏所谓因缘盖在可知不可知之间，叔弢固佞佛者，或能默契于是乎。此书第二册仍士礼居原装，惜沅叔得首册时残破过甚，不能不损装重修，遂难尽复旧观，今叔弢更命工以卷二第八页装入书中，余因为记书之离合于后云。”今藏国图。

50 **《孙可之文集》十卷** ［唐］孙樵撰。宋刻本。［清］黄丕烈跋、［清］顾广圻跋。《隅录》卷四著录。十二行，行二十一字，白口，左右双边，单鱼尾，鱼尾下题“可之几”，下题页数。卷首孙樵《自序》言是集从“所著文及碑碣书檄传记铭志”两百余篇中删择出来的。《直斋书录解题》卷十六著录《孙樵集》十卷，且言“自为序，凡三十五篇，盖删择之余也”。本集十卷三十五篇，故此本似即《直斋》著录本。《新唐书·艺文志》、《郡斋读书志》、《通志》、《文献通考》均著录孙樵集三卷，因而在宋代孙集很可能有两个本子。但三卷系统的本子并未流传下来，故此十卷本成为传世最为珍贵的本子。此本从刀法、字体上，实是宋蜀

① 《藏园群书经眼录》卷12，第1048页。

② 《自庄严堪善本书目》，天津古籍出版社1985年版，第73页。

刻之十二行二十一字本。王文禄《文禄堂访书记》卷四著录是书，题宋蜀刻本，云："有'翰林国史院官书'长方印，'刘体仁'、'颍川刘考功藏书印'。又宋蜀本同。"傅增湘云："与皇甫持正、元微之诸集同式。"①黄丕烈、顾广圻、傅增湘都曾以此本校他本，是正良多。莫伯骥云："今以各家藏本较之，孙集洵以此本为首屈，天禄本不可信为宋，固无庸论矣。此外，正德王鏊本，林茂之闵本，毛子晋虞山本，更在其下。惟丁氏所藏之旧抄本，尚比前数本为可读。即如集中《书出将军边事》云：'南蛮果大入成都，门其三门，四日而旋'，而正德本脱去'其三门，四日而旋'七字。吴翌重订本云：'大入成都'是一句，'门其三门'是一句，《文粹》削'其三门'三字不成语。《文苑》可证。此抄本不误，较正德本为优，故《善本书室书目》特拈出之，然亦一节之长，仍不可与此宋椠挈比也……"②钤有"翰林国史院官书"、"刘体仁"、"颍川刘考功藏书印"三印，至今流传下来的宋蜀刻唐集，如《张承吉文集》等数种亦钤有此三印，这说明这批书自元代至清初一直保存在官府中，清初内府官员刘体仁从宫中偷出，刘氏殁，始散入民间，先后为顾广圻、汪士钟所得。又钤有"博依斋印"、"宋本"、"顾千里经眼记"、"汪士钟"以及杨氏诸印。杨敬夫售是书时，由王子霖作介转归广东莫伯骥。今藏国图。

51　《乖崖先生文集》十二卷《附录》一卷　[宋]张咏撰。宋咸淳五年(1269)伊赓崇阳县斋刻本。[清]黄丕烈跋。《隅录》卷五著录。十行，行二十字，白口，左右双边，双鱼尾，上鱼尾下题"古诗"、"律诗"、"杂著"。卷七至十二及《附录》均为补抄，抄补部分版心有"赐书楼"三字，则配明赐书楼抄本。黄丕烈《跋》云："自'右见卮史'以下从旧抄本补，抄本已于壬戌春携赠蜀人张船山太史同年矣。"则卷十二末自"右见卮史"以下又为复翁抄补。前有宋淳熙五年(1178)龚孟龙《序》云："前令君天台郭公森卿尝刊置县斋，已未兵毁，遂为煨烬。今令尹左绵伊公以儒术饰吏，复锓梓以寿其传。"则此本据郭本重刻于崇阳县斋者也。《直斋书录解题》著录十二卷《附录》一卷本，云："近时郭森卿宰崇阳刻此集旧本十卷，今增广并《语录》为十二卷。"则郭本原为十卷。卷五末有"浦阳赵用章诵迄"、"晋陵蒋玉如志"两行行书。钤有"朴学斋印"、"平阳汪

① 《藏园群书经眼录》卷12，中华书局1983年版，第1102页。

② 莫伯骥：《〈孙可之文集〉跋》，《五十万卷楼藏书目录初编》卷15，1931年东莞莫氏铅印本。

氏藏书印”、“汪士钟藏”、“秋浦”、“宪奎”，则此本历经黄丕烈、汪士钟递藏，护页杨氏藏印有“世德雀环子孙洁白”、“杨氏海原阁鉴藏记”两印，内页有“宋存书室”、“勰卿读过”等印。今藏国图。

52 **《康节先生击壤集》十五卷** ［宋］邵雍撰。宋建安蔡子文东塾之敬室刻本。《隅录》卷五著录。未见。是书自海源阁散出后，叶恭绰、周叔弢、王子霖、郦承铨均曾经眼。兹据以上各家著录，其版式为：十三行行二十二、三字不等，序第一页抄补。卷一末有木记云“建安蔡子文刊于东塾之敬室”。《郡斋读书志》卷四与《直斋书录解题》卷二十均载为二十卷，元明皆有刊本，亦作二十卷。此为十五卷本，盖于宋代就有两种本子。二十卷本早已佚失。此本作《内集》十二卷，《外集》三卷，绍和云：“前有治平丙午中秋《自序》，编次与各本迥异。《序》后有蔡氏弼《题语》一则，盖由公手订二十卷本，重编为此本。”治平为北宋英宗年号，丙午即治平三年(1066)，其后蔡弼又重编为十五卷本，故绍和据此题为北宋本。绍和又云：“细行密字，镌印至精。《龟山语录》所称‘须信画前原有易，自从删后更无诗’一联，诸本所佚者，此本在卷十二中。”版本之精善，由此可知。卷首末有“曲阿孙育印”。杨绍和于清同治五年(1866)获于都门，原为诒晋斋故物，即怡府藏书。钤有“宋存书室”、“东郡杨绍和彦合珍藏”诸印。今存俄罗斯国家图书馆。

53 **《类编增广黄先生大全文集》五十卷** ［宋］黄庭坚撰。宋乾道麻沙镇水南刘仲吉宅刻本。［清］沈廷芳跋、［清］黄丕烈跋。《隅录》卷五著录。十五行，行二十六至二十七字不等，白口，间有细黑口，四周单边，双鱼尾。前有门目，大字，半页十行，细黑口，左右双边，次目录二卷，半页十五行，亦左右双边。目录后有书牌云：“麻沙镇水南刘仲吉宅，近求到《类编增广黄先生大全文集》五十卷，比之先印行者增三分之一。不欲私藏，庸鑱木以广其传，幸学士详鉴焉。乾道端午识。”刘仲吉(1131—1202)，名大成，字仲吉。性嗜书，手不释卷。建阳著名刻书家，尝于宋绍兴三十年(1160)刻《新唐书》。此书卷十三至十八为后人抄补。杨绍和云：“世无二本，洵可为至宝矣。”钤有“文安开国”、“累代仕宦，清白传家，开封史氏”两印，绍和以为“似是元人图记”。又有清代名家藏印如“查升之印”、“沈廷芳印”、“玉峰徐氏藏书”、“黄丕烈”以及杨氏印记等。此为阁书散出最早之“二孟一黄”之一，为李盛铎收之。今藏北京大学图书馆。

54 **《宝晋山林集拾遗》八卷** ［宋］米芾撰，［宋］米宪编。宋嘉泰元年

(1201)筠阳郡斋刻本。[明]丰坊跋。《隅录》卷五著录。十行,行十六字,白口,左右双边,大版心,双鱼尾,上鱼尾上记字数,下题"山林几"。下鱼尾下题页数,下题刻工姓名。刻工有:□声、况天祐、徐兴宗。卷末有米芾孙米宪宋嘉泰元年(1201)跋,手书上版,字体疏放。米芾《山林集》原有百卷,靖康之变,散佚殆尽。嘉泰元年,其孙宪摭拾《书史》、《画史》、《砚史》与其他诗文为《拾遗》八卷,刊于筠阳郡斋。筠阳即今江西高安。米宪于嘉泰改元《跋》云:"乃即筠阳郡斋命工锓版,以遗世之欲见是书者庶可无愧……"世无二帙,《四库》所收为名《宝晋英光集》,疑即岳珂编缀之本,卷一赋,卷二至五诗,卷六序、记、赞、偈、铭,卷七碑、表、跋,卷八杂著。与此本不同,如就篇目同者勘对,绍和云"可证岳本之误者十余条。"此本卷末丰坊《跋》云:"南宫《山林集》尝见抄本六十卷,兹则其孙宪所刻《拾遗》尔。岁嘉靖己酉(1549)六月甲子,鄞丰道生观于锡山华中甫真赏斋。"则曾为明华氏真赏斋故物,并钤有"真赏"、"华夏"以及"李升之印"、"李裕"、"彭城中子审定"各印记。杨氏藏印有"彦合珍藏"、"宋存书室"诸印。今藏国图。

55 **《新刊国朝二百家名贤文粹》一百九十七卷** 不著编辑者姓名。宋庆元三年(1197)书隐斋刻本。《隅录》卷五著录。十四行,行二十四字,白口,左右双边,单鱼尾,鱼尾下题"文几"或"粹几"或"文粹几",下记页数。刻工为王朝。卷首有"庆元丙辰(1196)六月既望眉山王构"序,卷末有"庆元丁巳(1197)孟春中浣日咸阳书隐斋识"。据序跋可知此书为南宋庆元间眉山咸阳书隐斋刻本。书隐斋乃眉山书坊主人斋名,咸阳是其原籍。刻工王朝又刻《太平寰宇记》、《太平御览》等书,其人乃南宋中叶眉山地区名匠。则此本应为南宋中叶四川眉山地区刻本。《郡斋读书志》卷五著录作"三百卷","贤"误作"臣"。按:书中标题均作"贤"。《秘阁书目》亦作三百卷。杨氏所藏都一百九十七卷,卷第均经后人剜改。上海图书馆今藏十卷,即第二十卷、第二百零六至二百零七卷、第二百七十二至二百七十七卷、第二百八十五卷。可见原书应为三百卷。此书宋以后未见翻版,故周叔弢云"天壤间孤本,宜永存之"(《隅录》批注。又按:国图、上图、北大图书馆曾分藏二十余卷。)钤有"鼎元"、"伯雅"、"筠生"、"晋福常住藏书之记"、"汪士钟曾读"诸印。杨氏藏印自杨以增之"益之手校"至杨敬夫之"海源残阁"等二十余方。此书散出时,傅增湘颇思购之,然"谐价未成"。[1] 其中

---

① 傅增湘:《国朝二百名贤文粹〉题识》,《藏园群书经眼录》卷18,中华书局1983年版,第1523页。

典故如王子霖云："海源阁藏《国朝二百家名贤文粹》一百九十七卷，为海内足本也。数年前傅沅叔托代购，因主人不允未果。今主人拟售，当函告傅氏。得傅答函，可全收，能先阅之为妙。当携首册去平，呈傅阅之，结果四千金为最高度数。返津向主人交涉，以四五为末数，双方相距五百，其赚利更不及也。如以两方数目相合，也可周旋，不为利或混以名矣。此磋商间，家报忽至，即返里。及返，傅仍委办照故允购。乃问及主人之友，谓傅氏已购去矣。此为奇矣！何傅氏正得而故意戏玩，且有何意？昨日平来人言：仍促甚急。如得之，想不能如此要到底矣。否则何人冒名购去？余则非周氏别无人矣。如周氏者声明不购，不代人办，何有鬼戏？或为自留之未知也。吾侪遇此市面人心不古，口是心非，真不敢以诚相待也。究竟谁得，姑待查之自明矣。后闻，海源阁主人之《百家名贤文粹》实未出售，因憎傅氏之为人，不愿卖了。此中迷离，真难捉摸也。"①子霖有所不知，此书于 1935 年 3 月归周叔弢。今藏国图。

第三节　海源阁与黄丕烈遗书

如果从藏书所属的角度来探讨杨氏藏书，那么，清代藏书巨擘黄丕烈之遗书无疑是杨氏藏书的最大特色。黄丕烈是我国清中叶大藏书家，陈登原云："昔人谓乾嘉以来藏书家，当以丕烈为大宗，而乾嘉间之藏书史，可谓百宋一廛之时代允矣。"②黄丕烈(1763—1825)，字绍武，号荛圃，又号复翁。江苏长洲人。清乾隆五十三年(1788)举人，捐为铨部主事，后弃官归隐。平生无他好，独嗜书成癖，因收宋版书百余部，尝构专室庋藏宋本，颜其室曰"百宋一廛"，自谓佞宋主人。其藏书于嘉庆末年开始散出，至道光之初黄丕烈去世之前已全部散尽。由于复翁所藏多为宋元佳刻，且大都撰有题跋，故藏书家无不对其穷搜苦索，舍以高价购买。其中，汪士钟艺芸书舍得之最多。汪氏所藏散出后，大宗为海源阁所得。海源阁除从汪氏获得外，又通过其他藏书家及书估收购不少，故而海源阁杨氏是清代得复翁遗书最多的藏书家。

据《荛圃藏书题识》目录统计，海源阁收藏复翁遗书有九十九种，韩应陛为六十五种，蒋汝藻为四十四种……在清代藏书家中，海源阁是最多的，而瞿氏

---

①　王子霖：《海源阁藏〈国朝二百名贤文粹〉销售记》，《王子霖古籍版本学文集》第 3 册，上海古籍出版社 2006 年版，第 134 页。

②　陈登原：《百宋一廛与千元十驾》，《古今典籍聚散考》藏弃卷，上海书店 1983 年版，第 341 页。

仅二十四种，与杨氏难比伯仲。民国藏书家中，严佐之于《近三百年古籍目录举要》中云张钧衡所收最多，“适园以收藏黄跋本一百零一部独占鳌头，比四大藏书家之一的杨氏海源阁还多出两部”①。其实，《荛圃藏书题识》目录统计漏收了不少，笔者据《楹书隅录》、鲁图《馆藏海源阁书目》及其他目录著录重新核对统计，杨氏共收黄丕烈校跋本、跋本、校本及无校跋的黄氏藏本，都一百五十四种，比《荛圃藏书题识》目录所载多出五十五种，这其中包括士礼居抄本或补抄本六种。故张氏亦难望其项背。通过对海源阁藏书的考察，我们发现，黄丕烈遗书在海源阁藏书尤其是精品书中，占据着举足轻重的位置。《楹书隅录》是杨绍和所编的专录宋元校抄等精善本的解题书目，共收二百六十九种，其中黄本就有一百三十六种，《隅录》续编共著录九十八种，黄本竟占八十九种，所以，《隅录》续编几乎就是黄本的解题目录。《楹书隅录》初续编共迻录前贤题跋近五百篇，而复翁题跋有二百九十八篇，其中初编一百零一篇。列迻录题跋第二位的顾广圻只有三十篇，第三者陆贻典仅十篇。故此，不难看出，黄跋是《隅录》内容的最主要组成部分。

杨氏收藏黄丕烈遗书数量统计附表：

	黄校跋本	黄跋本	黄藏本	黄校本	合计
《隅录》(171 种)	17	22	7	1	47
《隅录》续编(97 种)	80	5	3	1	89
其他	5	6	6	1	18
小计	102	33	16	3	154

一　收藏

如果从版本学角度来统计海源阁所收黄氏遗书，那么，在总共一百五十四种中，计有宋本二十四种，金本一种，元本八种，明本三十七种，清本十一种，抄本七十二种(元抄本一种，明抄本三十种，清抄本二十三种，其他旧抄本十八种)，稿本一种为明《王文恪公手写文集》。无疑，宋元本是杨氏收藏的重点，其次为明清抄本及刻本。众所周知，“佞宋”是黄丕烈藏书的最大特点。他的好友王芑孙言他“今天下好宋版书，未有如荛圃者也”②。复翁从清乾隆五十七

① 严佐之:《百宋一廛书录》提要,《近三百年古籍目录举要》,华东师范大学出版社 1994 年版,第 61 页。

② [清]王芑孙:《黄荛圃陶陶室记》,《渊雅堂全集》卷 7,清嘉庆九年(1804)刻本。

年(1792)收藏宋本《大戴礼记》始,每每“遇宋本,苟力可勉,无不致之以为快”①。“遇以善本,不惜破产购之”②,“积晦明风雨之勤,夺饮食男女之欲,以沈冥其中”③,简直达到了“似魔似佞又如痴”④的程度。据复翁于清嘉庆十七年(1812)所编《求古居宋本书目》可知,当时他已藏宋版书一百八十七种,再加十一种他认为“易出者”而未予收录,共有近二百种宋本,这一数量,自乾嘉以降尚无出其右者。

有“述古、佞宋之癖”的杨氏对搜罗“佞宋主人”所藏善本可谓不遗余力。海源阁藏宋本共一百二十三种,而复翁藏本就占了二十四种,可见黄藏宋本在海源阁宋版书中的地位。例如,宋本《舆地广记》、宋本《会稽三赋》、宋本《荀子》、宋本《新序》、宋本《说苑》、宋本《管子》、宋本《淮南鸿烈解》、宋蜀刻本《骆宾王文集》、宋蜀刻本《孙可之文集》、宋本《唐求诗集》、宋本《罗昭谏甲乙集》、宋咸淳本《乖崖先生文集》、宋乾道本《类编增广黄先生大全文集》等,这些宋椠是士礼居的精品,也是海源阁的镇阁之宝。而复翁几乎每购一宋本,都留下一段藏书佳话,这些佳话在海源阁主人身上又得到了延续。其“陶陶室”故事便是之一。“陶陶”指复翁所藏两部宋刻《陶渊明集》和宋刻汤注《陶靖节先生诗》。复翁为购此两书可谓费尽周折,其佞宋之心昭然若揭。《陶渊明集》于《百宋一廛赋注》和《百宋一廛书录》中均有著录,复翁云:此本“每册皆以宋锦装面,卷端有‘宋本’、‘甲’、‘毛晋之印’三图记,其为汲古阁故物无疑……”⑤“末署宣和六年(1124),是北宋椠矣”⑥。复翁于宋本《陶靖节先生诗》题识中又记述了购藏《陶诗》的来龙去脉:

> 汤伯纪注《陶诗》宋刻真本,在海宁周松霭家,相传与宋刻《礼书》并储一室,颜之曰“礼陶斋”。其书之得,近于巧取豪夺,故秘不示人,并云欲以殉葬。余素闻其说于吴兴贾人,久悬悬于心中矣。去岁夏秋之交,喧传书

---

① [清]黄丕烈:《〈三谢诗〉题识》,《士礼居藏书题跋记》卷5,书目文献出版社1989年版,第187页。

② [清]石韫玉:《秋清居士家传》,《独学庐五稿·文》卷5,《续修四库全书》本。

③ [清]王芑孙:《黄荛圃陶陶室记》,《渊雅堂全集》卷7。

④ [清]叶昌炽:《黄丕烈绍甫》,《藏书纪事诗附补正》,上海古籍出版社1999年版,第573页。

⑤ [清]黄丕烈:《百宋一廛书录·〈陶渊明集〉题识》,《清人书目题跋丛刊》第6册,中华书局1993年版。

⑥ 同上。

贾某得此书，欲求售于吴门，久而未至。后嘉禾友人札致余，有此书，许四十金，未果，已为峡石人家得去。汤注《陶诗》在焉。开卷展视，其为宋本无疑。询所由来，乃知峡石人即伊相识，可商交易者，遂倩人假归。议久始谐百金之直，银居太半，文玩副之。此余佞宋之心，固结而不可解者，后人视之，毋乃讪笑乎？[1]

加上之前已购宋刻《陶渊明集》，两《陶集》终为复翁所藏。为纪念此事，复翁于清嘉庆十四年（1809）冬筑室庋藏，名曰"陶陶室"。"为诗宗王、孟而探源彭泽"[2]的杨以增早就对黄藏"陶陶"倾慕已久，并于清道光二十九年（1849）、三十年（1850）先后将两书收入阁中。绍和于《楹书隅录》初编卷四宋本《陶靖节先生诗》题云：

（先公）向闻黄荛圃陶陶故事，心艳羡之而不可得也。洎道光乙酉（1849）、庚戌间（1850），来帅南河，访之吴门，于是两《陶集》始先后收弆之，不胜狂喜，以为合璧重光，莫是过矣。

清嘉庆十六年（1811）冬，复翁又购宋本《注东坡先生诗》二卷，亦即《和陶诗》二卷，与两《陶集》一起储入陶陶室。复翁于宋本《注东坡先生诗》题云：

惟《和陶诗》二卷，系全部之第四十一、四十二卷，虽不全，而自可单行。香严书屋中有之，主人亦肯割爱，而需值昂，且余谓非商邱本所缺卷，不急急购之，然往来于怀已三年矣。辛未立冬日，榕皋潘丈拉游天平观红叶，道出来凤桥，顺访香严主人。榕丈云："闻其有宋刻《东坡和陶诗》，可往借一观乎？"余曰："言借未必可得，吾当诡言得以取之。"既见，谈及是书，并与议值。竟许可，遂携之舟中，与榕丈欣赏者累日。榕丈怂恿余得之。余亦以己巳冬新葺陶陶室，贮宋刻两《陶集》，而此东坡《和陶》宋刻亦当并储，以为宋廛盛事。特因力有不足，故迟之三年而愿未遂。兹一旦以

---

① ［清］黄丕烈：《宋本〈陶靖节先生诗〉题识》，《士礼居藏书题跋记》卷5，书目文献出版社1989年版，第185页。

② ［清］杨绍和：《宋本〈陶靖节先生诗〉题识》，《楹书隅录》卷4，清光绪二十年（1894）杨保彝刻本。

旁人借观之言，无意中成之，可为奇事……苏斋所藏商邱昔得于吴中者，彼犹逊于此矣。得之值未归，得之意已决，乘兴书此，谓三年宿愿，一旦了之也。①

得此三书后，复翁邀同好畅饮庆贺，并嘱书友王芑孙作《陶陶室记》，云："同年黄荛圃得虞山毛氏藏北宋本《陶诗》，继又得南宋本汤氏《注陶诗》，不胜喜，名其居曰'陶陶室'。饮余酒，属余为纪。余未及为也。后二年，又得南宋本施、顾两家《注东坡和陶诗》，于是复饮荛圃家，而卒为之记……"②自复翁得汤注《和陶诗》越四十年，杨以增于清江浦南河署终亦得到此书。至此，陶陶室三部精品悉归海源阁，杨氏之愿终付诸现实。清同治二年(1863)冬，绍和作识慨叹曰：

此北宋椠《陶渊明集》，乃毛子晋故物。……后与南宋椠汤东硐《注陶靖节诗》并为吴门黄荛圃所得，颜其室曰"陶陶"，而以施氏、顾氏《注东坡先生诗》之《和陶》二卷媵之，倩惕甫王先生为之记，盖皆世间绝无之秘笈也。汤注本，先公于道光己酉(1849)获之袁江。又明年，此本及东坡《和陶》复来归予斋，距荛圃之藏已花甲一周。不知几经转徙，乃聚而之散，散而之聚，若有数存乎其间者，果天生神物，终当合耶。③

清同治三年(1864)，绍和又撰长篇题识对汤注《和陶诗》的版本源流及购书之事做了详细考介。此三书在现存各自的版本系统中，都是最早、最好的版本，其价值毋庸讳言，如此宋椠能够在黄、杨大家中递传，实乃书缘盛事，亦是我国文化之大幸。

黄丕烈藏书，遇一奇书佳刻，往往要请著名画家为其绘得书图，以识纪念。如《蜗庐松竹图》是为得宋本《北山小集》而作；《鱼玄机诗思图》是为得《唐女郎鱼玄机诗》而作。他曾把这些得书图编纂成册，名为《得书图》、《续得书图》、

① [清]黄丕烈：《宋本〈注东坡先生诗〉题识》，《士礼居藏书题跋记》卷5，书目文献出版社1989年版，第230页。

② [清]王芑孙：《黄荛圃陶陶室记》，《渊雅堂全集》卷7，清嘉庆九年(1804)刻本。

③ [清]杨绍和：《北宋本〈陶渊明集〉题识》，《楹书隅录》卷4。

《再续得书图》。惜乎后来散佚殆尽，今惟存四种，然四种中海源阁就得两种。宋本《孟浩然诗集》三卷，是复翁于清嘉庆六年(1801)五月从坊间收得桐乡金氏西山堂五种珍本之一，当时“索白镪六十四金，急欲归之，而议价再三，牢不可破。卒以京板《佩文韵府》相易，贴银十四两，方得成此交易。此《孟浩然诗集》，即五种之最佳，而余亦断不忍舍者也”①。得此书后复翁据此校旧藏元刻刘须溪批点本，发现元刻脱衍甚多，“知彼此善恶，奚啻霄壤”。类此唐人文集，复翁“所藏者，有《刘随州》、《刘宾客》”，“所见者，有《姚少监》、《韩昌黎》，皆有‘翰林国史院官书’长方印。然皆残缺过半，究不若此本之为全璧也。”故复翁对此书倍加珍惜，“倩汪澣云主政作《续得书图》，题此曰‘襄阳月夜’，盖绝妙诗中画景云。”②此书散出后归汪士钟，汪氏书散出后，由杨以增购入海源阁。然杨氏三代与此书亦颇有缘分，先是杨以增清道光十五年(1835)观察襄阳时，迎养父杨兆煜至襄阳。兆煜爱孟诗，喜登临，襄阳多汉唐名贤诗人遗迹，故常游其间，诗咏为乐。又襄阳乃孟浩然早年读书隐居之地，襄阳署东有孟亭，供浩然石像，为清乾隆四十六年(1781)陈大文所葺。因日久颓废，兆煜便重新修葺，并题诗镌于石。兆煜亦钟藏书，想必搜寻是集宋椠未能如愿。道光三十年(1850)杨以增督河时，正遇汪氏书散出，又以增为诗宗法王、孟，自然青睐《孟集》，遇黄跋宋椠，且为士礼居原匣，更是积极购入。而以增仲子绍和六岁时就随先大父兆煜游孟亭、读孟诗，二十九年后，绍和再读《孟集》时自然感慨良多：

> 岁月不居，忽焉如驶，屈指于兹已二十有九年。先大父、先公之去世，或二十七年，或十年矣。绍和不肖，不能仰承先绪，老大悲伤，惟呼负负。今读是集，枨怀旧梦，更不禁涕泗之滂沱也。③

是刻《百宋一廛赋》著录，钤有“百宋一廛”、“黄丕烈印”、“复翁”、“士礼居”、“荛圃卅年精力所聚”诸印。宋本《三谢诗》一卷是复翁于乾隆六十年(1795)以每页白金二钱从蒋篁亭处购得。复翁云：“索白金十六两，中人往返三四，而始以每页白金二钱易得。宋刻之贵，至以页论价，亦贵之甚矣。……

① [清]黄丕烈：《宋本〈孟浩然诗集〉题识》，《士礼居藏书题跋记》卷5，第190页。
② 同上。
③ [清]杨绍和：《宋本〈孟浩然诗集〉题识》，《隅录》卷4，清光绪二十年(1894)杨保彝刻本。

矧此书世间罕有，存此宋刻，差足自豪。钱物可得，书不可得，虽费当勿校耳。”[①]是年复翁因为其父办丧，引起大火，“此书亦在危急之中，卒赖神物护持，得以无失坠”。复翁“展卷之余，喜惧交并，此书不特宋本可贵，且有前贤手泽焉。近作《再续得书十二图》，以此列入，名曰《三径就荒》，盖犹不忘篁亭之遗也”。[②] 该本藏印有“士礼居藏”、“复翁”、“黄印丕烈”、“荛翁”等，又有“汪士钟印”等，知亦由杨以增于南河时购之。

黄氏收书又不惟宋刻，遇有元本、抄写本之佳者亦照旧揽之。范锴云：“吴郡黄荛圃主政丕烈，藏书甚富，宋元版及影抄旧本，无不精善。”[③]在复翁所著的《百宋一廛书录》、《百宋一廛赋注》、《求古居宋本书目》及《所见古书录》四种版本目录中，前三种为宋版书，《所见古书录》虽载宋椠、元椠、毛抄、旧抄、杂刻五类，但此书却散失不见，所以人们对复翁藏书的了解往往只局限于宋本，对其他则知之不多。今有王大隆所辑《荛圃藏书题识》一书可以帮助我们识其大概。其实，在海源阁所收黄氏遗书中，也可看出黄氏收书概貌之一斑。除宋刻外，元本也有不少精品成为阁中之宝，如元本《增广音注唐许郢州丁卯诗集》二卷《续集》一卷，元至正本《梅花百咏》一卷，元延祐七年（1320）叶曾南阜书堂刻本《东坡乐府》二卷，元大德三年（1299）广信书院刻本《稼轩长短句》十二卷等。

“无宋刻，则旧抄贵矣。”[④]复翁遗书中，抄本占有很重要的位置，而汲古阁毛氏抄本又于抄本中独具首位。《所见古书录》将其列于第三，可见在复翁心目中毛抄是仅次于宋、元本的。汲古阁抄本有不少为影宋精抄，因影抄原宋本大多不存，且毛氏影写逼真，因而毛抄最为世人看重。海源阁就收藏很多这样的黄藏“毛抄”，如影宋精抄本《鲍氏集》十卷等。非影宋汲古阁抄本，如《清塞诗》二卷等，也甚可珍。其他名家明抄本中有明影宋抄本《吕衡州文集》五卷、明野竹斋沈与文抄本《画鉴》和《西溪丛语》、明吴宽丛书堂抄本《学斋佔毕》等。另有明抄本《墨子》、《麈史》、《东莱先生诗律武库》、《茅亭客话》、《录异记》、《鸣鹤余音》、明万历四十八年（1620）抄本《李校书集》等均为明抄佳品。清抄本

① ［清］黄丕烈：《宋本〈三谢诗〉题识》，《士礼居藏书题跋记》卷5，第186页。

② 同上。

③ ［清］范锴：《花笑庼杂笔》卷3，清道光二十五年（1845）刻本。

④ ［清］黄丕烈：《校明抄本〈李群玉诗集〉题识》，《士礼居藏书题跋记》卷5，书目文献出版社1989年版，第207页。

中，如清钱氏述古堂抄本《吕衡州文集》、清康熙二年(1663)周荣起抄本《衍极》、康熙陆漻家抄本《蜕庵诗集》等亦为名家抄本。而士礼居抄本更是清抄本中的精品，如影宋抄本《和靖先生诗集》一册，此书为影顾抱冲藏残宋本，复翁"倩涧苹用旧纸手自影摹，自题签至跋语，共三十四叶，与抱冲本无纤毫之异，恐汲古精抄，无以过是矣"。[①] 被杨氏珍为"四经四史"之一的宋本《监本纂图重言重意互注点校毛诗》，其卷五至卷七即为士礼居影宋补抄；他如黄丕烈抄宋本《剡录》十一卷、士礼居影明华氏活字本《盐铁论》十卷、清嘉庆间黄氏门仆抄本《马令南唐书》三十卷等。

复翁云："书有不必宋元旧刻而亦足珍者。"[②]海源阁所收黄氏遗书中的一些明清版本即是。明刻中，犹以明中叶以前的刻本为佳，如明正德十四年(1519)罗珊刻本《栟榈先生文集》二十五卷，是谓足本，而毛扆所藏是集抄本，虽从此刻出，然"卷中磨灭处、字迹糊涂者皆阙之，此刻犹可辨认。卷中阙页累累，所据不如此刻之完善也。向以书必刻本为胜，观此益信。勿谓明刻不足重也"。[③] 又如明成化四年(1468)郃阳书堂刻本《长安志》二十卷《长安图志》三卷，为传世最早刻本，而"香严本虽出自是刻，然朱校纷如，已失其旧，安得似此之犹为庐山真面目耶。勿以明刻轻之，书之号称祖本者，此即是已"。[④] 明铜活字本也是明本中的上品，如明建业张氏铜活字印本《开元天宝遗事》二卷，复翁云："古书自宋、元板刻而外，其最可信者，莫如铜板活字。盖所据皆旧本，刻亦在先也。诸书中有会通馆、兰雪堂、锡山安氏馆等名目，皆活字本也。此建业张氏本，仅见是书，余收之，与《西京杂记》并储，汉唐遗迹略具一二矣。"[⑤]又如明嘉靖三十一年(1552)芝城铜活字蓝印本《墨子》十五卷等，其他如明世德堂刊本《列子》八卷，明胡震亨刻本《道德真经指归》十三卷，明万历徐子器刻本《蔡中朗文集》十卷《外传》一卷……清本中有乾隆夙夜斋刻本《武林旧事》十卷，乾隆雅雨堂刻本《封氏闻见记》十卷，康熙席启寓琴川书屋唐百家诗本《姚

---

① [清]黄丕烈：《影宋抄本〈和靖先生诗集〉题识》，《士礼居藏书题跋记》卷5，书目文献出版社1989年版，第226页。

② [清]黄丕烈：《明本〈栟榈先生文集〉题识》，《士礼居藏书题跋记》卷5，第242页。

③ 同上。

④ [清]黄丕烈：《明本〈长安志〉〈长安图志〉题识》，《士礼居藏书题跋记》卷2，第53页。

⑤ [清]黄丕烈：《明建业张氏铜活字印本〈开元天宝遗事〉题识》，《士礼居藏书题跋记》卷4，第147页。

少监文集》六卷等均是清刻佳品。

二　著录

通过著录也可看出杨氏对复翁遗书的偏爱。这种偏爱表现为，一是善本书目中收录复翁遗书的数量极多，《楹书隅录》中占一半以上；二则凡是经复翁校跋过的本子，都著录于《楹书隅录》初续编；三是对复翁遗书尽量以"原装"形式著录。这说明了杨氏的善本观，即只要是黄本就是善本，当然，这里包含着杨氏对复翁鉴赏力的充分信任。

复翁收藏的宋元本都著录于《隅录》中，是当然的事。对于校跋本的著录，杨绍和在著录时，有的入《楹书隅录》，有的入善本简目，有的则只能入普本《海源阁书目》，这其中一个重要的著录标准便是它是不是名家校跋本，而名家校跋本中，黄丕烈校跋本无疑又是最重要的校跋本。如《隅录》续编集部著录"校明抄本《元英先生诗集》十卷一册"，绍和题曰："与《群玉诗》共装一册。"《海源阁宋元秘本书目》集部亦著录"校宋明抄本《李群玉诗集》三卷一册与下《元英诗集》同册"，又"校明抄本《元英先生诗集》十卷一册"，这就说明杨氏当初得到此两种《诗集》时，是合装在一起的，亦即同时得到的。此书散出后，周叔弢曾经眼，并于《〈楹书隅录〉批校》之"校明抄本《元英先生诗集》十卷一册"一目著录云"另有《群玉集》与此集合装"。此两书合装本现归国图，《北京图书馆古籍善本书目》著录，题"明抄本，毛绥万、黄丕烈校并跋，与《李群玉诗集》合一册"。1930年傅增湘亦目验过此书，然云"与《碧云集》共订一册"，误。但这两种合订《诗集》，《元英先生诗集》入《隅录》续集集部，而《李群玉诗集》却未能入《隅录》续集。无独有偶，海源阁还藏有另一明抄本《李群玉诗集》，《海源阁宋元秘本书目》、《隅录》续编集部均著录"校宋明抄本《李群玉诗集》三卷《后集》五卷一册"，此书亦藏国图，《北京图书馆古籍善本书目》著录。为什么两《诗集》合订在一起的《元英先生诗集》能为《隅录》著录，而《李群玉诗集》则不能呢？又《隅录》续编何以著录另一"校宋明抄本《李群玉诗集》三卷《后集》五卷一册"呢？原来，《隅录》续编集部著录的"校明抄本《元英先生诗集》十卷一册"是黄丕烈用黄笔校过之本，且有黄跋二则。《隅录》续编集部未予著录，只在《海源阁宋元秘本书目》著录的"校宋明抄本《李群玉诗集》三卷一册"是明嘉靖二十六年(1547)王臣抄本，冯武校并跋。而《隅录》续编集部著录的"校宋明抄本《李群玉诗集》三卷《后集》五卷一册"是明崇祯三年(1630)叶燮抄本，此本为黄丕烈用宋刻本和冯抄本以墨笔参校一过，又黄跋二则。尽管《李群玉诗集》崇祯三年叶奕抄本比嘉靖二十六年王臣抄本晚了近百年，但因叶本有黄校黄跋而得到杨氏青睐，从而入于《隅录》，而无黄校黄跋者就没有这样的幸运，只能入简目《海源阁宋元秘本书目》。明本大都入普本书目，即使是同一版本，但如果是复翁校跋本，则入善本书目。明崇祯毛氏汲古阁刻本《津逮秘书》，海源阁藏有两种，一是一百四十一种本，一是三种本，普本《海源阁书目》中《子部·杂编之属》均予著录。海源阁又收毛刻《津逮秘书》单本数种，其中《东京梦华录》十卷，黄校并跋一则，入《隅录续编·史部》卷二；《春渚纪闻》十卷，黄校并跋六则，入《隅录续编·子部》卷三；《却扫编》三卷，黄校题诗并跋七则，入《隅录续编·子部》卷三。有的非黄校黄跋本则连普本书目也不著录，如《国语补音》明刻本，海源阁藏有两部，一为黄丕烈跋本，上有"黄氏"、"荛圃"之印，《楹书隅录》卷二著录，今藏台图，《"国家图书馆"善本书志初稿》著录；另一部虽也历经诸多名家递藏，然终为目外书，今藏台北故宫博物院，《"国立故宫博物院"藏沈氏研易楼善本图录》著录。又如明万历程荣刻《汉魏丛书》亦是，《汉魏丛书》本《说苑》二十卷，复翁校本，跋八则，《隅录》初编卷二著录；《刘子新论》十卷，复翁校本，跋一则，《隅录》续编卷三著录。其他有些明清抄本及清刻本能够著录于《隅录》，亦无不得益于此。如无黄氏题跋，即便曾为黄氏收藏装池过，亦另眼相看，元本《增广音注唐许郢州丁卯诗集》二卷《续集》一卷，士礼居原椟，入《初编》四卷，而相同另一版本则未收。

众所周知，复翁不只酷嗜收藏，又颇善读，且长于校勘，所以经他收藏的书籍大都朱、墨校过。他校过的图书有近千种。且每校一书，必将书之递藏源流、读书心得、校雠结果、版刻及掌故等撰成题跋，有些图书甚至要写下六七篇题跋。他一生大约为八百多种善本佳椠写下了上千篇题跋。这些题跋"于其版本之先后，篇第之多寡，音训之异同，字画之增损，及其授受源流，翻摹本末，下至行幅之疏密广狭，装缀之精粗敝好，莫不心营目识，条分缕析"，而且评鉴图书"实事求是，搜亡剔隐，一言一句，鉴别古人所未到，时以笔诸书而广其副，嘉惠方来"。[①]阮元又云："今宋本无黄氏鉴藏印者，终若缺然可疑。"[②]故而这

① [清]王芑孙：《黄荛圃陶陶室记》，《渊雅堂全集》卷7，清嘉庆九年(1804)刻本。

② 王欣夫：《黄荛圃先生年谱补》，《黄丕烈年谱》，中华书局1988年版，第99页。

些题跋体现了极高的学术价值，为后人研读古籍提供了方便。时有“顾校、黄跋、劳抄”之说，由于校本以宋本为底本，甚至人们还把“黄跋顾校”本视之为“下宋本一等”。这些经他校跋过的诸本散佚后，广为大家争相购求，凡发现有黄氏手迹的“黄校跋本”，书价倍增。傅增湘《〈思适斋题跋〉序》云：“其手校之书尤为世贵，《稗书小集》一卷，悬值百金，肆贾挟以居奇，而人且惟恐或失。甚至以藏书自鸣者，若家无荛圃手校之书，百城为之失色。”①故藏书家咸以能得到这样的“黄本”而引为自豪。在对黄校跋本和跋本的追逐中，据图表所列，杨氏得一百三十五种，为清代藏书家之冠。可以说，经过黄丕烈精心校勘题跋的精善之本，很多为杨氏所收，并著录于《楹书隅录》。从《隅录》之绍和题识中我们也可以感觉到杨氏对复翁校跋本的钟爱。例如，复翁校明抄本《李校书集》三卷，黄跋四则，并有题诗。绍和云：“是集传本绝希，故储藏家亦少著录。惟明时有活字本四卷本，而谬误特甚。此本旧为明人抄校，复经荛翁手勘，洵堪宝秘。”(《隅录》续编卷四)校宋本《国语》二十一卷，跋五则，绍和云：“此本为……顾、黄诸家精校，覆勘精核，朱墨粲然，至为可贵。”(《隅录续编》卷二)其他复翁校跋本中有校宋本《大戴礼记》二十卷，跋两则；校宋本《新序》十卷，黄跋五则；校宋本《说苑》二十卷，黄跋八则；校宋本《陶渊明集》十卷，跋一则；校宋本《王右丞诗集》六卷，跋三则；校宋本《孙可之文集》十卷，跋五则；校宋本《西湖林和靖先生诗集》四卷，跋四则；校元本《东坡乐府》二卷，跋一则；校本《春秋繁露》十七卷，跋两则；校本《孤臣泣血录》二册，跋一则；校明抄本《盐铁论》十卷，跋四则；校明蓝印铜活字本《墨子》十五卷，跋三则等，这些均是士礼居的精品。还有一些黄跋本也为《隅录》著录，如校宋本《国语补音》三卷，跋一则；校本《意林》五卷，跋一则，等等。

杨绍和在著录复翁遗书时尽量求其全，同一种书的数种不同版本只要是能够收集到的，均予著录。譬如，复翁曾收得顾氏藏残本《吕刺史文集》七卷，为补成完本十卷及考查诸本卷帙详情，他极力搜集其余诸本，又得四种。复翁于校旧抄本《吕衡州文集》跋云：“余藏《吕刺史文集》，绵纸旧抄本，得诸碧凤坊顾氏，惜阙其首三卷。因欲抄补，遇是集即收。有周松霭藏十卷本，钱遵王藏五卷本，毛子晋藏五卷本，又借得周香严藏叶石君家抄本十卷全者，知周本、毛

① 傅增湘：《〈思适斋题跋〉序》，《藏园群书题记》附录2，中华书局1989年版，第1070页。

本皆不可据。周本硬析五卷为十卷，毛本又移易十卷中为五卷，纷如乱丝，无可取证。最后得王西沚藏十卷本，出于叶氏原本，方信钱本之五卷，乃十卷之仅存前五卷也。”[①]而杨氏竟不遗余力地先后将复翁曾经藏过的这五种本子全部收集起来，并著录于《楹书隅录》续编卷四，即：顾五痴藏“校旧抄本《吕衡州文集》十卷三册阙第一至第三卷”。此本“倩友传录钱本之三卷，思补顾本所阙，因照顾本行款写之”；周松霭藏“校旧抄本《吕衡州文集》十卷二册”；绍和题云：“每册有‘周春’、‘松霭’各印，即复翁所谓周松霭十卷本，前校语亦复翁手记也”；[②]王鸣盛藏“校旧抄本《吕衡州文集》十卷二册”；毛晋藏“校明抄本《吕衡州文集》五卷一册”；钱曾藏“旧抄本《吕衡州文集》五卷一册”。此五本，顾本为黄跋本，周本为黄校本，毛本为黄校跋本，其余两种无黄氏校跋，仅为黄氏收藏过。由此可见，杨氏不仅收藏带有黄校、黄跋的本子，而且只要是复翁收藏过的，均收入阁中，并著录于善本书目中，这说明杨氏收藏著录复翁藏书不像他人以零星形式，杨氏是以“套装”、“原装”形式收藏的。又如陶陶室宋本三种，抄本《劭氏闻见录》两种，抄本《遂昌山人杂录》两种等均属此类。

三　贡献

复翁题识有着鲜明的特点与风格。洪亮吉曾把他举为清代“赏鉴”一派的代表人物，余嘉锡云：“如黄荛圃者，尤以佞宋沾沾自喜，群推谓藏书大家，而其所作题跋，第侈陈所得宋元本楮墨之精，装潢之美，索价几何，酬值几许，费银几两，钱几缗。言之津津，若有余味，颇类卖绢牙郎。”[③]尽管余氏对此颇不以为然，但他却道出了黄跋的特点。其实，黄丕烈远没停留在“赏而不鉴”的层次上，缪荃孙亦概之以赏鉴为长，然谓：“若夫辨版刻之朝代，订抄校之精粗，则黄氏荛圃蹊径独辟。”[④]若论荛圃题识的特点，可以括为几点，一叙得书经过、递藏源流；二言版本之行款、年代、真伪，比对版本之异同、优劣；三谓校跋原委、书坛掌故。尤其是对版本鉴别之精审，方法之多样，委实拓展了清代版本学的研究领域。

---

① [清]黄丕烈：《校旧钞本〈吕衡州文集〉题识》，《士礼居藏书题跋记》卷5，第195—196页。

② [清]杨绍和：《校旧钞本〈吕衡州文集〉题识》，《隅录续集》卷4，清光绪二十年(1894)杨保彝刻本。

③ 余嘉锡：《〈藏园群书题记〉序》，《藏园群书题记》卷首，上海古籍出版社1989年版。

④ [清]缪荃孙：《〈钱塘丁氏八千卷楼藏书志〉序》，《艺风堂文续集》卷5，清宣统二年(1910)江阴缪荃孙刻本。

由于黄荛圃在清代藏书界的地位，更鉴于他在版本学上的突出贡献，故后世以此为特征的藏书家无不奉其为宗，正如王欣夫曰："黄丕烈的流派，先有常熟之张，又分为瞿、杨、陆、丁四大藏书家。"[①]杨氏对黄氏的倾慕，不仅在于搜集、著录黄氏遗书，还在于迻录大量黄跋，更在于杨氏在自己撰写题跋时，深受黄氏风格之影响。严佐之谓："总的看来，窃慕'述古佞宋之癖'的杨绍和'管窥所及'，大致是承继钱曾、黄丕烈等鉴赏一派的风格。"[②]如叙得书经过和心态，杨绍和于《隅录》卷一宋本《周易本义》题云："昨岁入都，于厂肆见此本，楮墨绝精，色香俱古，洵吴氏原椠。爱玩不忍释手，而索直昂，议再三未就，比归，始致书友人购之。"如述撰写情景，《隅录》卷二宋本《资治通鉴考异》题云："……甲子冬月初绍和又识，是日雪深盈尺，寒甚。"如言递藏、刻抄源流，比对版本优劣，等等。杨绍和的这些题跋确有黄跋之余韵。尽管如此，但在学术上，杨绍和秉持"求真"、"实事求是"的治学宗旨，于对复翁研究成果充分吸收的同时，对复翁之纰漏、错误亦必分析辨明。如宋本《孟东野诗集》钤有"安岐之印"、"仪周珍藏"、"安麓村藏书印"三印，对此印主人究竟是谁，藏书家莫衷一是，绍和进行了详细考证，纠正复翁的错误说法。除对复翁题识之误进行纠正外，绍和还对有些复翁校本之疏误提出了批评。如绍和于宋本《舆地广记》题云："荛圃以读书好古之士，所校乃乖舛至是，诚有大惑不解者，想因抄本亦用朱校。遂至援引混淆，未尝一勘此本耳。而此本幸存，犹得证黄校之诬，藉以见欧书之旧，愈当何如宝重耶！"（《隅录》卷二）校旧抄本《宝晋英光集》题云："复翁勘正者，亦漏略殊甚，想所据本已未免传写之讹，而扫叶拂尘，固非易事也。"（《隅录》续编卷四）并在宋本《宝晋山林集拾遗》又识云："《宝晋英光集》，予斋向得黄氏复翁手校本，只六卷，云出自吴文定公旧抄，校语颇多疏漏。"（《隅录》卷五）慕黄而又不是无谓地盲目崇拜，以理性的科学态度去对待、研究"黄学"，并以此运用到自己的治学领域里，这是杨氏从大文献学家黄丕烈身上汲取的最有价值的成分。

黄丕烈遗书是中国古代重要的典籍文化遗产，经过海源阁几代主人不懈的搜求整理，从而使这笔遗产最大限度地保存了下来。一方面杨氏搜集了大

① 王欣夫：《文献学讲义》，上海古籍出版社 1986 年版，第 117 页。

② 严佐之：《〈楹书隅录〉提要》，《近三百年古籍目录举要》，华东师范大学出版社 1994 年版，第 115 页。

量黄藏宋元佳椠，并且这些珍本现在大都藏于各图书馆，宋本二十四种就有十七种存世，如宋本《礼记集说》、《陶渊明集》、《汤注陶靖节诗》、《新序》、《孟浩然诗集》等这些孤本都藏于国图；元本八种中有六种保存下来，如元本《东坡乐府》、《稼轩长短句》、《梅花百咏》等孤本亦藏国图；还有一些名家明清抄本亦然。据统计，在一百五十四种复翁遗书中，只有三十九种散佚，其余均存于国图、鲁图、鲁博、台图、台北故宫博物院等处。另一方面，杨氏所搜集到的黄本大都是校跋本，尤其是迻录了近三百篇题跋，非常宝贵。光绪改元，吴县潘祖荫首次整理编纂《士礼居藏书题跋记》，即是从绍和借稿抄胥。此后在缪荃孙、章钰、孙祖烈、王大隆等续编《士礼居藏书题跋记》和《荛圃藏书题识》时，又从《楹书隅录》及海源阁藏黄本中辑录黄跋若干篇。这些题跋保存了黄氏的学术成果，从而为"黄学"及清代版本学的研究奠定了基础。如此，杨氏厥功甚伟。

第四节　金石书画帖砚

杨氏不惟藏书，对金石、书画、碑帖、端砚等等亦收藏很多，且多为珍品。与杨以增同时期的著名金石收藏家——山东潍县陈介祺，曾收藏极品四十方玉印等，其藏所名为"万印楼"。时与杨氏海源阁有"东潍"、"西聊"之誉。[①] 关于杨氏古物的收藏情况，杨敬夫有过大致介绍：

> 杨氏三代先人共藏有二百多方端砚，分装六个大箱子存储，锁在聊城故宅院帐房后面五间大北屋中。每个端砚配有楠木匣子，有的还镶上玉宝石，多数有先曾祖至堂先生自己题跋的款识。宋、元、明、清四个朝代的端砚都有，还有不少汉瓦。我曾名之曰："皕砚斋"。家中还藏几代先人所积累下来的古画，如宋人画册中有不少山水画和扇画等，还有宋人画的长卷。商、周年代的铜器就有十几个大箱子，名贵瓷器都是用木桶盛着的，其中包括宋、元、明、清几个朝代的名贵瓷器多种。
>
> 先曾祖至堂先生收存有全国名山大川名胜古迹所在的历代碑刻拓片二十多箱。[②]

---

① 李士钊：《聊城杨氏藏书刻书简述》，《山东出版志资料》第1辑，第161页。

② 李士钊：《聊城"海源阁"藏书重要史料片断——1966年2月10日在天津访问海源阁第四世主人杨承训(敬夫)先生》，《山东出版志资料》第1辑，第188页。

杨绍和在《仪晋观堂诗抄·岁暮怀人诗·张画船明府调》一诗云:“旧藏汉镜甚多,有黑漆古尚方镜,又银背六出镜,即六朝人所谓‘青鸾对舞水鸟孤鸣’者也。”杨氏先人对这些收藏曾编有目录,即《海源阁金石书画目录》五册。1929年冬,王献唐赴海源阁调查劫后余书时,见到了多种残余碑帖字画,并在目验此目后云:“《金石书画目录》五册,计碑帖九号,书画二十号,吉金二十号,文石三十号,内如碑帖、书画仅定二十九号。似专指精品而言,若余目验,已超过此数矣。”[①]海源阁究竟藏有多少这类文物,仅仅通过《目录》似不能断言,杨敬夫所言也只是个大概情况,由于这些文物大都散佚,因而具体数字我们无法获得,更不知名称。经过多方搜罗,获得了杨氏的一些具体文物的细目。其中,在杨敬夫于1957年所捐献的文物中有十七件,计明人印章两方,清人字画四幅,碑帖四幅,宋端砚四方,画屏一幅,古币两枚。这些现在均藏于鲁图。笔者又搜集到十件,其中,宋马和之《九歌图》,宋李伯时《靖节高风图》,征仲小楷书《离骚》、《九歌》长卷,均著录于《隅录》卷四宋本《陶靖节先生诗》题识中,然都下落不明。宋拓碑帖《目泉铭》[②]一册今藏国图,《第二批国家珍贵古籍名录》著录。元至正元年(1341)三月十二日海虞缪侃画《山泉飞禽图》,叔正题诗,石卿道人题识。今藏于私家。宋拓《大观帖》二、四、六、八、十共五卷,《争座位帖》一册,均藏于北京故宫博物院。诸葛亮遗墨《昔耕帖》曾藏聊城东昌府档案局[③],冰纹砚一方藏于天津艺术博物馆[④]。以上是笔者据文字资料记载及实物搜集到的二十六件文物的相关资料,但这只是极小一部分,比如端砚才五方,相比于杨敬夫所言“二百多方”,不可比焉。不过从这些仅存的文物的记录

① 王献唐:《聊城杨氏海源阁藏书之过去现在》,《山东省立图书馆丛刊》第1种,第11页。

② 参见拓晓堂:《翁同龢鉴藏大系略稿》(续八)之同治二年(1863)条云:“6月9日借观海源阁藏《醴泉铭》、《争座位帖》等。”《九成宫醴泉铭》,唐魏徵撰文,唐欧阳询正书,唐贞观六年(632)刻石,北宋拓本,十三开,墨本高32.5厘米,广16.8厘米。有“蔗畦”、“梁闻山收藏印”、“杨绍和审定”等印。江恂、梁巘题跋。

③ 《档案馆工作——新发现、收集的珍贵历史档案(山东省)》:“1987年6月,聊城市档案馆收集到三国蜀汉政治家、军事家诸葛亮的遗墨《昔耕帖》,以及李邕、颜真卿、李煜、苏轼、范仲淹、赵抃、文天祥、柳贯、危素等22位历史名人为《昔耕帖》书写的跋文。该《昔耕帖》及其跋文原藏于清代中国四大藏书阁之一的聊城‘海源阁’(建于清道光二十年,公元1840年),后由‘海源阁’第四世主人杨敬夫先生转交其女婿高玉琦(内蒙古集宁市肉联厂会计)保存。”见《中国档案年鉴1989》第7章,国家档案局编,档案出版社1992年版,第348页。后经了解,该帖又被主人索回。

④ 此砚著录于王念祥、张善文著《中国古砚谱》,北京工艺美术出版社2005年版,图版第141幅,文字版第167页。

中,亦足以感觉到它们的珍贵。如“子子孙孙永保用享”藏书印为明嘉靖二十六年(1547)文彭之印,“清白吏子孙”则为明嘉靖三十五年(1556)何震之印。文彭(1498—1573),字寿承,号三桥,别号渔阳子,长洲人,文徵明长子,授秀水训导,官至国子监博士,世称“文国博”,他是中国篆刻流派印的真正“鼻祖”。文彭出身名门,地位显赫,追随者众多,这也成为他开宗立派的基础。何震(1541—1607),号雪渔。他是与文彭同一时代的印人,辈分较晚,与文彭为师友关系,是“雪渔派”的创始人,这一流派是跨省区、跨地域的大流派,主要在徽、闽、浙一带活动。因文、何二人在印学史上具有的影响和地位,世人便将他们并称为“文、何”。此两印凝重沉稳,布局巧妙。据了解,目前世间所存文彭、何震的印章,确凿可靠的各自也就三五枚。因而无论从文物抑或从艺术的角度来看,这两枚印章都有不同寻常的意义。

书画中,如元代缪佀《山泉飞禽图》是现存于私人手中的绝代佳品。画尺寸为 186×81cm,约 13.8 平尺。钤印:叔正朱文印,草翁朱文印,荣峰审定白文印,东郡杨绍和印朱文印。作者题款为“至正元年(1341)三月十二日海虞缪佀画”。叔正题诗为:“空山寂历道心生,虚谷迢遥野鸟声。禅室从来尘外赏,香圭岂是世中情。云间东岭千重出,树里浮光一片明。若使巢由问此意,不将萝薜易簪缨。”石卿道人题云:“斯图笔法严谨,古雅不以浓艳为工,乃墨苑奇珍也。壬午七月,石卿道人谨题。”此画于北京东正拍卖公司 2006 年春季拍卖出,拍号为 615,拍卖起价为九万元。又如由张照作于清雍正十年(1732)的行书五言书(开本),上有张照题诗,历经多位名家递藏,钤有“东郡杨绍和观”白文印,由上海敬华艺术品拍卖有限公司于 2004 年拍出,成交价高达四十万元。

端砚中,如藏于天津市艺术博物馆的冰纹端砚,石质极佳。砚长 18.4 厘米,宽 14 厘米,高 2.5 厘米。砚作椭形略呈长方,四周依石稍作修整,简洁纯朴。砚面、砚背皆磨平,光素无饰。砚侧刻“海源阁珍藏”篆字印。砚面,冰线纹交错,有痕无迹,如洁白之蛛丝网状,至为纯美。

又如宋拓《大观帖》,为存世孤帖。宋大观初,徽宗赵佶因太宗时所刻《淳化秘阁法帖》年久板片皴裂,不能复拓,兼以原帖标题多误,有的摹勒失真,于是诏出内府所藏真迹,命蔡京书签及卷首尾题记、龙大渊等改定编次,重摹上石。字行高于《淳化阁帖》两寸。中间标题由蔡京书写,每卷末刻款:“大观三年(1109)正月一日奉圣旨摹勒上石。”兹称为《大观帖》。因帖石置太清楼下,故又称《太清楼帖》，或《大观太清楼帖》。《大观帖》系据宋内府藏墨迹钩摹，故改正《淳化阁帖》不少谬误，且摹勒谨严，镌刻精工，草书起讫转折、回旋进退表现得准确、婉健，锋势飞动，神采射人，故为世所重，论者以为超过《淳化阁帖》。《大观帖》全本十卷，第一卷为历代帝王书，第二、三、四卷为历代名臣法帖，第五卷为诸家古法帖，第六、七、八卷为王羲之书，第九、十卷为王献之书。墨色黝黑，麻纸，每页纵32.4厘米，横20.7厘米。海源阁藏二、四、六、八、十各卷，其中二、八、十较完整，四、六卷残，共一百四十七页，五百三十六行，合装成三册，现藏故宫博物院。故宫还藏有明王世贞藏本卷二、四、五等三册。另外，中国历史博物馆藏第七卷一册，南京大学图书馆藏第六卷一册以及神州国光社曾出版印本第十卷一册。其中海源阁藏弆卷数最多。是帖名家题跋藏印累累，其中杨氏藏印有"以增之印"、"关西节度系关西"、"仪晋观堂"、"彦合珍玩"、"杨绍和鉴定"、"保彝私印"等，并杨绍和万言字长跋(佚)。二、四残卷合本卷首有清崇恩大字题云："宋拓太清楼帖残本真迹东郡杨氏家藏希世墨宝"，末又有崇恩题记，可知此帖于清同治五年(1866)九月曾借观崇恩两月余，"每日得暇，辄浴手展玩，心目为之豁然。清福胜缘，孰有逾于此者？既然跋尾，更为题眉，以寓钦仰获观持之意云。勰卿道兄世契得毋笑其痴不?"翁同龢亦曾借观，据拓晓堂《翁同龢鉴藏大系略稿》(续八)之清同治三年(1864)三月二十九日条云："是日聊城海原阁主人杨勰卿以所藏《大观帖》三册见示，范大澈藏本，前后有其图记……此本翁同龢留观至四月十一日，还杨勰卿。"可见，是帖极受识者器重。

《争座位帖》亦称《论座帖》、《与郭仆射书》，为颜真卿行草书精品，约六十四行。此帖为唐广德二年(764)颜真卿写给仆射郭英乂的书信手稿。内容是争论文武百官在朝廷宴会中的座次问题，郭英乂为了谄媚宦官鱼朝恩，在两次隆重集会上指麾百官就座而任意抬高鱼朝恩的座次，为此，颜真卿在信中对他做了严正的告诫，甚至斥责他的行为"何异清昼攫金之士"，信中反映了颜真卿仗义执言，刚正不阿的精神。在艺术表现上，《争座位帖》全篇劲挺豁达，姿态飞扬，在圆劲激越的笔势与文辞中显现了他那刚劲耿直、朴实敦厚的人格。米芾云："此帖在颜最为杰思，想其忠义愤发，顿挫郁屈，意不在字，天真罄露在于此书。"又云："《争座位帖》有篆籀气，为颜书第一。字相连属，诡异飞动得于意外"。[①] 苏东坡

① [宋]米芾：《书史》，文渊阁《四库全书》本。

云:"比公他书尤为奇特,信手自书,动有姿态。"[①]此稿真迹传有七纸,宋时曾归长安安师文,安氏以此上石,石在陕西西安碑林,真迹已不传。《争座位帖》历来为书家所重视,与王羲之《兰亭序》并称"行书双璧",又与《祭侄文稿》、《告伯父文稿》被誉为颜书三稿。《争座位帖》传世刻本颇多,以西安本刻工最佳,此本字口清晰可见,墨色醇古,是较早的宋拓本。有杨绍和题跋,钤有"至堂"、"宋存书室"、"宋存书室珍藏"、"杨绍和审定"、"杨氏仲子"、"杨印承训"诸印。由藏印可知,该帖为杨以增购得,于民国间由杨敬夫手中散出,后转归北京故宫博物院。

《九成宫醴泉铭》,刻于贞观六年(632)四月,石立于陕西麟游县。魏徵撰文,欧阳询楷书。三十四行,行五十字,有额,阳文篆书六字。九成宫,即隋之仁寿宫,唐太宗李世民曾避暑于此,因乏水而掘地,得水而甘,遂滑之醴泉。此碑书法极为深厚有力,气韵生动,为千余年来楷书中登峰造极之作,对后世影响极大,世人学书法习欧书者,莫不以此碑为范。国家图书馆藏此碑最佳北宋拓本,为五行"重译来"之"重"字未损本,共十三开,又跋十开。有竹西江恂题签,曰"宋拓醴泉铭",并钤"蔗畦"印。尾有江恂、梁巘题跋,钤"闻山考藏印"、"东郡杨绍和观"等印。可见初为杨绍和收藏。

杨以增曾自谓"沉沦帖括"[②],杨绍和亦云"惟与金石翰墨为缘"[③]。这种嗜好自然亦促发了他们的收藏欲望,不仅收藏数量巨大,且质量很高。杨氏对搜集来的这些文物一是精心保存,如敬夫云"每个端砚都配有楠木匣子,有的还镶上玉宝石",名贵瓷器则用木桶盛之。马和之《九歌图》,杨氏得时吴傅朋题诗已佚去,"因属周丈容斋尔墉补书之"[④]。崇恩曾言《大观帖》"乃尊甫至堂先生遗物,勰卿宝爱弥护,可谓得所传矣"[⑤]。二是题字留念,如端砚中"多数有先曾祖至堂先生自己题跋的款识",这些题识叙其端砚的授受源流,同时也可看出主人的操守和笃爱。如一宋端砚盒,盒面刻有隶书跋文:"古之端能备九,立德之功,非空言之墨守。道光庚寅(1830)泐铭砚左,因友守古不同部,复改

---

① [宋]苏轼:《争座位书稿》,[清]李光暎撰《金石文考略》卷12,文渊阁《四库全书》本。
② 《杨至堂致许印林书八通》之一,王献唐编《顾黄书寮杂录》,齐鲁书社1984年版,第147页。
③ [清]杨绍和:《宋本〈陶靖节先生诗〉题识》,《隅录》卷4,清光绪二十年(1894)杨保彝刻本。
④ 同上。
⑤ [清]崇恩:《大观帖》2、4残卷跋尾。

镌于此。戊申(1848)季春,海源阁主人识,增。”又一宋端砚,盒底中刻铭文云:“海峰先生以古文名,为八家嫡嗣。今得其遗砚,想见挥毫落纸如云烟也。爰什袭以藏之。杨以增。”[①]三是研究甚勤,如《大观帖》,绍和为了考证其真赝,就撰写了近万字的跋文,可谓“勤矣博矣”。《争座位帖》,绍和亦撰跋文考证其源流。四是与同好交流把玩,如杨以增曾将秘笈书帖出示于崇恩,杨绍和则将《大观帖》借观于崇恩和翁同龢等。

但是,杨氏所苦心搜求精心保存的大部分古物,在海源阁遭劫时却大都散出不知下落。王献唐1929年冬赴海源阁查看劫后遗书时,“见墙角檐陬,砚箧垒积,空无一石,问之均被匪徒携去矣”[②]。“字画碑帖,仅余轴木夹板,中心多被撕去,藏砚数十方,只存砚盒,所有砚石,亦无一幸免”[③]。1931年8月由王献唐整理出版的《杨氏海源阁印砚拓本》三卷,只收砚石三方。根据以上调查结果,现在知道藏所的仅有二十三种,其余藏于何处或损毁多少则不得而知。然区区数种只是海源阁巨大藏量的吉光片羽而已。海源阁历经多次蒙乱,诸多珍本文献星散四方,为历代书厄又添了辛酸的一页。累经尘劫,太璞不完;墨林星凤,唯此而已。沧海桑田,吾人则又奈何耳?!

① 李士钊:《聊城海源阁杨氏藏书刻书》,《山东出版志资料》第1辑,山东人民出版社1984年版,第158页。

② 王献唐:《杨氏海源阁印砚拓本》题记,《双行精舍书跋辑存》,齐鲁书社1983年版,第166页。

③ 王献唐:《聊城杨氏海源阁藏书之过去现在》,《山东省立图书馆丛刊》第1种,1930年4月,第13页。

第　三　章

目录学研究

藏书家对于自己的藏书进行整理，主要就是编辑藏书目录。海源阁的大部分藏书是由杨以增和杨绍和父子收藏的，拥有了丰富的储备之后，杨氏开始编辑自己的家藏目录。编目由杨绍和、杨保彝父子进行，共编了五种目录，形式上则分三种。首先将以明清为主的普通本编成简目《海源阁书目》；其次对宋元校抄重点著录研究，著成善本解题目录《楹书隅录》初、续编九卷；第三把所有善本先后编成三种简目。对自家藏书进行如此细致的分门别类式的整理著录，在清代藏书家中尚不多见。同时，从杨氏所编目录中，亦体现了杨氏一定的目录学思想。

第一节　编目实践

一　《海源阁书目》不分卷　杨绍和、杨保彝撰

《海源阁书目》是杨氏最早编辑的普本简目。初稿由杨绍和于清同治二年至三年(1863—1864)撰成，《楹书隅录·自序》云："癸亥(1863)、甲子(1864)间，绍和里居，撰《海源阁书目》成。"此目撰成后，始撰《楹书隅录》初编。绍和在撰写《隅录》的过程中三次提及《海源阁书目》，如《隅录》卷三宋本《证类本草》题云："予斋亦有元大德本，较此为逊，已入《海源阁书目》中，未登是编。"《隅录》卷四元本《增广注释音辨唐柳先生集》题云："予藏明代覆本，别入《海源阁书目》中。"《隅录》卷五元本《国朝文类》题云："修德堂本则入《海源阁书目》中。"可见《海源阁书目》撰成于《楹书隅录》初编之前无疑。而且，绍和将《海源阁书目》视为普通目录的意图极为明显，其所题元大德本《证类本草》、明本《增

广注释音辨唐柳先生集》,均著录于《海源阁书目》中。

《海源阁书目》因撰成时间较早,其后又不断增补,我们现在见到的就是保彝增补本。清宣统元年(1909),保彝将家藏咨部存案时,据其附开书目就有抄本《海源阁书目》,王献唐于1929年11月奉命前往聊城清查劫后遗书时,于杨氏后宅见到这个抄本,匪乱中幸未散失,一直为杨氏保存①。1957年,杨敬夫向山东省文化部门捐献海源阁文物时,此书即为其一,现存鲁图。通过整理《海源阁书目》发现,杨绍和在编成初稿后,又有续补,保彝在绍和卒后又继续增补。该《目》中有清同治三年至光绪元年(1864—1875)的版本,如同治五年(1866)刻本《揽青阁诗抄》、同治七年(1868)自刻本《内阁撰拟文字》、同治十一年(1872)山东书局刻本《周礼郑注》、同治十二年(1873)稽古楼刻本《袖珍十三经注》等二十余种,这些本子均存于鲁图②。绍和卒于清光绪元年(1875),故这些同治版本很有可能是他抑或其子保彝补入。从《海源阁书目》中,我们还发现有不少光绪年间的版本,如光绪四年(1878)马贞榆刻李兆洛五种本《皇朝舆地韵编》、光绪八年(1882)刻本《华州志》、光绪十八年(1892)谢镛刻本《谢程山全书》、宣统二年(1910)徐乃昌刻怀豳杂俎本《两般秋雨盦诗选》等三十余种,这些本子亦存鲁图。③保彝卒于宣统三年(1911),这些本子则肯定是杨保彝补增。由此推知,光绪或者同治年间以前的本子恐怕亦有补入者。从所增补的本子皆按类别年次有序地穿插于原本之中,及这些书目工整地抄写于海源阁专用红格稿纸上,可知这是一个经过保彝重新整理、誊录的本子。

杨氏抄本《海源阁书目》,分装六册,每册均有广西龙继栋题签④,各册卷

---

① 王献唐:《聊城杨氏海源阁藏书之过去现在》,《山东省立图书馆丛刊》第1种,1930年4月,第10—11页。

② 另有二十余种,据《五种》作者加补亦为同治本,但因散佚不见,有待确认。

③ 另有近三十种,据《五种》作者加补亦为同治本,但因散佚不见,有待确认。

④ 王绍曾先生于《〈海源阁书目〉整理订补缘起》一文中云:"再就龙继栋题签观之其它,亦必应勰卿所请。龙继栋同治壬戌(1862)官户部额外主事,龙博涉群籍,喜驰骋文词,通小学,工篆隶,当时惠陵复工,翰林院缴其恭篆册宝,士林引为殊荣。(见缪荃孙《前户部侯补主事龙君墓志铭》载《碑传集三编》)勰卿于同治四年(1865)成进士,入翰林,擢右赞善,《海源阁书目》成书于同治二年至三年(1863—1864),既入翰林,当与龙继栋相交往,求龙为书目题签自属意料中事。可见勰卿对《海源阁书目》之重视。"龙继栋(1845—1900)题签《海源阁书目》固无疑问,但是否为绍和所请,王先生实属推测,并无确证。愚意以为当为保彝所请。光绪二十年(1894)十一月,继栋应保彝之请,为《海源阁珍藏尺牍》作跋,龙继栋于《〈海源阁珍藏尺牍〉跋》中云:"端勤公与先王父乍浦公同年乡举……公之文孙受安农部,出视手泽,谓继栋宜缀数言简末。夫我两家,五世之好之隆。暨先方伯斯言之望,予小子其奚庸赘一词。无已,则愿举书中颓然自放,邂事养闲之语,与受

端钤满汉对照“聊城县印”和“东昌府印”朱文大方印各一方。据呈府备案之抄本《海源阁书目》书内所夹签条，计有经、史、子、集四部，书三千二百三十六部，二十万八千三百卷有奇。但这个统计可能有误，今据目录经重新计算，得出如下数字：

	经部	史部	子部	集部	合计
宋本			3		3
元本		6	5	4	15
校本	2	2	1	3	8
抄本	13	60	43	72	188
明本	62	133	187	257	639
清本	473	646	529	1263	2911
小计(复本)	550(703)	847(948)	768(892)	1599(1858)	3764(4401)

表内小计栏目中，加括号者为复本部数，共有六百七十三部。海源阁藏书往往同一版本收藏复本多部，如词曲类清道光二十九年刻本《香销酒醒词》一卷《曲》一卷就收有八部，集部别集类清乾隆刻本《寒香阁诗集》四卷收有八部等，所以，最终部数要远远多于种数。从表中可以看出，该目显然以收录明清本为主，清刻本占了五分之四，其他明本等居五分之一。《海源阁书目》著录的这些明清版本，原藏杨氏后宅，海源阁遭劫后，杨敬夫将劫后残余运至济南、北京保存，其后由济南人士辛铸九等购买并捐赠于山东省立图书馆，保存至今。1999年，由鲁图编辑的《馆藏海源阁书目》著录了这些图书，与《海源阁书目》大多吻合。鲁图《馆藏海源阁书目·凡例》共录收两千一百九十八种，其中为《海源阁书目》著录者一千八百七十四种，不为《海源阁书目》著录者尚有三百二十四种。《海源阁书目》下落不明者一千八百九十种。这说明《海源阁书目》著录的图书损失多半。

安农部交勖之而已。光绪二十年(1894)十一月初雪。龙继栋再拜敬识。”“先王父乍浦公”即龙继栋祖父龙光甸(1792—1849)。由跋可知，龙氏与杨氏为世交，而继栋与保彝交往更多。《海源阁珍藏尺牍》是杨绍和于清同治十一年(1872)编成，当时是“属其同年友长沙徐树钧书”，未见龙氏题字。保彝于清光绪二十年(1894)刊成《楹书隅录》续编，其封面亦题“临桂龙继栋署检”。又我们现在看到的是杨保彝整理本《海源阁书目》，此本上有龙继栋题签，至于绍和时的《海源阁书目》是否有此题签，无法佐证。再从年龄上，绍和大继栋十五岁，绍和著成此目时，继栋不足二十岁，故绍和“求龙为书目题签自属意料中事”则颇为可疑。况保彝本题签页与上下纸样悉同，则更似保彝所请为是。

这些明清本，保彝称之为“版刻较近，抄胥弗精，为世间经见之书”[1]。王献唐则谓“其明清刻本类皆精刊精印，彼之所谓普通版本，今多视为善本”[2]。以明刻本为例，明本中最有特色的要算藩刻本。明成祖实行分封皇子到外地为藩王的制度，各藩府财力雄厚，既有善本可供翻雕，又得硕儒帮助校勘，因而极为后世藏书家所珍视，如明德藩最乐轩刻本《史记》一百三十卷、《汉书》一百二十卷，秦藩朱惟焯刻本《史记》一百三十卷等。明南北国子监刻正经正史很多，杨氏著录达三十余种，尤以南监本为多，如明万历南雍重刻本《史记》一百三十卷，重刻宋本《宋书》一百卷等极为珍贵。《海源阁书目》还著录了很多明代私家刻本，这些刻本尤以嘉靖以前更为可珍，如明洪武二十八年(1395)舆耕书堂刻本《楚国文宪公雪楼程先生文集》、明永乐刻本《全室外集》、明正统刻正德十年(1515)沈玹补修本《东里文集》、明天顺六年(1462)程宗刻本《庐陵欧阳文忠公全集》、明成化九年(1473)陈炜刻本《朱子语类大全》、明弘治十三年(1500)项经刻递修本《陶学士先生文集》、明正德九年(1514)张缙刻本《宋学士文集》、明嘉靖四年(1525)王延喆重刻宋本《史记》、嘉靖二十九年(1550)袁耿嘉趣堂刻本《金声玉振集》等，其中又以嘉靖本最多。明末如隆庆六年(1572)顾知类、徐弘刻本《古文类选》、万历书林叶近山刻本《新刻七十二朝四书人物考注释》、万历四十年(1612)何上新刻本《白沙子全集》等亦是私家刻本中的佼佼者。明代后期刻书多为人所贬，但浙江湖州闵、凌两家套印本却广受学子好评，以收藏套印本著称的陶湘云：“自今日上溯至明万历之末，如闵版书，相距亦三百年，而其值比之当时购宋元版书，高至数十倍，且不能得其全。若传奇数种，比之今日求宋元版书，其难已几几相埒，亦传本日罕而日珍也。乌能以其非宋元版又非嘉靖前刻，而遂不重视之耶！”[3]据王清原《武进陶氏藏闵、凌刻套版书源流考》[4]一文详细钩稽，共得一百三十八种，而《海源阁书目》著录则有二十余种，如闵齐伋刻朱墨套印本《老子道德真经》、《列子冲虚真经》等，尤其是套色批点本极夥，闵、凌套印本中共有五色一种，四色三种，而《海源阁

---

① [清]杨保彝：《宋元本书目》题识，《海源阁宋元秘本书目》卷首，山东省立图书馆1931年排印本。

② 王献唐：《聊城杨氏海源阁藏书之过去现在》，《山东省立图书馆丛刊》第1种，1930年4月，第11页。

③ 陶湘：《〈明吴兴闵板书目〉序》，《书目丛刊》，辽宁教育出版社2000年版，第6页。

④ 参见《历史文献》第10辑，上海图书馆历史文献研究所编，上海古籍出版社2006年版。

书目》就著录两种，如万历四十年(1612)闵绳初刻五色套印本杨慎、曹学佺批点《文心雕龙》(两部)，凌瀛初刻四色套印本《批点世说新语》等。其他如万历四十八年(1620)闵于忱松筠馆刻朱墨套印本《批点孙子参同》、万历四十八年(1620)凌汝亨刻朱墨套印本《批点管子》等亦极罕见。明末另一个私家刻书大户是汲古阁毛氏刻本，为《海源阁书目》著录者有六十余种，如《楚辞章句》、《薛许昌诗集》、《渭南文集》、《放翁逸稿》、《松陵集》、《元人文集》十种、《唐人选唐诗》八种等，而如《屈陶合集》十六卷，为毛氏绿君亭刻本，尤为难得。《海源阁书目》在著录这些本子时，于书名目录中均标出"闵氏"和"汲古阁本"字样，由此也可以看出杨氏对这些本子的看重。

校本中，如黄丕烈临惠士奇批校跋本《惠半农先生评点墨子》、张敦仁批校本《读史方舆纪要》、李兆洛过录何焯批校本《李义山诗笺注》等都弥足珍贵。抄本中，有明抄本《六岳登临志》、《柳待制文集》等，清抄本中，清康熙四十五年至四十九年(1706—1710)何焯抄本《金石录》、朱绪曾抄本《曹子建集》、钱氏萃古斋抄本《天下郡国利病书》等都是名家抄本。清刻本中著录最多的则是乾隆武英殿活字印聚珍丛书本，有一百多种，其次康熙内府刻本也不少。私家如黄丕烈《士礼居丛书》、孙星衍《岱南阁丛书》及《平津馆丛书》、孔继涵《微波榭丛书》、卢文弨《抱经堂丛书》、卢见曾《雅雨堂丛书》、鲍廷博《知不足斋丛书》、阮元《文选楼丛书》等精校精刻都著录于目中，其他零星家刻本亦无不收入其中。

值得注意的是，《海源阁书目》中还收入了宋本三种，元本十五种。其中史部六种，有元本《南史》、元本《北史》、元大德刻明修本《唐书》、元刻明修本《资治通鉴释文辨误》、元本《通鉴地理通释》、元本《古今纪要》；子部宋本三种中，有两种与《宋元本书目》[①]重出外，尚有宋嘉定四年(1211)刘甲刻本《经史证类备急本草》，元本五种中有三种重出外，还有元至正九年(1349)庐陵竹坪书堂刻本《纂图方论脉诀集成》、元本新刊《素问入式运气论奥》三卷《黄帝内经·素问遗篇》一卷；集部元本四种中，有两种重出外，又有元本《楚辞辨证》二卷《后语》六卷、元本《朱文公校昌黎先生文集》四十卷《外集》十卷附《集传遗文遗诗》一卷。这些宋、元本以及部分抄本与《宋元本书目》著录者相较，并无多让，殊为难得。但《海

① 《宋元本书目》代指杨氏所撰《楹书隅录》和《宋存书室宋元秘本书目》、《海源阁宋元秘本书目》、《海源阁藏书目》4种简目。

源阁书目》以著录明清版本为主，而《宋元本书目》则以宋元佳椠、校抄精良者入选，区别显然，为何《海源阁书目》又著录一些并不亚于善本的宋元校抄呢？况且《海源阁书目》与《宋元本书目》著录的宋、元、明校抄重出者达四十余种，如宋本《脉经》十卷，既入《海源阁书目》，何以又入《宋元本书目》及《隅录》？元大德本《筠溪牧潜集》七卷，有绍和跋，《隅录》卷五及《宋元本书目》均著录，保彝收入《海源阁书目》时，又在书名前冠以"入宋存"三字，是明明视同宋本的。明本《山谷内集诗注》二十卷，《宋元本书目》著录，入《海源阁书目》时，书名上亦冠以"入小楼"[①]字样，可见与普通明本不同。对此，王绍曾云："然又何以将此二书列入普通版本？凡此之类，皆说明审定版本，界限不清，亦且自乱体例。"又云："窃以为杨氏所谓普通版本，除部分清刻本外，所收元明刻本与《海源阁宋元秘本书目》本无严格界限，即《楹书隅录》中亦未尝不收明本，著录校本、抄本尤多。今以《海源阁书目》中所收元本、明本、校本、抄本观之，与《海源阁宋元秘本书目》相较，并无多让。"[②]杨氏是否"界限不清"、"自乱体例"，从书名前冠以"入宋存"字样来看，杨氏是清楚地意识到善本与普本之"界限"的。确实，就《海源阁书目》著录的这部分宋元及部分明本、抄本之质量来看，堪与《宋元本书目》著录者媲美。然就整体而言，《海源阁书目》与《宋元本书目》著录的抄本与明本等是有明显区别的，以抄本而论，《宋元本书目》著录者多是名家抄本，或是经过了名家校勘题跋过的，明本则多是罕秘之本。然又何以《海源阁书目》著录了堪称善本的宋、元、明校抄呢？笔者以为可能是《海源阁书目》著录之书均存海源阁后宅，当时存放时，未能细分出这些宋、元、明抄校本，以致登录时一并进入《海源阁书目》。再检这部分版本，均集中在子部医家类、集部别集宋代和集部别集金、元三部分，每部分书目都上下连接排列一起，则混入普本书目存放的可能性更大，但保彝显然又意识到这一点，所以往往又加"入宋存"字样等以示区别，并在登录后又"入小楼"。《海源阁书目》收录了一些宋元本，但整体上看，还是以著录明清版本为主，这一点毫无疑问。

可能还有一些明清版本未能著录于《海源阁书目》中，但就著录总量来看，仍然可以概见杨氏普本的基本收藏面貌。

---

① "入小楼"意即入藏海源阁藏书楼，因阁楼专储宋元珍本。

② 王绍曾：《〈海源阁书目〉整理订补缘起》，《订补海源阁书目五种》，齐鲁书社2002年版，第771页。

二　《楹书隅录》初续编九卷　杨绍和撰

《隅录》是杨绍和编撰的一部善本解题目录。其书名含义正如黄永年云："楹书，在这里指先人遗下的书，隅录，是所录只有一隅即全部藏书的一角。"①《隅录》分《初编》五卷（集部分上、下卷）和《续编》四卷。关于《初编》的撰写，《隅录·自序》云，清同治二年（1863）、三年（1864）撰成《海源阁书目》之后，"复取宋元各本记其行式、印章、评跋，管窥所及，间附数语。乙丑（1865）入翰林，簪笔鲜暇，此事遂辍。顷检旧稿之已成者，得若干种，厘为五卷，命曰《楹书隅录》。写校既竣，抚书远想，哀慕曷极。同治己巳（1869）仲夏"。知绍和于同治三年（1864）开始正式撰写《初编》，至同治四年（1865）中辍，到同治八年（1869）才"写校既竣"。然从绍和《初编》为各书作题识之时间可知，同治三年之前，实际上已经零星撰写，如宋本《唐求诗集》题云："咸丰辛酉秋八月，聊城杨绍和识。"（《隅录》卷四）辛酉即咸丰十一年（1861）。同治八年（1869）之后绍和又有续补，如宋刊《添注重校音辨唐柳先生文集》题云："庚午小阳，东郡杨绍和勰卿甫识。"（《隅录》卷四）庚午即同治九年（1870）。又宋本《史记》题云"壬申夏仲。"（《隅录》卷二）壬申即同治十一年（1872），因而《隅录》的真正完成时间应为同治十一年。所以绍和撰写是书历时十二年，以同治二年、三年里居聊城时为主，至同治八年时再次撰写时，则主要是补入于同治五年（1866）收集的明善堂散出之书及其平时零星所购。《续编》始撰于同治十年（1871）春，竣于是年中秋。绍和于《隅录》续编卷首《跋》云："今春珥笔稍暇，命儿子保彝由里中抄寄原书跋尾若干条，手加甄录，补成九十余种，厘为四卷，命曰《续编》。……同治辛未（1871）中秋。"故《隅录》续编四卷，主要由保彝抄录原书题跋，甄录而成，而绍和题识不多。原稿初、续编九卷撰成后，清光绪元年（1875），吴县潘祖荫为刻《士礼居题跋记》，将原稿借去，保彝于《隅录》续编卷末《跋》云："原跋或有误收，未及改正，而先大夫见背，既为友人借录，不无亥豕。而书储里中，原稿待校，未经编入者，复十余种。迨癸未（1883）秋，保彝报罢南旋，赍归原稿，与著录各本敬为编辑，详加校补，始成定本。其间各家题识，字体手迹互有同异，谨依原本，不敢妄改，存其真也。"清光绪九年（1883），保彝于里中又将原稿与原书一一校核，甫为定本。

---

① 黄永年：《版本目录》，《古籍版本学》，江苏教育出版社2005年版，第240页。

然定稿后，并未立即付诸剞劂。至光绪十九年(1893)春，保彝始刊是书，并延多人校勘，于此年冬刊成。时保彝正于京都服官，故刻书当在京都。保彝于《隅录》续编卷末《跋》云："工始癸巳小阳，洎本年冬十月既望而书成，为字十四万四千二百四十有二言。同校者，为宛平刘君家立、家荫昆季。同邑外弟傅君昉安、玉田、吉生、曾佑，例得备书。光绪二十年(1894)太岁在阏逢敦牂涂月上浣。"又据《隅录》初续编的书牌均为"光绪甲午(1894)中秋海源阁刊"可知，版成刷印是在光绪二十年八月。在校勘此书的过程中，绍和门人柯劭忞还自始至终参与了校勘。《隅录》初编五卷脱稿后，柯劭忞曾校勘一过，待保彝将九卷完本刊成后，柯劭忞又复勘过，柯氏于《隅录》续编卷末《跋》云："同治辛未(1871)，劭忞应会试入都，问字于先生之门，适此书初编甫脱稿，劭忞获于校勘之事。今二十有五年矣，喆嗣凤阿户部，刊此书工毕，乃覆校一过，而书其后焉。……时乙未闰五月，门人胶州柯劭忞谨识。"可知经柯氏校过的《隅录》九卷正式发行是在光绪二十一年(1895)五月之后，并有柯氏《跋》，而之前的光绪二十年刻本上则无柯氏《跋》。无柯氏《跋》的光绪二十年本印数较少，目前只见中科院图书馆收藏，而有柯氏《跋》的光绪二十一年本，则印数较多，国图、中国科学院图书馆、南京图书馆、天津中医学院图书馆等均有藏本。所以，目前流行的实际上是光绪二十一年本。但比较这两个本子，发现文字上版式等并无区别，只是有无柯《跋》而已。可见，柯氏校勘成果并未刻入原版片中，待光绪二十一年发行时，只是于《隅录》续编卷末增加柯《跋》而已。所以，《北京图书馆普通古籍总目·目录门》著录该书时据书牌题云"光绪二十年海源阁刻本"，亦不为过。《隅录》封面首题篆字"楹书隅录初编"，左下题"道州何维朴署检"，扉页书牌"光绪甲午(1894)中秋海源阁刻"。版框为17.8cm×12.5cm。每半页九行，行二十一字，注用双行小字，白口，左右双边，单鱼尾，鱼尾上镌"楹书隅录"，下题卷次，次下题"海源阁"。《初编》前有许赓飏序及绍和自序，末钤"杨绍和印"白文方印、"勰卿"朱文方印两印，左下题"男保彝校字"。《续编》版心鱼尾上题"楹书隅录续编"，卷首有绍和题识，末钤"绍和筠岩"朱白文方印、"秘阁校理"朱文方印两印，左下亦题"男保彝校字"。《续编》后有杨保彝跋和柯劭忞跋。遇敬语如"《天禄琳琅书目》"、"《四库全书总目》"、"国朝"、"先公"、"先大夫"等抬头或空格。避清讳改字，如《隅录》卷四元本《注陆宣公奏议》中"郎晔"之"晔"字，缺末笔，避圣祖玄晔讳。卷五影宋精抄本《西昆酬唱集》中“毋寧”之“寧”字，以“甯”字代，避宣宗旻寧讳。卷五宋本《新刊国朝二百家名贤文粹》中“播芳琬琰”之“琰”字，缺末笔，避仁宗颙琰讳。卷五元本《文选》中“顾君淳庆”之“淳”字，以“湻”字代，避穆宗载淳讳。避父讳“增”字均缺末笔。

《隅录》光绪二十一年杨保彝刻本（以下省称杨本）刷印后，版片未能完整地保存下来。庚子（1900）之乱时，杨氏藏于京都寓所的很多金石书画和善本都遭受损失，故保彝刻完后，很可能将版片存于寓所，连同其他皆遭焚失。清光绪二十八年（1902）春，保彝携眷返里，隐居肥城陶南山馆，亦未能将残余版片带回，至保彝卒（1910）时，版片随即散失京都。宣统年间，董康收拾残片，已缺三分之一，遂补成完帙，于清宣统三年（1911）在京都琉璃厂海王村潭宅再度刊印，即董康诵芬室补刻本（以下省称董本）。董氏于《隅录》初续编卷末《跋》云：“《楹书隅录》五卷，《续编》四卷，聊城杨氏海源阁家刻本，比年散落都市，康购得之，凡阙失三之一，补刊百九十余版，复为完书。”董本印数颇多，远过杨本，各大图书馆多有收藏。

现在的影印本如中华书局的《清人书目题跋丛刊三》和上海古籍出版社的《续修四库全书》等均以董本为底本。但把杨本与董本作一比较，则知杨本优于董本，区别在于补版部分。补版部分共一百八十九叶，计《隅录》和《续编》封面两叶，《隅录》卷一第十五、十六叶，卷二第一叶、第三十五、三十六叶、第七十一、七十二叶，卷三第十九、二十、三十一、三十二至五十九叶，卷四共六十四叶、卷五共八十二叶，卷五末保彝《跋》和柯劭忞《跋》三叶。与董《跋》所言“补刊百九十余版”大致相符。细验董本补版部分与杨本原本不同之处颇多：一、封面题检署名不同，杨本《隅录》初编为“道州何维朴署检”，《续编》为“临桂龙继栋署检”。龙氏与杨氏为世交，龙氏多次为杨氏著述署签；董本则分别为“北平孙壮署检”和“宋非题”。孙壮和孙非，未见和杨氏有过交往，署检当为董康所请。董本于《续编》目录后有双行书牌云“皇朝宣统三年（1911）辛亥　海王村潭宅补刊刷印”，《续编》卷四末又题“计拾肆万柒阡肆伯捌拾肆字　刻工用制钱拾捌万缗”，杨本则无。二、补版部分由于是新镌版片，着墨较深，而旧版因年久磨损则墨色较浅，两版有明显不同；三、版心中题叶数下，补版部分常有一横线，如卷三第五十一、五十二叶，卷四第五、九叶，卷五第十、十六叶，而杨本无。四、字体有异，董本字体瘦长，杨本则显宽厚。董本往往字形大小不一、笔画粗细不均，而杨本则较为整齐划一。五、两本字形写法不同，如《隅录》卷三绍和迻录金本《道德宝章》藏书印云："有'清容居士焦氏弱侯文宠之印'、'耿会侯珍赏书画之印'、'明善堂藏书印'各印记"，其中"印"字，董本写作"印"，杨本写作"印"。杨本"册"字，董本则时作"冊"字，如《隅录》卷三"影金精抄本《重校正地理新书》十五卷四册"之"册"字即是。《隅录》卷三"宋本《新刊履斋示儿编》二十三卷十二册二函"之"刊"字、"函"字，董本常写作"刋"、"函"。其他诸如"益"、"吕"、"宫"、"回"、"晤"、"斧"、"兹"、"修"、"卧"、"阔"、"众"、"真"、"说"、"脱"、"非"、"以"、"纸"、"雨"等字亦写法不同。六、杨本讳父名"增"字，如《隅录》卷四元本《增广音注唐许郢州丁卯集》之题目、元本《东坡乐府》中"宜此书之益增声价矣"、元本《稼轩长短句》中"据毛抄以增补阙页"等句中二十余"增"字，均缺末笔，而董本补版部分均填作全字。董本帝讳则依杨本不变。

然如是者尚不足以判两版优劣。经比勘，董本补版部分讹误处不少，如《隅录》卷三宋本《证类本草》题识中"一为明成化戊子(1468)翻刻金泰和甲子晦明轩本"之前一"明"字，董本讹作"名"。《隅录》卷三影宋精抄本《三历撮要》题识中"右辛楣先生记于《养新录》者"之"辛"字，《隅录》卷五明修金本《丹渊集》题识中藏书印"辛楣"之"辛"字等，董本讹作"幸"。《隅录》卷三宋本《新刊履斋示儿编》题识中"鲍渌饮知不足斋校刊者"之"知"字，董本讹作"如"。《隅录》卷三元本《新笺决科古今源流至论前集》题识中"固自别一事耳"之"固"字，董本讹作"故"。《隅录》卷三宋本《吕太尉经进庄子全解》题识中"若宋椠诸经、正史及周、秦各子"之"周"字，董本讹作"诸"。《隅录》卷四宋本《离骚草木疏》题识中"是写本已罕秘"之"已"字，《隅录》卷五宋本《元丰类稿》题识中"而《年谱》已佚，盖已非宋本之旧"之两"已"字等，董本讹作"巳"。《隅录》卷四宋本《陶靖节先生诗》题识中"偶从友人处得之，不胜狂喜"之"之"字，董本讹作"人"。《隅录》卷四影宋精抄本《鲍氏集》题识中"咸爱重之"之"重"字，讹作"重"。《隅录》卷四北宋本《王摩诘文集》题识中"健菴司寇之弟立斋先生也"之"菴"字，董本讹作"安"。《隅录》卷四校宋本《王右丞诗集》题识中"积雨浃旬"之"旬"字，董本讹作"句"。《隅录》卷四宋本《昌黎先生文集》题识中"偶或遇之，率已损阙"之"损"字，董本讹作"捐"。《隅录》卷四宋刊《添注重校音辨唐柳先生文集》题识中"同时授梓"之"授"字，董本作"受"。《隅录》卷四校宋旧抄本《孟东野诗集》题识中"殊不知日思误书"之"不"字，董本讹作"下"。《隅录》卷四校宋本《孙可之文集》题识中“正德丁丑(1517)授户部主事白水王君直夫以刻”之“以”字，董本讹作“已”。《隅录》卷四宋本《罗昭谏甲乙集》题识中“宋刊《罗昭谏甲乙集》全函，真定梁氏珍本。题签”之“签”字，董本脱漏。《隅录》卷五校宋本《西湖林和靖先生诗集》题识中“七律中又增多一首”之“增多”两字，倒作“多增”。《隅录》卷五宋本《范文正公集》题识中“乃元天历刊本，末有‘天历戊辰(1328)刻于家塾岁寒堂’木记”之两“历”字，董本均作“秝”。《隅录》卷五宋本《注东坡先生诗》题识中“邵《注》第四十一卷《答庞参军》为六”之“军”字，董本讹作“君”字；“则明系后人羼入”之“明”字，董本讹作“名”字。《隅录》卷五宋本《类编增广黄先生大全文集》题识中“统五百丹八云”之“丹”字，董本作“单”。《隅录》卷五元本《筠溪牧潜集》题识中“此本题曰《筠溪牧潜集》”之“筠”字，董本讹作“均”。《隅录》卷五元本《梅花字字香》题识中“杨氏海源阁珍藏秘本”之“珍”字，董本讹作“真”。《隅录》卷五明本《东维子文集》题识中“惟恐影写损装”之“惟”字，董本作“维”。《隅录》卷五元本《文选》题识中“《文选》善本行世甚少”之“甚”字，董本讹作“最”。《隅录》卷五影宋精抄本《西昆酬唱集》题识中“功甫为磬室先生子”之“室”字，董本讹作“石”；“毋宁”之“毋”字，董本讹作“母”。《隅录》卷五宋本《新刊国朝二百家名贤文粹》题识中“当即编辑者之自叙”之“叙”字，董本作“序”。《隅录》卷五元西湖书院本《国朝文类》题识中“如……元好问之焯焯者”之“焯焯”两字，董本作“卓卓”。《隅录》卷五元翻雕翠岩精舍本《国朝文类》题识中“卷七十《高昌偰氏家传》”之“昌”字，董本讹作“氏”；“初疑‘并’为‘亓’字之误”之“疑”字，董本讹作“拟”。《隅录》卷五元本《苍崖先生金石例》题识中“列之鄱阳学官”之“官”字，董本讹作“宫”。《隅录》卷五元本《东坡乐府》题识中“竟以贱值得之”之“竟”字，董本讹作“意”。《隅录》卷五元本《稼轩长短句》题识中“吴县许玉瑑”之“县”字，董本脱漏。通过校勘可知，杨本与董本究竟孰优孰劣，自然分明。然《清人书目题跋丛刊》和《续修四库全书》不加详审，竟又以董本为底本。

细检《清人书目题跋丛刊》和《续修四库全书》所用董本则又有小异。《续修四库》本中《隅录》和《续编》之封面署名题字同杨本，且无董本《续编》目录后书牌及《续编》卷四末题字数和刻工用钱数。这种情况颇能迷惑人，故《续修四库》影印本于封面题“据上海辞书出版社图书馆藏清光绪二十年(1894)聊城海源阁刻本影印”，但是，再查《续修四库》本第三、四、五卷等补版部分悉同董本，况且《隅录》续编卷末有董康《跋》,则显然《续修四库》本为董康本,因而,《续修四库》所题据杨本影印,实误。然《续修四库》本为何与原董本小有不同呢?意者可能有二,一是董康本有两个版样,一个沿杨本原封面且并无书牌、字数、钱数者,另一个则自题封面并新镌书牌、字数、钱数者,故出现两个稍有差别的版样;二是书贾作伪,故意割去董刻书牌和字数、钱数之牌记,以充杨氏原刻本。只是上海辞书出版社图书馆藏本忘记了割去董《跋》,最终仍然露出破绽。而如西南师范学院藏本则连董《跋》亦割去,然一检补刻部分即知所藏为董本无疑。故而,判定所用底本究竟是杨本和董本,只要比较一下如笔者上列补刻部分的文字是否相同即刻明了。《清人书目题跋丛刊》则保留了董本的一切特征,遂不致误认。

关于《隅录》九卷的著录种类和各版本数量情况,附列下表:

	经部	史部	子部	集部	合计
宋本	18	18	16	33	85
金本	1		1	1	3
元本	8(1)	6	3	18	35(1)
明本		2	2(2)	7	11(2)
校本	7(2)	19(15)	47(43)	35(26)	108(86)
抄本	8(1)	2(1)	7(1)	10(6)	27(9)
小计	42(4)	47(16)	76(46)	104(32)	269(98)

表中括号内为《续编》四卷数字。杨保彝于《续编》卷末《跋》云:"右《楹书隅录正编》五卷、《续编》四卷,最宋本八十五,金、元三十九,明本十三,校本百有七,抄本二十四,为部二百六十有八。"许赓飏于《隅录》卷首《序》云:"右经、史、子、集四部,部各一卷(集部上下两卷),凡百七十有一种。"许氏统计《初编》数字与笔者正合。就九卷总数而言,保彝统计比笔者少多一种,盖保彝将《长安志》二十卷、《长安志图》三卷按一种计入。细目上,保彝统计则有小误。

从表中可以看出,《隅录》初编五卷著录以宋、元版本为主,抄本、校本、明本为次。《续编》四卷则以校本为主,抄本为次,元明本仅有三种。绍和于《隅录·自序》云《隅录》初编为"复取宋元各本……厘为五卷"。又于《续编》题云"昨岁撰《楹书隅录》初编成,得书五卷,皆先公四经四史斋旧藏善本。予昔年所收精椠,间附录焉。惟继得黄、汪二家精校名抄各本,以避兵而储诸山中者,悉未登录。……厘为四卷，名曰《续编》”。保彝亦于卷末《跋》云：“右《楹书隅录正编》五卷、《续编》四卷……先大夫手编先大父端勤公藏书也。先大夫晚年所得之书弗与焉。稿成于同治初，于时寇乱未定，其储诸山中别墅者，太半未及辑次。及官翰林，始补录之，故有《正》、《续》二编之分。”因而《初编》五卷和《续编》四卷在著录图书的版本上是分工明确的。值得注意的是《隅录》还著录了抄本及明本，但是这些抄本均为名家精抄，明本则为孤本或最早刻本，其珍秘往往与宋元本媲美，由此也可看出杨氏之善本观。从收藏上，《隅录》初编则以杨以增收书为主，绍和收书则间附录之，而绍和晚年得书则不著录。《隅录》著录书截至清同治十一年(1872)，故自同治十一年至光绪元年(1872—1875)之间，绍和所收书未能著录。再者，即使是同治十年(1871)以前者亦未必全都著录，绍和已谓“间附录焉”。绍和又于明铜活字本《栾城集》题云：“是《录》所编，皆先公遗藏；予昔年所购善本，间附录一二，皆稀有之秘笈也。”(《隅录》卷五)《隅录》初、续编九卷共著录绍和藏书十九种，占其总数的6%，均为稀有秘笈。其中《隅录》初编五卷有十七种，其中宋本十二种，元本二种，金本二种，抄本一种，明本一种。因而可以说，《隅录》初、续编未能将其精华全部收入卷中，故绍和又于卷末《跋》云：“若予年来嗜好所在，不乏珍籍，手校诸籍，亦颇罕秘，《三编》之纂，拟俟诸他日。”然绍和早殇，《三编》之愿终未实现。

关于《隅录》的撰写体例，许赓飏于《隅录·序》中云：“勰卿前辈尝承公命，以所得各种，考核同异，检校得失，于每书之下详载各跋，间附己意，末乃系以行式及各家印记。”则《隅录》解题正文可分为三部分。

第一部分，逐录该书上的名家题跋及题款。其题跋数量有五百余篇，另藏书、观书、校书题款一百八十余条。题跋最多者为黄丕烈，都二百九十八篇，其余有顾广圻三十篇，陆贻典十篇，张绍仁九篇，何焯八篇，毛晋父子七篇，钱谦益六篇，吴翌凤五篇，周锡瓒四篇，沈大成四篇，周春四篇，叶石君三篇，钱大昕三篇，孙星衍三篇，陈鳣三篇，朱锡庚三篇等。题款者季振宜五条，吴翌凤三条，文彭三条等。这些题跋记录了学者研究版本的成果，合考订、校雠、收藏、赏鉴为一家言，对研究版刻及递藏源流等都有极大的文献学术价值。由于有些附载书籍已经散失，故而，这些题跋的作用就更显重要，通过其介绍的版本特征就为寻访提供了线索。为了治学方便，以资参证，《隅录》还间有从他书逐录题跋者，如《隅录》卷一金本《新刊韵略》之钱大昕两则题识即是杨以增嘱包世臣补录之，此类共计八篇。

第二部分，绍和题识，以《初编》之宋元本为主。

首先是对版本的研究，如用各种方法鉴定版本，评骘版本优劣异同，考订版本的递刻递藏源流等，这是题识的核心部分，所占篇幅最大（具体内容可见第四章版本部分）。

其次是评述内容及写法。《楹书隅录》虽以研究版本为其首务，但绍和对书之内容、写法等亦常有不凡论见。《隅录》卷四著录元本《集千家注批点杜工部诗集》，绍和针对后世颇多攻驳刘辰翁之评点，提出了不同看法："顾须溪评点虽未尽当，而足使灵悟处要自不乏，亦读《杜诗》者不容废也。"（《隅录》卷四）元本《四书辑释》，《总目》卷三十七改题曰《重订四书辑释》，并讥其"糅杂蒙混，纷如乱丝，不可复究其端绪"，又曰："陈栎、胡炳文本因吴真子之书，士毅又因陈、胡之书。究其由来，实转相稗贩，则王逢因人成事，亦有所效法，不足为讥。至明永乐中诏修《四书大全》，胡广等又并士毅与逢之书一概窃据，而《辑释》、《通义》并隐矣。有明一代，尊《大全》为蓍龟。沿及近代讲章，亦无非依傍《大全》，变换面貌。乌知其渊源所自，不过如斯哉。"绍和则云是书"未可尽废"，与《总目》看法有别："然薛文清公云：'《集注》、《章句》之外，《辑释》最精简。'黄梨洲云：'字求其训，句探其旨，鸠僝精要，考订讹舛。'万授一云：'义理明备，采择精当，莫如《辑释》。'则是书要未可尽废。特所谓存不足取，亡不足惜，剽窃重复，不足纠弹者，直置之不问可耳。"（《隅录》卷一）苏轼诗集自宋代之后便有不少注本，至清冯应榴《苏文忠诗合注》、王文诰《苏文忠公诗编注集成》较为完备详核，绍和寥寥几语便使两本之优劣判然明了："《编注集成》考订视《合注》加详，议论亦博辨可喜。惟时有伤繁之失，凡例多至二万余言，颇属创见。《自序》之末，忽以夹注载人评语，则更陋矣。"①

再次是对撰注者、编者、刻者进行考证。宋乾道胡元质刊本《两汉博闻》，绍和就考证了刻者的履历，从而为刊刻是书提供了依据。绍和云："元质字长文，长洲人，绍兴十八年（1148）进士。孝宗即政，以荐为太学正，历迁至给事中，出知和州、太平、建康。淳熙中，除四川制置使，知成都，以敷文阁学士、吴郡侯致仕。卒谥献惠。又元质所撰《左氏摘奇》末题云'乾道癸巳（1173）锓木

① ［清］杨绍和：宋本《注东坡先生诗》题识，《隅录》卷5，清光绪二十年（1894）杨保彝刻本。

于当涂道院’。此本《后跋》所记，自是‘乾道壬辰(1172)刻于姑孰郡斋’，盖太平时所梓也。”(《隅录》卷二)元本《注陆宣公奏议》，注者为宋郎晔，绍和通过引用张金吾《爱日精庐藏书志》和钱泰吉《曝书杂志》，对郎晔的身世、籍贯、著述和进呈时间等做了详尽考证，云：“《研经室外集》谓‘郎氏事迹无考’，则偶疎检阅耳。”(《隅录》卷四)

最后，记叙获书经过、心态和掌故。藏书家每收一佳书，必附一故事，这也成为私家解题目录的内容之一。藏书家常为购求佳刻而日思夜想，每为失之交臂而充满遗憾，一旦拥有则祈求永世享用。如宋本《东南进取舆地通鉴》，绍和题云：“昔在袁江，有估人持吴郡故家秘书一单求沽，中有宋本《东南进取舆地通鉴》，为宋廛故物，亟命持来，乃久而弗至。及军兴，遂置之，其书珍秘，至今未忘也。今秋家弟以此本邮寄，云得之浙士周姓者，展卷阅之，固东海本也。”(《隅录》卷二)记叙了购藏是书的曲折经历。宋本《梅花喜神谱》，绍和云：“咸丰辛亥(1851)，有估人持此本(指元本《梅花百咏》)与宋刻《梅花喜神谱》来袁江求售，余极思并购之，而《喜神谱》忽为他人携去，至今犹萦之梦想云。”(《隅录》卷五)宋本《史记》，杨氏不惜以重金购之，却又几经罹难，然卒以获全，似有神物护持，“世世其慎守之！”(《隅录》卷二)《隅录》中还辑录不少别家治学掌故，如宋本《礼记郑注》，绍和云：“此本《祭仪》‘天子设四学’注：‘四学谓周四郊之虞庠也。’顾涧苹以‘四郊’之‘四’当作‘西’，中有“或据芳传所引并欲改《王制》‘虞庠在国之西郊’亦作‘西郊’，致为巨谬”云云。盖指孙怡谷志祖侍御《读书脞录》也。张氏《考异》备引其说。段懋堂大令因作《〈礼记〉‘四郊’疏证》，申孙黜顾，凡数千言。涧苹复作《学制备忘记》以辨之，亦数千言，两君遂成水火。海宁陈简庄尝汇题一册，曰《段顾校雠编》，洪稚存太史戏以‘朱陆异同辨’为对。予谓两君之学，诚非游、夏所能仰赞，而反覆参稽，似终以段说为长。上海徐君渭仁刻《思适斋集》，削而不载，有以也。”(《隅录》卷一)清代校雠学史上，曾爆发过一场著名的顾、段之理校、死校之争，此典可为志学坛掌故者参考。

题识之第三部分，包括行款、牌记、藏印三项，有些刻本如间有抄补，亦插入抄补卷页。这三项实际上是将版本刊刻情况及刊成后的递藏源流合在一起进行交代，诸家书目中专辟此部分予以著录者仅此一家，这说明了杨绍和在设置著录项目时的专门化，以及对版本诸要素中行款、牌记、藏印这三个著录项目的极度重视。如绍和于宋本《类编增广黄先生大全文集》题云：

> 每半页十五行，行二十七字。目录后有碑牌云："麻沙镇水南刘仲吉宅，近求到《类编增广黄先生大全文集》五十卷，比之先印行者增三分之一。不欲私藏，庸挽木以广其传，幸学士详鉴焉。乾道端午识。"目录后及卷二、卷六、卷十一等卷后，钤方印一，文云："文安开国。"又卷二十四、二十五、四十五、四十七后，钤方印一，文云："累代仕宦，清白传家，开封史氏。"皆朱文，似是元人图记。又各册有"查升之印"、"仁和沈廷芳字畹叔一字茉园"、"沈廷芳印"、"茉园"、"古柱下史"、"古杭忠清里沈氏隐拙斋藏书印"、"购此书甚不易遗子孙弗轻弃"、"玉峰徐氏藏书"、"西谿草堂"、"彦清印"、"黄丕烈"、"士礼居藏"、"百宋一廛"等印。茉园先生为磬山宫詹事外孙，或是书乃查氏所藏而后归沈氏者。世无二本，洵可为至宝矣。（《隅录》卷四）

这段题识对行款、牌记中刻书地点、刻书人、卷数、校勘及刻书时间，藏印以及印章的位置，印主及递藏情况、版本的珍贵价值等均做了详细的介绍。但对这部分的著录绍和是有严格标准的，即只有宋本、元本才能这样，其他如抄本、校本、明本等则一般不设此专项，有需要介绍者往往附于第二部分中。从这一点也可看出宋元本在杨绍和心目中是处于首要地位的。为避免重复，绍和对这三项也做了灵活处理，如果在前面所录前人题跋或绍和所撰题识中已有交代者则不再著录，如果无牌记者当然不著录。如宋本《后汉书》已经著录于《隅录》卷二，对其行款做了交代，故绍和于宋本《汉书》题云："此本与宋本《后汉书》行式悉同，共为一帙。"（《隅录》卷二）元本《乐书》题云："行式与《礼书》同。"（《隅录》卷一）藏书印是交代版本递藏源流的重要依据，绍和对藏书印的迻录首先是按照印主的前后年代依次排列的，因而阅者目睹了顺序，则该本的前后授受源流也就一目了然。其次对某些印章主人较为生疏者则间附释证，对前人有误者则予以纠正。宋本《南华真经》有"担菴"印，绍和云："惟'担菴'一印，不识为谁氏旧藏。"（《隅录》卷四）杨保彝则加按语云："'担菴'印，宋赵师侠，元释大圭，皆有'担菴'别号。师侠有《担菴词》；大圭'担菴'印，见松雪《天目山诗》卷后题跋。此印篆法古秀，色绀而旧，与所见元印不类，或南宋人铃也。”(关于这一点可见第四章第二节的论述)另外在个别抄本或校本题识之末亦有根据情况迻录藏书印者,足见绍和对藏书源流的重视。

前人往往将藏书题跋单独辑录成册,然后再把自己的研究成果汇纂为书,如瞿镛分别有《铁琴铜剑楼藏书题跋记》和《铁琴铜剑楼藏书目录》,而杨氏则将两者合在一起,这样就方便了治学。但黄永年对此曾责之曰:“《楹书隅录》是杨绍和杂抄其父杨以增所藏部分旧本书的前人题跋并略记得书经过,不像正规的藏书志。”[①]通过上述分析,可知黄氏所言有失公允,笔者以为还是严佐之所言不失客观:“《楹书隅录》虽然与张金吾《爱日精庐藏书志》的‘正规’藏书志体例不尽符合,但其既载录原藏书题识与版式印记,又附按编者考订心得,与藏书志体例实质相合,故仍当属藏书志一类书目。由于《隅录》所收虽然多属珍善版本,但就内容而言,却大多是已入四库的常用书,姑其不录原书序跋,不考作者,亦属合理。而首载前贤藏书题跋,洋洋大观,盖因海源阁‘四经四史斋’藏本皆经名家收藏,流传有绪也。因此,《楹书隅录》的编例是从海源阁藏善本的实际情况出发编定的,可视为特色,而不必因其‘不象正规藏书志’而贬低其价值……若与四大藏书家的其他三家藏书志比较,窃以为谓《楹书隅录》低于《铁琴铜剑楼藏书目录》和《皕宋楼藏书志》可矣,谓低于《善本书室藏书志》则不必。如果避开《楹书隅录》所反映善本图书的珍贵性,以及杨绍和那些并不怎么令人满意的考订之语不论,单就载录的前贤藏书题跋而言,其资料价值就足以与《铁琴铜剑楼藏书题跋集录》相比美。因此,《楹书隅录》在清代藏书目录中的地位和作用不可低估。”[②]

三　《宋存书室宋元秘本书目》不分卷　杨绍和撰

《宋存书室宋元秘本书目》(以下至本章结束,为叙述简便,均省称为《宋存》)是一部善本简目,杨氏红格抄本,现存国图。版心鱼尾上题“金石书画目”,下记页数,次下题“海源阁”。首卷经部卷端题“宋存书室宋元秘本书目”,自史部以下书名均改为“宋存书室目录”。首卷卷端下钤有“彦合珍玩”朱文方印,则显然出自绍和之手。此目编撰是以《隅录》为参照,并在《隅录》初续编完成后编撰而成的。其证有二,一是就编目而言,全目分经、史、子、集四部,四部

① 黄永年:《古籍整理概论》,陕西人民出版社1985年版,第19页。
② 严佐之:《〈楹书隅录〉提要》,《近三百年古籍目录举要》,华东师范大学出版社1994年版,第116页。

均以宋本、元本、明本、校本、抄本为次序进行排列，并每种版本末均有数量统计，如子部，“子部共宋本十八种”、“子部共元明本十四种”、“子部共校本五十一种”、“子部共精抄本十三种”等。这样的编目体例显然脱胎于《隅录》。《隅录》于每部之下均依次排列宋本、元本、明本、校本、抄本，每种版本下并附数量，如子部“宋本十六，金本一，元本三，明本二，校本四，抄本四”等。二是此目每类版本先著录《楹书隅录》初编、《楹书隅录》续编之书，并分别标明。如经部元本，“以上八种编入《初编》”，“以上一种编入《续编》”等；然后再著录《初编》、《续编》以外之书。可见，此目成于《初编》、《续编》之后。也就是说，绍和在编撰完善本简目《海源阁书目》和善本解题目录《隅录》九卷之后，又将剩余的善本连同《楹书隅录》九卷著录的善本合于一起，撰成善本简目《宋存书室宋元秘本书目》，时间大概在清同治十年(1871)至光绪元年(1875 年，即杨绍和卒年)。例证之一是同治十年(1871)，杨绍和于京都市肆购得元本《范德机诗集》，《隅录》没有著录，绍和编此目时补录于集部元本。又《隅录》著成的真正时间正好是同治十年至同治十一年间。《隅录》九卷之外的这些善本很有可能就是绍和准备再行撰写《隅录》三编的备用书目。

经统计，此目共收入善本三百九十八种，比《隅录》初续编多一百二十九种，具体情况如下表：

	经部	史部	子部	集部	合计
宋本	23	25	18	37	103
金本	1	1		1	3
元本	20	10	12	21	63
明本	3	4	1	21	29
校本	11	25	49	44	129
抄本	16	12	16(明抄 2)	27	71
小计	74	77	96	151	398

《宋存》著录每书时，包括版本名称、书名、卷数、册数、函数五个项目。版本名称一项著录非常规范，书名上均冠以宋本(或北宋本)、金本、元本(或元翻宋本、残元本)、明本(或活字本、明翻宋本)、校本(或校影宋精抄本、校抄本、校宋本、校元本、校明抄本等)、抄本(或旧抄本、明抄本、精抄本、影宋抄本、影宋精抄本、影元抄本等)等。卷数间有不注者，有三种只有“卷”字，而“卷”字前数

字空缺。函数亦间有不注者。但整体来看，较为规范。然在书目著录时，亦间有和《隅录》不一致者，如《丹渊集》，《隅录》卷四著录为明修金本，应为金本，此目却入明本类；《隅录》卷三著录金本《新刊韵略》，此目误作元本。子部校本类明铜活字本《开元天宝遗事》，《隅录》入明本；《隅录》将明抄本《汪水云诗》著录为抄本类，而此目则入校本类。又此目脱漏《隅录》卷三著录金本《道德宝章》一卷一种。

此目由于以抄本形式存在，未能刻行，故不为人所知。海源阁遗书散出后，流入市肆，最后归入国图，《续修四库》曾据此影印，题“[清]杨绍和藏并撰”。济南王贡忱止适斋亦有一抄本《海源阁宋存书室目录》四卷，盖据此录副，然王氏副本不知去向[1]。作为海源阁最早的善本简目，能传世不泯，非常珍贵。

四　《海源阁藏书目》不分卷　杨绍和撰

在杨绍和编撰《宋存》之时或其前，还有一个初稿本，在清光绪九年(1883)时，杨保彝曾借与汪鸣銮。是年12月，孙传凤从汪处传抄一过，是谓孙抄本。光绪十年(1884)七月，江标又以初稿原本校勘孙抄本，是谓江校孙抄本。光绪十四年(1888)，江标以江校孙抄本为底本，刊刻问世，名曰《海源阁藏书目》(以下均省称为《江目》)，谓光绪十四年(1888)元和江氏师鄦室刻本。原江校孙抄本散出后归上海杨寿祺来青阁，民国三十三年(1944)，王文禄购之携归京都文禄堂，后转归国图，《北京图书馆古籍普通书目》著录。杨氏原稿本散佚不见，而江校孙抄本就成为流传至今的最接近杨氏原稿本的本子。

杨氏善本简目的初稿本便以江标刻本的形式传于世间，而从原稿本过录的孙抄本则沉于国图，不闻于世。江本封面题“聊城杨氏海源阁藏书目”，左下题：“光绪戊子(1888)夏六月元和江氏师鄦室刊”。半页十行行二十字，四周单边，单黑鱼尾，白口，版心题“杨目”，下记页数。卷末有江标《跋》和杨绍和《〈楹书隅录〉自序》，又加附记云：“《隅录》亦无刊本，今先录此《跋》于目后，欲以向耆古者先知厓略焉。标附志。”[2]又双行题“光绪丁亥(1887)正月建霞手录上版　陈履卿刻字”。江标《跋》云：“标癸未(1883)秋游山左，汪郎亭(鸣銮)先生

① 参见王绍曾、沙嘉孙：《山东藏书家史略》，山东大学出版社1992年版，第328页。

② 《隅录》最早刻本是谓清光绪二十年(1894)杨保彝刻本，故江标于光绪十四年(1888)刻《海源阁藏书目》时，自然言《隅录》“无刊本”；江标此称杨绍和《自序》为《跋》，误。

出示《海源阁书目》，并勰卿太史所撰《楹书隅录》。甲申冬(1884)，复随先生观书于阁中。”江标于光绪九年(1883)秋从汪鸣銮处见到《海源阁书目》和《楹书隅录》，因而可知，此两书是杨保彝借给汪鸣銮[①]的。光绪九年秋，保彝报罢南归，于海源阁整理《楹书隅录》。此时，汪鸣銮试东昌毕，曾登海源阁，向杨保彝借读元本《稼轩长短句》十二卷，光绪十一年(1885)九月归还。[②] 而亦于此时，保彝将《海源阁书目》、《楹书隅录》两书借于汪氏。两书存汪氏时，汪氏幕友江标和孙传凤得以借阅抄录[③]，孙抄本《海源阁藏书目》于卷末墨笔题云“光绪癸未涂月(1883年12月)吴(指吴县)孙传凤录于青州书院(今山东青州市)”。又朱笔题“光绪甲申(1884)七月二十一日元和江标据原本重校”。由此可知，孙传凤于光绪九年(1883)十二月自汪氏处抄录了《海源阁藏书目》，又光绪十年(1884)七月江标用原稿本重校一过。孙抄本之价值在于使杨绍和的最早的善本简目以初稿形式保留了下来，而江标之校勘则使孙抄本更接近原稿本的面貌。江标于光绪十三年(1887)客居南越时，将江校孙抄本随之携带，至光绪十四年(1888)时刻入《江刻书目三种》之中。江标《跋》云：“今岁客居南越，适辑《荛翁年谱》成，独念书录不传，荛言未刊。前年潘郑盦尚书辑刻《士礼居题跋》六卷，荛翁卅年精力所聚，略见于此。标复亟亟写刻此目，欲使世知百宋种子，尚未断绝。……光绪十三年(1887)，岁在丁亥中春月，元和江标识于药洲精舍。”此即光绪十四年(1888)元和江氏师鄦室刻本。江标未明所采底本，但经过将江刻本与藏于国图的江校孙抄本对勘，发现两本虽微有不同，然实出一源，王绍曾云：“经杜泽逊同志核对，孙抄本与《江目》(指江刻本《海源阁藏书目》)微有不同者，一为孙抄本著录之书溢出《江目》三种：宋本《孙可之文集》十七卷二册，宋《唐求诗集》一卷一册，抄《复初斋文集》三十五卷六册。二为孙抄本各书大都冠以版本名称，与《宋存书室宋元秘本书目》相似，而《江目》则往往从略。可见孙抄本优于《江目》。孙抄本经江建霞批校。江氏批校多以朱笔书

---

① 汪鸣銮(1839—1906)，字柳门，号自亭，又号得士，休宁万安镇瓯山汪村人，寄籍浙江钱塘。清同治四年(1865)进士。初授编修，历任陕、甘、赣、鲁、粤诸省学政，还曾典试河南、江西、山东诸省。汪氏学问渊博，向以真才实学取士，为朝廷培养和拔取了许多学士名流，故而自号“得士”。

② 参见[清]汪鸣銮：元本《稼轩长短句》题款，《隅录》卷5，清光绪二十年(1894)杨保彝刻本。

③ 江标和孙传凤此时正作汪鸣銮幕友，此说见王绍曾先生《〈海源阁藏书目〉整理订补缘起》，《订补海源阁书目五种》，齐鲁书社2002年版，第627页。

于眉端，间或有径加订补者。共十六条，均系依据原本校改。其中较为重要者，如经部元本《尔雅》三卷，孙抄本著录一部，江氏据原本补入一部。翻宋十行本《周礼正义》，孙抄本'翻'前有'元'字，江氏以朱笔圈去，并加眉批云：'原目空一格，盖不能定其确为元翻也。'可知江氏之严谨不苟。史部明本《鄂国金陀粹编》，孙抄本冠'元本'二字，江氏批云：'此二字原本如此，当衍。'验之《江目》，果删。子部《管子》二十四卷六册，'四'字孙抄本脱，江氏以朱笔补入。集部《墨简尺牍》十六卷八册一函，孙抄本原无'八册一函'四字，江氏以朱笔补入。其余诸条，多系改'三十'为'卅'，改'二十'为'廿'，不复缕举。以《江目》校江氏批校，往往吻合。《江目》乃江氏手写上版，其所据底本，当即孙抄本。惟所可疑者，孙抄本溢出三种，《江目》均未补入，未知原因何在。"①江刻本脱漏宋本《孙可之文集》等三种，似是江标手写上版时疏忽而致。江刻本于书名前一律未冠版本名称，盖原本于书名前亦并不完全冠以版本名称，如孙抄本冠以版本名称者只有五十五种，这种情况下，有冠者有不冠者，颇不一致，再者不冠版本名称者居多，不知者自是不能冠之，为求统一标准，江标于是一律省去版本，当是有意为之。总之，孙抄本著录时已有的内容，江本有的省去，而江本已有的，孙抄本必有，再加上述考证，则江本源自孙抄本明矣。

需要说明的是，孙抄本《海源阁藏书目》的底本即是江标《跋》中所称汪氏出示《海源阁书目》者，但汪氏从杨保彝借出的这个本子并不是杨绍和在《隅录》中三次提到的那个普本书目——《海源阁书目》，书名虽同，然有普本与善本之别，盖杨氏以《海源阁书目》通称而已。海源阁藏书散出后，王献唐在济南书肆发现了杨保彝增订的海源阁善本简目，其面叶署签为"海源阁宋元秘本书目"，每卷首行题"海源阁书目"，次行题"宋存书室藏宋元秘本目录"。所以，杨保彝在此是以"海源阁书目"总称，下含《宋存》。而江标亦以此记之。

江标所记的这个"海源阁书目"，亦即杨氏善本简目初稿本，与杨绍和所撰《宋存》是有密切关系的。上文已证，初稿本、孙抄本、江刻本是同一个版本系统。经笔者目验，孙抄本卷首书名题"海源阁藏书目"，双行大字，左下方小字署款"孙传凤题"。正文经、史、子、集首行书名均题"宋存书室目录"。而杨绍

① 王绍曾：《〈海源阁藏书目〉整理订补缘起》，《订补海源阁书目五种》，齐鲁书社2002年版，第627—628页。

和《宋存》正文除经部首行书名题“宋存书室宋元秘本书目”外，其他史、子、集部首行书名均题“宋存书室目录”。江刻本为统一起见，将史、子、集部首行书名“宋存书室目录”均删去。因而就书名而言，前后明显有继承性。从体例之编排次序和统计格式上，以孙抄本为底本的江刻本与《宋存》模式相同，其同源关系显然。所不同者，江本改《续编》为《二编》；江本各部宋、元、校、抄本后无统计数字；对于书名前的版本名称，孙抄本间有著录，江刻本为统一均不著录，《宋存》则全部著录；书名上，《宋存》较为规范全面，而江刻本则时有略嫌简疏者，如《宋存》经部宋本名曰“宋本详注东莱先生左氏博议二十五卷十二册”，江本谓“详注东莱先生博议二十五卷十二册”；在所著录书目数量上，孙抄本、江刻本著录三百六十八种，比《宋存》少了三十种，如江本经部宋本脱《仪礼郑注》、《书集传》两种、《三礼图》和巾箱本《五经》共五种。但为孙抄本、江刻本所著录者亦有不被《宋存》著录者十二种，如史部抄本类《五礼新仪》、《古今姓氏遥华韵十集》，集部校本类惠校汲古阁本《楚辞》、沈校东雅堂本《昌黎集》等。这说明《宋存》既出于初稿本，同时对初稿本也是有所增删取舍的。这个初稿本与现存国图的《宋存书室宋元秘本书目》相比，无论从书名著录上抑或从收书数量上都属草创阶段，而钤有“绍和珍玩”印章的《宋存》则无疑是个定本①。因此，《宋存》定本、孙抄本、江刻本均来自于初稿本。而当初杨保彝不将定本拿出，而以草稿本外借，似是有所保留。

这里，还需注意的是王文禄批注江校孙抄本。此本卷末有梦庄《跋》云：“民国三十三年(1944)甲申九月，客于上海，暇时访同志者谈天，适友约竹战于来青阁，完局后已十一钟。因灯火管制不得逾时也。便在零册中抽出，定值三十元。携寓所检阅，尚为江标校本，可贵。惟杨氏书散于民国十八年(1929)冬季，凡数年间，余收者注一‘梦记’，见于友人者注一‘庄记’，及注流落，尚有友谈未能遇目者则不注也，梦庄。”梦庄即王文禄，是一位精于赏鉴的书贾，王氏于民国间在北平琉璃厂经营文禄堂书店，著有《文禄堂访书记》。王文禄与同样经营古书的上海来青阁主人杨寿祺交往颇厚。江校孙抄本散出后归之杨寿祺来青阁书店，民国三十三年(1944)九月，王文禄南下购之携归京都文禄堂。

---

① 初稿本从目录编排上与《楹书隅录》一致，则绍和在编著解题目录时，就有编善本简目之意，见本节第三部分《宋存书室宋元秘本书目》。

王文禄对海源阁遗书散出甚为关注，曾收藏转手七种（注“梦记”者七条）。江校孙抄本，王氏加注共三十七条。这些批注交代了各书版本及授受源流，可与《文禄堂访书记》相发明。如注版本，《孤臣泣血录》云：“明万历刻本，板心上刊‘靖康元年(1522)’四字，黄跋。”校明抄《西溪丛语》云：“蓝格，野竹斋旧藏，黄校，跋十则。”《履斋示儿篇》则云：“此元本非宋刊，尾割牌记已明。顾千里跋称宋本，误。”所注版本递藏源流，除宋本《孟浩然诗集》言归北大有误外（实为《孟东野诗集》之误），其他均正确无误，如言归吴兴张氏九种，至德周氏八种，衡阳陈氏五种，德化李氏两种等，都因梦庄批注，皆可知其流向。故而王氏批注江校孙抄本对于了解版本及其流向归所，当有重要价值。然亦间有误注者，如卷四集部宋本类，在“[宋]《昌黎先生文集》四十卷《外集》十卷十六册二函”下加注“世彩堂本，今藏衡阳陈氏，庄记”。世彩堂本由保彝于庚子(1900)之变后自京城购得，而《海源阁藏书目》刊刻是在清光绪十四年(1888)，既然如此，《江目》怎能著录它之后的藏书呢？《江目》著录的宋本《昌黎先生文集》已入《隅录》卷四，书名、卷数、册数等均一致。所以王文禄加注此本为世彩堂本，误。宋本《昌黎先生文集》后归刘少山，而世彩堂本则归陈清华。

江刻本《海源阁藏书目》著录图书情况如下表。江刻本原脱漏三种据孙抄本补上，因而杨绍和最初编撰善本简目收录的图书应为三百六十八种。

	经部	史部	子部	集部	合计
宋本	17	25	19	37	98
金本		1			1
元本	17	9	12	22	60
明本	2	3	2	11	18
校本	11	23	47	44	125
抄本	16	13	13(明抄 2)	24	66
小计	63	74	93	138	368

《江目》经部宋本和元本均著录《韩鲁齐三家诗考》六卷一册，此属一书两出。据《隅录》卷一著录应为元本，故江本将此书再行著录宋本类，重出。江标亦于孙抄本之此目下加注云：“此系元版，已入下页（即经部元本类）。”江标既指出其重出，奈何又刻时未予纠正？故其疏忽亦有之。此次统计时，按一种计入。将江本与《宋存》定本比对，江本所脱漏三十种分别为：经部十一种，史部三种，

子部三种，集部十三种。如以版本来计，则宋本五种，金本两种，元本三种，明本十一种，校本四种，抄本五种。江本现在已为《订补海源阁书目五种》收入，编者并将江标、王文禄批注迻录各目之下，并加编者按语，使读者参互披读，更能明了各书版本及其源流。

五 《海源阁宋元秘本书目》四卷 杨绍和、杨保彝撰

这是杨绍和父子编撰的收入图书最多的一部善本简目。《隅录》初续编著录二百六十九种，初稿本《江目》著录三百六十八种，《宋存》著录三百九十八种，然皆非杨氏善本全豹。杨保彝晚年在《宋存》基础上，又复加增订，撰成《海源阁宋元秘本书目》四卷，著录善本比《宋存》多出七十余种。清宣统元年(1909)，杨保彝呈由县府转详山东提学使咨部备案时，据其附开书目，有《宋元本书目》一册，亦即《海源阁宋元秘本书目》。此目盖印后，发还杨氏。1929年冬，王献唐赴聊调查海源阁散佚遗书时，即询其家人，谓是本已佚失，或云带存津门。其后，王献唐辗转购得清抄底本四卷。其封面署签"海源阁宋元秘本书目"，内中每卷首行题"海源阁书目"，次行题"宋存书室藏宋元秘本目录"。首卷钤印"海源阁"及"杨保彝藏本"，末卷有杨保彝题记，署名"宋存书室主人瓻庵氏谨识"，下钤有"保彝私印"、"陶南布衣"二印。书中遇有"和"字均避家讳，缺笔。1931年3月，王献唐将其刊印发行，王氏于卷首《序》云："今依面叶署签，统改为《海源阁宋元秘本书目》，以期划一。其见于《楹书隅录》、江刻《海源阁藏书目》，间有卷第参差，书名异同，及版刻时次稍有未合者，亦条注于下，备稽考焉。"是谓民国二十年(1931)王献唐校定排印本，亦即《山东省立图书馆丛刊》第二种，原底本佚失。

关于此目的收书数量，卷末保彝《题记》云："右书四百五十五部，聊城杨氏宋存书室藏书也。计宋本一百单八，元本八十三，明本三十二，校本一百四十一，抄本九十一，都一万一千二百卷。"与备案时数量不一，对此，王献唐《序》云："后有凤阿先生题记，共书四百五十五部，缮定后复增入十三部，溢出一部，合得四百六十九部，较聊署备案所载，又增多五部。此迨凤阿先生手编底本，于备案之时，或有减损。"按王氏所言，原底本著录数量要比备案本多，亦即底本编成要早于备案本。王氏又于卷末对保彝四部统计数量加按语后，得四百六十九部，云："凡经部，七十六种；献唐案：排印本此部共七十七种，杨氏或以《九经字样》、《五经文字》(抄本)合函，作一种。史部，八十五种；子部，一百单八种；集部，一百八十六种。献唐案：《罗昭谏集》、《广陵集》二种系编定后增入，合以夹签所开十一种，共得一百九十九种。"但以上统计均小有误差，今对王献唐校定排印本《海源阁宋元秘本书目》详加统计，得出确切数字如下：

	经部	史部	子部	集部	合计
宋本	24	26	17	40	107
金本	1	1	1	1	4
元本	21	11	12	28	72
校本	12	27	52	45	139
抄本	16	15	13	63(元抄 2)	107
明本	2	5	2(抄 2)	23	35
小计	76	85	100	200	461

从以上统计来看，和杨氏前三种善本目录相比，《海源阁宋元秘本书目》确如王献唐所言"海源阁善本书籍备于是目矣"[①]。而杨保彝以是目呈送备案，亦必以此目作为全部善本家当的。但是，《海源阁宋元秘本书目》著录图书亦有为《隅录》、《宋存》、《江目》所脱落者，计二十六种，经部中有宋本《朱文公订正门人蔡九峰书集传》六卷，《宋存》著录；元本《春秋经传集解》三十卷，《宋存》、《江目》著录；明翻宋本《四书》二十卷，《宋存》著录。史部中有残元本《资治通鉴》一百五十卷，《隅录》、《宋存》著录；抄本有《古今姓氏遥华韵十集》十三册，《江目》著录。子部中有宋本《新序》十卷，《隅录》、《江目》、《宋存》著录；宋本《本草衍义》二十卷，《江目》著录。集部中有明本《东维子文集》三十一卷，《隅录》、《宋存》、《江目》著录；明本《许百云集》四卷，《宋存》著录；明本《石田集》五卷《附录》一卷，《宋存》著录；明本《东莱吕太史文集》十五卷，《宋存》、《江目》著录。集部校本有批校本《唐百家诗选》二十卷，《宋存》著录；批校本《吴梅村诗集》十八卷，《宋存》著录；校本《复初斋集》三十五卷，《宋存》著录；惠校汲古阁本《楚辞》十七卷，《江目》著录；沈校东雅堂本《昌黎集》三十八卷，《江目》著录。集部抄本有影宋精抄本《西昆酬唱集》二卷，《隅录》、《宋存》、《江目》著录；影宋《杨诚斋诗集》一百三十三卷，《江目》著录；元抄本《鄱阳集》四卷，《隅录》著录；明叶氏抄本《汪水云诗》一册，《隅录》著录；明抄本《元音遗响》十卷，《隅录》、《宋存》著录；元抄本《乐府新编阳春白雪》十卷，《隅录》著录；《明王

① 王献唐：《〈海源阁宋元秘本书目〉序》，《海源阁宋元秘本书目》卷首，山东省立图书馆 1931 年排印本。

文恪公手写文集》四册,《隅录》、《宋存》、《江目》著录;清抄本《归震川评选六一先生文抄》无卷数三册,《宋存》、《江目》著录;清抄《复初斋文集》三十五卷《江目》著录;旧抄本《唐僧宏秀集》无卷数一册,《江目》著录。因而,杨氏四种善本书目著录善本总数应为四百八十七种。但是,这个数字仍然不能代表海源阁所存善本的总量。通过考察海源阁藏书可知,不在杨氏善本目录之内的善本仍有不少,王绍曾辑出《海源阁宋元秘本书目补遗》一百二十三种,即是明证。

统上可知,杨氏对于几代人精心搜求的藏书可谓勤于排梳、整理。在所编五种书目中,《海源阁书目》是杨绍和编辑最早的复经保彝晚年增补而成的著录普本最全的简目,它著录了杨氏五代藏书;绍和的《楹书隅录》初续编九卷则是一部体例完善、融名家题跋和自己著录成果的善本解题目录,著录了杨以增父子收藏的最为精善之本;《江目》是杨绍和最早编成复经江标加工过的善本简目初稿本;《宋存》则是绍和在前者基础上编订的善本简目定本;杨保彝对《宋存》又复加增补,最后编成《海源阁宋元秘本书目》,这也是著录杨氏藏书最为齐全的善本简目。可以说,五种书目各有特点,但以《江目》、《隅录》、《海源阁宋元秘本书目》等三种分别代表了普本简目、解题目录和善本简目的最高水平,亦最能反映杨氏藏书的基本面貌。纵向看,杨氏编目活动呈现出持续时间长,著录数量上则呈连续递增之特点。从清同治二年(1863)杨绍和始编《海源阁书目》至清宣统元年(1909)杨保彝卒前整理成《海源阁宋元秘本书目》,历时近五十年。这其中主要原因是杨氏收书时间长,藏书数量亦不断增长,且存放地点不一。善本目录《隅录》初编所收主要为杨以增所收,而存放于陶南山馆的名家校抄未收,于是《续编》应运而生。但《隅录》初续编也只收了杨绍和所藏极少一部分,晚年所得则未能收进去,只好再编《宋存》。而《宋存》一方面未收尽杨以增、杨绍和所收图书,另一方面,杨保彝所购亦未能收入,故又有《海源阁宋元秘本书目》。普本亦然,杨绍和《海源阁书目》早于清同治三年(1864)编成,但同治三年之后以及光绪年间所收则无法著录,于是杨保彝又加增补。所以杨氏编目有一个逐步完善的过程。对杨氏编目源流以及刻抄源流,可以下图概述。

善本解题目录:《隅录》(杨绍和清咸丰十一年(1861)至清同治十一年(1872)撰)

善本简目:《江目》初稿本(杨绍和清同治二年(1863)编撰)→《宋存》定本

（杨绍和清同治二年（1863）之后编撰）→《海源阁宋元秘本书目》（杨保彝清宣统元年（1909）补编）

普本简目：《海源阁书目》（杨绍和清同治二年（1863）编）→《海源阁书目》（杨保彝清宣统元年（1909）补编）

杨氏书目有赖同好播扬，盖杨氏虽将藏弆视为私有，然实为全民族之文化遗产。故杨氏编目一旦经诸同好，抄刻颇夥。

善本解题目录《楹书隅录》版本源流图：

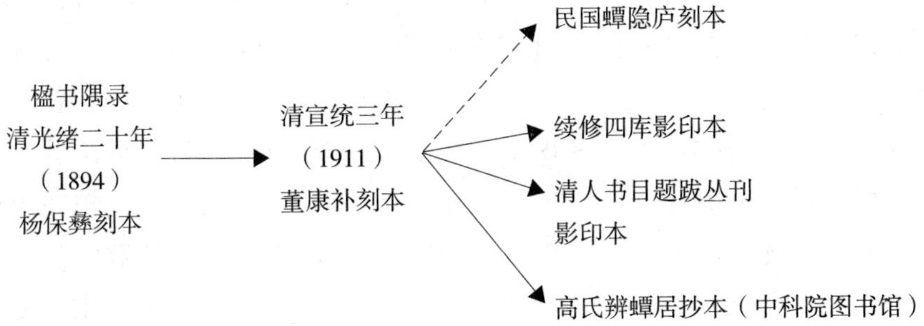

善本简目《海源阁藏书目》版本源流图：

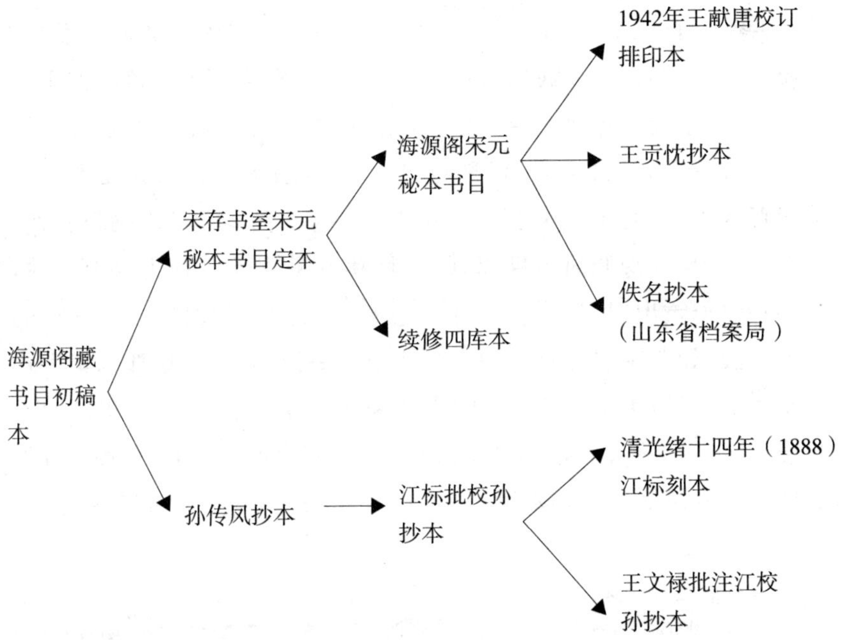

杨绍和曾言“邺架三万轴，庋阁藏海源”①。但这显然不是确切数字。那么，杨氏藏书究竟有多少，通过以上五种书目的梳理，我们就可以进行一个大概的统计。在杨氏所编五种书目中，杨氏自己对其著录数量曾有统计。善本以《海源阁宋元秘本书目》著录数量最多，都四百五十五种，备案呈送本签条则有六百四十六种。普本《海源阁书目》，杨保彝备案呈送本中夹有签条，计三千二百三十六部，二十万八千三百卷有奇。两目相加共得三千七百种。这个数量显然不是杨氏藏书实际数量。据笔者统计，发现杨氏统计时有舛误，主要原因有：一是各目统计数量不准，二是各本有重出书目，三是目外书仍有不少。就杨氏统计而言，《海源阁书目》中签条所计与书目实际所载不符。《海源阁宋元秘本书目》，杨保彝《题记》和备案呈送本中签条所计数量亦不同。杨氏书目有重复著录者，如普本《海源阁书目》与《海源阁宋元秘本书目》重出者有四十五种。再加目外书四百余种。所以杨氏统计不确自是当然。王绍曾在对杨氏藏书数量作过统计后云：“这次整理，基本上摸清了家底。统计数字如下：《海源阁宋元秘本书目》著录四百六十九部，一万一千二百卷；《海源阁宋元秘本书目补遗》著录一百二十三部，三千九百七十六卷；《海源阁书目》三千四百十六部，十六万一千七百四十三卷；鲁图目外书三百二十二部，三千零六十三卷。以上共计四千三百三十部，十七万九千九百八十二卷(内有部分书不分卷，实际卷数应高于此数)。因此我们可以得出结论：海源阁藏书应该有四千三百余部，十七万九千余卷。这个数字，大体上是可靠的。”②应该说，王绍曾的这个统计大致是准确的，然细究之，仍稍有出入。一是《海源阁宋元秘本书目》，实际著录四百六十一种，王先生多出八种；二是《海源阁宋元秘本书目补遗》著录一百二十三种中与《海源阁书目》和前三种善本书目重出者达四十五种，其中与《海源阁书目》重出者三十七种，计入总数时未能将此剔除。尤其有的本子连续著录三次，如明本《华阳集》四十卷八册，《海源阁书目》集部别集宋代、《海源阁宋元秘本书目》集部、《宋存》和《海源阁宋元秘本书目补遗》集部明本类等均予著录，其版本名称、书名、卷数、册数等亦均相同，显为同一书。另外，《海源阁书目》与《海源阁宋元秘本书目》重出者亦未能剔除。《海源阁书目》之统

① [清]杨绍和：《留别石珊姊夫》，《仪晋观堂诗抄》，1920年杨敬夫刻本。

② 王绍曾：《订补〈海源阁书目〉后记》，《订补海源阁书目五种》，齐鲁书社2002年版，第1418页。

计与实际著录数量不符;目外书除鲁图外还有不少。因而王绍曾的统计存在一定误差。

海源阁藏书应由三部分组成,即《海源阁书目》、《海源阁宋元秘本书目》所录诸书和目外书。为进一步摸清海源阁藏书的准确数量,笔者反复核对了各目数量,其中《海源阁书目》著录三千七百六十四种,《海源阁宋元秘本书目》著录四百六十一种,两目相加得四千二百二十四种,加《海源阁宋元秘本书目》脱二十六种(指为其他三种目录所脱漏者),再去除《海源阁书目》和《海源阁宋元秘本书目》两目重出者四十五种,实际共得四千二百零六种。目外书中,王绍曾《海源阁书目补遗》著录三百二十四种,所补包括鲁图藏有为《海源阁书目》不著录者三百二十三种,山大图书馆藏稿本《隶辨摘要》一种。而《隶辨摘要》已在《海源阁宋元秘本书目补遗》中著录,影宋精抄本《战国策》亦为《海源阁宋元秘本书目》著录,脱民国六年(1917)潮阳郑氏刻本《风俗通义》十卷一种。去掉两种善本,加上一民国普本,普本目外书应为三百二十三种;《海源阁宋元秘本书目补遗》中去掉重出者尚有七十八种;另外,笔者又搜集到目外书二十三种,即除在第七章第四节中十六种外,尚有七种,分别为宋本《梦溪笔谈》二十六卷六册一函,潘祖荫《滂喜斋藏书记》卷二著录。抄本《夏内史集》,傅斯年《〈夏节愍全集〉题记》著录①。何焯校明铜活字本《急就章》,《隅录》初编卷三明铜活字本《栾城集》题识中提及。元本《程史》,《隅录》初编卷三宋本《愧郯录》题识中提及。北宋单疏残本《尔雅疏》,汲古阁藏十行本《尔雅注疏》,此两种《隅录》续编卷一元本《尔雅》题识中提及。修德堂本《国朝文类》,《隅录》初编卷五题云《海源阁书目》著录,但经查未入。因此目外书三者相加共有四百二十四种。目外书加目内书实际应有四千六百三十种,卷数为二十万一千八百五十卷,内有部分书不分卷,实际卷数应高于此数。根据以上分述,杨氏所藏经、史、子、集以及各版本数量,统计如下:

	经部	史部	子部	集部	合计
宋本	30(5)	28(2)	21(1)	45(5)	124(13)
金本	1	1	1	1	4

① 台湾"中央研究院历史语言研究所"傅斯年图书馆藏清同治乙巳年印本,卷首有傅斯年手题记。

续表

元本	29(7)	23(5)	16(3)	33(3)	101(18)
明本	73(8)	159(21)	214(25)	319(46)	765(100)
清本	510(36)	704(59)	552(23)	1383(120)	3149(238)
民国本		2(2)	1(1)	2(2)	5(5)
校本	16(2)	30(1)	58(2)	60(8)	164(13)
抄本	32(3)	81(5)	66(11)	134(13)	313(32)
稿本	1(1)	3(3)		1(1)	5(5)
小计	692(62)	1031(98)	929(66)	1978(198)	4630(424)

按：括号内为所含目外书数量；著录同一版本时，如册数不同者，因考虑到有些可能是增补等因素，亦按一种计入；校本中，以校抄本为多，所以抄本类不止表中数字，统计时，均按一种著录。

虽然可能还有藏书未能统计进去，但基本上不会有大的出入。通过上表数字，可以概见海源阁藏书的基本面貌。然而，笔者的这个统计可能仍有遗漏，比如目外书，以上只是见到的，未见的可能还有。再者，清咸丰十一年(1861)，陶南山庄藏书遭捻军焚毁一部分①。据目前统计，杨氏共藏宋金元本二百三十种，除去绍和和保彝所收宋元本十五种，则杨以增所收者为二百一十一种，按敬夫与绍和所记，则此次损失当在三分之一左右，种数当至少百余种，故而杨氏所藏宋元本在未遭捻军焚毁损失前，应该至少在三百种以上。至于损失其他校抄及普本书籍则也至少千余种。如此，杨氏藏书则远远不至上述统计数字。如按上述损失估算，则杨氏藏书应在六千种左右。但损失的部分，因未能检出具体名目，故只能暂付阙如。

第二节　目录学思想

藏书家编辑家藏目录主要是为了存档传世和便于检索，利于治学。明人高儒深有体会地说："书无目犹兵无统驭，政无教令，聚散无稽矣。闲居启先世

① 杨绍和宋本《毛诗》题云："幸尚什存五六。而宋、元旧椠，所焚独多，且经部尤甚。"《隅录》卷1，清光绪二十年(1894)杨保彝刻本。又杨敬夫在《藏书三期》中说："余曾祖父指示，书分两份，以十分之四藏于聊城故居，十分之六藏于陶南别墅。"转引自刘文生《海源阁藏书概述》，《聊城文史资料选辑》第1辑，1982年聊城县政协文史组编印。

之藏，发数年之积，不啻万卷。各以类从，少著大意，条目昭明。一览之余，仰见千载圣贤用心之确，非擅虚名，实资自励，庶慰先人教子之心，以逭聚散不常之诮也。”又言自己“锐意访求，或传之士大夫，或易诸市肆，数年之间，连床架插，经籍充藏，难于检阅。闲中次第部帙，定立储盛，又恐久常无据，淆乱逸志，故三年考索，三易成编，捐益古志，大分四部，细列九十三门，裁订二十卷。”①高儒讲出了一般藏书家编目的必要性。由于私家藏书都有自己的收藏特点，而且对编辑著录都有自己的理解，再加上各个时代的学术背景不同，因而藏书家于著录编排时往往体现出自己的目录学思想。杨氏所编目录尤其如此。

一　杨氏在编目时于各个环节上突出版本特点

第一，将家藏典籍以版本不同加以区分，分别著录成册。杨保彝于《海源阁宋元秘本书目》卷末《跋》云：“按兹编著录宋、金、元各本，皆官私精椠，首尾完具，善本也。明椠唐、五代、宋、元各家专集，则皆当时初刻、初印。校抄各本，均系元、明以来洎国初各家所藏，或校勘详审，或影写精良，多属四库所未收，采遗所未见者，编次不同，卷目各异，所谓海内孤本也。至如版刻较近，抄胥弗精，为世间经见之书，则辑入《海源阁总目》，此编概不登录焉。”保彝所云《海源阁总目》，即《海源阁书目》。杨氏将宋元校抄辑入《楹书隅录》、《海源阁宋元秘本书目》等，又将明清普通版本辑成《海源阁总目》。版本时代愈早，版本价值愈高。版刻较近者，则版本价值相对较低。而校抄本“或校勘详审，或影写精良，多属四库所未收”，且为“海内孤本”，其版本价值自然颇高。这反映出杨氏是以版本之时代及精善程度为标准进行分别著录的。

第二，于编排上突出版本特征。清代不少公私藏书目录是先按版本类别，再按内容类别进行编制的。最先进行这一尝试的是《天禄琳琅书目》，其《凡例》云：“宋、元、明版书各从其代，每代各以经、史、子、集为次。”私家藏书目录如孙星衍《平津馆鉴藏书记》亦然，该目分三卷，卷一为宋版、元版，卷二为明版，卷三为旧影写本、影写本、外藩本等。各卷再依内容分类排列。这些目录首先将版本置于首位，其次为内容。这种编制方法的优点是强调了版本，但于内容上，对同属于一部的图书却分割成多个部分，颇不便检索。针对这种情况，杨绍和做了有益的探索。《楹书隅录》虽然亦按《总目》四部顺序排列，然于

① ［明］高儒：《〈百川书志〉序》，《百川书志》，上海古籍出版社2005年版，第2—3页。

每卷前(即正文书名目录前)特设了一个每卷版本目录,主要交代版本种类和各本数量,如《隅录》卷五目录集部下设"宋本十四 金本一 元本十二 明本七 校本五 抄本二"目录。《宋存》、《江目》和《海源阁宋元秘本书目》则是按经、史、子、集四部依次著录图书,但在正文每部之中,又分宋、元附元明、校、抄等四种版本依次著录,且每种版本均统计数量。这样的处理方式,就科学地解决了内容归属和版本两者不能兼得的矛盾,既保持了同一部类图书的归属成为一个整体而不致被分割,又突出了版本。如果说《总目》不注重版本著录和研究,从反面激发了私家编目有意强调版本著录的话,那么,《天禄琳琅书目》则是从正面为私家目录提供了版本著录的范例。杨氏编目对《天禄琳琅书目》有所借鉴,对《总目》有所反思。扬两家之长,弃两家之短。显然,杨氏的编目比起《天禄琳琅书目》和《总目》来,在强调版本特征和内容归属上更加合理化、更具科学性。

第三,于书名目录上显示版本特征。在书名目录中除显示书名、卷数、册数三个稽核项目外,还有重点地从各个角度突出版本属性。如《海源阁书目》中,有显示刻书单位的,官刻主要为监本、聚珍本、殿本、内府刻本、局本等,著录者如明万历监本《前汉纪》三十卷,聚珍本《彭城集》四十卷(即清乾隆武英殿活字本印聚珍丛书本),武英殿本《通典》二百卷,古香斋袖珍本《御纂朱子全书》六十六卷(清康熙内府刻古香斋袖珍丛书本),扬州诗局本《广韵》五卷;私家刻本主要有汲古阁本、闵本、泽存堂本等,如明汲古阁本《小学绀珠》十卷,明闵氏本《批点韩非子》二十卷,泽存堂本《广韵》五卷。明清私家刻本极多,杨氏对此选取重点予以强调,除上述外,尚有鲍氏本《四书五经》八十卷(清嘉庆十年(1805)鲍氏樗园刻本),勉行堂刻本《四书集注》十九卷(清道光四年(1824)刘氏勉行堂刻本),明张守约本《史记》一百三十卷(明万历张守约广东刻本),明汪文盛本《汉书》一百二十卷(明嘉靖汪文盛等刻本),明吴勉学本《后汉书》一百二十卷,明周若年重刻本《宋秘阁本晋书》一百三十卷(明万历六年(1578)周若年、丁孟嘉刻本),明东雅堂本《昌黎先生文集》四十卷《外集》十卷《遗文》一卷,秀野堂重刻本《昌黎先生诗集注》十一卷等。有显示非雕印本的,主要为活字本、抄本、校抄本、影抄本等,如活字本《陈同甫集》三十卷,抄本《熊勿轩先生文集》八卷,校旧抄本《石林居士建康集》八卷,影元抄本《宋提刑洗冤集录》五卷等。有显示刻书时代的,有宋本、元本、明本等,如宋本《本草衍义》二十卷，元刻本《通鉴地理通释》十四卷，明本《修辞指南》二十卷等。有显示行款特点的，如明九行本《尔雅注疏》十一卷（明嘉靖李元阳刻十三经注疏本），明九行本《春秋左传注疏》六十卷（明万历十九年至二十年（1591—1592）北京国子监刻十三经注疏本）等。有显示刻印情况的，如明重刻宋本《六经图》六卷，明重刻元本《纂图互注扬子法言》十卷等。有显示刻印形式的，如袖珍本《产保》无卷数、套板《批点四书集注读本》十九卷等。但《海源阁书目》并不是每种都显示版本特点，而是对著名官私重点版本才予以介绍。然在善本目录中，则是对每种图书的版本均予著录。所以，从这些目录著录中，我们可以看出杨氏力图从书名目录中突出版本的目录版本学思想。

第四，在解题内容中以考究版本为主，不以研讨图书内容为主。这一部分可见《版本学》一章。

第五，目录中突出了校本、抄本的地位。由于所用校本多以宋元本校勘，因而底本虽是明清版本或抄本，但经过名家校勘，在版本性质上已经改变，从而使其具有了宋元本特点。一些以宋元本为底本的抄本，尤其是影抄本，也具有了底本特点。由于清末保存下来的宋元佳椠愈来愈少，这些具有宋元版本特点的校抄本自然十分珍贵。杨氏在所编善本目录中有意识地强调了这一点，将校本和抄本单列一项著录，可以看出杨氏对校抄本的极其重视。《天禄琳琅书目》重视了版本的著录，但却忽视了校抄本，《平津馆藏书记》亦不把校本单列一项，所以杨氏在编目时突出校抄本，尤其是校本的地位，这一方面是杨氏根据自己收藏校抄本较多之特点适时作出的调整，同时也应是杨氏编目的一个创新。

二　通过类目设置来辨章学术，考镜源流

中国目录学的特点在于辨章学术，考镜源流。章学诚说："校雠之义，盖自刘向父子。部次条别，将以辨章学术，考镜源流，非深明于道术精微群言得失之故者，不足与此。"[①]又说："盖部次流别，申明大道，叙列九流百氏之学，使之绳贯珠联，无少缺逸，欲人即类求书，因书究学。"[②]历代目录学家都于此孜孜以求，以图通过"因书究学"达到治学目的。杨氏于分类上主张应从治学上"以

① ［清］章学诚：《〈校雠通义〉序》，《校雠通义》卷首，上海古籍出版社1987年版。

② ［清］章学诚：《互著第三》，《校雠通义》，第226页。

类相从”。宋敏求撰《长安志》和李好文撰《长安志图》,《总目》对两本合于一本,颇有微词。《总目》认为这是《志》与《图》“两不相应”,故不应置于一起,《总目》卷七十《长安志图》提要云:“此本(指《长安志图》)乃明西安府知府李经所锓,列于宋敏求《长安志》之首,合为一编。然好文是书,本不因敏求而作,强合为一,世次紊乱。既乖编录之体,且《图》与《志》两不相应,尤失古人著书之意。今仍分为二书,各著于录。”绍和则云:“此本尚在其前数十年,已合二为一,不得谓李氏所羼矣。且二书合刻,不过以类相从,卷目判然,各部成帙,亦未尝互有窜并。”[①]杨绍和是从学术类别上主张将两书合刻在一起的,而《总目》则是以文字和图画之形式来分著的[②]。《石药尔雅》,朱彝尊《经义考》第二百八十卷著录,其《曝书亭集》卷四十一《跋》云:“唐元和中,西蜀人梅彪撰《石药尔雅》。医方,以药、石并称。《尔雅》止释草木,石不及焉,宜彪取其隐名而显著之也。《自序》言:‘众石异名,象《尔雅》辞句,凡六篇,勒为一卷。’而白云霁《道藏目录》作二卷,疑后人附益之。唐代遗书传世者罕矣,乃抄而入诸经部。”朱彝尊将其列于《经部》的依据,一是《石药尔雅》释石和《尔雅》所释草木同类,二是辞句颇相像。然《石药尔雅》是一部方书,不过采料为石而已,就其内容,实质上应属于子部医家类。杨绍和著录于《隅录》卷三子部:“入之经部,似有未宜,今从《天一阁书目》,列于子类道家焉。”此亦是以义别类。《海源阁书目·集部别集类明》之抄本《群书集句》题云:“此书无类可归,姑援诗词集句之例入于集部,且序内有名曰古文集句之语,更当归集书中矣。”尽管遇到了“无类可归”的麻烦,但实际上还是按义来分类的。

《海源阁书目》在分类编排上,是按照《总目》的三级部、类、属次序。《总目》采用四分法,乾隆谕云:“从来四库书目,以经、史、子、集为纲领,裒辑分储,实古今不易之法。”[③]部下设类,类下设属,构成一个由“部—类—属”等组成的三级分类体系。这个体系一直沿用下来,但随着学术以及刻书藏书的发展,后

① [清]杨绍和:明本《长安志》、《长安志图》题识,《隅录》卷2,清光绪二十年(1894)杨保彝刻本。

② 张宗友博士认为:《总目》将两书分著,亦从内容上言,即从学术言。笔者以为两书反映的都是长安古迹等内容,只是表现形式的不同,一用文字,一用图画。从这个意义上讲,杨绍和将两书合著,似出于内容上的考虑。但即便是从形式上分著两书,亦是从学术上分类,这一点是没有疑问的。所以无论从内容和形式上都表现了目录学辨章学术的思想。张博士观点见对本书的批注。

③ 见《四库全书总目·圣谕·乾隆三十八年二月十一日》,《总目》卷首。

人也在《总目》基础上尝试着一些变化。这一点可以经部做一比较,《海源阁书目》与《总目》的经部类目编排如下图所示:

总目		易	书	诗	礼	春秋	孝经	五经总义	四书		乐	小学
海源阁书目	总经	易	书	诗	礼	春秋	孝经		四书	经解	乐	小学

《海源阁书目》经部在分类上比《总目》多出《总经类》一目,并置于诸经之首。乾嘉经学发达,促使刻经业日隆,一些总经类刻本应运而生,尤其是嘉庆间阮元文选楼总经刻本《十三经注疏》二百六十六卷,堪称精校精刻,超越先代。除此,《十三经》合刻本尚有明闽刻嘉靖李元阳本、明万历监本、明汲古阁本、清乾隆四年(1739)武英殿刻本、清同治十二年(1873)稽古楼刻本等等,所以总经类刻本越来越受到治学者的重视。《海源阁书目》著录十三经各家刻本共九家,十一经刻本一家,而《总目》收录的则是各经单刻本,所以《海源阁书目》增加的这个类目实际上反映了当时学术发展的实际状况。

《总目》经部类目中设有"五经总义类"一目,其《类序》云:

> 宣帝时始有《石渠五经杂义》十八篇,《汉志》无类可隶,遂杂置之《孝经》中。《隋志》录许慎《五经异义》以下诸家,亦附《论语》之末。《旧唐书志》始别名"经解"。诸家著录因之,然不见兼括诸经之义。朱彝尊作《经义考》,别目曰"群经",盖觉其未安,而采刘勰《正纬》之语以改之,然又不见为训诂之文。徐乾学刻《九经解》,顾湄兼采总集经解之义,名曰"总经解",何焯复斥其不通。盖正名若是之难也。考《隋志》于统说诸经者,虽不别为部分,然论语类末称《孔丛》、《家语》、《尔雅》诸书并五经总义,附于此篇,则固称"五经总义"矣。今准以立名,庶犹近古。《论语》、《孝经》、《孟子》虽自为书,实均五经之流别,亦足以统该之。

类序的意图很明显,不取之前的"经解"、"群经"、"总经解"、"诸经"之名,而独取"五经总义",意在考镜源流,典据《隋志》,即以五经——《易》、《书》、《诗》、《礼》、《春秋》等为诸经之源,而以《论语》、《孝经》、《孟子》等为流别。故而《总目》将《四书》排于《五经总义》类之后。但早在宋代,《论语》、《孟子》就已经提升到与五经并列的位置，如《郡斋读书志》将《论语》置于“经解”类之前，《直斋书录解题》和《文献通考·经籍考》则将《论语》和《孟子》置于“经解”类之前。《总目》的这种编排体现了与前人不同的学术观点。学者治经学，至清中晚期，已经不再拘守“五经”，治学视野扩至群经。这在一些书目中得到了印证。《海源阁书目》的这个类目就以“经解”立名，并置于《四书》之后，说明《论语》、《孝经》、《孟子》、《大学》、《中庸》等已经拥有和五经相同的地位了。因而这个命名的改变实际上又体现出与《总目》不同的辨章学术的观点。同时，《海源阁书目》里的群经亦比宋人多出了《大学》、《中庸》，因而《海源阁书目》中的“经解”也已经和宋人所理解的“经解”有了不同的含义。杨以增于《海源阁藏书铭》中曾云：“十三经、十七史外，岂有奇书？”[①]可见，杨氏是把十三经同作读书治学之源的。由此可见，杨氏用类目设置来“辨章学术，考镜源流”的编目思想。

在序次上比《总目》安排更加合理。《总目》为了表达考镜源流的思想，将五经总义类置于五经之后，但五经总义类中明明有《大学》、《中庸》、《论语》、《孟子》四书著作[②]，而把这个类目放在四书类之前，好像五经总义内并不包括《四书》一样。《海源阁书目》就把经解类置于四书类之后，有总括之义，纠正了《总目》的序次失当问题。

另外，《总目》毕竟是治学目录，因而收书求全，而不收复本重本，故类目齐全，而像《海源阁书目》作为藏书目录，往往收重本极多，有些图书可能因搜求不到，而缺少某些类目，如《海源阁书目》就缺史部传记类别录之属、地理类宫殿疏之属、政书类军政之属，子部术数类杂技术之属四个类目。这也是私家书目和《总目》之间的一个重要区别。

三　强调了编年目录的重要性

杨氏编目时，对编年非常重视。在其编刻的《柏枧山房集》中就可看出。杨以增于《〈柏枧山房文集〉序》中云：“诗既编年，文则分体之中仍是年次。而复以编年，无分体者，总其目于前。”[③]《柏枧山房集》分文集和诗集两部分。文集前有编年目录，不分文体，始自嘉庆癸酉(1813)，终于咸丰丙辰(1856)，历时四十四年。文集前编年目录如：

---

① [清]杨以增：《海源阁碑铭》，见《海源阁杨氏著述考》，《文献》，2006年第2期。

② 如《十一经问答》5卷、《九经古义》16卷、《十三经注疏正字》81卷等均在《五经总义类》。

③ [清]杨以增：《〈柏枧山房文集〉序》，《柏枧山房集》卷首，清同治三年(1864)杨绍和、杨绍谷补刻本。

嘉庆癸酉

士说　韩非论　淮南子书后　上方尚书书　民论　书杨氏婢事

蔺相如论　墓说

丙子

观渔　记日本国事　复陈伯游书　复姚春木书　平准书书后　杂说

……

文集中正文之编排是，先分体，每种文体中每篇文章再以编年先后安排次序，每篇文章均以小字缀以系年。如：

文集卷一

论说

士说癸酉（正文略）　韩非论癸酉（正文略）……杂说丙子（正文略）

论魏其侯灌夫事丁丑（正文略）……

诗歌部分卷首亦有编年目录，如：

卷一

甲子至己巳作五十首

卷二

庚午至乙亥作四十六首

……

诗歌正文部分亦不分体（诗歌有五言诗、七言诗、杂言诗，律诗、排律等），悉按编年排列，如：

诗集卷二

赠方植之庚午（正文略）　了知（正文略）　吾道（正文略）……　偕异之游东城辛未（正文略）　寄外兄王惟月（正文略）……

上例中，如《了知》、《吾道》后无系年，则凡是和前一篇同年者，为避免重复，均予省略。因而，从以上这个编例可以看出，杨氏是把编年置于首位的。杨氏何以将此提到如此重要的位置，并以此敦行实践？杨以增于《〈柏枧山房文集〉序》中又云："伯言自以少好骈体文，年近三十，始有志于汉、唐、宋诸君子之作者。其托始之年不欲忘之，而文之少而壮、壮而老，亦不能无盛衰得失于其间，非年以识之，亦无以自见也。……盖君之文，已足自质于古人，而犹欲验后，此功力之进退于岁月者焉。"要想见证梅增亮之文之"少而壮、壮而老"、"盛衰得失"及"功力之进退"等，只有以年识之，别无他见。同时，在文集正文里，既按体裁类别又按年次，这样做，虽检索稍稍不便，但反映出杨以增通过学术归类以"即类求书，因书究学"的目录学思想。通过这样的编目，就解决了编年和分类不能兼顾的矛盾，有机地处理好了两者之间的关系，既能折射作者的思想、文风演变，又能体现出各类文章的学术区别，实有一箭双雕、事半功倍之效，由此也可看出杨氏在编刊此书时的匠心独运。

在杨氏所编五种书目中，无论是仿《总目》体例的《海源阁书目》，还是独创体例的善本简目等，每类图书排列都以撰注编者的时代为其先后次序，如经部之易、书、诗、礼等，又如集部之汉、魏、晋、唐、宋、元、明、清等。这些虽是遗规，绍和谨而守之，不轻易变更，亦能见其主张。

第三节 对《四库全书总目》的传承与改进

《四库全书总目》是清初编制的篇幅巨大、体例较备、内容丰富的官修解题目录。它的出现，不仅是清代目录事业上的一大贡献，也标志着中国目录学的发展已达到封建社会官修目录的巅峰。部汲取了中国千余年来的目录学成果，并根据当时社会和学术发展状况所编撰的目录，不仅为学者治学提供了有益的读书门径，同时也极大地影响了后代目录学的发展方向。周中孚云："窃谓自汉以后薄录之书，无论官撰私著，凡卷第之繁富、门类之允当、考证之精审、议论之公平，莫有过于是编矣。"①余嘉锡又云："嘉、道以后同儒辈出，莫不资其津逮，奉作指南。功既钜矣，用亦弘矣。"②由于清代藏书事业的发达，私

① 《〈钦定四库全书总目〉提要》，《郑堂读书记》卷32，《清人书目题跋丛刊八》，中华书局1993年版。

② 余嘉锡：《〈四库提要辨证〉叙录》，《四库提要辨证》，云南人民出版社2004年版，第45页。

家编目蔚成风气，鉴于《总目》的典范作用和权威性，私家无不奉为圭臬。但由于历史的局限性和诸多主客观因素，《总目》亦并非无瑕疵可指。故而私家编目作者一方面在受其影响、指导并加以继承的同时，另一方面亦并不总是被动地接受，也在做着积极的探索和尝试，以寻求比《总目》更为合理完善的著录内容和方式。所以，清中晚期私家目录的发展、繁荣与《总目》有着密不可分的关系。杨绍和所撰《楹书隅录》九卷，专录宋元校抄精善之本，与清末其他三家所撰目录并为清代解题目录之代表作品。《隅录》问世后，尽管褒贬议论不一，但就《隅录》之编目与内容来看，却表现出与《总目》千丝万缕的联系。

一　《总目》对私藏目录的指导作用

《总目》对私家目录的影响首先体现在目录的分类和编排上。王重民指出："自从 1793—1795 年《四库全书总目》开始向读书人和藏书家流通以后，一个最显著的影响，就是在目录分类的类目上和每类之中所著录书籍的编排上，很快地就都按照《四库全书总目》的分类体系去做了。"[①]《总目·凡例》云："是书以经、史、子、集提纲列目，经部分十类，史部分十五类，子部分十四类，集部分五类。或流别繁碎者，又分析子目，使条理分明。所录诸书，各以时代为次。"《总目》采用的是三级分类法，即部、类、属，分为四部、四十四类、六十六属。全书条理井然，体例完备。由于它兼收并蓄，分类比较合理，编排有序，充分地吸收了以前各类目录书的优点，使其实用性、指导性更强。因而在它刊行后不久，就得到了目录学家的认可和赞赏，其后编撰的私家目录大都沿袭了它的分类和编排体系。如孙星衍的《廉石居藏书记》、《平津馆鉴藏书记》、范钦后人编撰的《天一阁书目》、周中孚的《郑堂读书记》、瞿镛的《铁琴铜剑楼藏书目录》、丁丙的《善本书室藏书志》和《八千卷楼书目》等无不追仿其例。这种现象的出现，固然有政治原因，但其分类编排比较合理更是重要因素。《隋书·经籍志》虽然也采用四部分类法，但《总目》在具体归类上显然更趋合理，如佛、道二目，《隋志》是附于集部之后，但与集部诸书的性质明显不类，《总目》以释、道"二氏，外学也"，但也可算是"立说者"，将其归入子部，各立一类，可谓名实相符。故后世私家编目纷纷效法自是当然。

《隅录》亦按四部分类，由于此书所选皆为精善之本，有些类目之书不够入

① 王重民：《论〈四库全书总目〉》，《中国目录学史论丛》，中华书局 1984 年版，第 225 页。

选标准，所以缺类不少，故《隅录》不设“类”、“属”两级目录，而是由四部直接过渡到诸书目录。但从诸书的排列次序来看，它仍然按《总目》之“类”序来排列，如经部，依次为《易》、《书》(缺)、《诗》、《礼》、《春秋》、《孝经》(缺)、《五经》、《四书》、《乐》(缺)、小学十类，只是省略类目名称而已，每类属的诸书排列悉以时代为次。可见《总目》的目录体系已经暗含其中。而普本简目《海源阁书目》的分类与编排则按照《总目》，基本上未作改动。所以，《总目》的潜在影响是显而易见的。在《隅录》中经常有“伏读《总目》……”这样的字眼，其毕恭毕敬之虔诚心态昭然若揭，只是考虑到是书的特殊性，才略去类属之目。

其次，《总目》以考据学的方法撰写提要内容，这大大影响了私家书目的撰写方式和内容。钱曾的《读书敏求记》属鉴赏类书目，考识之语不多，所以真正把考据运用到书目著录中来的是《总目》。《总目》撰者如戴震、姚鼐、王念孙等皆为当时乾嘉学派名流，故《总目》采用考据学的方法，对各书考订异同，别白得失，或辨别一书之真伪，或指出书中的错误，都言之凿凿，信而有征。余嘉锡言：“今《四库提要》叙作者之爵里，详典籍之源流，别白是非，旁通曲证，使瑕瑜不掩、淄渑以别，持比向、歆，殆无多让。至于剖析条流，斟酌古今，辨章学术，高挹群言，尤非王尧臣、晁公武之所能望其项背。”[①]又如李慈铭评《总目》子部时亦云：“即以类书一门言之，钩贯淹通，于极繁重之书，皆指瑕旬间，得其条理，诚自古目录家所未有。”[②]这种方法深深影响了目录学家撰写提要的风格与写法，由以前单纯介绍性、欣赏性的解题目录改变为考识性的、辨白性的提要短文。这种改变一方面深化了提要内容，另一方面也拓宽了提要目录的著录范围。《总目》的考证主要有：“每书先列作者之爵里，以论世知人；次考本书之得失，权众说之异同；以及文字增删、篇帙分合。皆详为订辨，巨细不遗。”[③]之后，有不少私家书目都有意模仿这种方法，如周中孚《郑堂读书记》，其考证辨驳之法一如《总目》。杨绍和对此更是心领神会。笔者验之《隅录》，其考证之语并非如王欣夫所言“寥寥”，不仅很多，且大都准确无误。在《隅录》初编之一百七十一种善本提要中，除《总目》已详辨之及个别版本已甚明了无须考辨外，大都有考证之语。如对作者的考证，《两汉博闻》作者为杨侃，《总目》卷六

① 余嘉锡：《〈四库提要辨证〉叙录》，《四库提要辨证》，云南人民出版社 2004 年版，第 45 页。

② [清]李慈铭：《越缦堂读书记》卷 11，上海书店 2000 年版，第 556 页。

③ [清]纪昀：《总目·凡例》，《钦定四库全书总目》卷首 3，中华书局 1997 年版，第 32 页。

十五该目提要云:"侃,钱塘人。端拱中进士。官至集贤院学士,晚为知制诰。避真宗旧讳,更名大稚。"而杨绍和对杨侃的介绍就细致的多,并且纠正了"大稚"实为"大雅"之误:"侃,字子正,钱塘人。避真宗旧讳,更名大雅。历官至谏议大夫、集贤院学士,知亳州,卒。素好学,日诵万言。所著有《大隐集》、《西垣集》、《职林》,并行于世。"(《隅录》卷二)除对作者人名、字号、时代、籍贯、生平之误或失考之处进行考证之外,对诸书内容的介绍、评价和文字增删改动、篇卷分合等进行考辨,也是私家目录的重要内容。譬如旧注东坡诗传世者有王十朋、施元之等数家,但前人对王注《东坡先生诗》颇有微词,绍和于《隅录》卷五元本《增刊校正王状元集注分类东坡先生诗》题识中先征引王文诰之言:"王注犹以全牢,任其脔割,割无不正。迨施注执匕,几于伐毛而换骨髓矣。故王、施并引经史,而诗之本事,见于王者为多。施则因其详略而损益之,或穿穴傍出,佐以别载,中有参酌,虽趣操不同,而意实相济。"绍和以为此言"最为笃论",并谓"或目施、顾胜王者,非也"。绍和又指出如邵长衡辈之所以起而诟之,是因他们看到的本子等已被后人"芟夷羼改,舛谬纷然",并非王注真本。这个观点得到了傅增湘的赞同:"平情论之,此注兼收博蓄,诚不免舛杂之讥,然搜採近百家,网罗宏富,足供后人掇拾之资,且诗之本事,王氏所得为多,其后施氏辑注,转得取材于是,或因其详略而损益之,盖旨趣不同,而意实相济。今人或扬施而抑王,非笃论也。"①在《隅录》中运用考据法最多的还数对版本的考证,如判定版刻年代、溯明递藏源流、卷帙分合变化等,其例俯拾即是,兹不赘述。

再次,私家目录充分吸收《总目》的研究成果。《总目》是对十八世纪以前的学术著作进行了一次总结,它不仅汲取了前人的研究成果,更有撰者自己的大量考证。私藏目录对其充分吸收就是大量引用这些成果作为立论的依据。首先是主旨内容考评,如《隅录》卷四明本《集杜句诗》四卷《附咏文丞相诗》一卷题识云:"《总目》所云:'于国家沦丧之由,生平阅历之境,及忠臣义士之周旋患难者,一一详志其实。颠末粲然,不愧诗史之目。吴之振《宋诗选》徒以裁割巧合评之,所见抑亦末矣。'则至为确论也。"其次为版本考证,如《总目》收入了

① 《藏园群书题记》卷13,中华书局1983年版,第679页。这一部分的详论亦见第三章第一节《楹书隅录》部分。

《广韵》两种，一元本《原本广韵》，一清张士俊泽存堂翻宋本《重修广韵》，海源阁藏元本《广韵》，《隅录》卷一著录。绍和在比对刻书先后及优劣时并未直接下断论，而是分别引用了《总目》关于这两书的考证成果，《总目》卷四十二《〈原本广韵〉提要》是从宋讳、韵字角度和其他著述中论证两本孰先孰后的："又宋人讳'殷'，故重修本改二十一殷为'欣'。此尚作'殷'，知非作于宋代。……彭年等定本不曰新修，而曰重修，明先有此《广韵》。又景德四年(1007)敕牒称旧本注解未备，明先有此注文简约之《广韵》也。"《总目》卷四十二《〈重修广韵〉提要》则谓不应以繁复来判定为善本："朱彝尊序之，力斥刘渊韵合殷于文、合隐于吻、合焮于问之非。然此本实合殷、隐、焮于文、吻、问，彝尊未及检也。注文(此处《隅录》脱'凡一十九万一千六百九十二字')较旧本为详，而冗漫颇甚……亦多纰缪……宜为丁度之所讥。潘耒序乃以注文繁复为可贵，是将以韵书为类书也。著书各有体例，岂可以便于剽剟，遂推为善本哉?"绍和在征引《总目》以上两段引文作为论据后，再云："观此，则两本之先后优劣瞭如矣。"(《隅录》卷一)元本《集千家注分类杜工部诗》，绍和云："自宋以来，惟《杜诗》注者最多，而为后人所攻驳者，亦惟《杜诗》最甚。伏读《四库全书总目》，《集千家注杜诗》提要曰'编中所集诸家之注，真赝错杂，多为后来抨弹。然宋以来，注杜诸家，鲜有专本传世，遗文绪论，颇赖此书以存，其筚路蓝缕之功，亦未可尽废'云云，洵称笃论。"(《隅录》卷四)其他如考辨作者、书之真伪等成果，《隅录》中引用者亦有不少。

必须指出的是，由于《总目》的权威地位，在它对私藏书目发挥有益的指导作用之时，也产生了制约影响。如张金吾的《爱日精庐藏书志》、陆心源的《皕宋楼藏书志》、瞿镛的《铁琴铜剑楼藏书目录》等，实际上就是全部照搬四库体系了，在分类编排上，不敢稍越雷池一步。《善本书室藏书志》中凡四库已收之书，丁氏除对版本记录稍有补充外，少有自己的考订意见，也简直不敢"复赞一词"。这大大阻碍了私家目录的发展和创新。又如金石之学，在宋代即已形成。宋以来金石学著述极丰，《汉志》、《隋志》、《唐志》等附在小学，情有可原，《宋志》附于目录，就显得削足适履。然《总目》仍以"金石者无类可归，仍入目录，然别为子目，不与经籍相参。盖目录皆为经籍作，金石其附庸也"[1]。这实

---

① [清]纪昀：《目录类序·金石类按语》，《钦定四库全书总目》卷86，中华书局1997年版，第1136页。

际上依然重蹈《宋志》覆辙，但在上述诸家目录中还是采用了《总目》的分类。由此可见，《总目》的“统治”作用显而易见。

二　对《总目》的改进

尽管《总目》对私家目录的发展起着举足轻重的作用，但目录学家并不总是被动地消极地去适应。随着清代学术和藏书的发展以及《总目》自身的缺陷，他们在接受的同时，也在寻求着符合当前学术和藏书状况的目录著录形式。这种积极的能动作用促使清中后期私家目录编撰日益繁荣，并且目录的分类编排、著录项目和著录内容也逐渐完善和丰富起来。

其一，类目设置编排上的探索与改进。对《总目》的分类进行大胆改变的是孙星衍《孙氏祠堂书目》。孙星衍是乾嘉考据学者，聚书极富，他编订祠堂藏书目录，既为统计总藏，也为便利宗族子弟“循序诵习”，因而《孙目》在编例上与一般藏书家所习守的《总目》四部分类法不同。《孙目》总分十二大类，下设二级目录。从部类编次上，首列儒家经典和小学书，次为诸子及天文地理医类等实用性的百家著作，再次为史籍和金石文献以及类书、目录等工具书，殿以诗文词赋及书画艺术、小说笔记等，体现出孙星衍对宗族子弟应读之书及循序先后的指导意见。从辨章学术来看，将小学从经学中分出，划天文于诸子之外，析地理与史学为二，把医律从子史部独立出来，更能体现学科发展的差异性，也更加符合彼时科学发展的客观情况。因而《孙目》诚可谓有清以来非四部分类中较有学术价值的私家藏书目录之一。《隅录》在分类上恪守《总目》，但在目录设置编排上做了有益的探索。一是《隅录》书名目录的创制。《隅录》在卷首依次设有四部书名目录，这就为了解本书的书目概况，提供了检索上的方便。同时每条书名目录显示版本、书名及卷数等内容，使人对其版本及卷帙也一目了然。二是在每卷卷前分别增加了各类版本统计数据，如《隅录》卷一经部卷前云“宋本十八　金本一　元本七　校本四　抄本八”；《隅录续编》卷三子部卷前云“明铜活字本二　校本四十三　抄本一”。这些统计数据的作用一方面是记录了各种版本的数量，更重要的是强调了版本意义。因而《隅录》的贡献在于，著录书目时首先从目录设置和编排上强化突出了版本特征。

其二，重视版本的著录和鉴定。顺、康时期，以《读书敏求记》为标志的私家目录恢复了私藏目录的解题传统，更开了藏书题跋记这种目录体裁的先例，并为清代私藏目录的著录内容向版本方向过渡奠定了基石。乾、嘉、道、咸时期，以吴骞《拜经楼藏书题跋记》和黄丕烈《士礼居藏书题跋记》为代表的题跋目录，使“解题内容版本化”的特征得以逐渐确立，但真正促使并完成这一转变的契机是《总目》。众所周知，《总目》提要中有关版本的内容并不很多。在标题下所记大多为所采版本来源，“每书名之下，钦遵谕旨，各注某家藏本，以不没所自。其坊刻之书，不可专题一家者，则注曰通行本”（《总目·凡例》）。如《增修校正押韵释疑》五卷为“江苏巡抚采进本”，《五音集韵》十五卷为“内府藏本”，《小尔雅》一卷为“通行本”。虽有清内府刻本著录为“内府刊本”，从《永乐大典》辑佚而出的著录为“永乐大典本”，“李之藻刊本”等等，但也不能显示版刻的年代、行款等具体刻本特征。当然，《总目》并非版本目录，但缺少对版本的著录与研究终究是客观事实。而明末清初，宋元版已经稀少，人们已经开始意识到宋元佳椠的珍贵，甚至出现凡宋版则以页论价的现象，如汲古阁、绛云楼等，将宋本视若拱璧什袭珍藏。在这种情况之下，具有示范作用的国家官修目录却很少对版本予以著录和研究，这与当时的书版流通现状委实不符。版本目录学家看到了《总目》的这种不足，所以在他们自撰的目录中有意强化对版本的著录，进而使版本目录这一体例得以尽快确立下来。

私藏目录对版本的重视，首先是对版本特征的描述格式化、细致化。在书名目录中显示版刻时间、刻书者等；在解题内容中揭示版式、牌记、藏印、讳字、刻工、字体、纸墨甚至版本源流等等。如《郑堂读书记》，尽管有仿《总目》之称，但在著录版本时，却比《总目》要详明得多。《郑堂读书记》于书名下注记版本，如《旧唐书》二百卷“明闻人氏校刊本”、《季沧苇书目》一卷“吴门黄氏士礼居刊本”、《邺中记》一卷“武英殿聚珍版本”，显然比《总目》的著录要完善得多。《爱日精庐藏书志》著录详备，体例严谨，堪称“藏书志”的代表，于每书之下必依次为书名、卷数、版本（包括收藏情况）、作者、解题（包括考订刊刻源流、比勘版本异同优劣等），等等。其版本著录项较《郑堂读书记》为多。《隅录》对版本的著录分两部分，即书名目录和绍和题识。其中书名目录含版本、书名及卷数等，如“宋乾道本《史记》一百三十卷”、“校影宋抄本《仪礼要义》五十卷”、“元修金本《新刊韵略》五卷”。绍和题识则先是对版本的刊刻时地、源流、异同优劣等进行考释，再列专项依次著录行款、书牌和藏印等。虽根据情况亦时有调整，但就整体而言，变化不大。不仅形成一定的著录格式，而且著录详细，成为《隅录》版本著录上的一大特点。如《隅录》卷二宋本《史记》题识末云：“每半页十二行，行大二十一字，小二十八字。《三皇本纪》后有‘建溪蔡梦弼傅卿亲校刻梓于东塾，时岁乾道七月《藏书志》云当是年字春王正上日书’两行。《补史记序》、《六国表》、《秦楚之际月表》、《汉兴以来诸侯年表》、《乐书》、《历书》后均有‘建安蔡梦弼傅卿谨案京蜀诸本校理置梓于东塾’两行。又《目录》后有‘三峰樵隐蔡梦弼傅卿校正’一行。又《五帝本纪》、《周本纪》后均有‘建溪三峰蔡梦弼傅卿亲校刻梓于东塾’两行。又《礼书》后有‘建溪蔡梦弼校正刊于东塾’一行。卷首末有‘赵宋本’、‘彭城钱兴祖印’、‘季振宜印’、‘季振宜藏书’各印。”此段所记包括行款、藏印等，尤其是对书牌及其不同位置的详细描述，对鉴定版本非常重要。

其次是版本鉴定方法的具体化和日渐丰富。《总目》所用鉴定手段主要根据序跋、避讳、牌记、字体、纸张、藏书印、版式等，但随着版本研究的深入，版本学家在使用相同的上述鉴定手段时，与《总目》相比，已经有明显的进步。其一是使用频率和次数的增加，据约略估算，《总目》利用讳字鉴定版本，在一百篇提要中不足两篇次，低于 2%；而《隅录》共著录善本一百七十一种，使用讳字鉴定版本达三十八篇次，高于 22%。其二是更加具体细致。《总目》卷八十七著录《杜氏通典详节》时未言何人何地何时所刻，馆臣验其版式，定为“宋时麻沙刻本”。《总目》卷一百三十六《排韵增广事类氏族大全》提要云：“相其版式，亦建阳麻沙所刊，乃当时书肆本也。”因而《总目》并不显示版式的具体内容(如行款、版心、书口等)，这就要求鉴定者非深谙版本之学不能妄下结论。而其后的版本目录专著在著录时就非常具体细致。例如《隅录》就行款一条专列著录项，设于题识之末，如宋本《三谢诗》一卷识云：“每半叶十二行，行二十二字。”宋本《礼记郑注》二十卷识云：“每半叶十行，行大十六字，小二十四五字不等。”这些成为比对各版本异同的重要参考依据。其三是《总目》大多是单独使用一种方法，很少综合使用多种手段同时鉴定。如《总目》卷四十三《文字审》提要云：“不著撰人名氏，亦无序跋，中间颇有涂乙。相其纸墨，盖近人手稿也。”此是只从纸墨推测作者时代，似有未安。而此后版本学家鉴定版本时，则大多合而用之。如《隅录》卷一载元本《礼书》，绍和题云：“每半页十三行，行二十一字。首载建中靖国元年(1101)牒文。《礼书》末有庆元己未(1199)三山陈岐、迪功郎建昌军南丰县主簿林子冲两跋，至正丁亥(1347)福州路儒学教授林光大《后序》。盖《礼》、《乐》二书，庆元间陈岐以北宋本重梓于盱江，光大复翻刻之，故卷中犹避宋讳。二书传于今者，以此书最旧矣。”这则题识就用了行式、题跋、避讳等方法进行鉴定，准确无误。在鉴定方法上，亦比《总目》更加丰富，如用刻工、版框尺寸等（见第四章第一节部分）。

《总目》虽有一些介绍版本特征及其考识之语，但总体来讲，还是以考评本书内容为主，对版本的研究处于弱化状态。时代愈久，古本愈旧，其版本价值愈高，面对这种情况，《总目》之疏于版本，无疑就为其后版本学的勃兴起了一种反向的激发作用。因而，《总目》之后，目录版本学家纷纷研究版本的特征，这在客观上促进了版本目录的研究，并进而出现了很多以研究版本著称的目录专著，使版本研究在《总目》之后跃上一个新台阶。

其三，私家书目著录书籍突出个性特点，进而弥补《总目》之缺。私家藏书有共同性，但由于各自的爱好取舍不同，其藏书百花齐放，各具特色，在中国明清著名的藏书家中，几乎都有其独特的“这一个”，如范钦的明代方志；丁丙的四库书籍、明人及浙籍著作；瞿镛的经部宋椠等。体现在书目上，更富有个性色彩，往往不像官方书目那样谨守规矩，趋求正统。这种个性特征在某种意义上正好可以弥补官目的严肃有余活泼不足，而代表私家书目个性的这些书籍往往又是官方目录所缺少的，因而私家书目客观上填补了官目留下的空白。以《隅录》为例，这部善本解题书目共著录宋元校抄二百六十九种，其中有三十四种为《总目》所不收。海源阁的藏书特色在于“精”和“博”，其“精”如宋版“四经四史”、宋版唐集等，其“博”在于广收四部诸本。“四经”中，《总目》所收诗、礼类为《十三经注疏》本，其中《毛诗》为郑笺、孔疏，《隅录》著录的则是宋本郑笺《毛诗诂训传》和《监本纂图重言重意互注点校毛诗》；三《礼》中，《总目》著录为汉郑玄注、唐陆德明音义、贾公彦疏《周礼》和《仪礼》，《礼记》则为汉郑氏注、唐陆德明音义、孔颖达疏。而《隅录》著录则全为郑玄单笺本。“四史”中，《总目》收《史记》四种，一种为三家合注本，另三种分别为集解、索隐、正义注本，而《隅录》中著录的《集解索隐》二家注本，传世最早，为《总目》不收。宋刻唐集中，《隅录》著录二十二种，为《总目》不收者有宋本《杜审言诗集》、《岑嘉州诗集》、《皇甫冉诗集》、《添注重校音辨唐柳先生文集》、《唐求诗集》五种。杨氏收书极为广博，除以上外，尚有经部中宋本《诗说》、元本《韩鲁齐三家诗考》、宋本《春秋经传集解》（杜预注）、金本《新刊韵略》、明本《博雅》等；史部中宋本《东南进取舆地通鉴》、明本《孤臣泣血录》等；子部中宋本《脉经》、影宋抄本《三历撮要》、影金抄本《重校正地理新书》、宋本《新刊履斋示儿编》、宋本《吕太尉经进庄子全解》、抄本《石药尔雅》、明本《宋提刑洗冤集录》等；集部中宋本《汤注陶靖节诗》、元本《朱文正公校昌黎先生文集》、元本《注陆宣公奏议》、宋本《三谢诗》、宋本《新刊国朝二百家名贤文粹》、元本《梅花百咏》、宋本《云庄四六余话》、抄本《韩君平诗集》、抄本《钱考功诗集》、明抄本《李校书集》、抄本《姚少监文集》、抄本《碧云集》、抄本《对床夜话》、元抄本《乐府新编阳春白雪》等，这些著作均为《总目》失收。进而论之，又如为四库馆臣所不屑的词曲类南北曲之属，《总目》只录十一种（附存目八种），《海源阁书目》则录二十二种，明本《新校注古本西厢记》、清乾隆六年(1741)映雪堂刻本《牡丹亭还魂记》等均为《总目》所不载。故王绍曾云："《四库全书总目》词曲类小序，因王圻《续文献通考》以《西厢记》、《琵琶记》俱入经籍类中，以为'全失论撰之体裁，不可训也'。然则勰卿、凤阿步王圻之后尘，其识见远出四库馆臣之上矣。"①甚至对禁毁书目亦大胆著录，则更表现出私家书目的自由开放。私家书目虽大多与《总目》重出，然则版本及卷帙篇目又多有不同，这样亦可起到互相参资补充作用。所以私家书目与《总目》的这种存异趋同实际上是个性与共性的统一，而惟其如此，方能涵盖中国典籍的精华和全貌。

三 著录图书以《总目》为参照

由于《总目》在目录学史上的特殊地位和影响，目录版本学家在著录自家藏书时总是围绕着《总目》，以《总目》为其坐标，进行观照比较。或比版本优劣异同，或以《总目》之是否考辨来决定自己考辨详略的标准，或引证其考辨成果，或对其考辨之误进行纠正等。因而《总目》就成为私家解题目录不可缺少的参照物。

第一，与《总目》比较版本优劣异同。《四库》所收图书多以抄本和明本或以来源本的整理本为主，而私人藏书家收书因更注重版本价值，故多收宋元刻本，正是基于公私双方在版本上的这种差别，私家藏目在著录己之所藏时，往往和《四库》所用版本进行比较，以见彼此优劣异同。私家藏书之版本有不如《四库》者，如《隅录》卷二史部著录一校本《水经注》四十卷，其底本乃据东潜赵氏本传录，沈大成据何焯校本和季沧苇校本校之，绍和将此本与四库本（辑

① 王绍曾:《〈海源阁书目〉整理订补缘起》,《订补海源阁书目五种》,齐鲁书社 2002 年版,第 774 页。

自《永乐大典》)比较后云:“是书自以《四库》本最为精密,东潜赵氏本订讹辨谬,亦极称核博。此本乃用赵氏本传录。”但私家藏本大多要优于《四库》本,这也是目录版本学家常常引以为自豪的地方。其所作比较常从版本之完缺、版刻古旧、文字讹误等方面进行。

有比较版本是否完整的。元本《宋史全文》三十六卷《附广王伟王本末》二卷,《总目》卷四十七提要云:“惟原本第三十六卷内度宗、少帝及益王、广王事迹,俱有录无书,《永乐大典》亦未采,今姑仍其阙焉。”而海源阁藏全帙,绍和云:“《四库》本缺度宗以下,此犹完帙,可珍已。”(《隅录》卷二)元本《集千家注分类杜工部诗》二十五卷,绍和云:“顾《四库》著录者,犹是刘须溪批本,诸注皆高楚芳所附入,已删节十之五六。此本乃当时完帙,虽讹舛诚不能免,而去古未远,援据详博,要为注杜诸家之鼻祖也。”(《隅录》卷四)明本《集杜句诗》四卷《附咏文丞相诗》一卷,《总目》卷一百六十四提要云:“序跋并无缺字,即定之所补。而履善甫上已署天祥之名,则不知何人补入。又定之称为四卷,而今本止一卷。”海源阁藏一原刻全帙,绍和据此云四库本“盖所据之本,乃经后人删并窜乱,已失其真,未尝获见此宗珊原刻矣”(《隅录》卷五)。

有比较版刻是否古旧原刻的。元本《四书辑释》,四库本远在此本之后,绍和云:“道川之书,至正辛巳(1341)建阳书贾刘叔简得其本刻之。越二年,复加是正,新安汪克宽为之序。此本则以《辑释》为主,益入程复心《章图》、王元善《通考》,而卷第仍依道川之旧,亦当建阳书坊所梓。《四库全书存目》附载之本作二十卷,改题曰《重订辑释章图通义大成》。首行列道川之名,次列新安东山赵汸同订,鄱阳克升朱公迁约旨,新安林隐程复心章图,莆田王元善通考,鄱阳王逢订定。《通义》盖又此本之后,续经缀辑者。”(《隅录》卷一)宋本《资治通鉴考异》三十卷,绍和云:“四库乃明初翻刊单本,此则宋时原椠也。”(《隅录》卷二)

有比较文字讹误的。《隅录》卷四著录元本《增广注释音辨唐柳先生集》四十三卷《别集》二卷,《总目》卷一百五十著录本乃明本,绍和云明本“颇多讹字”(《隅录》卷四)。宋本《宝晋山林集拾遗》八卷,《总目》卷一百五十四著录的是《宝晋英光集》,即岳珂编缀之本,而海源阁藏宋本则可证岳本“误者十余条,据以见各本之妄改诗句者廿余字,洵仅见之秘本也”(《隅录》卷五)。旧抄本《说文解字韵谱》十卷,绍和云:“是书传本甚希,《总目》著录者,乃明巡抚李显所

刻。……此本《寒部》、《豪部》诸字皆未讹，《麻部》……与明刻亦异。纸墨极旧，或是明人从宋椠抄出也。”（《隅录》卷一）

有从多个方面或综合比较的。《隅录》卷一著录影宋精抄本《五经文字》三卷，影宋精抄本《新加九经字样》一卷，绍和将其与马曰璐本（四库底本）等进行综合比较后，认为所藏本“尽善矣”。《隅录》卷五著录宋本《花间集》十卷，《总目》所收为汲古阁毛氏刊本，绍和云：“子晋所刊各书，往往与所藏宋本不合，此犹其精审者也。”《隅录》卷三著录宋本《愧郯录》十五卷，绍和云：“《四库》所收倦翁所著各书，明刊本为多。……今复得此本，首尾无缺，较诸本为尤胜。”

第二，引证与辨误。众所周知，《总目》考辨成果丰富，广为学者引证利用，但因《总目》成于众手，迫于时日，亦难免不出纰缪。有鉴于此，后人匡谬订辨之作迭出，先有现代余嘉锡《四库提要辨证》、胡玉缙《四库全书总目提要补正》两书订正谬误；当代崔富章《四库提要补正》、李裕民《四库提要订误》、杨武泉《四库全书总目辨误》诸书再纠其疏；且还有不少散见论文对其正讹补阙。以上这些都是现当代学者的考辨成果。其实，早在清代中晚期，一些目录版本学家已经注意到《总目》的舛误与疏漏，并在自己的解题目录中予以辨正补充，只是未能形成专著而已。私家书目对《总目》辨误多是根据己之所藏，以目验实证为基础，故纠错补正殊为可信。

如《自警编》九卷，《总目》卷一百二十三提要云：“凡学问类子目三、操修类子目十二、齐家类子目四、接物类子目七、出处类子目五、事君类子目十一、拾遗类子目二，共八类五十五目，盖亦仿《言行录》之体而少变其义例者也。”《总目》所记实为七类四十四目，与总计“八类五十五目”不符。查细目中脱“政事类”，其子目十二分别为：政事、镇静、信、通下情、济人、救荒、救弊、辩诬、狱讼、财赋、兵、制胜等。如以政事类子目十二和其他七类子目相加应为八类五十六子目，故《总目》“八类五十五目”之说亦误。杨绍和于《隅录》卷三题云：“分八类赵氏《自叙》作九类者，当是分《事君》上下为二。五十六子目。无卷第，版心以天干字纪之。《学问操守》为甲，《齐家接物出处》为乙，《事君》上为丙，《事君》下为丁，《政事拾遗》为戊。卷首有嘉定甲申（1224）赵善璙《自叙》，此本则阙佚矣。《四库全书总目》云：‘九卷，共八类五十五子目’。与此殊不合。盖所据者，乃万历间巡抚徐拭重梓本，已非宋时原刻之旧。然《总目》所载无《政事》一类及子目十二，与八类五十五之数亦颇矛盾，或纂辑诸臣偶尔笔误耶？”宋本

《常建集》二卷《题破山寺后禅院》有“竹径通幽处，禅房花木深”句，《总目》卷一百四十九提要云：“欧阳修《题青州山斋》，又极赏其‘曲径通幽处，禅房花木深’之句，称欲效其语久不可得。案：修《集》本作‘竹径通幽处’，盖一时误。姚宽《西溪丛语》已辨之，今据《建集》改正，附识于此。”绍和云：“《四库全书提要》所辨‘曲径通幽处’，谓《欧集》及《西溪丛语》误作‘竹径’，此本原诗第四首固作‘竹径通幽’，不误也。馀可证俗本之误者尚廿余字，古书之可宝贵如是。”(《隅录》卷四)元本《梅花字字香》二卷，共录诗九十八首，“《前集》诗五十首，《后集》诗四十八首，豫亨《序》言百首，盖举成数”(《隅录》卷五)，《总目》卷一百六十七提要云：“《前》、《后》二集咏梅七律至二百首，与张洽之数相等。”绍和指出：“《四库总目》作二百首，‘二’乃衍字耳。”(《隅录》卷五)

第三，对某书在《总目》中的著录情况作比较式的著录。私家书目著录书籍时常以《总目》为参照系，与《总目》重复者，有详有略，区别对待；对《总目》未收者及存目者，亦多说明。如《八千卷楼书目》二十卷的编目之例就是：顶格者为文渊阁著录；低一格者，为《四库》附存；低二格者，为《四库》未收。绍和于《隅录》中虽未如《八千卷楼书目》那样以错格形式标出，但于题识内容中常以文字进行说明。

私家书目解题内容的详略往往以《总目》是否已经辨及来定，凡为《总目》辨之者略之避之，为《总目》疏误者则予以详辨。《总目》卷二十七《详注东莱先生左氏博议》二十五卷提要云：“黄虞稷称明正德中有二十卷本，今皆未见。坊间所鬻之本仅十二卷，非惟篇目不完，并字句亦多妄削，世久不见全书，此本有董其昌名字二印，又有朱彝尊收藏印，亦旧帙之可宝者矣。”明正德本实为二十五卷，黄虞稷所言有误，而《总目》亦以讹传讹，未作说明。对此疏忽，《隅录》卷一则给以详辨：“正德本载在《天一阁书目》，有正德己巳(1509)江东张伟《跋》，谓：‘《博议》全帙久不见于天下。正德丁卯(1507)，铅山张侍御以十卷授予兄廷镇，未几复得十卷于当涂濮内翰，吴乡梅留守又出其所抄末五卷，盱江何冬官亦以世藏手叙见畀，始为完璧’云云。实二十五卷，故俞郚(即黄虞稷)以为独全。明时尚有刘氏安正堂刊本，标题《新刊京本详增补注东莱先生左氏博议》，亦二十五卷，俞郚想未之见也。《总目》所据，盖偶脱‘五’字耳。”《总目》对吕祖谦创作此书的过程有详细考辨，《隅录》则略之。绍和云：“至是书乃乾道四年(1168)所成，东莱方在丧制之中，世传作于新娶一日内者，直流俗之謷说也。《总目》辨之甚悉,不复赘述。”(《隅录》卷一)《大广益会玉篇》三十卷,世行本有三,一张氏泽存堂本,一曹氏扬州诗局本,一明内府本。三本均为重修本,然张本删去“重修”二字以充古本,《总目》卷四十三《重修玉篇》提要中已经辨之。绍和云:“至张本亦属重修,乃删重修之牒,诡称上元本,《四库全书总目》详辨之,兹不赘。”(《隅录》卷一)宋本《附释文互注礼部韵略》五卷,清季凡二刻,一为康熙丙戌(1706)曹寅刻本,一为常熟钱孙保家影抄宋刻本。然曹本改窜甚多,已失原本真面,《总目》卷四十二著录是书时已经详辨,绍和云:“是书当日官本既不可见,而曹本之为后人移掇添补,《总目》已详辨之。”(《隅录》卷一)

在著录书籍时,常以《四库》是否著录作为参照,为《四库》收入者,未收者,收入存目者多作比较著录。《四库》收入的,则予以简要说明,如宋本《五百家注音辨唐柳先生文集》四十五卷《外集》二卷,绍和云:“此亦南宋精雕唐人诸集之一,即《四库》所收之本也。”(《隅录》卷四)《四库》未收的则多予强调,以见其书版之珍稀。如宋本《诗说》九卷,绍和云:“是书世无二本,《四库全书》亦未收录。”(《隅录》卷一)元本《梅花百咏》一卷,绍和云:“《四库全书》著录乃冯子振、释明本唱和之作。德珪诗则传世绝少,亦仅见之书矣。”(《隅录》卷五)宋本《脉经》十卷,绍和云:“伏读《总目》,是书未经著录。”(《隅录》卷三)元本《注陆宣公奏议》十五卷,绍和云:“是书《四库》未著录。”(《隅录》卷四)收入《四库》存目的亦作说明,元本《四书辑释》三十六卷,绍和云:“《四库全书存目》附载之本作二十卷。”(《隅录》卷一)

自上可知,目录版本学家已经自觉地将《总目》当成了必不可少的学术参照,这就体现出私家书目与《总目》之间的内在学术联系。总之,私家书目对《总目》的利用和改进,并通过和《总目》进行比较式的著录,大大地丰富了私家目录的著录内容,开拓了目录著录内容的深度和广度,并最终促进目录著录的完善和科学化。与此同时,这也反映了中国目录学在清代的沿革变化。《楹书隅录》作为私家书目的代表之一,在以上三个方面都走在了同时期私家目录的前列。

当然,杨氏五种书目亦存在一些问题。

首先是著录的不一致。因杨氏书目均为递修增补,故前后书目常有著录不一致者，包括书名、卷册数、刻本等。如《东莱文集》，海源阁藏有两种。《宋存书室宋元秘本书目》集部明本类著录，即明本《东莱吕太史文集》十五卷八册一函和明本《东莱先生文集》四十卷二十四册四函；《海源阁藏书目》著录两种为元本《东莱文集》四十卷二十四册四函和明本《东莱文集》十五卷八册一函；《海源阁宋元秘本书目》著录两种为元本《东莱太史文集》十五卷八册一函，明本《东莱先生文集》四十卷二十四册四函。三个目录著录的刻本、书名、卷册数都不同，究竟那个著录正确？王献唐于《海源阁宋元秘本书目》之"元本《东莱太史文集》十五卷八册一函"条下按曰："《江目》作四十卷二十四册，下有明本作十五卷八册，与此卷册书目交错。前岁观海源阁，见此元本残存十五册，若作八册则不足其数，当以《江目》为准。"按王氏说法应以《海源阁藏书目》为准，然《宋存书室宋元秘本书目》又著录一明本"十五卷八册"者，故《海源阁宋元秘本书目》著录者定非茫然，况《宋存书室宋元秘本书目》和《海源阁宋元秘本书目》均为绍和、保彝定本，抑或王氏鉴定有误？笔者以为当以《海源阁宋元秘本书目》为准。元本《文则》，《楹书隅录》卷首目录著录为元本《文则》二卷，其正文卷五目录则著录为元本《文则》十卷二册，目录与正文著录卷数不合；《宋存书室宋元秘本书目》与《海源阁藏书目》均著录为元本《文则》二册；《海源阁宋元秘本书目》著录为元本《文则》二卷一册一函。同一本卷数有二卷十卷之分、册数有一册二册之别？究竟是哪一种正确？令人莫衷一是。此书今藏台图，《"国家图书馆"善本书志初稿》著录此书为"一卷二册"，而绍和于《隅录》卷五著录此书时，其题识云："无卷第，以甲乙为次。"故知此书不分卷，或作一卷（抑或作甲乙二卷亦可），册数为二册。所以上述著录都有待修正。元至元、至正间西湖书院刻明修本《国朝文类》，《隅录》卷五、《宋存书室宋元秘本书目》、《海源阁藏书目》均著录为七十卷《目录》三卷三十六册，然《海源阁宋元秘本书目》著录为二十六册。此书今藏国图，《北京图书馆古籍善本书目》著录，亦题三十六册，目验亦是，故知《海源阁宋元秘本书目》著录有误。校明抄本《盐铁论》，《隅录》续编卷三和《海源阁藏书目》子部校本类著录为十卷一册，《宋存书室宋元秘本书目》和《海源阁宋元秘本书目》则著录为十卷二册，此书今存台图，《"中央图书馆"善本书目》著录，题为一册，则《隅录》续编卷三著录正确。

其次是重出误入。如《海源阁书目》，有个别一书两入者，《郑志》一书先入经部总经类，后入经部经解类。旧抄本《书林外集》七卷，既入集部别集宋代，又入集部别集金元。《书林外集》撰者为元代袁士元，按时代著录，则应该入后者。《海源阁书目》著录者与《海源阁宋元秘本书目》著录重出者有：子部医家类六种，其中宋本两种，即宋本《脉经》十卷，宋本《本草衍义》二十卷，子部元本有三种，即元本重刊《巢氏诸病源候总论》五十卷、元重刻宋本《经史证类大观本草》三十一卷、元本《世医得效方》二十卷，明本《如宜方》二卷一种；集部别集宋代二十二种，其中明本八种，即《华阳集》四十卷，《道乡集》四十卷，《止斋先生文集》五十一卷，《双溪文集》十七卷，《文潞公文集》四十卷，《豫章罗先生文集》十七卷，《屏上集》二十卷，《崔清献公全录》十卷。校本一种，校旧抄本《石林居士建康集》八卷。抄本十三种，《姑溪居士前集》五十卷《后集》二十卷，旧抄本《默堂先生文集》二十二卷，抄本《广陵集》二十卷，旧抄本《方是闲居士小稿》二卷，旧抄本《可斋杂稿》三十四卷《续稿》八卷《续稿后》十二卷，旧抄本《佩韦斋集》二十卷，旧抄本《竹溪献斋集》十一卷《续集》三十卷，旧抄本《玉楮诗稿》八卷，旧抄本《张右史文集》六十卷，旧抄本《沈忠敏龟溪集》十二卷，旧抄本《演山集》六十卷，旧抄本《龙云集》三十二卷《附录》一卷，旧抄本《乐全先生文集》四十卷。金、元代十五种，其中元本两种为《范德机诗集》七卷、《筠溪牧潜集》七卷。明本三种，《青阳先生文集》六卷，《渊颖吴先生集》十二卷，《吴文正公文集》四十九卷《外集》二卷。抄本十种，旧抄本《湛然居士集》十四卷，抄本《周翰林近光集》三卷，旧抄本《龟巢集》十七卷，精抄本《侨吴集》十二卷，旧抄本《戴剡源集》三十卷，旧抄本《不系舟渔集》十六卷，旧抄本《佩韦斋集》二十卷，旧抄本《汉泉（静修先生）漫稿》十卷，旧精抄本《拱和居士诗集》一卷《附居士集》一卷，旧精抄本《书林外集》七卷（此书一书两出，在集部别集宋代中亦出现一次）；集部总集类两种，旧抄本《声画集》八卷，明本《玉山名胜集》六卷。总计重出者共四十五种，其中宋本二种，元本五种，明本十三种，校本一种，抄本二十四种。又“《海源阁书目》在类例上亦不能无误，如以《船山遗书》、《亭林遗书》、《西河全集》、《望溪先生全集》、《戴氏遗书》、《崔东壁遗书》、《经韵楼丛书》、《授堂遗书》等均入于集部别集，以致自著丛书与别集不分。此虽小疵不足以掩大醇，亦千虑之一失耳。”①

最后是误说。误说多由考证不详所致，主要见于《隅录》初编五卷之中。

① 王绍曾：《〈海源阁书目〉整理订补缘起》，《订补海源阁书目五种》，齐鲁书社2002年版，第774页。

如《隅录》卷五宋本《花间集》,绍和云:"此本为宋淳熙十四年(1187)丁未鄂州使库所刊。"针对绍和的这个说法,李一氓进行了辨驳:"鄂本,淳熙十一(1184)、十二年(1185)册子纸印,这是在今武昌(鄂州)刊印的。从用淳熙册子纸来说,可以是淳熙以前的(假定北宋的)刊版,以后才用淳熙册子纸来印的;印的时候必须等到这种册子已经失去时效,变成了作废档案以后才行。或者就是说北宋刊版,南宋印刷。但更可以是淳熙以后的刊版,把过了时的淳熙册子纸翻过来印的。假如是北宋刊版,为甚么不用比淳熙更早的作废了的档案纸?因此不能判定其必为北宋刊版。其次就只好看刊版的风格了。照原书的刊版的行格(每行十七、十八字不等)与字体来看,都已经比较草率了,应该认为是南宋的。但杨绍和于《楹书隅录》中著录此书时,迳称为'宋淳熙十四年(1187)丁未鄂州使库所刊版',则完全是臆定的。王鹏运写四印斋覆刻本的跋时,也仅说'此本其刻于鄂州乎?'连刊刻地方都出以谨慎怀疑的态度,怎么可以因为用了淳熙十一(1184)、十二年(1185)的册子纸,就把刊刻时间定在'十四年',刊者定为'鄂州使库'?这个本子是南宋淳熙十二年以后在鄂州刷印的,但时间不能臆定为'十四年',刊者不能臆定为'使库'。杨氏又称'卷一前四叶,卷十后三叶及欧阳序、陆游二跋均佚,毛氏抄补极工。'此本是否被汲古阁藏过,关系不大,而现藏本上却只有'徐'、'查'、'杨'、'周'四家藏印,没有毛氏藏印。杨氏说后来把毛氏三印丢失了,殊不可信。何以毛钤印不在抄补的叙叶上,第一卷第一叶上,下册的第六卷第一叶上,而仅钤在全书尾叶?尤其是说毛氏把陆游两跋抄补在这个本子上,就更加荒唐了。鄂本和陆游跋本肯定是毫无干涉的两个本子,主要在文字上有极大的差别。又按陆跋在开禧元年(1205),迟淳熙十二年(1185)之久,若谓印刷时用二十年前之册子纸,道理上说不通。这对杨氏淳熙十四年(1187)刊版之说,更自陷于矛盾了。"①言辞虽嫌过激,细究亦不无道理,缪荃孙亦云:"册纸皆鄂州公文,此板其刻于鄂州乎?"②似亦不敢十分肯定。《中国版刻图录》云:"前人因定此书为淳熙间鄂州公使库刻本,恐不确。"③故《自庄严堪善本书目》和《北京图书馆善本书目》均

① 李一氓:《校后记——关于〈花间集〉的版本源流》,《花间集校注》卷末,人民文学出版社1958年版。

② [清]缪荃孙:宋刻鄂州本《花间集》跋,《艺风堂文集》卷7,清光绪二十六年(1900)江阴缪荃孙刻本。

③ 《中国版刻图录》,文物出版社1990年版,《叙录》,第43页。

题“宋刻递修公文纸印本”，《中国版刻图录》则题“宋刻公文纸印本”，均避具体刻年及刻地，当更为科学。绍和又云：“《花间》一集为词家之祖，斯刻则又是《集》之祖也。”(《隅录》卷五)这个说法亦误。宋刻递修公文纸印本《花间集》之前尚有宋绍兴十八年(1148)建康郡斋刻本十卷本，比此本大约早刻三十余年。

《隅录》卷一著录宋本《说文解字》，绍和云：“藤花榭所据之宋椠，即此本也。”然据王贵元考证藤本所据并非此本：“此本书末有道光十八年(1838)丁晏跋文。原本后归山东聊城杨氏海源阁，杨绍和写有题识，谓‘藤花榭所据之宋椠，即此本也。’今以二本对校，不同处特多。此本内有‘额勒布号约斋’、‘额勒布印’等印迹，知曾为额勒布收藏，但据额勒布藤花榭本序，藤花榭本所据为新安鲍惜分家藏宋本，而此本之内并无鲍惜分印迹，则鲍氏未必收藏过此本。因此，藤花榭本所据宋本定非此本。”[①]宋本《岑嘉州诗集》四卷，《隅录》卷四著录，绍和云：“《岑嘉州集》，晁、郑二家作十卷，陈氏作八卷，明正德熊相刊徐氏藏本作七卷，前有杜确《序》。此本四卷不分体，首尾完具，盖赵宋时别行本也。”绍和云四卷本“首尾完具”，然据周叔弢考证云：“《岑集》只存前四卷，实非完书。”又云：“当时只刻四卷，非完书而无缺佚，独孤及《序》称三百有五十篇。”(《隅录》批注)尽管杨绍和下了很大工夫，但仍然存在一些错问题，特别是对版本鉴定的错误(见第四章第五节)，这不能不说是一个遗憾。

① 王贵元:《说文解字版本考评》,《说文解字校笺》,学林出版社 2002 年版,第 5 页。

第　四　章

版本学研究

版本研究，肇自汉代刘向《别录》。至两宋，雕版盛行，书籍增多，同书异本的大量涌现，为版本研究开辟了广阔前景，出现了诸如《郡斋读书志》、《遂初堂书目》等版本研究的先导性成果。明代的经济发展促使某些书版日益商品化，因而明代版本研究更注意版本价值和真伪鉴别。清代是版本研究的极盛时期。由于考据学的繁荣，学者无不重视版本，叶德辉曾云："盖自乾嘉至光宣，百年以来，谈此学者，咸视为身心性命之事，斯岂长恩有灵欤？何沆瀣相承，不绝如是也！"[①]清代学者、藏书家钱曾、孙从添、纪昀、黄丕烈、叶德辉等都精通版本之学，其《读书敏求记》、《爱日精庐藏书志》等版本目录的接连问世，成为版本研究兴盛的一个重要标志，而《书林清话》更是清代版本学的总结性著作，它几乎涉及了版本学的所有问题，从而使版本学发展成为一门独立的学科。作为读书、藏书世家的杨氏几代人亦倾心于版本研究，其第二代主人杨绍和著成版本目录《楹书隅录》九卷。与叶德辉相比，杨绍和并没有将自己的版本研究上升至一种理论总结的高度，而是更多地将自己的版本研究成果散入到每种书版的具体个案研究之中。从杨绍和撰写的二百余则题识里，我们能感受到其深湛的版本鉴定、梳理之功，柯劭忞谓"鉴别之审，海内推先生第一"[②]，诚非虚言。在进行此项研究时，杨绍和最常用到的方法就是比较法，将诸本汇在一起，采用上挂下连、左顾右盼，纵向考索、横向比较的方法，析出各本异同，理出众本源流，在版本研究上可以说取得了一定的成果。

① ［清］叶德辉：《古今藏书家纪版本》，《书林清话》，中华书局1999年版，第8页。

② ［清］柯劭忞：《〈楹书隅录〉跋》，《隅录》初编卷末，清光绪二十年（1894）杨保彝刻本。

第一节　版本鉴定

私家书目著录自己精心搜藏的图书，除有“立此存照”之用外，另一目的就是想确立自己的收藏成果和价值，因而在其目录中，首先也是最重要的工作就是鉴定出该书的版刻情况。海源阁主人杨绍和对自己收藏的主要善本，进行了较为详细而审慎的鉴定。其鉴定方法多种多样，几乎近现代人所用的方法在《隅录》里都使用过，为近现代藏书家及版本学家带来不少启发。鉴定版本之含义有狭义、广义之分，狭义者仅指版刻时地以及刻书者，广义者还包括多本比对优劣同异等。绍和鉴定版本，范畴广泛，不仅鉴定版刻的时间、地点、刻书人，而且往往将多本加以比对，以确定各本的异同优劣、真伪、递刻授受源流等。绍和鉴定版本时，在充分吸收前人的成果时，亦有不少新见，并对前人的某些说法进行了考辨纠正。总起来说，杨绍和是从以下诸方面进行鉴定的：

第一，牌记。叶德辉云：“宋人刻书于书之首尾或序后、目录后，往往刻一墨图记及牌记。其牌记亦谓之墨围，以其外墨栏环之也；又谓之碑牌，以其形式如碑也。元明以后，书坊刻书多效之。”①由于书牌通常能反映刻书者、时间和地点等诸多版本信息，因而就成为版本学家鉴定版本的最直接证据之一。如元延祐二年(1315)刻本《大广益会玉篇》三十卷，绍和云：“卷末木记云：‘龙集乙卯菊节圆沙书院新刊’，乃元仁宗延祐二年(1315)也。”(《隅录》卷一)绍和并利用牌记纠正前人之误，如元本《大广益会玉篇》亦被《天禄琳琅书目》著录，但断为宋本。绍和又云：“至定为宋本，则遵《天禄琳琅》之例，盖未见卷末木记耳。”(《隅录》卷一)金本《新刊韵略》五卷，绍和用书牌更正了前人以为元本的错误说法，云：“张氏《藏书志》载竹汀老人《跋》，谓此书重刊于元大德丙午(1306)平水局。卷末有墨阁木记云‘大德丙午(1306)平水中和轩王宅印’，是此书初刻于金，重刻于元也。详考书中木记凡三，见其前则云重修，非重刊也。盖是本为正大原刊，大德重修耳，仍应定为金本。予斋藏宋本《大戴礼记》，平水局亦尝修之，其木记与此正同，是《序》尾所标仍为金正大己丑，的属原椠。”(《隅录》卷一)绍和注意到书估挖去书牌以充古本的现象，如元至正二十七年(1367)书

---

① ［清］叶德辉：《宋刻书之牌记》，《书林清话》，中华书局1999年版，第152页。

林刘克常刻本《新笺决科古今源流至论前集》十卷《后集》十卷《续集》十卷《别集》十卷，其《前集》目录后有书牌云："《源流至论》一书，议论精确，毫分缕析，场屋之士得而读之，如射之中乎正鹄，甚有赖焉。然此书板行于世久矣，先因回禄之余，遂为缺典。本堂今求到邑校官孟声董先生镛抄本，便欲刊行，惟恐中间鲁鱼亥豕者多，更于好事处访购到原本，端请名儒重加标点，参考无误。仍分四集，敬授诸梓，嘉与四方君子共之，幸鉴。下缺二字疆圉协洽之岁仲夏，建阳书林刘克常谨识。"这则一百五十余字的牌记包含了丰富的版本信息，但刻年之前的年号被人挖去，究竟是元代那一朝所刻，尚须考订。绍和考证云："此本乃元时建阳坊刻，目录后碑板题'疆圉协洽之岁'，而年号二字为书估挖去。予藏至正甲午(1354)建阳翠岩精舍所刊《陆宣公奏议》，卷一末碑牌中有'近因回禄之变，重新绣梓'云云，与此本所称'先因回禄'一语正吻合，由是推之，当是至正之丁未也。"(《隅录》卷三)杨绍和利用他本书牌进行比较后，得出了"至正之丁未"的结论。此书今藏国图，《北京图书馆善本书目》著录，题"元至正二十七年(1367)书林刘克常刻本"，由此可以看出绍和的鉴定是准确无误的。

元本《增刊校正王状元集注分类东坡先生诗》二十五卷，《隅录》卷五著录。长期以来，关于此书的版本争论不一。其卷首百家注姓氏后有篆文木记曰"建安虞平斋务本书堂刊"。因为有书牌可证，争论的焦点实际上是虞氏的刻书坊——"平斋务本书堂"究竟是元代还是宋代所创？从木记来看，"平斋"可能是务本书堂主人虞氏的号。《天禄琳琅书目》后编将其列入"宋版集部"，傅增湘《藏园群书经眼录》、张元济《宝礼堂宋本书录》、魏隐儒《中国古籍印刷史》、《北京图书馆古籍善本书目》、王绍曾《订补海源阁书目五种》等均题宋本。傅增湘当年为得到此书，不惜以三部罕见抄本从周叔弢手中换取此本。《四部丛刊》影印时亦称为宋本。然叶德辉《书林清话》卷十《天禄琳琅宋元刻本之伪》则明确指出："此为元刻本，虞氏所刻它书有年号者可证。然则秘阁之藏鉴赏尚不可据，如此则其他藏书家见闻浅陋，其为书贾所骗者，正不知有几人也。"①今查有年号者，如元至元七年(1341)虞氏务本堂刻元赵孟頫《赵子昂诗集》七卷，此书目录后有"至元辛巳春和建安虞氏务本堂编刊"书牌一行；元泰

① ［清］叶德辉：《书林清话》，中华书局1999年版，第263页。

定四年(1327)刻元肖镒撰《四书待问》二十二卷,目录后有"泰定丁卯(1327)仲春虞氏务本堂刊"牌记;元至正六年(1346)刻《周易程朱传义音训》十卷《图易》一卷,序后有"至正丙戌(1346)良月虞氏务本堂刊"牌记等。则务本堂为元时建安刻书坊应无疑问。建阳虞氏刻书自宋代已经开始,但宋代刻本均无"务本堂"或"务本书堂"堂号,如建安虞氏家塾刻本《老子道德经章句》,目录后有"建安虞氏刊于家塾"两行书牌。盖宋时虞氏还是以私刻为主,至元代刻书规模渐大,刻书种类数量亦多,形成刻书作坊,并名以堂号。杨绍和《隅录》卷五据书牌题元本,王文进《文禄堂访书记》沿绍和所题,题云"元建刻本"。刘尚荣则又从文字校勘上,与宋本做了比对,亦认为是元本①。可见杨氏、叶氏、王氏、刘氏所定为元本是准确的。

第二,避讳。利用讳字鉴定版本,早在宋代已经开始,如王楙曰:"古今书籍,其间字文率多换易,莫知所自,往往出于当时避讳而然。"②可见宋人对因避讳而导致文字变易已经有所认识。而晁公武在《郡斋读书志》中已有不少用例,如他在鉴定抄本《刘绮庄歌诗》时云:"本内'密'字皆阙其画,而'超'字不阙,盖吴时所缮写也。"③通过对文中所避吴主杨行密讳字,来推断该本为五代十国时吴之抄本。但由于是初起阶段,在使用手段上还比较单一,使用频率亦不高。至清代时已开始大量地使用,如《天禄琳琅书目》的用例就很多。其后,黄丕烈《荛圃藏书题识》、吴寿旸《拜经楼藏书题跋记》、张金吾《爱日精庐藏书志》已能自觉地使用这种方法鉴定版本。而清末四大藏书家之解题目录更是把讳字当做鉴定版本的主要手段之一。在《隅录》中,用讳字定版本时,常有"的属宋刻无疑"之句,这说明杨绍和是在主动地甚至是结论性地运用这一方法。如绍和于《隅录》卷一宋本《附释音春秋左传注疏》题云"遇宋讳字亦多阙笔,的属宋刻无疑"。据统计,《隅录》中使用这种方法鉴定版本达三十八次。除有两种疏误外,其余均正确无误。绍和在运用这一方法时有如下特点:

(一) 直接和间接使用并重。直接使用就是绍和直接运用讳字确定刻版朝代,而不借助其他手段。这种用法使用次数最多,如绍和于《隅录》卷一宋本《监本纂图重言重意互注点校毛诗》题云:"审其避讳,'慎'字缺笔,'敦'字则

① 参见刘尚荣:《苏轼诗集版本考》,《苏轼著作版本论丛》,巴蜀书社1988年版。

② [宋]王楙:《古人避讳》,《野客丛书》卷9,文渊阁《四库全书》本。

③ [宋]晁公武:《〈刘绮庄歌诗〉提要》,《郡斋读书志》卷18,上海古籍出版社2005年版,第914页。

否，殆是孝宗时刻者。"《隅录》卷三宋本《十二先生诗宗集韵》题云："上平声改二十一'殷'为'欣'，二十六'桓'为'歡'，盖用宋礼部韵标目，避御讳也。"《隅录》卷二宋本《史记》题云："卷中遇'軒轅'二字辄缺笔。钱詹事考之李氏《通鉴长编》，盖遵大中祥符七年(1014)六月禁内外文字不得用皇帝名号故事、其景点旧文不可避者阙之之昭也。《宋史·真宗纪》亦载禁斥皇帝名号事。"绍和此段所云为证此本乃宋刻又添一力证。《隅录》卷三明抄本《鬻子》题云："中遇宋讳，尚有缺避，当从宋本录出者。"间接使用指引用其他名家之用例作为旁证，这有两种情况：一是在全文迻录名家藏书题跋时，其原题跋中已用此法，如《隅录》卷一校宋本《礼记郑注》，就引用了黄丕烈全跋，跋中云："……如'縣'、'畜'、'豎'、'萑'、'苧'等字，皆宋嫌讳而犹避之，是必宋刻中之善者矣。"这篇跋文包括了使用讳字证其宋刻的例子。又如《隅录》卷二宋本《汉书》题记中迻录瞿中溶、吴骞、钱泰吉三篇长跋时，里面均有其例。二是从题跋中专门摘录此法用例，如《隅录》卷一元本《广韵》，绍和摘录了《四库全书总目》经部十小学类三《广韵》提要中"末题'乙未岁，明德堂刊'，内'匡'字纽下十二字皆阙一笔，避太祖讳，其他宋讳则不避，邵长蘅《古今韵略》指为宋椠"一段，以此来证海源阁所藏元本，其源实出北宋旧椠。《隅录》卷二宋本《后汉书》，为证此书为北宋时初刻，绍和摘引《潜研堂集·跋〈后汉书〉》中"此本虽多元大德九年(1305)补刊之叶，尚是旧刻，于'眺'、'敬'、'恒'、'徵'字皆阙末笔，'讓'、'勗'却不回避，知系嘉祐以前刊本，较之明本有霄壤之隔矣"一段，并云："是钱氏亦以此本为北宋椠。"

（二） 用空格敬讳来判定版本朝代。《隅录》卷三元本《新笺诀科古今源流至论集》题云："顾此本遇'大宋'、'国朝'等字多空格，虽出重雕，犹是宋椠之旧矣。"

（三） 用讳字来判定修补朝代。《隅录》卷三北宋本《淮南鸿烈解》绍和题曰："'慎'字惟卷十八缺笔，当是修补之叶。"

（四） 用讳字来确定阅书人所处时代。《隅录》卷一宋本《监本纂图重言重意互注点校毛诗》题云："又书中用朱笔点句，而于讳字则以朱笔规识，盖犹是宋人书塾中课读之本耳。"又《隅录》卷一宋本《张先生校正杨氏易传》题云："镂镌精工，犹是当时初印，书中用朱笔句读，遇宋讳字并加规识。谨案：《天禄琳琅书目》宋板《周易程传》云：'全部用朱标界，凡宋讳作大圈围之，可证阅者为宋时人。'则此本当亦宋人点勘。"

（五）　多用宋讳。这一点显然与《隅录》所收皆为宋元善本有关。

（六）　以经部、史部使用次数最多。这是因为经、史多为官刻，故避讳极严，而子集多为私刻，避讳较为宽松，有的甚而不避，故宋本中经、史讳例更多。

从上可以看出，绍和已能较为熟练地使用此法确定版本朝代，且不拘一格，手法多样。利用讳字定版本刻年，还能纠前人之误。如绍和于《隅录》卷一宋本《论语注疏解经》题云：

十行本各经注疏，明中叶以前，其板犹存南雍，阮文达公以为即岳珂《九经三传沿革例》所载之建本附释音注疏。而顾涧苹居士则谓原出宋季建附音本，元明间所刻，正德以后递有修补。予案：黄复翁《百宋一廛赋注》云："居士在阮中丞十三经局立议，言北宋本必经注自经注，疏自疏，南宋初始有注疏，又其后始有附释音注疏。晁公武、赵希弁、陈振孙、岳珂、王应麟、马端临以宋人言宋事，条理脉络粲然可寻。日人山井鼎《左传考文》所载绍兴辛亥(1131)三山黄唐跋《礼记》语尤为确证。"所论最为允当。顾南雍本相其板式，当是宋末元初时从建附音本重刻者。居士谓刻于元明间，似未尽然。但刊校均不若他宋椠之精审，修补尤多草略耳。此本虽行款相同，然遇宋讳皆缺避，且外加墨圈围之，颇极谨严，与南雍本迥异，的出宋椠无疑。阮文达《〈论语〉校勘记》引据各本，有十行本二十卷。注云："每页二十行，行二十三字。上边书字数，下边书刻工姓名，内有一叶书泰定四年(1211)。元、徵、宏、桓、慎、殷、樹、匡、敦、讓、貞、懲、崩、完、恒等字外并加一墨圈。书中虽多误字，然其胜于各本之处亦复不少。"又嘉定钱詹事《跋〈论语注疏〉》云："首卷标题'注疏'下多'解经'二字，首叶板心有正德某年刊字。但遇宋讳，旁加圈识之。疑本元人翻宋板，中有避讳不全之字，识出令补完耳。"二公所见，皆即是书。惟此本间有补刊数叶，板心所记年代，俱为书估挖去，莫知为元、明何时所修，印之后先无从辨矣。至讳字加圈，宋椠本类是者颇多，钱说殊臆断也。予斋收弆南雍本，均不入此目。此本犹宋椠旧帙，特著录云。

为证此本版刻朝代，绍和先是将此本与南雍本加以比较，虽然两者行款相同，但此本宋讳谨严，故为宋刻无疑。是本钱大昕又断为元翻宋刻元明修补本，绍和则据宋讳定为宋刻元明补修本，纠正了钱氏臆断之说。绍和重视以讳字鉴定版本，但又不拘泥于此，他鉴定宋本《大戴礼记》时，尽管有讳字间有缺笔，但从版式上看，“的属宋椠，宋椠固不以避讳之详略辨真赝也。”(《隅录》卷一)

第三，刻工。绍和以刻工鉴定版本，用例有二。《隅录》卷三宋本《愧郯录》题云：“每半叶九行，行十七字。序末署‘嘉定焉逢淹茂梓于禾中’，盖宋宁宗嘉定七年(1214)甲戌，姑苏郑定剞劂于嘉兴之本也。予斋藏《柳柳州集》，与此本正同，其行式、字数及板心所记刻工，若曹冠宗、曹冠英、王显、丁松诸姓名，与此多合。”《隅录》卷四宋本《添注重校音辩唐柳先生文集》题云：“每半叶九行，行十七字。……予藏宋椠岳倦翁《愧郯录》，亦剞劂于禾中，其行式、字数及板心所记刻工，若曹冠宗、曹冠英、丁松、王显诸姓名，悉同此本，则为郑定嘉兴所刊愈无疑义。《愧郯录》序署‘嘉定焉逢淹茂’，此本必同时受梓，盖郑定之知嘉兴，正在宁宗朝也。”绍和用宋本《柳柳州集》之行式、字数及版心所记刻工与宋本《愧郯录》相同，来判定《柳柳州集》应“郑定嘉兴所刊”，当为确论。①《柳柳州集》，傅增湘于1930年曾经眼：“此书杨氏海源阁藏一全帙。前岁曾获一览，其行款刊工与此全同。杨氏《楹书隅录》引《何义门读书记》，言据陈氏《书录解题》，为姑苏郑定刊于嘉兴。杨氏又据刊工有曹冠宗、曹冠英、丁松、王显诸人与郑氏在嘉兴所刻《愧郯录》同，益可为郑刻之确证。”②此书现藏台图，《“国立中央图书馆”善本书目》著录，题“宋嘉定间姑苏郑氏刊本”。由此可见，杨绍和用刻工等对《柳柳州集》的鉴定是准确无误的。版本学家用此法鉴定版本，是在清末民国期间才受到重视并大派用场的，而绍和于清同治年间就开始尝试，则是较早运用此法的版本学家，其导夫先路之功不可没。③

---

① 杨绍和在《隅录》卷三宋本《愧郯录》题识中，据岳珂《序》末署“嘉定焉逢淹茂梓于禾中”，则言“盖宋宁宗嘉定七年(1214)甲戌，姑苏郑定剞劂于嘉兴之本也”。绍和实误，《序》由岳珂作，而非郑定。王国维《两浙古刊本考》卷下之《愧郯录》提要亦云：“案此亦岳卷翁守嘉兴时所刊，杨《录》以为嘉定甲戌姑苏郑定刊于嘉兴者，非是。”而“同时授梓”亦不确，见第2章第2节之《添注重校音辩唐柳先生文集》条目，笔者所引昌彼得考证。

② 《藏园群书经眼录》卷12，中华书局1983年版，第1073页。

③ 较早运用刻工鉴定版本的还有黄丕烈，如黄氏于清嘉庆九年(1804)就所藏宋本《伤寒要旨》2卷题云：“此书为乾道辛卯(1171)刻于姑苏郡斋，其为宋本固无疑义。而卷中惟避‘丸’作‘圆’，外此若‘惊’若‘玄’未有避者，宜外人之疑为明刊也。顷五柳主人从都中寄余宋版《洪氏集验方》。余开卷见其行款、字样与此相类，阅后‘刻之姑苏’及‘乾道庚寅’云云，知一时刊刻，故版式相同。殆出此相证，见每叶记刻工姓名，有黄宪、毛用等人，乃知二书同出二工之手。庚、辛两年先后付雕也。”见《荛圃藏书题识》，上海远东出版社1999年版，第279—280页。

第四，版式。版式包括边栏、行款、书口三项。边栏有三种形式，即四周单边、左右双边、四周双边，“因为从宋代开始，边栏的三种形式都有，所以不能以此作为鉴定版本的可靠依据”①。但是版框的高广可以作为鉴定版本的可靠依据，因为有些翻刻本与原本行款相同，而版框尺寸却常有差别。“首先记录书籍版框高广尺寸的是缪荃孙编纂的《学部图书馆善本书目》。此后，不少版本学家踵而效之。”②其实，在《楹书隅录》中，杨绍和已经有过著录，如金本《道德宝章》，绍和题云：“书高二尺一寸有奇，字径一寸五、六分……”（《隅录》卷三）这则题识作于清同治五年（1866），比缪氏著录早了六十多年。间接记录引用的也有，如宋巾箱本《春秋经传集解》，绍和题云：“《春融堂集·跋宋本春秋左传》云：‘共三十卷，止载杜注。长四寸余，宽不及三寸，古雅可爱。’”（《隅录》卷二）又如宋本《通鉴总类》，绍和在所迻录的朱锡庚题识中有“版长九寸，博尺四寸有奇”之句，朱识作于清道光五年（1825）。这说明绍和已经意识到版框尺寸这个版本特征。虽然《隅录》中此用例还不是很多，但杨绍和等人的抛砖引玉之功不可小视。杨绍和对每书的行款非常重视，从他在题识中专门设立此项目就可以看出，尤其是对宋、元本的行款，每书必记。如宋咸淳吴革刻本《周易本义》，每页十二行行十五字，陈鳣曾从吴中顾氏得宋本，但行款与吴本不同，绍和题云：“至简庄所称顾氏本，缩改每页为十四行，又‘遘’误作‘姤’，即属宋刊，决非原椠。”（《隅录》卷一）宋本《大戴礼记》，绍和云：“每半页十行，行二十字。遇宋讳仅‘匡’、‘恒’、‘垣’等字间有缺笔，然相其版式，每页版心上记字数，下题刻工姓名。的属宋椠。”（《隅录》卷一）这是用书口鉴定版本的例子。杨绍和以版式来确定版本，主要还是以综合的方式，如元本《重校正唐文粹》一百卷，卷末有木记，为书贾割去，然“相其板式，盖元本也”（《隅录》卷五）。绍和在用版式判定版本时常用比较各本异同的方法，如宋本《舆地广记》有二，一季振宜藏本，一朱彝尊、黄丕烈藏本。复翁谓己本为原刻，季本为重修；而涧苹则以为季本为初版重修，朱本、黄本乃从重修本翻雕。争论莫衷一是。海源阁所藏为朱、黄藏本，绍和云：“二本均无刊书年月。其先后实莫能考辨。然此本与季本行式迥然不同，且并无卷尾题识，自当另是一刻，断非从重修本覆出。涧

① 程千帆、徐有富：《校雠广义·版本篇》，齐鲁书社1998年版，第331页。

② 同上。

荛跋季本时，盖未见此本，仅据荛圃新刻及周氏抄本核之，不无讹谬，故有沿袭重修本之疑。”（《隅录》卷二）这里，绍和利用版式的差别，不仅解决了朱、黄藏本的出处问题，同时也纠正了顾广圻的错误说法。又如元本《增广注释音辨唐柳先生文集》四十三卷《别集》二卷，绍和云：“与元椠《文公校正昌黎集》板式字体纤毫无差，盖二集同时并出也。”（《隅录》卷四）宋本《五百家注音辨唐柳先生文集》四十五卷《外集》二卷，绍和云：“与《昌黎集》板式字数纤毫无殊。”（《隅录》卷四）

第五，纸墨字体。这也是绍和常用的方法。绍和用此法鉴定版本，驾轻就熟，都准确无误。如明抄本《山海经》，绍和以字迹定为明吴宽抄本，绍和云：“楷法精雅，古香袭人，洵是匏翁手迹无疑。”（《隅录》卷三）是书散出后归周叔弢，转归国图，《自庄严堪善本书目》、《北京图书馆善本书目》均题“明成化元年（1465）吴宽抄本”。元本《朱文公校昌黎先生文集》四十卷《外集》十卷附《集传遗文遗诗》一卷，绍和云：“此本虽无刊刻年月，然以字体纸色定之，确系元椠元印，亦可珍矣。”（《隅录》卷四）元本《国朝文类》七十卷，绍和云：“此本虽不著刊书年月，而纸墨俱旧，镂镌尤工，决系元椠无疑。”（《隅录》卷四）绍和还以此来比较各本之优劣，宋刻元明递修本《后汉书》，绍和云：“此本以纸墨校之，似当居乙，然视大德太平路所刊，实远过之。明以来诸本无论已，可勿宝诸？”（《隅录》卷二）

第六，原书序跋。序跋除介绍该书内容、编辑意图外，往往还叙述其版本源流、修订情况以及刊印过程，因而它对鉴定版本有重要的参考价值。如元本大德太平路新刊《汉书》，目录后有大德乙巳（1305）太平路儒学教授孔文声《跋》，绍和云：“目录后《跋》云：‘江东建康道肃政廉访司以《十七史》书艰得善本，从太平路学官之请，编牒九路，令本路以《西汉书》率先，俾诸路咸取而式之，置局于尊经阁，致工于武林。三复对读者，耆儒姚和中辈十有五人；重校修补者，学正蔡泰亨。板用二千七百七十五面，工费具载学计，兹不重出。始大德乙巳（1305）仲夏六日，终是岁十有二月廿四日。太平路儒学教授曲阜孔文声谨书。’”（《隅录》卷二）这则跋文交代了刻书地点、起止时间、初校复校人员、所用版片工费等，对确定版刻一目了然。宋端平刻本《楚辞集注》八卷《辩证》二卷《后语》六卷，绍和题云：“《后语》末有子在《跋》及嘉定壬申（1212）邹应龙《后序》，盖南宋椠初印本。”宋庆元六年庚申（1200）罗田县庠刻本《离骚草木疏》四卷，绍和云："卷末载庆元丁巳(1197)仁杰《自序》，并庆元庚申(1200)方灿《跋》，谓吴先生见属刊于县庠。又后列州学生张师尹等校正衔名三行，盖是书之初刻本也。"(《隅录》卷四)以原书题跋确定刻书年代，并可更正讹误。如宋本《新编方舆胜览》，绍和云："首载和甫《自序》、嘉熙己亥(1239)吕午《序》。咸淳二年(1266)福建转运使司禁止麻沙书坊翻板榜文，末有咸淳丁卯(1267)穆子洙《跋》。丁卯为咸淳三年，当是丙寅开雕，至丁卯始成耳。……咸淳距宋亡仅十余年，间有流传印本纸色深黄者，多定为元刊，其实即此板也。"(《隅录》卷二)有原书序跋为书贾割去以充古本者，绍和注意到了这种现象。如元本《集千家注批点杜工部诗集》二十卷，书贾割去元大德刘将孙《序》以充宋刻，绍和则借助其他方法确定所藏为元本，绍和云："此本以《年谱》冠首，《目录》及卷一前标题'须溪先生刘会孟点评'，皆明刻所无，纸墨古雅，的属元时旧雕。惟将孙《序》亦阙失者，则俗贾割去，欲充宋椠耳。"(《隅录》卷四)

第七，内容。除根据书籍物质形态特征外，绍和还据如书名、篇卷、目录、人名、地名、年代、体例、史实、学术价值等内容来鉴定版本。

如据人名撰者。宋本《韦苏州集》，《天禄琳琅书目》著者时将《补传》作者误为元人，从而把宋本归入元本。绍和云："是书世传宋椠，只卢本与此二者而已，均以王钦臣《序》冠首，次沈作喆撰《补传》。案：作喆字明远，吴兴人，丞相该之侄。绍兴五年(1135)进士，改官为江西运管，尝作《哀扇工歌》。……忤洪帅魏良臣，陷以深文，夺三官。著有《寓山集》三卷。(《文献通考》作三十卷。)见《直斋书录解题》。伏读《天禄琳琅书目》著录本，纯庙御题有'编次雕锓，雅称善本'云云，盖即此本。……乃纂辑诸臣引顾瑛《玉山名胜集》，以明远为元人，(似误以明远为名。)遂入之元版书中，未免负此古本矣。"(《隅录》卷四)宋乾道七年(1171)刻本《史记》之刻书人为蔡梦弼，绍和云："蔡梦弼著《草堂诗笺》者，固博雅之士，宜其校刊精善乃尔，视俗贾陋版径庭矣。"(《隅录》卷二)道出了蔡氏刊此书的学术背景。

如据史实者。元本《宋史全文》三十六卷《附广王卫王本末》二卷，绍和云："是书乃宋之遗民逸老入元后所作，因末卷多涉元事，故不著姓名序跋，而以李焘《进长编表》冠之于首，当时坊贾或亦不无避忌，遂并诡称前宋盛行耳。其为元代刊本无疑，若明人重刻，当不如是。且《永乐大典》所载标题，即'宋史全文'四字，收之宋字韵内，并见《四库总目》。更可证元代刊本，未尝别有书名。

乃张月宵《藏书志》以题《诸儒集议》者为元刊，此本卷中亦有《名儒集议》诸标目。题《宋史全文》者为明刊，殊臆说也。"(《隅录》卷二)"前宋盛行"一词乃本书目录前木记中所云，因此书多涉元事，元人为避讳，则称"前宋"云云，若明人当不如是称呼，故《宋史全文》书名亦由元人来定，明时亦续用其名耳。绍和以此说明该书为元人而非明人所刊，是从史实上证之。

如据篇卷数者。元本《增广音注唐许郢州丁卯诗集》二卷《续集》一卷《续补》一卷，绍和云："《郢州集》，《新唐书·艺文志》作二卷，陈直斋《书录解题》则注云'蜀本有《拾遗》二卷'，而晁公武《读书志》又称'得浑诗完本五百篇，止二卷'。伏读《四库全书总目》，云：'毛晋汲古阁刊本二卷，诗仅三百余篇，疑即晁氏所见之本，《读书志》或误三为五，亦未可知。'此本《诗集》卷数篇数，视毛刊略同，则《读书志》之误'三'为'五'，愈信。惟《续集》分《遗篇》、《拾遗》、《续补》三类，统为一卷，与各本殊不合。或直斋所指之《拾遗》三卷(《直斋书录解题》所言为二卷，绍和疑误)，《四库》本之《续补》一卷，即就此本之三类而析之耶？至《四库》本《集外遗诗》一卷，更出后人掇拾者，非宋元旧第矣。"(《隅录》卷四)此处绍和以所藏与汲古阁藏本篇数、卷数略同，一是证《郡斋读书志》篇数之误，二是言《续集》与诸本之不合。

如据年代者。元末明初本《铁崖先生古乐府》十卷《复古诗》六卷，绍和云："富春吴复辑《古乐府》，在至正六年丙戌(1346)。龙州章琬辑《复古集》，亦在至正二十四年甲辰(1364)，皆元时所编定。《乐府补》六卷，则是入明后续经采录者。此本以《古乐府》、《复古集》合刊而无《乐府补》，盖明初之最先刻也。"(《隅录》卷五)此从篇目编订年代推断刻书年代。明本《欧阳文忠公集考异》曾为无锡邹晓屏收藏，邹氏于《午风堂丛谈》中认为"此本尚是元刻"(《隅录》卷四)，绍和则云："以得之(本书作者为曾鲁，字得之)之时考之，当时洪武十九年丙寅(1386)。《丛谈》云元刻，偶未审耳。"(《隅录》卷四)又如宋刻元明递修本《后汉书》，亦以年代定修补时间，并据此纠正了陈鳣的元翻宋版的错误说法，绍和云："昭文张氏《藏书志》载有北宋刊《后汉书》，云：'字画清朗，桓字、構字俱不缺笔，板心有大德九年(1305)、元统二年(1334)补刊字，盖北宋刊版，元代补修之本。每叶二十行，行十九字，注二十五字。'即此本也。但此本尚有注宣德、正统者，自是印时在后，又经明代续修矣。海宁陈氏《缀文》中所跋《后汉书》，亦即此本，特定为元翻宋版，则偶未审耳。盖自大德上溯元初，仅廿余年，

若出元刻，不应已有补修也。”(《隅录》卷二)

如据学术价值者。以学术价值来判断版本，其眼光要高于一般藏书家。如宋本《建康实录》，绍和云：“是书引据广博，多出正史之外。自唐以来，考六朝遗事者，莫不援以为征，故《新唐书·艺文志》、晁公武《郡斋读书志》、马端临《经籍志》、郑樵《通志略》咸著录之。然宋时旧槧流传殊少，绝未闻有收弆者，惟此本载在延令、昆山两书目(指季沧苇《延令宋板书目》和徐乾学《传是楼宋元板书目》)中。近日储藏家，如开万楼之影宋本、爱日精庐之校本，亦皆从此传写，洵世间仅存之宝笈矣。”(《隅录》卷四)

第八，著录情况。海源阁收藏了很多前人的版本目录著作，如《郡斋读书志》、《直斋书录解题》、《天一阁书目》、《读书敏求记》、《汲古阁珍藏秘本书目》、《爱日精庐藏书志》、《百宋一廛赋注》、《经籍跋文》和《四库全书总目》、《天禄琳琅书目》等，这些书目著录了书名、卷数、作者、版本以及牌记、讳字、版式、序跋等。杨绍和充分利用了这些资源，博采广引，致使鉴定更加科学准确。如元本《集千家注批点杜工部诗集》二十卷，绍和云：“《天一阁书目》著录是书，有大德癸卯(1303)庐陵刘将孙《序》云：‘先君子须溪先生每浩叹学诗者各自为宗，无能读《杜诗》者。高楚芳《类粹》刻之，复删旧注之无稽者、泛滥者，特存精确必不可无者，求为序以传。是本净其繁芜，可以使读者得于神，而批评标掇，足使灵悟，固《草堂集》之郭象本矣。楚芳于是集用力勤，去取当，校正审，贤他本草草籍吾家名以欺者甚远。相之者，吾门刘郁云。’而《四库全书总目提要》仅据宋荦之言，疑为高楚芳所编。又谓‘前载王洙、王安石、胡宗愈、蔡梦弼四《序》’，而不及将孙，是当日采进者，乃明人覆本。盖明刻如玉几山人、长洲许自昌等本甚夥，皆无将孙《序》也。”(《隅录》卷四)该本因为失去了刘将孙《序》，从而给鉴定带来了困难。绍和据《天一阁书目》中著录的将孙《序》及元本卷首有《年谱》、《目录》和标题，而明本无，断定此本为元大德高楚芳编刻。《总目》采进本因为是明本，无将孙《序》而不敢肯定为高楚芳编刻，绍和通过此证就解除了疑惑。

第九，别本比勘。鉴定版本时，“用别一相同或相关的本子比勘是最可靠、最有说服力的方法”①。已知其中一个版本，则用此法可以知另一版本。如就

① 程千帆、徐有富：《校雠广义·版本篇》，齐鲁书社1998年版，第392页。

宋本《罗昭谏甲乙集》和宋本《唐求诗集》比较后，绍和云："《甲乙集》尤精，与《唐山人集》同一版，即所谓临安府陈解元书棚本也。"[①]绍和于宋本《孙可之文集》题云："《浩然》、《昌黎》两集并此本，同出一刻，尤精古绝伦，盖即复翁云南宋初锓版者也。"（《隅录》卷四）绍和于此通过比较得出的就是南宋初蜀刻十二行本。通过比较，知其同源，亦可知其不同源流，如海源阁藏顾广圻藏宋本《孙可之文集》，绍和云："顾本即归于予斋之本，明刊各本，予斋亦有之，与此迥出两刻。"（《隅录》卷四）可知某本之优劣，如《咸淳临安志》，海源阁藏宋末官刻本和清振绮堂刻本，两本比较后，绍和云："至振绮堂新刻，则版式缩小，视此阔行大字，刊印精良，未可同日语也。"（《隅录》卷二）通过文字上的勘对，可以比较版本优劣，海源阁藏宋蔡琪家塾刻本《汉书》，如瞿中溶曾以此本校武英殿本，多出殿本三十余条，钱仪吉亦以此本校汲古阁本，改益又不下数百处等等。（《隅录》卷二）

第十，综合考辨。对于鉴定版本来说，单独运用任何一种方法，都有局限，因而绍和运用较多的还是综合法。如《隅录》卷二宋本《资治通鉴考异》题云："'敦'字并不回避，自是孝宗以前所刻。故字画斩方，古劲而雅，与北宋本略同。卷第二十七至末，影宋抄补，行式一律，工整绝伦，洵书城之宝笈矣。"绍和除据讳字外，又据字体，定为孝宗以前（即宋高宗绍兴年间）所刻极准。傅增湘曾于1931年2月12日观此书于天津盐业银行库房，著录于《藏园群书经眼录》卷三，题"宋绍兴二年（1132）两浙东路茶盐司公使库刻本"。此本现存国图，《北京图书馆古籍善本书目》著录，题"宋绍兴二年至三年（1132—1133）两浙东路茶盐司公使库刻宋元递修本，卷二十七至三十配清影宋抄本"。又如宋本《山海经》十八卷，绍和在"无序文年月可考"的情况下，亦综合运用了各种方法，得出此本是"南宋初刻本"、"延之校刻"、"在今日为最古之本"的结论。绍和云：

> 每半页十行，行二十一字。无序文年月可考，而以板式度之，当是南宋初刻本。"慎"字缺笔。按：《直斋书录解题》云："《山海经》十八卷，锡山尤袤延之校定。"张氏《藏书续志》载毛斧季校宋淳熙庚子（七年）尤袤本，

---

① ［清］杨绍和：《五百家注音辨唐柳先生文集》45卷《外集》2卷题识，《隅录》卷4，清光绪二十年（1894）杨保彝刻本。

延之题语云："予得刘歆所定书，其南、西、北、东及中山，号五藏经，为五篇，其文最多；海内、海外、大荒三经，南、西、北、东各一篇；并《海内经》一篇，总十八篇。多者十余简，少者三二简。虽若卷帙不均，而篇次整比最古，遂为定本，参校得失，稍无舛讹。卷后或题'建平元年四月丙戌，待诏太常属臣望校治，侍中奉车都尉光禄大夫臣秀领主省。'"又斧季《跋》云："板心分上中下。"证之此本，一一相合，是即延之所校刻，《直斋》所著录者，特卷末脱失题语耳。在今日为最古之本矣。是书校雠极难，古本又鲜，似此诚不多观也。(《隅录》卷三)

绍和鉴定此本用了版式、讳字、书目著录、原书题跋、后人题识等方法，证明该本为南宋初尤袤校刻本。此本从海源阁散出后先后被周叔弢和国图收购，弢翁和《中国版刻图录》又据刻工等均定此本为"宋淳熙七年池阳郡斋刻本"。故而，用多种方法综合鉴定，更能得出较为科学准确的结论。

通过丰富多样的鉴定方法，杨绍和对二百余种宋元校抄进行了鉴定，从而纠正了《总目》及前人的四十余条误说，确立了这些善本的版本价值。这在版本研究史上，应是一笔不小的贡献。

第二节 以校勘为手段研究版本

杨氏校勘图书很多，在《隅录》及现存图书中多有记载，如校宋本《孙可之文集》十卷，杨以增题云："道光戊申(1848)秋仲得宋本，用黄氏校本、家藏明抄本手校一过，凡异字注于下方。退思老人识于四经四史斋。"(《隅录》卷四)宋本《吕太尉经进庄子全解》十卷，绍和云："用来禽馆旧抄本手校一过，字异者，注于抄本上方。抄本缺三卷，以此本抄补。此本应记者，悉见前跋，不复注焉。"(《隅录》卷三)绍和为此撰写了两千余言的跋文。宋本《山谷老人刀笔》二十卷，绍和云："余斋藏宋刊《山谷大全集》，与此恰堪璧合，暇时当取校其异同也。"(《隅录》卷五)校明抄本《元音遗响》三卷，杨绍和于清同治五年(1866)重校一过。(《隅录》续编卷四)旧抄本《姜氏秘史》，保彝云："抄手颇旧，惜少刻本可校。今夏偶于书友处获见一册，假校一过，方知此本之妙。"①可以说，杨氏

① 此书今藏台湾"中央图书馆"，见王重民《中国善本书提要补编》，上海古籍出版社1991年版，第6页。

对图书的学术价值的判断，对版本优劣高下的评骘大都是建立在校勘文字的基础之上。

从字墨、版式等方面可以确认版本的文物价值，但是对版本的学术价值进行评估就必须从校勘文字入手。作为学者型藏书家的杨绍和深谙此道，因而在《隅录》中亦不乏大段校勘文字，宋建本《三国志》之珍贵，可以从绍和这段校勘记中得到验证：

往读钱晓征先生《廿一史考异》（“一”字应为“二”），《三国志·虞翻传》“鄮殡候”一条云：“按：字书无‘鄮’字，盖‘鄮’字之讹。鄮，莫候切。此‘殡候’二字，当作‘莫候反’，本小字夹注，误入正文，又误合‘莫反’二字为‘殡’。后见内府本，果如予说。”并见《跋〈乾道四明图经〉》。予案：武英殿官刻，以南、北宋本、元本、明监本、汲古阁本互相雠正，最为精审，而此条《考证》云“各本俱讹”，是宋本已然矣。今验之此本，乃以“莫候反”三字侧注，正与殿本恰符，惟“鄮”字亦误从刂。因取殿本略加勘对。如《考证》所云：《三少帝纪》“不利而还”注“并力讨恪”，“恪”疑作“胡”。“散骑常侍王业”注“《国语》曰”，“国”疑作“世”。《邴原传》“河南扶风庞迪”，“迪”疑作“迆”。《管宁殒传》“王烈者，字彦方”，“方”疑作“考”。《张既传》“语在《夏侯元传》”注“何材如是而位至二千石乎”，“至”疑作“止”。《彭城王据传》“削县二千户”注“列书载玺书曰”，“列”疑作“魏”。《刘二牧传》“由垫江水诣涪，去成都三千六十里”，“千”疑作“百”。《姜维传》“仕郡上计掾，州郡为从事”，下“郡”字疑作“辟”。《孙策传》“封为吴侯”注“阴袭图策”，“袭图”疑作“图袭”。《吴主权传》“刘备称帝于蜀”注“魏启曰”，“启”疑作“略”；“加渊爵位”注“复书曰”，“书”疑作“奏”。《士燮传》“尉他不足踰也”注“捧其颐摇稍之”，“稍”疑作“捎”。“颐”，此本作“頣”，与汲古阁本同。《程普传》“增兵二千，骑五十四”，“四”疑作“匹”。《吕范传》“还吴，迁都督”注“曰称领都督”，“曰”疑作“自”。《朱异传》“魏军大破”注“而用侯子言”，“侯”疑作“傒”。《张温传》“纳愚言于圣德”，“德”疑作“听”。《陆瑁传》“父绩早亡，一男一女”，上“一”字疑作“二”。《陆逊传》“权使鄱阳太守孙鲂”，“孙”疑作“周”。《贺齐传》“令杨松长丁蕃留备余汉”，“杨松”疑作“松杨”。此本作“阳”。《吕岱传》“以博为高凉西郡都尉”，“郡”疑作“部”。皆明知有讹误而尚仍其旧者，可见据校之宋本，亦不免舛谬，惟“并力讨恪”、“字彦方”两条，云宋本作“胡”、作“考”。故未敢意为窜改，盖慎之至也。此本则视所疑之字一一相合。又如《王郎传》“进封乐乡侯”注“醸酹必贯三时而后成”，“酹”当作“酎”。又《诸葛亮传》“遂诣曹公”注“闻元直、仕元仕财如此”，“仕元”当作“广元”。《甘宁传》“祖又以凡人畜之”注“王不能用”，“王”当作“主”之类甚多，亦《考证》所称各本俱讹者，而此本并不误。顾殿本已改定，兹不具述。又殿本《先主传》“分遣将军吴兰、雷同等入成都”。《考证》云：“成都二字疑有误。”此本作“武都”。按：武都郡汉置，本隶凉州。建兴七年(229)始入蜀，是时尚属魏境，故下云为曹公军所没。自以作“武都”为是。然汲古阁本亦作“武都”，而殿本未之及。是书宋椠著录者绝少，况此本校他本尤多所是正？弥足珍贵。(《隅录》卷二)

是例绍和以所藏宋本和殿本进行文字对勘，从三个方面证明了宋本之“弥足珍贵”。殿本被认为是清代校勘最为精审的版本，它集聚宋、元、明诸家版本互相雠正，并附录《考证》。《考证》中勘比各本文字异同，有疑字例，有改正例。绍和首先从中举出了二十一个疑字案例，这些疑字与所藏宋本“一一相合”。又举出改正例四例，这些例字各本俱误，而杨氏藏本不误。尽管殿本校勘极精，然亦不能无疏，如上所举之“分遣将军吴兰、雷同等入成都”一条，殿本《考证》只言“成都二字疑有误”，并未言其所以然，绍和做了考证，为“成都”应为“武都”之说，立下实证，则足补殿本疏略。这段校勘记极其珍贵，张元济于民国间校印《百衲本二十四史》时，没有借到杨氏藏本，但据此乃知日本藏本与此实同，始将日本藏本作为《百衲本》的工作底本。

宋本《管子》二十四卷，绍和题云：

其中佳处，足正各本之谬者实多。如《形势篇》“虎豹托幽而威可载也”，未误作“得幽”；“邪气袭内”，未误作“入内”；“莫知其泽之”，未误作“释之”；“其功逆天者，天围之”，未误作“违之”。《乘马篇》“凡立国都，非于大山之下，必于广川之上”，未误作“太山”；“籔镰缨得入焉”，未误作“纏得”。《版法篇》“法天合德，象地无亲”，未误作“象法”。《幼官篇》“必得文威，武官习胜”下，未衍“之”字；“则其攻不待权舆，明必胜则慈者勇”，未误作"权舆"。《宙合篇》"内纵于美好音声",未误作"美色淫声"。《枢言篇》"贤大夫不恃宗室",未误作"宗至"。《八观篇》"故曰入朝廷,观左右,本朝之臣","右"下未衍"求"字。《法法篇》"矜物之人",未误作"务物";"内乱自是起矣",未脱"矣"字。《小匡篇》"管仲诎缨捷衽",未误作"插衽";"维顺端悫,以待时使",注"待时,待可用之时也","也"上未衍"而使之"三字。《霸言篇》,"骥之材,百马代之",又"疆最一代",均未误作"伐"。《戒篇》"东郭有狗嘊嘊",注"枷,谓以木连狗",未误作"猳谓"。《形势解》"臣下堕而不忠",未误作"随";"而弱子、慈母之所爱也,不以其理"下,未衍"动者"二字;"乱主独用其智,而不任圣人之智",未误作"众人";"使人有理,遇人有礼","理"、"礼"二字未互倒。《版法解 》"往事必登",未误作"毕登";《海王篇》"万乘之国,人数开口千万",未误作"问口"。《山国轨篇》"不籍而赡国,为之有道乎",未误作"道予"……其他类是者,尚不能一二数,信知此本之可宝矣。(《隅录》卷三)

这段校勘记共指出他本讹十九处,衍四处,脱一处,倒一处。为证宋本之优,提供了足够的内在依据。

绍和在直接校勘的同时,还充分利用前贤校勘成果。杨氏收藏有很多校本,这些校本上的校语成为研究版本的重要依据和资源。宋本《南华真经》十卷,绍和题云:

"校语中之张本、李本、崔本、文成本、江南本,今皆不传,藉此犹得考见异同,以资参订,弥足珍矣。"(《隅录》卷三)

这则题识告诉我们,通过校语,不只是正文字之讹,还可以再现这些"今皆不传"的本子,借此恢复这些古本的全部或部分面貌;同时,由于该书有多个古本的校语,也就可以比较这些古本以及这些古本同宋本之间的"异同"情况。这样也就大大拓展了校勘的功能。为明此意,今将宋本《南化真经》上的校语,按版本分类,分别辑出(原文略),发现校勘此宋本所明确提到的古本有九种,另有无名本和别本两种,共一百三十三条,其中张本五十三条,江南本二十一条,崔本九条,成本七条,司马本七条,刘本七条,李本四条,文本六条,元嘉本两条，无名本十四条，别本一条。以采张本最多。关于这些校语，王良玉曾云："这部书最可贵的是全书曾以多种现已不存的古本详加校勘，行间眉批上存有大量朱墨笔批注校点文字，似出二至三人之手。详检校语，其中'樹'、'玄'、'慎'字间有缺末笔者，可知赵万里先生定为宋人手校是确切的。"[①]王氏这段话说出了校语的重要，但是否为宋人手校或者宋校的依据以及究竟为几人手校则尚待考证。宋人手校的说法最初源于傅增湘。1930年该书从海源阁散出，傅氏赴津门观此书后云："书眉有南宋人批。"[②]1931年周叔弢购得，云"眉端有宋人朱墨批校"。[③] 赵万里于《中国版刻图录》亦云"眉端有宋人手写校记"。[④] 但其理由均未作说明。而王氏则进一步附和其说，并出讳字证据。但据笔者详检此书校语，均未发现讳字有缺笔现象，王氏所指"樹"、"玄"、"慎"三字在校语中均未出现，惟《人间世》中"而强以仁义绳墨之言术暴人之前者"之"术"字，校曰："江南作'衒'。"然"衒"字并不缺笔，所以王氏所出证据不实。杨绍和则言"经元明间人契勘者也"，但亦未出证据。据考证，宋本校语中所涉及的这些古本在明焦竑《庄子翼》八卷、北宋陈碧虚《庄子阙误》一卷、唐陆德明《经典释文·庄子音义》三卷以及晋郭象注《庄子注》十卷等书中曾被引用。今查明焦竑《庄子翼》所采版本如司马本《庄子翼》有六次；元嘉本《庄子翼》有一次；崔本《庄子翼》六次，但这些全在《经典释文·庄子音义》中出现，这证明焦竑所录是从《经典释文》而来，并未见到这些古本。另外，《庄子翼》中又附录北宋陈碧虚《庄子阙误》一卷，《庄子阙误》引用了很多古本，但这并非焦竑经眼。这说明，如司马本等至少在明中叶已经失传。又因宋本刻于南宋初，故手校者大概在南宋至元到明初期间，此时，这些本子都还存于世间。绍和虽未明缘由，但其推测更能服人。而从宋本所载校语及诸书引用来看，这些现已失传的本子也确实古老，如晋郭象注《庄子注》中引用了崔本和元嘉本，这说明这两个

① 王良玉：《〈南华真经注〉影印说明》，《南华真经注》，中华书局1987年影印本，收入《古逸丛书三编》。至于这些朱墨笔批注校点文字是否多人所为，经笔者详细查验，认为这些校语实出自一人之手。一是从笔迹来看，朱墨笔迹逼似。二是凡评点段意用朱笔，各本校记及注音则墨笔，而正文中凡校字和注音字均以朱笔"○"标识于字旁，区分段落则以朱笔"¬"隔在两段之间。校勘记录笔迹统一，分工明确，显系一人有意为之。

② 傅增湘：《宋本〈南华真经〉题识》，《藏园群书经眼录》卷10，中华书局1983年版，第900页。

③ 周叔弢：《宋本〈南华真经〉题识》，《自庄严堪善本书目》，天津古籍出版社1985年版，第66页。

④ 赵万里：《宋本〈南华真经〉题识》，《中国版刻图录》，文物出版社1960年版，《叙录》，第43页。

本子的抄写本早在晋或晋以前就流传于世。从宋、元、明官私书目中不载这些本子可知，这些古本很可能都是流传于民间的抄本，传于私人之手。因而这些本子的珍贵可想而知。绍和所言“今皆不传”的另一潜在含义是，通过这些校语让我们能够看到这些失传本的原来的面貌。如以张本为例，宋本中有关张本的校记达五十三条，如果将这些校记与《庄子阙误》中所引张本校记相合，尽管不能复原张本的行款、版式等版本形式，但张本的已经失传的核心内容——文字面貌，则可以得到恢复。故此，海源阁所藏的这个宋本所附校语的价值就体现出来，而绍和使“今皆不传”之本再显于世的愿望也就能实现。

与此同时，这些校语还成为“参订”、“考见”诸本“异同”的不可或缺的重要因素。焦竑《庄子翼·读庄子》云：“《庄子》崔撰本语多不同《逍遥游》：‘瞽者无以与乎文章之观，聋者无以与乎钟鼓之声’下有‘眇者无以与乎眉目之好，夫刖者不自为假文屦’。‘夫齐物无物不然无物不可’下有‘可于可，而不可于不可，不可于不可，而可于可。’《大宗师》：‘乘东维，骑箕尾，而比于列星’下有‘其生无父母，死，登遐，三年而形遯，此言神之无能名者也’。”①由于《庄子》自古以来传本甚多，故各本存在差异，如焦竑所举崔本比诸本多出的异文，无论对考证《庄子》版本抑或是研究《庄子》的思想等都提供了新的材料。在宋本《南华真经》所用的十余个校本中，张本与宋本异处最多，在共五十三例异文中，张本增字三十三例，减字五例，倒文三例，字不同者十二例。但这并不能说明张本就不如宋本。如增字例，宋本《庄子·秋水》：“垺，大之殷也，故异便”之“便”字后，张本有“耳”字。《庄子阙误·秋水》云“故异便耳。见张本，旧阙”。宋本《庄子·列御寇》：“古之人，天而不人”之“古之”二字后，张本有“至”字。《庄子阙误·列御寇》云：“古之至人，天而不人。见张、文本，旧阙”；减字例：宋本《庄子·缮性》：“缮性于俗俗，学以求复其初”之“俗俗”二字，张本无下一“俗”字。《庄子阙误·缮性》云：“缮性于俗，学以求复其初。见张本，旧作‘缮性于俗俗学以求复其初’”；倒文例：宋本《庄子·人间世》：“若殆往而刑耳”句，张本作“若往而殆刑耳”。《庄子阙误·人间世》云“若往而殆刑耳。见张君房本，旧作‘若殆往而刑耳’”；字不同例：宋本《庄子·人间世》：“迷阳迷阳，无伤吾行。吾行郄曲，无伤吾足”之“吾行”两字，张本作“郤曲”。《庄子阙误·人间世》云：“郤曲郤曲。见

① ［明］焦竑：《读庄子》，《庄子翼》，文渊阁《四库全书》本。

张本,旧作'吾行郤曲'"。这只是从以上五十余例中举出六例,如果综合这五十余例之异处,无论从语法结构上,还是从字意连贯上,除少数例外,张本是要优于宋本的。再从北宋陈碧虚《庄子阙误》中依张本正旧本者达七十五处亦可证明这一观点。由此看来,宋本和张本很可能不是出自同一个版本系统。另外,江南本不同于宋本者也有二十一处,与宋本非同源亦有可能。而元嘉本与宋本异处则只有两种,则极有可能是同一个系统。这是就张本和宋本比较而言,如果以宋本所引用的这九种本子进行比较,可"考见异同"者亦是很多。如在上述辑录中,张本与成本、文本相同处有四处,与李本相同处两处,很可能这几种本子在传抄过程中互相借鉴对证过抑或有同源联系。而崔本、司马本、刘本与张本、文本、成本及李本无一处相同。这说明,诸本在各自传抄过程中变异颇大。如果再把南宋本和北宋陈碧虚《庄子阙误》所称"旧本"加以比勘,发现两本竟然完全相同,这就说明南宋刻本实际上来源于北宋陈碧虚《庄子阙误》所用的"旧本"。一书的版本源流、优劣,往往单凭序跋无法识别,必须经过校勘,才能清理出嬗变系统,检验出孰优孰劣。也就是说,校勘是研究版本源流系统和发现版本优劣的最基本手段。通过以上的辑录和分析考证,宋本上的这些校语自然十分珍贵。杨绍和虽未对其展开论证,但如"今皆不传,藉此犹得考见异同,以资参订"之语,说明他已经认识到这些校语的重要价值,而他对校勘功用的这种认识对我们今天整理古籍来说,亦不无启发意义。

藏书家校勘古书,一个最大的优势就是他们拥有刻印最早或较早的版本,校勘更多的是围绕着版本来进行的,所以他们运用的多为版本校,亦即"死校"。对此,张舜徽曾说:"藏书家的校书,不是为着做学问,而只是从版本的角度出发的。自己收藏的本子,如果是较晚的抄本或刻本,一定要找一旧本来校订异同,发现有讹误或不同的地方,便详细登录在自己的藏本之上。这样,便使自己藏本的价值与前大不同了。有时礼聘名手,帮助校书。校完,便称某某校本,替自己的藏本生色不少。所以历代藏书家都重视这一工作。"①为藏书而校书,这是藏书家校书的特点,这也并非不是为着做学问,因为版本学本身亦是一门学问,围绕着版本学而进行的校勘就不是做学问?张舜徽在这里只

① 张舜徽:《整理古代文献的基础知识之二——校勘》,《中国文献学》,上海古籍出版社2005年版,第72—73页。

是为了区别藏书家和以王念孙等人为代表的学问家在校勘上的目的和任务的不同而已。两者也并不互相排斥,而是相辅相成。事实上,藏书家依靠自己丰富的收藏,已经把校勘古书的工作,当作藏书的必要工作了,而他们所做的这番工作恰恰是那些学问家进入真正学术殿堂的基础。和其他藏书家一样,杨氏收藏了大量诸如此类的宋元古本,这就为其校勘提供了极大的方便,从而保证了校勘质量,亦为后人治学奠定了基础。

当然,藏书家亦并不仅仅局限于搁置校语、不下结论而任人评说的层面上,而是于校勘中大都明是非,判正误,如上述例子中"未误作"云云。因之,其治学的意图是不言而喻的。

第三节　版本源流考证

对于版本的考察可从静态与动态两方面进行。就静态而言,主要是考察一个版本或同时并出的两个及两个以上版本的刊刻情况,主要包括刻书人、地点、时间以及卷帙篇数等相关问题。这个问题已在上一节谈到。但是,同时并出只是相对的,所以,这里还是有一个上下联系的问题。孤立地研究一个版本往往不易判别其特点和优劣,因而就需要从动态上考察多个版本的纵向递刻源流及其递藏源流,以达到最终判定版本价值的目的。一个版本一旦刻成后,它的版本文字内容和形态面貌就已经固定,这个固定的最初的版本如果是宋本,随着时间的推移,流传的这些宋本必定会越来越少,有很多本子到了元代就已经成为孤本或消失永无。人们为了治学、流传的需要,就会根据初本刊出二级版本,再由这个二级版本衍生出若干个三级版本,三级版本再衍生出无数个四级版本,这样依次类推,到后来自然会有很多很多的本子。这是一个逐渐增多放大的相对开放又相对封闭独立的含有若干个子系统的大集合系统。但由于时代久远,屡经递刻,原来的版本形态会逐渐改变,甚至会面目全非,再加上书贾为了抬高售价,往往以各种方法方式作伪,致使版本递刻流传系统常常会淆乱混杂,令后人莫衷一是,不知所措。版本学家和藏书家就有必要搞清楚其各个版本之间的内在递刻联系以及各个系统之间错综复杂的关系,进而确定各个版本的特点,以方便阅读与治学。同时,这也是整个版本研究体系中的一个不可分割的有机组成部分。

黄丕烈云："书籍贵有源流，非漫言藏弆而已。"①作为版本学家的杨绍和清楚地意识到了这一点，所以他在《楹书隅录》里以题识形式用比较法梳理了很多版本的递刻源流，将每个版本系统中两个或者多个本子的上下之间的递刻关系爬梳整理得清清楚楚。如残元本《资治通鉴》，绍和云："每半页十行，每行二十字，大小同。是即嘉庆间鄱阳胡氏翻刻本之所出也。"（《隅录》卷二）指出了清刻本和元刻本的递刻关系。宋本《会稽三赋》，则梳理了三个本子的传刻关系："近时萧山陈氏刻入《湖海楼丛书》者，仅据汪苏潭吏部继培影宋抄本开雕。而吏部《跋》中谓：'往岁得历樊榭征君所藏《会稽三赋》，读征君《跋》，以为真宋本也。近何梦华复以宋刻相示，校勘前书，补正脱误数百字，乃知征君所藏者，明人重刻本也。何书间有蒙烂，校者以明刻补之为可惜'云云。是汪本乃从何本抄出，已为校者羼乱，不若此本之完善矣。"（《隅录》卷三）这个系统源流即：何氏藏宋本→汪氏影宋抄本→陈氏《湖海楼丛书》本。但汪本已遭"羼乱"，不如宋本完善。又如宋本《通鉴总类》二十四卷，绍和云："是书为宋沈宪敏公所编，嘉定元年（1211）四明楼鑰序而刊之。元至正二十二年（1362）《天乙阁书目》作十二年，江浙行中书省左丞海陵蒋德明分省于吴，命郡庠重刊，且令都事钱逵求《序》于周伯琦。至明，则成化十六年（1480）镇守云南御用监太监钱能久，及万历乙未（1595）吴郡申时行复先后授梓。又苏杭提督织造乾清宫近侍司礼监管监事太监三河孙隆尝以是书进御神宗，欲锓之尚方不果。及出督织造，乃刊之吴中，亦万历间事也。此本犹是嘉定初宪敏季子守潮阳锓板之原帙。"（《隅录》卷二）从这则题识中可以看出其版刻源流是：宋嘉定楼鑰本→元至正蒋德明本→明成化钱能久本→明万历申时行本→明万历孙隆本。这则不足二百字的题识就把近四百年的刊刻传递情况梳理得井井有条。

考察版本的递刻源流同鉴定每个版本一样，也需要牌记、衔名、题跋等，但往往要把这些要素纵向地串联起来，以便找出各本之间的内在联系。如宋本《脉经》，杨绍和就利用这些要素梳理出两个复杂的版本系统。首先，绍和云："守山阁本从宋嘉泰四年（1204）江西儒学椠本覆出，而元椠所据，乃宋嘉定间侯官陈孔硕刻于广西漕司之本，与此正同时锓梓，顾陈本录自建阳坊刊，此则以绍圣监本重雕也。"（《隅录》卷三）由于这个版本的初刻本是北宋熙宁本，所

① ［清］黄丕烈：《〈宋纪受经考〉题识》，《荛圃藏书题识》卷2，上海远东出版社1999年，第93页。

以建阳坊刻本一定由此而出，所以这个系统的递刻源流就是：北宋熙宁本→北宋建阳坊刻本→北宋嘉定陈孔硕广西漕司本→宋嘉泰江西儒学本→清守山阁本。其次，绍和在对第二版本系统，亦即梳理著录本时，就利用了两个年代的衔名和《后序》确定了该本与上一个版本以及上上个版本（初刻本）的纵向联系，绍和云：此本"卷末载熙宁元年（1068）、二年（1069）进呈镂版衔名，绍圣元年（1094）、三年（1096）国子监牒文衔名及嘉定丁丑（1217）濠梁何大任《后序》，称'家藏绍圣小字本。岁陈漫灭，博验群书，正其误千有余字，鸠工创刻'。盖是书初刊于熙宁，至绍圣间，由大字本开作小字本，而此本又从小字本重雕者也。"（《隅录》卷三）因而这个版本系统的源流就是：北宋熙宁大字本→北宋绍圣小字本→南宋嘉定本。理清版本关系最常用的也是最为便捷的方法就是比较法，如果需要研究多个版本的源流和特征等，只要把这些版本集中在一起，进行纵向比较，就能更为有效、更准确地得出结论。如元本《国朝文类》，绍和云："是书元刊最著者有二：一为翠岩精舍小字本，一为西湖书院大字本。而鉴藏家尤重翠岩，盖小字本固胜于大字本也。此本每半页十三行，行二十四字，板式、字体均与翠岩本无异。《目录》不分卷，卷四十一《经世大典军制》以下全缺，亦同翠岩。惟卷十八《李节妇赞》、卷三十一《建阳县江源复一堂记》、卷六十九《李节妇传》、卷七十《高昌偰氏家传》，皆翠岩本所无。而《李节妇传》，则西湖本亦有之。考翠岩本，但载元统二年（1334）王理《序》，当是最初刻。西湖本，至元初刻已补入陈旅《序》、王守诚《跋》。至正二年（1342）复修补一十八板九千三百九十余字。又于《目录》及各卷内校正九十三板，脱漏差误一百三十余字，于是四十一卷始成完帙。见西湖本至正二年（1342）中书省下杭州路西湖书院公文。此本迨从翠岩本翻雕，而刊时在西湖本初刻之后，未补之前，故陈、王《序》《跋》均依西湖本补入，《军制》以下之文，则仍阙如也。至《李节妇赞》诸篇，想又由他本搜辑者。"（《隅录》卷五）绍和通过比较各本之间的版式、字体及卷篇异同将两个版本系统分辨得井然有序，一是元至元初年（1264）西湖书院刻大字本和至正二年（1342）西湖书院补刻大字本，二是元元统二年（1334）翠岩精舍小字本和元至正初年至二年（1341—1342）间翻雕翠岩精舍小字本，并且还对这两个系统之间的版本进行了"横向"比较。

在梳理版本源流时，重要的是比较评骘鉴定各本之优劣，总结各本之特点，进而为治学提供学术参考。如宋嘉定蔡琪家塾本《汉书》，绍和云："《汉书》

自淳化五年(994)命官分校三史,始有雕本。迨景德、景祐间叠事重刊,最称精善,在宋椠中固当褎然首举。而之同取萧该《音义》、三刘《刊误》、宋景文《校语》附之注末,并以熙宁以来十四本逐家雠对,是正良多,亦可云有功班《史》,故我朝武英殿本悉据之同原刻。凡明监之脱漏舛误,所谓于颜注十删其五,于庆元所附诸家之说十存其一者,一一为之补阙订讹,力存真面,而孟坚一家言庶无遗憾矣。此本刻时已后之同十四年,卷首所列参校诸本俱仍其旧,惟于王宣子前添入刘共甫本,可知即从之同本覆出。"(《隅录》卷二)诸本源流为:宋淳化本→宋景德本→宋景祐本→宋庆元刘之同本,而宋嘉定蔡琪家塾本和清武英殿本又据刘之同本出。绍和在梳理这一源流时,又对各本刊刻特点等加以褒贬。如论景祐本最善,蔡琪本"契勘之功,实益臻详密",明监本多讹脱等等。北宋本《康节先生击壤集》十五卷,绍和将此本与明汲古阁刻本、元本进行比较:"《伊川击壤集》,元明皆有刊本,均作二十卷。汲古阁毛氏所刻,源出《道藏》,而舛漏殊甚。按:《四库》所收,即汲古阁本也。元椠本较毛刻多诗五十余首,藏书家谓为善本,余斋亦有之。此本作《内集》十二卷,《外集》三卷。前有治平丙午(1066)中秋《自序》,编次与各本迥异。《序》后有蔡氏弼《题记》一则,盖由公手订二十卷本,重编为此本。卷一前后木记题'建安蔡子文刊于东塾之敬室'。细行密字,镌印至精。《龟山语录》所称'须信画前原有易,自从删后更无诗'一联,诸本所佚者,此本在卷十二中。"(《隅录》卷五)三个版本系统:一为《道藏》本→汲古阁本→《四库》本,这个版本系统的特点是"舛漏殊甚";二是元本,收诗较《道藏》多;三则宋本,收录最全,版印最精。

梳理版本源流是一种手段,其目的是在梳理过程中,搞清楚彼此之间的关系,还原版本的本来面貌和特征,并进而解决历史上模糊不清的问题,纠正前人一些误说。元本《苍崖先生金石例》十卷附抄本《附录》一卷,绍和云:

> 是书凡三刻:一济南本,文信之子诩刊定;一鄱阳本,王思明校正;一为龙宗武摹泰和杨寅弼抄本而刻者。卢雅雨先生所镌《金石三例》谓:"从鄱阳本录出,故有思明《叙》。"即此本也。案思明《叙》称:"至正丁亥(1347),予忝教番阳,公之子敏中为理官,尝属郡士杨本端如缉其次第,既已,刻于家,而公诸人学之。宾师景阳吴君旭、子谦吴君以牧谓此书将归中州,则邦之人,焉能一一见之?乃复加校正而寿诸梓。"署款明年戊子

(1348)夏六月。盖诩本虽校于鄱阳,而实刻于济南,故思明复雕此本,列之鄱阳学官,以垂永久。诩《跋》书至正五年(1345)者,当是谋始于乙酉耳。《四库全书总目》即据诩本著录,乃谓"至正五年(1345)刊于鄱阳",似尚未之审也。焦氏《经籍志》作杨本撰,误尤甚矣。(《隅录》卷五)

是书由元潘昂霄撰。《总目》据诩本著录,其卷一百九十六《金石例》十卷提要云:"此本乃其子诩至正五年(1345)刊于鄱阳者也。"绍和据王思明《序》和署款时间梳理了鄱阳本和济南本的关系:初刻由潘昂霄之子潘敏中(字诩)于元至正七年(1347)刻于济南,由杨本编辑;二刻由王思明据诩本于元至正八年(1348)复刻于鄱阳。在理清两刻关系的同时,也纠正了《总目》以为诩本即"至正五年(1345)刊于鄱阳"以及焦氏将《金石例》作者误作杨本的两个错误说法。潘敏中虽校书于鄱阳,刊刻则在济南。刊于鄱阳者,则是王思明至正七年(1347)所校之书。胡玉缙通过引用绍和之语亦肯定了绍和的上述结论①。

对于名家收藏,人们往往有一个误解,认为这是追求名人效应,甚或讥曰附庸风雅。其实这只是表面现象。名家与普通人的区别在于,名家有超出一般人的学术素养,因而他们也有一般人所不具备的学术鉴赏力,最终名家有能力对书籍的学术价值进行明确的判断;名家见识广,对书籍的版本形态有着精确的鉴别真伪优劣的能力,并能够确定其有收藏价值。因此,书籍经过了他们的递藏,即是对该书的认同,名家钤印不过是一种形式标志。大凡有学术价值的书籍,亦有收藏价值,而这些又往往经过诸多名家之手,而那些讹脱严重的劣质书籍恰恰是他们屡加挞伐、弃之不存的对象。某些书籍经名家藏弃而身价倍增,并非仅仅是徒名虚誉,这其中更大的潜在意义就是对书籍的学术承认。杨氏藏书大多历经名家收藏,如黄丕烈、顾广圻、孙星衍、陈鳣、阮元等,这些人哪一个不是学界精英?而他们所鉴藏的书籍又无不是学术佳品。名家和善本实际上是相得益彰,这样的结合,最终受益的应是我们这些后学者,可以使后人少走很多弯路。书凡经他们收藏鉴定过,就增加了可信度。因而从名家递藏的角度来肯定藏书,既是对其文物价值,更是对其学术价值的肯定。杨氏收藏名家藏书的真正意义也在这里。

---

① 参见胡玉缙:《〈四库全书总目提要〉补正》,上海书店出版社1998年版,第1671—1672页。

绍和对善本收藏的研究主要是梳理递藏源流，从名家收藏的角度来肯定本书的珍秘程度和价值。如绍和题宋本《离骚草木疏》云："卷首有'弱侯'、'乾学'、'徐健庵'诸印，固久经名贤什袭。"（《隅录》卷四）题宋本《后汉书》云："此本自明以来，历经汲古、延令、传是诸贤藏弆，图记凡数十，其珍秘可见。"（《隅录》卷二）绍和在梳理递藏源流所依据的材料有题跋、藏书题款、著录、藏书印等，在梳理源流的同时，对这一链条中有关环节常作重点考证，如某收藏家的名号、阅历、著述等，以此为藏书提供学术背景。如宋本《张先生校正杨氏易传》的递藏考，绍和就先迻录元人郑希圣和明人朱良育两家题识，郑氏题云："右《诚斋易》，乃旧本也，鬻书客潘生所售余者，置诸巴焦林中读书处。时正大二年（1225）龙在己酉端阳日，郑希圣谨志。"朱氏题云："书后有元人郑希圣题字，在至大二年己酉，距今二百八年矣。予得之祝希哲，希哲得之朱性甫，性甫得之南园俞氏，知其为俞石涧先生家藏。乌乎！凡法书名画流传人间，君子付之烟云过下阙言也，是果人之玩物乎？抑物之玩人乎？追慕古人，感慨系之。正德十一年（1516）丙子夏四月三日，吴都朱育良赤英书于西崦草堂。"随后绍和又逐次迻录郑希圣、朱育良、毛晋、徐乾学、顾俊佳、汪士钟诸家藏书印二十八方，因而可知此书自宋代刻成后，先由书贾售于元人郑希圣，后又传于宋人俞氏，这一递藏链条为：[金]郑希圣→[宋]俞石涧→[明]朱性甫→祝希哲→朱育良→毛晋→[清]徐乾学→顾俊佳→汪士钟，直至最终归入海源阁。至此，该书六百多年的传藏历史清晰可见。这其中，绍和对宋人俞氏何以收藏此书又做了精细考证："赤英《跋》称出俞石涧家。石涧生平邃于《易》学，所著《周易集说》诸书，皆覃精研思，积数十年而成，此本或即其手迹耶。俞名琰，字玉吴，吴县林屋山人，生宋宝祐初（1253）。入元，征授温州学录，不赴，隐居吴之南园，老屋数椽，古书金石充牣其中，传四世，皆读书修行，号南园俞氏云。"（《隅录》卷一）俞氏是《易》学大家，著有多种专著，此书由他来收藏，可谓得其所归。绍和的考证一方面为俞琰收藏提供了可信的学术背景，同时该书的学术价值亦得以确立。

考察递藏源流，最主要的手段莫过于藏书印，杨绍和在题识中单列此项，详细排梳，说明他已经意识到藏书印对于考证说明递藏源流的重要性。如明铜活字本《开元天宝遗事》，绍和云："卷中有'停云'、'文起'、'文宠光'、'长洲茂苑'、'玉兰堂'、'袁雪'、'怀霜阁'十余印，固历经前贤珍袭矣。"（《隅录》续编卷三)绍和于明写本《王文恪公手写文集》题云:“《白云集》有蒙叟题字,《玉山名胜集》有沧苇印,皆秘本也。”(《隅录》续编卷四)校明抄本《录异记》,绍和云:“卷首末有‘秦季公’、‘西岩山人’、‘四麐’、‘逍遥生’、‘槜李曹氏藏书印’、‘曹溶’、‘咸阳一布衣’、‘又□斋收藏图书记’各印。历经诸贤题咏,名迹灿然,亦珍籍矣。”(《隅录》续编卷三)绍和在迻录藏书印时是按时代先后来排列的,这样该书在这些名家中的传递顺序便一目了然。如宋本《注东坡先生诗》,绍和云:“有‘思政轩收藏’双文古长印、‘季振宜印’、‘沧苇’、‘宋本’、‘周锡瓒印’、‘仲涟’、‘潘奕隽’、‘守愚’、‘花桥老圃’、‘黄丕烈’、‘复翁’、‘陶陶室’、‘无双’、‘汪士钟印’、‘汪士钟读书’、‘民部尚书郎’、‘汪厚斋藏书’、‘汪文琛印’、‘厚斋’、‘三十五峰园主人’各印记。”(《隅录》卷五)据这一印序,就可以依次梳理出递藏顺序:乾清宫→季振宜→周锡瓒→潘奕隽→黄丕烈→汪士钟。

能够显示递藏者的主要就是藏书印,搞清楚藏书印的内容是为梳理明晰递藏源流的基础,因而在《隅录》题识中对藏书印的考证不少。宋本《山谷老人刀笔》二十卷,绍和就对“石斋”、“存雅堂”诸印做了考证:“卷末跋尾款题‘天启二年(1622)花朝石斋老人识’。下有‘石斋’白文印。按:石斋,明漳浦黄忠端公别号也。忠端生于万历十三年乙酉(1585),中天启二年壬戌(1622)进士,年甫三十有八,似于老人之称未合纪年疑或有笔误。然卷首有图书三:曰‘存雅堂’,曰‘云间’,曰‘卧子手抄’。确是明青浦陈忠裕公印记。忠裕,崇祯十年(1637)登第,出忠端之门。师生交谊最笃,频相过从,则此本当为忠端所藏,而忠裕曾经假录者矣。两公文章节义,彪炳千秋,实为有明一代伟人,其浩气英光,固已贯日月而格金石。而此本以零编断简,二百年来幸得籍传不朽,岂非两公手泽所存,在在有神鬼呵护耶。国初归华亭沈文恪公,卷首末有‘沈荃’印。又‘惕甫’一印,则长洲王先生芑孙也。”(《隅录》卷五)通过考证藏书印,梳理的递藏源流为明黄忠端→清沈荃→清王芑孙。有些书贾为了谋求高利,故意将伪造名家藏印钤于卷中,如元本《集千家注批点杜工部诗集》二十卷,绍和指出:“卷首有‘宋本’、‘甲’等印,亦书估作伪。”(《隅录》卷四)此元本为毛氏藏书,有毛氏“子晋”、“毛氏图史”等印为证。“宋本”、“甲”是毛氏藏宋本的标志印章,因而书贾为证此本亦为毛晋藏宋本而伪造此两印。元本《重校正唐文粹》一百卷,绍和云:“其宋元各印非真,殊为书玷。”(《隅录》卷五)宋刻唐集中有不少钤有“翰林国史院官书”之印,杨绍和发现了这一现象。于宋本《昌黎先生文集》四十卷《外集》十卷题云:"藏予斋者凡三:一《浩然》,一《可之》,皆完帙;一残本抄补者,即《孟集》与此,均有元时'翰林国史院官书'朱文长印。卷四、卷十一、卷十六、卷三十二、卷四十之末、卷二十、卷二十五、卷三十三之首,凡八见。"(《隅录》卷四)绍和于宋本《范文正公集》二十卷《别集》四卷题云:"予斋旧藏宋本唐人集,有元'翰林国史院官书'印者数种,得此残本《姚少监集》,板式略小,与此印记正同,皆元内府藏本也。"(《隅录》卷五)绍和还对不载此印的也作一比较,如在宋本《五百家注音辨唐柳先生文集》四十五卷《外集》二卷题云:"往得《浩然》、《可之》、《昌黎》三集,皆有元国史院官书印,此本无之。"(《隅录》卷四)这个现象说明,这几种宋蜀刻唐集曾经藏于元代官府。

通过梳理递藏源流,绍和还提炼出不少藏书家惜书、护书、爱书的典故,从中流露出深深的子孙永保用享的惜书劝学心理。如元本《增刊校正王状元集注分类东坡先生诗》二十五卷,每册钤有"濮阳李廷相双桧堂书画私印"、"平阳汪氏"诸印,印主李廷相究为何人?绍和做了精细考证:"盖吾郡李文敏公故物。文敏,字孟弼,濮州人,尚书瓒之子,弘治壬戌(1502)翰林。正德初,逆瑾擅权,恶其不附己,改兵部主事。后瑾诛,历翰林院学士,官至南京户部尚书。濮州,晋属濮阳国,后魏为濮阳郡治,后周因之。唐天宝初,复改濮州曰濮阳郡。宋曰濮州。濮阳郡明属东昌府。本朝雍正十三年(1735),改属曹州府辖。"(《隅录》卷四)绍和不仅对李文敏生平做了考证,而且对其籍贯所属之变迁亦交代明白,这样对绍和所言"吾郡"者不致产生歧义。此书先由明代濮阳李文敏藏,后流落到苏州,归汪士钟,汪氏书散出,咸丰元年(1851),杨以增得自苏州。绍和曰:"时逾三百余年,地越二千余里,乃辗转复归吾郡,楮墨犹完好如新,斯诚文字精英,在在有鬼神呵护。而先公与文敏异代同心,渊源若接,亦或文忠之灵,有以默相感召,用能结此胜缘欤?是此本之在天壤,非特珍若璠玙,而合浦珠还,尤艺林一段佳话也。"(《隅录》卷五)如果说数百年来,缥缃不亡,如有鬼神呵护,那也只是这些藏书家用心藏弆、百倍爱护的结果。又如王应麟曾藏一宋本《汉书》,递经多家收藏,绍和云:"弇州本《汉书》,初为赵文敏故物,卷首有文敏自写真,弇州亦绘一样于后。弇州殁,归新安富人。钱牧斋以二百金从黄尚宝名正宾购之,崇祯癸未(1643)转鬻四明谢象三,自谓此书去我之日,与李后主听教坊杂曲,挥泪对宫娥一段凄凉景色约略相似。顺治间,复售诸新乡某公见《筠廊偶笔》。后遂贡入中秘。"(《隅录》卷二)藏书家爱书惜书的深挚感情着实令人钦佩感动。

总之，揭示版本尤其是宋元本的递刻递藏源流，应是整个版本系统研究的一个重要组成部分。如宋本流传至清末，已有七、八百年的历史，为了这些古本的刊刻与传递，凝聚了多少人心血？该有多少故事发生？无疑，考察它们的来龙去脉，不仅是版本研究自身，也是藏书文化研究的一个有机组成部分和重要任务。

第四节　善本观念

对于善本的认识，经历了一个历史过程，至近代已经形成了较为成熟的善本观，如张之洞认为："善本非纸白、版新之谓，谓其为前辈人用古刻数本，精校细勘付刊，不讹不缺之本也。"又说："善本之义有三：一足本（无阙卷，未删削）；二精本（一精校，二精注）；三旧本（一旧刻，二旧抄）。"[①]丁丙在《善本书室藏书志》编辑条例中，列举了善本书的四个内容："一曰旧刻。宋元遗刊，日远日鲜，幸传至今，固宜球图视之。二曰精本。朱氏一朝，自万历后，剞劂固属草草。然追溯嘉靖以前，刻书多翻宋椠，正统、成化刻印尤精，足本、孤本所在皆是……三曰旧抄。前明姑苏丛书堂吴氏、四明天一阁范氏二家之书，半系抄本。至国初小山堂赵氏、知不足斋鲍氏、振绮堂汪氏，多影抄宋氏精本，笔墨精妙，远过明抄……四曰旧校。校勘之学，至乾嘉而极精。出仁和卢抱经、吴县黄荛圃、阳湖孙星衍之手者，尤校雠精审。他如冯已苍、钱保赤、段懋堂、阮文达诸家，手校之书，朱墨灿然，为艺林至宝。补脱文，正误字，有功于后学不浅。"[②]从以上对善本书的阐述中，可知凡刊刻早、校雠精审、刻印精致、卷帙完整且流传较少的本子，可为善本。其实，这样的善本观早在几十年前，以杨氏为代表的道、咸藏书大家们已经身体力行地实践着，他们虽然还未能总结出如张氏、丁氏等这样系统的理论，但他们的藏书实际，却对未来完善善本观念，有着重要意义。

---

① ［清］张之洞：《輶轩语·语学第二》"读书宜求善本条"，严灵峰编《书目类编》第93辑，（台湾）成文出版社1978年版，第41649页。

② ［清］丁丙：《〈善本书室藏书志〉跋》，《善本书室藏书志》卷首，清光绪二十七年（1901）钱塘丁氏刻本。

实际上，近代善本观是就内容与形式两方面而言的。宋元旧刻旧抄，就治学来看，它们最能保存古书的原貌，最接近作者的原始文字。一些明清本经过著名校勘大家的精心校勘，补脱正误，也已经恢复了古本的原貌，因而亦备受青睐；就文物价值而言，刻印清整、纸墨字体精好、装池古雅、开函豁目、古色盎然，自然为阅读治学带来方便。杨绍和在对自己所藏善本鉴定评估时亦常从这两个方面进行。

杨绍和是一个文物鉴赏专家，他把书籍的形式美当作善本的有机组成部分，是构成善本的基本素质之一。如字法纸墨者，杨绍和题宋本《山谷老人刀笔》云"此本密行细字，楮墨精佳，盖即天水朝旧椠，洵书城之秘笈"（《隅录》卷四），题校旧抄本《衍极》云"字法古雅可爱，真秘本也"（《隅录续编》卷三）。如版式者，题宋本《范文正公集》云"此本字大悦目，体式古雅，剞劂尤精"（《隅录》卷三）。如雕刻者，题宋本《五百家音辨唐柳先生文集》时引《总目》云："椠镌精工，纸墨如新，足称善本，良可宝贵。"（《隅录》卷五）

绍和常将无舛脱者称为至精至善之本。如北宋本《淮南鸿烈解》，顾广圻曾用此本校出《道藏》本讹脱倒衍三十余条，并云："以上诸条，实远出《道藏》本之上，而他本无论矣。至于注文足正各本之误者，尤不胜枚举。"（《隅录》卷三）绍和则云："平日勘订是书之讹，则即从此本校出者。世行诸子，不乏旧帙，惟是书自北宋已有舛脱，《尔雅疏》、《埤雅》、《集韵》、《太平御览》各书所引，往往视今本同误，最少佳刻。若此至精至善之本，实于人间无两，固硕果之仅存者矣。"（《隅录》卷三）绍和并对后人妄加芟削以汩其真，提出严厉的批评。元本《注陆宣公奏议》，绍和云："《研经》称：'所注采经史为多，无泛搜博引之失，不特选择得当，节录亦极精审。'最为笃论。而警石丈谓：'从邵蕙西部郎假观翠岩刻，仅有题下注。'与此殊不合，恐所见仍非元本耳。元庐陵钟士益《补注》，予未获目验。今所传有注诸本，行间每附评语，或即出于士益之书。所谓继之以诸儒之评，广之以一己之说者耶。……顾以此本校之，注多节删，几无一全者，凡所引书名并纪月纪日，亦皆削去，使郎氏（《注陆宣公奏议》注者为郎晔）精审之处尽汩其真，不知是何妄人所为，愈征此本之夐乎上矣。"（《隅录》卷四）宋本《后村居士集》，绍和云："《后村集》，毛氏刻入《津逮秘书》者，仅《题跋》二卷。坊刻《文集》三十卷，《诗话后集》二卷，虽从旧刻缮录，而舛讹殊甚。此本为南宋麻沙椠之最善者，《诗集》十六卷，《诗话》二卷，《诗余》二卷，《文集》三十卷，无《后集》之名。”(《隅录》卷五)可见宋刻与毛刻和坊刻相比，一是全，二是无讹误，因之被绍和称之为“最善者”。内容的完整与否也是衡量一个本子是否善本的重要依据。绍和题宋本《通鉴总类》云：“镌印精佳，古香袭人眉宇，且首尾完善，无一阙损，宋椠中尤极罕睹，洵乙部之甲观矣。”(《隅录》卷二)题宋本《愧郯录》云：“首尾完具，校诸本为尤胜。”(《隅录》卷三)题宋本《添注重校音辨唐柳先生文集》云：“此本通体完善，弥足珍已。”(《隅录》卷四)这些被绍和称之为“甲观”的版本，其“首尾完善，无一阙损”是构成善本的必不可少的条件。

最完美的本子当然是内容无脱误和形式优美的结合。作为一个鉴赏家和学者，绍和最欣赏的就是既能悦目养眼，又校勘精审、内容完好的本子。如宋蔡琪家塾本《汉书》，绍和云：“木夫取校残本八卷中，已谓有殿本所无及不全者，多出三十余条。警石以吴藏十四卷校汲古阁本，其改益又不下数百处，全书之佳，可以概见，不特卷前标题两行独胜他本已也。至楮墨之工雅，尤为目所僅睹。视景德、景祐两刻，几如华岳三峰，屹然鼎立，试取补入之卷衡之，直星渊矣。盖此虽以之同为蓝本，而契勘之功，实益臻详密。写刊则一依真、仁朝官本旧式，用能精善乃尔。”又云：“且亦仿真、仁朝官本旧式者，不识可当唐临晋帖否？而宝玉大弓之喻，则庶乎伯仲间矣。”(《隅录》卷二)可见，无论“契勘”或是“写刊”，绍和视此本是不亚于世称善本的景德、景祐两刻的。他如绍和题明铜活字本《栾城集》云：“首尾完善，版印精雅……绿格墨印，朱墨灿然，校勘精审，古色古香，致足宝爱。”(《隅录》卷五)题精抄本《汗简》云：“点画特为精妙，勘校綦详，洵奇书也。”(《隅录续编》卷一)可见，校勘精湛、内容完整、刊刻精良是构成绍和善本观的基础。

绍和以内容、版本，两称双绝，谓为世之善本。但如果非要将形式和内容分个高低的话，绍和则又当仁不让地把内容列为第一。如宋本《三国志》，绍和之所以不惜篇幅进行校勘，就是想在内容上证实该本之佳，“至楮墨之精古，犹余事也”(《隅录》卷二)。绍和在影宋精抄本《五经文字》和《新加九经字样》题识中亦重申了这种观点：

顾亭林先生云：“大历中，张参作《五经文字》，据《说文》、《字林》，刊正谬失，甚有功于学者。开成中，唐元度复作《九经字样》。石刻在关中，向无板本，间有残缺，无别本可证。”朱竹垞先生以二书止有拓本，无雕本，为一阙事。伏读《四库全书总目》云：“考《册府元龟》，称周显德二年(955)，尚书左丞判国子监田敏献印版书《五经字样》，奏称臣等自长兴三年(932)校勘雕印《九经》书籍。然则此书刻本在印版书甫创之初已有之，特其本不传耳。”可知二书除《石经》外，久无刻本传世。而《石经》自明嘉靖乙卯(1555)地震损坏，多为后人羼补，纰缪百出。国朝歙项氏、扬州马氏、曲阜孔氏、高邮孙氏先后重梓，亦第就《石经》校定，宋以来刻本仍未之见也。马本虽未免舛漏，然所据尚是宋拓，最称精善。孔本覆加雠对，尤审慎不苟，孙氏则取原书自为编辑，删移淆乱，非复旧观矣。此本首载开运丙午(946)田敏《序》，《四库》据马本著录，未见此《序》，故引《册府元龟》为证。当是南宋初卷中“桓”字缺笔。从田氏原本翻雕者，故首尾完具，注文特极详备。以马本及孔氏、孙氏校语证之，多相吻合，而诸本所讹误者，又赖此得以考订异同，诚可谓希世之珍矣。至其影摹工雅，楮墨精良，犹余事耳。(《隅录》卷一)

《五经文字》由张参作于唐大历年间(766—779)，《九经字样》由唐元度作于唐开成年间(836—841)。书成后分别刻于石上。然石刻历经风雨磨损，“剥蚀处杜撰增补，殊不足据”。[①] 尤其是经明嘉靖三十四年(1555)地震损坏，多为后人羼补，纰缪百出。毛扆曾以影宋抄本校石刻，云：“石刻‘宀’字之末，多‘窶窴’二字，此本无之。据注云‘一十一字，五字重文’，则无者为准。又‘乏’字注文‘反正为乏’，石刻误作‘人反正’。《雨部》‘霝’字音‘靈’，石刻误音‘灵’。则此本胜于石刻矣。至释‘看’字云‘凡物见不审，则手遮目看之，故从手’；释‘盖’字云‘今或作盖者，乃从行书艹，与荅、若、著等字，皆讹俗’；释‘鼎’字云‘上从贞，下象析木以炊，篆文鼎如此，析之两向，左为爿，爿音牆，右为片。今俗作鼎，云象耳足形。误也’；释‘晨’字云‘从臼，象叉手，辰省之义’。其于小学，可谓精详矣。”[②]由此可以看出石刻讹误之多。故清代诸家刻本虽依宋拓，复以《石经》校定，仍然讹误累累，自是当然。《九经》初刻宋本，于五代长兴

① [清]毛扆：《影宋精抄本〈五经文字〉题识》，《隅录》卷1。亦见《汲古阁书跋》，上海古籍出版社2005年版，第129页。

② [清]毛扆：《影宋精抄本〈新加九经字样〉题识》，《隅录》卷1，清光绪二十年(1894)杨保彝刻本。

三年(932)开雕至开云三年(946)刻成,《五经》刻成于周显德二年(955),海源阁藏影宋抄本的底本——南宋初年刊本则是"从田氏原本翻雕者",因而影宋抄本的校勘价值不言而喻。即使清武林赵意林摹刻宋本《九经字样》,亦"殊失其真,且校之此本,仍不无讹缪"①。所以在《隅录》中,杨绍和强调更多的是版本的内容价值。又如宋本《管子》,绍和以此校勘他本,讹脱倒衍二十余例,亦是从内容上夯实此本之学术价值。元本《国朝文类》七十卷,绍和云:"是书元刻有大字、小字两本。小字本为建安刘氏翠岩精舍所刊,椠镌之工,视此颇胜。然此本乃当时官板,且曾以苏氏原编校正,俾四十一卷《经世大典军制》以下之文各本所无者,此独补成完帙,故藏书家亦极为宝重也。"(《隅录》卷四)宋本《陶渊明集》,绍和云:"此北宋椠《陶渊明集》,乃毛子晋故物。《汲古阁秘本书目》云:'与世本夐然不同。如《桃花源记》,'闻之欣然规往',今时本误作'親',谬甚。《五柳先生赞》注云:一本有'之妻'二字。按:《列女传》是'其妻之言'也。他如此类甚多,不可枚举。即四八目注,比时本多八十余字,而通本'一作'云云,比时本多千余字,洵称奇籍。'……昔子晋藏东坡书、《渊明集》,斧季诧为隋珠赵璧,似此岂多让哉?!"(《隅录》卷四)绍和通过转引毛扆之语,是从内容上肯定了该本的校勘价值。因而,杨绍和善本观的核心出于治学目的显而易见。

旧抄本中,以名家影宋抄本为最贵。校本中,以名家用宋元旧本校勘者最为可珍。绍和将这些本子著录在《楹书隅录》和善本简目中,就是因为这些本子已经具备了宋元旧本的相同内容价值,在治学上与原本并无两样。王献唐曾云:"细审杨氏书籍题记,及所钤印文,似宋元本书,并不限于两朝旧椠。凡影照宋本校抄者,亦谓之宋本,依据元椠校勘者,亦谓之元本。"②由此可以看出,杨氏亦将这些校抄本同当宋元旧椠看待的。

杨氏嗜宋,不惟宋,只要元明本为佳者,亦为善本,此中最重要的原因亦是学术价值。如元本《增广音注唐许郢州丁卯诗集》二卷《续集》一卷,绍和题云:"予宋存书室中藏弆唐人集,皆宋椠精本,独此集乃元刻。然遵王《敏求记》固谓:'暇日校用晦(即许浑)诗,元刻多几大半,此又宋本之不如元本矣。'是此

---

① [清]杨绍和:《影宋精抄本〈五经文字〉、〈新加九经字样〉题识》,《隅录》卷1。

② 王献唐:《聊城杨氏海源阁藏书之过去现在》,《山东省立图书馆丛刊》第1种,第15页。

集正以元刻为佳也。”(《隅录》卷四)绍和对明刻本有着辩证的看法,虽然一些版本学家对明本加以挞伐,但却不能完全否定,对一些学术价值极高且为传世孤本、祖本亦当做善本对待。如明本《集杜句诗》四卷《附咏文丞相诗》一卷,绍和将此本与四库本比勘后,发现四库本已经后人删并窜乱,失去了明本真实面目。绍和云:“此本传世绝少,鉴赏家亦罕有储藏者,勿以其明刊而忽视之。”(《隅录》卷四)明本《欧阳文忠公集考异》,绍和云:“得之所著诸书,久经散佚,传世寥寥,此本实仅存之硕果。”“黄复翁尝谓‘书有不必宋元刻而亦可珍者’,正此类也。”(《隅录》卷四)明本《长安志》和《长安志图》,绍和引复翁题识云:“勿以明刻轻之,书之号称祖本者,此即是已。”(《隅录》卷三)如对明活字本,绍和题铜活字本《栾城集》云:“明刊各书,以铜活字本为最善。”(《隅录》卷五)所以他收藏的如《墨子》、《急就章》、《开元天宝遗事》等都是活字本中的上品。缪荃孙曾对善本和非善本加以区别,认为:刻于明末以前者为善本,清朝及民国刻本皆非善本;抄本不论新旧皆为善本;批校本或有题跋者皆为善本;日本及高丽重刻中国古书,不论新旧,皆为善本。[①] 明代刻书尤其是嘉靖之后,或沿袭旧讹,或窜改原文,或删割古籍,以致后人发出“明人刻书而书亡”的悲叹。清代学者黄廷鉴就对明人妄改之病极为痛恨,他说:“妄改之病,唐宋以前谨守师法,未闻有此,其端肇自明人,而盛于启、祯之代。凡《汉魏丛书》及《稗海》、《说海》、《秘笈》中诸书,皆割裂分开,句删字易,无一完善。古书面目全失,此载籍之一大厄也。”[②]近人袁同礼亦曰:“明刻臆改错讹,妄删旧注,清儒苦之,遂宝宋本。”[③]海源阁藏有明胡文焕覆元本《提刑洗冤录》,但殊多脱误,且改易卷第等,黄丕烈手校后给予严厉批评:“明人喜刻书,而又不肯守其旧,故所刻往往戾于古。即如此书,能翻刻之,可谓善矣,而必欲改其卷第,添设条目,何耶?”[④]杨绍和在《隅录》中多次指出明刻之弊。如在《隅录》卷二宋本《汉书》题识中就指出,是书明监本“脱漏舛误”,于“颜注十删其五”,于“庆元所附诸家之说十存其一”等等。元本《朱文公校昌黎先生文集》四十卷《外

① 参见陈乃乾:《上海书林梦忆录》,《古今》,1943年第27期,第22页。

② [清]黄廷鉴:《校书说二》,《第六弦溪文抄》卷1,清光绪十年(1884)虞山鲍氏刊《后知不足斋丛书》本。

③ 袁同礼:《清代私家藏书概略》,《图书馆学季刊》第1卷第1期,1926年。

④ [清]黄丕烈:《〈提刑洗冤录〉题记》,《士礼居题跋记》卷3,书目文献出版社1989年版,第85页。

集》十卷附《集传遗文遗诗》一卷，绍和云："是书传世多明时覆本，讹误颇甚。"（《隅录》卷四）元本《集千家注分类杜工部诗》，绍和谓："特今世所见，悉明人从楚芳本覆出者，视楚芳本，又多谬误，正如俗翻《东坡诗》之百家集注，全非本来面目矣。"（《隅录》卷四）元本《增广注释音辨唐柳先生集》，四库底本为明本，但明本"颇多讹字"（《隅录》卷四），绍和因此将其著录于普目《海源阁书目》中。

明代私家刻书以毛晋为最多，但"好者仅数种"①，不少都是"校对草率，错误甚多"②，黄丕烈、顾广圻、陈鳣、段玉裁、叶德辉等学者对此多有指正。杨氏对毛氏影宋抄本极其赞赏，但对有的汲古阁刻本亦给予批评，如《康节先生击壤集》，绍和云："汲古阁毛氏所刻，源出《道藏》，而舛漏殊甚。"（《隅录》卷三）元本《筠溪牧潜集》七卷，《总目》卷一百六十六提要云："《牧潜集》七卷，前有崇祯己卯(1639)僧明河书姚广孝《后序》一篇，称初得抄本于武林，前有方回《序》，后有洪乔祖《跋》。又有姚广孝《序》。后又得见刻本，多诗数首，因校付毛晋刻之。此本即子晋所刻，仅有乔祖《跋》及明河此文，无方、姚二《序》。明河又称尝读《虎邱旧志》，见圆至《修隆禅师塔记》，叹其文字之妙，今此记不见集中。"绍和云："此本题曰《筠溪牧潜集》，方《序》、洪《跋》俱在。共分七类，每类首叶以天干字甲至庚记之，无卷数。《修隆禅师塔记》作《修虎邱塔颂序》，在'丁'字类中。盖子晋所刻已多脱佚，此则大德间之原椠也。"（《隅录》卷五）宋本《花间集》十卷，《总目》所收为汲古阁毛氏刊本，绍和将宋本与之比较，发现"子晋所刊各书，往往与所藏宋本不合"（《隅录》卷五）。

从以上绍和对明刻本及汲古阁刻本的态度，我们更可以看出杨绍和以内容为上兼顾形式的善本观。在杨氏这种善本观念支持之下，杨氏几代主人耗尽毕生精力，搜集到七百余种宋元旧刻、名家影宋元抄本、名家校本，这些善本构成了海源阁藏书的核心部分。

第五节　版本鉴定存在的失误问题

对版本刊刻的时代、地点、刻者进行鉴定，最初时往往只凭字体、刀法、纸

① ［清］孙从添：《藏书纪要》，北京燕山出版社 1999 年版，第 98 页。

② ［清］孙从添：《藏书纪要》，第 97 页。

张、牌记、前后序跋等，鉴定方法较为单一，因而失误不少。后来，版本学家开始有意识地大量使用讳字、行款等进行鉴定，就大大提高了鉴定的准确性。至清末到民国时期，可谓是版本鉴定的成熟期，这一时期的最大突破就是大量使用刻工，并出现了专门用刻工鉴定版本的专著，如日本人长泽规矩也所编《宋元刊本刻工名表初稿》[①]等。所以，这时鉴定的结论与以前相比更加准确。杨绍和在版本鉴定上有不少贡献，但由于时代及自身原因，他不可能达到近代人的鉴定水平，存在失误在所难免。傅增湘、周叔弢、赵万里等均曾检出部分误例。王绍曾于《〈楹书隅录〉整理订补缘起》中汇集前人众说，指出有二十余例。但前人在指出误例时多属结论性，有的交代缘由过于简单。为还原这些版本的本来面貌，笔者在经过较为详尽系统的爬梳整理后，将其《隅录》中误定版本之主要案例汇为一处，进行考释。

宋本《仪礼郑注》十七卷，《隅录》卷一著录。绍和题“此严州本”，实为明嘉靖吴郡徐氏三礼本。宋严州本《仪礼郑注》，今已不存，黄丕烈曾藏有一部，其《百宋一廛赋注》及《百宋一廛书录》均有著录，行款为半页十四行，行大廿五字、小卅字不等，钤有“旅溪草堂”、“宗伯”、“臣是酒中仙”三印。荛翁并据此影刻入《士礼居丛书》中。然《隅录》著录的“严州本”与荛翁著录的并不相符，绍和题此本行款为“每半页八行，行十七字”，藏印有“半窗修竹”、“南沙草堂”、“华山马仲安家藏善本”、“金星轺藏书记”等。因而可以首先肯定的是，杨氏藏本不是百宋一廛藏本。其次，杨氏所藏并非严州本。绍和在《隅录》中著录的实际是个明本。这个明本现在藏于国图，据鉴定，实际为明嘉靖吴郡徐氏三礼本。国图藏此明本共有四部，两全帙，两残帙，《北京图书馆古籍善本书目》均著录“明嘉靖吴郡徐氏三礼本”。其中另一全帙曾为周叔弢藏，钤有“至德周叔弢藏”之印。明本版心下题刻工累累，如王良知、于仁、子荣、李安、师禹等，这些刻工都是明中叶刻工。傅增湘曾藏有明本一部，题“明嘉靖间徐氏覆刻岳氏本”，又于天津盐业银行见到杨氏此本，当即指出杨氏本“实嘉靖刊本，不知缘何误认”[②]。今验之杨氏藏本与明嘉靖本，竟纤毫无差。然杨绍和曾在宋本《周礼郑注》提要中又题云：“严、抚两本，先公督袁江时收得之。”（《隅录》卷一）

---

① 参见长泽规矩也：《宋元刊本刻工名表初稿》，邓衍林译录，《图书馆学刊》第11卷第3期转载，1934年9月出版。

② 《藏园群书经眼录》卷1，中华书局1983年版，第49页。

杨以增收得的这个本子究竟是不是真正的严州本？或者杨氏曾经收藏过真正的严州本，辛酉陶南山庄遭焚失存，后来为配足宋刊四经，而以明本顶替之？或者杨氏根本就没有收藏过真正的严州本，将所藏明本误认为是宋本？个中难解之秘，不得而知。

宋本《大戴礼记》十三卷，《隅录》卷一著录。绍和题曰："每半叶十行，行二十字。遇宋讳仅'匡'、'恒'、'垣'等字间有缺笔，然相其字体版式每叶版心上记字数，下题刻工姓名。的属宋椠，宋椠固不以避讳之详略辨真赝也。是书朱文安公本谓得宋椠开雕，雅雨堂本则以元至正甲午(1354)嘉兴路学刻本校订。此本与庐氏所称元本大段相合，或即元本所从出耶。"绍和定为宋椠，实为元至正十四年(1354)嘉兴路儒学刻本。是书惟宋讳"敦"、"慎"、"讓"、"敬"皆不缺笔，字系赵体，白纸极薄而有罗纹。其卷一版心下题：周东山刁。周东山为元至正间嘉兴地区刊工，曾刻元延祐饶州路刊《文献通考》。其他刻工有沈成、沈元、沈显、沈成甫、信甫。考沈成曾刻元刊《汲冢周书》等。又据书口、讳字、字体、纸样等皆具元至正嘉兴路学刻本特点，断为元本无疑。原书有元人郑天佑序，序为手写体，粘于扉页，序云："海岱刘公庭干以中朝贵官，出为嘉兴路总管，政平讼理，发其先府君御史节斋先生所藏书刊诸梓，置之学，《大戴礼》其一也。"海源阁藏本，郑序已佚，故绍和于题识中既言"的属宋椠"，又言与"元本大段相合"，言语似不一致，又绍和对用刻工等方法鉴定版本认识不够，遂误定为宋本。此本今藏国图。将此本和藏于国图的元至正嘉兴路学刻本做一比较，发现杨氏藏本除无郑序外，余均相同，绍和判断之误确然。

北宋本《新序》十卷，《隅录》卷三著录。是书绍和迻录钱谦益、黄丕烈、金锡爵等五篇题识，然只言宋本，不分南北，绍和断为北宋本，实为南宋初杭州刻本。目验此本字体方严。宋讳"桓"字缺笔，"桓"字乃北宋末帝钦宗赵桓庙讳，表明此书刻于其后。宋讳缺笔至"構"字，如卷九《善谋》篇之"秦赵構难，而天下皆说。""从秦为構，韩、魏闻之必尽重王"等句中的"構"字皆缺末三笔，"構"为南宋首帝高宗赵构的御名，表明此书当为南宋初年刻本，而遇"慎"字则均不回避，如曾巩《序》中"要在慎取之而已"，卷一"公慎氏有妻而淫，慎溃氏奢侈骄佚"等句。"慎"乃南宋第二任皇帝赵眘之名讳，不避孝宗讳字，说明刻书一定在此之前。又刻工洪茂、洪新皆南宋初年杭州地区良工，两人曾刻绍兴刊本《白氏六帖事类集》、《汉书》、《水经注》等，因推知此书当是南宋绍兴间杭州地区刻本。李致忠云："此本系皮纸印造。字体隽秀，刀法剔透，墨色绝正，古朴大方，颇有宋时浙刻风韵。"[①]

北宋本《扬子法言》十三卷《音义》一卷，《隅录》卷三著录。是书绍和迻录顾广圻题识一篇，顾氏据《音义》后列国子监校勘官衔名，定为北宋治平监本，绍和从之，误。实为南宋刻递修本。宋讳"桓"、"慎"均为字不成，如卷五第四页注中"三桓专鲁"之"桓"字、卷三第四页"君子微慎厥德"之"慎"字均缺末笔，表明此书所刻已入南宋。又卷二之二、四页，卷四之五页，卷五之五页等，悉为补版，与前相比，写刻草率，气韵皆无。刻工有三十五人，如李度、李恂、严忠、严志等为南宋初杭州地区名工，李度、李恂曾刻宋绍兴刊《汉书》、宋绍兴刊淮南路转运司本《史记集解》、宋杭州刊《乐府诗集》等。南宋中期刻工有王植、王寿、王椿、王用、王正、李正、李元、李信、李倚、李倍、金祖、朱玩、吴中、詹世荣、章忠、张谦、张用、孙日新、高俊、何澄等人，李信、李倚、李倍等人曾刻宋庆元六年(1200)绍兴府刊递修本《春秋左传正义》、宋两浙庾司刊《礼记正义》、宋刊《嘉泰普灯录》等，李元曾刻宋淳熙严陵小字本《通鉴纪事本末》、宋绍兴刊《汉书》等，王寿、章忠等曾刻《太玄经集注》。《古籍宋元刊工姓名索引》谓有"元代补版，系是书第三期刊工"[②]，然检刻工，却无元人，恐亦不确。

宋本《元丰类稿》五十卷续附一卷，《隅录》卷五著录。是书绍和迻录朱锡庚跋一篇。朱氏称"是本纸质薄而细润，格式疏而字体朴茂，洵南宋椠本之佳者。"绍和依之，误。实为元大德八年(1304)东平丁思敬刻本。此书清宫有藏，《天禄琳琅后目》卷十一著录云："书法、椠手俱极古雅，麻纸浓墨，摹印精工，为元刻上乘。"《天禄琳琅》著录本前有《大德重刊元丰类稿序》，为大德八年(1304)夏五月广平程文海撰，后有大德甲辰（即元大德八年）良月东平丁思敬后序。丁氏《序》曰："大德壬寅（即元大德六年）春，假守是邦。……既拜公墓，又获展拜祠下……公余进学官、诸生访旧本，谓前邑令黄斗斋尝绣诸梓，后以兵毁。夫以先生文献之邦，而文竟无传，后守乌得辞其责。乃致书云仍留耕公，得所刻善本，亟捐俸倡僚属及寓公、士友协力鸠工摹而新之，逾年而后成，其用心亦勤矣。"据此可知，其一，是集元代应有黄氏本，曾氏族裔（留耕）亦有

---

① 《宋版书叙录》，书目文献出版社 1994 年版，第 326 页。

② 王肇文：《古籍宋元刊工姓名索引》，上海古籍出版社 1990 年版，第 351 页。

刻本。其二，丁氏此时“假守是邦”，即为官南丰。其三，丁氏所拜曾巩墓、祠，皆在南丰县[①]。可见，此书应为丁思敬于大德壬寅(1302)始刻并在大德甲辰(1304)刻成于江西南丰。傅增湘因丁氏《后序》称“公(曾巩)先世亦鲁人”及末署“东平丁思敬”而谓刻于山东东平[②]，误。邵章于《增订四库简明目录表注·续录》中言：“杨勰卿藏宋刊大字本”，亦是因未加详审而误。海源阁藏本因两序被人割去，遂误为宋本。

元本《文选》六十卷，《隅录》卷五著录。是书绍和迻录孙星衍、陈鳣跋各一篇，孙氏、陈氏定为元本，陈氏《跋》曰：“《文选》善本行世甚少。此为元初知池州路总管府事张伯颜刊版，字画工致，雠校精审，与宋绍熙间尤延之遂初堂原刻无异，较明人翻刻已不啻霄壤。”绍和对此亦深信不疑。是本实为明嘉靖元年(1522)汪谅刻本。是书卷一版心下题：“九华吴清庆刁笔。”其后刻工不计其数，但多为单字，如夫、袁、青、文、孟、康、通等，多字刻工有张英、杨洪、案友、曹修、曹佾、黄禄、刘迈、刘用、马弼、潘晖、王明、王才、夏旺、夏义、余致远、庄永、赵奉、周见等。如黄禄曾刻明嘉靖六年(1527)张氏刻本《唐文粹》、明嘉靖十一年(1532)刻本《朱文公集》等。王才曾刻嘉靖二十六年(1547)刻本《西湖游览志余》。此书目录后原镌汪谅鬻书广告，列举刻书名单与此书刻版年月。今以原本对勘，发现广告页被人挖去，致使后人误为元刻，以讹传讹。汪谅刻书广告题：“金台书铺汪谅见居正阳门内第一巡警更铺对门。今将所刻古书目录列于左，及家藏今古书籍不能悉载，愿市者览焉。”又下列其翻刻宋元版者七种，如司马迁《正义解注史记》一部、梁昭明《解注文选》一部、黄鹤楼《解注杜诗全集》一部等，再列据古版重刻者七种，如《潜夫论》一部、《太古遗音大全》一部、《诗对押韵》一部等。又题：“嘉靖元年(1522)十二月望日金台汪谅古版校正新刊。”汪谅刻书今存者，惟《史记》、《臞仙神奇祕谱》、《集千家注杜诗》与此。汪本《文选》得到世人较高评价，如沈曾植曰：“摹印皆精，当为明刻甲观，比肩《史记》。”[③]然汪本实出张伯颜本，前题下有“同知池州路总官府事张伯颜重刊”一行，但以此断为元刊，误。据上所述是书为明嘉靖元年(1522)汪谅刻本无疑。

---

① 丁氏所拜谒的曾巩墓于1970年在南丰县南效源头村崇觉寺侧被发掘，并出土石碑《朝散郎试中书舍人曾公墓志铭》。此碑为林希撰文，沈辽江书，刻石者李仲宁。该墓志铭今藏于江西省博物馆。

② 《藏园群书经眼录》卷13，中华书局1983年版，第1139页。

③ [清]沈曾植：《明汪刻〈文选〉跋》，《海日楼题跋》卷1，中华书局1962年版。

冯雄曾指出过绍和这一失误，云："《文选》李注六十卷，嘉靖六年(1527)金台汪凉覆刻元张伯颜本，原版归朱氏后所印，虽朱序未明言，又将汪刻题记削去，然取与汪氏印本对勘，即可知之。杨氏海源阁旧藏一部定为元版者，与此相同，缘失去朱序故误认耳。"①

明抄本《汪水云诗》不分卷一册，《隅录》续编卷四著录。是书绍和迻录钱谦益、叶石君跋各一篇。钱跋谓"得其诗二百二十余首，手写为一帙。……崇祯辛未(1631)七夕，牧翁记"。绍和因重钱跋而忽略叶跋，遂误为明抄，实清顺治十七年(1660)叶畤、叶畴抄本。叶石君《跋》谓："庚子之岁，假得孙天年抄本，命儿子畤、畴对抄。次年辛丑正月，改纂讹谬毕，因书于后曰……洞庭东山毂道人(即叶石君)。"据此可知其抄书在庚子即顺治十七年(1660)，其校书在辛丑即顺治十八年(1661)。至于钱《跋》，可能是叶氏抄写时从他本迻录而来，抑或原本本来就有该跋，叶氏抄写时原文迻录。

除以上外，尚有如宋本《壬辰重改证吕太尉经进庄子全解》，杨绍和云"此本犹是南宋原椠"(《隅录》卷三)，周叔弢则题金本(《隅录》批注)，《中国版刻图录》、《北京图书馆善本书目》亦题金刻本。宋本《脉经》十卷(《隅录》卷一)应为明本，宋本《履斋示儿编》(《隅录》卷三)应为元刘氏学礼堂刻本，宋本《韦苏州集》(《隅录》卷四)应是明本，宋本《山谷老人刀笔》(《隅录》卷五)应为元本等，计有十余种。对于有些失传的版本，前人虽然亦曾指出失误，但由于不能目验，此次没有著录。如元本《史记集解索隐》实际为明正统游明刻本，傅增湘《藏园群书经眼录》卷三已经著录。这些失传的本子，前人鉴定如果正确无误，那么杨绍和误定之例则有二十余例。所以，杨氏书目的主要问题是版本鉴定的失误。

杨绍和运用各种方法鉴定版本，可谓驾轻就熟，而用刻工、版框尺寸等鉴定版本，对之后的版本学研究则有抛砖引玉之功。通过梳理版本源流、比勘版本优劣来勘定版本价值，进一步丰富了研究版本的途径。尤其是通过校勘来研究版本，说明杨绍和更注重版本的学术价值。杨绍和是注重内容又兼顾形

① [清]冯雄：明崇祯间怀远朱纯臣重印嘉靖元年(1522)汪凉刻本《文选》跋，《山东大学图书馆古籍善本书目》，齐鲁书社2006年版，第256页。

式的善本观的实践者，这为今后以此为标准的善本理论的形成打下基础。版本研究是一个历史过程，故杨氏也会不可避免地出现一些失误。但不管怎样，杨绍和基于版本学所进行的这些研究，说明他不是仅仅停留于保藏的层面上，而是上升到了学术研究的高度，并有不少创获，这是十分可贵的。

第　五　章

刻书与抄书

将所藏孤本秘笈刊印播扬，化身千亿，嘉惠来学，是中国藏书家的优良传统。古代尤其是明清时期的几乎每个有成就的藏书家，可以说都曾利用自己的藏书刊刻过书籍，他们已把刻书看成整个藏书系统中的一个不可分割的部分。藏书与刻书之间的关系密不可分，因而研究藏书家刻书，亦是研究藏书家藏书的一个重要方面。清末四大藏书家均曾刊刻过不少善本佳椠传诸于世。据笔者目前考证，海源阁刻书有四十五种，这一数量在清季私家刻书中应位列中上，而且在质量上亦相当考究，广受学者称誉。尽管杨氏刻书取得了不菲的成绩，但后人对其整理和研究，却几乎没有。之前只见到李士钊在《海源阁杨氏藏书刻书简述》，王绍曾在《〈海源阁书目〉整理订补缘起》中曾谈到过杨氏刻书，但都只是列举了一些书目，且数量不全，具体的刻书原委、版刻形态及特点等都无从知道。所以对杨氏刻书有必要进行全面系统的整理和研究。

杨氏刻书，既有主人出于治学欲使薪火递传之内因，又与深受齐鲁大地刻书风气的浸染之外因有关。考察山东刻书史发现，山东藏书家刻书不仅源远流长，且成绩斐然。据史料记载，山东刻书始于五代[①]；至宋、金时，因全真教创立者咸阳重阳子到山东传教，山东人从教者甚众，出于传教之需而刻印了大量道书[②]；明清两代，山东刻书成风，明代刻书见于周弘祖《古今刻书》者有五十二种，但周氏所录仅是极少一部分，有很多漏收，比如山东明代藏书家中刻

① 据张秀民《中国印刷史》第42页引南唐刘崇远《金华子杂编》记载，我国判案的最早印本为五代之初王师范镇守青州时所刻印的《王公判事》。

② 参见张秀民：《中国印刷史》，上海人民出版社1989年版，第261—263页。

书最具特色的藩刻本,《古今书刻》只录德府刻书六种,鲁府刻书四种,但实际上明代山东藩府有六个,且无一不刻书,据王绍曾考证有三十五种,但“这三十五种当然并不等于山东藩刻本的全部”①。清代是山东藏书家刻书的鼎盛时期,出现了一些藏书刻书大家,声振海内。清初池北书库主人王士祯刻书校勘精审,其康熙刻本《王渔洋遗书》三十八种,开清代北方刻书之先河。其后山东刻书代代涌现。乾隆间德州卢见曾刻《雅雨堂藏书》十三种;曲阜孔继涵刻《微波榭丛书》三十八种;历城周永年刻《贷园丛书初集》十二种;嘉庆间栖霞郝懿行《郝氏遗书》三十一种;嘉道以后,诸城刘喜海、海丰吴式芬、潍县陈介祺等先后刻印字书、金石墨本,蔚成一代巨观;道光间,历城马国翰刻印《玉函山房辑佚书》七百零八卷;同光之际,福山王懿荣辑刻《天壤阁丛书》三十二种……

山东为儒家文化发源地,治学藏书刻书之风绵延各地。聊城地处鲁西,受其文化熏陶,刻书自明代起已蔚成风气,这期间尤以明万历间刻书为盛。据杜信孚《明代分省分县刻书考》统计,聊城各县刻书有一百余种。如万历二十八年(1600)博平刘大文刻《选诗》三卷《选诗补》一卷(明顾大猷辑);万历三十七年(1609)东阿于纬刻《读史漫录》十四卷(于慎行撰);万历间东阿于慎行刻《海岳山房存稿》二十卷《别稿》五卷《附录》一卷(明郭造卿撰),于慎行自撰自刻《谷城山馆诗集》二十卷等。而聊城县东昌府刻书则更多,如明嘉靖三十二年(1553)王应璧刻《汉魏诗纪》二十卷(明冯惟讷辑);明嘉靖四十二年(1563)许鹍刻《龙石诗集》八卷《文集》五卷(明许成名撰);明隆庆五年(1571)聊城王汝训刻《皇明疏议辑略》三十七卷(明张翰撰);明万历十二年(1584)聊城傅光宅刻《徐迪功集》六卷《谈艺录》一卷(明徐祯卿撰),明万历十二年聊城傅光宅、曾凤仪刻《国语抄评》八卷(明穆光熙辑);明万历二十七年(1599)朱延禧刻《王文定公遗稿》二十卷(明王道撰),明万历三十七年(1609)朱延禧刻《王文定公文录》十二卷(明王道撰),明万历四十年(1612)朱延禧刻《穆文简公宦稿》二卷(明穆孔晖撰);万历间聊城丁懋儒刻《龙石先生诗抄》一卷《文抄》一卷(明许成名撰);万历间傅尔康刻《傅伯俊诗草》七卷(明傅光宅撰)等。明朝聊城东昌府刻书主要是东昌几大名门望族,如朱延禧是明万历、天启年间的朝廷重臣,曾官东阁大学士、礼部尚书、太子太保、文渊阁大学士等,因受魏忠贤排挤,后被

① 王绍曾、沙嘉孙:《山东藏书家史略》,山东大学出版社1992年版,第84—85页。

熹宗皇帝革职为民。朱氏家族乃书香门第，读书种子代代相传。朱延禧刻了很多书，并有刻书题记《刻小学书后》等文。"御史傅"家族从明初自山西迁往聊城，其家族至今人丁兴旺、地位显赫。族人傅光宅曾历官重庆府知府、河南道监察御史、南京兵部郎中、工部郎中，后升任按察副使、督学政等，他也刻了不少书。

清代聊城刻书亦很兴盛。《老残游记》中第七回"借箸代筹一县策　纳楹闲访百城书"记述了老残专程在东昌府访书的情形，下面是老残和一书铺掌柜的谈话：

那掌柜的道："我们这东昌府，文风最著名的。所管十县地方，俗名叫做'十美图'，无一县不是家家富足，户户弦歌。所有这十县用的书，皆是向小号来贩。小号店在这里，后边还有栈房，还有作坊。许多书都是本店里自行雕板，不用到外路去贩买的。你老贵姓，来此有何贵干？"老残道："我姓铁，来此访个朋友的。你这里可有旧书吗？"掌柜的道："有，有，有。你老要什么罢？我们这儿多着呢！"一面回过头来指着书架子上白纸条儿数道："你老瞧！这里《崇辨堂墨选》、《目耕斋初二三集》。再古的还有那《八铭塾抄》呢。这都是讲正经学问的。要是讲杂学的，还有《古唐诗合解》、《唐诗三百首》。再要高古点，还有《古文释义》。还有一部宝贝书呢，叫做《性理精义》，这书看得懂的，可就了不得了！"老残笑道："这些书我都不要。"那掌柜的道："还有，还有。那边是《阳宅三要》、《鬼撮脚》、《渊悔子平》，诸子百家，我们小号都是全的。济南省城，那是大地方，不用说，若要说黄河以北，就要算我们小号是第一家大书店了。别的城池里都没有专门的书店，大半在杂货铺里代卖书。所有方圆二三百里，学堂里用的《三》、《百》、《千》、《千》、都是在小号里贩得去的，一年要销上万本呢。"老残道："贵处行销这'三百千千'，我到没有见过。是部什么书？怎样销得这们多呢？"掌柜的道："嗳！别哄我罢！我看你老很文雅，不能连这个也不知道。这不是一部书，'三'是《三字经》，'百'是《百家姓》，'千'是《千字文》；那一个'千'字呢，是《千家诗》。这《千家诗》还算一半是冷货，一年不过销百把部；其余《三》、《百》、《千》，就销的广了。"①

① ［清］刘鹗：《老残游记》，上海古籍出版社2005年版，第40—41页。

“百城书”即指东昌府书之繁多。《老残游记》虽是一部小说，但它属纪实体裁。书中那个游走江湖的医生老残就是小说作者刘鹗，刘鹗以书中的主角老残自况，记述了他游历途中的见闻。据蒋逸雪《刘铁云年谱》记载，刘鹗是于清光绪十七年(1891)冬到东昌访杨氏藏书的。虽未能获见，但书店掌柜的闲谈，藉此让我们得以领略当时东昌府的书业情况。聊城东昌府刻书坊自明中叶就有，名曰“好友堂”，但规模不大，到明末清初，书坊陆续增加，如康熙年间的“书业德”、“善成堂”、“宝兴堂”、“有益堂”等。到乾嘉时期，东昌商业兴隆，又设科举试场，书坊书店大增，先后又出现了“敬文堂”、“文英堂”、“聚锦堂”、“万育堂”、“福兴堂”等数十家坊店，其繁荣景象一直持续到清末民初。“书业德”的资东是陕西郭姓商人，地址在东门里路南，为明代吏部尚书许赞故居。由于资财雄厚，先后出版图书达一千多种。吴云涛云：“书业德”的书籍“在印刷上，纸张上，以及校勘、装订各个方面，都十分认真考究，因而业务蒸蒸日上，经营范围亦逐日扩大，据‘书业德’末期的少掌柜陈季先(山西祁县人)谈，听他的老人家常常说起当年的‘书业德’，最兴隆时期，有各类书版一千多种。柜上工人及营业职员百余人。除聊城总店设有作坊，大量印制批售外，并在济南、太原、忻县、中遥等地设有分号……”①除“书业德”之外，还有“善成堂”、“宝兴堂”、“有益堂”规模也相当大，这四家号称聊城书籍业的“四大家”。当时所刻书有“南书”和“府书”之别。“南书”是从江、浙、川、闽等省运来现成的书页子，到聊城后，再加工成完书后出售，或以“南书”原页，翻印成书；“府书”是指在当地雕版，印刷成书的，即东昌府各书坊雕印的书。“南书”多采用上等国产毛边纸印刷，洁白柔韧，厚薄均匀；“府书”多用毛泰纸印刷。其所印书目繁多，如“书业德”、“善成堂”的书目有《五经体注》、《十三经注疏》、《资治通鉴》、前《四史》、官版《四书》、《通鉴集要》、《两唐书》、《旧五代史》、《宋史》、《竹书纪年集证》、《两汉纪》、《二十一史约编》、《诸史考异》、《奎壁春秋》、《监本易经》、《周易注疏》、《周易折中》、《周礼注疏》、《礼记集说大全》、《春秋左传》、《尔雅注疏》、《辨字通考》、《康熙字典》、《东莱博议》、《宋元学案》、《汉学师承记》、《九朝东华录》等以经、史、子类为多。其他如医药书籍极多，如《黄帝内经素问》、《千金翼

① 吴云涛：《聊城刻书出版业简史——聊城文化史料集丛之三》，中共聊城县委员会办公室档案组1976年编印，第8页。

方》、《伤寒论》、《历代名医类案针灸大全》、《丹溪全书》等；小说中，有《三国演义》、《封神演义》、《彭公案》、《小五义》、《精忠岳传》、《聊斋志异》等，还有《老学庵笔记》、《南村辍耕录》等一些“闲书”。据吴云涛在20世纪60年代采访曾经在“善成堂”工作过的老工人孙玉堂说：“‘善成堂’原有的这类属于《杂学》、《别集》、《小说》、《术数》的书版，存四百四十多种，‘书业德’四百八十多种。”[①]这些书刷印成书后，不仅在东昌府及聊城所属八县，还远销北方，如济南、保定、天津等。这样，东昌府名副其实地成为鲁西地区的刻书中心。[②] 尤其是四大书局刻的书到现在仍然有不少保留了下来。至今，每逢聊城大集，东昌府新华古玩书画市场常见有书摊上销售四大书局刻印的古书，售价颇昂。海源阁杨氏出身官宦书香家庭，于读书藏书之际，亦必瞩目刻书事业。故杨氏之刻书种子在这种文化环境中已经悄然播下。当杨氏四代人宦游各地时，于治学购书时不忘刻书，尽管刻书地点屡经变换，但刻书时间持续八十余年历久不息，盖因刻书的概念已经深深嵌于杨氏几代人脑海之中。所以从文化背景上来考察，杨氏刻书，实在是渊源有自。

第一节　刻书的数量、种类和规模

海源阁刻书究竟有多少种，前人有不少说法。如近人李士钊认为有二十三种[③]，《中国藏书楼》为十八种[④]，王绍曾为二十八种[⑤]。笔者通过著录及实地考察，又从《中国古籍善本书目》、《崇祀乡贤录》、《退思庐文存》、《中国古籍版刻辞典》、《续修四库》、《增订四库简明目录标注》及中国科学院图书馆、鲁图、南图、国图等共搜集到十一种，如加二十八种和杨刻地理图籍五种共四十五种，应是目前确切数字；但从海源阁刻书状况及随着对海源阁研究的深入，这一数字恐怕不是最终数字。通过考证，发现了如以前著录过但并未公之于世的如《夏小正传》、《急就章考异》等；以前著录过但不知藏所及版刻情况的，这

---

① 吴云涛：《聊城刻书出版业简史——聊城文化史料集丛之三》，第14—15页。

② 以上材料参考吴云涛著《聊城刻书出版业简史——聊城文化史料集丛之三》。

③ 参见李士钊：《聊城海源阁藏书刻书简述》，《山东出版志资料》第1辑，第143—144页。

④ 参见任继愈主编：《中国藏书楼》，辽宁人民出版社1999年版，第1589页。

⑤ 参见王绍曾：《杨氏五世传略及海源阁藏书概述》，《订补海源阁书目五种》，齐鲁书社2002年版，第1228—1230页。

次查到藏所的如《思退堂诗抄》、《石笥山房集》、《礼理篇》、《六艺堂诗礼七编》等；有著录出处较偏僻的，如《跛溪年谱》，只见《北京图书馆古籍善本书目》；有未见著录但有现存原书者，如《蕉声馆集》、《柳真君劝孝歌》、《三礼义证》、《授堂诗抄》等，《蕉声馆集》藏于南京图书馆，上有杨以增手写序言，极为珍贵，经鉴定与藏于鲁图的《笏山诗集》、《渊雅堂集》的杨氏另附白纸手写跋语笔迹一样。这四十五种中，除五种《说文解字义证》、《方舆考证总目》、《灵棋经》、《小仓山房尺牍》、《艺舟双楫》、《童蒙训》等只见著录而未见原书和藏所外，其他均予目验，并且都存于图书馆。现据作者掌握的材料整理成附表《海源阁杨氏刻书知见录》，以供了解杨氏刻书的具体情况。

海源阁刻书知见录

刻书主人	书名卷数或册数	刻书年代	版框和行款	著录或见存	刻书地点
杨以增	《经验妇孺良方》3卷	道光九年(1829)	15.9×11cm，9行22字，白口，四周双边，单黑鱼尾	《济南市图书馆馆藏古籍书目》，济图	贵州贵筑县
杨以增 翟云升 陈官俊	《隶篇》15卷、《续编》15卷、《再编》15卷	道光十八年(1838)	23.5×15.8cm，14行25字，白口，左右双边，单黑鱼尾	《退思庐文存》、杨以增序、李氏简述、刘氏概述(1)，南图等	山东掖县
杨以增	《说文解字义证》1册	道光二十二年(1842)		杨至堂八通书(2)	山东济宁
同上	《方舆考证总目》1册	同上		杨至堂八通书	同上
同上	《三礼义证》12卷	同上	18.2×14.5cm，11行23字，白口，左右双边，单黑鱼尾	《续修四库》，南图	河南大梁(开封)
同上	《授堂诗抄》8卷	同上	同上	《续修四库》，南图	同上
同上	《授堂文抄》8卷、《续》2卷	同上	同上	《续修四库》，南图	同上
杨以增 李炜	《牧令书》23卷、《保甲书》4卷	道光二十八年(1848)	19.1×13.6cm，10行25字，白口，左右双边，单黑鱼尾	李氏简述、刘氏概述、杨以增序，南图	
杨以增	《思退堂诗抄》12卷、《青琅玕吟馆词抄》1卷	道光三十年(1850)十月	19×14cm，9行21字，白口，左右双边，单黑鱼尾	《退思庐文存》，杨以增序，鲁图藏目(3)，鲁图(4)	江苏清江浦(今淮安)

续表

杨以增	《赋则》4卷	道光年间	17.7×13.6cm，9行24字，白口，四周双边，单黑鱼尾	鲁图藏目，鲁图	
同上	《禹贡九州图》1册	咸丰元年(1851)		鲁图、聊城海源阁纪念馆，承训捐(5)	江苏清江浦
同上	《恒星赤道图》	同上		同上	同上
同上	《皇朝一统图》	同上		同上	同上
同上	《万国地球图》	同上		同上	同上
同上	《今释古今图》(此以上4种8册)	同上		同上	同上
同上	《柳真君劝孝歌》1卷	咸丰二年(1852)二月	15.7×10.9cm，8行12字，白口，左右双边，单黑鱼尾	中科院图书馆	同上
同上	《蕉声馆集》8卷	咸丰二年(1852)三月	16.8×13.5cm，12行24字，白口，左右双边，单黑鱼尾	《退思庐文存》，杨以增序，南图等	同上
同上	《石笥山房集》23卷	咸丰二年(1852)三月重刊	16.8×12.4cm，10行20字，白口，四周双边，单黑鱼尾	《清集别录》(6)、《续修四库》、《总目提要》(7)、杨以增序等，南图等	同上
同上	《蔡中郎集》16卷	咸丰二年(1852)	19.2×13.3cm，9行18字，白口，左右双边，单黑鱼尾	《丛书综录》(8)等，国图、华东师大、南大等	同上
同上	《三续千字文注》1卷	同上	19.5×13.5cm，10行23字，白口，四周双边，双黑鱼尾	《丛书综录》，国图、华东师大、鲁图等	同上
同上	《九水山房文存》2卷	同上	18.5×13.5cm，9行21字，大黑口，四周双边，单黑鱼尾	《丛书综录》、《清集索引》(9)，国图、南大等	同上
同上	《六艺堂诗礼》7编16卷	同上	18.65×12.85cm，10行22字，白口，左右双边，单黑鱼尾	《海源阁书目》、丛书题识(10)，国图	同上
同上	《六艺纲目》2卷、附录2卷	咸丰三年(1853)	22×13.5cm，9行19字，左右双边，白口，单黑鱼尾	《丛书综录》，鲁图、南大等	同上
同上	《礼理篇》(《复礼》)1卷	同上	19×13.5cm，9行21字，小字双行同，大黑口，四周双边，单黑鱼尾	中科院图书馆、国图	同上
同上	《张彦惟答方彦闻书》1卷	同上	同上	同上	同上

续表

杨以增	《志学箴》1卷	咸丰三年(1853)	19×13.5cm,5行20字,经文每行3字,下疏证双行每行14字,大黑口,四周双边,单黑鱼尾	国图、湘图	江苏清江浦
同上	《应潜斋先生集》10卷	咸丰四年(1854)十一月	17×12.5cm,10行21字,白口,左右双边,单黑鱼尾	《中国古籍版刻辞典》、《中国古籍善本书目》,南图	同上
同上	《急就章考异》1卷	咸丰四年(1854)冬	18.2×13.5cm,9行18字,四周双边,注文双行同,白口,单黑鱼尾	李氏简述、刘氏概述、《崇祀乡贤录》,国图	同上
同上	《夏小正传》2卷	同上	同上	同上	同上
杨以增 杨绍谷 杨绍和	《柏枧山房文集》16卷、 《集》31卷、 《集》31卷补刻本	咸丰五年(1855) 咸丰六年(1856) 同治三年(1864)	18.1×13.8cm,10行21字,白口,四周双边,单黑鱼尾	《清人别集总目》、《清集索引》等,南大、国图、川大等	同上
杨以增	《助字辨略》5卷	咸丰五年(1855)九月	19.2×13cm,9行21字,左右双边,白口,左右双边,单黑鱼尾	《丛书综录》,国图、中科院图书馆、鲁图等	同上
杨以增 高均儒(手写)	《惜抱先生尺牍》8卷	同上	19.2×13.1cm,9行18字,白口,左右双边,单黑鱼尾	《丛书综录》,中科院图书馆等	同上
杨以增 丁晏	《百家姓三编》1册	咸丰五年(1855)	20.2×14cm,5行10字,小字双行16字,白口,四周单边,单黑鱼尾	《颐志斋感旧诗》(11),南图	同上
杨以增 高均儒(手写)	《跛溪年谱》1卷	咸丰六年(1856)	22×13.5cm,8行16字,四周单边,小字双行同,栏外记页数	《北京图书馆珍藏本·年谱丛刊》,国图	同上
杨以增 胡珽	《尔雅郭注义疏》20卷	咸丰六年(1856)	19.3×13.5cm,9行21字,小字双行同,大黑口,左右双边,单黑鱼尾	鲁图藏目,鲁图	吴门(苏州)
杨以增	《吕氏家塾读诗记》32卷、《续》3卷	清末杨氏海源阁刻本	20.3×13cm,10行20字,小字双行同,白口,四周双边,单黑鱼尾	《海源阁书目》、李氏简述、刘氏概述,南图	

续表

杨保彝	《唐求诗集》1 卷、《附录》1 卷	光绪二十年(1894)	17.2×13.2cm,10 行 18 字,白口,左右双边,单黑鱼尾	鲁图藏目,鲁图等	北京
同上	《楹书隅录初编》5 卷、《续编》4 卷	光绪二十年(1894)光绪二十一年(1895)	17.8×12.5cm,9 行 21 字,白口,左右双边,单黑鱼尾	鲁图藏目,中科院图书馆、鲁图、国图等	同上
杨敬夫	《退思庐文存》1 卷	民国九年(1920)	18.1×13.9cm,9 行 21 字,大黑口,四周双边,单黑鱼尾	鲁图藏目、《丛书广录》(12),鲁图、中科院图书馆、青图等	山东聊城
同上	《仪晋观堂诗抄》1 卷	同上	同上	鲁图藏目,中科院图书馆、鲁图、南开等	同上
同上	《归甂斋诗词抄》1 卷	同上	同上	同上	同上
杨以增	《灵棋经》2 卷		未见	李氏简述、刘氏概述、杨以增序	
同上	《小仓山房尺牍》		同上	李氏简述、刘氏概述	
同上	《艺舟双楫》		同上	同上	
同上	《童蒙训》3 卷		同上	《增订四库简明目录标注》(13)	

附表注:

(1)李士钊《海源阁丛书及其善本书的下落》,《聊城海源阁藏书刻书简述》,《山东出版志资料》第一辑,1984 年;刘文生《海源阁藏书概述》,《聊城文史资料选辑》第一辑,1982 年。

(2)《杨至堂致许印林书八通》,《顾黄书寮杂录》(王献唐编著),齐鲁书社 1984 年版。

(3)鲁图《馆藏海源阁书目》,鲁图编,齐鲁书社 1999 年版。

(4)鲁图古籍部,海源阁特藏书库。

(5)李士钊《杨承训为兴建"海源阁纪念馆"捐献重要图书文物》,《聊城海源阁藏书刻书简述》,《山东出版志资料》第一辑,1984 年。

(6)张舜徽《清人文集别录》,华中师范大学出版社 2003 年版。

(7)柯愈春《清人诗文集总目提要》,北京古籍出版社 2002 年版。

(8)《中国丛书综录》收录海源阁"丛书"六种,并载此六种北图、科学院、上海、华东师大、南京、南大、河南图书馆等均全种收藏,但据查有误,吉大、重庆、山东图书馆有残本收藏,其中鲁图存五种。

(9)王重民《清代文集分类索引》,北京图书馆出版社 2003 年版。
(10)施廷镛《中国丛书题识》,北京图书馆出版社 2003 年版。
(11)丁晏《颐志斋感旧诗》,清咸丰五年(1855)颐志斋刻本(亦见《续修四库全书》第 1523 册),《颐志斋感旧诗·杨至堂河帅》云:"(杨以增)又刻《百家姓三编》大字本。"
(12)阳海清《中国丛书广录》,湖北人民出版社 1999 年版。
(13)邵懿辰撰、邵章叙录《增订四库简明目录标注》,上海古籍出版社 2000 年版,第 389 页。

上表基本上是按刊刻时间排列的,无年代可考者放在后面,这样可以看出杨氏刻书的演变情况,如兴衰变化、时地迁移、刻书者变化,而版式、藏所及出处也一目了然。就杨氏刻书种类而言,计经部十一种一百四十一卷,史部九种三十七卷,子部九种十六卷,集部十五种一百三十二卷,都四十五种三百二十六卷,其中有两种不知卷数。这一数量与清代同时期其他私刻家相比,不及著名的《玉函山房辑佚书》、《知不足斋丛书》、《平津馆丛书》,但比起《抱经堂丛书》、《士礼居丛书》来又多不少。故海源阁杨氏刻书在规模上于清代私刻史上应属中上。就质量而言,杨氏所刻书籍大都被著名书目所著录或为丛书所收入,如《中国古籍善本书目》、《北京图书馆古籍善本书目》、《中国丛书综录》、《清人别集总目》、《续修四库全书》等,其中有不少如《柏枧山房集》、《蔡中郎集》、《楹书隅录》等已成善本、孤本,得到不少学者的肯定和赞扬。

杨氏刻书有一个庞大的计划,如绍和于宋本《史记》题云:"先公平生深于史学,尤爱读龙门之书,尝欲广稽诸本,订其异同,重为刊正,故访购宋、元、明以来善本颇多。"(《隅录》卷二)可惜由于主人过早离世及其他原因,计划未能完成。除《史记》外,其中有杨氏校刊未竟或直接提及的十一种。《淮南鸿烈解》二十一卷,海源阁藏此书北宋本,杨以增曾欲据此付梓,会因战事而中止,绍和思之再刻,亦未成。绍和于《隅录》卷三《淮南鸿烈解》题云:"咸丰壬子(1852),先公得于袁浦,亟思锓木,以惠艺林。乃校未及半,会江南寇起,日治军书,事遂中辍。比年,和乡居多暇,而学殖浅落,又未敢怀铅提椠,且北地手民亦鲜工剞劂,正不知何时得酬斯愿,用承先公未竟之志也。抚书远想,曷禁慨然!"《养一斋集》、《养一斋劄记》,《清河县志》载:杨以增居清江浦时,"求遗书得山阳潘德舆《养一斋集》,谓是古之大贤。淮郡人士若知宗仰,当无近今缙绅之有,未梓行之;《养一斋劄记》记述皆有益人心也,道亟命锓版，会以增卒，事遂中止。”①《曹子建集考异》，朱绪曾云：“癸丑（1853）冬，于役袁江，维时聊城杨至堂侍郎属高均儒伯平既校刊《蔡中郎集》，将从事于斯编。……至堂侍郎旋归道山，未果刻。”②《禹贡集解》，清丁晏撰，丁晏《颐志斋感旧诗》云：“《禹贡集解》写样，未及刊版而河帅归道山矣。”③《诗毛诗传疏》，清陈奂撰，汪喜孙致陈奂书云：“昨杨至堂观察有刻许云峤《方舆纪要补》及桂未谷《说文解字注》（书五十册、字百万）之议，并欲刻足下所著《毛诗传疏》，专差致白金百廿两奉速从者来豫，并携三四写手刻工来，仿宋本精椠。足下断□却之。”④后由于杨以增调陕中止。除以上五种外，尚有杨氏三代自撰著作六种亦未能刻成，杨敬夫云：“杨氏三代先人未刻的书籍很多，过去都存放在我家后上房的木炕上的‘多宝阁’中，可惜战乱中都遗失了。杨氏先人的著作除先祖勰卿先生的《楹书隅录》已刻印过两次，都很快不胫而走外，未刻的有《海源阁宋元秘本书目》一册，《海源阁书目》六册，还有《海源阁金石书画目录》五册，《杨端勤公奏疏》三十五册，《海源阁珍存尺牍》二十册，先祖勰卿先生的《海源阁诗文集》十二卷等等。”⑤假若杨氏后人能够完成这个遗愿，杨氏刻书无疑将更加可观。

第二节　刻书思想和特点

杨氏刻书有自己的刻书思想，如重传世，为治学，校勘精益求精。同时，由于杨氏几代宦游四方，屡经迁徙，刻书地点变换多，刻书时间长，且版式不一。又杨氏尊贤重谊，刻乡贤友朋学术著作多种。所以杨氏刻书又有自己鲜明的特点。

---

① 《清河县志·杨以增传》，《中国地方志集成·江苏府县志》，江苏古籍出版社1991年版。

② ［清］朱绪曾：《曹子建集考异》题识，《开有益斋读书志》卷5，《清人书目题跋丛刊》第7册，中华书局1993年版。

③ ［清］丁晏：《杨至堂河帅》，《颐志斋感旧诗》，清咸丰五年（1855）颐志斋刻本。

④ ［清］陈奂辑、吴格整理：《流翰仰瞻》（陈硕甫友朋书札），《历史文献》第10辑，上海图书馆历史文献研究所编，第65函，第66页。

⑤ 李士钊：《聊城海源阁藏书重要史料片断——1966年2月10日在天津访问海源阁第四世主人杨承训（敬夫）先生》，《山东出版志资料》第1辑，第187页。

一　传世思想

私家刻书不像书贾出于商业目的，常以传世为己任。在杨氏的刻书序跋题识中，常常看到诸如“重加剞劂，用广其传”①、“以广其传”②、“不可不有以存之，因亟为刊刻”③、“遗兹片羽，何可泯焉”④之类的语句。在杨氏所刻四十余种书中，初刻本计有《隶篇》、《三礼义证》、《授堂诗抄》、《思退堂诗抄》、《九水山房文存》、《六艺堂诗礼七编》、《礼理篇》、《张彦惟答方彦闻书》、《志学箴》、《跛溪年谱》、《楹书隅录》和《杨氏三代诗文》三种等共十四种；《说文解字义证》、《方舆考证》两种亦属首次刊刻，虽未刻完，但为以后刊刻创造了条件；或前已刻过，但流传不广，无法传世，杨氏又重加刊印，如《授堂文抄》、《助字辨略》及《地图》五种等。有的为流传孤本，如宋本《唐求诗集》，世间仅藏一本，为使其流传更广，让人能够目睹宋本原貌，海源阁第三代主人杨保彝以影宋刻本刊刻饷世；有的则虽传刻本，但已损坏，修补后重刊，如清咸丰四年(1854)刻本《夏小正传》、《急就章考异》等。由此可以看出杨氏刻书这种浓重的传世思想。

为能以精槧全帙传世，海源阁刻书尤重足本。这些刻本虽以前刊过，但收录并不全，经杨氏重新刊过后，将散佚之作收录，是为全集。如《蔡中郎集》、《石笥山房集》、《柏枧山房集》、《九水山房文存》、《尔雅郭注义疏》等均属诸家刻本中最全的本子。《蔡中郎集》，杨以增在编刻是集时，制定了“宁过而存之”的原则，其《序》云：“于徐本十卷《外纪》一卷外，又采自他本另编四卷，录范《书·列传》及青浦王氏所纂《年表》于卷末，都为十六卷，篇则溢于范《书》所载百四之数，宁过而存之也。”(此刻杨氏将《列传》和《年表》合为一卷)高均儒于《外集》四卷卷末亦《跋》云：“其文体较近，有似非中郎所作，及廖廖数语，上下似有阙文，悉照录存。”杨本所集篇数共一百三十五篇，其中十卷本有七十三篇，杨本足本的贡献就在于所集外集四卷共有六十二篇，并

① [清]杨以增：《〈六艺纲目〉跋》，《六艺纲目》卷末，清咸丰三年(1853)杨以增刻本。

② [清]杨以增：《跋〈刘松岚观察谒虚谷先生墓诗后〉》，《授堂文钞》卷首，清道光二十三年(1843)杨以增、武穆重刊本。

③ [清]杨以增：《〈思退堂诗抄〉后叙》，《思退堂诗抄》卷末，清道光三十年(1850)杨以增刻本。

④ [清]杨以增：《〈三续千字文注〉跋》，《三续千字文注》卷末，清咸丰二年(1852)杨以增刻本。

将范晔《后汉书》之《蔡邕列传》和清人王昶所撰《蔡中郎年表》收附于篇末，共得十六卷，堪称是一部集大成的刻本。杨本虽也将《隶势》、《刘镇南碑》等疑似之作收录，有真伪杂糅之嫌，但“存疑俟质”，让读者自辨，亦不失一种好方法。《石笥山房集》，在杨刻本以前有赵、阮两家刻本，但实际上这两家刻本收录作者胡天游作品都不齐全，杨以增则戮力搜求，终于使胡氏著述“详备”。杨以增云：“山阴胡稚威先生在举中同举推为首选，洎临场褎病。天下为之扼腕，而先生之名益重，迄今无闲。然先生无专集行世，唯以坊选中一鳞半爪，见珍艺林。予在黔，得抄本四册，续又抄逸稿两册，藏弆海源阁。嗣闻有赵、阮两刻，而版本竟不可得见。道光丙午(1846)，先生四世诸孙秋潮大令任吾东之博平，出家藏旧抄本，得文六卷，诗十二卷，付梓梨枣。苦校勘未精，镌刻未善，嘱其嗣君冠山赞府访硕儒、求良匠重刻之。赞府需次南河，予重其志扬先德，出所藏，畀资参核……嘉兴高君伯平诺赞府司其事，又从南丰谭桐舫司马得影抄赵刻本与黔之抄本，同择善而从。其集内征引古籍，有原书可检寻者，据正错误，盖十得七八。若有必不可通仍缺之，以待来哲于校正。大令原刻之外，附录补遗三卷。先生著述至是亦几详备矣。”①梅曾亮的作品在绍谷、绍和清同治三年(1864)补刻本足本三十一卷之前，有唐氏涵通楼清咸丰四年(1854)刻本《柏枧山房文集》二卷，然只收文五十六篇。杨以增父子历时九年，先后两次续刻，至同治三年时补为足本，将梅氏诗文全部收录，为保存桐城派传人梅曾亮的作品做出了贡献。

再如《尔雅郭注义疏》二十卷，此本为杨以增、胡珽刻本。王欣夫在谈到这一合刻本时云：“兰皋此书，初刻入阮氏《学海堂经解》；此为第二刻(指清道光三十年(1850)沔阳陆建瀛木犀香馆刻本)；咸丰乙卯(1855)，高伯平得钱塘严鹤山抄本，怂恿聊城杨至堂重刻，而胡心耘续成之，为第三刻；同治丙寅(1866)，兰皋孙联薇据以覆刻入《郝氏遗书》，为第四刻；光绪间，崇文书局又刻之，为第五刻。世所谓足本也。”②则《义疏》共有五刻。但阮刻与陆刻均为节本，胡珽跋杨、胡刻本云：“郝兰皋先生《尔雅义疏》仪征阮文达刊入

---

① [清]杨以增：《〈石笥山房集〉叙》，《石笥山房集》卷首，清咸丰二年(1852)杨以增刻本。

② 王欣夫：《蛾术轩箧存善本书录》，上海古籍出版社2002年版，第45页。

《皇清经解》,沔阳陆制府虑学者之未能家有是书也,复单刻之。惜其板旋遭兵燹,书未盛行。然两刻者,或谓皆据王怀祖(念孙)观察节本。或又谓阮刻《经解》,钱塘严厚民(杰)明经实总其成,是书盖厚民所节。传闻异词,无由审也……世之欲睹郝氏全本者,其诸亦有乐于是与。"[①]两刻无论经"王删"抑或"严删",已经不是足本。曾经参与陆刻的陈奂在《尔雅义疏序》一文又云:"高邮王先生为先生(阮元)通订全书,删削之甚,至数十字、数十句,不更增易其字句。越今廿有余载矣。戊申,在杭州汪守备铁樵士骧家重见王先生所手订之本。岁暮,归吴门。适应陆立夫制军召,委任校雠之役,遂与公子东渔影写原稿,细意对治,全书大旨,悉依王先生定本。"[②]可见,陆建瀛这次付刻的底本与阮元《皇清经解》的底本相同,均为王念孙所删定后的节本。而杨刻本的刊刻过程,先是高均儒从严氏得足本,杨以增读而善之,命为校刻,但刻过大半,杨以增卒,胡珽继而刻成。胡珽又云:"岁乙卯,嘉兴高伯平均儒文学得严鹤山所抄郝《疏》足本以奉河帅杨至堂先生,读而善之,邮书寄资命为校刻,功方过半,至堂先生遽归道山,珽因益资以蒇事焉。"[③]其代理刻书者和版片转徙情况,吴县沈宝谦又跋此本云:"胡刻初成,刷印亦不多,其版存汤漱芳斋刻字店。店在苏城古市巷,未几,闻板归泰州某家。盖河帅之刻未竟,心耘成全文,而又以其板转售于人也。陆刻本亦汤晋苑所刻,晋苑者,汤漱芳斋刻字店主人也。"[④]由此可知,是刻是在苏州所刻,如卷末所题:"吴门汤漱芳斋刻印"。遗憾的是,四年过后,即在清咸丰十年(1860),其杨胡刻本的版片毁于太平天国运动。[⑤] 清同治五年(1866),郝氏之孙联薇又据杨、胡足本刻入《郝氏遗书》中,杨、胡足本遂不致泯灭。郝联薇《跋》是本曰:"岁乙丑二月,联荪有事济南,晤阳湖汪叔明司马,欣然以所藏杨氏足本相授,且任校雠之役。联薇既刺涿州,谨节廉俸所入为剞劂之资,越月九

---

① [清]胡珽:《〈义疏〉跋》,《尔雅郭注义疏》卷末,清咸丰六年(1856)杨以增、胡珽刻本。

② [清]陈奂:《〈尔雅义疏〉序》,《尔雅义疏》卷末,清道光三十年(1850)沔阳陆建瀛木犀香馆刻本。按:陈奂所作实为跋。

③ [清]胡珽:《〈义疏〉跋》,《尔雅郭注义疏》卷末,清咸丰六年(1856)杨以增、胡珽刻本。

④ [清]沈宝谦:《〈义疏〉序》,《蛾术轩箧存善本书录》,上海古籍出版社 2002 年版,第 809 页。

⑤ 王欣夫《尔雅郭注义疏》19 卷提要云:"杨胡足本刊于咸丰六年丙辰,至十年(1860)庚申,版亦毁。"《蛾术轩箧存善本书录》,上海古籍出版社 2002 年版,第 808 页。

而工始竣。”(《郝氏遗书》本)其后,湖北崇文书局又据《郝氏遗书》本刊印,《义疏》足本方流行开来。自上可知,《义疏》的足本源自杨刻本,没有疑问。至于高均儒得到的是不是足本,作为当时刻书主持人胡珽所言以及郝氏之孙所言当不会有误。而且,当时高均儒得到的这个本子还是“严鹤山所抄郝《疏》足本”,严鹤山之父是严杰,而严杰当时参与了是书首刻(阮刻)。故《义疏》能以完本传世,杨氏当有首功。

有些本子,因校勘不善,杨氏便重加校刊,有的还延聘名家校勘等;同时,杨氏刻书还请名家写样上版。所有这些都是为了世间能够留下一个高质量的刻本。

二 以治学为先

杨氏治经将许学和郑学置于首位。这种治学先以许学、治经源于郑学的思想贯穿在他的刻书过程中,使他对许慎的小学类字书《说文解字》和郑玄笺注的三《礼》、《毛诗》尤为关注,所藏宋本成为镇阁之宝,反映在刻书上,对这些原典的研究佳作就成了刻书重点。这也是杨氏刻书重治学的最显著特征。在海源阁所刻书中,经部共十一种,占刻书总数的四分之一。其中,诗类一种为《吕氏家塾读诗记》三十二卷;经部经解类一种《六艺堂诗礼七编》十六卷,包括《毛郑诗释》三卷《续录》一卷,《郑氏诗谱考正》一卷,《诗考补注》二卷,《诗考补遗》一卷,《周礼释注》二卷,《仪礼释注》二卷,《礼记释注》四卷,附《郑君年谱》一卷;经部小学类八种,计有《尔雅郭注义疏》、《助字辨略》(以上训诂)、《说文解字义证》、《三续千字文注》、《六艺纲目》、《隶篇》、《急就章考异》(以上字书)、《夏小正传》、《三礼义证》(礼类)等。另外,杨以增在河南督河时,还曾资助钱仪吉刊刻《经苑》,朱彝尊云:“并次第刻所藏经部善本,以补通志堂所未备。……助剞劂资者为聊城杨至堂河帅以增。”①杨氏刻书并不把赢利置于首位,而以治学为先,通过以上这些治学著作就能看出。这里,我们以一些个案来了解这种刻书思想。

清桂馥著《说文解字义证》五十卷。杨以增为何要刊刻这部煌煌百万字巨著,《义证》究竟是怎样的一部书?桂馥博涉群书,尤潜心小学,精通声义,尝谓“士不通经不足致用,而训诂不明不足以通经”②,故他遍读经书典籍四十余

① [清]朱彝尊:《曝书杂记》卷下,《丛书集成初编》,商务印书馆1939年版,第78—79页。

② 《桂馥传》,《清史稿》卷481,中华书局1979年版,第3388页。

载，日取许氏《说文》与诸经之义相疏证，力穷根柢，为《义证》五十卷。此书问世后，得到诸多学者的褒扬，桂馥与段玉裁同时，同治《说文》，学者便以段、桂并称。缪荃荪云："乾嘉盛时，《说文》之学大行，南段、北桂最称弁冕。"①叶德辉云："当乾嘉时，海内通《说文》之学者，以江浙为最盛。然能集其大成者，南北只有三家，南则金坛段玉裁之《说文解字注》，北则王筠之《说文解字句读》及《例释》。此三书者，段、王最风行，桂书至同治九年(1870)湖北官书局镂版，南方治小学者始得家置一部。于是段、王、桂如鼎足三分，蔚然成三大国矣。"②关于段、桂两书的特点与区别，《清史稿·桂馥传》又云："盖段氏之书，声义兼明，而尤邃于声。桂氏之书，声亦并及，而尤博于义。段氏钩索比傅，自以为能冥合许君之旨，勇于自信，自成一家之言，故破字创义为多。桂氏专佐许说，发挥旁通，令学者引申贯注，自得其义之所归。故段书约而猝难通辟，桂书繁而寻省易了。夫语其得于心，则段胜矣；语其便于人，则段或未之先也。其专胪古籍，不下己意，则以意在博证求通，展转孳乳，触长无方，亦如王氏《广雅疏证》、阮氏《经籍纂诂》之类，非以己意为独断者。"③张之洞于《重刻〈说文解字义证〉序》中亦曾有过类似宏论。梁启超《中国近三百年学术史》亦复从而引申之。王筠撰《说文句读》则多取《义证》，以为"段氏书体大思精，所谓通例，又前人所未知，惟是武断支离，时或不免"；"桂氏书征引虽富，脉络贯通，前说未尽，则以后说补苴之，前说有误，则以后说辩证之，凡所征引，皆有次第"，"分肌擘理，未谷尤长。"④因而可以说，如《说文解字义证》、《说文解字注》等书代表了清代学者研究《说文》的最高水平。杨以增刻《义证》，尽管由于种种原因未能完成，但他却是第一个刻印此书的藏书家，这就足以说明他植根于学术的刻书思想以及他高远的刻书眼光。

清初治小学训诂极盛，产生了不少字学著作。清人刘淇撰《助字辨略》，是一部专门讲解古汉语虚词的著作，收词范围比王引之撰《经传释词》还要广泛。该书广泛收集中古时期口语词的有关材料，运用多种训释方法，第一次大规模地

---

① [清]缪荃孙：《桂氏〈说文义证〉跋》，《艺风堂文漫存·癸甲稿》卷3，民国缪氏艺风堂刻本。

② [清]叶德辉：《〈说文解字义证〉提要》，《郎园读书志》卷2，1929年澹园排印本。

③ 《桂馥传》，《清史稿》卷481，中华书局1979年版，第3388页。

④ [清]王筠：《〈说文释例〉自序》，《说文释例》，中华书局1987年版，第1页。

研究并诠释了一批六朝特有或习见的虚词，结论大多精当可信，取得了开创性的成就。其崭新的学术视野、富赡的文献材料、全面的研究方法在今天仍有借鉴意义。该书有清康熙五十年(1711)海城卢承琰刻本，但流传不广。杨以增在《刘武仲字册》跋尾中引钱泰吉言曰："往读嘉兴钱警石泰吉学博《曝书杂记》云：二十年前见苕估持书目，有《助字辨略》，谓是乡学究启悟童蒙，俾免杜温夫之诮尔。及得其书而读之，则先秦两汉旧籍，引据赅洽，实为小学书之创例。"①杨绍和亦云："绍和窃尝闻先君论训诂之学，大备且精，莫过于乾嘉间。当先生时，此诣尚未甚盛，而先生倡专训助学之例，独标心得，后有作者纵愈密审，顾非先生导之于前乎？"②故寻书多年，终于在清咸丰壬子(1852)冬，于丰北工次得之，此书以前"虽梓行，而未能流布……为嘘唏者久之"③。清咸丰五年(1855)，杨以增刊之传世，流布甚广。《三续千字文注》、《六艺刚目》是蒙学读物。杨以增在刊刻《三续千字文注》时，为方便童幼阅读，弃宋椠原刻篆书本而用正书本，且"其文字点画偶有沿俗者，正之；注字有俗且讹者，则去泰去甚"，但"间有省笔袭帖及所引书名、刊虚白字式未归一者，可仍则仍之；于义不甚乖重，存其旧也。士君子绩学缵言，上之阐发经义，羽翼传注，昭示来兹，次亦必期小有裨益于人，以适时用，庶不流为虚诞无稽……予之重刊此篇，以其旁搜诠诂，足悔髫幼，为有用也"。④ 杨以增在刻《六艺刚目》时《跋》云："见殆是书，卷分上下，艺蕴毕赅，四言谐韵，尤便童蒙。小学首基，所宜必读，重加剞劂，用广其传。"⑤翟云升的《隶篇》是隶书字体研究的集大成者，该书收集秦汉以来隶书，分部编排，注明出处，甚为详备。杨以增《序》云："东莱同年翟君文泉，性耽《六书》。尤嗜隶古吉金乐石，搜奇日富。盖寝食于中者四十余年，近取所得金石选字，双钩区分部类，汇为《隶篇》一书。陈伟堂少宰特嘉其体例之善，信然。"⑥治学首以小学为基，杨以增深悟此道，故在倡导后学治学上，亦力循此道。正是基于这样的主导思想，才促使他不遗余力地刊刻了很多有关小学的

---

① ［清］杨以增：《〈刘武仲字册〉跋尾》，《山东省立图书馆丛刊》第1种第1期，第140页。

② ［清］杨绍和：《〈助字辨略〉跋》，《助字辨略》卷末，清咸丰五年(1855)杨以增刻本。

③ ［清］杨以增：《〈刘武仲字册〉跋尾》，《山东省立图书馆季刊》第1集第1期，第140页。

④ ［清］杨以增：《〈三续千字文注〉跋》，《三续千字文注》卷末，咸丰二年(1852)杨以增刻本。

⑤ ［清］杨以增：《〈六艺刚目〉跋》，《六艺刚目》卷首，咸丰三年(1853)杨以增刻本。

⑥ ［清］杨以增：《〈隶篇〉序》，《隶篇》卷首，道光十八年杨以增、陈官俊、翟云升刻本。

治学书籍。

杨以增刊刻经部作品还与他的治经思想密不可分。他在学术上主张以儒家思想为正宗，训诂以毛郑为基础。这种思想于刻书活动中亦体现得淋漓尽致。丁晏是清代著名经学家，于诸经均有研究，有“江淮经师”之称，所著《六艺堂诗礼七编》对郑氏笺注“四经”详加集释，颇有独到之处，是研究“四经”及郑注《周礼》的当读之书，足资学人。如《周礼释注》二卷，丁晏以为，《周礼》一书乃周之古文旧典，六国变故，暴秦燔书，《周官》寖废，汉初始著于世，然藏之秘府，世儒罕见，后经毛公传之，刘向整理之，方得流传。又经郑玄合今昨文本相互参校，发疑正读，考训摭佚，深得经义大旨，但犹有未详之处。又经晋、唐、宋、元、明、清诸家研究，异歧纷争，各执己见，莫衷一是。① 丁晏遂有是作，仍倡古文之说，以郑玄《周礼注》为底本，参考旧注，稽考周代制度，推究汉代官制、礼制之渊源。释注者，或训释文字音义，或说明诸家注本之异同，或阐发经义考究典制名物，又间有校补，每释必加“案”语，于《说文》、《毛诗》、《尔雅》、《经典释文》、《文选》及史传、类书、诸家传疏考注等各有所采。其书意在申发郑玄之旨意，又要使后世学者“尊经益信”郑注。于释注方法上深入浅出、明白晓畅，可谓“训诂既定，义理斯明”，成绩卓著。杨以增在谈到为何刊刻丁晏的《六艺堂诗礼七编》时云：

> 山阳丁俭卿同年覃精研思，诸经皆有撰述，笃好郑学，于《诗笺》、《礼注》研讨尤深。以毛公之学，得圣贤之正传，其所称道，与周、秦诸子相出入。郑君申畅《毛义》，修敬作《笺》。孔疏不能寻绎，误谓破字改毛，援引疏漏，多失郑旨。因博稽互考，证之故书雅记，义若合符，撰《毛郑诗释》四卷；《郑君诗谱》，宋欧阳氏补，亡，今有通志堂刊本，讹脱踳驳，爰据《正义》排比重编，撰《郑氏诗谱考正》一卷；郑君兼采三家诗，王应麟有《三家诗考》，附刊《玉海》之后，舛谬错出，世无善本，乃搜采原书，校雠是正，撰《诗考补注》二卷，《补遗》一卷。……撰《三礼释注》共八卷。深明小学，形正旧文，申奥析疑，平易醇实，无穿凿傅会之辞，亦无高远诡僻之论，俾学者循览易晓，训诂既定，义理斯明，其有功于经学匪浅少也。

① 参见[清]丁晏：《自叙》，《六艺堂诗礼七编》卷首，咸丰二年杨以增刻本。

俭卿著书甚多，既辑《郑君年谱》，又署其堂曰"六艺"，取郑君《六艺论》，以志仰止之思。余录其释《诗》、《礼》者，汇刻《六艺堂诗礼七编》，于以翼赞《笺》、《注》，嘉惠来兹。而乡先生北海之学亦籍是以阐明也已。①

杨以增刻《六艺堂诗礼七编》，实际上是为经学家丁晏对郑氏笺注"四经"的研究集大成做了一个总结，也是他自己经学思想的体现与延伸，更是借此阐明、弘扬"北海之学"。

武亿是乾嘉间著名的经学家、金石考据学家，为乾嘉洛学之代表人物。曾从学汉学家朱筠，一生著作宏富，涉及经、史、金石、方志、诗文等诸多领域。孙星衍言其"通贯经籍，讲学依据汉儒师授，不蹈宋明人空虚臆说之习，所著经义原本三代古书，疏通贾孔凝滞凡数百事，所得列代金石为古人见者教十通，固之考正史传者，又数十事"②。所撰《三礼义证》十二卷（即《仪礼》一卷，《礼记》五卷，《周礼》六卷）一宗郑玄注，凡贾孔之疏失郑意者则悉加正之。如《仪礼义证》，谓郑注《仪》即高堂生之十七篇，以正（宋）张淳"高堂生惟传《士礼》"之误。谓《昏礼》"女青授绥姆，辞曰：未教不足为礼也"，郑注未亡，引《仪礼经传通解》及《仪礼图》所载以补脱文……如《礼记义证》，用力更著。《曲礼》疏引郑玄注《大宗伯》惟云"唐虞有三礼，至周分为五礼"，今《周礼·大宗伯》无此注，乃孔氏之失检，等等。故钱仪吉云："三礼郑氏之学，贾孔以后，其传几绝，议礼者，大都皮傅景响，取适时会而已。释经者，或排比众说，徒辞论之为美……惟朱子于《礼》，必推郑氏，惜乎《集解》之作，已在晚岁，犹赖直卿缉续，号为完书，未暇有论定……虚谷先生《三礼义证》之作，亦宗郑学。其尊信爱护，同于正经，疏失郑意，则正其讹。郑举汉制，并发其隐，是亦礼家不可不读之书。先生以循良气节闻，一皆本于经术。即传列儒林，著书行海内矣。"③杨以增深慕其学，云："先大夫尝从先生游，故稔其详而以之诏小子也。增心识之不敢忘，嗣读先生所著书及家存手迹，愈窃窃向

① ［清］杨以增：《〈六艺堂诗礼七编〉序》，《六艺堂诗礼七编》卷首，咸丰二年杨以增刻本。

② ［清］孙星衍：《武亿传》，《授堂文钞》卷首，《丛书集成》本，中华书局1985年版。

③ ［清］钱仪吉：《〈三礼义证〉序》，《三礼义证》卷首，清道光二十三年（1843）偃师武氏刊本。

往之。”[1]王云五云：“聊城杨以增，夙慕武氏之学者，为刊其《三礼义证》及《诗》、《文集》，至道光间，遗书始次弟刊成。”[2]所以，杨以增于清道光二十二年(1842)出资将武亿著作《三礼义证》十二卷、《授堂诗抄》八卷和《授堂文抄》八卷《续集》二卷等先后刊行于世。

在杨氏刊刻的其他著作中，亦是围绕着治学这个中心。如在子部中，《礼理篇》就是一部重要的作品。《礼理篇》由凌廷堪的《复礼》、张成孙的《答方彦闻书》、杨以增的《志学箴》组成，这几篇论文组合在一起刊发，实际上反映了清代中叶关于“礼”与“理”的一场学术争论过程，同时，杨以增在这场争论中提出了礼理汉宋“两者不可偏废”的学术观点，治学上提出要摒弃“门户之见”，要以“实事求是”的科学态度对待汉宋之学。故从《礼理篇》的内容及刊行来看，它不仅为研究清代学术提供了珍贵的原始资料，让我们了解到清代中叶这场学术争论的源流面貌，更可了解杨以增除了身为藏书家及循吏之外，作为学者对这一学术争端所持的观点和治学思想。杨以增刊刻《蔡中郎集》的主要原因是出于治学而苦无善本对勘，在《〈蔡中郎集〉序》中他说：“以增少业是集，心好之，而所见之本或六卷，或八卷，或二卷，互有错忤，苦无善本对勘。”[3]高均儒亦跋曰：“均儒幼读《文选》郭林宗、陈仲弓二《碑》，即笃耆中郎之文。少长获见集本所载碑铭诸作，几过集之半。窃谓先秦西京碑传实罕，是允为唐、宋作者之宗。即郭、陈二《碑》，校之集本选本已有互异，其他篇章间直难读，甚或句意至有不可解者。善本莫睹，历久蓄疑。往岁八月，杨至堂侍郎出示所藏黄荛圃、顾涧苹所校十卷本，属为重校。受读欣然，洵有足据以释前此之疑者。”[4]《蔡中郎集》版本颇多，然文字错讹亦多，杨刻本的问世，不仅为自己，更于后人治《蔡集》带来很大方便。《九水山房文存》撰者毕亨是一位汉学家，曾从游于休宁戴震，精汉人诂训之学，尤长于书。孙星衍官山东时每疑必质于先生，桂馥撰《义证》亦多采其说。杨以

① [清]杨以增：《跋〈刘松岚观察谒虚谷先生墓诗后〉》，《三礼义证》卷首，清道光二十三年偃师武氏刊本。

② 《〈授堂遗书〉提要》，《续修四库全书提要》，(台湾)商务印书馆1971年版，第3236页。

③ [清]杨以增：《〈蔡中郎集〉序》，《蔡中郎集》卷首，清咸丰二年(1852)杨以增刻本。

④ [清]高均儒：《〈蔡中郎集〉跋》，《蔡中郎集·外纪》卷末，咸丰二年杨以增刻本。

增在谈到刊刻是书时云:“观察(孙星衍)汇梓所纂丛书,凡先生所已改,悉仍之,不易一字。说者谓观察《易》、《书》二经疏义,精当处多本先生说,匪直《孙子叙录》一卷为先生所撰也。桂未谷先生《说文解字义证》,引先生笃论至数十百事。”又说:“内有《汤居亳》一篇,正文既醇粹,注尤博辨。若正文属先生,则注当得之诤友,或先生箴良朋之误,抑或学随年进自立。两说疑不能明,故仍其旧。先生之学出于休宁,休宁犹时有据孤证意改故藉之弊,先生则非集众证,不肯轻下一字。……好学者得先生遗书,果能精心推勘,触类而长,则先生之说,散见他氏者皆可别识,是先生之学久弥光,先生亦可以无憾也。”[1]可见,治学是杨氏刻书的主导思想,并且始终贯穿于杨氏刻书活动之中。

三　校勘精审

书贾坊间刻书往往一味追求赢利,忽视校勘,致使讹误累累。而私家刻书多以传世、治学为主,故大都校勘精审。杨以增刻书多次重申这种观点,“此等事固应不厌精详也”[2],“逐一校正,精确不磨为望”[3],校雠要“斤斤寻究于字句之间”[4]。孙从添云:“校正刊刻,非博雅君子有力而好古者不能也。书籍上版,必名手校正,方可刊刻。不然枉费刻资,草率刻成,不但遗误后学,反为有识所笑。”[5]杨以增深味此道,为保证刻书质量,首先延聘著名校勘家详加校雠,这也是杨氏刻书的重要特点。刻《说文解字义证》时,以许瀚为总校。许瀚为清著名经学家、校勘家,王绍曾云:“印林一生笃好许郑之学,于声韵、训诂、金石研讨尤深,所校勘宋、元、明书籍,精审不减黄荛圃、顾涧苹。”[6]许瀚十八岁补州学生员,受知于山东学政王引之,始治古文字声韵学。二十九岁又奉武英殿总裁王引之之命校勘《康熙字典》,由是亲炙于高邮王氏,益肆力于许、郑之学,自此开始校书生涯。四十岁时,成为道咸间著名校勘学家、文字音韵学家、金石考据学家,蜚声海内,受到诸多学者器重,

---

① [清]杨以增:《〈九水山房文存〉序》,《九水山房文存》卷首,清咸丰二年(1852)杨以增刻本。

② [清]杨以增:《杨至堂致许印林书八通》之三,《顾黄书寮杂录》,齐鲁书社1984年版,第149页。

③ [清]杨以增:《杨至堂致许印林书八通》之六,《顾黄书寮杂录》,第151页。

④ [清]杨以增:《〈蔡中郎集〉序》,《蔡中郎集》卷首。

⑤ [清]孙从添:《藏书纪要·校雠》,《经籍会通》附外五种,北京燕山出版社1999年版,第102页。

⑥ 王绍曾、沙嘉孙:《山东藏书家史略》,山东大学出版社1992年版,第260页。

慕名请其校文者纷至沓来。经其襄校助刊之书，不下六十余种[1]，如著名学者王怀祖、朱彬、潘德舆、汪容甫、叶志诜、潘锡恩，以及山左学者桂馥、王筠、吴式芬、翟云升、许鸿磐、陈介祺、李庭启、丁艮良、丁以此、丁惟汾等人著述，皆经其细勘详校。尤以王筠《说文释例》、《说文校句》、《正字略》，吴式芬《封泥考略》，翟云升《隶篇》等书，采许说最多。在许瀚所校书中，以小学书为多，仅有关《说文解字》的著作就有五种，如清道光十三年(1833)以明叶氏抄本覆校明汲古阁毛刻及孙星衍刻本《说文解字》，清道光十四年(1834)以《说文校本录存》、《五音韵校本录存》校汲古阁本等，而校勘桂馥《说文解字义证》更是历时二十五年。校音书如段玉裁撰《六书音韵表》、安吉撰《六书韵征》等七种。其次，许瀚还精于校勘史书，如[宋]王象之撰《舆地碑记目》、张穆撰《顾亭林先生年谱》等。清道光二十五年(1835)，许瀚应邀至清江浦为潘锡恩校订《史籍考》，并拟撰《拟〈史籍考〉校例》四条：繁冗者宜删；重复者宜并；漏略者宜补；舛误者宜正。《史籍考》创始于章学诚，中经毕沅、阮元、朱珪、谢启昆等资助，清乾隆五十四年至嘉庆四年(1789—1800)，历时十一年，成书五百卷。然原书采择不精，颇有复漏。许瀚揭橥删繁补缺，校正舛误，三年间晨夕商讨，卒成三百卷，卷数虽较前变少，但篇幅字数反增四分之一。其他尚有经书、金石等不一而足。龚自珍对其推挹备至，其《己亥杂诗》称其："北方学者君第一，江左所闻君毕闻；土厚水深词气重，烦君他日定吾文。"[2]杨以增聘许瀚校勘《说文解字义证》，正是基于许瀚"精于六书之学"[3]和扎实的校勘功底。早在清道光七年(1827)时，诸城李璋煜以桂馥《说文解字义证》仅有稿本流传，多未校正，已经邀许瀚校勘过此书。清道光二十二年(1842)，杨以增官豫时欲刻此书，又得李璋煜等人推荐，自然校勘《义证》非许瀚莫属。是年，许瀚开校此书，即拟《〈说文解字义证〉校例》，《校例》有删例九条、补例四条、改例七条，我们仅从许瀚的这二十条校例中就可看出许

① 参见丁原基《山左文献学家许瀚之校雠学》，《"国家图书馆"馆刊》(台北)第2期，1996年12月。据该文目录统计，为五十九种，但这个数字并不准确，如《方舆考证》等书就未入目录。崔巍《许瀚日记》之《校注例言》云"不下数十百种"，因无细目，姑从丁说。《许瀚日记》，河北教育出版社2001年版。

② [清]龚自珍：《己亥杂诗》，《龚自珍诗选》，齐鲁书社1981年版，第155页。

③ [清]杨以增：《杨至堂致许印林书八通》之一，《顾黄书寮杂录》，齐鲁书社1984年版，第147页。

瀚对《义证》的精通。《校例》寄示以增后，杨以增云："接读校刻廿条，刻书事宜十二条，缕悉精详，纫佩无似。"①许瀚在所寄《校例》后附《答杨至堂先生书略》中还谈到对于删汰桂书的看法：

丙戌、丁亥之间，瀚在京师为李方赤观察分校此书。同人厌其芜杂，欲从事删汰者甚众，鄙意亦云然，独安邱王菉友筠孝廉以为未可轻议，当时不甚解其意。辗转十余年后，初见顿易。窃谓《说文解字》，字书也，凡有字《说文》无不取资，亦凡有字无不取资于《说文》。许冲《表》云："六艺群书之诂，皆训其意，而天地鬼神、山川草木、鸟兽虫虫，杂物奇怪、王制礼仪、世间人事，莫不毕载。"然则其书包孕甚广，后人为之疏证，征采不能不博，太博则近杂，理势然也。乾嘉以来，学者崇《说文》如经，几欲援郑君注《礼》不采《尸子》之例，精严极矣，其实非许君本意。至于《古文尚书》、《家语》、《孔丛》之属，桂君讵不知其伪。惟《说文》以前之书，《说文》所本；《说文》以后之书，本诸《说文》，近人之说，犹尚取之，诸书即伪，固魏、晋间作者，古言古训，触目皆是，义有相需，何嫌取证乎？书中有引《邓子》，或讥其杜撰，当云《邓析子》。案：《荀卿子》亦曰《荀子》，《韩非子》亦曰《韩子》，《邹衍子》亦曰《邹子》，《范子计然》亦曰《范子》，是前人引书固有此例。又"天"字下引《中庸》"峻极于天"，或讥其不引《毛诗》。案：《中庸》作从"山"之"峻"，郑云："峻，高大也。"《毛诗》作从"马"之"骏"，郑云："骏，大也。"许解"天"曰"至高无上"，故引《中庸》训高之"峻"为证，若《毛诗》则以"骏"为大而以"崧"为高，非其义矣。由此言之，作者用心，细于毫发，卤莽如瀚，辄欲纵寻斧柯，诚如其难也。若其显有沿误、舛错、脱漏、重复，管窥所及，亦未敢苟同。谨拟删、补、改三例，每例条举一二，缮呈左右。纰缪之处，惟祈直示，勿令得罪先辈，贻笑同人，幸甚幸甚。……总之，鄙意在去其疵类，毋使贻误将来，若其繁简多寡之间，未敢率意，竹头木屑，皆非弃材，乌知瀚所谓无用，不即桂君所谓大有用者乎?！至于节抄之本，曩亦闻之，则是《周礼

① [清]杨以增：《杨至堂致许印林书八通》之四，《顾黄书寮杂录》，第150页。

节训》、《文献通考详节》之流，斫大木而小，易无凤楼而桑户绳枢，瀚实不敢效尤。[①]

许瀚在致杨以增的这封信中，以实例表达了对《义证》不宜轻易删改的观点，这实际上表现出他校书严谨的科学态度。这种观点和同书另一校者汪孟慈相左，虽意见不同，但如以此认真负责的校勘态度能够校刊出来一部无愧于前人的传世之作，则未必不是一件好事。出于信任，杨以增又把校勘许鸿磐撰《方舆考证》的任务交给了许瀚。许瀚校书不仅精审、态度严谨，且十分刻苦勤勉。在家晨夕不辍，出门则书不离身。比如他校《义证》、《方舆》时，正好赶上第四次进京赴试，两书卷帙庞大，但也随身携带，清道光二十四年(1844)正月二十二日，"临行检点桂原书，带二十本"。二十五日，途中遇"雪，继以大风。相公庄住一日，校书二十页"。二十七日，"晚校《方舆》第三卷毕。"[②]所以能够拥有许瀚这等人才，杨以增是求之不得。在杨以增聘请的著名校勘家中，尚有汪喜孙、高均儒、包世臣、梅曾亮、钱泰吉等。这些人不仅学问做得好，亦精校勘。如汪喜孙，曾官内阁撰文中书、会典馆总校录、武英殿复校、内阁汉本堂管理诰敕房等，博学好古，于文字、声韵、训诂，多所究心，能绍家学，一生校书多种，有"喜孙校本"、"喜孙校读"等校书印。可以说，有了许瀚这样的校勘家也就保证了杨氏刻书的质量。

杨氏刻书常集合多人校勘，这也是保障刻书质量的重要举措。如《说文解字义证》，除聘许瀚为总校外，还延汪孟慈、桂世兄、汪梅村、管嗣复等分校，《方舆考证》亦聘许瀚为总校，以李德生、桀庭等分校[③]。杨以增于清咸丰五年(1855)刻《助字辨略》时，延聘多人参校。先是杨以增于咸丰二年(1852)在丰北工次得刘淇字册二十六帧，为刻此书，于咸丰五年又"从钱学博所录得是本，检多讹字，复寄学博，分属李君、曹君、张君、唐君参校，学博综核寄复。九月付版"。[④] 该书复经钱泰吉校两次，又以李君等四人参校，则是书经多人次校勘

① [清]许瀚：《答杨至堂先生书略》，《攀古小庐杂著》卷5，清光绪吴重熹刻本。

② [清]许瀚：《许瀚日记》，崔巍整理，河北教育出版社2001年版。清道光二十四年(1844)正月二十二日条、二十五日条、二十七日条。

③ 参见[清]杨以增：《杨至堂致许印林书八通》之三，《顾黄书寮杂录》，齐鲁书社1984年版，第149页。

④ [清]杨绍和：《〈助字辨略〉跋》，《助字辨略》卷末，清咸丰五年(1855)杨以增刻本。

后，讹误极少，颇得后人好评，1983年中华书局就以此本为底本点校出版。杨以增官南河时，是其刻书最多的时期，这时除子绍和、绍谷一直伴随外，又曾先后将著名学者、校勘学家包世臣、高均儒，桐城派后裔梅曾亮等招致幕下，襄助校刊。如咸丰二年刻《惜抱先生尺牍》八卷本、咸丰二年刻《蔡中郎集》十七卷本、咸丰六年(1856)刻《柏枧山房集》三十一卷本、咸丰二年刻《九水山房文存》二卷本、咸丰六年刻《尔雅郭注义疏》十五卷本、咸丰三年(1853)刻《理礼篇》一卷本等都经过这些名家的校勘。

杨氏刻书选用底本极为审慎，如影宋刻本《三续千字文注》、《灵棋经》、仿宋刻《蔡中郎集》等皆据家藏刻本中之最善者。海源阁曾藏宋本《三续千字文注》，杨以增云："此本楷法劲秀，雅近率更，当亦属原刻。且新注次韵，详诂续作，已复继而三之，虽未汇证《梁》、《陈》、《隋》、《唐书》所载之他本，而就其所见，勘正搜辑，亦可谓勤覃厥思者矣。"[①]咸丰二年影刻时依据的就是这个本子。《灵棋经》，明代刻本极多，有明成化本、明弘治本、正德本、嘉靖本、万历本等，杨以增便精选一明正德十五年(1520)本作底本，其《序》云："明成化三年(1467)四川巡抚汪浩校正元陈师凯本刻之于蜀；弘治五年(1492)乌程县丞徐勉复以汪本重刻于浙；厥后凤阳武定侯郭勋校刻于正德十年(1515)；福建巡抚按御史樊献校刻于嘉靖三十九年(1560)；锡山龚勉校刻于万历二十四年(1596)。均附载颜幼明、何承天、陈师凯、刘基注解。盖是书历多奇验，得永其传，而欲定造自何人，则无确据也。……余家藏明荣国旧本，有注有解有诗，荣国序前，诚意序后，刻之于正德十五年者，最为完善。爰校付剞劂，而以唐李达序弁首也。"[②]《蔡中郎集》，通过考察杨本校勘情况可知，杨本为何选择明万历徐子器翻刻之北宋欧静刻本作为底本，而并非被黄丕烈称之为佳本的明昆山叶树廉朴学斋藏抄本。今以卷一《故太尉桥公庙碑》为例，将徐本和抄本的讹误数量进行量化统计如下：

	脱	非是	讹	衍	倒	未校正	校逊	异体字	其他异文	合计
徐本	2	6	3		1		4			16
抄本	9	10	21	3	1	4	1	6	7	62

① [清]杨以增：《跋〈三续千字文注〉》，《三续千字文注》卷末，咸丰二年(1852)杨以增刻本。

② [清]杨以增：《〈灵棋经〉序》，《退思庐文存》卷首，1920年杨敬夫刻本。

窥一斑而知全豹。显然，抄本存在的问题不少，与徐本无法相提并论。如再将徐本和其他诸本作一比较，亦不如徐本。故高均儒在卷一《故太尉桥公庙碑》之"公不为之动"句下加按语云："十卷本固胜他本"，不仅如此，高氏还于《外集》四卷卷末《跋》曰："十卷本首碑铭，次疏、表、议、书、论、问答，又外纪：颂、疏、赋、诗。编例视他本为善。"于廼廛在《蔡中郎集版本源流考》中亦云："黄氏（丕烈）屡谓徐本不如叶藏抄本，实则徐本碻为最佳之刻。杨本《蔡集·叙例》及高均儒《跋》中，屡称徐本校善，当出欧辑原本。"[①]而黄丕烈云："借抄本校未毕，适钱塘何梦华行箧中携得华氏活字本参校，知抄本为最佳，活字本近之。"[②]以上述例证，黄氏说法不攻自破。余以为徐本最佳，活字本次之，而抄本则连张本、汪本、乔本等均不如也。故而，杨本选择徐本作为底本，实在是一个明智的选择。又因徐本是顾、黄以叶氏藏旧抄本和无锡华坚兰雪堂铜活字本校之，则以此为底本更益。

杨氏刻书还以原稿本或以原稿本为底本的抄本作底本。如刊刻桂馥《说文解字义证》时所采用的底本就是桂馥原稿本，此本原藏桂馥之孙桂显忱处，显忱老病无子，恐有失传，遂送交曲阜孔宪彝（蒨华）代为收藏。杨以增在致信许瀚时云："原稿存曲阜孝廉孔蒨华家。"[③]"曲阜孔蒨华处所存桂本，祈吾兄札取，恐不肯交付他人。弟信并呈。"[④]清道光二十二年（1842）冬，杨以增托汪喜孙将此本带至济宁，交付许瀚校勘。[⑤] 清咸丰五年（1855）杨以增开始刊刻郝懿行《尔雅郭注义疏》时，即是以原稿为其底本，上海古籍出版社 1982 年据《郝氏遗书》本影印《义疏》，其《出版说明》云："咸丰六年（1856），杨以增觅得《义疏》原稿，着手重刊。"清道光三十年（1850）刻本《思退堂诗抄》亦用陈拜芗原稿刊刻，杨以增《后序》云："而（陈祖望）寄其诗稿为托……因亟为刊刻。"用作者原稿本作为底本校刻，一是可以保存原作的面貌，也可避免传抄中的错误。当然，如果原稿无法获得，那就用据稿本誊写的抄本，只要对这个抄本详加校勘，也是选择底本的一个较好办法。海源阁

① 于廼廛：《〈蔡中郎集〉版本源流考》，《河南图书馆馆刊》第 1 册，河南图书馆 1933 年编印，第 49 页。

② [清]黄丕烈：《〈蔡中郎集〉序》，《蔡中郎集》卷首，咸丰二年杨以增刻本。

③ [清]杨以增：《杨至堂致许印林书八通》之一，《顾黄书寮杂录》，齐鲁书社 1984 年版，第 147 页。

④ [清]杨以增：《杨至堂致许印林书八通》之五，《顾黄书寮杂录》，第 151 页。

⑤ 参见崔国光：《谈〈说文解字义证〉许瀚校样的学术价值》，《文献》，2001 年 10 月第 4 期。

有不少初刻本依据的就是这样的底本，但选择这样的抄本作底本时，杨以增对其校勘的要求极严。如《九水山房文存》，杨以增《序》云："道光三十年（1850），先生长嗣文昭存增于南河署，询求遗书，仅存此册。而传抄不无错误，因属嘉兴高君伯平详校，付之梓人。"①

在确定底本后，杨氏为求精益求精，又用多个版本参校，有的还附录校勘记。咸丰五年刻《夏小正传》时，以清嘉庆三年（1798）孙星衍原刊本为底本，"并刊别校本以资互证"，将诸本之校勘记并刊于卷末，"以旧藏原刻本磨损末二叶，属家石卿大令铎假丁子敬明经寿征藏本勘补，明经前校识异同于简端行里，说甚伙。大令录而次之为校勘记，亦分上、下卷。先君嘉其审慎，与孙刻相发明，遂并刊之。"②《蔡中郎集》，杨本以徐本为底本，又参校诸本，而参校本有八个之多，将《蔡集》的传世主要版本都吸纳进来，为杨本校勘带来极大方便，博采众本，旁征广引，使其"征其同异，析其是非"更具说服力。

杨氏刻书精心选择底本，在具体实施校勘的过程中，极为认真细致，力求精确无差。由于《蔡中郎集》最能完整显示杨氏刻书校勘思想，故再以此为例说明之。与前人所刻《蔡集》相比，杨本的最大特点是校勘精审。杨以增为刊印此书，对校勘提出了极高的要求，并以期有功于世，有功于中郎，其《序》云："就此雠校，斤斤寻究于字句之间，亦冀由是溯其源出诸经，博证旁通，以求得夫有本有文之实，是敢谓辨伪正窜，遂堪为中郎之功臣也耶！"为此，就要"迭翻详核，各有可取，亦各有可议。每思汇而别之，征其同异，析其是非，当著之说列于句下，当补之篇附于卷余。庶察应祛之伪，以存未汩之真籍，或稍纠俗本之谬。……仍徐本为主，即黄、顾二家所校之抄本、活字本，以证嘉靖间袐祤乔氏刻六卷本、新安汪氏校二十家八卷本、太仓张氏校百三家二卷本、康熙中陈留刘氏依乔本六卷增刊有补遗本，择善而从，存疑俟质"③。汇集众本之说，比较异同，或辨其是非，或存疑待考。明确了校勘思路之后，在具体实施过程中，首先拟定了十四条校勘《凡例》，字数达千二百余字，可谓具体细致，故举几条："是刻以徐本为主，其字句有与他本不同而徐本是者，但注某字句某本作某非

① ［清］杨以增：《〈九水山房文存〉序》，《九水山房文存》卷首，清咸丰二年（1852）杨以增刻本。

② ［清］杨绍和：《〈夏小正传〉跋》，《夏小正传》卷末，咸丰五年（1855）杨以增刻本。

③ ［清］杨以增：《〈蔡中郎集〉序》，《蔡中郎集》卷首，咸丰二年杨以增刻本。

是,或他本皆作某非是;徐本非是者,注某字句从某本、某本作某,徐本作某非是;可并立者,但注某本作某;校胜者于作某下加'校胜'二字,校逊而尚可从者,加'校逊'二字;其有徐本可疑者而抄本及他本皆未可信者,则注明某字句某本作某,某本作某,姑从之";"校本黄、顾以抄本为最佳,活字本次之。而抄本亦颇有不如徐本及他本者,则注明某字句抄本作某非是,或活本作某非是;其字句仿佛者,则注明某本讹作某。他本有不如徐本及抄本者准此";"是集碑铭之文为多,其所碑所铭之人,《后汉书》强半有传。据《后汉书》正讹之字,与诸本不同,皆注明某字从范《书》作某"。文繁不能全录,但仍能看出其甄别之细致、考虑之周密。在具体校勘正文时,通过罗列诸说,于各本较短长,判是非,定取舍,存疑说,校语字数超过原文。凡字句段章之异同胜逊、讹脱倒衍,必一一校之。其校勘之精细,令人叹为观止。

其校改重点主要有:一、注意他本之讹脱倒衍。《蔡集》版本甚多,各本之间异文极多,这是杨本校勘的重中之重。如卷七《答诏问灾异》:"臣邕言:今月十日,诏召金商门,问臣邕灾异之意。臣学识浅薄。"杨本校云:"'问'字上抄本有'诏'字,衍。抄本脱'识'字。"卷六《济北相崔君夫人诔》:"塞渊其心。"杨本校云:"'塞',活本讹作'寒'。"卷一《故太尉桥公庙碑》之首段:"光光列考……作宪万邦。"杨本校云:"案:此颂是第一段。乔本、张本、汪本、刘本皆倒置篇末。张本且于'光光考列'句上妄增'铭曰'二字,似未曾见。十卷本,卢文弨《钟山札记》说甚详洽,采列篇后备参。"文后所附卢文弨长文《钟山札记》,详说倒置之误。卷五《陈留太守胡公碑》:"文艺丕光。"杨本校云:"'文',抄本讹作'大','丕'作'杰',尤谬。"二、注意比较诸本之胜逊。面对各本异字异文,除判定是非外,细酌之优劣也是杨本校勘重点。卷七《答丞相可斋议》:"得无不宜。"杨本校云:"'无'字下抄本有'罪'字,句法校逊。"卷八《荐皇甫规表》:"忠臣贤士,国家之元龟、社稷之桢固也。"杨本校云:"'桢固',抄本作'固桢',活本作'贞固'。案:本句接上句文意,以字法论'固桢',极谬。'贞固'以嫌蹈空,'桢固'校胜。而尚疑'固'字有讹,或是'榦'字。"卷十《月令答问》:"有所滞碍,不得通矣。"杨本校云:"抄本此句作'所通,有所滞碍不得矣。'校逊。"三、注意他书之讹。杨本校勘时,还参考不少他书,但这些引书亦有讹误,如《后汉书》即是。卷一《故太尉桥公庙碑》:"享年七十五,光和七年(184)夏五月甲寅。"杨本校云:"范《书·传》作'六年',误。案:范《书·灵帝纪》:中平元年(184),十二月己巳改元中平,则五月甲寅自当书光和七年为允。"

其校改依据主要有:一、据他本校改。杨本校勘《蔡集》,所引版本极广。因底本上以顾、黄用叶抄本、活字本校过,实际上这是三个本子,再加所用校本有乔本、汪本、张本、刘本四种,另外还有《蔡氏月令》四种校本,分别为吴县蔡云清道光四年(1824)刻本、惠栋校本、《说郛》本、集本(待考)等。所以共用十一个本子对勘。杨本校勘时,主要就是依靠这些版本的详细比较,再作是非判断,不能决断者则存疑待考。如据他本校改底本,卷十《月令问答》:"《周礼》曰:'八十一御妻。'又曰:'御妾何也?'"杨本校云:"'又',从抄本及蔡本。徐本及他本作'今',非是。"二、据他书校改。杨本所据他书有九种,如《尚书》、《左传》、班固《汉书》、范晔《后汉书》、陈寿《三国志》、萧统辑《文选》、陶宗仪辑《说郛》、章樵注《古文苑》、卢文弨《钟山札记》等,其中《文选》又有旧本、汲古阁本、成化本等不同版本。卷二《陈太丘碑》:"闲心静居。"杨本校云:"'闲',从《文选》及他本,徐本作'闷',非是,抄本未校正。"卷二《彭城姜伯淮碑》:"先生讳肱,字伯淮,彭城广戚人也。"杨本校云:"'戚'字,从范《书》增,抄本'广'字下空格,他本皆作'广人也。'非是。"三、据金石资料校改。杨本校勘利用此类资料的不多,但仍有一些,如卷一《故太尉桥公庙碑》:"故太尉桥公庙碑。"杨本校云:"案:汉碑额书官,每于官上书'故'字,其无者亦不妄增。"卷二《郭有道林宗碑》:"先生讳泰。"杨本校云:"'讳'各本皆作'名',非是。案:姜任修所摹碑拓本及旧本《文选》皆作'讳',是从之。"四、据句法文理校改,此属理校。卷三《琅邪王传蔡君碑》:"察君审行修德。"杨本校云:"'察',从抄本。徐本及他本皆作'蔡'。案:文义,'察'字从上句贯下,校胜。文法于此,称君亦不应并书其姓,'君'字下抄本有'道',字似衍。"卷十《月令答问》:"行季春令。"杨本校云:"'春',从蔡本。徐本及他本皆作'冬'。案上文,蔡本是也。"校改时,杨本大多是诸种材料一起使用,这样避免了孤证,使校改更有依据,譬如上举实例多是这样。

杨本校勘态度严谨。杨本校勘,固多创发,每能校出前人所未能校出之讹误,然于证据不足者,则阙疑不妄下结论。如卷一《故太尉桥公庙碑》:"高祖讳仁,位至大鸿胪,列名于儒林。祖侍中、广川相,考东莱太守。"杨本校云："案：范《书·玄传》作'祖父基，广陵太守。'与《碑》所书迥异，未审孰是。"卷二《陈太丘碑》："以成斯铭。"杨本校云："此句抄本及汲古阁本《文选》并作'以成时铭'。成化本《文选》作'以时成铭'。"未敢妄下定论。卷三《刘镇南碑》："子授征拜五官中郎将。"杨本校云："'子'，从乔本、汪本增。徐本无'子'字。'授征'二字尤似不可解。案：范《书》及《三国志·传表》：二子琦、琮。琦初为江夏太守，琮为表嗣。继琦为荆州刺史，琮为青州刺史，则子授征拜五官中郎将，句更可疑。文不可以伪为，于此句见"；博采众说详细考证而后定。校勘古书，最忌以孤证断其是非，是以为求一字之是非，必广征博辑，多所取资。杨本校勘，必征引繁博，方下结论。如卷二《陈太丘碑》："先生讳寔，字仲弓，颍川许人也。"杨本校云："'许'字下各本有'昌'字，非是。旧本《文选》作'许人也。《注》曰：《后汉书》曰：寔，颍川许人也。'《汉书》：'颍川郡有许县。'《魏志》曰：'文帝黄初二年(221)改许县为许昌县。'蔡邕之时惟有许县，或曰许昌非也。"杨本校勘此条共采《文选》、《汉书》、《魏志》等书，足见其博慎。故许瀚在概括杨本之校勘特点时云："胪其同异，辨其是非，至详且慎。"①所言极是。

杨本校勘用力甚勤，征引广博，态度严谨，校勘成果突出。据粗略统计，杨本校记约有七千余条，字数约十八万，校勘成果如以内容来区分，一是纠正各本之文字讹误，约有六千余条，二是对事实进行考辨，澄清误说，近千条。这些成果为学界所认可，多被采用。如卷二《彭城姜伯淮碑》中"熹平二年(173)四月辛巳卒"句，杨本校云："'熹平'二字从张本；徐本及乔本、汪本、刘本，皆作'建安'，抄本、活本同。顾千里、黄丕烈亦无说。张溥曰：'旧本《蔡中郎集》载《伯淮碑》，误书建安二年(197)卒。宋人谓邕建安前已先逝，因疑此碑为伪，不知《后汉书》伯淮之殁，盖熹平二年(173)也。在邕为先辈大儒，此碑实出邕笔。今改正建安为熹平可耳。'"杨本此条引证准确。四库采进本为雍正陈留刻六卷本，陈本亦作"建安二年(197)"。四库馆臣以张本勘正陈本，并讥张本之武断，《总目》卷一百四十八提要云："此本为雍正中陈留所刊，文与诗共得九十四首，证以张溥《百三家集》刊本，多寡增损互有出入。卷首欧静序论姜伯淮、刘

① [清]许瀚：《杨刻〈蔡中郎集〉校勘记》原跋，齐鲁书社1985年版，第170页。

镇南《碑》断非邕作，以年月考之，其说良是。张本删去刘《碑》，不为无见。然以伯淮为邕前辈，宜有邕文，遂改建安二年为熹平二年，则近于武断矣。”通过杨本校勘可知，姜伯淮卒于熹平二年，是为定论。故武断者当为四库馆臣。胡玉缙云：“熹平二年(173)，张据《后汉书・姜肱传》订正，致为精核，欧静不知建安二字之误，轻以为疑，《提要》不复详察而轻信之，反以张为武断，张明据范《书》，岂武断乎？”[①]又如杨本对卷首所载欧静序之作年进行了细致考证，颇为精详，胡玉缙云：“欧《序》所载年次多有讹踳，杨本已辨之。”[②]卷三《刘镇南碑》之“永汉元年十一月到官”句，杨本对乔本、汪本“永汉”作“永平”之误所作考证；卷九《荐太尉董卓表》，杨本考定此《表》为邕作等，诸条均被胡玉缙采入《〈四库全书总目提要〉补正》中。杨本之校勘成果还被现代治蔡学者利用，由河北教育出版社于2002年出版的邓安生校注本《蔡邕集编年校注》把杨本作为底本，其中很多条吸收了杨本校勘成果。而晚清学者罗以智于清咸丰九年(1859)校勘《蔡集》时，就为当时无法得到杨本深感遗憾。罗氏曾云：“闻聊城杨氏新刊本最为完善精审，当向高均儒索之，一证异同。”[③]故杨本于后世治蔡学者殊有筚路蓝缕之功。杨氏刻书得到后人的高度评价，与其校勘上的精审密切相关。

四　丛书说与版式特点

所谓“丛书”是指“按照一定的原则，采用相同的物质形式(如一样的版面、一样的装订形式等)，把一些著作汇刊在一起的系列书籍”[④]。但杨氏“丛书”在以上诸方面并不一致。仅考其版式，除《杨氏三代诗文》、《九水山房文存》版式基本一致外，余则均不同，故从版本学意义上讲并不能视为丛书。抑或考虑到这个因素，故杨以增、杨绍和并无丛书之说，“丛书”的说法最早见于清光绪二十年(1894)杨保彝刻《唐求诗集》，其封面题“海源阁丛书丁部”，盖保彝将杨氏刻书之经、史、子、集四部依次排为甲、乙、丙、丁四部。但保彝刻书有限，未见到其他刻本有甲、乙、丙、丁等丛书标志。杨敬夫于1920年刻三代诗文时为

---

① 胡玉缙：《〈四库全书总目提要〉补正》，上海书店出版社1998年版，第1171页。

② 同上。

③ 胡玉缙：《〈四库全书总目提要〉补正》，第1170页。

④ 程千帆、徐有富：《校雠广义・目录篇》，齐鲁书社1998年版，第184—185页。

《退思庐文存》所作跋语亦无“丛书”一说，直到1966年2月10日杨敬夫在接受李士钊访问时，始称1920年续刻《杨氏三代诗文》为丛书①。在此杨敬夫实际上是把杨氏所刻书籍都视为“丛书”。此后，李士钊、刘文生等都依敬夫说法，但以刻书主人作为丛书标准是一种很笼统的做法。杨氏刻书实际上是随刻随售，待刻到一定数量时再捆绑批售，因而丛书的种数并不统一，如南大藏“三种”，中国科学院图书馆藏“四种”，南图藏“五种”，国图藏“六种”。“六种”之说最早见于文字记载者，是王献唐先生在1930年发表的《聊城杨氏海源阁藏书之过去现在》一文中：“海源阁校刻书籍，除《楹书隅录》正、续编外，尚有杨至堂汇刻之海源阁丛书，兹录原目如下(“六种”目录略)。”此后诸家引用不辍。1983年中华书局出版的《中国丛书综录》收录海源阁丛书“六种”。但即使是刻于同一时期同一地方的“丛书六种”其版式亦不同。目验这“六种”，除皆为九行本和版心下镌“海源阁”外，其他如版框、行字数、书口、边栏等均不同，而仅有九行本是不能全面揭示丛书特征的，版心下镌“海源阁”也仅是说明是书为杨刻而已，亦并不是丛书的标准，杨氏所刻其他书版差别更大，故杨刻“海源阁丛书”并非是严格学术意义上的丛书。王绍曾曾言：“据山东图书馆编《馆藏海源阁书目》于《退思庐文存》、《仪晋观堂诗抄》、《归瓻斋诗词抄》下，均加注《海源阁丛书》，谅必有根据。然据余目验杨刻梅曾亮《柏枧山房文集》，亦无《海源阁丛书》字样，版式亦与《海源阁丛书》不类。”②王绍曾对山东图书馆编目录“丛书说”似亦不赞成。造成杨刻版式差异较大的原因，是因杨刻在刻时、刻地等方面存有很大不同所致，但最主要的原因可能是杨氏先人并无出版丛书的打算。只是后人为了购售和命名上的方便，便以丛书相称。这种情况在清代私家刻书中并不少见，如《士礼居丛书》、《知不足斋丛书》等等。

“乾嘉以来，清代私家刻书呈现两个特点：一是大量刻印丛书，一是请名家写样上版。”③杨氏所刻“丛书”数量已知。延请名家写样上版，杨以增亦不例外，如清代著名校勘家、书法家包世臣、高均儒均曾共事于杨氏门下数年之久，

① 李士钊：《聊城海源阁藏书重要史料片断——1966年2月10日在天津访问海源阁第四世主人杨承训(敬夫)先生》，《山东出版志资料》第1辑，第187页。

② 王绍曾：《杨氏五世传略及海源阁藏书概述》，《订补海源阁书目五种》，齐鲁书社2002年版，第1230页。

③ 程千帆、徐有富：《校雠广义·版本篇》，齐鲁书社1998年版，第189页。

杨氏所刻书籍，多经其手。杨刻本《惜抱先生尺牍》为高均儒手写上版，梅曾亮于此本《序》云："因以新城陈氏刊本，延高君伯平重为校刊。伯平遂悉乎写之于以版，字体浑穆，使此书益可钦玩。"①高氏另一杨刻手写刻本是《跛溪年谱》，目验版式疏朗阔大，字大如钱，浑厚饱满，文字之美确如梅氏所言。两书传之于今，高氏功不可没也。除此，仿刻宋元本也是杨刻之重要特点，如仿宋本《蔡中郎集》、影宋刻本《三续千字文注》、《唐求诗集》、仿元本《六艺纲目》等。杨氏在仿刻过程中，为再现原本真实面貌，除勘误文字错讹外，均"保留旧式"，影宋本《三续千字文注》"爰依旧式。"如仿宋刻《蔡中郎集》，字体仿宋，雕版精湛，刀法隽美，纸墨俱佳，字体秀雅古劲。毛春翔于《近三百年版刻述略》中盛赞《蔡中郎集》为："清代仿宋元影刻本中的经典之作。"②

五　刊刻时间、地点之迁移

关于刊刻时间、地点，也是杨氏刻书中值得注意的问题。杨氏刻书贯穿四代，历时九十余年，刻地亦屡经迁移。这在其他刻书家中极为少见。杨以增第一次刻书，是在清道光九年(1829)，是年四十二岁，知贵州贵筑县，所刻为《经验妇孺良方》三卷。该书由三种医书组成，一是清康熙间亟斋居士著《达生编》一卷，专治妇人生产；二是庄一夔著《遂生编》一卷，专治小儿痘疹；三是庄一夔著《福幼编》一卷，专治小儿慢惊风。卷首题"道光己丑(1829)仲冬辑刊"，目录后题"聊摄杨以增辑刊"。杨以增刊刻是书的原因，是"益思所以济人者"。卷首刘国均在《序》中详载此事："癸亥岁，获从汤文端(即汤金钊，亦杨以增业师)师游，师学无不知，而兼工于医。二十年间，朝夕讲授，因倍扩所未闻。及宦于黔，订交于杨君至堂。至堂亦文端门下士。所至有政声，益思所以济人者，拟剞撅医书三种，而商之于仆，仆于是书服膺有年，曷能赞一词，惟力劝其广为传布而已。顾仆粗知医而性惮烦，不能遍诊人。至堂不善医，而能梓医书以寿世，其度量相去之广狭，岂可以寻常计哉？用是敬佩至堂，而兼以自则也。"刘国均与杨以增曾同师萧山汤金钊，可谓契交，而一善医学，一善刻书，又互为补充，志同道合，方使刻梓之事成功。

杨以增第二次是在道光十七年(1837)五月，与同邑翟云升、陈官俊等于

---

① [清]梅曾亮:《〈惜抱先生尺牍〉序》,《惜抱先生尺牍》卷首，清咸丰五年(1855)杨以增刻本。

② 毛春翔:《古书版本常谈》，上海古籍出版社2000年版，第155页。

山东掖县联合刊刻翟云升撰《隶篇》。陈官俊在为该书所作的《序》中说:“先是聊城杨东樵观察闻文泉有是作,尝欲为梓行,乃合谋,而同郡邑诸戚好及一时矩公,官吾东者,又乐与赞成焉……去年夏五月遣工抵莱(东莱,即山东掖县)……越年余而工告竣。”扉页书牌为“道光十七年(1837)五月开雕十八年六月成”。翟云升在《隶篇续再续》序中亦说:“因……以增高资鈒镂”,杨以增也撰序力赞此书之佳。第三次是在道光二十二年(1842)。其刻书地点是山东济宁,济宁为当时南北运河交接处,水运繁忙,经济发达,文化昌盛,书肆林立。据陈奂《师友渊源记》所记:当时杨以增曾“设刻书局于济宁”,并想聘请陈奂主持刻书事宜,“幣聘逮余,余未及汴,闻迁去,乃返。”①又从以增寄许瀚信云“南来书手、刻手,不便赋闲,可否先刻《地舆书》?”②可知,当时还招募了一批南方写手刻工,准备同时刊刻《说文解字义证》五十卷和《方舆纪要考证》一百二十卷两部大书,只是《义证》因校勘颇费神力,才决定先刻《方舆考证》。杨以增还派专人赍送经费,并由许瀚统一调配:“兹寄来库纹三百两,存于尊处,一切使用,概由尊处领支。”③再从以增让许瀚代校两书并“统希照料一切”可知,当时的杨氏刻书局的代理主持应是许瀚。此时,杨以增在河南开归陈许任道员,官署大梁(开封),为刊行曲阜桂未谷先生《说文解字义证》,写信请在济宁主讲渔山书院的许瀚为之董理校勘④,许瀚受请后开校此书,并拟《〈说文解字义证〉校例》寄杨氏。后因以增奉旨调陕,闻桂书另有他刊,《义证》仅于济宁刻一册后中止。

杨以增大量刻书是在其升任江南河道总督后的八、九年里。这时学者包世臣、版本学家高均儒均在其帐下襄办刻书任务。同年友梅曾亮于清咸丰四年(1854)亦来此襄助。清江浦作为河淮交汇之处,经济、文化繁荣兴旺,刻书业亦很发达,当时就有很多知名书院承担刻书任务。而清代中叶以后,几乎历任南河总督都有刻书之举,作为河督又酷爱聚书、刻书的杨以增与其子绍和及幕僚等于河督署内刊印书籍,更是顺理成章的事。《跛溪年谱》卷末高均儒跋

① [清]陈奂:《师友渊源记》,《丛书集成续编》本,第36册,第106页。

② [清]杨以增:《杨至堂致许印林书八通》之二,《顾黄书寮杂录》,齐鲁书社1984年版,第148页。

③ [清]杨以增:《杨至堂致许印林书八通》之三,《顾黄书寮杂录》,第149页。

④ 参见[清]杨以增:《杨至堂致许印林书八通》之一,《顾黄书寮杂录》,第147页。

于“南清河寓所”,《六艺堂诗礼七编》卷首杨以增“叙于南河节署”,《七编》之一《郑氏诗谱考正》单行本亦题“南河节署刊版”,王献唐题此本曰:“丁氏此书,封面题杨至堂先生鉴定,又题南河节署刊版。与海源阁刻《九水山房文存》等纸墨书体略同。时杨至堂官河漕总督,刻书皆在署中。”①可见,其刊刻地点就在江苏清江浦江南河道总督署内。这一时期有具体刻年的杨刻本有二十四种,其中刻于清道光年间及清道光三十年(1850)各一种;清咸丰元年(1851)五种;清咸丰二年(1852)七种;咸丰三年(1853)四种;咸丰四年(1854)一种;咸丰五年(1855)二种;咸丰六年(1856)三种。其中属于清咸丰六年的三种刻本是杨以增生前已刻但未完,又嘱其子绍和与幕客续刻。如《跛溪年谱》,高均儒《跋》曰:“聊城叶石农先生没后三十有四年,其高业弟子杨侍郎……复以先生自编年谱属均儒书付诸版……《谱》刻成而侍郎不及见。……怆恻为之跋,咸丰六年正月下旬闽高均儒书于南清河寓所。”另有七种虽刻年无考,据记载亦为杨以增所刻,但大多为此时所刻无疑。由以上知,海源阁刻书之鼎盛时期确在于此时。

杨以增在清江刊刻了许多书籍,卒后所遗版片,有一部分留在当地,或为书商购去,或归于著者。如《柏枧山房集》清同治三年(1864)补刻三十一卷本,时补刻本刻毕,其版片便散于清江、淮上,并未携聊城,如《柏枧山房集》蒋国榜补修本的版片就是在淮上得到的②。又如王献唐于《郑氏诗谱考正》又题曰:“刻成之后,殆以版归丁氏。后因编入《颐志斋丛书》,别易封面,只题书名,无上下二行……卷末又题——扬州抄关大儒坊碧山堂柏刊,海源阁书刻既与此同,知亦多由碧山重雕版。”③这些书版归诸他人后,有的再版重版,又刻了不少。另一部分则运回聊城,王献唐在《聊城杨氏海源阁藏书之过去现在》中言:“(海源阁丛书六种)以上书版,原存北平,闻已毁于火灾,校订刻印,俱极精审。”据王氏所言(指1929年11月赴聊清查遭佚书籍时闻杨宅仆人言),“丛书六种”书版疑由绍和自清江浦运至聊城,至清同治四年(1865)中进士后(授翰林院编修)居京官时又携至北平续刻,庚子(1990)事变遭焚后又由保彝将部分残片运聊,其后又运到聊城西南田庄保存。

① 王献唐:《郑氏诗谱考正》题识,《双行精舍书跋辑存》,齐鲁书社1983年版,第12页。

② 参见蒋国榜:《题辞》,《柏枧山房集》卷首,1918年蒋国榜慎修书房补修本。

③ 王献唐:《郑氏诗谱考正》题识,《双行精舍书跋辑存》,第12页。

在经历了一个刻书高峰之后，杨氏家族刻书此后并未中止。绍和先后于清江浦、聊城等地，一边处理父亲后事，一边又续刻杨以增生前未刻完之书，《聊城县志·杨绍和传》卷八载："（绍和）生前笃于师友，如刘渔村、梅伯言、包慎伯，故后均刻其著作行世。"《柏枧山房集》三十一卷清同治三年（1864）补刻本即是，杨绍和于咸丰六年二月从聊城丧还清江后继续刊刻诗集及骈文，梅曾亮云："杨公子善体先志，期必刻完拙集。"①三月，续刻完成，同治三年（1864）复又补刻为足本。同治二年（1863），杨绍和里居时，开始撰写《隅录》。绍和父子从撰校到刊刻是书历时达三十一年，清光绪十九年（1893）杨保彝于京付梓，清光绪二十年（1894）十月刊成。杨敬夫云："此书付刻时，原定由先妣王太夫人与吉鹤慈表兄校对，殆刻将近半，则吉表兄回至原籍料理家务，而校对之事，遂由太夫人一人负责，以迄刊竣，先观察公拟著先太夫人之名于书后叙中，而卒未刻名。及书印成后，复校出三处有四个错字，遂用木刻红字盖在错字上，未及修正。"②从此书所藏、撰校、刊刻之经过来看，父未竟，子继之，后有王氏少珊亲自校正并著刊刻事务，杨家几代都把藏书、编书、刻书作为传世事业，均付诸了毕生精力，其精神实堪称赞。同一时期的光绪二十年（1894），杨保彝于京师还影刻了《唐求诗集》两卷。

杨氏刻书之最后是在民国时期，刊刻地址在其聊城藏书大本营海源阁内。杨敬夫说："民国九年（1920）庚申我二十岁的时候，曾经手刻印了《海源阁丛书》的最后三种，即杨氏三代先人的诗文集。第一是先曾祖至堂先生的文集《退思庐文存》，其次是先祖父勰卿先生的诗集《仪晋观堂诗抄》，以及先父风阿先生的诗词集《归瓻斋诗词抄》三种书，都是在1920年之内完成刻制和印刷的。因为杨氏四代人都爱书，杨氏自己所刻印的《海源阁丛书》数量很多，我自己乃把个人所见存的三代先人的文稿，汇辑起来刻印成书，既可以保存先人的文献资料，又可以馈赠亲友们作为珍贵的礼品加以存藏。"③敬夫汇刻先人诗文的想法，其实早在问学于聊城宿儒靳维熙时，就已经产生了。靳维熙，曾

① ［清］高均儒：《〈柏枧山房文稿〉跋》，《柏枧山房文稿》卷末，藏国图。

② 刘文生：《海源阁藏书概述》，《聊城文史资料选辑》第1辑。

③ 李士钊：《聊城海源阁藏书重要史料片断——1966年2月10日在天津访问海源阁第四世主人杨承训（敬夫）先生》，《山东出版志资料》第1辑，第186—187页。

任《山东通志》编修、清宣统二年(1910)《聊城县志》总纂,学识渊博。曾与凤阿为总角交,两家交往颇厚。敬夫从师时,靳维熙导以读古书,讲述杨氏几代前人的治学和藏书事迹,敬夫受其启发,萌生刻书之事,后与家母王太夫人商量,家母亦非常同意。靳维熙于《归瓻斋诗词抄》卷末《跋》云:"岁乙卯(1915),君家西宾虚席延余,以承其乏。授课之暇,哲嗣敬夫出诗词遗稿,嘱为厘订。……余既徇哲嗣敬夫之请,为编其次第,录成定本,待付剞劂。并缀数言于简末,见吾两人之交际,若以是,即序君之诗也,夫其岂敢?丙辰(1916)冬月世愚小弟靳维熙识。"[①]岁乙卯之时,敬夫才十五岁,而就在此时,敬夫开始搜集先父手稿,并让靳维熙编订次序,准备以后刊行。敬夫刻是集,就是要保存先人遗著,恐日后散佚。敬夫于《退思庐文存》卷末《跋》曰:"……其见于书刻叙跋者寥寥十数篇而止。余小子守残抱缺,尽焉伤之。爰就所及见者,汇抄成帙,以为手泽之存,犹惧其久而散佚也。谨将前抄遗文十三篇并续搜辑二篇附以《家传》、《墓志》共付剞劂,以扬先芬而永世泽。"其后,在校刊时得到了亲戚李福銮的帮助。李福銮,济南人,杨以增外孙,为当地宿儒。李氏于《归瓻斋诗词抄》卷末识曰:"岁已未夏,敬夫以稿本寄省,将付剞劂,并以校雠之事相嘱。"岳丈张英麟亦助其校刊,敬夫于1919年夏曾将抄稿《归瓻斋诗词抄》寄张英麟校雠并乞序,张氏《序》云:"君之嗣子承训为余次女婿,今夏由东昌寄君之遗编,嘱为校雠,且为之序。……已未夏六月,姻世愚弟张元均顿首拜序。"张英麟并于《仪晋观堂诗抄》卷首又《序》云:"凤阿之子敬夫为余孙婿,资秉沈潜,学亦邃密,所造正未可量。一日出其令祖彦和公《仪晋观堂诗》,挽余作序,将寿诸梓,以永其传。"如此经多方努力终于事成,杨氏三代诗文遂得以流传。但是尽管杨氏刻书时间长,又屡经迁徙,然刻书质量却并未降低,其根本原因就在于杨氏有严谨的治学思想和刻梓传世思想。

关于刻版方式,杨氏刻书不仅用木刻雕印,还用活字印刷。1930年,聊城迭遭土匪占据后,杨氏四代人历年所刻制的《海源阁丛书》的书版,全部运到田庄收存,包括各种木刻版书和活字版木字与铁范等全部印刷工具。谙熟聊城书坛掌故的吴云涛曾于1964年回忆道:"一九三九年之间,我曾在杨氏的'弘

---

① [清]靳维熙:《〈归瓻斋诗词钞〉跋》,《归瓻斋诗词钞》卷末,1920年杨敬夫刻本。

农丙舍'别业见到过存在的大批木刻活字。还有很多块特制的排版木框，凌乱地和木具杂物堆在一座空房子里，因而可以证明了杨氏《海源阁丛书》，是确在聊城出版过一部分，其中有几种，是拿活字印刷的。"[①]经过他的查验判断并加断言：聊城刻书如著名的书坊"书业德"、"有益堂"、"善成堂"等皆用木版雕刻印书，"至于拿'活字版'印书，这里的书店，还没有过，只有本城杨氏私家出版的'海源阁丛书'，内有一部分，有雕版印刷，也有用'活字版'排印的"[②]。这说明杨氏刻书技术在当地是最先进的。

六 多刻乡贤友朋著作

杨氏有着浓浓的"故乡"和"朋友"情结。杨氏几代人常年在外宦游，但他们对家乡的情感不但没有忘怀，反而愈加浓烈。乡前贤学者颇有治学卓著者，杨氏对他们敬重有加，因而刊刻了不少佳作。杨氏爱交游，所交友朋多为学者，而通过刊刻这些人的作品，使其传之于世，又是一个刻书家寄托友情的最好方式。

在原书作者中，有些与杨氏虽不是同一代人，但同省同邑，为尽乡谊之情而付梓纪念。刘淇，山东济宁人，其先河南确山人，于康熙间著《助字辨略》五卷，杨以增于清咸丰五年(1855)重刊。刘毓崧曰："咸丰乙卯(1855)秋，故南河总督赠右都御史聊城杨公，得传抄之本，深重其书。复念南泉先生迁居济宁，有同乡之谊，爰分清俸。特为重刊。"[③]桂馥(1736—1805)，山东曲阜人，著《说文解字义证》五十卷，杨以增于清道光二十二年(1842)延聘许瀚等校刊。郝懿行(1757—1825)，山东栖霞人，著《尔雅郭注义疏》二十卷，杨以增、胡珽刻《义疏》足本。许鸿磐(1757—1838)，山东济宁人，著《方舆纪要考证》一百二十卷，杨以增于道光二十二年延聘许瀚等校刊。毕亨，山东文登人，曾游学于东昌，主讲东昌启文书院，尝修《东郡志》，与杨兆煜有交，杨以增业师叶葆"敬爱备至，以为吴东学人莫之"[④]，著《九水山房文存》二卷，由杨以增于清咸丰二年(1852)刻成。其长嗣文昭于道光三十年(1850)曾客杨以增门下。有的与杨氏

① 吴云涛：《聊城刻书出版业简史》，《聊城文化史料集丛之三》，中共聊城县委员会办公室档案组1976年编印，第10页。

② 同上。

③ [清]刘毓崧：《〈助字辨略〉跋》，《助字辨略》，中华书局1954年版，第293页。

④ [清]杨以增：《〈九水山房文存〉序》，《九水山房文存》卷首，杨以增清咸丰二年(1852)刻本。

既同省又交往颇深。翟云升(1776—1860),山东掖县人,著《隶篇》四十五卷,杨以增与其合刻传世。

杨氏"笃念耆旧"[①],有的虽不是同省,然曾客寓山东,并与前辈有交往,亦以刊书为纪念。武亿(1745—1799),河南偃师人,先世曾居于聊城。清乾隆四十五年(1780)中进士,五十六年(1791),授山东博山知县。在任仅七月,因以罢官。贫不能归,教授齐鲁豫等地,声闻大著。据道光癸卯年(1843)重刊《群经义证》之武亿《序》云"乾隆五十八年岁癸丑(1793)秋八月馆东昌启文书院",又据杨以增《跋》云"乾隆甲寅(1794)、乙卯(1795)间,先大夫尝从先生游"[②],知其父杨兆煜曾问学武亿。武亿博通经、史、子、集,士大夫慕其学问,多愿与交,然亿简傲真率,意趣不同者不屑与来往,故兆煜与武亿之交当不同一般,而杨以增"心识之不敢忘",又向往武氏之学。所以杨以增出于父辈之谊,又仰慕武氏之学,才刊刻了《三礼义证》及《诗》、《文》集。孙星衍(1753—1818),江苏常州人。乾隆五十二年(1787)进士,授编修,改刑部主事,出为山东兖沂曹济道,兼管黄河兵备道、山东督粮道,权山东布政使。孙星衍曾于清嘉庆三年(1798)校刊《夏小正传》两卷和《急就章考异》一卷。杨以增杨绍和父子又于清咸丰四年(1854)冬月重刊。杨以增刊刻此书渊源有自,业师叶葆曾与星衍有交,而杨兆煜杨以增父子皆曾授业叶师门下,故谓杨以增刻此书有不泯师门之意。绍和跋《夏小正传》云:"《叶石农先生自编年谱》:岁戊午四月,孙观察寄赠先生篆书楹帖句云:'周秦之上古学在,聊摄以东吾道传。'故知观察与先生道艺至挈,先祖暨先君皆受业于先生。先君受读是本,当在初刊之时,阅岁既多,虑版漫漶,并刊别校本以资互证。渊源师门之意,何可泯焉?"胡天游(1696—1758),浙江绍兴人,著《石笥山房集》等。虽未到过聊城,然其四世孙秋潮大令于清道光二十六年(1846)曾"任吾东之博平"[③],博平今属聊城县,距聊城二十公里,秋潮官博平时曾刻天游诗文十八卷,但校勘不精。其嗣子冠山赞府曾官南河,与杨以增交游

① [清]杨以增:《〈九水山房文存〉序》,《九水山房文存》卷首。

② [清]杨以增:《跋〈刘松岚观察谒虚谷先生墓诗后〉》,《三礼义证》卷首,清道光二十三年(1843)偃师武氏刊本。

③ [清]杨以增:《〈石笥山房文集〉叙》,《石笥山房集》卷首,杨以增咸丰二年刻本。

颇厚，故杨以增重又补刻为足本。叶葆，杨兆煜杨以增两代老师，在叶师故去三十余年后，杨以增又刊《年谱》以祭奠。关于此书的刊刻始末，高均儒《跋》云："聊城叶石农先生没后三十有四年，其高业弟子杨侍郎既属上元梅户部撰《教思碑》，复以先生《自编年谱》，属均儒书付诸版，原稿有羡改涂乙。侍郎郑重摩核，更属均儒重校。且书且刻。未毕，而侍郎没。其疾渐革时，省勘《谱》中疑字，并类识先生题楹偶语，遣侍者检示均儒，墨渍犹新也。"又云："先生泽人之教，《谱》中于来学弟子一一书姓名，黎然各有成业。所谓师道立，则善人多者，可由侍郎信之。而今之士大夫匙不相师。是《谱》出，而有善读者，顾不可推而求古之师道欤?"①杨氏尊贤重谊于此可见一斑。

杨以增颇爱交游，因此刻友朋作品不少。山阳丁晏与杨以增同年同门，杨以增尝刻《六艺堂诗礼七篇》十七卷及《百家姓三编》一卷。梅曾亮与杨以增亦同年，杨氏父子为其刊刻《柏枧山房集》三十一卷足本。陈祖望于清道光二十一年(1841)至清道光二十三年(1843)曾馆于杨以增门下，时杨氏任河南按察使，道光三十年(1850)杨以增为其刻《思退堂诗抄》十二卷《青琅玕吟馆词抄》一卷。杨以增与同岁生徐致初至契，道光二十八年(1848)为其刻《牧令书》二十三卷《保甲书》四卷。杨氏尊敬前贤，笃重友谊，所刻的这类乡贤友朋著作有二十余种，这在私家刻书中的确少见。这也是杨氏与其他刻书家的很大不同之处，亦使他的刻书带有独特的个人色彩。

杨氏刻书受到后人拥戴。有不少本子一再为后人影刻、重刻或影印。如《尔雅郭注义疏》，清同治四年(1865)，郝懿行之孙联荪、联薇编刻《郝氏遗书》时，《义疏》便以杨刻本为底本，民国间上海鸿章书局有影印本，1949年后中国书店又有影印本；《惜抱先生尺牍》，清宣统初元小万柳堂据杨本影刻，后中国书店又有影印本；《楹书隅录》，宣统三年(1911)武进董康于北京海王村谭宅刷印之补刻本；《三续千字文注》，武进盛宣怀据杨本重刻，收入《常州先哲遗书》中；《蔡中郎集》，清光绪十六年(1890)广东番禺陶氏据杨本重刻，卷首页书牌云："海源阁仿宋本，光绪庚寅(1890)番禺陶氏爱庐校刊"，目录后又题："原分六册，今合四五为一，陶敦复敦临敦勉校讫并记"。《四部备要》亦收，其书牌

---

① [清]高均儒：《〈跛奚年谱〉跋》，《跛奚年谱》卷末，咸丰六年(1856)杨以增刻本。

题:“上海中华书局据海源阁校刊本校刊”;《柏枧山房集》,1917年上元蒋国榜有补修本;“丛书”六种,1990年江苏广陵书局有影刻本。杨氏刻书有不少被影印后收入一些大型丛书中,如《跛奚年谱》,1988年由北京图书馆出版社影印出版,编入《北京图书馆藏珍本年谱丛刊》;《楹书隅录》收入《续修四库》以及《清人书目题跋丛刊》中;《杨氏三代诗文集》被收入《山东文献集成》①中,等等。由于海源阁刻书精善,有的作为现代点校本的底本,如清咸丰五年(1855)杨氏刻本《助字辨略》,1925年,杨树达将其作为底本予以重刻,1939年,开明书店依杨树达本标点出版;咸丰二年(1852)杨氏刻本《蔡中郎集》,2002年1月河北教育出版社出版了由邓安升校编的《蔡邕集编年校注》,其《前言》云:“由于杨以增海源阁本校勘精细,严可均本搜辑校完备,活字本刊刻最早,因此今编年校注蔡集,即以杨本为工作本,以严本、活本对校,同时参校他本他书。”2005年,上海古籍出版社出版的由彭国忠、胡晓明校点的《柏枧山房诗文集》,亦以杨绍和、杨绍谷清同治三年(1864)补刻本为底本。

杨氏刻书历九十年坎坷风雨,所取得的成绩有目共睹,一如“南瞿北杨”庋藏之盛名,理应成为清季江北之刻书文化之甲观。不过人们又往往有一种错觉,如傅增湘就深感乾嘉以后南方刻书之盛,而“北地则声闻寂寞”②。已故文献家谢国桢也说:“冀北鲁东,文物之邦,犹未有刻书之风。”③但以杨氏及马国翰、刘喜海、许瀚、王懿荣、吴式芬等诸家刻书事实来看,此言似有不妥。以杨氏刻书之质量与数量,在清代私家刻书史上占一席之地应是名副其实。正如冀淑英所言:“犹幸我国民间藏书,自有传统,代代相传,绵连不绝,有助于今日灿烂丰厚传统文化之形成。”④杨氏刻书亦然。

第三节　刻书个案研究

杨氏有些刻本在前面已经介绍过,但其情况复杂,有些刻本需要特别说

① 《山东文献集成》四辑二百册,收书一千余种,韩寓群主编,山东大学出版社2006年版。该书除收入《杨氏三代诗文集》外,还收入了杨绍和辑《杨端勤公奏疏》二十一册。

② 傅增湘:《礵墨亭丛书》(稿本)题记,《双鉴楼藏书续记》卷2,1930年江安傅氏藏园刻本。

③ 谢国桢:《丛书刊刻源流考》,《明清笔记谈丛》,上海古籍出版社1981年版,第217页。

④ 冀淑英:《山东省图书馆〈馆藏海源阁书目〉序》,山东省图书馆《馆藏海源阁书目》卷首,齐鲁书社1999年版。

明，下面就个别刻本在前文未曾涉及的，诸如刊刻过程、足本、校勘等问题再行考释。

一 《蔡中郎集》十六卷

蔡邕(132—192)，东汉辞赋家、经学家、书法家。邕博学多识，通经史，好辞章、术数、天文，妙操音律，精工篆隶。曾著诗、赋、碑、诔、铭等百数篇。但东汉著作，传之今日，万不一存。蔡邕作品集，《隋书·经籍志》著录为十二卷，并注："梁有二十卷，录一卷。"是《蔡集》至隋已无完帙。唐人渐次搜求增至十五卷，吴兢《西斋书目》著录。唐末之乱，文献罹劫，《崇文总目》著录仅为五卷，《宋书·艺文志》为十卷，北宋天圣间欧静序《蔡集》，称"今之所传才十卷，亡外计六十四篇。"《旧唐书·经籍志》、《新唐书·艺文志》并称二十卷，似是"十卷"之误。宋刻欧静序本至明代已亡，明清版本可考知见者约二十余种，其中传世版本中，明版有弘治兰雪堂活字本《蔡集》十卷外集一卷，正德华坚活字铜板本、正德覆华坚本均为文集十卷外集一卷，嘉靖间宗文堂郑氏本文集十卷外集一卷诗二卷独断二卷，嘉靖间乔世宁本集六卷，万历间徐子器本、马维骥本、茅一相本均为集十卷外集一卷，万历间汪士贤本集八卷，天启间张溥辑《百三家集》本二卷；清本至咸丰二年(1852)海源阁杨以增刻本之前，有康熙间刘嗣美、刘嗣奇本集六卷补遗一卷，雍正间陈留本六卷，又有明末清初叶石君抄本文集十卷外集一卷等。可见，明清《蔡集》版本颇多，且卷数不一，知收录蔡氏作品数量亦异，又各本文字讹误参差，给后人治学带来不便。清道光三十年(1850)，杨以增官南河时，购得黄丕烈、顾千里合校的万历间徐子器本，并以此为底本，搜集诸本参校，延聘高均儒精心校勘，至清咸丰三年(1853)终于刊成足本《蔡集》十六卷。杨本《蔡集》封面篆字题：蔡中郎集十卷。左下双行小字题：原编外纪一卷今编/外集四卷传表一卷。即集十卷外集四卷外纪一卷列传、年表合一卷，都十六卷。扉页双行隶书题：咸丰二年东郡杨/氏海源阁仿宋刊。版框高广为19.2×13.3cm，九行十八字，注文双行字数同，白口，左右双边，单黑鱼尾，鱼尾上题"蔡中郎集"，鱼尾下题"卷几"，次下页数，次下右刻"海源阁"三字，左下记大小刻字数。每卷末亦记大小刻字数。卷首目录后题"金陵柏士达刊"。字体仿宋。避清讳，"玄"字缺笔。

关于杨本，还要注意两点。一是杨本对底本徐本的处理与前人不同，前人校书往往知其讹误，为保持底本之原貌不变，亦只于注中说明或改正字于误字之旁，不迳改古籍。如阮元云："刻书者，最患以臆见改古籍。今书刻宋版，凡有明知宋版之误字，亦不使轻改，但加圈于误字之旁，而别据校勘记，择其说附载于每卷之末，俾后之学者，不疑于古籍之不可据，慎之至也。"[①]宋元旧本见重于世，盖因刻印较早，讹误较少，但也不能"概无一讹"，对其显误者正之，显缺者补之，实为实事求是之科学态度，昔王渔洋于《居易录》中批评钱牧翁所定《杜集·九日寄岑参诗》，明知"两脚"为"雨脚"之误，竟不敢订正，一仍宋本之误，甚为可笑。杨氏刻蔡集，是欲以定本行世的，杨本则对底本"非是"或讹误字处直接改动，然后再于句下注明底本作某，从何本而改。即如均儒所言"姑就度择以句意晓畅者列于正文，余悉注于句下"[②]。如卷一《太尉桥公碑》："广川相之孙"。杨本校云："'川'从抄本及他本。徐本讹作'州'。"原底本徐本为"州"，误。杨本则将原徐本误字"州"直接改为"川"。这种处理方法虽不合前人通行做法，然因于句下附加说明，亦使我们能够看到原本的面貌，因而它实际上兼具校本与原本两者之长。

二是杨本在诗文的编排上，前十卷依原徐本例，同时又有微调，杨本《凡例》云："徐本十卷似照欧辑。首列碑铭，以人类次，其例甚善。惟第九卷亦属碑铭，列于论、表之后，似徐改掇，断非欧辑之旧，今移列第六卷。其原第六卷循次递下，以归一例。篇次悉仍其旧。"[③]外集四卷六十二篇在编排时，前三卷

---

① [清]阮元：《江西校刊宋本〈十三经注疏〉后》，《研经室三集》卷2，中华书局2006年版，第620页。

② [清]高均儒：《〈蔡中郎集〉跋》，《蔡中郎集·外纪》卷末，清咸丰二年(1852)杨以增刻本。

③ [清]高均儒：《凡例》，《蔡中郎集》卷首，杨以增咸丰二年刻本。关于原第九卷的调整，许瀚有不同看法，兹引于此，供参考："此条说似未当。第九卷果有讹舛否？未可知。即有讹舛，遽指为徐刻改掇，无凭无证，恐涉武断。观王序称'徐令雅尚古作，兴起斯文'，其自为跋，论古有识，文亦曲畅，岂有不辨此卷与前五卷同为碑铭文字而故离之欤？若云无心舛误，当时校刻蔡集，亦非苟作，何至舛第六卷为第九卷而茫不知耶？瀚案：欧所序之十卷本，乃当时流传之本，非欧自辑；欧所自辑者，独外纪耳。故其序云'今之所传才十卷，亡外计六十四篇。'又云：'见所传者，盖后之好事者不本事迹，编他人之文相混之而，非十五卷之本编固矣。'又云：'偶阅而有得，识于帙末。'言本甚明。今乃以十卷为偶辑，而徐刻移其次第，断断必无之事也。窃意好事者之辑为十卷，不必一时所成，并不必出于一手。其前八卷，次第井然，盖其初辑止是。第九卷，颂一、碑铭四、诔一，乃续所掇拾，或别一人所补。第十卷特取《月令论》及《问答》附益之，以满十卷，痕迹显然。此刻移第九卷为第六卷，殆失之矣。"见许瀚《凡例》，《杨刻〈蔡中郎集〉校勘记》，齐鲁书社1985年版。

六十一篇按十卷本碑、颂、铭、赞、祝、吊、疏、议、论、书、赋、诗等先后序次排列，《独断》一篇的安排则采用了明万历三十二年(1604)朱崇沐刻本《韩文考异》的做法，即将其单独列为第四卷。高均儒于《外集》四卷卷末《跋》云："右《蔡中郎外集》四卷，皆徐刻欧序十卷本所不载。从乔本、汪本、张本、刘本参核辑录者。……兹摭录不载十卷本者为外集，以碑、颂、铭、赞二十二篇为第一卷，附《箴》、《连》、《珠》各一篇，祝吊文五篇；疏、议、论、书十篇为第二卷，附《女训》一篇；赋、诗二十篇为第三卷。依十卷本例也。《独断》记炎汉掌故，为文外之专述，别为第四卷，编于卷末，依朱崇沐刻《韩文考异》顺序，宗《实录》例也。"故其分类清晰，编排亦颇条理。

杨本除校勘精审和收录最全外，仿宋精雕，刻印装帧讲究亦是该本的重要特点。惟其如此，杨本一出，遂被学者视为定本，奉若嚆矢，饷于后世，长期以来广受后人称誉。罗以智云："杨至堂河帅新刊《中郎集》，以顾千里所校为主，参之各本，择善而从。征其同异而兼存之，析其是非而严辨之，二千余年沿讹袭谬，一旦俾有定本，中郎有知，当无遗憾。"[①]许瀚誉之为："自有《蔡集》以来，未有如此本之善也。"[②]牟祥农亦曰："聊城海源阁杨氏所刻，校雠精审，最为著称。"[③]张之洞曰："通行三本皆逊此本。"[④]王欣夫云："迥非行世各本所逮矣。"[⑤]各家褒扬实非虚誉，而杨氏亦足称"中郎之功臣也"[⑥]。

二　《授堂文抄》八卷《续集》二卷、《授堂诗抄》八卷、《三礼义证》十二卷

[清]武亿撰，清道光二十三年(1843)刻本。《授堂文抄》扉页题"道光癸卯(1843)年重刊"，中间题"授堂文抄"，左下题"授堂藏版"。卷首依次有"嘉庆六年(1801)夏六月十有三日长宁赵希璜识于安阳县署"、杨以增"跋刘松岚观察谒虚谷先生墓诗后"、武亿孙武耒题识；《授堂诗抄》扉页题"道光癸卯年(1843)

① [清]罗以智：《蔡中朗集举正二卷附佚文一册》题识，《蛾术轩箧存善本书录》，上海古籍出版社2002年版，第1340页。

② [清]许瀚：《杨刻〈蔡中郎集〉校勘记》原跋，《杨刻〈蔡中郎集〉校勘记》，齐鲁书社1985年版，第170页。

③ 牟祥农：《杨刻〈蔡中郎集〉校勘记》附记，齐鲁书社1985年版，第172页。

④ [清]张之洞：《书目答问补正》，上海古籍出版社2001年版，第192页。

⑤ 王欣夫：《蔡中朗集举正二卷附佚文一册》题识，《蛾术轩箧存善本书录》，上海古籍出版社2002年版，第1359页。

⑥ [清]杨以增：《〈蔡中郎集〉序》，《蔡中郎集》卷首，清咸丰二年(1852)杨以增刻本。

新刊”，中间题“授堂诗抄”，左下题“小石山房藏版”。卷首依次有“嘉庆十六年(1816)三月朔年愚弟法式善序”、“潜山熊实泰序”；《三礼义证》扉页题“道光癸卯年新刊”，中间题“三礼义证”，左下题“授堂藏版”。卷首分别有“道光辛丑(1841)孟秋之月嘉兴钱仪吉序”和钱仪吉道光癸卯夏题识。此三种版式、行款、书口等均同。三种扉页虽题“授堂藏版”和“小石山房藏版”，但实际上是由杨以增出资刊刻。杨以增在《跋〈刘松岚观察谒虚谷先生墓诗〉后》中云：“为刊先生《三礼义证》、《诗》、《文集》以广其传。”可知此三种均为杨以增所刻。至于刊在何时，在其跋后有孙耒题识云：“辛丑(1841)冬，聊摄杨至堂先生观察来豫，询悉先大父遗书有未刻者《三礼义证》十二卷、《诗抄》八卷，慨佽俸金，俾耒以次刊布。”又清道光癸卯年(1843)刊《三礼义证》卷首之钱仪吉《序》云：“《序》成之年冬，聊城杨至堂先生分巡河南。始至偕诸公捷薪塞河，明年河复。读是书而善之，出俸金助学博付梓。刊既成，先生捷甘肃按察去汴。学博属予，附识缘起于后。癸卯夏五仪吉又书。”钱氏作序时间为“道光辛丑(1841)孟秋之月”，杨以增于此年冬来豫，后知有武亿书有未刊者，于是“慨佽俸金”、“以次刊布”，刊成后于道光二十三年(1843)四月补授甘肃按察使离汴赴甘。故此知道，杨以增刻书应在道光二十一年(1841)冬至道光二十三年(1843)四月之间。刻书地点当在杨以增官地河南开封(汴)，也即武氏居住地。

但《授堂文抄》扉页题“道光癸卯年(1843)重刊”，而《三礼义证》和《授堂诗抄》则题“道光癸卯年(1843)新刊”。《文抄》重刻本是否为杨以增所刻，为何要重刻《文抄》？从杨以增跋、武耒题识及钱仪吉序可知，杨以增出资刊刻《三礼义证》和《授堂诗抄》两种毋庸置疑，但杨以增是否亦刊刻《授堂文抄》，在武耒题识中未及。李慈铭《越缦堂读书记》中又云：“据钱氏仪吉序及耒跋言，惟《三礼义证》、《授堂诗抄》初皆未刻，聊城杨至堂河帅为开、归巡道时助金付梓，杨跋则言《文集》亦其所刻也。”[①]李氏则引武耒及杨以增说法未下结论，王云五则沿用了杨以增说法。经考证，此次《文抄》之重刻，亦为杨以增所刻，除杨以增于《跋刘松岚观察谒虚谷先生墓诗后》中言其自刻外，其理由尚有：武耒题识所言只是以前《三礼义证》和《授堂诗抄》两种未刻过，此次

① [清]李慈铭：《越缦堂读书记》，上海书店2000年版，第1067页。

杨以增出俸金付梓，并未否认杨以增重刻《文抄》之事，实际上将杨以增跋置于《授堂文抄》卷首并以之代序，即已证明了《授堂文抄》之重刻亦是杨以增出资所为。武耒识云："先生尝诺以序文，会陈臬甘肃，以去未暇也。适读先生《跋刘松岚观察谒先大父墓诗后》曾及之，爰付梓人以当序言，以志感泐云，耒谨识。"由武耒此题识可知，以增"尝诺以序文"，会因调甘未暇，武耒便以此代序；《授堂文抄》的版式行款与《三礼义证》和《授堂诗抄》两种悉同，版片显然为同时同人所造，杨以增既然刊刻《三礼义证》和《授堂诗抄》两种，故当连带刊刻《文抄》。那么杨以增又为何重刻《文抄》呢？原来《授堂文抄》于清嘉庆六年(1801)刊刻过一次。主持此事的为当时武亿同好赵希璜，当时只刻八卷，因资金不足，《三礼义证》等书未刻，此事在赵希璜《序》中提到："嘉庆六年(1801)同予纂修《安阳县志》，朝暮聚首，极尽同志之欢，至岁终始去。其明年遂疾以殁。呜呼，孰意竟成永诀邪！今其孤贫而嗜学，时以不能广传先人文以痛，故亟付剞劂，以成其哀，以慰虚谷不死之心。至于《三礼义证》、《授堂札记》诸著，俟稍有余裕，仍思续为刻雕，以永其传，是则予之志也已。嘉庆六年夏六月十有三日。"赵《序》被收入嘉庆六年刻本，置于卷首，道光重刻本亦置于卷首。嘉庆六年初刻本印数不多，现南图有藏。之所以重刻，一是因为初刻所用版片历经四十年(1801—1841)后已经毁佚不存，故有重刻必要；二是初刻本未能将武亿文章全部收入，故重刻本又在初刻基础上补入续集两卷。初刻本与重刻本在行款、版框高广、字体上等均不同，如初刻本十行二十一字，而重本则十一行二十三字，可见，重刻本所用版片乃为新造。所以武亿著作三种都为杨以增出资刊刻当无疑问。

三 《柏枧山房集》三十一卷

[清]梅曾亮撰，清同治三年(1864)杨绍谷、杨绍和补刻本。梅曾亮是桐城派后期的重要作家。少时喜作骈文，后拜姚鼐为师，致力于古文，为"姚门四弟子"之一，古文成就卓著，于当时文坛名声颇盛。著有《柏枧山房集》三十一卷，辑《古文词略》二十四卷。《柏枧山房集》三十一卷本，属诗文合集，代表了梅曾亮的全部文学成就。杨氏刊刻是集经历了一个漫长的过程，先后经过两次续刻，始成足本。

首刻，《柏枧山房文集》十六卷、《文续集》一卷，杨以增清咸丰五年(1855)

刻本。十行二十一字，白口，四周双边，单黑鱼尾，卷首有杨以增序。《海源阁书目》著录。杨以增《〈柏枧山房文集〉序》记其作序时间为“乙卯(1855)，七月”。朱琦曰：“是时(1855)先生亦自王墅徙居淮上，而馆于河督杨公至堂。至堂先生，同年友也。尽裒先生所为文，分体之中仍以年次，复以编年无分体者总其目于前。刊既成，先生及见之，未几，杨公卒，先生惊悼亦卒，年七十一，是为咸丰六年(1856)正月。琦按：是集卷首有杨公序，刻于五年(1855)七月，在先生未没前，疑其自定，间增损旧稿，视涵通楼刊本小异，而多近数年作。”①而梅曾亮于1855年又作《至堂为刊文集成续刊诗集骈体志感》一诗亦证此事。绍谷、绍和题识曰：“先君子校刊伯言先生文集既成，续校诗集、骈体文，刊未及半先君子薨。”②其文集始刊时间为清咸丰五年七月，刊成时间则为是年十月，据参与校刊梅集的高均儒云：“校毕，刻工滞至十月始修成。”③由此可知，是集在咸丰五年末即两位同年友逝世前已刊刻而成，收文二百八十一篇。而且这个十七卷本在当时已经寄赠发售，杨以增在刻成《文集》后曾寄赠给许瀚五部，并托许瀚转送曾国藩、龙启瑞各一部。此时《诗集》尚未刊成，而许瀚仍祈以增待刻成后寄赐。

二刻，《柏枧山房集》三十一卷，杨绍谷、杨绍和咸丰六年(1856)三月补刻本。扉页书牌：咸丰六年三月刊成。版框为18.1×13.8cm，版式同首刻，版心上分别镌“柏枧山房文集”、“柏枧山房诗集”、“柏枧山房骈体文”。此集增加《诗集》十卷、《诗续集》二卷、《骈体文》二卷。并于《文续集》后补绍谷、绍和丙辰年(1856)题识一篇，识曰：“谷等泣请先生为传志之文。时先生患鼻衄，旋淮安寓舍。逾旬，撰家传寄示。不数日，先生亦卒，是为咸丰六年(1856)正月十二日，距先君子薨仅二十四日。呜呼！迨谷等促工刊葳诗及骈体十五卷，都文集为三十一卷，先生已不及见矣。此传编列文续集之末，目仍分年为丙辰。特著一篇，怆诵攀号，追慕罔极。绍谷、绍和泣识。”遗憾的是，当绍谷、绍和于咸丰六年三月终于将合集刊刻成功时，两位同年至交却已不在人世。是集除文外又补诗六百七十八首，骈文二十九篇。

---

① [清]朱琦：《〈柏枧山房文集〉书后》，《柏枧山房文续集》，清同治三年(1864)杨绍谷、杨绍和补刻本。

② [清]杨绍谷、杨绍和：《〈柏枧山房文续集〉题识》，《柏枧山房文续集》，附于《兵部侍郎江南河道总督杨公家传》之后，清同治三年(1864)杨绍谷、杨绍和补刻本。

③ [清]高均儒：《〈柏枧山房文稿〉跋》，《柏枧山房文稿》卷末，藏国图。

三刻,《柏枧山房集》三十一卷,绍谷、绍和清同治三年(1864)补刻本,版式同首刻。杨以增《文集序》、《文集》第十六卷第六页及《文续集》第八—十三页版心下均镌“甲子补刊”。“甲子补刊”即为同治三年(1864)补刻。《文集》后增加丙辰(1856)九月朱琦“柏枧山房文集书后”一篇。是刻补录部分于《文集》十六卷末有二篇:祭陶文毅公文己亥;《柏枧山房文集》书后(朱琦撰);《文续集》末四篇:姚姬传先生尺牍序乙卯;季谐寓先生墓表乙卯;兵部侍郎江南河道总督杨公家传丙辰;绍谷、绍和识;此六篇版心下均镌“甲子补刊”。另此六篇字体与咸丰六年刻本不一,咸丰六年版字体瘦长、字距小,而同治三年补版则字体肥矮、字距大,补刻部分单独补于其后,且所属类别不分,与前文类别分明不同,知非一时所刻,故同治三年补刻本与咸丰六年刻本之不同在于又增加了六篇文章。至此,经两次续补,至同治三年时,《柏枧山房集》三十一卷本已臻完善,收梅氏作品几为全部,其祖本为杨以增咸丰五年(1855)十七卷刻本。

在杨本之前,尚有选本《柏枧山房文集》二卷,唐氏涵通楼咸丰四年(1854)刻本。十行行二十五字,大黑口,左右双边,单黑鱼尾,卷首书牌为:咸丰四年(1854)临桂唐氏涵通楼刊。此本为[清]唐岳辑,为《涵通楼师友文抄》六种之一,《海源阁书目》及《中国丛书综录》著录。唐岳于卷首《序》曰:“从游之乐,然其夙昔所好者弗能忘也。爰取所录存者自梅、吕两先生至定甫凡六人,重加校正,撮其尤者,都为一编,付之剞劂并附诗词于后,庶所闻于师友者不致散佚云。刊既成,藏于家之涵通楼,因名曰涵通楼师友文抄。”朱琦亦曰:“咸丰二年(1852)寇乱而江南陷,先生间关憔悴,挈家辟淮上,时粤乱粗定,久不得先生耗,恐文字散逸,乃与瀚臣谋锓先生文,藏之唐氏涵通楼。”①则此集梅曾亮弟子朱琦、龙启瑞亦参与编刊,共收文五十六篇,从文章创作时间来看,多为梅氏早期作品。

在杨本之后,又有各种版本数种。最有影响的当属清光绪二十七年(1901)石印本《〈精刊〉梅伯言全集》三十一卷。十四行行三十五字,黑口,双鱼尾,上鱼尾上题书名,下题卷次,次下题页数。刊刻者为梅曾亮外甥朱庆元,朱氏《跋》云:“咸丰间,先生同年友杨至堂河帅刊于清河。既其犹子卓庵太守刊于江宁。越数十年,板浸佚缺,梅氏裔力难再锓。嗜先生文者争谋之

---

① [清]朱琦:《〈柏枧山房文集〉书后》,《柏枧山房文续集》,清同治三年(1864)杨绍谷、杨绍和补刻本。

余。先生，余外舅行。将与先生季子少言内弟重事厘刊，会少言遇疾，不果为。临绝，属其家以先生手写本邮示余。书作钟体，涂乙盈简端，盖原稿也。视刊行者不尽同。因参互勘订，以付剞劂。"据朱庆元所言，在杨刻本之后，尚有梅曾亮的侄子卓庵曾于江宁刊过一次，但此次刊本，不见目录著录，也查不到此本之藏所。又据朱庆元《跋》云，朱本所用底本为梅氏手写原稿本。惟朱氏以其"视刊行者不尽同"，而与刊本"参互勘定，以付剞劂"，故未能尽存其原貌。朱本所依据的这个刊本即是清同治三年(1864)补刻本，如《姚姬传先生尺牍序》、《季谐寓先生墓表》、《兵部侍郎江南河道总督杨公家传》三篇，就非原手稿所有，而是取自同治补刻本，甚至朱本版心还保留着"甲子补刊"字样。而且，朱本也并不是"全集"，验其篇目，比同治补刻本少五篇文章，即卷二《上某公书》、卷三《陆立夫六十寿序》、卷五《闲存诗草跋》、《温廑生遗稿序》、卷十四《陕西巡抚邓公墓志铭》。朱本文字上与同治本小异，而与唐本凡篇目重复者文字悉同。盖朱本与唐本所用皆原稿本，而同治补刻本所用则是复经梅氏改易之定本。此后，清宣统三年(1911)上海国学扶轮社又据光绪本重印，行款、字体等与光绪本悉同，只在版心处题"国学扶轮社"字样，书名亦作《精刊梅伯言全集》，内书名页则署《柏枧山房文集》，版权页又署《梅伯言全集》。该本曾于 1927 年再次印行。

《柏枧山房集》三十一卷，蒋国榜慎修书房民国七年(1918)补修本。民国七年(1918)蒋国榜(1893—1970；字苏庵，江苏南京人)于《文集》卷首题辞曰："甲寅(1914)春，国榜始为《金陵〈丛刊〉》，乙卯(1915)四月复得《柏枧山房全集》板片于淮上，为之喜躍。……先生集，为同年生杨至堂河帅刊以为寿，板辗转入丹徒赵广文彦修季梅家，其家中落，合肥蒯礼卿曾与商让，未果，今世变日亟，去先生之世，甲子一周余矣，幸复得之淮上，历经兵燹，无多散佚。国榜以固陋为《丛刊》四集。既竣，复为刊补，整理成帙。……戊午(1918)八月晦日，邑后学蒋国榜谨识。"其扉页书牌"咸丰六年(1856)三月刻成蒋氏慎修书屋藏板"。由此可知，因当时补刻本刻毕，版片辗转流入丹徒赵彦修家，赵氏家道中落，合肥蒯氏欲购置，协商未果。之后，蒋国榜于 1915 年得于淮上。因此蒋氏所使用的版片即是同治三年补刻本，故版式字体等与补刻本完全相同，唯补《题辞》而已，或许个别地方修补过，但目验不出。《续修四库》本即据之影印。

综合上述诸种版本，当以同治三年绍和补刻本为最佳：一曰刊刻较早（初刻在咸丰五年（1853）七月）；二曰印制精美；三曰收录最全，为目前收录梅氏诗文最全的本子，是谓足本；四曰目录编排有特点；五曰文字精严，为梅集定本。补刻本文集部分共录有从嘉庆癸酉至道光辛巳至咸丰丙辰年间二百八十七篇文章。其文集分类如下：卷一论说十四篇，卷二书启十九篇，卷三赠序二十五篇，卷四、五、六、七书序八十篇，卷八、九传三十八篇，卷十、十一记三十三篇，卷十二、十三、十四、十五墓志铭六十二篇，卷十六赞哀词祭文七篇，另有续集九篇。诗集按年次共录十卷（录至乙卯）五百五十四首，诗续集二卷一百二十二首及骈体文上下两卷二十九篇。其中文集目录按年次分目，而正文则既按体裁又按年次①，而如唐氏涵通楼清咸丰四年（1854）刻本、清光绪二十七年（1901）石印本、民国十八年（1929）中华书局铅印本《续古文辞类纂》等等则只分类并不编年。如果将此本和唐氏涵通楼刻本作一比较，就更可看出杨本的优点。唐本是实际刊刻梅氏文集最早的刻本，但杨以增实际上从九年前即清道光二十五年（1845）就开始运作校刊梅集之事。时杨以增正为官甘肃布政使，于百忙中不忘同年友，嘱在京的梅曾亮抄录旧稿，是年梅曾亮作诗志其事云："儿时笔墨原游戏，应俗文章只臼科。遗忘已随春梦过，扫除犹似夏云多。偶来城市鸣双鸟，那计沧溟渺一螺。却愧故人殊嗜好，大惭小怪为收罗。"②杨以增在序中亦言："以同年三十余年之久……伯言虽屡有迁徙，诗稿幸无遗失，余亦曾录有副本。君寓居无事，颇复有删益，因校刊之。"可以说杨氏校刊梅氏文集早已运筹帷幄；再就篇数而言，唐本二卷只收五十六篇；从目录编纂上看，唐本目录与正文顺序相同，不按时间排列，和杨氏对目录的精心安排相比，显然不能相提并论。朱琦以为杨刻"视涵通楼刊本小异"。以上述例证观之，当非"小异"。吴常焘言："（唐本）其文句亦与杨氏刊本有殊，朱伯韩（朱琦）跋杨氏本谓先生时时改易，故此本之文较前乃精严特甚，盖杨本胜唐本矣。"③今检两本验之，发现杨本"精严"之处有三：一为杨本忠于梅氏改易之语，比之前的唐

① 参见［清］杨以增：《〈柏枧山房文集〉序》，《柏枧山房集》卷首，同治三年杨绍谷、杨绍和补刻本。

② ［清］梅增亮：《杨至堂属全录旧稿寄之并作此寄呈》，《柏枧山房诗集》卷7，同治三年杨绍谷、杨绍和补刻本。

③ 吴常焘：《〈梅郎中年谱〉跋》，《梅郎中年谱》卷末，《国专月刊》第4卷第1号，1936年9月15日无锡国学专修学校学生自治会出版。

本更加文通字顺，亦显梅氏治文之精益求精。如《钵山余霞阁记》，杨本“一默存之间而遁乎万里”，唐本作“俯仰”；《陈拜芗诗序》，杨本“非博览载籍”，唐本作“精择”，又杨本“于是而于诗一吐其快者乎”，唐本作“其他特寓焉”。显然杨本所用皆为梅氏几经斟酌之语。二为少脱文，如《游小盘谷记》，杨本“俯视万影，摩荡若鱼龙起伏波浪中”，唐本脱去“若鱼龙”三字，杨本“乃急赴之，卒不见人”，唐本脱去“卒不见人”四字；《陈拜芗诗序》，杨本“概于是而诗作焉其乐也”，唐本脱去“概于是而诗作焉”七字。三为少错文，如《江亭消夏记》杨本“乐闲旷”，唐本误为“广”，杨本“每一覆而罚饮者十数人”，唐本误为“发”。故杨本之佳极是。由于唐本与光绪石印本属同一系统，故此结论亦适合光绪本。梅氏作品其后流传甚广，据《清人别集总目》[①]统计，各种刻本、排印本、油印本、稿本、抄本、石印本等二十六种。主要版本十三种，上面已述。这些本子所用底本多为杨氏清同治三年(1864)本，1969 年台湾华文书局据此本出版了影印本，《续修四库》本是据蒋国榜本影印，而蒋本的底本就是杨本。即使依唐本、光绪石印本者亦必参酌同治三年(1864)本，如光绪本将所缺部分篇目以同治本补入等等。当代对梅集的整理本有两种，一是由王镇远选注点校、由华东师范大学出版社于 1992 年出版的《梅曾亮文选》，一是由彭国忠、胡晓明点校，由上海古籍出版社于 2005 年出版的《柏枧山房诗文集》，都把同治三年(1864)补刻本作为底本，而后者竟又失载杨以增刊序，至为遗憾。

考察上述版本实际上来自两个系统。一是杨刻本；一是朱刻本。这两个版本系统的区别根源在于使用底本的不同。杨刻本用的是经梅曾亮改易过的定本，而朱刻本用的则是原稿本。关于朱刻本的底本问题，上文所引朱庆元《跋》已明，毋庸赘述。杨刻本的底本来源则需阐明。杨刻本的《柏枧山房文集》底本出自杨以增从梅曾亮寄录的旧稿副本。杨以增最早产生刊刻梅集的想法是在清道光二十五年(1845)，是年杨以增于甘肃去信嘱托时在京师的梅曾亮全录旧稿以备刊刻之用。梅曾亮将《文集》十八卷寄给杨以增后，杨以增即据此誊录了副本。这个副本现在还保存在国图，卷末高均儒《跋》云：“《柏枧山房文稿》九册，分十八卷，上元梅户部撰，聊城杨侍郎录存，户部复自加墨编定。间有近年之稿，则户部手录。侍郎依之以付刊。”副本卷首编年目录，次正

① 参见李灵年、杨忠：《清人别集总目》，安徽教育出版社 2000 年版。

文，正文按文体分类，每类中文章再按编年排列，先文集十六卷，续集一卷，骈文一卷。可见，副本的编辑体例与咸、同本悉同。所不同者，清咸丰六年(1856)刻本、同治三年(1864)补刻本要比此本篇目上多，如卷一论说，此本十二篇，咸、同本十四篇，以下每卷都是咸、同本多一到三篇，续卷则多《兵部侍郎江南河道总督杨公家传》，骈文多三篇。何以刊刻时多出数篇？原来杨以增早有刊刻梅集，故多方搜集录副并详加校勘，而梅曾亮来署后生活安定，其主要工作就是整理旧作，“寓居无事，颇复有删益”[①]，朱琦亦云梅氏“间增损旧稿”[②]。经梅曾亮“时时改易”过的这个本子，亦即杨本底本的特点有三：一是比杨以增所录副本增加了篇数。二是在文字上梅氏对原稿已经有所改易。三是在编目上，原稿本即朱本、唐本于卷首没有编年目录，正文只按文体分类排列，不按编年，这与杨氏所用的改易本有明显区别。所以，知杨刻本所用底本已经不是原稿本，即所用乃是经梅氏改易过的本子。笔者将唐本和朱本对勘，发现两本在文字上基本一致，这说明此两本所用皆为原稿，属于同一系统。吴常焘亦云：“今世传石印本及王氏《续古文辞类纂》，皆依唐氏本。”[③]只不过唐本是个选本，朱本为全本而已。高均儒又云：“文集既为侍郎所录之副，每页刊注‘益之手校’四字，户部重加乙替，当别有写本。”[④]均儒有所不知，梅曾亮的原“写本”，已为梅氏季子少言所得，即朱本所用底本，并且，这个原“写本”所录梅曾亮的早期部分作品早在清咸丰四年(1854)时已被唐本使用过。综合以上可知，原稿本(朱本、唐本之底本)与改易过的定本(杨本之底本)之别有三：篇数不同；文字小异；编目大别。因而，各全集本自分两个系统源流，判然已明。另外一个选本系统，则是从两个全集本筛取而来。这里还需指出的是，梅氏诗集，杨以增并无录副本，所用应是梅曾亮所录本，高均儒于《柏枧山房文稿》跋云：“其诗十二卷，多户部手稿，以无副本。”从同治三年本和光绪本的对勘中，其诗集文字纤毫无差，此亦可证诗集所用底本即为梅氏原稿本或以稿本录副本。梅氏所改易的主要是文集及骈文。

---

① [清]杨以增：《〈柏枧山房文集〉序》，《柏枧山房集》卷首，清同治三年(1864)杨绍谷、杨绍和补刻本。

② [清]朱琦：《〈柏枧山房文集〉书后》，《柏枧山房文续集》，同治三年杨绍谷、杨绍和补刻本。

③ 吴常焘：《〈梅郎中年谱〉跋》，《梅郎中年谱》卷末，《国专月刊》第4卷第1号，1936年9月15日无锡国学专修学校学生自治会出版。

④ [清]高均儒：《〈柏枧山房文稿〉跋》，《柏枧山房文稿》，藏国图。

《柏枧山房集》版本源流图：

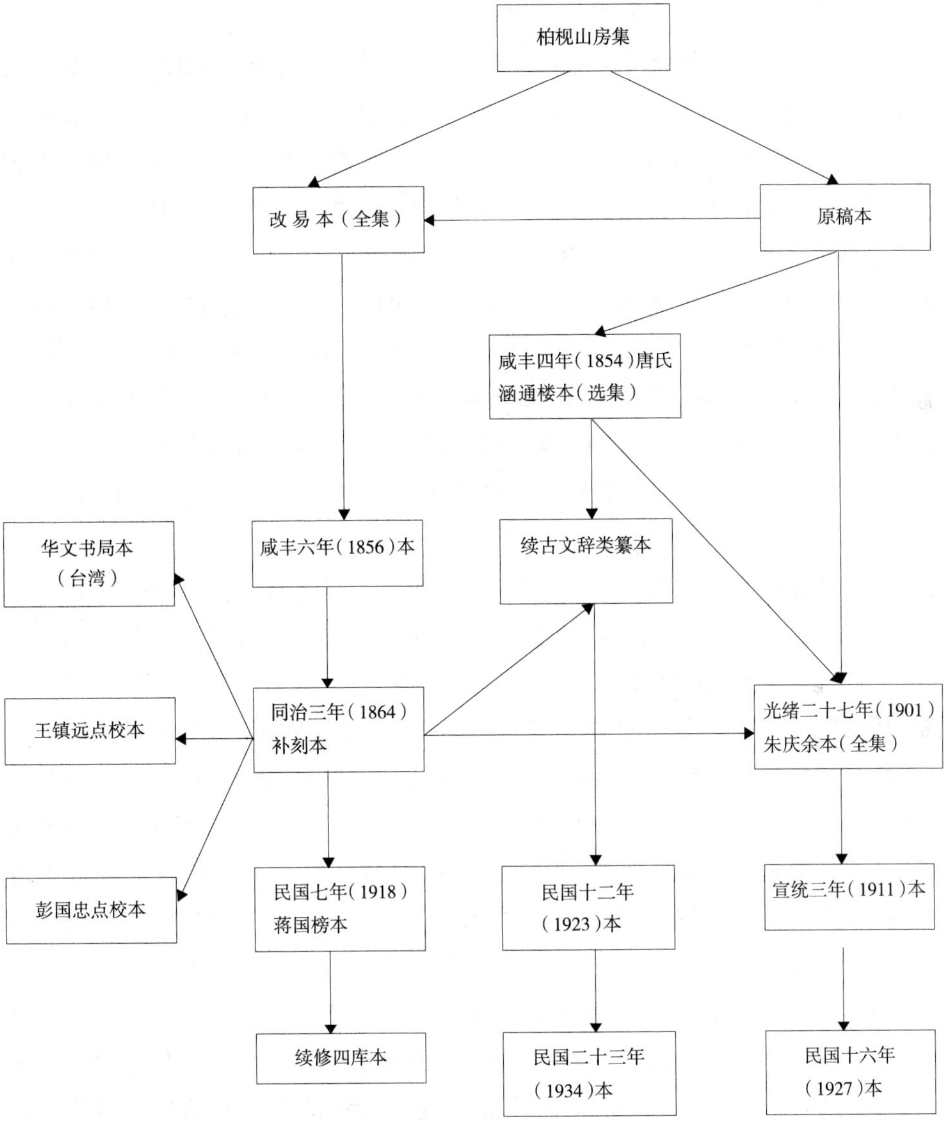
柏枧山房集
改易本（全集）
原稿本
咸丰四年（1854）唐氏
涵通楼本（选集）
华文书局本
（台湾）
咸丰六年（1856）本
续古文辞类纂本
王镇远点校本
同治三年（1864）
补刻本
光绪二十七年（1901）
朱庆余本（全集）
彭国忠点校本
民国七年（1918）
蒋国榜本
民国十二年
（1923）本
宣统三年（1911）本
续修四库本
民国二十三年
（1934）本
民国十六年
（1927）本

第四节　抄书

抄书一事，古代藏书家之同好也。杨氏搜罗宏富，为世所称；杨氏又刻印书籍四十余种，于清季私家刻书中位列中上；然杨氏不惟藏刻，对于抄书，亦甚勤奋。而且其所抄，得到了后人的肯定，《中国古籍善本书目》、《北京图书馆古籍善本书目》大都著录了这些抄本。经笔者爬梳整理，得杨氏抄本二十三种，存世者有二十一种，以集部为主，计经部一种，史部六种，子部一种，集部十四种。佚去两种分别为《宋元本书目》和《金石书画目录》。这其中包括存于鲁图的杨氏常惺惺室抄本五种。常惺惺室抄本是否为杨氏所抄，长期以来，人们一直不敢肯定。"常惺惺室"原为杨以增藏书印。据李士钊于《聊城海源阁杨氏藏书刻书简述》一文所记，1964 年以后，杨敬夫先后致信回答了李士钊提出的十九个问题，其中第十四个即是关于杨氏藏书印章问题，李氏据此说道"目前所能见到的杨氏五代人使用过的各种藏书印章计有六七十种之多"①，这其中就有"常惺惺室"；在常惺惺室抄本《近年秋审汇案》中，其版心中题有"益之手校"四字，益之乃杨以增字，在其他杨氏抄本中亦常有此四字，如《北堂书抄》、《绿绮轩诗抄》等。说明这些抄本都经杨以增校过。凡版心题"常惺惺室"的抄本，其行款、版式、线格等都相同，甚至版框尺寸亦非常接近，可见杨氏在某一个时期是常以此种纸来抄书的。查清代藏书印、藏书室及抄本中，还未有与此重名者，故用排除法亦可证此抄本即为杨氏抄本。另有《铁堂诗存》二卷亦为杨氏抄本，卷末有清咸丰三年(1853)八月高均儒跋，云："侍郎以为校郑本有《序》，欲先录存，爰倩清河吴君寿民椿田楷书迻写成帙。署曰'铁堂诗存'。"所以这个抄本实际上是以清道光十四年(1834)郑云麓刻本为底本由吴寿民代抄写而成。鲁图编《馆藏海源阁书目》著录为"清道光咸丰间吴寿民抄本"，除时间上应为咸丰三年外，吴氏抄本的版权应是杨以增。因而，这五种常惺惺室抄本和《铁堂诗存》抄本的发现，更加丰富了杨氏抄书的内容和品种。海源阁遗书散佚严重，所抄书亦必然失散不少，故杨氏抄书当不至二十三种。兹将现存

---

① 李士钊：《聊城海源阁杨氏藏书刻书简述》，《山东出版志资料》第 1 辑，山东人民出版社 1984 年版，第 145 页。

二十一种叙录考析于下：

1.《古韵分部谐声》不分卷四册（藏鲁图）

[清]杨以增撰，杨氏海源阁抄本。19.3×13.5cm，九行，行字不一，红格，四周双边，白口，单红鱼尾，版心下题：海源阁。《中国古籍善本书目》著录。

2.《历科甲第录》不分卷四册（藏鲁图）

不著辑者，杨氏海源阁抄本。19.8×13 .2cm，九行二十字，红格，四周双边，白口，单红鱼尾，版心下题：海源阁。所辑自道光壬午(1822)恩科至丁未科(1847)，从所录科第至道光二十七年(1847)可知，此书当抄在是年之后。《中国古籍善本书目》著录。

3.《近年秋审汇案》八卷四册（藏鲁图）

不著撰人，[清]道光杨氏常惺惺室抄本。16.9×11.3cm，九行二十字，红格，白口，四周双边，单红鱼尾，版心上题：官书存抄；中题：益之手校；下题：常惺惺室。

4.《先都御史公奏疏》三十六卷三十六册（存二十一卷二十一册）（藏鲁图）

[清]杨以增撰，[清]杨绍和辑，杨氏海源阁抄本。18.8×11cm，六行二十字，红格，四周双边，每格一字，注文每格两字，白口，单红鱼尾，版心上题朱字：先都御史公奏疏。目录后杨绍和序。《中国古籍善本书目》著录。

5.《河干问答》一卷一册（藏鲁图）

[清]陈法撰，清杨氏常惺惺室抄本。17.1×10.1cm，八行二十二字，红格，白口，四周双边，单红鱼尾，版心下题：常惺惺室。

6.《海源阁书目》不分卷六册（藏鲁图、鲁博）

[清]杨绍和、杨保彝撰，杨氏海源阁抄本。16.9×11.5cm，八行，字数不一，红格，四周双边，白口，版心上题“海源阁书目”。每卷卷端钤满汉对照印“聊城县印”、“东昌府印”。《中国古籍善本书目》著录。

7.《宋存书室宋元秘本书目》不分卷一册（藏国图）

[清]杨绍和撰，杨氏海源阁抄本。17.2×22.6cm，8行，字数不一，红格，四周双边，白口，单鱼尾，上题“金石书画目”，下记页数，次下题“海源阁”。首卷卷端题“宋存书室宋元秘本书目”，下钤有“彦合珍玩”朱文方印。《中国古籍善本书目》著录。

8.《三历撮要》不分卷一册(藏国图)

不著撰人,清咸丰元年(1851)颜士钦影宋精抄本。18.5×10cm,十行十九字,四周双栏,白口,无鱼尾,版心上记字数,中题“三历撮要”,下记页数,次下记原宋本刻工:陈仁、王忠、虞文、汤安中、王炎、江大有、汤孙、忠等。卷末题:海源阁依宋本影写。卷末依次录钱大昕、瞿中溶、孙星衍、杨绍和跋。《中国古籍善本书目》著录。

9.《北堂书抄》一百六十卷二十册(藏鲁图)

[唐]虞世南纂,杨氏海源阁抄本。22.4×15.5cm,十行二十一字,红格,四周双边,白口,单红鱼尾。鱼尾上题“北堂书抄”,版心上题“益之手校”,次下题卷次,次下题“海源阁”。

10.《归有光等评点欧阳文忠文抄》不分卷四册(藏鲁图)

[宋]欧阳修撰,[明]归有光选,[明]归有光等评,[清]王元启辑。杨氏厚遗堂抄本。17.6×12cm,9行20字,红格,四周双边,白口,单红鱼尾,版心下题:厚遗堂。卷首有嘉兴王元启题序,次目录,共七十一篇,目录首题“居士集”,但内中文章有在居士集之外者,依次为论、墓志铭、记、序、书、状、史论等。原抄本无标题,鲁图《馆藏海源阁书目》题“《居士集》不分卷[宋]欧阳修撰,[清]王元启辑”。《中国古籍善本书目》著录。

11.《归有光等评点欧阳文忠文抄》不分卷四册(藏鲁图)

[宋]欧阳修撰,[明]归有光选,[明]归有光等评,[清]王元启辑。杨氏海源阁抄本。20×13.3cm,9行20字,红格,四周双边,白口,单红鱼尾,版心上题:欧阳文忠文抄;中题:震川选本;版心下题:海源阁。卷首有王元启序,次目录,次杨以增题识。第四册卷首有书巢居士识。原抄本无标题,鲁图《馆藏海源阁书目》题“《震川先生评选欧阳文忠公文抄》不分卷[宋]欧阳修撰,[明]归有光辑评”。

12.《古诗杂抄》不分卷一册(藏鲁图)

不著辑者,杨氏厚遗堂抄本。17.6×12cm,九行二十字,红格,四周双边,白口,单红鱼尾,版心下题:厚遗堂。有“杨保彝印”朱印。

13.《铁堂诗存》二卷一册(藏鲁图)

[清]许珌撰,咸丰三年(1853)吴寿民代抄本。高均儒跋。29.4×18.5cm,八行二十字,无边栏。《中国古籍善本书目》著录。

14.《铁堂诗草》二卷《补遗》二卷一册(藏鲁图、国图)

[清]许珌撰,[清]杨芳燦选,杨氏海源阁抄本。18×12.6cm,九行二十一字,红格,左右双边,白口,单红鱼尾,版心上题“铁堂诗草”,中题“闽许珌天玉著”,下题“海源阁抄”。《中国古籍善本书目》著录。

15.《万善花室文稿》四卷四册(藏鲁图)

[清]方履篯撰,杨氏海源阁抄本。20.1×13.4cm,九行二十字,红格,四周双边,白口,单黑鱼尾,版心下题:海源阁。

16.《大小雅堂文抄》不分卷一册(藏鲁图)

[清]邵堂辑,清杨氏常惺惺室抄本。17.3×10.5cm,八行二十二字,红格,白口,四周双边,单红鱼尾,版心下题:常惺惺室。

17.《古文喜诵》三十四卷十册(藏中国科学院国家科学图书馆)

[清]汪中辑,杨氏海源阁抄本。19.8×13.2cm,九行二十字,白口,四周双边,单黑鱼尾。

18.《澹香斋诗草》不分卷一册(藏鲁图)

[清]王廷绍撰,清杨氏常惺惺室抄本。17.4×10.55cm,八行二十二字,白口,四周双边,单红鱼尾,版心下题:常惺惺室。

19.《亦有生斋骈体文》不分卷一册(藏鲁图)

[清]赵怀玉撰,清杨氏常惺惺室抄本。17.4×10.7cm,八行二十二字,白口,四周双边,单红鱼尾,版心下题:常惺惺室。

20.《绿绮轩诗抄》一卷《文抄》一卷一册(藏国图)

[清]舒焘撰,杨氏四经四史斋抄本。20.1×13.4cm,九行二十字,红格,四周双边,白口,单鱼尾,鱼尾上题:实事求是。下题:益之手校。次下题:四经四史斋。《中国古籍善本书目》著录。

21.《柏枧山文稿》十八卷九册(藏国图)

[清]梅曾亮撰,杨氏海源阁抄本。20.1×13.4cm,九行二十字,红格,白口,四周双边,单鱼尾,鱼尾上记“柏枧山房文稿卷几”,下题“戊寅”等文章写作纪年,版心题“益之手校”,文中有描画、改动、圈点处,可知杨以增录副后,曾亲自为之校勘。次下题“海源阁”,左栏外上方有“书启”、“论说”等文类词。书名题“柏枧山房文集”。卷首有方东树题识,次编年目录,次正文,正文按文体分类,每类中文章再按编年排列,依次为文集十六卷,续集一卷,骈文一卷。《中

国古籍善本书目》著录。

从以上可知，杨氏抄书实际上自杨兆煜已经开始。兆煜抄书有两种，即《归有光等评点欧阳文忠文抄》和《古诗杂抄》，这两种版框、行款、书口、边栏等均相同，且版心下均题杨兆煜藏书室名"厚遗堂"。因而从所用纸样来看，厚遗堂抄书有专用纸，这就说明杨兆煜所抄书，可能不只两种。海源阁大量抄书是在杨以增时期，计有十四种，除一种影宋本《三历撮要》外，所用纸样承继先父，只是版框变阔，版心下题换成"海源阁"或"四经四史斋"，版心中则时有题"益之手校"者。另有常惺惺室抄本五种。杨绍和所抄一种则是将杨以增奏疏纂辑起来，抄录成册，所用纸样依据奏疏特点，又有变化。杨氏抄书，楷书极工，字迹清晰。从抄字来看，所抄多为代抄，如《三历撮要》，即是倩幕友颜士钦抄之。综而论之，杨氏抄书有如下特点：

其一，抄缺补亡。如《铁堂诗草》二卷《补遗》二卷，杨以增所用底本为[清]杨芳燦选本。此本卷首有周亮工序，清乾隆癸酉(1753)十月蔚州后学阎介年书于酒泉之澄镜山房；次许珌自序，末题"康熙庚戌(1670)立秋日，闽中天海山人许珌撰并书"；次后学吴镇谨识。卷端题目下依次题：天海山人闽中许珌天玉著，后学狄道吴镇信辰录，后学金匮杨芳燦蓉裳选。上卷加补遗共录诗一百五十九首，下卷加补遗一百一十八首，另摘句十五次。卷末题跋依次为：康熙庚戌(1670)冬月定西门人杜诗才谨识；乾隆丙午(1786)春洮水后学吴镇谨识；雪门姚颐跋；梁溪后学杨芳燦跋，乾隆丁未(1787)重阳日；武威后学张祤谨识；佚事及题赠诗；吴镇再识；洛阳后学胡纪汉谨跋《铁堂先生诗名政绩卓越》。高均儒在《跋》吴抄本《铁堂诗存》谈到此本，云："往岁五月，杨至堂侍郎以《铁堂诗草》写本二册因包倦翁属均儒编校。卷端署：闵中许珌天玉著/狄道吴镇信辰录。吴跋云：'铁堂先生遗诗颇多。乾隆甲戌岁(1754)，从一老宿家借抄，得后集八卷至二十卷。丙午春又于定西安孝廉维岱处借得一卷至七卷，后集全矣。'今写本止上下二卷，计诗二百七十余首，是殆吴录后集之仅存者。其篇次不伦，题多舛沓殊杂，叙订重誊详校。"则此本是由高均儒编校重录。海源阁又有《铁堂诗存》二卷，为清咸丰三年(1853)吴寿民抄本。卷首有周亮工序，次愚山施闰章序。次铁堂诗草卷上，下题：侯官许珌天玉著/狄道吴镇信辰辑。上卷录诗一百三十首，下卷九十七首，无补遗、摘句。卷末题跋依次为：康熙庚戌

(1670)冬月定西门人杜诗才谨识;乾隆丙午(1786)春日洮水后学吴镇跋;吴镇附记;高均儒跋。这个抄本是杨氏请吴寿民抄之。杨氏抄《诗存》,是因此本有郑《序》,担心亡佚,故"欲先录存"。但杨芳燦选本《诗草》显然比吴本更优,故又录副。今将两本作一比较,发现《诗草》抄本之特点有四:一是杨芳燦选本在录诗数量上比吴抄本多五十首,并增加摘句部分;二是迻录题跋更全;三是杨芳燦对铁堂诗有不少注评,这对理解许诗很有益处;四是增加佚事及题赠诗数篇。而且,杨芳燦选本今已失传,故杨氏抄此书意在补亡填缺,其意显然。又如《北堂书抄》是唐虞世南仕隋秘书郎时,抄经史百家之事以备用的一部大类书,计一百六十卷。《书抄》在宋代得本已难,"明代偶存胥抄本,讹谬脱落,篇鲜完章,章鲜完句,然而甚误之中往往有绝佳处。"①由于明抄本的流传,遂不致断种。明万历间陈禹谟曾据某抄本刻之,但是经过陈氏任意取舍,并加以窜改,致使原本面目全非:如卷一百三十九车总载类,原本二百四十条,陈刻仅用十七条;卷一百五十八穴类,原本二百三十条,陈刻仅用四十二条;卷一百六十石类,原本一百三十九条,陈刻仅用三十三条,等等。清代学者严可均曾花费了许多精力对其进行校勘,认为"世间难校之书,此为第一"。他批评说:"陈乃何人?臆改之,臆删之,以他书易之,甚且以贞观后事及五代十国之书补之,是惑易之疾,亟当沐以兰汤者也。"②朱彝尊也说:"自常熟陈禹谟锡元氏取而删补之,至以贞观后事及五代十国之书杂入其中,尽失其旧,锓版盛行,而原书流传日罕矣。"③现存的明抄本尚不足十部,其中著名的有明正德十三年(1518)竹东书舍抄本,明范大澈卧云山房抄本等。除了陈刻外,清光绪十四年(1888)南海孔广陶三十三万卷堂也据孙星衍藏明抄本翻刻,但是孔本也存在不少错误,范氏卧云山房抄本即可证孔刻之失。海源阁曾藏一部校明抄残本三十二卷四册,又明陈禹谟万历二十八年(1600)刻本两部,九行二十字,小字双行同,白口,左右双边,单黑鱼尾,版心下镌刻工。其中一部有"惠栋之印"、"定宇"印,该本今存鲁图,现将海源阁抄本与之比勘,发现杨抄本将陈本所缺悉经补全,故杨氏抄本的价值不言而喻。意以杨以增必先是目验其所藏三部或残或缺,故才有此抄。

---

① [清]孔广陶:《〈北堂书钞〉序》,《北堂书钞》卷首,清光绪十四年(1888)南海孔氏三十三万卷堂刻本。
② 沈津:《抄本及其价值与鉴定》,《版本学研究论文选集》,书目文献出版社 1995 年版,第 240 页。
③ [清]朱彝尊:《〈北堂书抄〉跋》,《藏园群书经眼录》卷 10,中华书局 1983 年版,第 801 页。

其二，影摹存真。如影宋精抄本《三历撮要》，该书由杨以增于清咸丰元年(1851)春，于友人借得黄丕烈藏宋本，并嘱幕友颜士钦影抄。绍和于卷末《跋》云："咸丰辛亥(1851)春，先端勤公获见黄氏宋刊，因倩幕友颜君士钦影录一过，虽未能似汲古毛氏之精，然亦规模略具已。同治甲戌(1874)冬月，绍和记。"又云"时咸寒在告，命儿子保彝书之，时之病喉"。《楹书隅录》卷三影宋精抄本《三历撮要》亦载绍和题识，时间为"辛酉仲冬"，即清咸丰十一年(1861)，知绍和初作是跋当在此时。十三年后绍和又检此书，并命保彝迻录是跋，而绍和卒于清光绪元年(1875)，此时绍和正染病在身。此本卷首藏印有"宋存书室"、"杨以增印"、"至堂"、"瀛海仙班"、"东郡杨绍和彦合珍藏"，卷末藏印有"海源阁"、"储端华重"、"东郡杨绍和鉴藏金石书画印"、"保彝私印"、"杨氏伯子"等。从杨以增影抄是书，到杨绍和作跋，又至杨保彝迻录题跋，以及杨氏三代钤盖累累藏印来看，杨氏家族对此影抄本有多么重视。宋本《三历撮要》，今仅存一帙，即黄丕烈藏本，现藏国图。初，杨以增因不能得为已有，只能影抄录副。孙星衍《跋》云："旧本阴阳书甚少，由术士秘其书而毁之。《遁甲》、《六壬》，古犹见于《太白阴经》及《武德总要》，而归忌、反支、天仓诸说，载在经史者，转无成书。今荛圃得此本，存宋已前古法，亟属影写传世。"①关于是本的内容与价值，钱大昕云："吴门黄氏有宋椠《三历撮要》，凡五十七叶，不题撰人姓名，而纸墨极精。考《直斋书录解题》，载此书一卷。又一本名《择日撮要》，历大略皆同。建安徐清叟云，其尊人尚书应龙所辑，不欲著名，即是书也。其书每月注《天德》、《月德》、《月合》、《月空》所在，次列嫁娶、求婚、送礼、出行、行船、上官、起造、架屋、动土、入宅、安葬、掛服、除服、词讼、开店、库造、酒曲、酱醋、市贾、安床、裁衣、入学、祈祷、耕种吉日，凡廿二条。盖司天监用以注朔日者。其所引有《万通历》、《百忌历》、《万年具注历》、《万年集圣历》、《会要历》、《会同历》、《广圣历》，大率皆选择家言也。郑樵《艺文略》有《太史百忌历图》一卷、《太史百忌》一卷、《广济阴阳百忌历》一卷唐吕才撰、《广圣历》一卷杨惟德撰、《集圣历》四卷杨可撰。今皆不传。此书又引刘德成、方操仲、汪德昭、倪和父诸人说，盖皆术数之士，今无有举其姓名者矣。"②杨以增录副是书，盖因传

---

① [清]孙星衍：宋刻本《三历撮要》跋，见清咸丰元年(1851)杨氏影宋抄本《三历撮要》卷末，藏国图。

② [清]钱大昕：宋刻本《三历撮要》跋，见咸丰元年杨氏影宋抄本《三历撮要》卷末，藏国图。

本稀少，故以良手影摹存真，同时该本也保存了大量的失传的有关道教资料，至为珍贵。

其三，罕秘传世。《欧集》历代刻本并不鲜见，然归有光选评本则是绝无仅有，而海源阁竟录此抄本二种。第一种为杨兆煜厚遗堂抄本，共录文七十一篇。文中眉批、行间批注比比皆是，篇后又附归有光、唐顺之、茅坤、王元启等总评。第二种为清道光二十六年（1846）杨以增海源阁抄本，收文八十五篇，重出二篇，实收八十三篇。两抄本版式同，而海源阁抄本版框尺寸更阔。查验两抄本评点内容悉同，前均有王元启序，总目录亦同。然海源阁抄本第四册卷首又有书巢居士题识，两抄本正文排列次序有异，海源阁抄本篇目多出厚遗堂抄本十二篇，疑厚遗堂抄本脱漏。知两抄本实由同一本而出。海源阁抄本目录后有杨以增题识，云："此原抄目录，其次第当有所本，故未敢更张。惟前辈论欧阳公碑志文上接昌黎最为超特。是以汇抄成册，以备揣摩。首奏议、次论、次记、次序、次书、次祭文，而以碑志终焉，其史论则别为一册。"《宋存书室宋元秘本书目》、《海源阁藏书目》集部抄本类均著录"《归震川评选六一先生文抄》无卷数三册"一部，杨以增于《题记》云"原抄"者，当即此本。杨氏父子在传抄是书时，由原三册拆为四册。杨以增之所以再次录副此本，恐忧先父所藏孤本及抄本失传。从杨以增所云"其次第当有所本，故未敢更张"，可知海源阁抄本保持了原本面貌，而厚遗堂本则有所更删。书巢居士题识云："癸巳（1773）春，晤秀水王惺斋先生，出其所评点欧文，乃震川先生选本也。因购公全集读之……为乾隆丙寅（1746）嗣孙安世等所校刊，纸黑虽□恶，而字画尚端好。爰取惺斋本校之，私以己意，加墨焉。既录选本之目录而甲乙之，复嘱友人录其史论，自为一编，置之案头以便诵习之云。甲午（1774）九秋，书巢居士识。"惺斋，即王元启（1714—1786），字宋贤，号惺斋，嘉兴人。清乾隆十六年（1751）进士，官福建将乐知县。颇多善政，在任三月而罢。自此绝意仕途，专事讲学，迭主书院讲席，曾施教于福建、河南、山东和浙江。元启文法承继韩、欧，著有《惺斋杂著》、《读欧记疑》等。书巢居士则不见记载，据题识云当元启之友。王元启所评点的欧文底本，是震川先生选本，但这个本子元启又重新编次，元启《序》云："今别为序次，正集后即附以《易童子问》……"书巢居士后来又抄录此本，并加《史论》自成一编，还"私以己意"。所以这是一个以归有光选本为底本，分别被王元启、书巢居士改编的，并录有归有光、王元启等数人评点的本子。杨氏过录的这个抄本价值在于，它集中了多位明清文人的评点成果，而且这些评点有很多并不见于其他著作，如由茅坤整理编选的《唐宋八大家文抄》等，则其珍贵可想而知。《绿绮轩诗抄》一卷《文抄》一卷，(清)舒焘撰(约1821—1861)。舒焘字伯鲁，湖南溆浦人，官户部郎中，工诗文。曾与梅曾亮、杨以增等有交往，并曾到山东游历，写下不少有关山东的诗篇。然其作品传世罕见，杨氏抄本则诗文并举，《诗抄》为古今体诗，如"省视山左出都日感怀"、"德州见新柳"、"扬州梅花书院呈梅伯言先生二首"等。《文抄》有"宰相论"、"绿绮堂书目序"、"望云图序"、"送张静山先生观察湖南序"、"王琴轩秋夜读书图序"五篇。卷末有"道光庚戌(1850)三月溆浦舒焘序"。再如《柏枧山房文集》，其文集和骈文均为海源阁杨氏所抄。其中续集中《舒伯鲁集序》等六篇所用稿纸为无格白纸，非海源阁稿纸，是为梅氏手录原稿近作。《叶石农先生教思碑》亦非海源阁用纸，八行二十字，四周单边，单鱼尾，白口，版心下题"商东轩"。此文后有高均儒题识："此碑原稿是言翁自写，后叶先生哲孙砚孙持之装池藏之，是照稿誊，王生霈笔也，均儒后。"骈文卷末有高均儒及董文焕跋，藏印有"董氏"、"研樵氏"等，董文焕《跋》云："右《柏枧山房文集》十八卷，上元梅伯言先生手订，聊城杨端勤公家藏者也。"董《跋》作于清同治壬申，即1872年，知此稿在同治十一年(1872)前自海源阁散出后曾为董文焕所藏。从该本用纸及笔迹来看，杨以增是经至少三次才将梅氏文集搜集起来的。高均儒《跋》云："《柏枧山房》九册，分十八卷，上元梅户部撰，聊城杨侍郎录存，户部复自加墨编定。间有近年之稿，则户部手录。侍郎依之付刊。"《柏枧山房文集》咸丰五年(1855)杨以增刻本所用底本即为此本。此抄本之罕秘在于梅氏文集原稿早已不存，杨氏所录副本，成为最接近梅氏原稿本的现存孤本。

其四，家著不泯。杨氏家族重藏书，又勤于笔耕，对先人所著，往往加以录副存世，这些著作成为我们今天研究海源阁主人及其藏书文化的重要参考文献。如《古韵分部谐声》，梅曾亮曾言杨以增对"音声、训诂亦勤恳研究"，[1]此抄本成为有力凭证。《先都御史公奏疏》，绍和编订此书自清咸丰乙卯(1855)至同治辛未(1871)共十六年，都三十六卷三十六册，八百六十二篇。现藏鲁图

① ［清］梅曾亮：《兵部侍郎江南河道总督杨公家传》，《柏枧山房文续集》，清同治三年(1864)杨绍谷、杨绍和补刻本。

者只有二十一卷二十一册，四百四十篇，缺卷六至八、十一、二十、二十一、二十四、二十六至二十八、三十至三十二、三十四、三十六。绍和于同治十年(1871)十二月《序》中交代了编辑是书的经过："先端勤公自道光戊戌(1838)年，由湖北安、襄、郧、荆道署理臬篆，例得具摺陈谢。迨丙午(1846)权陕西巡抚，明年真除，以及以移南河，任封圻者十载，奏章不下数百件。乙卯(1855)，先公捐馆舍，原摺悉经缴进。绍和谨就当时所抄副本分年辑录，而所奉谕旨尚多未详。乙丑(1865)，绍和官翰林，入直史馆。嗣诏修方略，复与簪毫，乃于馆中所储，编加辑补，始克成编，都为三十六卷。其间仍有未备者，则馆中旧籍亦无阙佚也。此册原拟求政当代通儒，赐之裁定，故每卷题款如是，行式并依官文例写之，绍和不敢有所删易也。己巳(1869)，以清淮士民之请，仰蒙天春，先臣得邀易名之典，因重缮，总目列之卷首云。"这个抄本的价值在于利用这些题奏可以拓宽对海源阁主人杨以增的研究范围，诸如杨以增藏书的宦游背景及人际交往等。除此之外，杨氏抄写本尚有家藏书目《海源阁书目》、《宋存书室宋元秘本书目》、《海源阁宋元秘本书目》(佚)、《金石书画目录》(佚)四种，这些书目为我们今天了解海源阁藏书的概貌提供了重要依据。

第 六 章

藏书的学术利用

藏书是为致用而藏，但藏而不用或仅为己用，秘不示人、借人，就大大降低了甚或失去了书籍的功能。综观中国私家藏书，尽管在魏晋时就有藏书公开的事例①，但保守仍然是中国藏书家的主流思想。清初藏书开放的风气渐开，至清末有限度的开放利用，已是中国封建社会的最高峰了。作为清末四大藏书楼之一的海源阁，其主人受传统思想的影响以及自身特定的原因，与同时期的藏书家相比，更趋于保守，虽然也有过开放利用的想法，但终未实现，直至海源阁藏书完全散出归诸公立图书馆之后，才得到了较为有效的利用。

第一节 藏书利用的观念

秘惜所藏与封闭是中国古代私人藏书的主要特征。藏书家大都是贫寒之士，聚书都是靠节衣缩食，正如王士祯所言“市肆逢善本，往往典衣购之”②。再加嗜书如命，就更使他们倍加珍惜。因为图书之珍秘，古人还有借书不还或借书损坏的陋习，宋人赵令畤说：“比来士大夫借人之书，不录、不读、不还，便为己有，又欲使人之无本。颍州一士子，《九经》各有数十部，皆有题记，自谓借诸人之书，每原本多失，余不欲言，未尝不戒儿曹也。”③除此，中国封建社会长

---

① 参见《晋书·儒林传》：“范平家世好学，有书七千卷，远近来读者，恒有百余人。”《南齐书·文学传》：“崔慰祖好学，聚书万卷。邻里年少好事者来从假借，日数十帙，慰祖亲自取与，未尝有辞。”文渊阁《四库全书》本。

② ［清］王士祯：《〈世说新语〉跋》，《重辑渔洋书跋》，上海古籍出版社 2005 年版，第 31 页。

③ ［宋］赵令畤：《借书应还》，《侯鲭录》卷 7，中华书局 2004 年版，第 171 页。

期形成的自给自足的小农经济，束缚了人们的开放自由意识，从而造成了人们封闭自守的文化心态，这种据为己有的心态使他们患得患失，谨慎自持，不敢轻易借出。正因如此，藏书家对己之所藏大都藏之过秘，不轻示人借人，而且反复告诫自己的子孙要世世代代永远相守。如朱彝尊就以藏印形式提醒子孙“购此书，颇不易，愿子孙，勿轻弃”。王昶则把卖书者唾之为“犬豕”，并刻印为“如不材，敢卖弃。是非人，犬豕类。屏出族，加鞭棰”。甚至有的藏书家将图书外借视为不孝之举，如唐杜暹家藏书每卷后自题云“清俸买来手自校，子孙读之知圣道，鬻及借人皆不孝”[①]。明代天一阁则为后人立下禁约遗训“代不分书，书不出阁”，清代学者阮元于清嘉庆十三年(1808)所作《宁波范氏〈天一阁书目〉序》中说得更为具体：范氏后人“禁以书下阁梯，非各房子孙齐至不开锁，子孙无故开门入阁者，罚不与祭三次；私领亲友入阁及擅开橱者，罚不与祭一年；擅将书借出者，罚不与祭三年；因而典鬻者，永摈逐不与祭。其例严密如此，所以能久”[②]。客观地说，这些措施和训诫确实为书籍的保存起了不少作用，但同时也阻止了书籍的传播利用。长此以往，这些珍本佳椠也只能“深锁嫏嬛饱蠹鱼”，而且一旦遭遇天灾人祸，这些不可再生的“资源”便消失永无。这种状况在中国延续了上千年。至清末，藏书家秘惜所藏守不外借之风虽有所改善，但也未有实质性的变化。

在这种大背景下，海源阁几代主人走的也是保守一途。海源阁自清道光二十年(1840)建成到民国二十七年(1928)藏书开始散出的八十多年里，可以说一直扃钥严密，闭不开放。封闭的原因同其他藏书家一样，首先是购书不易。比如，杨以增为得翁方纲藏宋本《施顾注东坡先生诗》，曾“访之数十年，肴弗可得”[③]。类似这样的例子，在《楹书隅录》中屡见不鲜。杨氏藏书大多得于乱时，如在费尽周折后得到毛抄《鲍氏集》之后，杨绍和感叹云：“然浙吴兵燹垂十余年，藏书之家，悉已荡尽灰烬，即此笺笺者，未始非硕果之仅存矣，能勿宝诸！”[④]杨以增虽为高官，但平生并无他嗜，一专于书，生活简朴。他卒后，“宦

① [宋]周煇：《借书》，《清波杂志校注》卷4，中华书局1997年版，第134页。

② [清]阮元：《研经室集二集》卷7，中华书局1993年版，第559页。

③ [清]杨绍和：宋本《注东坡先生诗》题识，《隅录》卷5，清光绪二十年(1894)杨保彝刻本。

④ [清]杨绍和：抄本《鲍氏集》题识，《隅录》卷4。

囊洗然”，所得薪俸，实际上都用来收书。杨绍和亦然，李慈铭甚至言他“家赀为山左冠而吝啬特甚”①。借书毁损的例子亦为杨氏所遇，如杨保彝曾借宋本《吕太尉经进庄子全解》十卷于一友人，然数年后还回时，杨绍和二千余字的前《跋》佚失。更有借书不还之例，比如传世孤本明嘉靖三十一年(1552)芝城铜活字蓝印本《墨子》十五卷，就曾为潘祖荫借之未还，令主人惋惜不已，杨保彝记述了这件事：“此本于光绪癸未(1883)，公车北上，为潘文勤师借校未还。文勤没，遂不可复见。”②光绪十年(1884)冬，江标曾登阁获观杨氏秘笈，在看到“我家故物”元本《汉书》后，他感慨颇多，“眷念先型，怆怀何极！”“端勤文孙凤阿舍人发示秘笈，举凡《艺芸书目》之所收，《楹书隅录》之所记，千牌万组，悉得寓目。大约吾吴旧籍十居八九，荛翁之所藏则又八九中居其七焉”。但他大饱眼福后却由羡生妒：“人亡人得，聚散无常。昔之连车而北上者，安知不橐载而南乎？”③江标的觊觎之心让杨保彝大为不悦，“缘是扃闭深严，殆同永巷”。④除此之外，杨氏之自闭尚有其他原因。与铁琴铜剑楼主人瞿镛等人不同的是，杨氏五代常年宦游在外，居家聊城守书的时间非常有限。杨兆煜自中举后，远赴即墨任教谕，晚年又就养湖北襄阳。杨以增宦迹遍至贵州、湖北、河南、陕西、甘肃、江苏等地，中间除为父母守孝三年在家外，一直在外做官。杨绍和自幼随父宦游，之后又在京都服官。保彝除在京都、济南等地做官外，晚年栖隐肥城陶南山馆。所以杨氏收书后都要途径千里甚或数千里，水运陆路百转千回才能运回大本营——聊城。由于不能在家守护，加大了保存书籍的难度。而如铁琴铜剑楼第一世主人瞿绍基虽然早年在阳湖做训导，但到任不到一年即辞官归里。其子瞿镛则弃科举专心在家聚书读书。这就为他们管理保护图书带来很大方便。所以，杨氏对于书籍秘不示人，拒不外借，实属不得已而为之。再者，杨以增收书高峰是在清道光末年和咸丰初年，而这一时期，恰恰是由于“洪杨之乱”而致江南藏书大散佚的时期，杨以增亲眼目睹了这一情景。有时一种珍本不过几年，却率经数人递藏，有的珍本搜寻数年却不得，这种情况下，何谈“奕世相传”？诸如黄丕烈、顾之逵、周锡瓒、袁廷梼、陈揆、张金吾、

① 罗继祖：《海源阁藏书》，《枫窗脞语》，中华书局1984年版，第145页。

② 杨保彝附记，见校明蓝印铜活字本《墨子》题识，《隅录续编》卷3。

③ [清]江标：《〈海源阁藏书目〉跋》，《海源阁藏书目》，清光绪十四年(1888)江标师鄦室刻本。

④ 傅增湘：《海源阁藏书纪略》，天津《大公报》1931年5月7日。

汪士钟等藏书大家，所藏之书生前亦大都散佚殆尽，代不传二。怎样才能使这些珍藉不致散入他人之手，子孙永保？对于身在局外旁观者清而又“一专于书”的杨以增来说，肯定是思考再三的问题。避开当时“洪杨之乱”的江南，找一个更加安全之地，培养子孙“世守”意识，方为长远之道。所以，杨氏比一般藏书家的更加谨守，既有和其他藏书家相同的传统心态，更有自身独特的原因。

由于远在千里之外，不能直接管理，杨以增对家中仆人制定了严格的规矩：“杨氏旧例，其家中仆役，向不准其登楼。每有服役数十年，不得一瞻阁上书籍作如何形状者。”[①]为了使这些图书长期保存，杨以增对子孙也经常进行训诫教育，甚至细致到每本书。绍和于《隅录》续编卷四校宋旧抄本《小畜集》题曰：“先大夫尝语和云：‘大兴朱石君先生藏有抄本，不轻示人。’”而绍和亦承其父志又以此告诫后代，如他在《隅录》卷一宋本《周易本义》题云：“沧苇、健庵、栎园、楝亭、椒园诸先生历经鉴藏，固经厨之秘笈也，因敬钤先公印章于卷之首末，俾子孙世守勿替云。”“世守勿替”、“不轻示人”、“不轻借人”成为杨氏几代人的藏书心态。但愈是秘藏不露，愈使人们感到神秘。所以许多慕名而来的地方名流、士子学人等都想一睹为快，但由于他们并不是杨氏“挚交”、“至交”，亦不得不乘兴而来，失望而归。《老残游记》的作者——著名纪实小说家刘鹗，曾于清光绪十七年(1891)冬，冒着风雪，自济南亲往聊城想一睹杨氏海源阁藏书，结果未得允见，临走时，他在旅店墙上愤然写道：“沧苇遵王士礼居，艺芸精舍四家书。一齐归入东昌府，深锁嫏嬛饱蠹鱼。”[②]清陈康祺曾“屡约友人登其堂，乞窥秘藏，忽忽不得”[③]。更有甚者，历城(济南)解元徐金铭，为能观书，乞求作杨氏童子师，最终亦无果而去。学者姚鹏图，得显位而不受，欲为聊城令，意在观书，未能如愿。聊城知县陈香圃，托当地名绅周荫泉去杨家说情，要求将书献出，当时杨保彝已经去世，杨敬夫年幼，书籍由王夫人少珊看管保存，王氏严辞拒绝。李盛铎曾云：“杨氏胤嗣无人，高阁尘封秘笈，一见不可得。”[④]由于杨氏的严守自闭，世人绝少看到海源阁的藏书，而借书就更少见。

① 王献唐：《聊城杨氏海源阁藏书之过去现在》，《山东省立图书馆丛刊》第1种，第14页。

② [清]刘鹗：《桃花山月下遇虎 柏树峪雪中访贤》，《老残游记》第8回，上海古籍出版社2005年版，第43页。

③ [清]陈康祺：《杨至堂之事功学问》，《郎潜纪闻三笔》卷3，中华书局1984年版，第704页。

④ 李盛铎：明万历四三年(1615)朱谋玮刻本《宋端明殿学士蔡忠惠文集》题记，《木犀轩藏苏题记及书录》，北京大学出版社1985年版，第38页。

在杨氏四代主持海源阁的近百年里，除了供自己读书外，外人难逾阁门一步。故而，杨氏四代在藏书利用的观念上是保守的，在其实际利用上，也是极为有限的。

其实，早在明末清初之际，曹溶就以《流通古书约》来呼吁藏书家开放架插，借书流通，虽然还没有实际行动，但这毕竟在开放利用藏书上迈出了重要一步。清中叶，山东历城周永年提出“儒藏说”，决心设立儒藏，“愿与海内共肩斯任，务俾古人著述之可传者，自今日永无散失，以与天下万世共读之”①。他还亲历亲为，与同邑桂馥共同创建了“借书园”，将两家的藏书全部捐出，以供人阅读借抄。周永年主张藏书公开利用的理论，在当时得到了很多藏书家的赞同。玉海楼主人孙衣言极力主张藏书致用，他说：“取古人读书之法，及就今日藏书之意，具为条约，揭之堂壁。乡里后生，有读书之才，读书之志，而能无谬我约，皆可以就我庐，读我书，天下之宝，我固不欲为一家之储也。”②稍后的张金吾对藏书也持开放态度，并针对有些藏书家藏而不借进行了严厉批驳，指出若书不流传导致亡佚，无异于犯罪：“书贵通假。不通假则扃锁固而传本绝，使是书由我而绝，我之罪更甚。”“若不公诸同好，广为流布，则虽宝如球璧，什袭而藏，于是书何裨？于余又何裨？”③与海源阁藏书楼同一时期的瞿氏铁琴铜剑楼以及陆氏皕宋楼在这方面均做了有限度的开放。如陆心源就将收藏明以后刊本、寻常抄帙及近人著述之善者的守先阁于清光绪十四年(1864)公之于众。瞿氏铁琴铜剑楼在这方面事例最多。受其影响，杨氏亦曾产生过开放藏书的想法。

第二节 藏书的实际利用

在与杨氏同时期的藏书家纷纷开放其藏书的同时，杨氏也想到了如何开放自己的藏书。但由于其特定的原因，杨氏的开放程度是有限度的。杨氏开放图书的惯例和原则是“凡非契交，例不示人”④。因而这种开放注定是零星

---

① [清]周永年：《儒藏说》，《中国历代国家藏书机构及名家藏读叙传选》，北京大学出版社1997年版，第366页。

② 吴晗：《江浙藏书家史略》，中华书局1981年版，第58页。

③ [清]缪荃孙：《说文解字补义》题识，《艺风藏书续记》卷1，1913年缪氏艺风堂刊本。

④ 王献唐：《聊城杨氏海源阁藏书之过去现在》，《山东省立图书馆丛刊》第1种，第1页。

为之，是针对于极少数人的，更多的则是拒之门外。与杨氏齐名的江南瞿氏则开明得多，两相比较，除去个人自身原因外，这实际上反映了南北藏书文化的不同和差异——开放与保守。如果从文化环境角度去考察，就不难看出这其中更深层次的原因。清季江浙一带是藏书家辈出的时代，而处在这一区域中心的常熟由于经济、文化的发达，藏书家更是层出不穷，如钱曾、陈揆、张金吾、翁同龢等。这些藏书家虽然也有秘守己藏不以示人的吝书习惯，但其流通古籍、藏书致用思想占了主导地位。他们通过传抄、借用、编目、刻书等来传播典籍，提供利用，形成了一种开放的良性氛围。钱谦益自绛云楼失火后，将焚余之书相赠族孙钱曾；张金吾则"乐与人共，有叩必应"；翁同龢每得秘笈，必与同好一起鉴赏。藏书开放成为常熟虞山派藏书家的重要特征①，所以瞿氏的开放不是偶然的。相比而言，杨氏多是自购自用，且身在异地，无论清江浦抑或聊城等都还不能和常熟等这样的文化氛围相比，故"南瞿北杨"在藏书利用上有较大不同。

纵观杨氏藏书，应该说，在购书这个阶段，由于杨氏交游甚广，或自购，或朋友酬赠，属于杨氏交游"圈子"里的这些"契交"还是能够有幸获得一观的。但一旦储入阁内，恐怕"契交"也难以千里迢迢到阁观书的。所以，能够有幸登阁获观的不多。在《楹书隅录》和其他材料中我们找出以下数例：许乃普、鲍源深、潘祖荫、朱学琴、汪鸣銮、江标、汪郎亭、柯风荪、江标、王鹏运、许玉瑑、魏梅荪等人，惟潘祖荫曾三次登阁观书。

清咸丰元年(1851)春，许乃普曾登阁一观。绍和于《隅录》卷一校宋本《礼记郑注》题云："咸丰纪元春，钱唐许乃普借观于海源阁。"

清同治十年(1871)春正月，鲍源深、潘祖荫、朱学琴同观宋本《咸淳临安志》于仪晋观堂。②

同治十年五月十三日，潘祖荫观书三十种，潘氏云：

> 辛未五月十三日见杨彦合所藏书：宋椠《端明集》，朱少河跋。精抄补《宝晋山林集》，华夏印。《南丰文集》五十卷，王兰泉印、朱少河印。《三苏

---

① 参见曹培根《藏书流派及虞山派、浙东派比较》一文中对这种文化现象做过的分析和总结。《常熟藏书家藏书楼研究》，上海文化出版社 2002 年版，第 31 页。

② 参见[清]杨绍和：宋本《咸淳临安志》题识，《隅录》卷 2，清光绪二十年(1894)杨保彝刻本。

文粹》小字本。《孙尚书尺牍》，子昂印、伯昂印。《吕东莱集》，安乐堂印。吕惠卿《庄子解》，潘云献印、吴元恭印、季沧苇印。《本草衍义》，季沧苇印。《政和政类本草》，吴元恭印、顾伊人印。《昌黎集》廿一行本。《范文正集》，季沧苇印。《后汉书》，王叔边刻本，季沧苇印，毛子晋印。《史记》百衲本，毛子晋印、汪阆原印。《复古编》，李希文印、李芾图书。巾箱《五经》，曾协均印。《史记》蔡梦弼本，汪阆原印。《柳集》九行十七字本。《书集传》，安乐堂印。《礼部韵略》，汪阆原印、顾仁效水东馆印、夹山人书画印。金板《戈唐佐增节标目音注精义通鉴》，沧苇印。元板郑樵《尔雅注》，昆虔子固印、毛子晋印、经术堂印。《中庵集》，刘敏中撰，安乐堂印。《愧郯录》，郑定刻，与《柳集》同。《击壤集》十五卷，建安蔡氏本。《花间集》，徐健庵印。《尔雅》，雪窗书院本，怡府印。《后村集》，元翻宋本。《巢氏诸病源候总论》，元刻，怡府印。永明禅师《注心赋》，怡府印。

《史记》蔡梦弼本，朱修伯、杨勰卿均有。修伯又有北宋刊本，行款与梦弼本同，字体严整，纸墨更精。

郑樵注《尔雅》，杨勰卿有元刊本。又有咸淳《本义》一部，刻工纸墨绝佳。

《后村集》五十卷，李名之郇有宋刊本，杨勰卿有元仿宋本。

杨勰卿有《礼部韵略》一部，宋刻本颇精，板式与《增韵》仿佛。

《政类本草》，杨勰卿有宋刊大字本。①

清光绪九年癸未(1883)秋，汪鸣銮于东昌试毕，曾登阁并借元本《稼轩长短句》十二卷四册一函。②

同年，潘祖荫进京途经聊城，曾登阁观书借书。③

光绪十年甲申(1884)冬，江标与汪鸣銮同观海源阁。④

---

① [清]潘祖荫批注：《竹汀日记抄》3卷1册，见《蛾术轩箧存善本书录》，上海古籍出版社2002年版，第152页。

② 参见[清]汪鸣銮：《元本〈稼轩长短句〉题识》，《隅录》卷5，清光绪二十年(1894)杨保彝刻本。

③ 参见[清]杨保彝：明蓝印铜活字本《墨子》题识，《隅录续编》卷3。

④ 参见[清]江标：《〈海源阁藏书目〉跋》，《海源阁藏书目》卷末，光绪十四年(1888)元和江氏师鄦室刻本。

光绪十三年丁亥(1887)九月，王鹏运、许玉瑑曾登阁同观元本《稼轩长短句》诸书。[①]

柯劭忞与门之雅客，曾登阁一观。傅增湘云："以余所闻，当时惟柯凤荪以及门之雅，曾登阁一观，而江建霞随汪柳门学使，按试所经，亦粗得涉略，记其崖略以去。"[②]

光绪□□年，魏梅荪曾登阁一观。刘声木云："光绪□□中，江宁魏梅荪方伯家骅路过聊城，从阁中录有副本(指《柏枧山房尺牍》)。"[③]

民国间，中华书局东昌分局之创办人王露亭曾有幸登阁观书。[④]

王献唐曾1929年冬借阁书并流观七日。献唐并作藏书纪事诗一首："海源书似阵云屯，小钵猩红认宋存。乞与老饕供一饱，残年风雪过屠门。(借书)"又注云："去岁残冬，借书杨氏海源阁，流观七日。其藏书印有'宋存书室'，亦屡见《楹书隅录》。"[⑤]

从以上所列，有十一次十四人曾获幸登阁观书。也即海源阁从1840年建阁到1929年藏书开始从阁中散出的八十八年里，共对十四位"契交"开放了十一次。当然这是就书面材料所得[⑥]，或许还有其他材料我们无法查到，但就现有资料统计出的这个数字，也足以说明海源阁的开放度之低。再就借书、借校、借抄而言，许乃普曾借校宋本《礼记郑注》，汪鸣銮借元本《稼轩长短句》，潘祖荫借校明蓝印铜活字本《墨子》，魏梅荪借抄《柏枧山房尺牍》，另还有杨保彝借宋本《吕太尉经进庄子全解》于一无名友人一例[⑦]，王献唐借书一次，都六例。借书刊刻者有：光绪间，王鹏运曾从海源阁借元本《东坡乐府》、元本《稼轩长短句》和宋本《花间集》三种，并据此重刻；罗振常借刊宋本《韩集》。

---

① 参见[清]杨保彝：元本《稼轩长短句》题识，《隅录续编》卷4。

② 傅增湘：《海源阁藏书纪略》，《大公报》，1931年5月27日。

③ [清]刘声木：《柏枧山房尺牍》，《苌楚斋随笔·五笔》卷3，中华书局1998年版，第949页。

④ 参见吴运涛述、李光文整理：《王露亭心系古籍事业》，《中华读书报》，1998年5月6日。

⑤ 王献唐：《藏书十咏》，《山东省立图书馆季刊》第1集第1期，第80页。

⑥ 又：朝鲜纯祖三十四年(1834)刻本《桂苑笔耕集》24卷4册，现藏安徽图书馆，曾为杨复丰华堂所藏。海源阁曾藏此帙一精抄本，《宋存书室宋元秘本书目》、《海源阁藏书目》、《海源阁宋元秘本书目》卷四均著录云："精抄本《桂苑笔耕集》20卷6册"。杨复于朝鲜刻本扉页上题云："山东聊城杨氏海源阁藏精抄《桂苑笔耕集》20卷6册，乌丝印格，每页左栏外刻有'听雨山房'四字。"如此细致记录版本情况，想必杨复一定目验此书，方有此识。

⑦ 参见本章第一节所引，亦见《隅录》卷3该本题识。

杨氏重交游，所以杨氏对“契交”还是很大方的，王鹏运于光绪十四年(1888)从海源阁借到元本《东坡乐府》后赞保彝道：“凤阿善与人同之，量亦良足多矣。”[①]光绪十九年(1893)，杨保彝在得知同年友王鹏运又欲刻《花间集》时，主动“出以见视”，让王氏“如式影写，付工精刻”。[②] 杨绍和在《楹书隅录》初续编刚刚完成尚未出版的情况下，就把手稿借给潘祖荫以编刻《士礼居藏书题跋记》，并且不但借给他明铜活字本《墨子》，还将清抄宋嘉泰本《宝晋山林集拾遗》八卷赠送给他。1936 年 10 月，杨敬夫曾将明铜活字本《开元天宝遗事》“赠送”给周叔弢，尽管杨敬夫在交接时仍收了弢翁三百元，但弢翁在记述此事时却称“敬夫赠”，这说明杨敬夫只是象征性地收费而已，而实际价格要远远高于三百元的。在当时情景之下，杨敬夫能够如此慷慨，又说明他们在书事往来中所建立的“契交”关系的确非同一般。但可惜这样的例子不多。所以，海源阁拥有数千种藏书，却只有十余人次观览，海源阁藏书的巨大潜在利用价值还远远未能发挥出来。

而与杨氏同时期的瞿氏在对藏书的利用上，要超过杨氏。据考证，曾到铁琴铜剑楼观书的学者名流甚多，如黄廷鉴、翁同龢、宗舜年、叶德辉、张元济、孙毓修、傅增湘、岛田翰(日本)、徐鸿宝、胡适等人都曾登楼借观藏书。瞿氏藏书不仅对学者名流开放，而且对普通读者亦然，且备有膳食招待。觉迷云：“至嗜书之人，有欲得观珍秘者，瞿氏亦许入楼参阅，但不许借出，而于阅书之人，瞿氏辟有专室，供人饱览，且供茶水膳食。”[③]平襟亚也说：“予就读邑中师校，遇休沐日恒结伴往观，主人循例出五烩一汤饷客，予因此得睹宋、元、明诸善本。”[④]无阅览资格的限制，珍秘示人，且免费“五烩一汤”，这在当时极为少见。无怪乎毛子水、姚从吾特别称赞，并希望私人藏书能效法瞿氏的做法。[⑤] 于书之借出，瞿氏虽也慎于通假，但对于诚信之人则并不吝惜，这方面的记载甚多，上述登楼观书者即是。如叶昌炽《缘督庐日记·光绪九年二月七日》云：“午后告别登舟，申季借宋刊《读教记》一部，余借宋刊《文子》，影宋刊《辑古算经》，抄

① [清]王鹏运：《东坡乐府跋》，《东坡乐府》卷末，光绪十四年(1888)王氏四印斋重刻本。

② [清]王鹏运：《稼轩长短句跋跋》，《稼轩长短句》卷末，光绪十九年(1893)王氏四印斋重刻本。

③ 觉迷：《谈铁琴铜剑楼藏书》，《中国新书月报》第 1 卷第 4 期，1930 年 3 月，第 22 页。

④ 平襟亚：《书城猎奇》，《书林掌故续编》，香港中山图书公司 1973 年版，第 99 页。

⑤ 参见姚从吾：《几位古人藏书和读书的佳话》，台湾《新生报》，1960 年 1 月 28 日第 8 版。

本《秘书监志》，钱遵王、陆敕先手校《说苑》各一部。”[①]又如傅增湘曾借影宋本《蜀鉴》、明本《刘随州集》、明本《林和靖集》等书。[②]“天下好书，当与天下读书人共之”，瞿氏深谙其理。另外，瞿氏还有不少为人代抄代校的事例。瞿氏藏书不自珍秘，阅者如有需要，瞿氏可觅人代抄，不以独得为矜尚。如《缘督庐日记·光绪二年四月二十九》曰：“是行也，携归宋刻《毛诗传笺》一部，附《释文正义》一部，《穀梁传》一部，又旧志五六种。主人清重，可谓至殷极渥矣。尚有边实《玉峰志》，杨谌《昆山郡志》，即属浚丈觅人代抄。芾卿托抄《续复古编》一部。”[③]这是叶昌炽、王颂蔚向秉清借书和托他代抄书的例子。如果读者觉得某些书有校勘的必要，又一时不便无法自己动手，瞿氏有时也可代校。如启科曾为叶昌炽校《柳宗元集》[④]，凤起曾为傅增湘校《续考古编》，并代校《四部丛刊》中某些书籍。[⑤]在《北京图书馆善本书目》著录的瞿氏捐献书目中，著录凤起的校跋本竟有十八种。而杨氏于此却鲜有其例。为便于图书流通，充分发挥图书之作用，瞿氏后人瞿启甲还积极倡议设立公共图书馆，并且带头捐书，常熟图书馆建成后又任首任主任。所以瞿氏在近代私家开放利用藏书方面确实走在了前头。

私家藏书楼通过开办图书馆的形式向读者开放藏书，是藏书家发挥其藏书的最有效方法之一。其实，早在海源阁第一代主人杨以增开始聚书时就有过这个想法。他在1840年于家乡建海源阁藏书楼，而在其东侧，就建有专门供家人和读者读书的阅书亭。杨敬夫回忆道：“我还看见过先曾祖至堂先生的家书中，有叫先祖勰卿先生在聊城故乡开办一处‘图书馆’以惠嘉士林的倡议，可惜先祖勰卿先生因病匆促逝世……都还未及着手办理。”[⑥]在对杨氏藏书的考察中，我们发现海源阁藏书的一个重要特点就是重本很多，即使是同一书同一版本的重本也很多，如经部中《十一经初学读本》两部，古香斋本《五经四书》

---

① [清]叶昌炽：《缘督庐日记》，(台湾)学生书局1964年版，第69页。

② 参见傅增湘《藏园群书题记》卷2：明初本《蜀鉴》跋；《续集》卷6：明本《刘随州集》跋，明本《林和靖集》跋。

③ 叶昌炽：《缘督庐日记》，第31页。

④ 参见叶昌炽：《缘督庐日记》，第73页。

⑤ 参见张元济：《张元济书札》，商务印书馆1981年版，第207页。

⑥ 李士钊：《聊城海源阁藏书重要史料片断——1966年2月10日在天津访问海源阁第四世主人杨承训(敬夫)先生》，《山东出版志资料》第1辑，山东人民出版社1984年版，第188页。

四部，鲍氏本《五经四书》三部，《周易廓》五部，《禹贡锥指》五部，《诗毛诗传疏》五部，《毛氏礼征》四部，《音学五书》十部等；史部中如《逸周书》三部，活字本《读史方舆纪要》两部，《回澜纪要》、《安澜纪要》五部，《助理一得》十一部等；而子部、集部就更多。这很可能是杨氏先人为以后开办图书馆事先做好的多多储存复本的准备。开办图书馆的这种想法一直延续到第四代主人杨敬夫身上，他说：

我还曾想在聊城祖宅东院建造一座对外人开放的私人图书馆，背后供奉祖先的牌位，还曾想把故宅院对门的院子开办一处私立小学，收容附近乡里和亲友的孩子们入学读书，完全免费。①

1930年，海源阁藏书连遭土匪抢劫，杨敬夫被迫将残存的明清藏书运到济南保存。但这些书籍存于外地毕竟不是长远之计，他说："有个时期，我曾想再把这些图书运回聊城故乡去，在观街我家故宅对门的另一所院子里，开办一处私人图书馆以惠嘉士林。"②由于当时情况极其复杂，敬夫顾虑重重，开办私人图书馆的愿望未能实现。那么，如何管理利用这笔文化遗产？时任山东省立图书馆馆长的王献唐向杨敬夫提出联合创办公立图书馆的多项建议，如杨氏委托省立图书馆代为保藏办法，由省馆出资建造专储海源阁藏书的楼房，楼名仍用海源阁，设立杨氏海源阁图书委员会，以负责保藏经营管理这些图书，由杨敬夫担任委员长。一旦海源阁楼房建筑完竣，图书布置整理就绪后，即公开阅览，所收费用悉归杨氏；其他合办图书馆办法还有诸如采取半捐半卖办法或者平价收买办法等等。王献唐以前代藏书家开放藏书的实例来说服杨氏，以使杨氏先世藏书功德，能够溥利民众。王献唐云：

……世间万汇价值之评定，全在有用无用与否；图书以有用而有价值者也。然或藏之椟笥，秘不示人，其有用之功能，举无从表现；是化有用为无

① 李士钊：《聊城海源阁藏书重要史料片断——1966年2月10日在天津访问海源阁第四世主人杨承训（敬夫）先生》，《山东出版志资料》第1辑，山东人民出版社1984年版，第186页。

② 李士钊：《聊城海源阁藏书重要史料片断——1966年2月10日在天津访问海源阁第四世主人杨承训（敬夫）先生》，《山东出版志资料》第1辑，第184页。

> 用，变有价值为无价值，书而有知，宁不抱屈？著书者有灵，宁不衔恨？……远不必论，清代曹倦圃之流通古籍，艺林所播为美谭者也。非特外省人如此，乾嘉中叶历城周林汲先生，创办借书园，举所藏书，尽贮园内，凡来借书者，无不畀之。一时人称其便，盛誉鹊起，名贤往迹，历历可数，此从书籍方面，而欲以先贤期诸海源阁主人者也。[①]

然后王先生又从私家藏书之厄以及公藏之益等公私两方面反复申说，以期明达海源阁主人。但此番苦口婆心，最终未能打动敬夫。其实，杨敬夫离开办公共图书馆只是一步之遥，但他迈出这一步，又是何其难也？这种患得患失、犹豫不决的矛盾心理，说明杨氏在藏书利用上的保守观念占据着主导地位，正是这种保守观念使他终究未能跨出实质性的一步。

将自己的藏书借人影印、影刻也是利用藏书的重要途径。通过上面考证可知，杨氏仅有光绪间王鹏运借刻三种及民国间罗振常一种两例。与杨氏相比，瞿氏自瞿镛始，至民国瞿启甲时借人影刻数量不下百种。故刘阶平云："近来瞿氏之收藏，亦间有散外影印，唯杨氏之收藏，一无出示。"[②]如 1916 年徐乃昌辑印《随龛丛书续编》十一种，其中瞿氏藏本有十种；商务印书馆《百衲本二十四史》中，《汉书》及《旧唐书》皆为瞿氏藏本。宋本《三国志》为海源阁藏，海内仅存此全帙一部，张元济为编印《二十四史》曾向杨氏借此未果，只能远赴日本，借影而归，张氏《跋》曰："余欲辑印旧本正史，谋之者有年。涵芬楼旧藏宋衢州本《魏志》，极精美，然《蜀》、《吴》二志全佚，其他公私弆藏，均非宋刻。有之，惟聊城杨氏、松江韩氏。韩氏书，闻仅存数卷，且秘不示人。杨氏自凤阿舍人逝世，亦无缘通假。故人张石铭以所储元本借余，已摄影矣，以校衢本，讹误滋甚。卷末配宋刻数册，且极漫漶，意殊歉然。戊辰秋，余为中华学艺社赴日本访书，获见帝室图书寮旧藏宋本，借影携归。检阅宋讳，避至'廓'、'郭'等字，知为宁宗时刊本。又与杨绍和《跋》勘对，所举殿本《考证》，疑字一一吻合。乃知二本实同。"[③]甚至《三国志》已经印成，但如能借出海源阁本亦愿重新影

---

① 王献唐：《海源阁藏书之损失与善后处置》，《山东省立图书馆季刊》第 1 集第 1 期，第 14 页。

② 刘阶平：《杨氏海源阁藏书概略与劫后之保存》，《东方杂志》28 卷 10 号，1931 年 5 月 25 日。

③ 张元济：《宋绍兴刻本〈三国志〉跋》，张人凤编《张元济古籍书目序跋汇编》，商务印书馆 2003 年版，第 995 页。

刻，傅增湘于1931年5月16日致信张元济曰："《三国志》杨氏所藏正是建本，《衲史》中前五卷记是配衢本，若能借照，亦绝好。"张元济复信曰："《三国志》已印成。见《楹书隅录》所载前三卷有抄配，故未奉复。如果非抄配，印本清朗，吾兄能代商借，极拟重照，再版抽换。"①张元济于9月30日致傅增湘的信中又提到此事："宋刊《三国志·魏书》前三卷似有印本一卷（《楹书隅录》称卷二、三为抄配），亦拟借照配入衲本。"又谓："海源阁书既已转手，度一时未必外流。欲借照者为宋严州本《仪礼》、宋本《诗说》、《大戴礼》、《离骚草木疏》、《宝晋山林集》、元本《乐书》。"②虽经两人努力，然终未能如愿。《四部丛刊》亦由著名版本目录学家张元济主持编辑，商务印书馆影印出版，网罗宏富，工程浩大，自1919年至1936年历经十七年，先后出版"初编"、"续编"、"三编"，共收书五百零四种，所采底本有不少为私家藏书，当时"海内外藏书大家闻有是举，咸欲出其珍异，来相赞助。天府秘藏，名山逸典，骈列纷罗"。③ 这中间最为人称道的，就是瞿氏为其提供了八十一种底本。而海源阁只有清初影抄徐乾学传是楼藏宋本《默堂先生文集》二十二卷入选"三编"。"三编"刊于1935年至1936年，但这时海源阁藏书早已散出，1929年海源阁遭劫后，王献唐于当年十一月赴聊城调查登录遗书时，此本尚存海源阁，1930年海源阁再次遭劫后此书散出，后归入北图，故此书并非杨敬夫所提供，武内义雄言："《四部丛刊》中收采尤多之江南图书馆藏书，即八千卷楼之物，而铁琴铜剑楼亦多精本。……惟杨氏之书则一不入选。"④《四部丛刊》是一项造福于人类的巨大的文化学术工程，然作为清末四大藏书家的杨氏拥有如此之多的精善之书竟未能做出贡献，这不能不说是一个莫大的遗憾。

第三节　重刻与影印

对于海源阁藏书，海源阁第四代主人杨敬夫曾产生过自己影印的想法，但

---

① 张元济、傅增湘：《张元济傅增湘论书尺牍》，商务印书馆1983年版，第264页。

② 1931年9月30日张元济致傅增湘信，《张元济傅增湘论书尺牍》，第268页。

③ 张元济：《辑印〈四部丛刊续编〉缘起》，张人凤编《张元济古籍书目序跋汇编》，商务印书馆2003年版，第872页。

④ 武内义雄：《说〈四部丛刊〉》，转引叶德辉《书林清话·书林余话》，中华书局1999年版，第46页。

最终未能变成现实。1927年夏和1928年秋,杨敬夫曾两次将海源阁藏宋元校抄百余种秘密运到天津,抵津后,他曾"声言在津招股影印,后未实现"。①其实在这之前,上海商务印书馆的张元济与中华书局的陆费逵曾多次找杨氏家人协商过影印事宜,据杨敬夫回忆:"两位先生,都曾间接的找我岳父劳之常商研过,由他们出资影印海源阁藏书的事,可是未能谈成具体的影印办法来,曾有人主张把全部珍本书都运到上海去,但也都未谈成功。"②在这一合作活动中,有一个人必须提及,即聊城中华书局东昌分局之创办人王露亭。王露亭(1880—1967),名恩沛,山东聊城堂邑县域南马屯村人。幼年失学,文化程度不高,但对文化事业甚抱热心。从做小生意开始,奔波近乡,茹苦耐劳,渐有积蓄。在东昌府鼓楼东大街建"文华书局",1923年与上海中华书局合作,开设"上海中华书局东昌分局",推销新文艺读物,供应中小学等教育图书用品。1930年,聊城遭匪徒洗掠,东昌分局楼房被焚。后又得中华书局资助,得以重建恢复。王氏于经营东昌分局期间,对杨宅海源阁藏书颇为关注,常到杨家做客,对宅中几位掌柜也颇有交情,并曾得到特许,登阁观书一次。王氏和上海中华书局总经理陆费逵多次谈及影印一事,都希望能将这些宋元版的精品印刷示众,以免遭蠹鱼之害或水火之灾、兵焚之劫,并按当时影印技术——珂罗版机印,完全可以使原作不失本来面貌而化身万千。后来,王氏亲到上海,与中华书局董事会局内编译所、印刷部等高级人员一起磋商,初拟十条协议草案,由王氏与杨宅主人进一步磋商。协议草案如下:

> 一、双方协商达到同意后由海源阁主人(简称甲方)及上海中华书局董事会(简称乙方)双方酌派人员三至五人组成"聊城海源阁藏书影印委员会"负责进行各事宜。二、将海源阁藏书全部或一部分运往上海,其运费及起装应用工具(如设计木箱、分类装贮等)沿途随人照料等,统由乙方负责,甲方则派专人协助料理。三、乙方在上海预备妥善处所,放置藏书。由甲方派员管理看护。同时查点登录,暂不招待外界参观。四、海源阁藏书,经慎重收藏,组织人员仔细勘查再分册记载,后择选部分影印,其余依

① 《山东省教育厅呈报海源阁藏书情形》(一),《第一次中国教育年鉴》,商务印书馆1934年版。

② 李士钊:《聊城海源阁藏书重要史料片断——1966年2月10日在天津访问海源阁第四世主人杨承训(敬夫)先生》,《山东出版志资料》第1辑,第183页。

规划秩序影印，事先在沪、京、津各大报登预约购书广告，其拟印数字再议定。五、甲方所派来沪监护藏书及工作人员，由乙方供应食宿及较高薪金。六、影印本售出之收入款，除支付工资及成本花费外，所得利润，提百分之三十归甲方。七、原书原有权属于甲方，如影印告竣，原有全部藏书，甲方可根据意向移动，或运回，或仍存乙方不再搬动，乙方则完全依从，负责协助，一切花费仍由乙方负责。如仍存贮上海，今后房租火险概由乙方负担。八、此协议合同，除甲乙双方同意签字，并邀请见证人二至四人、律师二人共同签字，呈请政府备案。九、此协议所商印书事项实行后，期限暂定一年，期满续行协议或修改应变更之处。十、此协议合同正本一式两份，由甲乙双方分执，副本两份：一存双方所组织之委员会办公室，一呈政府备案。

这时海源阁第三代主人杨保彝已去世，家中全靠其夫人王少珊操持，王夫人是名门闺秀，相夫教子甚有才干，丈夫去世后，支撑门户，张罗一切，尤对先人所藏文物图书，珍爱备至，楼上楼下都有专人护理，宋、元珍本从不示人。王氏回到聊城后，便通过管家邓穆卿与王夫人商议，王夫人十分珍爱祖先藏书，看了协议，思虑再三。又邀请了杨保彝生前好友、地方名士共同商谈，可终因社会动荡，珍本外运恐生意外而拖之不决。① 此事最终虽未促成，但王氏为海源阁藏书利用之前后奔波，值得肯定和赞扬。当时商务印书馆亦曾接洽影印，其条件分为两种，珍贵版以售价四成归杨氏，六成归商务；余版按三七分。又商务愿出二十万元，翻印海源阁藏书之一部，敬夫未允。② 此后，王献唐就存于济南和敬夫手中的善本进行影印一事，曾向杨敬夫提出过建议："将海源阁善本书籍，设法印行。所得书价，除收回成本外，其盈余红利，均归杨氏私有。"③但此项建议敬夫亦未允。至此，众多人士为海源阁藏书影印所作的努力，因主人及其家人的犹豫不决而告失败。

"是金子总要发光的"。安居于海源阁近九十年的这些无价之宝一朝散

① 参见吴运涛述、李光文整理：《王露亭心系古籍事业》，《中华读书报》，1998年5月6日。

② 参见《海源阁访问记》，《大公报》，1931年4月28日。《海源阁藏书之浩劫》，《申报》，1931年1月16日。

③ 王献唐：《海源阁藏书之损失与善后处置》，《山东省立图书馆季刊》第1集第1期，第10页。

出，终使人们看清了它的巨大价值。众多藏书家、学者在搜购这些善本的同时，也在思考着如何发挥它们的利用价值，而影印这些善本，为广大治学者提供学术方便，便是发挥其作用的最重要的方式之一。但海源阁藏书的影印仍然需要一个过程。由于一开始这些善本大多以零星形式散入私人藏书家手中，所以规模性的影印难以形成。直到这些善本陆续归入公立图书馆之后，大批量的影印才逐渐形成。现经笔者详细调查，除光绪间王鹏运重刻三种外，其余均为阁书散出之后影印。截至2009年，其各家重刻、影印及影抄详情附列表格于下。需要说明的是，这个统计只是作者见到或见于著录的，未知者肯定还有不少，尤其是台湾影印本，限于条件，无法得到进一步的资料，此次只搜罗到三种。所以，实际数字一定会高于作者的统计。

杨氏藏书重刻、影印及影抄知见录

著作名称	卷册	版本	次数	影印者	时间	题跋
《朱文公订正门人蔡九峰书集传》	6卷8册	宋淳祐十年(1250)吕遇龙上饶郡斋刻本	2	古逸3 再造①	1988 2003	丁瑜跋
《诗说》	3卷8册	宋刻本	1	再造	2003	
《周礼郑注》	12卷3册	宋婺州市门巷唐斋刻本	2	古逸3② 再造	2003	李致忠跋
《礼记郑注》	20卷6册	宋淳熙四年(1177)抚州公使库刻本	2	古逸3 再造	2003	李致忠跋
《礼记集说》	160卷24册	宋嘉泰四年(1204)新定郡斋刻本	1	再造	2003	李致忠跋
《家礼》	5卷3册	宋刻本	1	再造	2006	
《礼书》	150卷第3册	元至正七年(1347)福州路儒学刻明修本	1	北图珍本③	1988	
《春秋经传集解》	23卷22册	宋刻巾箱本	1	再造	2006	
《新定三礼图集注》	20卷2册	宋淳熙二年(1175)镇江府学刻公文纸印本	2	古逸3 上海古籍出版社	1992 1984	出版说明
《春秋名号归一图》	2卷2册	宋刻本	1	再造	2003	
《四书章句集注》	21卷6册	明刻朱墨套印本	1	齐鲁书社	1989	前言

续表

《说文解字》	30卷6册	宋刻元修本	1	再造	2003	
《汉隽》	1函4册	宋淳熙十年(1183)象山县学刻本	1	再造	2003	
《史记》	130卷30册	宋乾道七年(1171)蔡梦弼东塾刻本	1	再造	2003	
《史记》	130卷24册	宋淳熙三年(1176)张杅桐川郡斋刻八年(1181)庚秉重修本	1	再造	2003	
《汉书》	120卷60册	宋蔡琪家塾刻本	1	再造	2003	
《后汉书》	120卷40册	宋王叔边刻本	1	再造	2003	
《三国志》	65卷32册	宋刻本	1	再造	2003	
《晋书》	130卷36册	宋刻本	1	再造	2003	
《资治通鉴考异》	30卷14册	宋绍兴二年(1132)两浙东路茶盐司公使库刻宋元递修本	1	再造	2003	
《建康实录》	20卷16册	宋绍兴十八年(1148)荆湖北路安抚使司刻递修本	2	古逸3 再造	1985 2003	王良玉跋
《两汉博闻》	12卷6册	宋乾道八年(1172)胡元质姑孰郡斋刻本	2	古逸3 再造	1987 2003	薛殿玺跋
《注陆宣公奏议》	15卷8册	元至正十四年(1354)刘氏翠岩精舍刻本	1	再造	2005	
《新序》	10卷2册	宋刻本	2	古逸3 再造	1991 2003	李致忠跋
《新刊履斋示儿编》	23卷第70册	元刘氏学礼堂刻本	2	北图珍本 再造	1988 2006	
《重刊巢氏诸病源候总论》	50卷16册	元刻本	1	再造	2006	
《山海经》	3卷3册	宋淳熙十年(1183)池阳郡斋刻本	2	古逸3 再造	1985 2003	王良玉跋
《壬辰重改证吕太尉经进庄子全解》	10卷6册	金刻本	1	古逸3	2003	
《南华真经》	10卷10册	宋刻本	2	古逸3 再造	1988 2003	王良玉跋

续表

《开元天宝遗事》	2卷1册	明建业铜活字印本	2	西泠⑤ 古逸3		
《兰亭续考》	2卷2册	宋淳祐刻本	2	古逸3 再造	1992	李致忠跋
《穆天子传》	1册	明程荣刻本	1	海岳楼④	1934	王献唐、顾实跋
《晦庵先生语录类要》	18卷6册	元大德六年(1302)武夷詹氏刻本	1	台湾商务印书馆《四部丛刊三编》影印本		
《离骚草木疏》	4卷1册	宋庆元六年(1200)罗田县庠刻本	2	古逸3 再造	1988 2003	李致忠跋
《楚辞集注》《辩证》《后语》	16卷6册	宋端平刻本	6	文学出版社 中华书局 日本读卖新闻社 上海朵云轩书画社 再造 台湾艺文印书馆	1953 1962 1973 1979 2005	郑振铎跋 田中角荣序 吉川幸次郎序
《陶渊明集》	10卷1册 2册⑥	宋刻递修本	2	古逸3 再造	2003	
《陶靖节先生诗注》	4卷1册	宋刻本	2	古逸3 再造	1988 2003	陈杏珍跋
《陶靖节先生集》	4卷1册	宋刻本	1	再造	2006	
《骆宾王文集》	10卷2册 1册 2册	宋刻本	3	古逸3 蜀刻唐集⑦ 再造	1987 1994 2003	薛殿玺跋 李致忠跋 李致忠跋
《常建诗集》	2卷1册	宋刻本	1	再造	2003	李致忠跋
《皇甫冉诗集》	2卷1册	宋刻本	1	再造	2003	
《岑嘉州诗》	4卷1册	宋刻本	1	再造	2003	
《杜审言诗集》	1卷1册	宋刻本	1	再造	2003	李致忠跋
《王摩诘文集》	10卷6册 2册 6册	宋刻本	3	上古⑧ 蜀刻唐集 再造	1982 1994 2003	王良玉跋 王良玉跋 李致忠跋

续表

《孟浩然诗集》	3卷2册 1册 2册	宋刻本	3	上古 蜀刻唐集 再造	1981 1994 2003	薛殿玺跋 薛殿玺跋 李致忠跋
《昌黎先生文集》《外集》	40卷4册	宋刻本	2	蜀刻唐集 再造	1994	陈红彦跋 李致忠跋
《新刊经进详注昌黎先生文》《外集》《遗文》《志》	56卷10册 21册	宋刻本	2	蜀刻唐集 再造	1994 2003	陈杏珍跋 李致忠跋
《昌黎先生集》	40卷32册	宋咸淳廖氏世彩堂刻本	2	蟫隐庐⑨ 再造	1928	罗振常跋 李致忠跋
《新刊增广百家详补注唐柳先生文》	40卷8册	宋刻本	1	蜀刻唐集	1994	陈杏珍跋
《孟东野诗集》	10卷4册	宋刻本	2	武进陶氏影印本 再造	1934 2006	
《孟东野文集》	5卷1册	宋刻本	1	蜀刻唐集	1994	程有庆跋
《丁卯集》	3卷5册	元刻本	1	再造	2006	
《孙可之文集》	10卷2册	宋刻本	1	再造	2003	
《乖崖先生文集》	12卷4册	宋咸淳刻本	1	再造	2006	
《唐求诗集》	1卷1册	宋刻本	2	《续修四库》 再造	2003	提要
《莆阳居士蔡文公集》	36卷16册	宋刻本	2	北图珍本 再造	1988 2003	
《伊川击壤集》		元刻本	1	宋集珍本⑩	2004	提要
《山谷老人刀笔》	20卷10册	宋刻本	3	北图珍本 宋集珍本 再造	1988 2004 2006	提要
《宝晋山林集拾遗》	8卷10册	宋嘉泰元年(1201)筠阳郡斋刊本	3	古逸3 北图珍本 再造	1988 1988 2003	
《筠溪牧潜集》	7卷1册	元大德刻本	1	再造	2005	
《默堂先生文集》	22卷4册(第66册)	清初影宋抄本	2	《四部丛刊三编》(缩) 上海书店	1935 1986	赵万里跋
《范德机诗集》	7卷4册	元至元六年(1269)益友书堂刻本	1	再造	2005	

续表

《汪水云诗》	1册	明一粟斋抄本	2	王献唐影抄本齐鲁书社据王本影印	1984	王献唐跋
《蜕庵诗集》	4卷1册	清康熙陆漻影抄洪武本	1	武进陶氏影印本	1934	
《范文正公政府奏议》	2卷2册	元元统二年(1334)范氏岁寒堂刻本	1	台湾商务印书馆《四部丛刊三编》影印本		
《后村居士集》	10卷10册	宋刻本	1	再造	2003	
《梅花字字香》	2卷1册	元至大刻本	2	古逸3 再造	1985 2003	李致忠跋
《梅花百咏》	1卷1册	元刻本	2	古逸3 再造	1985 2006	李致忠跋
《修辞鉴衡》	2卷2册	元至顺四年(1333)集庆路儒学刻本	2	中华书局(《丛书集成》本) 再造	1958 2005	
《三谢诗》	1卷1册	宋嘉泰重修本	2	故宫博物院⑪ 上古⑫	1943 1984	桥川时雄跋 桥川时雄跋
《嘉祐集》	15卷4册	明嘉靖二十三年(1544)太原府刊本	1	聊城东昌府区委	2004	
《新刊国朝二百家名贤文粹》	197卷60册	宋刻本	1	再造	2006	
《云庄四六余话》	1卷2册	宋刻本	1	再造	2006	
《东坡乐府》	2卷2册	元延祐七年(1320)叶曾南阜书堂刻本	4	光绪王鹏运四印斋刻本(缩) 中国书店⑬ 古典文学社⑭ 中华书局	1888 民国 1957 1959	许玉瑑序 王鹏运跋 赵万里跋 赵万里跋

续表

《稼轩长短句》	12卷4册	元大德三年(1299)广信书院刻本	6	光绪王鹏运四印斋刻本(缩) 中国书店 古典文学社 中华书局 上海书画社 再造	1888 民国 1957 1959 1974 2003	许玉瑑序 王鹏运跋 赵万里跋 赵万里跋 顾廷龙跋
《花间集》	10卷2册	宋刻递修公文纸印本	5	光绪王鹏运四印斋刻本 中国书店 《四部备要》本 中华书局 再造	1893 民国 1936 2003	王鹏运跋
《会稽三赋》	2册	宋刻元修本	1	再造	2003	

附注:属丛书者,出版单位著录为该出版社出版丛书名称,不是丛书者著录出版单位。

① 再造:《中华再造善本》,北京图书馆出版社2003—2006年版。

② 古遗3:《古逸丛书三编》,中华书局1984—1994年版。

③ 北图珍本:《北京图书馆古籍珍本丛刊》,书目文献出版社1988年缩版。

④ 海岳楼:《海岳楼秘笈丛刊》,山东省立图书馆民国版。

⑤ 西泠:指民国西泠印社,翻印木活字本。

⑥ 2册:指不同出版社出版时卷数同,但册数可能不同,或同一出版社不同时间出版的也有可能册数不同,故凡册数不同者,均另注册数。

⑦ 蜀刻唐集:《宋蜀刻本唐人集丛刊》,上海古籍出版社1994年版。

⑧ 上古:指上海古籍出版社影印宋本《王摩诘文集》10卷6册,1981年版。

⑨ 蟫隐庐:上海蟫隐庐书店影印出版的宋咸淳廖氏世蔡堂刻本《昌黎先生集》40卷32册,民国版。

⑩ 宋集珍本:四川大学古籍所《宋集珍本丛刊》:线装书局2004年版。

⑪ 故宫博物院:1934年由桥川时雄从大连图书馆借出携至北平,又由徐森玉代印于故宫博物院。

⑫ 上海古籍出版社1984年出版的影宋本《三谢诗》,为《宋元善本丛刊》之一,《宋元善本丛刊》与《古逸丛书三编》一同被列入1982—1992年国务院《古籍整理出版规划》。

⑬ 中国书店:中国书店于民国间据王本影印《东坡乐府》、《稼轩长短句》、《花间集》三种,袖珍本。

⑭ 古典文学社:上海古典文学出版社1957年缩此书为小本,与元大德刊《稼轩长短句》缩印本合装为五册一函。但两本又均有单行本发行。

如果以内容及版本来统计，还可以得出如下结果：

	经部	史部	子部	集部	合计
宋本	11(13)	9(11)	4(8)	30(59)	54(91)
金本			1(1)		1(1)
元本	1(1)	1(1)	3(4)	10(22)	15(28)
明本	1(1)		2(2)	1(1)	4(4)
抄本				3(3)	3(3)
小计	13(15)	10(12)	10(15)	44(85)	77(127)

由上两表可知，经过诸多有识之士的努力，在海源阁七百余种宋元校抄中，影刻、重刻、影印、影抄七十七种一百二十七次，其中重刻影印四种，影抄一种，余为影印。纵观海源阁藏书利用过程，可以分成三个阶段，首先是阁书散出之前，其次为散出后到二十世纪八十年代，第三是自八十年代之后。为便于了解每个阶段的详情和特点，现分述于下：

第一阶段：重刻影印共四种。其中王鹏运[①]光绪间从杨保彝借宋、元本三种重刻。对于王氏重刻之事，有必要钩稽详述，因为这是海源阁藏书史上，第一次利用所藏外借刊刻，自然意义不同一般。在王氏所辑印的《四印斋所刻词》二十一种中，元延祐七年(1320)叶曾云间(松江)南阜书堂刻本《东坡乐府》、元大德三年(1299)广信书院刻本《稼轩长短句》和宋刻递修公文纸印本《花间集》三种为海源阁藏本。清光绪十三年(1887)九月王鹏运先从海源阁借到元本《稼轩长短句》，并于当年冬重刻而成。王氏云："光绪丁亥(1887)九月，从杨凤阿同年假大德信州书院十二卷本……往年刻《双白》、《漱玉词》成，即拟续刊苏、辛二集，以无善本而止，今此本既已校正，闻凤阿家尚有宋椠(实是元椠)《眉山乐府》，倘再假我，以毕此志，其为益为何如耶？……先冬三日半塘老人记。"[②]王氏于次年初春刊《稼轩词》成，并兴趣所致，"率题三绝于后"。其第三首云："信州足本销沈久，汲古丛编亥豕多。今日雕镌拨云雾，庐山真面问如何。"清光绪十四年(1888)春，王氏又从海源阁借到元本《东坡乐府》，王氏云：

① 王鹏运(1849—1904)，字幼霞，号半塘老人，于近代词坛声望很高，与况周颐、朱孝臧、郑文焯并称"晚清四大家"。词宗苏、辛，著有《半塘定稿》等。大力倡导词学，精于词籍校勘。所辑印《四印斋所刻词》、《四印斋汇刻宋元三十一家词》，以校勘精审见称，对近代词学发展有较大贡献。

② [清]王鹏运：《〈稼轩长短句〉跋》，《稼轩长短句》卷末，清光绪十四年(1888)王氏四印斋重刻本。

"光绪戊子(1888)春,凤阿同年闻余有缩刻《稼轩长短句》之役,复出此册假我,遂借抄合刻。中间字句间有讹夺与缺笔、敬避及不合六书字体者,悉仍其旧,略存影写之意,文忠诗文传刻极伙,《倚声》一集独少别本单行,且苏、辛本属称,而二书踪迹始并见于季沧苇《延令书目》中,继复同归黄氏士礼居、汪氏艺芸书舍。余复从杨氏海源阁假刻以行,三百年来合并如故,洵乎艺林佳话。"①时与杨保彝同官的许玉瑑又为此二书撰《序》,感叹杨氏护书不失和王氏传刻播迁实是两大幸事:"盖传非其人,易饱羽陵之蠹;置非其地,辄遭秦火之燔。曩岁庚申,吴门陆沈藏书之家乌抄殆尽。聊城则园葵不惊……此一幸也;夫中垒精校,仅足以订讹;骈士细书,亦难以行远。设非循其条目,予以雕镂,犹入宝山而空回,过屠门而大嚼。今则新硎焕发,叩寂于七百年以前旧椠,流传捃逸于六十种以外,此一幸也。"②光绪十九年(1893),王氏又借宋本《花间集》,并于当年刻入《四印斋所刻词》中,王氏云:"右《花间集》,宋十行行十七字本,现藏聊城杨氏海源阁。卷首有传是楼徐氏、听雨楼查氏藏印。……凤阿同年出以见视。"③鹏运与保彝为同年友,保彝对"挈交"不吝其藏,于杨氏藏书之实际利用上开了先河。

《四印斋所刻词》之苏、辛词目录后题有"临桂王氏四印斋刻梓家塾",知此两种为王氏家塾刻本。《花间集》则是王鹏运让人代刻的,其目录后题有"刻始于尚章大荒骆至游桃涒滩讫功",卷末题"京都琉璃厂炳文斋李刻"。王氏重刻本《稼轩长短句》于卷一目录下题"缩模元大德广信本",半页九行行十六字,左右双边,白口,单黑鱼尾,鱼尾下题"稼几",次下记页数,次下题"四印斋"。王氏重刻本《东坡乐府》于卷上目录下题"重雕元延祐云间本",半页十行行十八字,左右双边,白口,单黑鱼尾,鱼尾下题"东坡乐府上(下)",次下题页数,次下

---

① [清]王鹏运:《〈东坡乐府〉跋》,《东坡乐府》卷末,光绪十四年王氏四印斋重刻本。今人"辛学"专家徐汉明于《辛弃疾诗词版本研究》中言:"《四印斋所刻词》取毛晋汲古阁《宋六十名家词》中的稼轩词而重刻,又根据元大德广信书院本还其原来的卷第,将毛氏汲古阁四卷恢复成原来的十二卷。"(《华中理工大学学报》2000年5月第14卷第2期)此言误矣。四印斋重刻本以元大德广信书院本为底本毋庸怀疑,且汲古阁刻本所用底本即是元大德广信书院本,只不过是将十二卷并成四卷而已。王鹏运于光绪四印斋刻本《稼轩长短句》跋云:"按:毛本实出元刻,特体例既别,又并十二卷为四……。"经两本对勘,王氏所言属实,元大德广信书院12卷本、汲古阁四卷本、王氏光绪四印斋重刻本实际上是一个版本系统。

② [清]许玉瑑:《〈苏辛合刻〉序》,《稼轩长短句》卷首,光绪十四年王氏四印斋重刻本。

③ [清]王鹏运:《〈花间集〉跋》,《花间集》卷末,光绪十九年(1893)王氏四印斋重刻本。

题“四印斋”。两书行款、版式均同原刻本，两书版框相同，高 13.4×9.5cm。但元本《稼轩长短句》版框为 22.7×16.5cm，元本《东坡乐府》为高 18.4×11.6cm，因而四印斋重刻本比起原刻本来又缩小了不少。王氏重刻本《花间集》版式为十行行十七字，四周单边，白口，单黑鱼尾，鱼尾下记“花间集卷几”，次下题页数。版框为 16×11.4cm。行款与版口均同原刻，但边栏不同，原刻为左右双边，版框原刻为 16.2×11.8cm，比原刻稍小。王刻三种由于是缩刻，故宋版原貌顿失不少，故赵万里云：“虽行款未易，而原书面貌，不可复见。”[①]但由于王氏校勘精审，其实用学术价值颇大，故其后据王本影印者极多。1924—1931 年，由陆费逵任总勘的上海中华书局出版大型丛书《四部备要》，其集部所收《花间集》，就是据王本校刊重印。王本《东坡乐府》，此后又为朱祖谋用作苏词编年之底本。民国间中国书店据四印斋重刻宋本三种加以影印。

1928 年杨敬夫携书“避兵津沽”，罗振常曾借宋咸淳廖氏世彩堂刻本《昌黎先生集》影印，因敬夫与罗氏并不熟识，后经亲戚从中斡旋，最终，罗氏交付八百元后，于敬夫寓所借照影印。[②] 罗振常云：

> 余自印行世彩堂本《河东集》，乃欲踪迹《昌黎集》所在。叔兄言丁氏存此书，学稼楼半年取去，似闻售于聊城杨氏。爰詑与杨稔者叹之，乃云杨氏自凤阿户部逝世，嗣同族子为后，藏书虽在，但键闭严密，此书有否，主者亦不自知。已而质之历城夏君丽生，则谓杨氏确有此书，已曾为题字书簏，始知书实存海源阁，顾无由得见。客岁杨氏避兵津沽，携所藏以行，此书在焉。桐乡劳君笃文健章与余及杨皆有戚谊，闻余访求此书，特语叔兄令告余。南海潘氏伯寅闻而欲得之以偭《河东》，议顾不谐。余欲假印，主人又珍惜不许。劳君竭力周旋，勉允所请，但师邺侯不出户庭之意，必携器就其家影之，幸得蒇事。[③]

从以上来看，在阁书散出之前，由于海源阁扃密过严，只有王鹏运重刻三种及罗振常影印一种，故借刻数量颇少。几部大型丛书如《古逸丛书》初续编、

① 赵万里：《元延祐刻〈东坡乐府〉跋》，《东坡乐府》卷末，古典文学社 1957 年影印本。

② 1928 年 7 月 21 日傅增湘致张元济信，云：“第闻罗叔蕴（振常）以八百元借照宋本（世彩堂）《韩集》而已。”《张元济傅增湘论书尺牍》，商务印书馆 1983 年版，第 194 页。

③ 罗振常：《宋世彩堂本〈昌黎集〉杂识》，《昌黎先生集》卷首，上海蟫隐庐 1928 年影印本。

《百衲本二十四史》及《四部丛刊》均未能利用阁书影印。

第二阶段：七种十二次。这一阶段是指阁书散出之后至二十世纪八十年代之前。1949年以前，由于海源阁散出之书大多存于私家手中，故影刻难以形成规模。此后，阁书大部分归于国立图书馆，但由于国家局势动荡不安，影印一直是处于零星不断的状态，也未能形成大规模地影印。因而，这一时期海源阁藏书并未真正大派用场。尽管如此，一些有识之士仍然尽着自己最大努力，以发挥海源阁藏书的价值。这其中，我们有必要提到下列几件事，以表彰他们在利用阁书方面所作出的贡献。

日人桥川时雄影印宋嘉泰重修本《三谢诗》一卷。此本系杨敬夫在天津出售二十六种之一，后为日人购去，归入当时由日人控制的大连图书馆。1933年，日人桥川时雄到该馆目验了是书，借出后，又托徐森玉在故宫博物院图书馆代行影印，桥川时雄云：

> 此海源阁之故物，即昔运津廿六种中之一也。爰曾观其书目，信而有征，实为海内孤本。宇内珍璧，免于流离，尚存天壤之间，不可谓非幸矣。忆予旅华十有七载，辱承士大夫之学问切磋，诸多契合，倘以是书付印，一以惠士林，一以贻友好，以视深藏于私人箧笥，严鐍深扃，若存若亡，以饱蠹腹者，其得失殆不可以道里计。爰请携至北平，以付手民。幸承馆长之慨诺，由徐森玉先生代印于故宫博物院。①

该书刻成后，桥川曾赠王献唐一部，献唐云："今日桥川子雍介其弟子桂太郎来，携此为赠。适养屙未见，报以《汉魏石经残字叙录》。卧榻展阅，知即旧岁杨氏以宋椠二十六种索八万元者之一也。"②后来，张元济也准备影印流通，已摄影制版而未成书印行问世，留有珂罗版毛样一份。1985年上海古籍出版社又以桥川本影印出版。回顾历史，我们不能忽视桥川之功，一则桥川是最早影印海源阁散出之书的。二是如果不是桥川当时借出影印，我们今天就很难再看到"下真迹一等"的宋版《三谢诗》了，因为原本作为孤本自入大连图书馆

---

① 桥川时雄：《宋嘉泰重修〈三谢诗〉书后》，影刻宋嘉泰重修本《三谢诗》卷末，上海古籍出版社1983年据影刻宋嘉泰重修本影印。

② 王献唐：影宋本《〈三谢诗〉跋》，《双行精舍书跋辑存》，齐鲁书社1983年版，第280页。

后，为苏军攫去，今存俄罗斯国家图书馆。

1934年，山东省立图书馆影印朱墨套印黄丕烈校跋明程荣本《穆天子传》六卷。主持该书影印事宜的是山东省立图书馆馆长王献唐。王氏自始至终关注海源阁遗书，当阁书散佚时，他不仅广事搜求，并将购买到的珍籍影印、抄录。王献唐在《海源阁藏书之损失与善后处置》一文中就如何利用海源阁藏书问题，专门提出具体计划。刘阶平极为赞赏，言"其甲项第八条与乙项第三条刊布海源阁孤本秘笈，尤具卓见"①。他曾计划将搜集到的海源阁秘笈选出四种以《海岳楼秘笈丛刊》②的形式影印出来，黄校跋本《穆天子传》六卷是第一种，限于财力，最后只影印两种，另一种为顾千里校本《说文解字系传》四十卷③。明抄本《汪水云诗》已手校而未及影印④。先是王献唐耗一月俸金于1930年从济南敬古斋购入黄校跋本《穆天子传》六卷，友人顾实专治《穆传》，"闻余储有此本，拟来济藉校。感其诚意，迻写一本为赠。自后远地知交，时求假录，且怂恿印行。余既不胜其困，又以近人喜习此书，苦乏善本。荛翁先后手勘，益以惠、顾两家旧校，合八本为一，尤利学者。其所据之九行二十二字本，为人间孤帙，亦复备具。书中旁行斜上，朱墨涣灿，余见荛翁勘书，殆以此册及《刘子新论》最为缜密矣。馆中收集金石，近已拓为《海岳楼金石丛编》，出书二集，复以余力编印《海岳楼秘笈丛刊》，即举是书为丛刊之一，色墨、纸幅，题识、印记，悉仍旧观。"⑤顾实亦云："山东图书馆长王献唐先生将影印海源阁秘笈，而先嘱其友人秦玉章先生过录黄氏朱墨校语于范氏天一阁本中，以贻余。寻又因事来京，手携黄校原本示余。余确见黄校《汉魏丛书》程刻本，朱墨粲然，洵惊人秘笈。内容校存异文，不胜枚举。献唐先生将影印朱墨本以公诸世，诚快事也。"⑥"嗟夫！方今求借善本之难，余深苦之，安得尽如献唐先生之

---

① 刘阶平：《杨氏海源阁藏书概略与劫后之保存》，《东方杂志》28卷10号，1931年5月25日。

② 海岳楼：山东省图书馆为清宣统元年(1909)山东提学使罗正钧所创建，其藏书楼署名为海岳楼，楼分上下两层，共四间。见张稚庐《奎虚书藏》，《山左鸿爪》，中华书局2005年版，《新编文史笔记丛书》第3辑。

③ 顾千里校本《说文解字系传》四十卷影刻本未见，王绍曾《日照王献唐先生事略》云："其中黄校《穆天子传》，顾校《说文解字系传》两种，1934年即由图书馆影印问世。"《山东图书馆季刊》，1994年第1期。

④ 顾实于《〈汪水云集〉跋》云："山东图书馆长王献唐先生将刻海源阁秘籍四种，其一《汪水云集》也。"《双行精舍校汪水云集》，齐鲁书社1984年版。

⑤ 王献唐：黄荛圃手校《〈穆天子传〉跋》，黄丕烈校跋明程荣本《穆天子传》卷末，山东省立图书馆1934年影印本。

⑥ 顾实：《〈穆天子传〉知见书目提要·清校本〈穆天子传〉六卷》，顾实编著《〈穆天子传〉西征讲疏》，商务印书馆1934年版。

古谊，其嘉惠学林宁有崖乎耶？……献唐先生将刊行海岳楼秘笈，而黄校《穆传》与焉，诚应时之需要哉！”①又从顾实作跋时间为“中华民国二十年八月三十一日”可知，王献唐早在1931年就开始准备印行该书，直至1934年印成，耗时三年，为使海源阁藏书能够沾溉学林，真可谓不遗余力。此书影印本封面首题“《穆天子传》”，次题“《海岳楼秘笈丛刊》之一”，次题“海源阁藏黄荛圃校本”，次题“向迪琮署”。扉页题“《穆天子传》六卷”。首卷有复翁朱笔题云：“九行二十二字本，无序二篇，板式长，字大，分卷，下次行题：晋著作佐郎郭璞景纯注其书。其古雅当是明刻之最先者，亦略用朱笔校其异处。”正文中复翁校语极多，诚如王、顾所言“朱墨涣灿”，堪为“惊人秘笈”。

陶湘影印二种。陶湘曾于1934年从李盛铎处借到海源阁藏宋本《孟东野诗集》进行影印，此书印成后，赠王献唐一部，献唐云：“民国二十三年(1934)影印，陶氏涉园本，四册。二十五年(1936)二月二十六日，兰泉先生过济赴申，新印书成，以一部见惠。”②在此之前，陶湘曾得海源阁藏清影抄明洪武本《蜕庵诗集》四卷，并影印于世。陶湘于1937年5月至6月辑印的《涉园所见宋版书影》是继《留真谱》、《宋元书影》等书之后又一部具有重要版本参考价值的书影。该书第一辑收宋版书二十三种，均为德化木犀轩李盛铎所藏。第二辑收宋版书十三种，为潘宗周、傅增湘、李盛铎以及海源阁旧藏。在第一辑中，有李盛铎所藏海源阁宋本四种，计南宋初建阳刻本《史记集解》三页，宋本《孟东野诗集》三页，宋本《孟浩然诗集》两页，宋乾道麻沙镇水南刘仲吉宅刻本《类编增广黄先生大全文集》四页。第二辑中有海源阁藏宋本三种，计宋本《三国志》两页，宋庆元六年(1200)罗田县庠刻本《离骚草木疏》一页，此两书为杨敬夫抵押于天津盐业银行九十二种之一，陶湘于1937年6月从津行借出两书后影印，宋本《证类本草》两页。此书散出后归广东莫伯骥，盖从莫氏借出影印之。《书影》两辑共收三十种，而海源阁藏宋本占七种，可见海源阁藏书在陶氏心目中的地位。需要指出的是，这是海源阁藏书第一次以书影的形式推介于众，故陶湘之举，意义甚大。

---

① 顾实：《黄荛圃手校〈穆天子传〉跋》，黄丕烈校跋明程荣本《穆天子传》卷末，山东省立图书馆1934年影印本。

② 王献唐：民国二十三年(1934)影印陶氏涉园本《〈孟东野诗集〉跋》，《双行精舍书跋辑存》，齐鲁书社1983年版，第250页。

宋端平二年(1235)刻本《楚辞集注》八卷《辩证》二卷《后语》六卷，极为珍贵。此书自1930年散出后，为刘少山所得，1952年刘氏捐献给国图。为纪念屈原逝世二千二百三十年，1953年，人民文学出版社按原版式影印，所用纸张选用旧纸，以珂罗版用白纸印一百部，又用黄纸缩印三千部，其版权页题云："1953年8月人民文学出版社景印宋端平刻本原书版框高二十二公分宽十六公分又五共计三千部。"郑振铎于卷末跋云："藉此机会，把这部最古的最完备的《楚辞集注》定本，影印出来，作为对于屈原这位古代伟大的爱祖国、爱人民的诗人的一个纪念。同时我们想，这部书的出版，对于研究屈原的专家们也将会有些贡献与帮助。"[①]1962年中华书局又重印此本。1972年9月中日关系正常化，日本首相田中角荣访华，9月27日，毛泽东主席在北京中南海会见田中时，即以中华书局影印本作为礼物赠送给田中，一时传为佳话。田中回国后，日本读卖新闻社于1973年又照样翻印了若干部，田中角荣和吉川幸次郎分别作序。[②]

1957年，上海古典文学出版社曾据北图海源阁藏本《东坡乐府》和《稼轩长短句》缩印出版，并将两集合装为五册一函发行，亦有单行本。赵万里为两集撰写了题跋，考订两集与其他词刊本的源流和相互关系，甚为详切。此本缺点是诸家藏书印漏收颇多，对考订递藏源流不利，因是缩版，原版面貌不见。但印数较多，流传广。鉴于文学社影印之缺憾，中华书局上海编辑所于1959年2月又据北图海源阁藏本原大照相影印两集，书中叶曾序、黄丕烈题识及诸家藏书印亦悉照原样，书后附录赵万里1957年跋。1959年6月此两书又重印一次，线装五册一函绢面，印数颇多，各大图书馆均有收藏。由于中华书局影印效果甚好，台湾世界书局印行的《中国词学丛书》收入两集，所据底本即为

① 郑振铎:《影宋本〈楚辞集注〉跋》，亦见《郑振铎书话》，北京出版社1996年版，第211—212页。

② 此后，刘少山之子刘桑在美国得知这一信息后，致函日本读卖新闻社，陈述了其与该书的渊源，希望得到一部以为纪念。不久，读卖新闻社即将该书运到美国。刘桑付几百美元工本费后得此书，如获至宝，并于是年带回上海祝贺父亲生日。刘少山喜出望外，感慨万千。刘桑虽身在海外，但受其父影响时时关心国内藏书界，得知山东聊城"海源阁"重建恢复的消息之后，与母亲(刘少山已经去世)商量想把这套从日本得到的《楚辞集注》再捐与"海源阁"收藏，取"物"归原主之意。1998年6月，刘桑为看看仰慕已久的海源阁藏书楼，自美国纽约来到山东，亲手将读卖新闻社影印本《楚辞集注》交给了时任海源阁纪念馆的张连增馆长。刘家两代人钟于海源阁藏书的爱书、爱国情怀成为一段书缘佳话，令人敬仰。参见苗淑菊《关于〈楚辞集注〉的一段佳话》，《光明日报》，1998年10月22日第6版《文荟副刊》。

中华书局影印本，但世界书局本主要是在台湾地区发行，大陆少见。1974 年，上海书画社(朵云轩)又以北图海源阁藏本元大德广信书院《稼轩长短句》为底本，覆刻行世。此书原海源阁藏本于 1934 年冬为藏书家周叔弢自杨敬夫处购得，弢翁并先后四次为此书作题识，详记行款、印章、版刻情况等，弢翁于《〈楹书隅录〉批校》该目下题云："元刻中甲观。大字宽行，行楷古雅，黄纸，黄氏原匣，上黑线口，下白口。信铅畅叔仁刊第一页下鱼尾。上字数，下间有刻工：祝、周。"弢翁曾于 1934 年 8 月购得海源阁藏元本《东坡乐府》，得两集后他将自己的藏书室命名为"东稼草堂"，可见弢翁对这两部书的喜爱。1952 年弢翁将两书捐献给北京图书馆。时隔二十二年后，上海书画社又依此本，以木刻影印出版，他看到刻印十分精美，买了一部。他在一封家书中说："昨见木刻《稼轩词》，名为仿元，实是自成一格，写刻殊佳。我眼馋，竟费二十八元买了一部。"[①]并且他又写信给当时的上海图书馆馆长顾廷龙先生，详细询问了书手刻工姓名，并写成题记，记在书上，以示表彰。题识云：

> 雕版印刷是我国流通书籍所用之传统方法。始于隋、唐，盛于赵宋，元、明以降至清末而渐衰。辛亥革命以后，南北藏书家曾提倡仿宋、元，其他诸书仍沿用横细直粗所谓宋体字，不脱刘文奎、刘文模之规模。今见此书秀丽精美，直欲上继康熙时扬州诗局之遗风，不禁惊喜。惜仍承袭轻视劳动人民之旧习，不著书手刻工姓名。因函询顾君起潜，请示其详。旋得复书，录示书手刻工姓名，并告我刻书原委。上海书画社前身是朵云轩，曾感木刻书籍之技术已将告罄，因访求老工人并招集知识青年加以训练，数年之久，乃有此成绩。后因主其事者以无利可图，遂解散此机构。中国雕版一线之传不得复苏，殊可惋惜。兹录书手刻工姓名于书端，以彰其艺术之精湛，后之读是书者或不以我为多事而笑我也。一九八零年三月弢翁记　时年九十
>
> 书手：李成勋
>
> 刻工：罗旭浩　古晓堤　王健伟　徐敏　褚家琦　顾慧华　李华

① 转引自李国庆编著《弢翁藏书年谱》，黄山书社 2000 年版，第 210 页。

古春琴　戎英　金青云　祝君波　矛子良

修字：周树根

拉线：夏宏泰[①]

这是一则不可多得的现代刻书佳话。由于现代出版技术的发达，传统雕印已经消失，《稼轩长短句》的雕印出版有着特殊的意义。

第三阶段：自二十世纪八十年代至今，国家政治稳定，经济发展，为"盛世修书"提供了保障。所以这一时期是杨氏藏书影印出版种次最多的时期。尤其是由政府组织的几次大型古籍整理活动，终将封闭馆中的海源阁善本逐渐影印出来。

《古逸丛书三编》是继《古逸丛书》、《续古逸丛书》之后的又一大型综合古籍善本丛书。该部丛书的编选出版是在1982年古籍整理出版规划小组恢复工作以后，在组长李一氓的主持下进行的，同年列入1982—1992年国务院《古籍整理出版规划》，开列书目五十一种。后又采纳周叔弢等版本专家的意见略加增删，拟定书目五十六种。编选工作由中华书局负责，善本的提供和检核由国图和全国各大图书馆善本部配合进行。中华书局将该部丛书全部出版，仅印三百套，编号发行，印后毁版，印有收藏证书，并加盖纪念章及编号。该编主要是编选宋、元旧刻珍本及海外孤本古籍，按照正编、续编的方式，影印线装，力图保持原书面貌。这套丛书所选书籍的底本均由国内目录版本学专家严格审定，使得这套丛书有着较高的学术价值与版本价值。著名藏书家、目录版本学家周叔弢在谈及这套丛书时，曾专门提议将旧藏海源阁的善本影印出来，弢翁说："我藏书中有数种皆铭心绝品，列入甲等无愧色，略举数书如下：宋鹤林于氏《春秋左氏传》，蜀本中之精者，刻印精美，缺一卷。《兰亭序考》，宋人手书上版，虽残缺，似应破例入甲等。宋本《南华经》，与《建康实录》同是荆湖北路刊本，无补版，有宋人批校。宋本《汤汉注陶诗》，精印，人间孤本。元本《复古编》，吴氏师古斋刻，《复古篇》或以此为最古，未闻有宋本。元本《梅花字字香》，元本《梅花百咏》，二书皆少见。明活字本《鹖冠子》，有乾隆题诗，武英殿聚珍版所从出。明本《稽古录》，有黄荛圃小像。士礼居已重视之。明洪武本

① 周珏良：《我父亲和书》，《文献》第21辑，1984年6月。

《姑苏杂咏》，极少见。明铜活字本《开元天宝遗事》。此外我记忆所及，尚有绝精之书数种应列入甲等者，沈阳图书馆藏：宋钱佃本《扬子法言》，初印精美。宋本《韵补》，是真宋本。（只记得此二种）北京图书馆：宋本《春秋繁露》，汲古阁藏，近始配齐首本。《礼部韵略》，海源阁藏书，纸墨皆精。”①在弢翁推荐的十六种善本中，海源阁藏本就有十种，可见他对海源阁藏书的重视。据统计，《古逸丛书三编》中有三十六种为孤本，而《三编》所收海源阁藏本十九种则全为孤本，计宋本十六种，元本两种，明活字本一种，这十九种占了《三编》孤本总数的一半多，占此次总目的28%，而这十九种中除明建业铜活字印本《开元天宝遗事》二卷在民国间由西泠印社影印过外，其他十八种均为首次原大影印，因而可以说这是二十世纪中首次规模性地影印海源阁藏书。著名文史学者黄永年就以影印《庄子全解》为例说明了这个问题：“如金刻本《壬辰重改证吕太尉经进庄子全解》，过去认为吕注《庄子》久已失传，有人还做过辑佚工作，今全书完好，为治庄学以及研究吕惠卿学术思想者久所向往。”②文献学家王绍曾也颇有感慨：“犹记二十年代至三十年代张元济先生辑印《四部丛刊》（初编、二编、三编）及《续古逸丛书》、《百衲本二十四史》，海内外孤本秘笈，几网罗殆尽，而海源阁旧藏，竟付阙如，每引以为憾。今《古逸丛书三编》正陆续出版，‘四经四史’及‘宋存书室’中之精华，于历劫之余，终将影印问世，供人披览。不独张氏遗憾得以弥补，且百世盛业，绝续有人，较之杨氏当日闭诸笈笥，只自怡悦，又不可同日而语矣。”③令人稍感不足的是《三编》使用的并不是套印技术，因而藏书印及朱笔校语等亦全为墨色。另外，尽管此次影印了十九种，但与海源阁善本总量相比，仍有不少佳椠未能影印出来。

《北京图书馆古籍珍本丛刊》（书目文献出版社）是由北京图书馆古籍出版编辑组于1988年编辑的大型丛书，共收古籍四百七十三种，近八千卷，编成一百二十册。所收古籍有宋、金、元、明、清各代的刻本及抄本稿本。“选书原则重在实用。全书承昔年张元济先生辑印《四部丛刊》之余绪，分经、史、子、集四部，但无一书与《四部丛刊》初、二、三编重出，故而本丛刊可视为《四部丛刊》之

① 周叔弢：《周叔弢先生谈〈古逸丛书三编〉》，国家古籍整理出版规划小组编印《国家古籍整理出版情况简报》，第107期。

② 黄永年：《古籍整理概论》，陕西人民出版社1985年版，第47页。

③ 王绍曾：《山东藏书家史略》，山东大学出版社1992年版，第244页。

再续。”[1]但是，本书编选水平并不高，“除稿本、抄本外，在刻本中却杂有流传较多的版本，如《乐律全书》四十八卷等，也有选择并不精当之本，如《世庙识余录》二十六卷。有极少部分是较为罕见且价值较高的善本，如《安南来威图册》三卷、《虔台倭纂》二卷、《玉镜新潭》十卷等。”[2]由于《丛刊》是《四部丛刊》之续编，实际上所收以稀见书版为主，但由于选本不慎，一些杨氏收藏的稀有版本如宋本《自警篇》、明本《长安志》、《长安志图》等仍然未能收入进去。故只收了海源阁藏本五种，即元至正七年(1347)福州路儒学刻明修本《礼书》、元刘氏学礼堂刻本《新刊履斋示儿编》、宋本《莆阳居士蔡文公集》、宋本《山谷老人刀笔》、宋嘉泰元年(1201)筠阳郡斋刊本《宝晋山林集拾遗》。受当时影印技术的限制，此次影印效果并不好，有不少页面着色太浅，且又为缩版影印，故有些字迹模糊难认，于学者治学颇为不便。再者由于采用的是一次影印，其藏印辨识不清者尤多。第三是不拆开原书，采用半页影印，再整页合成，故版心均留出一条白竖线，致使版心上题字数、下题页码及刻工姓名等难以辨认。如《宝晋山林集拾遗》八卷，傅增湘目验后云：“大版心，半页十行，行十六字，白口，左右双栏，版心上记字数，下记刊工人名。……后有嘉泰改元(1201)嗣孙米宪手迹，以行书上版，字疏放，有粗风。”[3]周叔弢亦云：“黄纸精美，版心极宽。”(《隅录》批注)但由于《珍本丛刊》采用缩印又加影印时模糊不清，故宋刻原貌失色不少。而且，诸如刻工“况天佑、徐兴宗”等，如果不是参照底本，根本就识别不出来。再如藏印，该书藏印很多，不仅卷首护页有“华夏”、“真赏”、“秘阁校理”、“东郡杨绍和彦合珍藏”等四印不见，即如正文中的“鲁郡部氏”、“丰氏人叔”、“南寓外史”、“李升之印”、“李裕”、“彭城中子审定”、“东郡宋存书室珍藏”、“杨绍和”、“彦合珍玩”、“宋存书室”、“杨保彝藏本”、“瀛海仙班”诸印也一并佚去，而这些藏印对考证递藏源流绝对不是可有可无的。再如《礼书》，卷首即钤有“杨绍和审定”、“汪士钟藏”、“宋存书室珍藏”等印，其中“杨绍和”、“宋存书室”七字因钤于边栏外而没有影印上，另一印则钤在边栏上未能辨出。所

① 《出版说明》，《北京图书馆古籍珍本丛刊》，书目文献出版社1988年版。

② 慕维：《公共图书馆存藏古籍的现状·北京图书馆》，潘美月、沈津编著《中国大陆古籍存藏概况》，(台湾)“国立编译馆”、(台湾)学生书局2002年版。

③ 傅增湘：宋嘉泰元年(1201)筠阳郡斋刊本《宝晋山林集拾遗》题识，《藏园群书经眼录》卷13，中华书局1983年版，第1191页。

以《丛刊》被视为《四部丛刊》之“再续”，但遗憾还是不少。尽管如此，《丛刊》选入的海源阁五种其中有四种为首次影印出版，因而对影印海源阁藏书仍然做出了一定贡献。

《宋蜀刻本唐人集丛刊》，上海古籍出版社于1994年9月影印出版，共收现存宋蜀刻本二十三种。影印本保留全部原书面貌，包括版框尺寸、藏印、题识等，并且各书之后均附有版本专家之跋文，详细介绍作者、编纂、版本、递藏等内容，颇受学界欢迎。宋蜀刻本唐人集是现存宋本中规模最大的群体，在现存二十三种蜀刻本中，海源阁藏本有八种。《丛刊》收录了七种。这七种分别为《骆宾王文集》十卷、《王摩诘文集》十卷、《孟浩然诗集》三卷、《孟东野文集》十卷（存五卷）、《昌黎先生文集》四十卷《外集》十卷、《新刊经进详注昌黎先生文》四十卷《外集》十卷《遗文》三卷《志》三卷、《新刊增广百家详补注唐柳先生文》四十卷。尚有一种《孙可之文集》未能入选该集。其原因大概如冀淑英所云：“宋本《孙可之文集》，北图入藏二部，版本同，皆蜀刻十二行本。一部东莞莫氏旧藏，为海源阁遗书……一部即1979年上海古籍出版社影印之本，陈澄中所藏。此本印较好。”[①]但据笔者比对两本，发现海源阁本之藏印并不比陈澄中藏本差。而且，海源阁藏本的藏印远远多于陈氏藏本，两家藏本除均有“翰林国史院官书”、刘体仁、颍川刘考功藏书印两种外，陈本就只有“祁阳陈澄中藏书印”、“祁斋”一种印记，而海源阁本则有“宋本”、“博依斋印”、“汪士钟”、“顾千里经眼记”诸印，余则有海源阁藏印多方，如“海源阁藏书”、“杨以增印”、“至堂”、“关西节度系关西”、“世德雀环子孙洁白”、“东郡杨绍和彦合珍藏”、“东郡杨二”、“彦合珍玩”、“绍和筠岩”、“秘阁校理”、“宋存书室”、“勰卿读过”、“聊城杨保彝鉴藏印”诸印，这说明该书为杨以增所购，历经杨氏四代，至杨敬夫时始散出。海源阁藏本还有黄丕烈、顾广圻题跋，复翁条理了该书的递藏及借校经过，并以此本校毛本，发现毛本讹脱之甚和毛本、阁本并非出于宋刻，从而对宋蜀刻本的学术价值给予肯定。顾氏则以此本校正德本，又发现正德本之失。抑或正是这些因素，《中华再造善本》（以下省称为《再造善本》）在选录该本时改用了海源阁藏本。但瑕不掩瑜，《宋蜀刻本唐人集丛刊》毕竟是首次有规模地影印杨氏藏集部宋本，这对治唐集的学者来说提供了极大的学术方便。

---

① 冀淑英：《致王绍曾书》，《订补海源阁书目五种》，齐鲁书社2002年版，第1339页。

中国自唐代发明了雕版印刷术，但唐代刻本保存下来的寥寥无几。宋代刻书数万余种，印数达百千万册，但流传下来的不过三千种，可谓万不一存。古籍善本之愈加珍贵可见一斑，因而抢救这些古籍善本迫在眉睫。为使这些珍稀善本永远保存下去并发挥应有的作用，自2002年5月，文化部、财政部联合启动了《再造善本》工程，确定再造善本七百余种。这项工程是一种再生性保护手段，"就是选择那些久已绝版又传世孤罕的古籍版本，珍贵、稀缺有价值的古籍善本，采取缩微复制、扫描复制、照原样影印等现代印刷技术复制出版，造出与原书一模一样的再造善本。使善本、孤本有了分身术，确保了珍贵文献的传承安全。"具体选录的标准是："在中国书籍史和版印史上具有代表性的珍贵典籍；海内外仅存的孤本，或流传稀少，具有重要版本价值的典籍；有众多学者、藏书家题跋批校的珍贵典籍；著名著述的稿本，或有代表性的抄本；反映中华民族优秀传统文化的经典性著述的珍贵版本；具有独特历史文献价值的特藏古籍。"①作为中国晚清四大藏书楼的海源阁藏书无疑具备了上述特征和条件，因而这项工程选录的海源阁藏书较多。尽管在这之前，影印海源阁藏书陆陆续续，但即便是选入最多的《古逸丛书三编》也不过十九种，而此次影印，海源阁藏本入选的有六十种，几占总量的十分之一。可见，杨氏藏书在这项工程中所占的分量。

这项工程的特点是规模大数量多，采用现代影印技术，悉照原版影印，原样装池，所以其逼真程度无与伦比，超过以前任何一次影印。比如，海源阁藏善本大多前后有护页，这些护页上都钤有海源阁藏印，而这些看似微不足道的地方往往被以前的影印者忽略过去。而《再造善本》则即使是只钤一枚藏书印的前后护页也依样影印。宋本《莆阳居士蔡文公集》三十六卷前有两护页，分别钤有"以增之印"、"世德雀环子孙洁白"、"关西节度系关西"及铭文四方印。其中三字经藏书铭是护页最常用的印记，这方印有教育子孙要继承先辈藏书读书做人为官之意，杨氏先人经常将此印钤于首页，其用意显然，而《北京图书馆古籍珍本丛刊》中此两护页均不见。再如宋蜀刻本《孟浩然诗集》三卷，其卷上和卷中之间夹一题识页，内容为谈该书抵押拍卖之事，对考证该书自散出后的流传过程有一定作用，而《宋蜀刻本唐人集丛刊》不见。三如原宋本《唐求诗

① 李致忠、刘军：《"中华善本"为何再造？——李致忠答客问》，《解放日报》，2003年8月20日。

集》采用的是经折装，《再造善本》依样翻印，与原本悉同，这可以让今人了解古人的书籍装饰风格。而在这之前，都还未能做到完全采用原装影印。黄永年就提出过很好的建议："现在影印《古逸丛书三编》等，如遇到原书是蝴蝶装的，何妨照样一试。我所以主张影印这样特殊珍贵的孤本秘笈要讲究一些，主要是考虑到影印这类书的目的不仅在于使其广为流通，而且还要给这些孤本秘笈做出一些精美的复制品，使人们见到复制品，就可以大体窥见原书原貌，收虎贲中郎之效。"①黄先生的倡导在《再造善本》这里得到了很好的落实。因而可以说，《再造善本》在影印原书时为达到"下真迹一等"的目的，甚至可以说注意到了每一个细节。另外，《再造善本》在选本上也较细谨。比如宋刻《监本纂图重言重意互注点校毛诗》二十卷《图谱》一卷，国图存两本，行款、书口、边栏均同。一为海源阁藏本，后归周叔弢，存一至十一卷并图谱一卷；一为周叔弢藏本，上有黄丕烈跋两则，周叔弢跋三则，劳健跋一则，虽卷五至卷七黄丕烈倩人影宋抄，然是全帙。显然二十卷全本要优于海源阁残本，故《再造善本》采用的是全本。再如宋刻《毛诗诂训传》二十卷，海源阁藏十三行本，虽有查慎行、顾广圻等名家手跋，但只存三卷；而另一十行本则为全帙，故《再造善本》亦选入了后者。

然也有瑕疵，这也主要体现在选择底本上。如宋本《张先生校正杨氏易传》二十卷，海源阁和铁琴铜剑楼均藏有同一宋刻十行本，刻印质量上难分伯仲。《再造善本》所选为瞿氏铁琴铜剑楼藏本，但瞿本一无名家题跋，二藏印少。如瞿本藏印有"夷白轩"、"真实斋图书记"、"汪士鋐印"、"文升"、"民部尚书郎"、"平阳汪氏藏书印"等，这些藏印均为清康熙间长洲藏书家汪士鋐(1658—1723)一人所钤。杨本则有金正大二年(1225)郑希圣、明正德十一年(1516)朱良育两名家手跋，甚为珍贵。该书为《百宋一廛赋》著录，其名家藏印累累，有"宋本"、"郑希圣印"、"三家村"、"芭蕉林中散人"、"吴郡西崦朱赤英书画印"、"吴郡朱赤英西崦草堂印"、"赤英"、"西崦"、"汲古阁"、"汲古主人"、"毛氏自晋之印"、"子晋私印"、"子晋书印"、"东吴毛氏图书"、"汲古得修绠"、"繁花坞"、"琴雀主人"、"听松风处"、"书香千载传之子孙"、"乾学"、"徐健庵"、"顾诏书印"、"慄堂"、"骏佳"、"顾骏佳氏藏书"、"金粟之印"、"琅环精舍图章"、"墨

① 黄永年：《古籍整理概论》，陕西人民出版社1985年版，第48页。

斋秘玩”、“毛氏印”、“汪士钟印”共三十方藏印，如再加海源阁印就更多，递经郑希圣、朱良育、毛晋父子、徐乾学、顾骏佳、汪士钟、海源阁杨氏四代、刘少山等元明清民国十余学者、藏书家收藏，周叔弢经眼后云：“与瞿氏本同，黄纸精印，又有元明人手跋，佳书也。”(《隅录》批注)如果按照《再造善本》“有众多学者、藏书家题跋批校”的选录标准，显然选瞿本乃失之审矣。再如被誉为海源阁镇阁之宝的宋椠“四经四史”共十三种，除“四经”中《毛诗诂训传》、《监本纂图重言重意互注点校毛诗》为残帙，《仪礼注》明本误为宋本不应选入外，“四史”八种则全为完本，但只选入五种，宋刻十三行本《史记集解》，宋刻十三行递修本《汉书》，宋刻十行递修本《后汉书》等三种不入殊为可惜。同为宋刻十行递修本的《后汉书》，国图存两本，一为铁琴铜剑楼所藏，一为海源阁所藏，瞿氏本《志》卷二十一至二十二配清抄本，卷四十五至四十七、六十四至六十六、六十八至六十九、七十八至八十三，《志》卷三十配宋刻元修本，缺卷三、四、五，《志》卷一、二共五卷。杨氏本除《志》十至十九配清抄本外，其余全为宋刻，且为完帙。显然，整体上看，杨氏本要优于瞿氏本，但不知为何《再造善本》选入的是铁琴铜剑楼藏残本，而非海源阁藏完本。另外，还间有改变旧装者，如宋刻巾箱本《春秋经传集解》，原本存二十三卷二十三册，但《再造善本》将其中第四卷和第五卷合装为一册，绍和于《隅录》卷一题是本时，引《春融堂集·跋宋本春秋左传》云：“独十八册题云‘婺本附音重言重意春秋经传’，第二十六册后亦然，与他卷例异。按此二纸皆系缮录者意小胥借宋椠婺本书之，故异耳。前有闻人演印。”由于改变了原来一卷一册的装池原貌，致使在查找缮录卷帙题记时遇到了不便。

通过上面的搜罗整理可知，自清光绪至今，重刻、影印、影抄有七十余种百余次，但是这个数量说明，仍然有不少海源阁精椠现在还藏于图书馆中，它们的价值至今仍然无法体现出来，即便是影印最多的宋本也还有不少遗漏，而元、明刻本以及名家抄校本就更多。黄永年曾指出：“著名的宋元刻本，尤其是今天仅存的孤本，包括明刻本、明活字本中特殊重要的孤本，特别有名的批校本，都应该按原大影印。”他举出海源阁藏明铜活字本《墨子》的例子：“列入《古籍善本丛书第一集》中的，如明嘉靖时芝城铜活字蓝印本复经黄丕烈校过的《墨子》，是《墨子》旧本中最难见的孤本，旧藏海源阁，后为潘祖荫借校未还，当年专治墨学的李调甫久思借看而未得。”[1]遗憾的是到现在，这部孤本仍然未能影印出来。由于不少善本未能及时或很晚才影印出来，从而使学者们不得不选择其他本子作为底本或校本。如《孟郊集校注》，韩泉欣校注，浙江古籍出版社 1995 年 12 月出版。韩泉欣于《前言》中说：“可惜其中之精校精刻，若北京图书馆藏《孟东野文集》十卷宋刻本（黄丕烈、傅增湘、劳健跋，二册）……等，皆未尝寓目。”只能“以杭州大学图书馆藏《孟东野诗集》十卷明嘉靖三十五年（1556）秦禾刻本为底本。”又如上海古籍出版社 1985 年出版的《开元天宝遗事》，辑校者丁如明在《按语》中云：“传世刻本有：明张氏建业铜活字本、《顾氏文房小说》本，均二卷；《续百川学海》本、《说郛》本、《唐人说荟》本等，均一卷。今以《顾氏文房小说》本为底本，参校《五朝小说大观》本、《唐代丛书》本。”亦是未见明张氏建业铜活字本。元人骆天骧的《类编长安志》是把北宋宋敏求的《长安志》加以分类、删削，又据《三辅黄图》、《雍录》等书及宋、金、元三朝的有关文献，重新增补、改编的一部元代新《长安志》。该书点校本由三秦出版社于 2004 年出版，点校者为黄永年。黄永年于《点校前言》云：“宋《志》、李《图》的宋、元刻单行本虽不存，尚有明成化四年（1468）郃阳书堂、嘉靖十一年（1532）李经两种合刻本传世，尽管所刻较原本已有缺失，而源出明刻本的清乾隆四十九年（1784）毕沅灵岩山馆校刻本更为易得。”又云：“他校则首先借助于此书的主要根据宋敏求《长安志》，用毕刻本并参考今本《三辅黄图》和其他旧籍，比对底本，改正部分错误。”海源阁所藏明成化四年郃阳书堂、嘉靖十一年李经两种合刻本《长安志》和《长安志图》均为最早刻印的传世孤本，但源出此刻的毕刻本则“更为易得”，显然点校者用清本而不用原明本校勘，是因明本极不易得之故。由于无法以最佳版本作为底本或校本，无疑会影响到校勘质量。海源阁所藏善本有五百余种，以上影印的只是很少一部分，还有不少善本资源未能得到利用，如宋本经部中有宋本《张先生校正杨氏易传》二十卷（国图），宋本《附释文互注礼部韵略》五卷（国图）；史部中有宋刻元明递修本《前汉书注》一百二十卷（国图），宋刻元明递修本《后汉书注》一百二十卷（国图），宋宝祐五年（1257）赵与篙刻元明递修本《通鉴纪事本末》四十二卷（国图），宋刻递修本《舆地广记》三十八卷（国图），宋咸淳三年（1267）吴坚、刘震孙刻本《新编方舆

---

① 黄永年：《古籍整理概论》，陕西人民出版社 1985 年版，第 45 页。

胜览》七十卷(国图),南宋官刻本《咸淳临安志》九十五卷(存七十八卷,国图)宋本《史记集解》一百三十卷(北大);子部中有宋刻宋元递修本《扬子法言》十三卷(国图),宋本《童蒙训》三卷(台图),宋本《愧郯录》十五卷(国图),宋刻元修本《十二先生诗宗集韵》二十卷(国图),宋本《西山读书记》四十八册(国图),宋嘉定四年(1211)刘甲刻本《经史证类备急本草》三十一卷(国图);集部中有宋本《罗昭谏甲乙集》十卷(国图),宋嘉泰淮东仓司刻本《和陶诗》二卷(国图),宋乾道麻沙镇南刘仲吉宅刻本《类编增广黄先生大全文集》五十卷(北大),宋本《李学士新注孙尚书内简尺牍》十六卷(台北故宫博物院),宋婺州吴宅桂堂刻本《三苏文粹》七十卷(国图)等;金、元本总共才影印了四种十四次,故金、元本待印的更多,金本中有《新刊韵略》五卷(国图),《资治通鉴》一百二十卷(国图)等;元本中经部有《韩鲁齐三家诗考》六卷(国图),元至正七年(1347)福州路儒学刻本《礼书》一百五十卷和《乐书》二百卷《目录》二十卷《附乐书正误》一卷(国图),《古今韵会举要》三十卷元本(国图),《尔雅》三卷(国图),元雪窗书院刻本《尔雅》三卷(国图),元翻宋本《春秋穀梁注疏》二十八卷(国图),元至正六年(1346)吴志淳好古斋刻本《复古编》二卷(国图),元至正十五年(1355)高德基等刻公文纸印本《说文字原》一卷(国图),元延祐五年(1318)余氏勤有堂刻本《书集传辑录纂注》六卷又一卷《朱子说书纲领》一卷(国图),元至正十二年(1352)刘氏日新书堂刻明修本《诗传通释大成》二十卷《纲领》一卷《外纲领》一卷(国图),元大德九年(1305)刻明修本《白虎通德论》十卷(鲁博);元本史部有元至正江浙中书省刻明修本《宋史》四百九十六卷(鲁博),元大德九年(1305)太平路儒学刻本《汉书》一百二十卷(鲁博)等;元本子部中有元至正二十七年(1367)书林刘克常刻本《新笺决科古今源流至论前集》十卷《后集》十卷《续集》十卷《别集》十卷(国图),元至正七年(1347)释念常摹刻本《佛祖通载》二十二卷(国图),《注心赋》四卷(国图);元本集部则更多,如《集千家注分类杜工部诗》二十五卷《附文集》二卷(台湾大学),《增广注释音辨唐柳先生文集》四十三卷(国图),元翻翠岩精舍小字本《国朝文类》七十卷(国图),元元统间刻本《中庵先生刘文简公文集》二十五卷(台图),元虞平斋务本堂刻本《增刊校正王状元集注分类东坡先生诗》二十五卷(国图)等。在这些元本中,虽然有的亦有宋本,但因其校勘价值颇大,故也应引起重视。明本中亦有不少佳品,如明成化四年(1468)郃阳书堂刻本《长安志》二十卷、嘉靖十一年(1532)李经刻本《长安志图》三卷(国图),明正德十四年(1519)罗珊刻本《栟榈先生集》二十五卷(国图),《东维子文集》三十一卷(国图)等等。另外,还有一些抄本,如影宋精抄本《五经文字》三卷《新加九经字样》一卷(国图),影元精抄本《字鉴》五卷(国图),精抄本《汉简》七卷(国图),清乾隆二十四年(1759)稿本《隶辨摘要》二卷(山大),影抄宋淳熙十二年(1185)婺州刻本《史记法语》八卷(台图),明抄本《姜氏秘史》无卷数(台图),清抄本《石林奏议》十五卷(国图),影元抄本《政府奏议》二卷(鲁博),明影宋抄本《六帖补》二十卷(国图),汲古阁精抄本《石药尔雅》二卷(国图),影宋精抄本《西昆酬唱集》二卷(国图),抄本元人集十种(国图),旧精抄本《书林外集》七卷(鲁博)等。从以上所列不完全的未印书目来看,使海源阁藏书"化身千亿",仍然还有不少工作要做。

综上可知,海源阁藏书的影刻、影印、影抄经历了一个由私家到公立、从零散至规模的过程。在从上世纪三十年代至八十年代的五十多年里,由于局势动荡,影印海源阁藏书竟寥寥数种,而自从改革开放以来的二十余年里影印就有六十余种,这再次说明了"盛世修书"的道理。可以相信,随着国家政治、经济形势的持续稳定,这些深藏于馆内的善本必将会源源不断地"再造"出来,而海源阁藏书之巨大文化资源最终也会得到最大限度的开发利用。

第四节 底本与参校本

海源阁藏书不仅为影印古籍提供了很多底本,而且还成为现代学者著作点校本、集注本、笺注本、译注本、选本等不可或缺的底本或参校本,这也是在古籍整理与研究时,海源阁藏书的一大学术利用。

一 底本

影印固然要用优舍劣,而在整理古籍诸如标点、校勘、注释、翻译或作索引时也应如此。众所周知,随着社会的进步,人们已不习惯阅读影印本,为了治学和阅读的方便快捷,大批古籍需要整理,于是排印本、点校本、集注本、笺注本、译注本、选本等应运而生。但是古籍整理质量如何,在很大程度上取决于所采用的底本。正如古籍整理专家黄永年所说,选择底本是"在所有工序中是最主要的、起决定作用的工序。古籍不论用哪种方法来整理,都必须尽可能选择好底本"[1]。又说"整理古籍,首先要求消灭在传抄、刊刻中产生的错误脱

---

① 黄永年:《古籍整理概论》,陕西人民出版社1985年版,第6页。

漏,使古籍尽可能恢复其原来面貌,所以,整理古籍所用的底本,也理所当然地要用校勘精审、比较接近原书面貌的善本作为底本"。[①] 王叔岷则提出了具体的选择标准,并且以海源阁所藏宋本《南华真经》为例,他说:"欲斠一书,须先选择底本以为依据。底本当选较古而完整且少讹误者,即古、全、善三者兼备。如欲斠定《庄子》,则当据《续古逸丛书》影宋刊本为底本,此本《逍遥游》篇至《至乐》篇为南宋本,《达生》篇至《天下》篇为北宋本,为《庄子》古本中之最为完善者。"[②]在海源阁所藏大量善本中有很多是最早版本,甚而是孤本,这些版本有的是作者在世时就已经编辑并刊刻行世,有的是作者去世不久编刻而成,所以这些版本是最接近作者原创面貌的"原本"。由于海源阁所藏类似这样的底本很多,我们还不能以确切的数字钩稽出究竟有多少被用作了底本,我们只以下面这些较有权威性的例子来说明海源阁藏书在这方面所发挥的作用。

宋淳熙二年(1175)镇江府学刻公文纸印本《新定三礼图集注》,是刊刻最早的存世孤本,清华大学出版社于2006年出版了由丁鼎点校的整理本,底本为上海古籍出版社1985年的影印本,这个影印本就是海源阁藏宋本。海源阁所藏的宋端平二年(1238)刻本《楚辞集注》八卷《辨证》二卷《后语》六卷,是个现存孤本,为朱熹之孙朱鉴编订刻印,是宋代保存朱熹研究楚辞成果最全的刊本,此前已有嘉定六年(1213)章贡郡斋刻本,但无《后语》六卷。现代点校本便多以端平本为底本,如由上海古籍出版社于2001年12月出版的,由蒋立甫校点的《楚辞集注》即是,蒋立甫于书前《点校说明》云:"本书的点校,以1953年人民文学出版社影印的端平本作为底本,对校以扫叶山房影印的元后至元二年(1336)建安傅子安宅刻本……"海源阁藏宋刻《陶渊明集》十卷亦是孤本,由袁行霈整理的《陶渊明集笺注》(中华书局2003年)即以此为底本。袁行霈于该书《内容简介》中说:"《陶集》有无自定本,虽不得而知,然自萧统编《陶渊明文集》之后,版本之源流可考,流传有绪,非明人所辑汉魏六朝别集可比。……本书所用底本乃今存陶集最早刻本,所标异文约七百四十处之多,远超出所有其他宋元刻本,为诸善本中之最上者也。"

唐人诗集的结集有的是卒后由其亲友或后人辑录而成。这样的诗集基本

---

① 黄永年:《古籍整理概论》,第18页。

② 王叔岷:《斠雠学》,中华书局2007年版,第105页。又:王叔岷所著《庄子校诠》,所用底本即为《续古逸丛书》影印宋本《南华真经》本,原宋本为海源阁藏。

上保存了原著的面貌。如孟浩然的诗集，唐开元二十八年(740)孟浩然病逝，至天宝四年(745)，宜城王士源搜集其诗，编为三卷(上中下)，二百一十八首。[①] 王士源编辑的集子无疑是孟集的原装诗集。五年之后，集贤院修撰韦滔得到此本，已经是“书写不一，纸墨薄弱”[②]，故又缮写增其条目，整理后送于秘府收藏，希望其“庶久不泯，传芳无穷”。以后又经过历代增补传刻。今天我们能见到的最早刊本是宋蜀刻本，亦分三卷，收诗二百一十一首(附有张子容二首，王维一首，王迥一首)，这与王士源最初之辑集相近。因而后人在编辑校注孟集时多以此本为底本。《孟浩然诗集笺注》，曹永东笺注，天津古籍出版社1990年3月出版。该书《前言》“校勘”条目曰：“以宋蜀刻本《孟浩然诗集》三卷为底本(简称‘宋蜀本’)，参照明凌蒙初刻套印本《孟浩然集》二卷……”由佟培基笺注的上海古籍出版社2000年版《孟集》亦以此宋本为底本。海源阁收藏了很多宋刻唐集，这些本子有不少是刊刻最早的现存刻本。《杜审言诗注》，徐定祥注，上海古籍出版社1982年出版。其《前言》曰：“现存最早的《杜审言集》，是宋刻一卷本，收诗四十三首。明嘉靖年间铜活字本《杜审言集》，和张逊业刻本《十三家唐诗·杜审言集》，虽各有二卷，而所收诗总数，皆与宋本同。又，清席启寓刻有《唐百家诗·杜审言集》一卷，《全唐诗》编杜审言亦为一卷，而《新唐书·艺文志》著录《杜审言集》则有十卷，这十卷固包括诗、文两部分，但于此亦可见其诗多有散佚。校注者曾力图搜摭补遗，但终无发现。今以宋刻本为底本，参照明嘉靖本、张刻本。”《孟郊诗集校注》，华忱之、喻学才校注，人民文学出版社1991年出版。该书《编例》云：“本书以近人陶湘影印北宋刻本《孟东野诗集》作为底本。”2002年，河北教育出版社又出版了由郝世峰笺注的《孟郊诗集笺注》，亦依此本为底本。

杨氏藏有苏、辛词的两种最早刻本，成为后人编纂苏、辛词的最为常用的底本。元大德信州本《稼轩长短句》十二卷，中华书局1927年出版了由林大椿校点的该本排印本。林大椿跋曰：“以元刻为主，取毛氏汲古阁本互校。”1975年，上海人民出版社又出版了由陈允吉点校的点校本，其卷首《出版说明》云：“辛弃疾的词数量较多，现仅存六百多首，元大德年间广信书院刊印的《稼轩长

① [宋]王士源：《〈孟浩然诗集〉序》，《孟浩然诗集》卷首，宋蜀刻本。

② [宋]韦滔：《〈孟浩然诗集〉重序》，《孟浩然诗集》卷首，宋蜀刻本。

短句》是辛词中较为完备的一个本子。……现以大德本为底本，同涵芬楼影印汲古阁影抄四卷本《稼轩词》等进行对校……”其他如由俞樟华校注的岳麓书社 2005 年版《稼轩词注》，由徐汉明编校的长江文艺出版社 1990 年版《稼轩集》等亦然。《东坡乐府》，元延祐本收词二百八十一首，由于元本是东坡词集的最早刻本，且采词较多，所以就成为以后各家编印集注本的底本。上海古籍出版社 1979 年 5 月出版该书点校本，由陈允吉点校。其《出版说明》云：“元延祐七年(1320)叶曾云间南阜草堂刻本《东坡乐府》是今存苏词最早的刻本，1957 年，古典文学出版社曾予影印出版。这次我们请复旦大学陈允吉同志用影印元刊本作底本，并以《宋六十名家词》、《四印斋所刻词》及《疆村丛书》等书中所收《东坡乐词》作校，标点整理出版。”文学社影印本之底本即海源阁藏元延祐本，《四印斋所刻词》本亦出自元本。1926 年，中华书局出版了由林大椿校辑的《东坡乐府》排印本，林氏所用的“元本”是四印斋本。另外，元本虽然是按词调编次，但亦成为按年代编次的底本。苏词最早是以按词调编次而出现的[①]，清末民初，朱祖谋为之编年校订，即朱注本《东坡乐府》[②]，朱本所用的底本是四印斋本[③]。自此之后，龙榆生《东坡乐府笺》(商务印书馆 1936 年初版，1958 年修订重刊)之编年又悉从朱本出[④]。1937 年上海商务印书馆排印的唐圭璋《全宋词》本，依朱本删补得三百四十四首。1968 年由香港万有图书公司出版的曹树铭校编本《东坡词》则以龙榆生本为底本，并参校他本[⑤]。但这些编年本的祖本均是海源阁藏元祐本。

杨氏还是收藏宋刻《韩集》、《柳集》版本最多最全的私人藏书家，这些藏本有不少成为现代诸家校点本的底本。如由屈守元、常思春主编的四川大学出版社 1998 年版《韩愈全集校注》即以“廖氏世彩堂本《昌黎先生集》四十卷、《昌

---

① 苏轼词按词调编次刊刻最早者为《东坡先生长短句》2 卷，又《拾遗》1 卷，南宋曾慥编辑，并于宋绍兴二十一年(1151)刊行，但原本已佚，今以汲古阁抄本传世。

② 朱祖谋校编《东坡乐府》2 卷、《补遗》1 卷，清宣统二年(1910)石印本。1922 年编入《疆村丛书》，1928 年上海商务印书馆排印。世称朱本。

③ 朱本《东坡乐府》3 卷收于《疆村丛书》第 6 册。卷首有冯煦等人的序及凡例，卷尾有朱氏 1925 年补刻之跋。

④ 龙榆生《东坡乐府笺》后记云：“曩从上虞罗子经先生假得南陵徐氏藏旧抄傅干《注坡词》残本，取校毛氏汲古阁本、王氏四印斋影元延祐本、朱氏《疆村丛书》编年本，时有胜义。而所注典实，多不标出原书，因为博稽群籍，更依朱本编年，作为此笺，以便读者。”商务印书馆 1936 年版。

⑤ 《东坡词》3 卷，曹铭校编。(香港)万有图书公司，1968 年。1980 年，(台湾)华正书局印本，是本以龙本及《全宋词》为依据。见曹铭跋。

黎先生外集》十卷、《昌黎先生遗文》一卷为基础”(《凡例》)。由吴文治等人点校的中华书局1979年版《柳宗元集》,其底本为宋嘉定郑氏本《添注重校音辨唐柳先生文集》。宋本《柳集》现在保存下来的有:宋本《新刊增广百家详补注唐柳先生文》四十五卷,宋本《五百家注音辨唐柳先生文集》四十五卷《外集》二卷,宋嘉定间姑苏郑定氏刻本《添注重校音辨唐柳先生文集》四十五卷《外集》二卷,宋咸淳世彩堂廖莹中刻本《河东先生集》四十五卷《外集》二卷和宋乾道元年(1165)永州郡庠刻本《唐柳先生外集》一卷。其中海源阁藏有前三种。为何《柳宗元集》点校组特以宋本《新刊增广百家详补注唐柳先生文》为其底本呢?吴文治于《点校后记》云:

经过反复比较,我们决定以《百家注》本作为校点《柳宗元集》的底本,主要是因为考虑到:

(一)《百家注》本是现存《柳集》宋刻本中时代较早而又较为完整的本子。北京图书馆所藏原海源阁杨氏旧藏《百家注》本,正集四十五卷,均完好无缺,经鉴定为宋刻蜀本,现在已经是海内孤本。北京图书馆所藏宋刻世彩堂本,虽然也比较完整,但时代至少要比《百家注》本晚出七八十年;且解放后已经排印出版,流传比较广泛。而其他南宋刻本,都已经残缺不全。如《五百家注》的南宋原刻本,现仅存十一卷(卷十六至二十一、卷三十七至四十一),《四库全书》文津阁本及文渊阁亦仅存《正集》前二十一卷、《外集》三卷、《附录》四卷;郑定本则仅存五卷(卷十八至二十、卷四十三至四十四)。永州本《柳柳州外集》是现存宋刻《柳集》中最早的版本(宋乾道元年(1165)永州郡庠刻),但一共只收录柳文四十三篇。此外,《音辨》本、《诂训》本的南宋原刻本均已亡佚。北京图书馆所藏音辨本,经鉴定为元刻建本;《诂训》本则只有文津阁《四库全书》本。(二)《百家注》本的注文比较详细,而且在注文中保留了原注释者的姓氏,便于读者研究。《五百家注》本、郑定本和世彩堂本的注文,基本上都是从百家注本沿袭下来的。世彩堂本对原有注文虽略有增删,但差别不大。而它把注文中原注者的姓氏一律删去,这就使书中的某些注文造成了不应有的混乱,给读者研究柳文也带来不便。至于《音辨》本和《诂训》本,它们的注文虽也有一些自己的特点,但都远没有《百家注》本丰富。(三)《百家注》

本在注文中保存了前人沈晦、任渊、孙汝听、刘崧、韩醇、童宗说、张敦颐、文谠、陈颢等人对柳文的训诂、考证。他们的原著多已亡佚，我们从《百家注》本中尚能获见一二。

这是《柳宗元集》点校者之所以选择海源阁藏本为底本的原因。归纳起来，其核心意义就是这个底本保留了作者、注者的最初的面貌，而后来者往往随意窜改、增删，从而失去了本来的"样子"。这对点校者如何选择底本来说不无启示，具有概括意义。

除作底本与参校本外，海源阁的很多善本也是辑录全集总集和专题研究之底本。全集总集如徐汉明编《辛弃疾全集》、唐圭璋主编《全宋词》之辛词部分均以元大德本《稼轩长短句》为底本。这些善本还是某些专题研究的必备，如编制索引，林淑桦编著的北京图书馆出版社1998年版《辛弃疾全词索引及校勘》，就以元大德广信书院十二卷本为底本。又如唐玲玲著的巴蜀书社1993年版《东坡乐府研究》，亦将元延祐本《东坡乐府》作为底本。

二　参校本

由于原刻本不易得，有些点校本、集注本、笺注本、译注本等整理本，往往采用一个通行易得的本子作底本。这个经过后人加工整合后的比较流行的本子，其特点一是印数多，故在民间和学界很容易得到，流通较广；二是经过学者们的精心校勘；三是原刻本由于是初刻最早，故在收录作品上可能不能将作者的所有作品一网打尽，经过后人的努力搜求，通行本在数量上往往要多于原刻本，尽管也可能鱼目混珠；四是通行本为了治学和阅读的方便，往往对原文加以注释或者对前人的注释再加疏证。但是，通行本的情况相当复杂，尽管经过了学者们的校勘，但并不是所有的通行本都校勘精审，所以选择一个原刻本勘对就是必要的。程千帆、徐有富先生就说过："参校本的选择，首先需要注意的仍然是旧本。"①在海源阁藏书中，就有很多这样的"旧本"。

例如，由王贵元校笺的学林出版社2002年版《说文解字校笺》，就以清嘉庆十四年(1809)孙星衍《平津馆丛书》本为底本，在参校本中有"汪中所藏丁晏跋宋刻元修本"，这个汪藏本后来为海源阁收藏，即世称之"小徐本"，而小徐本

---

① 程千帆、徐有富：《校雠广义·校勘编》，齐鲁书社1998年版，第392页。

历来以校勘精审著称。由车承瑞点校的黑龙江人民出版社 1990 年版《两汉博闻》,以《粤雅堂丛书》本为底本,再以《古逸丛书》本为参校本,《古逸丛书》本是指 1985 年中华书局影印宋乾道八年(1172)胡元质姑孰郡斋刊本,此刻本传世最早,且刀工精良,谬误极少,堪称善本,惟不足之处卷中有清抄补配,补配部分错讹较多。明嘉靖三十七年(1558),吴县黄鲁直以所得录本付梓,较之宋本所收作品数量有所增益。清季海南吴崇曜又据黄鲁直本刊刻,是为《粤雅堂》本。可见尽管《粤雅堂》本在数量上较宋本多,但用《粤雅堂》本的源头本——宋本校勘仍然是必需的。

宋淳熙七年(1180)池阳郡斋尤袤刻本《山海经》十八卷,是传世孤本,藏于海源阁中八十余年,自 1946 年归入北京图书馆后,直到 1985 年才由中华书局影印出版。自然,世间难以通行此本。1980 年由上海古籍出版社出版的《山海经校注》,其校注者岳珂"所用底本,则以通行之仪征阮氏瑯環仙馆刻郝懿行《山海经笺疏》为之,重郝疏故也"。(岳珂《序》)岳氏采用阮氏本,是因该本"通行",但为治学之故,仍然把宋本位诸校本第一。由张其凡整理的中华书局 2000 年版《张乖崖集》,以《续古逸丛书》所收宋郭森卿刻本《乖崖集》为底本,所用校勘的本子有宋伊赓刻本,伊赓刻本《乖崖先生文集》为海源阁旧藏,这个本子直到 2006 年才首次影印于世。

《孟浩然诗集》,宋本收诗最少,为二百一十二首,至明铜活字本,收诗已达二百六十一首,增加近五十首。汲古阁本则有二百六十五首。所以有的就采用通行本来作为底本,如由徐鹏校注的人民文学出版社 1998 年版《孟浩然集校注》就采用了《四部丛刊》影印的明刊四卷本作为底本,该书《前言》说:"这个本子虽然经过明人重新编排,失去了王士源编辑时的原貌,但由于此本收诗数量较多,文字错误较少,与其他各本相比较,还不失为一个较好的本子。用它作底本,可以避免作较多的改动。"巴蜀书社 1988 年版《孟浩然诗集校注》,校注者李景白于该本《前言》云:"校勘以明刊本为底本,这是由于《四部丛刊》据此影印,《四部备要》据此排印,因而这个本子最为通行的缘故。""宋代的本子当不止一种,但我们今天所能见到的只有蜀刻本一种。这个本子收诗二百一十首,而王士源《序》称收诗二百一十八首,与序相差八首。宋晁公武《郡斋读书志》云:孟浩然诗一卷……所著诗二百一十首,宜城处士王士源序次为三卷,今合并为一,又有天宝中韦滔序。晁氏所见,当为唐本,与宋蜀刻本基本相同,可见宋蜀刻本是最接近唐本的一个本子。这是我在校勘中最重要的依据之一。”为了保证通行本的质量，这些宋元古本自然成了最重要的参校本。

在海源阁所藏善本中，作为底本可以成为诸本之参酌标准，作为校本可以校正他本之误。无论是底本还是校本，它们的核心作用最终是校勘价值，校正文字讹、脱、倒、衍等，并借此来判定版本之优劣、真伪。用这些善本可以校勘刻本，亦可勘正现代点校整理本。这个问题，我们用校勘实例来说明之。

书籍在传抄翻刻过程中，必然会有意无意地出现讹、脱、倒、衍及妄改等错误，这给读者阅读理解带来困难。校勘的功用，首先便是纠讹订误，扫除文字障碍，为读通古籍提供帮助。《楚辞集注》八卷《辨证》二卷《后语》六卷，黎庶昌曾于日本见一元本，惊为秘笈，亟为之覆刻，收入《古逸丛书》中。郑振铎曾将宋端平二年(1235)朱鉴本与之对勘，发现“元刊本有不少错误失真之处”，端平本“远胜于《古逸丛书》本”。“如宋本朱熹序中‘世不复传’四字，元本作‘世复不传’，一字颠倒，语气便大有出入。又宋本《辨证》卷上中‘然其《反骚》，实乃屈子之罪人也’一句，元本佚去‘然’字，作空格。‘《楚辞》卷第一’下，宋本仅有‘集注’二字，元本则增为‘朱子集注’四字。又宋本《后语》之末，附有邹应龙、朱在、朱鉴的三篇跋文，元本均佚去，令人无从知道《后语》成书与印行的经过，以及朱在刊书的始末。可见书贵古本，不仅因其‘古’而贵之，实在是为了实事求是，要得到一个最准确、最无错误的本子，作为研究的依据，以免因一字之差，而引起误会，甚至不正确的论断。”①杨氏藏有多种蜀刻唐集，《宋蜀刻本唐人集丛刊》之《影印说明》云：“与上述二十余家唐人集的其他版本相比，宋蜀刻本唐人集所收作品的多寡往往较接近于当时著录或唐人序文，这对于考订作品真伪、检核原作散佚有很大意义。在校正文字衍脱舛讹方面，宋蜀刻本唐人集的作用更是不可替代。”如宋蜀刻本《孙可之文集》十卷，是唐代诗人孙樵传世最早的刻本作品集。后人多用作校勘其他版本。傅增湘用此本校吴馡刻本，知吴本谬误甚多。其《校宋蜀刻本〈孙可之文集〉跋》云：“此唐孙樵《经纬集》十卷，余从明吴馡本摹录者，存之箧中已十五六年矣。故人朱翼庵曾藏有宋刊本，因循未得假校，近始摹印行世，因取校读一过。其最异者，吴本卷二为宋本卷三，吴本卷三为宋本卷二，其他文字改订亦逾百许，盖吴氏所得为抄本，

① 郑振铎：《宋端平本〈楚辞集注〉跋》，《1911—1984 影印善本书序跋集录》，中华书局 1995 年版，第 382—383 页。

又以《英华》、《文粹》诸书厘正其异同，于天水原雕固未尝寓目也。”又云：“昔年曾假邓氏群碧楼藏何义门手校本迻写一本。然何氏所见为明正德王济之所刻，虽言源出内阁本，而讹谬颇多，亦以不得宋本为憾。至道光时，顾千里校勘此集，乃得见长洲汪氏所藏宋本，因举《龙多山录》云‘起辛而游，洎甲而休’，《刻武侯碑阴》云‘独谓武侯治于燕薁’二条，谓‘见宋刻而后知正德本之谬’。今检此本正之，信然。汪氏宋本后归于海源阁杨氏，余于津门得见之[①]，半页十二行，行二十一字，与朱氏此本正同，余别藏司空表圣《一鸣集》行款亦如是，盖为蜀中所刊唐人数十种之一也。”[②]黄丕烈用此本校汲古阁刻《三唐人集》，云：“《孙可之文集》，毛刻《三唐人集》而外，世无刊本，即毛氏所本，亦云‘震泽王守溪先生从内阁录出者’，究未识其为刻与抄也。余友顾抱冲得宋刻本与华阳桥顾听玉家，楮墨精良，首尾完好，真宋刻中上驷。爰从假归，校于毛刻本上，实有佳处，悉为勘定。内卷二、卷三与毛刻互倒，自当以宋刻为是。其脱落如卷八《唐故仓部郎中康公墓志铭》‘杨岩’已下二十四字，宋刻独全，知内阁本非宋刻也。”[③]顾广圻用此本校明正德王震泽刻本后，叹曰“见宋刻而后知正德本之谬，校定书籍，可不慎哉！”[④]可见宋蜀本的校勘作用之大。

宋嘉泰重修本《三谢诗》是传世最早的三谢诗的刻本，亦为孤本，系宋唐庚从《文选》中辑出。唐庚卒于宋宣和三年（1121）[⑤]，尽管其嘉泰重修本比现存最早的南宋淳熙八年（1181）尤袤刊本《文选》要晚，但唐庚辑录此书却至少要比尤本早了六十多年，日本藏有宋绍兴二十至二十九年（1150—1159）刻本《文选》，其影印本也已传至我国，而唐本比绍兴本也要早三十余年，因而用唐庚本来校勘其后的诸本三谢诗和《文选》中的《三谢诗》，当有重要意义。清乾嘉年间，胡克家用了八年多时间，与顾广圻、彭兆荪等经过八次易稿，校勘并重刻了

① 傅增湘云：“宋蜀刻本，半页十二行，行二十一字，白口，左右双栏，与皇甫持正、元微之诸集同式。海源阁藏。丁卯十月廿九日与叶誉虎赴津见之，索二千五百元。”《藏园群书经眼录》卷12，中华书局1983年版，第1102页。

② 傅增湘：《校宋蜀刻本〈孙可之文集〉跋》，《藏园群书题记》卷12，中华书局1989年版，第632—633页。

③ 黄丕烈：《宋本〈孙可之文集〉跋》，此跋载于宋蜀刻本《孙可之文集》卷首，与《士礼居藏书题跋记》所载《校宋本〈孙可之文集〉跋》文字略异。宋蜀刻本《孙可之文集》今藏国图。

④ 见杨绍和《宋本〈孙可之文集〉题识》所引顾广圻跋，《隅录》卷4。

⑤ 参见唐庚《〈眉山唐先生文集〉序》，《眉山唐先生文集》卷首，《四部丛刊三编》影印宋绍兴二十九年（1159）饶州刊本。

尤刻《文选》，并著有《考异》十卷。胡刻本是在校勘尤本的基础上完成的，之后的刻本及一些点校本大都依胡本为底本。顾美华曾以唐庚辑录的宋嘉泰重修本《三谢诗》和胡刻《文选》中的三谢诗对校，发现两本不同处尚有一百五十多，皆《考异》所无；又和绍兴本相校，发现和绍兴本大多相同。[①] 海源阁有些藏本虽然不是最早刻本，但我们仍然可以利用它校正比它早的本子。如流传下来的两种宋本《花间集》，分别为南宋绍兴十八年（1148）建康刻本（晁谦之跋）和南宋淳熙鄂州册子纸印本。尽管淳熙本比绍兴本晚刊三十余年，如用淳熙本校绍兴本，仍可是正绍兴本良多。如卷二《遐方怨》其二："花半拆，雨初晴"句，绍兴本"拆"字作"折"，非，应从绍熙本，"拆"训开，训裂。卷二《河传》其三："天际云鸟引晴远"句，绍兴本"晴"作"清"，应从绍熙本，双关义。卷三《河传》其一："画桡金缕，翠旗高飐香风"句，绍兴本"桡"作"挠"，误。卷三《天仙子》其一："露桃花裹小腰肢"句，绍兴本"花"字作"宫"，误。卷三《天仙子》其四："杜鹃声咽隔簾栊"句，绍兴本"栊"作"拢"，误。卷四《江城子》其二："日暮天空波浪急"句，绍兴本"天空"作"空江"，前首已有"碧江空"句，本句于"日暮"与"波浪急"之外，又言"天空"，词义充实。卷六《贺明朝》其二："睹对对鸳鸯"句，绍兴本作"睹对鸳鸯"，误。卷七《荷叶杯》其九："手挼裙带独徘徊"句，绍兴本"挼"字作"捻"，误。卷七《河传》其三："翠蛾轻敛意沉吟。"绍兴本"蛾"作"娥"，误。卷八《风流子》其三："曲院水流花谢"句，绍兴本"谢"字作"榭"，误。由此看来，淳熙本虽然晚出，但其校勘价值还是很大的。

通过校勘，还可判定它本之伪。明抄本《东坡乐府》二卷，今上卷已佚，仅存下卷。缪荃孙于《清学部图书馆善本书目》中著录云"摹宋本"，书内有缪氏藏书印可证。邵章《增订四库简明目录标注》有"影宋抄本《东坡乐府》二卷本"，当即此本。此本原藏北京图书馆，今在台图。该馆《善本书目》定为"影宋抄本"。北京图书馆有微缩胶卷，亦定为"影宋抄本"。但是，据刘尚荣云："近经专家仔细校核，方知诸家书目著录皆谬。此书绝非影宋抄本，而是据元延祐刊本《东坡乐府》影写的。二者收词、编次及行格款式等，完全一样，甚至元本误字脱讹处也照抄不改。因此当定为影元抄本。"[②]这里就是利用了原本元本

① 参见顾美华《宋刻〈三谢诗〉读后记》，《文献》第22辑，1984年12月。

② 参见刘尚荣《苏轼词集版本综述》，邹同庆、王宗堂著《苏轼词编年校注》卷末，上海古籍出版社2001年版。

《东坡乐府》来对校对照"影宋本"，一举澄清了真相。国图藏一明正德十二年(1517)王鏊、王谔刻本《孙可之文集》十卷，原是清代天禄琳琅的旧藏，钤有"五福五代堂宝"、"八徵耄念之宝"、"乾隆御览之宝"、"太上皇帝之宝"、"天禄继鉴"诸印。书贾于目录后的空白行处用活字加印了"大宋天圣元年(1023)戊辰秘阁校理仲淹家塾"二行，于是天禄琳琅馆臣便与乾隆皇帝一起视为货真价实的宋刻本。其实拿宋刻本与此本一比就知道，天禄琳琅本是地地道道的明正德本。《天禄琳琅书目后编》卷六《宋本集部》类著录云："《孙可之文集》一函二册……目录后刻'大宋天圣元年戊辰秘阁校理仲淹家塾字'。考宋仁宗天圣元年岁在癸亥戊辰，乃六年也。其字画浓重，与通部不同，盖书贾增印作伪。然此书今所行毛晋汲古阁刻本跋云'王鏊从内阁抄出则近代无刻本信矣。'"莫伯骥已经觉察出该本之伪，云："《孙可之文集》十卷(海源阁旧藏，黄荛圃、顾千里批校)……以伯骥耳闻所睹记，《可之集》惟前清天禄琳琅有宋本……而天禄本则目录后刻'大宋天圣元年戊辰秘阁校理仲淹家塾字'，编者谓其字画浓重，与通部有异，当是书贾伪为，详其增印之作伪，与编者言语之游移，则天禄本是否确为宋椠，尚未可定。[①] 武进董氏近著《书舶庸谭》中言日本御藏之书，其佳处往往过于前清天禄琳琅，想亦确有所见也。……今以各家藏本校之，孙集洵以此本为首屈，天禄本不可信为宋，固无庸论矣。"[②]

校书如扫落叶。一些现代点校整理本尽管努力做到精益求精，但仍然还会出现这样那样的讹误，这样用原刻本来校正就是必需的。《两汉博闻》，是由宋杨侃采摭两《汉书》正文及注释中有关典制、名物、故实、训诂等方面的内容加以条分缕析，按题目、正文、注释的类例编辑而成。全书析为十二卷，《汉书》七卷，《后汉书》五卷，凡一千三百六十二条，附四十四条。由于此书辑于宋人之手，因而校勘价值颇大。该书最早传世宋刻本为海源阁藏宋乾道八年

---

① 《天禄琳琅书目后编》卷6云："《孙可之文集》一函二册　唐孙樵撰。樵，字可之，又字隐之，里贯无考，大中九年(855)进士，广明中授职方郎中。书十卷，得文三十五篇，目录后刻'大宋天圣元年(1023)戊辰秘阁校理仲淹家塾字'。考宋仁宗天圣元年岁在癸亥戊辰，乃六年也。其字画浓重与通部不同，盖书贾增印作伪。然此书今所行毛晋汲古阁刻本跋云：王鏊从内阁抄出。则近代无刻本，信矣。册末墨迹：辛未十又二月，惠山石樵赠瓜畴。瓜畴乃英人布衣。邵弥字僧弥，善书画。其'种五色瓜'印用邵平故事。'种五色瓜'朱文卷一卷下、'带性负气之人'朱文卷一、'松操'白文卷一。"《清人书目题跋丛刊》十，中华书局1995年版。

② 莫伯骥：《〈孙可之文集〉提要》，《五十万卷楼藏书目录初编》卷15，1931年东莞莫氏铅印本。

(1172)胡元质姑孰郡斋本，将此宋本与目前权威性的中华书局1983年标点本两《汉书》比勘，发现标点本两《汉书》正文及释文中均有讹误。今从中拈出数例以证之。

1. 宋本卷第一[前汉]《魁柄》(《梅福传第三十七》)："师古曰：务全安之，以为上。""以为上"之"以"字，标点本为"此"(见标点本第9册第2923页)，"此"用在此处无所指。

2. 宋本卷第一[前汉]《移病》(《朱博传第五十三》)："朱博迁琅邪太守。齐部舒缓养名，博新视事，右曹掾史皆移卧病。""齐部"，标点本为"齐郡"(第10册第3400页)，误。汉代齐郡属青州刺史部，琅邪郡属徐州刺史部，中隔北海郡，当以"齐部"为是。齐部凡指齐地。详《汉书·地理志》。《通志》亦作"齐部"。

3. 宋本卷第二[前汉]《陆海》(《东方朔传第三十五》)："师古曰：高平曰陆，关中地高，故称陆耳。""故称陆耳"之"陆"字，标点本脱。(第9册第2850页)

4. 宋本卷第四[前汉]《居无何》(《李广传第二十四》)："师古曰：无何，谓未多时也。"标点本此注脱。(第8册第2439—2458页)

5. 宋本卷第四[前汉]《枭镜》(《郊祀志第五》)："张晏曰：春，岁之始也。"标点本脱"春"字。(第4册第1218—1219页)

6. 宋本卷四[前汉]《剑璏》(《王莽传第六十九上》)："师古曰：瑑本作璏，后传写讹也。……《说文》云：'剑鼻玉也，从玉。'彘音直例反。"标点本"说文"以下十二字脱。(第12册第4044页)

7. 宋本卷第五[前汉]《曲台记》(《孟卿传第五十八》)："如淳曰：……《汉官仪》曰大射于曲台。"标点本脱"《汉官仪》"之"仪"字。(第6册第1710页)

8. 宋本卷第六[前汉]《上东门》(《贾谊传第十八》)："师古曰：东面最北门曰上东门。"标点本于"北"下有"出"字，疑衍。(第8册第2261页)

9. 宋本卷第七[前汉]《子母钱》(《食货志第四上》)："孟康曰：重为母，轻为子，若市八十钱物，以母当五十，以子当三十续之。"标点本"以子"后脱"当"。(第4册第1152页)

10. 宋本卷第八[后汉]《去符传》(《窦固传第十三》)："窦固出玉门，击西域，诏耿秉及骑都尉刘张皆去符传，以属国。注云：'专将兵者并有符传，拟合之取信。今去符传，皆受固之节度。'"标点本于"今去符"后脱"传"，与正文不

谐。（后第 3 册第 811 页）

11. 宋本卷第九[后汉]《伍伯》（《曹节传第六十八》）："骑营五百。注云：韦昭《辩释名》曰：'五百，字本为"伍伯"。伍，当也。伯，道也。'"标点本于"伍伯"后脱"伯"。（后第 9 册第 2525 页）

12. 宋本卷第十一[后汉]《含元包一》（《郅恽传第十九》）："注云：《前书志》曰：'太极元气，含三为一。'谓三才未分，包而为一。"标点本注"含"作"合"，乃形似而误。《汉书·律历志》亦作"含"。（后第 4 册第 1025 页）

13. 宋本卷第十二[后汉]《无星》（《苏竟传第二十上》）："注云：五星谓东方岁星，南方荧惑，西方太白，北方辰星，中央镇星。"标点本于"荧惑"、"太白"后分别有"星"字。注文若以四字为句，则不当有"星"字。（后第 4 册第 1044 页）

宋代学者吴仁杰所撰《陶靖节先生年谱》（以下简称吴《谱》），是以年谱形式对陶渊明及其作品进行文献学研究的最早期重要成果之一。吴《谱》的宋刻本，共二十七页六千余字，传至现在，已分作两处，其中上海图书馆藏有前十一页，国家图书馆藏后十六页，后者曾为杨氏所藏。尽管这个残宋本蚀损严重，仍然保留了大约五千余字的篇幅，其文献利用价值不应忽视。但是自清迄今，治陶谱者十数人，如顾易、丁晏、陶澍、梁启超、古直、朱自清等等均未参校过这个传世宋刻孤本。日人桥川时雄《陶集版本源流考》和郭绍虞《陶集考辨》等几种研究陶集版本的专论均失载此本。邓小军《陶集宋本源流》题云："此本实为残本，……已无从详考。"[①]故亦未对此本展开研究。袁行霈在撰写《陶渊明年谱汇考》时，所见最早版本亦只是明万历四十七年（1619）杨时伟刻本，在其《陶渊明集笺注》之附录主要参考书目中虽然也将其列入其中，但实际上并未用作校本。因之，有必要对其文献价值进行探讨。吴《谱》自宋代刻梓之后，元代未见刻本。明刻本计有嘉靖二十五年（1546）蒋孝集谱合刻本；万历四十七年杨时伟集谱合刻本。清代有康熙四十四年（1705）拜经堂《陶诗汇注》本，吴《谱》置于卷首；光绪二十五年（1899）贵阳陈矩灵峰草堂丛书本，其底本为康熙本。吴《谱》的当代整理本主要有两种，一是中华书局 1986 年版《陶渊明年谱》所录吴《谱》本（下简称《年谱》本），所用底本为清光绪本，再以康熙本参校。二是中华书局 1962 年版《陶渊明资料汇编》所录吴《谱》本（下简称为《汇编》本），所用

① 《诗史释证》，中华书局 2004 年版，第 105 页。

底本为清康熙本。两本再版时均未作校正。这些传本在刊印时,由于校勘不精,大部分的讹脱倒衍都沿袭了下来,虽然有的传本也更正前本极少讹误,但新生讹误更多,因而诸本逾是往后,讹误越多。尤其是作为通行的两个当代整理本也大多以讹传讹,这应当引起学者的注意。今以残宋本校《汇编》本,发现《汇编》本异文达一百零一处,其中脱文二十四处,衍文五处,倒文两处,改字二十七处中,确属讹误者十三处;另有通假字、异体字等十九处,避讳字二十一处,另补墨钉四处。其中可以校正《汇编》之讹脱等四十余处。为此,本文舍以篇幅加以校勘,以恢复吴氏研究成果之原貌,亦为治陶谱者提供参考。

《汇编》本改字中以避讳字最多,如"桓"避作"亘","殷"避作"商"等,当改。他如异体字、通假字,"槩"作"概","覆"作"復","邪"作"耶","蚤"作"早"等。还有一些改字如"未"作"无","赴"作"就"等,这些改字亦于字意影响不大,只能说明版本之别,尚不足以判定宋本与整理本的优劣。但是有些改字则实属讹误,或使原句表意不清,或改变原意。如"十二年丙辰"条,残宋本"僶俛六九年"之"俛"字,明嘉靖本作"仰"字。此为陶渊明原诗《怨诗楚调示庞主簿邓治中一首》之"结发念善事,僶俛六九年"句,"僶俛(min mian)",勤勉努力之意。这个用法颇多,陶诗《连雨独饮》中有"自我抱兹独,僶俛四十年"。又《诗·小雅·十月之交》:"僶俛从事,不敢告劳。"贾谊《新书·劝学》:"然则舜僶俛而加志,我儃僈而弗省耳。"然自明嘉靖本误写之后,诸传本均误。又该条"以《周续之传》考之,柳以是年到官云"之"柳"字,明本、康熙本均作"抑",《汇编》本亦误。吴仁杰所言是据《南史·周续之传》,柳乃江州刺史刘柳之名。"文帝元嘉二年乙丑(425)"条,残宋本"史传不著夏卒之岁月"之"传",诸本均作"虽"字,然文意已变。"恭帝元熙元年己未(419)"条云,残宋本"尝往庐山"之"尝"字,诸本均作"当"字。是句出自沈约《宋书·隐逸传》和萧统《陶渊明传》,均作"尝"。"当"字不如"尝"字于上下文意更适。"十三年丁巳"条,残宋本"当亘元之世,先生不出仕,如避秦也"之"亘元"二字,实际是"桓玄"的避讳字,但清本作"桓、刘",将"玄"妄改为"刘",《汇编》本亦然。诸本之"刘"字是指刘裕,以桓玄、刘裕代之"亘元",这与吴仁杰所要表达的意思迥异。因三年之后亦即元熙二年(420)刘裕始建刘宋王朝,在此之前一直为桓玄称晋,刘裕尚不能与桓玄并称为"世"。"仕"字,诸本均作"世"。陶渊明生活在晋宋易代之际,政治环境十分复杂,期间曾两次退隐。渊明于是年所作《赠羊长史诗》,虽是一首赠别诗，但借此抒发的是一种怀念古隐者之情。《饮酒诗》之五则直接作了隐居不仕的表白："行至千万端，谁知非与是。是非苟相形，雷同共毁誉。三季多此事，达士似不尔。咄咄俗中恶，且当从黄、绮。"黄、绮分别是夏黄公、绮里季，《汉书·王贡两龚鲍传序》云："汉兴，有圆公、绮里季、夏黄公、角里先生，此四人者，秦之世避而入商洛深山，以待天下之定也。"三季是指夏、商、周三代之末，盖隐指晋末。此诗感叹晋末桓玄作乱之时，世俗不辨是非，雷同毁誉，自己当明达独立，超乎是非，力避仕途，自甘隐居。所以此处吴仁杰着一"仕"字，准确具体，诸本改作"世"字则笼统模糊，难尽其意。

《汇编》本以脱文最夥，不少句子因脱字而表意不全。如"文帝元嘉二年乙丑(425)"条，残宋本"先生大父茂，亦侃子也，独见于先生传中"句，诸本均脱"茂"字。《晋书》卷九十四《陶潜》云："陶潜，字元亮，大司马侃之曾孙也。祖茂，武昌太守。"渊明《命子》诗云："肃矣我祖，慎终如始。直方三台，惠和千里。"据《后汉书·严延年传》云："幸得备郡守，专治千里。"可见，陶渊明祖父茂亦是辖治千里的太守。而诸本将"茂"字佚去，这在交代其家世渊源上就出现了空白。据《晋书》卷六十六《陶侃》云："侃有子十七人。"然究竟哪一个是渊明之祖，除《晋书》本传有所交代外，吴《谱》所载是一个重要的参考依据。"六年庚戌"条，"九月有《西田获早稻》诗"句，脱"早"字，致使诗题不完。诸宋本①均有"早"字。其他如"海西公太和六年辛未"条，"简文帝即位"句，脱"帝"字。"太元元年丙子(376)"条，脱"事见《集》中孟府君传"句，上图本是句漫漶，只有"君传"二字清晰，但原本为全句无疑。"十六年辛卯"条，"《集》本作'癸卯'之字，误也"句，脱"之字"二字。"五年辛丑"条，"荆州刺史所治自隆安三年(399)亘元袭杀商仲堪，即代其任"句，脱"所治"二字；本条"未尝别授人"句，脱"尝"字；"未论实为元、裕与否？"句，脱"与"字；"此岂区区一节之士可以窥其间哉！"句，脱"此"字。"义熙元年乙巳(405)"条，"由参军为彭泽，遂弃官归"句，脱"由参军"三字；"其知者以为为女弟之丧也"句，脱后一"为"字。"三年丙寅"条，"《南史》载先生对檀道济之言"句，脱"檀"字；"《祭妹文》，晋义熙三年(407)所作"句，脱"妹"字；"颜延之作先生诔"句，脱"颜"字；"本传当书曰"句，脱"本

① 此宋本指现存宋高宗时期递修本《陶集》十卷、宋绍熙曾集刻本《陶渊明诗》一卷《杂文》一卷、宋咸淳福州刻本汤汉注《陶靖节先生诗》四卷，吴《谱》中有引自此宋本者，下称宋本者均同。

传”、“书”三字，致使意义不明。“元熙二年庚申”条，“矧诗中又无有标晋年号者”句，脱“有”字。此为吴仁杰引用思悦论陶之语，原宋高宗时期递修本《陶渊明集》卷三首即载此语，有此字。“文帝元嘉二年(425)乙丑”条，“按《陶侃传》：‘侃，封长沙郡公，赠大司马。有子十七人。’”句，脱“侃”字。有的脱字，较原意大逊，如“元熙二年庚申”条，残宋本“所作诗，但题甲子而自取异哉！”之“但”字，诸本均脱。此句为吴仁杰引用思悦论陶之语，其原文曰：“《文选》五臣注云‘渊明诗，晋所作者皆题年号，入宋所作，但题甲子而已，意者耻事二姓，故以异之’。思悦考渊明诗有题甲子者，始庚子，距丙辰凡十七年间，只九首耳，皆晋安帝时作也。中有《乙巳岁三月为建威参军使都经钱溪作》，此年秋乃为彭泽令，在官八十余日，即解印绶，赋《归去来辞》。后一十六年庚申，晋禅宋，恭帝元熙二年(420)也。岂容晋未禅宋前二十年，辄耻事二姓，所作诗但题甲子，以自取异者？矧诗中又无标晋年号者，其所题甲子，盖偶记一时之事耳。后人类而次之，亦非渊明本意。世之好事者，多尚旧说，今故著于三卷之首，以明五臣之失，且祛来者之惑焉。”[①]此“但”字是前人为有意突出陶渊明之“耻事二姓”所用，有无此字，其表意强弱大不相同。正因前人一意牵强类之，才招致思悦极力反驳。吴仁杰亦于此条中举例难之。

衍文如“十年乙酉”条，“按《晋纪》及《五行志》，太元八年春三月，始兴、南康、庐陵大水，平地五丈”句，《汇编》本于“平地”前衍“南康”二字，将“丈”改为“尺”，今检宋本《晋书》卷九均同残宋本，《汇编》本沿袭底本之误，未作更改。倒文如“四年庚子”条，“各置属掾”句，“属掾”倒作“掾属”。这些衍文倒文亦与原意不符。

这里还需要指出的是《年谱》本除有上述问题外，尚有三处讹脱，如“文帝元嘉二年乙丑(425)”条，残宋本“亮没以岁庚子，实咸康六年，距兴宁乙丑岁二十五年，时先生未生也”句，“二”字，光绪本作“一”字。咸康六年即公元340年，兴宁乙丑即公元365年，相距为二十五年。因而光绪本作“一十五年”，误，《年谱》本未作更正。“十三年丁巳”条云：“《赠羊长史诗》：‘多谢绮与角’”，残宋本“角”字实为“甪”字，“甪”代指汉代隐士甪里。《年谱》本沿袭了光绪本之误。《年谱》本还将此“义熙元年乙巳(405)”条标题脱漏，致使本条内容与上一

---

① [晋]陶潜著，陶澍注：《陶渊明全集》卷3首，1935年中央书店版，第27页。

条"三年甲辰"之内容混同起来,给读者阅读设置了障碍。

不仅如此,一些研究者在引用吴《谱》时也不慎出现讹误,即如治陶专家陶澍亦不能例外,如"恭帝元熙元年己未(419)"条,"本传:王宏欲识渊明而不能致,令人候。知尝往庐山"句,陶澍《陶诗汇注》卷首将"知"字讹作"之"字,《年谱》本亦作"之",并将句子断为"令人候之。尝往庐山",但依上下文意,则以"知"字更适。"二年庚申"条,"当亘灵宝僭窃位号与刘氏创业之初,未尝一日出仕"句,陶澍《陶靖节年谱考异》引吴《谱》时将"初"误作"后",意义大变。"义熙元年(405)"条,"初辞州府三命"之"初"字,误作"幼";本条"然渊明乙巳岁三月尚为参军",脱"三月"两字。"十三年丁巳"条,"当亘元之世,先生不出仕,如避秦也"之"仕"字,陶澍《年谱考异》亦作"世"字,沿袭了明本之误。陶澍《年谱考异》被以上两种整理本迻录时,对其讹脱均未作校正。对陶渊明仕履行止并诗文写作年代的文献整理与研究,其成果主要反映在历代编撰的年谱中。残宋本吴《谱》作为传世最早的陶谱刻本,保留了吴氏在这方面的最早研究成果。故而该本之发现与整理,于陶渊明文献研究史中无疑具有重要意义。

宋本《建康实录》有两种,一是北宋江宁府嘉祐三年(1058)刻本,一是宋绍兴十八年(1148)荆湖北路安抚使司刻递修本。北宋本早已失传,海源阁藏南宋本为传世孤本,现在流传下来的清刻本两种以及抄本都是据南宋本而来。因此南宋本对于《建康实录》的校勘整理具有很重要的意义。中华书局1986年出版了由张忱石整理的点校本(以下简称"张本"),上海古籍出版社1987年也出版了由孟昭庚等整理的点校本。这两种整理本对《建康实录》的校勘整理都取得了相当的成果,但是,两种整理本对于南宋本的利用似乎还不是很充分。尽管南宋本也不是十全十美,但鉴于南宋本在流传过程中的特殊地位,利用南宋本进行对校仍然是必需的。季忠平就以南宋本与张本对校,"获得了数以百计的异文,考诸同时代正史及其他典籍,联系当时政治、军事以及文化方面的实际情况,发现其中有相当一部分可以纠正通行本中的问题。"①季氏分别以实证从四个方面进行了概括,如利用宋本可以纠正张本中承清刻本、抄本而来的讹误;可以补正张本中存在的脱失;可以除去张本中无谓的衍文;可以保留当时语言文字的原貌等等。海源阁藏有影宋精抄本高诱注《战国策》,因

① 季忠平:《〈建康实录〉宋本校勘刍议》,《文献》,2001年第3期。

原南宋重刻本不存，此抄本就成为孤本，也是校勘整理本的最佳本子。由袁世硕主编、人民文学出版社出版的《中国古代文学作品选》(获国家级教学成果二等奖)，自2002年首次出版以来，再版多次。其中《战国策》采用的是士礼居丛书本，然用影抄本校勘，异文不少。又如《国语》、《楚辞》等都采用了《四部备要》本，然用海源阁所藏宋端平刻本《楚辞集注》校勘，亦有讹误。

以上是杨氏所藏善本在现代学者治学时所发挥的校勘作用，这样的例子可以举出很多。这说明，杨氏藏书的利用空间是很大的。

通过以上可知，海源阁所藏善本，无论在提供底本还是校本进行校勘方面，都发挥了一定作用。但古籍整理是一项长期而繁重的任务，与海源阁所藏善本书的总量相比，还有不少善本未能充分利用。上述所举以集部为多，在对海源阁藏书利用的考察中，实际情况也是如此，即以集部为多，而经、史、子部则利用较少，这并不是海源阁所藏这三部的善本少，而是人们对其重视程度不够。其实在经、史、子部中，海源阁的善本还是相当多的。如子部中，宋本《新序》，这部刻于南宋初由曾巩厘定的十卷本是目前传世最早的孤本，但近年出版的整理本并未参用，如1986年湖北人民出版社出版的马达《新序注译》，1989年华东师范大学出版社出版的赵善诒《新序疏证》等等。如此珍本，不能发挥作用实在遗憾。再以史部为例，“四经四史”不仅是海源阁的镇阁之宝，亦堪称国宝，其中“四史”的八种宋本在最权威的中华书局点校本“二十四史”的前四史中，竟无一派上用场，甚至连参校的资格都未获得。然中华书局点校本“二十四史”并不是完美无缺。就拿《史记》来说，“不用比较古的如黄善夫本，也不用比较通行的如武英殿本，而用清朝同治年间金陵书局刊行的《史记集解索隐正义》合刻本作为底本，分段标点，因为这是一个比较完善的本子。”①但金陵书局本也存在不少问题，诸如明显的脱误或衍文等。又如在中华书局点校本中有不少本子是以武英殿本为底本的，但殿本的问题依然不少，张舜徽曾经将百衲本《二十四史》和殿版《二十四史》对校一过，发现殿本讹、衍、缺、脱的最严重之处，有十种情况，并分别以例识之，如复页、脱页、缺行、文字前后错乱、篇章前后错乱、小注误作正文、注文缺脱、校语缺脱、任意改易原文、任意鼠窜原书等，所以张舜徽说：

① 《〈史记〉点校说明》，《史记》，中华书局1959年版。

“以上所举，不过就殿本《二十四史》中最突出的例子，抽出来谈谈。至于比较次要的或者一般的讹、衍、缺、脱的现象，那就不胜枚举了。”[①]尽管点校本下了很大工夫，但问题仍然很多。据《人民日报》报道，2006年4月5日，中华书局点校本“二十四史”及《清史稿》修订论证会在北京召开，会议决定将对点校本“二十四史”及《清史稿》进行全面修订。修订工作将由中华书局集中全国史学界的学术力量进行，预计历时七年，完成后将奉献给读者一部体例统一、标点准确、校勘全面、阅读方便的全新修订升级版“二十四史”及《清史稿》。[②] 但愿此次修订能够充分发挥诸如海源阁等私家藏书的利用价值。

① 张舜徽：《中国古代史籍校读法》，云南人民出版社2004年版，第84—86页。

② 新华社记者曲志红、隋笑飞：《新中国重大古籍整理工程续新篇——点校本“二十四史”及〈清史稿〉开始修订》，《人民日报》，2006年4月6日第11版。

第七章

藏书的散佚与归宿

叶盛云:“夫天地间物,以余观之,难聚而易散者,莫书若也。”[①]书籍是文化产品,它的命运历来与国家的政治、经济形势有着极其密切的关系,同时又受到自然界各种外部条件的影响,人为破坏和自然灾害常常导致书厄不断。海源阁藏书之遭劫与散佚是中国书厄史上的大事。其藏书由于几代主人管理严格,制度严密,没有受到诸如火水或虫害等自然灾害。然而,由于晚清社会动荡不安,民国间军阀混战,海源阁却无法抗拒人为的破坏,从清咸丰十一年(1861)至民国二十年(1931)的近七十年里,迭遭劫难,损失惨重。这一重大书厄事件引起世人极大关注,成为“私家藏书深受兵燹之祸的代表”[②]。余秋雨曾感叹天一阁云:“不错,它只是一个藏书楼,但它实际上已成为一种极端艰难、又极端悲怆的文化奇迹。”[③]纵观海源阁近百年的兴衰历史又何尝不是如此!

第一节 劫难

一 辛酉罹难

海源阁藏书首次遭难是在清咸丰十一年(1861)。时太平天国军在江浙一带将天一阁等洗劫一空[④],北方则有捻军袭扰齐鲁大地。是年二月,捻军渡运

① [明]叶盛:《〈菉竹堂书目〉序》,《菉竹堂书目》,《明代书目题跋丛刊》上册,书目文献出版社 1994 年版,第 889 页。

② 程千帆、徐有富:《校雠广义·典藏编》,齐鲁书社 1998 年版,第 337 页。

③ 余秋雨:《风雨天一阁》,《文明的碎片》,春风文艺出版社 1994 年版,第 6 页。

④ 见缪荃孙《天一阁始末记》,《艺风堂文漫存》卷 3,1913 年江阴缪荃孙刻本。

河北上，劫掠山东长清、肥城等地，将杨氏肥城西华跗庄陶南山馆所藏焚失近半，所焚多为宋元旧椠，尤以经部为多。杨绍和记载了这次罹难过程："辛酉，皖寇扰及齐鲁之交，烽火亘千里，所过之区，悉成焦土。二月初，犯肥城西境，据予华跗庄陶南山馆者一昼夜，自分珍藏图籍，必已尽付劫灰。及寇退，收拾烬余，幸尚什存五六。而宋元旧椠，所焚独多，且经部尤甚。"①《隅录》中记录了七种善本的遭损情况，经部四种，史部两种，集部一种，均为宋本。如宋本《毛诗》，原本二十卷，"仅存十八至末三卷"，而另一宋本《监本纂图重言重意互注点校毛诗》二十卷，"自第十二卷以下皆焚失"；宋巾箱本《春秋经传集解》三十卷，"焚失八卷，止有抄页之第十六至第二十三也"；宋本《三续千字文注》一卷，"仅存数页"；宋乾道七年(1171)蔡梦弼东塾刻本《史记集解索隐》一百三十卷，"全书毁裂"；残元本《资治通鉴》一百五十卷，"原书一百八十余卷，有《考异》，辛酉寇乱，焚失三十余卷，《考异》与末卷正在其中"；宋本《花间集》十卷，本来卷一前四页、卷十后三页及欧阳炯《序》、陆游二《跋》均佚，毛氏抄补极工，但卷末三页及子晋三印，因"辛酉之秋(应为"春")遭乱复失"。可见经部毁损最多。但这只是残存下来的残本，全本毁掉的则未予记载。据杨敬夫说，杨以增曾有遗训，指示将海源阁书分作两份，以十分之四藏于聊城祖宅阁中，十分之六藏于陶南别墅，②而此次焚毁者有十分之四五，故知此次损失数量约占其总数的三分之一左右，卷数当有四、五万卷，宋元旧本近百种。当时存于陶南的还有数百方端砚，这些端砚和部分善本之所以能够保存下来，又与当时的捻军头目任柱有关。捻军先头部队赶至陶南山馆，立刻焚烧洗劫，幸亏任柱及时追到，加以制止，不然损失更大。王献唐云："捻匪初时，焚掠极惨，适任柱追至，严令禁止，乃免于劫。宋元旧椠之仅存者，亦任柱之功也。"③陈登原亦云："向使匪祸更绵延时，则海源精本之尽，不及待今日之匪劫矣。"④然祸也任柱，福也任柱矣。

二　庚子之乱

清光绪二十六年(1900)，八国联军攻入北京，清王朝皇宫、衙署、陵园、王

---

① ［清］杨绍和：宋本《毛诗》题识，《隅录》卷1，清光绪二十年(1894)杨保彝刻本。

② 参见刘文生：《海源阁藏书概述》，《聊城文史资料选辑》第1辑，1982年聊城县政协文史组编印。

③ 王献唐：《聊城杨氏海源阁藏书之过去现在》，《山东省立图书馆丛刊》第1种，第12页。

④ 陈登原：《清代中叶之乱与典籍聚散·天一阁海源阁与咸丰兵燹》，《古今典籍聚散考》，上海书店1983年版，第237页。

公大臣宅邸及民间藏书家收藏的大量文化典籍、古玩字画、奇珍异宝，或被抢劫，或被焚毁，损失惨重。当时海源阁第三代主人杨保彝正服官京师，居住于南顺城街，家居亦被"撞破"，杨保彝于《复叶眉士绝句十首》之三中描述了当时情景和心情："蓦然大地起风波，撞破家居奈尔何。一曲樽前何满子，难将双泪为君歌。"[①]而保彝居京十年来所收藏品亦毁于一旦。其嗣子杨敬夫云："公元1900年庚子之役，八国联军进北京时，先父凤阿先生正住北京南顺街，那次战乱中丢失了古代文物及宋元珍本书籍一百多种。"[②]则此次损失皆为精品。又据王献唐于1930年冬赴聊城调查时闻其家人云，海源阁丛书的部分书版"原存北平，闻已毁于火灾"[③]。则亦当在此时。

三　马鸿逵陷聊城

庚子之乱后，海源阁度过了一段相对平静的时期。然保彝卒后，家中无主，被迫由夫人主政，再加民国初兴，战乱不止，山东匪盗迭起，东昌不靖，海源阁藏书岌岌可危。先是袁世凯当政，其二子均曾觊觎过海源阁藏书，长子袁克定曾设法把杨氏海源阁藏书据为己有。王太夫人得讯后，将善本书，由海源阁楼上搬往她所住的卧室北房中，全部藏于楠木书橱之内。[④] 1916年前后，袁世凯次子袁克文广求宋元旧本、名校旧抄，家中仅宋本就近二百种，百城坐拥，曾署"皕宋楼"自诩。当时他以"皇二子"的身份收书，气派之大，聚书之快，一时罕见。他对海源阁藏书垂涎已久，苦于无从下手，最后欲以厚利饵之，乃派同乡丁子文充东昌烟酒公卖局局长，意在相机购买杨家古书，无奈历时一年，终未办到。后来，袁氏有一好友名宋世男，夸口说能办到此事。原来，宋氏与阁主杨保彝生前为金兰交，其时凤阿夫人主家政，他觉得以"盟兄盟弟"的旧谊，从夫人手中谋几部书或许不难。袁二公子闻听后大喜，赶忙授意山东省当局委任其为聊城县知事，以便就近见机行事。某日，宋氏持一部宋版《易经》和一

---

① 此诗原题《叶眉士太守书来询京师近事口占七言绝十首复之，亦短歌当哭之意云尔》，见《归藴斋诗词抄》。张英麟《〈归藴斋诗词抄〉序》云："披读一过，大抵皆官京时作。就中《复叶眉士绝句十首》述庚子岁联军入都事，抚今视昔，无限感慨。"故知此诗当作于庚子之时。

② 李士钊：《聊城海源阁藏书重要史料片断——1966年2月10日在天津访问海源阁第四世主人杨承训（敬夫）先生》，《山东省出版志资料》第1辑，第188页。

③ 王献唐：《聊城杨氏海源阁藏书之过去现在》，《山东省立图书馆丛刊》第1种，第37页。

④ 李士钊：《聊城海源阁藏书重要史料片断——1966年2月10日在天津访问海源阁第四世主人杨承训（敬夫）先生》，《山东省出版志资料》第1辑，第181页。

块西装料子来到杨宅，在杨夫人面前鼓起三寸妙舌："我有一部宋版《易经》，凤阿在世时几次想要，我未置可否，觉得很对不起他，今送来，一来可慰故人于地下，二来可与府上的四经配齐，这样，五经都是宋版，世间少有。我和袁二公子也是朋友，他如今思宋版书甚切，价钱不拘多寡，府上何不趁机让几部，顺便也可讨封，是大好事。"杨夫人听罢，当即婉谢。宋氏并不安心，又致函唠叨，杨夫人遂复一书，意谓：宋版《易经》乃难得之书不必割爱。先人所遗旧书，我有保存之责，断不敢出卖。如有人以武力相加，也只有付之一炬，并以身殉之。至于讨封，人以为荣，我以为耻。儿子家居，何必穿西装，衣料奉还，如是云云。宋氏讨了一场没趣，知道豪夺既不可能，巧取亦无计可施，只好怏怏离去。[①]这个时期，正是由于王夫人鼎力护持，杨氏藏书方才完存于世，故王献唐云："至其太夫人则苦心守书，以生命为孤注，吾尤佩其果毅之精神。"[②]1922年，王太夫人去世，嗣子杨敬夫被立为海源阁第四代传人，主持家事。1925年，军阀张宗昌督鲁，当时移居天津的潘复曾打电报，想叫张宗昌派兵来强行没收，张宗昌未予施行。但他们曾要求杨敬夫捐献，说谁也不能永远保存下来，并言"您这些东西光凭自己是不可能永久保存下来的。您不捐献也怕保护不住啊！"言外之意是想以势力迫人。[③] 而此时，杨敬夫又不居住聊城，为防不测，杨敬夫于1927年春将二十六种宋元善本运到天津。

1928年春，国民党北伐军西北军第十七师马鸿逵部占住聊城，海源阁藏书稍有损失。这次事乱给杨氏敲响了警钟，迫使杨敬夫不得不再次于1928年冬季冒着大雪将善本运津。敬夫云："我家的宋元珍本书籍是民国十七年(1928)冬季下雪天开始运往天津的。那年春天国民党军队到了聊城，西北军第十七师马鸿逵部占住聊城，才决定把家藏的珍宝外移。马鸿逵部队占聊城时，我家的藏书有些损失，但不甚大。此后有些亲友，特别我的岳父劳之常对我做过多次劝告，我总以为老家收藏最稳当。……从政治上看北伐之后，聊城已经无法继续保守了。我最初回家处理珍贵藏书时，也感到有些茫然，回家住

① 见张稚庐：《海源阁轶事》，《新编文史笔记丛书》第3辑(所收文章均为1949年以前，萧乾主编)，中华书局2005年版，第108—111页。

② 《海源阁藏书之损失与善后处置》，《山东省立图书馆季刊》第1集第1期，第8页。

③ 李士钊：《聊城海源阁藏书重要史料片断——1966年2月10日在天津访问海源阁第四世主人杨承训(敬夫)先生》，《山东省出版志资料》第1辑，第183页。

了两三天，就找人秘密赶制书箱。完成后，装了十几个大箱子，雇了一辆长途汽车，先由聊城运到禹城，然后改由火车转运天津。”[①]敬夫两次外运阁书，虽是秘密进行，但仍然在外界传得沸沸扬扬。早在1928年秋，就有旅津聊城人士在津沽书店内发现有代售海源阁书籍情事，如《陶渊明全集》、《公羊传》等。所以外间盛传海源阁藏书或被抢劫，或已出售，由此引起了当局的重视。1929年3月，聊城县教育局长李祺增呈请省教育厅，转呈省政府，饬令聊城县政府予以保护。5月初，教育部电令教育厅督查此事，并派员来省，会同办理。5月12日，山东省教育厅即委派职厅科员王贯怡驰往聊城查证，当即令同该县县长申庆祥及代理教育局长刘鸿琦前往杨宅调查。据杨氏主妇称，聊城此次事变，藏书未受损失。遂当场与杨氏家人共同“商决”，由杨宅派人赴津，将杨敬夫召回，再行查询确情，约定以5月21日为限。然延至22日，赴津人员仍未返聊。由于当时杨氏家人不予合作，调查未能如期进行，调查人员欲查看藏书，因未得主人允许，门户泥封，未能目验。惟杨敬夫两次将善本秘密运津，可以确定。此时，外间传闻又起，甚至传杨氏藏书遭劫，被土匪以八十辆牛车载去等等。6月23日，民政厅复训令该县政府妥为保护，并呈报杨氏书目。6月27日，教育厅奉教育部电，以天津《益世报》所载，海源阁藏书，被“土匪”劫去，饬与军政各机关及铁路海关，协商设法截留等等。[②] 此次马鸿逵部进驻聊城，杨氏藏书虽然损失不大，但这却是一场大劫难来临的预兆，随即发生的两次匪劫就验证了此事。

四　王金发洗劫海源阁

1925年以后，山东匪情严重，而聊城“兵灾匪氛全省第一”[③]。当时天津《大公报》载云：聊城“兵灾匪祸，则占山东第一把交椅。自民国十四年(1925)直鲁联军入境，至十六年未动，而递增至十余万人，以驻军太多，征发困难，皆在各驻在地自向民家搜索，粮柴用具，一空如洗，直鲁军退后，中央军莅临，依然由民供给。全民生活，由是一棺长埋，不得不另谋出路。柔善者结群出关垦荒，强举者挺而为匪，王金子、王德五、大风子……等巨匪闻风窜入，合并编为

① 李士钊：《聊城海源阁藏书重要史料片断——1966年2月10日在天津访问海源阁第四世主人杨承训(敬夫)先生》，《山东省出版志资料》第1辑，第180、181页。

② 参见《山东省教育厅呈报海源阁藏书情形》(一)，《第一次中国教育年鉴》，1929年5月。

③ 《聊城元气难复》，《大公报》，1931年4月27日第5版。

一股。王冠军前受阎、冯委为军长，率其匪部加入，而统率全类二千余人，于十八年春破城而入，当时王冠军希望实行改编，无甚抢掳，盘踞一星期而去，人民赖以保安，无不拍手相庆。至是年六月，各匪遭军头之欺骗，未能正式成军，又一拥而入聊城，以岳军在附近驻扎，不敢长久盘踞，抢掠一月，即行窜出”①。1929年7月10日，匪军之一河北馆陶土匪王金发进入聊城，其司令部设在杨宅内。当时家主杨敬夫正在天津，杨宅主事者为其二庶母和三庶母，两庶母得匪讯先逃，直至匪去才由济南返回。而王金发随带之书记官参谋，有兰山樊天民，堂邑杨道南，均系前清生员，这些人颇知版本，遂将海源阁劫余宋元秘笈及金石书画，择优掠去。消息传出，立即引起各方关注。省政府再次责成教育厅派员调查此事。时山东省立图书馆馆长王献唐奉山东省教育厅厅长何思源令，前往聊城实地调查，他目睹了海源阁遭劫后的凄惨情形，“见其书零落，积尘逾寸。宋本《史记》，残余一册。宋本《咸淳临安志》，残余二册，均散置地上，与乱纸相杂。字画碑帖，仅余轴木夹板，中心多被撕去，藏砚数十方，只存砚盒，所有砚石，亦无一幸免。杨至堂画像一轴，撕裂如麻，投置几下。黄荛圃手校宋本《蔡中郎集》，为海源阁刻原本，第四册后页，亦以拭抹鸦片烟签，涂污满纸。以镇库之珍籍，损坏如此，可为痛心！其家人并谓匪徒每以阁上书籍炊火，旧书不易燃烧，愤言谁谓宋版书可贵，此均以毛头纸印之，并不爇火也。”②土匪之胡作非为，令人发指。黄裳云：“这种疯狂的举动。直无异于中古的黑暗时代。”③此次损失最夥者为书画、碑帖、砚石等，事后《大公报》载：“巨匪王冠军第一次陷城(指1929年春。见本段上引)，海源阁幸保无恙，第二次千金子(指王金发)率众占据杨宅。楼下之帖片、册页、字画损失大半，古砚二百余方，刻有名人题字，叙述砚之流传，共可拓片四厚册，连同所拓之片一概遗失。当时千金子正接洽投诚，对杨氏藏书，特别保重严令匪众不得擅入书屋，故损失甚微。”④王献唐劫后清点遗书，其中有宋元抄校三十二种。所有残余书籍共得一百三十一种，其中有为《楹书隅录》和《海源阁宋元秘本书目》所失载者十六种。目内书中，宋本如《史记》一册，《咸淳临安志》二册，《扬子法言》十三

① 《聊城元气难复》，《大公报》，1931年4月27日第5版。

② 王献唐：《聊城杨氏海源阁藏书之过去现在》，《山东省立图书馆丛刊》第1种，第13页。

③ 楮冠(黄裳)：《蠹鱼篇》，沈阳：辽宁教育出版社1998年版，第152页。

④ 《海源阁访问记》，《大公报》，1931年4月28日第5版。亦见1931年5月1号《申报》第3版之《海源阁藏书散失实况》。

卷《音义》一卷四册,《童蒙训》三卷二册和宋、元、明旧版《韩柳欧苏小字本诗文集》一箧等;元本如《南史》、《北史》、《范德机诗集》、《朱文公校昌黎先生文集》、《吕太史文集》、《道园学古录》、《脉诀集成》、《事文类聚翰墨大全》等,还有一些名家校抄本均为海源阁精善之本。知杨敬夫上次运书之际,仓促之间,未及细检,尚有遗漏善本不少。此次损失的主要就是敬夫遗留下来的部分宋元校抄本,而存于后宅三室的为杨保彝《海源阁书目》著录的普通版本尚完好无损,未曾波及。据王献唐当时估计,此次劫后残余一百三十一种中有三十二种为《海源阁宋元秘本书目》著录,《海源阁宋元秘本书目》著录的其余四百三十余种精善之本大多已经运往天津,匪徒损毁"仅居百分之一二"①,所以,书籍劫毁数量不是很大,但书画、碑帖却损失大半。

五　王冠军再劫海源阁

1930年春,冀匪王冠军再次进聊,城外城内惨遭洗掠,惨不忍睹。《大公报》记者实地勘查后,以《聊城元气难复》为题报道云:"十九年旧三月十九,大战方酣,王冠军又乘机率匪二千余攻入聊城,富有之家,已闻风弃其所有而逃,留守贫民,不过十之二三。匪遂恣意焚掳。十五里以内村庄及城厢,同遭洗劫,无一幸免。至旧八月六日出水,计焚掠六个月……城内有煤油、烟卷、电料……公司七家,中等以上商店一百二十家,工厂三四家,经此大劫,一概倒闭……全县元气已损失殆尽,现在西北仍遍地皆匪,俱已掳无可掳,架无可架。计全县损失,以杨氏海源阁为最钜。"②王冠军匪部此次盘踞杨宅海源阁长达六个月之久,而家中主事者两庶母起初为顾及家产,不肯出走,迨匪入城,已张皇失措,竟致空身化装潜逃济南。这期间,土匪对海源阁故物肆意毁坏抢掠抛售,无恶不作。据《大公报》载云:"海源阁仍为千金子所据,复禁令重颁,不准擅动藏书。匪多衔恨其御下之严,致遭暗杀。匪以千金子重视废纸,乃以零乱书籍泄愤,楼下之充宋、充元、明版、清初版、殿版、手抄本焚烧、撕扯、揩器、作枕……无不以书代之。"③"千金子"即王冠军部下王金发(此时王金发已被王冠军收编)。王献唐于《海源阁藏书之损失与善后处置》中亦云:土匪有时割裂包物煮饭,或带出作枕头使用。日常以杨氏书籍出售,购者随意予价,略不计

---

① 王献唐:《聊城杨氏海源阁藏书之过去现在》,《山东省立图书馆丛刊》第1种,第15页。

② 《聊城元气难复》,《大公报》,1931年4月27日第5版。

③ 《海源阁访问记》,《大公报》,1931年4月28日第5版。

较。王冠军素稔杨氏藏书美富，价值又昂，即从天津请一号称“九爷”的书籍古玩专家，居聊月余，尽检善本及一切有价值的书籍、碑帖、字画，囊括而北。同时，王冠军以窝匪名义，穷搜城内外居民，凡私家书帖古玩，亦为之一网打尽。又当时王冠军之司令部设县政府，与县长王克昌（天津人）协议劫取宋元精版书籍，由王克昌甄别鉴定，将楼上精本装八大箱，抬入县府。王克昌得珍品若干，余均为王冠军所有。甚而，当时传称杨宅驻军以“有组织的方法，为旧文献之破坏，曾由邮局以三千小包寄古书于天津。其后更由士兵携带，汽车托运。故其纷失数目，直不可以稽计。尤可恨者，群书悉按军中官阶大小，分别摊领，以是整套之书，分散各处。而某军驻杨宅时，更有将《蔡中郎集》撕毁，拭擦鸦片烟枪之怪事，焚琴煮鹤，堪为发指”①。王匪退去后，“古玩瓷器，残剩无几，装潢珍器之紫檀架、玻璃罩，形状万殊，堆积广庭，不下千余件，阁后之帖片贮藏室，帖片堆积数尺，因连雨一月，屋顶冲塌，帖片尽成黑泥，无只字完整。”②因而，王冠军及其同伙等除将杨氏藏书大批运走外，焚毁弃掷书籍文物者亦有相当数量。所运出和毁弃者，善本以上次杨敬夫遗留亦即王献唐著录者为主，后院三室所藏普本亦未能幸免，王冠军实为摧残中国文化之第一大罪人。

1930年11月间，国民党第三路军八十七旅，终于彻底击退王匪，克服聊城，然城内已是十室十空。八十七旅司令部进驻海源阁，“杨宅已不见一人，院内室外，书籍满地，厕所马厩，亦无地无之，院内书籍，尽为大雨淋烂”③。后院室内藏书，虽然书籍依然满架，但参差不齐。旅长荣兴光知杨氏藏书关系中国文化，乃由参谋长谢用霖派兵一连，将杨氏书籍无论整缺破碎，均一例运入屋内，加封保存，无论何人均不准入内观览，以免损失。以荣旅长之负责精神，以书纸糊窗墙，当为王匪所为。事过五日，杨敬夫来聊晤见谢用霖，相谈保护事宜，④并派管家邓华亭点验收集，计损失经部十分之七，史部十分之四，子部十分之四，集部十分之三，宋元版完全损失，以孤本高丽版韵学书最有价值，所剩者为充宋、充元、明清版、手抄本等，已多数不全。后院损失，古砚二十箱，一块未剩；字帖片四十三箱，除被劫去者，余悉为大雨冲毁；康熙、乾隆、道光三

① 《海源阁藏书遭军队蹂躏》，《大公报》，1931年1月12日第5版。

② 《海源阁访问记》，《大公报》，1931年4月28日第5版。

③ 《古书的厄运·可怜海源阁珍本散佚厕所马厩中》，《大公报》，1931年1月14日第3版。

④ 《海源阁藏书之浩劫》，《中央日报》，1931年1月16日第3版。

帝瓷器四十箱，完全损失；康熙、道光时制绍兴酒二十四坛，具被匪饮，空坛已成溺器；价值四千余元之木器家具完全毁坏；各室铺地长砖、方砖均掀破，掘地一丈余深；“海源阁”匾额，被匪徒摘下，尚不知置于何处①。敬夫回津后，又闻八十七旅司令部驻兵将长一丈七尺，宽一尺九寸之戏台板，一部分改造为汽车座，一部分改造成木马、跑城、浪桥架、天桥架板……等体操用具，且某长官亦选去精版书运济等。② 于是旋即回聊，惟恐再遭不测。于12月26日(一说为14、15日)，由管家邓华亭经手，敬夫秘密将残余书籍共装六十大箱用七大马车运往济南，放于经二路纬一路东兴里——敬夫已经预先置好的房子里。时荣旅长派兵保护，搬运数日方毕。敬夫严守秘密，不愿令人知道，这些书籍由庶母负责看管，庶母曾对人言，无论如何，必竭力保证此书，不令遗失，亦绝不出售，无论何人有觊觎此书者，虽以性命抵抗之，亦不能令其拿去一本。另一部分则运到聊城西南田庄祖茔之旁的“弘农丙舍”暂存，所有杨氏先人历代所刻制的《海源阁丛书》的书版，也都全部运到田庄收存。③ 至此，曾经因储满秘笈而名满天下的海源阁，在历经九十年的风风雨雨之后，人去书尽楼空，从而完成了它的历史使命。

家国不靖，文化遭殃，海源阁概不能免矣。对于土匪的连续不断的蛮横洗劫，身为书生的海源阁主人杨敬夫是没有能力阻止的。正如杨敬夫在1957年回顾这些遭遇时所言：“1929、1930年的军阀内战时期，我的故乡聊城，我的老家海源阁藏书院中的珍贵书籍和金石书画，累次受到无法弥补的损毁。只有在人民当家做主的时代，历代先民所创造和积累下来的文化财富，才有可能受到应有的重视。我个人的过去三十年来所经历的痛苦遭遇，是难以尽述的。因为作为一个普通公民，没有力量也没有可能和过去的各种恶势力作斗争，也不可能和人为的灾害相抗衡。”④海源阁连遭劫难时，敬夫三次不失时机地抢运出阁，是值得肯定的。海源阁大部分善本以及明清版本之所以能够保存下来，与杨敬夫的这种明智之举是分不开的。

---

① “海源阁”匾额，当时被匪徒摘下后，被杨氏家人运往济南，为杨以增同族后人杨维训收藏，1957年由杨敬夫捐献于山东省文化部门。今存鲁图。

② 参见《海源阁藏书之浩劫》，《中央日报》，1931年1月16日第3版。

③ 参见李士钊：《聊城海源阁藏书重要史料片断——1966年2月10日在天津访问海源阁第四世主人杨承训(敬夫)先生》，《山东出版志资料》第1辑，山东人民出版社1984年版，第183页。

④ 李士钊：《聊城海源阁杨氏藏书刻书简述》，《山东出版志资料》第1辑，第159—160页。

然而事情并未就此完结，尽管此时的海源阁已然空空如也，但在另一个“战场”，围绕着流散出去的杨氏藏书，一些藏书家、书贾们正进行着一场不懈的搜求、争夺和保护。

第二节 散佚

海源阁自迭遭土匪抢劫后，其毁散之书可分为三部分：一为土匪糟蹋毁掉；二是被匪徒劫掠而去，再以廉价兜售；三则海源阁第四世主人杨敬夫有意将部分善本、普本分批抢运出阁，在天津将一些善本以高价将其转卖于书贾、藏书家。这第三部分中，除有九十二种抵押于天津盐业银行后归入北图，以及将两千余种明清书籍存于济南私宅后归入鲁图外，其他均以零星单本形式售出。杨氏收藏的文物如帖片、书画、端砚等大部分遭到毁损，但仍有一部分散出。书籍亦有相当一部分完全被毁或下落不明，数量约两千余种；有一部分则成为残帙，如旧抄本《经典释文》三十卷，其中卷十一、十二、二十一、二十二四卷遭兵乱散佚，仅存二十六卷。[①] 明铜活字本《栾城集》完本九十四卷，王献唐于 1929 年 11 月抵聊清查海源阁遗书时，已残存八十四卷。元本《乐书》、元本《朱文公校昌黎先生文集》、元本《吕太史文集》、旧抄《翰苑粹编》、影宋本《杨诚斋诗集》等都为残本。其第二部分的流散去向为华北各地，主要为聊城本地、河北保定、济南、天津、北京等。

就聊城而言，土匪将抢劫来的文物书籍随意抛售，除大宗运往外地，零星者当大都卖给了当地人士。据《聊城地区文化志》记载：“土匪把抢来的书，成包成包地卖给书贩或当地居民，有的运往外地拍卖。一次聊城柳园大集，光是卖海源阁藏书的书摊足有一里长，实乃令人痛心。”[②]如与杨氏有世交的八十九岁老教师朱成德回忆说，1949 年以前，他在光岳楼南曾购得乾隆年间刊刻的佛经一部，钤有杨氏藏印[③]。直到 1949 年后，仍有不少存于当地。“文革”

---

① 参见赵万里：旧抄本《经典释文》题识，《海源阁遗书经眼录》，《国立北平图书馆馆刊》第 5 卷第 5 号，1940 年 9 月。

② 《聊城地区文化志》之第 9 章《书院》，山东省聊城地区文化局史志办公室 1990 年编印（油印本），第 11—13 页。

③ 2008 年 1 月 15 日下午，笔者驱车到聊城城南南顾庄访问了朱成德老人，以上是据访问记录整理。

时,居住于海源阁附近的一颇知笔墨的先生曾向政府兜售一批书籍和名家字画,但那时无人敢收,闻知其后流向外地。而现在存于聊城的杨氏故物几乎不见。当时匪退时,流落道路者亦很多,如匪首大风子等占据聊城时,将杨宅藏书盗去甚多。之后逃至博平属梭堤,当荣光兴部队追到时,匪已逃跑。事后在匪宅院内检获书画数页,但破烂不堪,知珍贵者已运往他处。①

流向保定的一宗主要是保定籍匪首王冠军所劫。其时,王冠军攫书最多,迨王冠军军队开移河北,即将所攫书籍文物数箱运至其家保藏。王氏旋以染病身故。其如夫人将存书陆续出售,当地奎文堂书肆得之最多。如黄丕烈、顾广圻校并跋明徐子器刻本《蔡中郎集》十卷《外传》一卷,元本《事文类聚》二百零八卷等。既而北平书贾闻之蜂集保定,分别为琉璃厂文友堂、文禄堂、藻玉堂等购去,如文友堂所购黄丕烈、陆损之校并跋明抄《道藏》本《刘子新论》十卷等,藻玉堂书商王子霖购明本《嘉祐集》等。最终,流入保定的藏书大部分都进入了北平。也有流入民间者,如雷梦水于《海源阁珍本的散失》一文中所记:"1930年春,军阀王冠军陷聊城,海源阁又遭一劫。军阀劫取宋元珍本八十箱,移至保定。不久王以事自杀,此物遂流失。有一部分被其部下劫取,流传民间。当时正值兵荒马乱的年月,民不聊生,识书者亦少。有的变卖家藏故物,也有的趁机兜售劫取之物,即在集市上设摊出售。这年夏天,琉璃厂书业崇文斋主人孙端卿由北京返里探亲,乘火车至德县打尖。恰逢该处正当集市,喧闹异常。孙氏步行游逛,偶遇旧货摊上摆有古书一堆,无意中竟检出一部稀世珍本宋刊《童蒙训》两册。孙喜出望外,即以廉价购入,致使宝贵珍本免遭于毁。孙氏兴高采烈地携书返回北京,得善价售归国立北京图书馆。"②

由于济南聊城距离很近,为土匪抢劫的书籍有不少流向济南。知大宗者,为刘松年售出二十种善本。当王冠军部队撤出聊城北窜时,不少匪兵随身携带着藏书,其中有一士兵携数麻袋书籍,嫌其累赘,遂以京钱六十吊(合十铜元三千枚)售于高唐邮政局长刘松年。刘氏起初未对这些书籍十分注意,曾托其友人来济售卖,并谓如卖于图书馆,公诸大众,虽廉价亦可。其友人言诸省立图书馆馆长王献唐,王献唐即以函洽刘氏,刘氏托友人将书运至图书馆,王氏

---

① 参见《申报》1931年2月22日据20日济南通讯。

② 参见《人民日报》1983年8月30日第8版。又据王献唐《海源阁藏书之损失和善后处置》云:王冠军染病身故。

审查之后，直接致函商洽购买，意谓闻阁下欲将所有海源阁书籍售诸敝馆，急公好义，殊堪钦佩。该书估计现在市价八百元，但阁下如售诸书贾，则不到此数，现本馆正与海源阁主人杨敬夫接洽，将其半捐半卖，归于图书馆，请求国府褒奖杨氏。阁下亦最好以半价（四百元）将该书卖于敝馆，敝馆亦必成人之美，请交部与山东邮局，嘉奖阁下云云。刘氏人颇明达，终成善举。这批书共计二十种，有元本朱文公校《昌黎文集》，清本《复古论》，抄本《绛云楼书目》，抄本《情话堂诗稿》，抄本《熊勿轩先生文集》，《春秋穀梁传》四册（残），明本《大明一统志》六册（残），明本《东西洋考》，明本《杜工部诗文集》，抄本《焦螟集》，元本《范德机诗集》，抄本《汪水云集》，明本《嵇中散集》，知不足斋抄本《书林外集》，拓本《开成石经》五册（残），抄本《北堂书抄》四册（残），宋本《韦苏州集》（残），归震川评选《宋六一先生文抄》，抄本《海录碎事》四册（残），胡刻《资治通鉴》二十册（残）。① 最终保存至今者有七种，鲁博五种，鲁图两种。其余流入济南的多为零星图书，但数量亦不少，多为当地书肆商贾购得。时济南大明湖畔有条街叫“贡院墙根”，也即全省秀才们考举人的“秋闱”科场。附近一带书肆林立，如逢源阁、怀古斋、尚志堂、集古斋、奎文阁、汉宝斋、缘古阁、蒓古斋、忠雅堂、敬古斋、聚文斋等等。海源阁藏书散入济南时，这些书肆更是争先恐后购入。其中以敬古斋得之最多②，据止适斋主人王贡忱云：“自东郡杨氏藏书散失后，其发现于济南市者以敬古斋所得为多，该肆王某善价而沽，据余所见闻已不下四五十种矣。”③这批书中有校抄本宋绍兴十八年（1148）《同年录》、明正德刻本《西湖林和靖先生诗集》、校抄本《元名臣事略》、明本《唐僧宏秀集》、旧抄本《宋遗民录》、校抄本《芦浦笔记》、校宋旧抄本《幽兰居士东京梦华录》、校宋抄本《宾退

① 参见《铜元三千枚购得珍籍数麻袋》，《大公报》1931年5月15日第5版。又按：这批书运至图书馆后，王献唐将书单抄寄给刘阶平，刘氏将书单公之于众。见刘阶平《杨氏海源阁藏书概略与劫后之保存》，《当方杂志》第28卷10号，1931年5月25日。

② 张稚庐《闲话济南旧书肆》一文记载云，某年秋天的一个下午，天阴欲雨，街上冷清，省府前街敬古斋的掌柜王仁敬正枯坐店里抽水烟。忽见门外有一军官从洋车上下来，手提一柳条箱走进屋，说有旧书求售。王掌柜打开箱子一看，吃了一惊，原来全是聊城海源阁的善本藏书。其时海源阁遭兵匪劫掠才二三年，他顿时明白了。心中大喜，可毫不动声色，只是边翻弄着书边慢吞吞地说：“长官，你的这些书都是生冷货，如今兵荒马乱，卖不动啊！”这位“丘八爷”一听，大失所望。经过一番讨价还价，王仁敬以低价购进，善价售出，狠赚了一笔。很多年后书友间还流传着一句“口碑”：“王大个抽着水烟撞财神爷”。张稚庐：《闲话济南旧书肆》，《齐鲁晚报》，2005年4月11日。

③ 王文进：校本《孤臣泣血录》题识，《文禄堂访书记》卷2，1942年文禄堂书籍铺排印本影印本。

录》、校明抄本《盐铁论》、校旧抄本《杨公笔录》,等等。[①] 1930年冬,王贡忱从王仁敬高价购得黄丕烈校跋本《孤臣泣血录》。1930年夏,王献唐路过敬古斋时,主人出示黄丕烈校跋明程荣本《穆天子传》、顾千里校《说文解字系传》及《刘子新论》等善本,这些善本先后大都为王氏购入。[②] 当时王贡忱的逢源阁亦收购数种,如1929年曾得明刻本《管子》十二卷[③],1930年冬又得明本《靖康孤臣泣血录》二册[④]。除此,尚有明本《国语补音》九卷、抄本《牛羊日历》一卷二册、抄本《南窗纪谈》一卷一册、抄本《续夷坚志》二卷二册、旧抄本《资暇集》三卷一册,这五种后来均转归台图[⑤]。其他如,1930年清明节,孙瑞卿返乡扫墓,转路济南,偶遇一青年学生携带彭文端批本《瀛奎律髓》求售,当时出价六十元,学生未卖,将书带走。孙氏为此竟于济南迟滞半月之久。[⑥] 可见,自敬古斋、逢源阁外,济南市上还流散着很多杨氏藏书,以及字画和杨氏藏书印等等。

济南市上的这些藏书一部分为山东省立图书馆购得,另有一大部分则为平津书贾所获。1931年4月12日《大公报》第五版以《海源阁藏书共四百六十九种·济南市上发现珍本多种》为题,同日《申报》第十版又以《海源阁藏书之全豹·济南又发现元椠多种》为题均做了报道。《申报》云:"聊城海源阁杨氏藏书,自经匪乱,流落外间,极为各方面所注意,而平津书贾群集济南,广事搜罗,前后卖去者已不下数十种。最近发现宋元本多种,已为北平书贾购去五种,内有《吕衡州集》一部二本,《刘宾客集》一部,均系黄荛圃精校宋本,余三种为元椠,共售二千元,系从匪手辗转来济,尚非杨氏所售出。……前述之《吕衡州集》及《刘子新集》、《林和靖集》三种,去年省立图书馆出价二百五十元,书

① 参见王子霖:《海源阁散书记》,《王子霖古籍版本学文集》第3册,上海古籍出版社2006年版,第135页。校抄本《元名臣事略》为目外书,去向不明。校宋抄本《宾退录》今藏国家图书馆,校宋旧抄本《幽兰居士东京梦华录》去向不明,其余均藏台图。

② 王献唐:校本《穆天子传》提要,《双行精舍书跋辑存续编》,济南:齐鲁书社1986年版,第130—131页。

③ 原二十四卷,《中国善本书提要》著录是书,记有藏印"止适斋藏书"。台湾《"中央图书馆"善本书目》亦著录。逢源阁主人为王寀廷(1877—1953年后),寀廷原名贡忱,济南桓台人。光绪举人,民国初任山东省议会议长、《济南日报》社社长。开设逢源阁书店,家富藏书,且多善本,其藏书室曰止适斋。

④ 《中国善本书提要》及《国家图书馆善本书志初稿》子部均著录是书。

⑤ 此五种台湾《"国家图书馆"善本书志初稿》均著录,并钤有王贡忱藏印。

⑥ 参见王子霖:《海源阁散书记》,《王子霖古籍版本学文集》第3册,第135页。

贾不售，嗣携至北平。《刘子新集》一部一本，为前教育总长傅增湘氏以一千元购去，现《吕衡州集》又为北平书贾所得，将来必有一注大财也。据某书贾谈，杨氏藏书所以价昂如是，易于脱售，盖因北平方面有清华、北平、北海三大图书馆，及傅增湘、陶兰泉等不惜重金收买，争相罗致。”而济南书贾亦居奇而沽，直至1939年时仍有出售，如周叔弢云“《蜕庵集》近为邃雅斋从济南收得，索值奇昂，不能买矣。己卯四月”（《隅录》批注）。为其他所购者亦有，如《林和靖集》就为当时的青岛市市长胡若愚以五百九十元购去，张稚庐亦购得数种等等。

山东省立图书馆更是积极购入，然又绌于资金。在得知平津书贾纷纷来济抬价购买时，教育厅一方面派人调查尚未售出之书，一方面备款，令山东省立图书馆广行收买，以免流入域外。① 于多方努力之下，省立图书馆终于购获多种，如用洋二百五十元分别得黄荛圃、朱秋崖、何义门等合校《封氏闻见记》，吴枚庵手抄、黄荛圃手校《江淮异人录》，明本《武夷新集》和刘武仲兄弟合书《字册》四种；用七十元购明抄本《大统锦灵经》一种一本，该书曾先为江郑堂收藏，后归石研斋收藏；以三十元购得抄本《薛氏钟鼎款识》一册和《海源阁宋元秘本书目》一部；用济南各界慰劳前敌讨逆将士委员会所捐余款二百五十元九角购买影宋抄本《吕衡州集》、明刻元抄本《政府奏议》两种；②其他尚有明嘉靖本《许白云集》、清刻残本《通志堂经解》。③ 以上共十一种，都是在1930年年底以前购得。此外还有刘松年售出的二十种。据现在存于鲁博的有二十八种，除去和以上重复的仍有元本《宋史》，校旧抄本《霏雪录》，明影抄本《经典释文》，元本《汉书》，明正德仿宋刻本《五经》，旧抄本《五礼新仪》，元大德九年（1305）刻明修本《白虎通德论》，清张氏泽存堂仿宋刻本《大宋重修广韵》，明宣德杨氏清江书堂刻本《新刊资治通鉴目大全》，明嘉靖黄姬水刻本《前汉高祖黄帝纪》，元本《晏子春秋》，明万历抄本《开原图说》，明嘉靖白氏刻本《事类赋》，明嘉靖刻本《鼇峰类稿》，明嘉靖本《陂门山人集》，明嘉靖三年（1524）马氏刻本《齐民要术》，明嘉靖李元阳刻九行十三经注疏本《礼记注疏》等，又1948年购得胡澍手校清乾隆五十三年（1788）咸宁官署刻本《淮南子》。因而，王献唐总共为省立图书馆购得四十九种，另还购得海源阁藏书印记九石及一些书画等。

---

① 参见《海源阁藏书之全豹·济南又发现元椠多种》，《申报》1931年4月12日第10版。

② 参见《海源阁藏书损失详情》，《大公报》1931年5月5日第5版。

③ 参见刘阶平：《杨氏海源阁藏书概略与劫后之保存》，《当方杂志》第28卷10号，1931年5月25日。

王献唐则用薪俸购入黄丕烈校跋明本《穆天子传》、顾千里校《说文解字系传》两种。如此王献唐一共购书五十一种。其他则或为北平书贾、藏书家收购，或散于当地书贾者，不知其数。

海源阁藏书最终流入北平者最多，这些藏书起初多为书贾、藏书家从聊城、济南、保定、天津等地以高价收购而来。除藏书家傅增湘、周叔弢等人购得以外，书肆中文友堂得之很多，藻玉堂书商王子霖、文禄堂王文进等亦购之不少。流入天津的主要是善本，如王子霖在天津就开有分号，专门搜集海源阁遗书。又如张恩霈于津开设林记书店，曾售晦明轩刊本《政和证类本草》，钤有海源阁藏印。[①]

在杨氏藏书散出过程中，主人杨敬夫曾分三次成批将所藏善本和普本外运，这些外运之书历经波折，成为中国近代书厄史上的重要案例。

一　杨敬夫第一批运出之书（天津）

杨敬夫于1927年夏首次将二十六种子、集部善本秘密运津。敬夫本意欲先斥卖一部分，得资后于天津购一较大房屋，然后再移全部藏书至津。书到津后，杨敬夫即标价出售。消息一出，立即引起轰动，书贾、藏书家奔走相告，纷纷出击。李盛铎率先以高价购得宋本《孟东野诗集》、宋本《孟浩然集》两种。其后，售书单传至北京。11月29日，王君九闻讯后将二十六种善本书单抄寄于上海张元济。张氏核对《楹书隅录》，均有其书，每种开价少者千元，多者乃至几千元。张元济当即致函傅增湘请其赴津观书，并谋求保全、购买之策。[②]12月，《黄山谷诗》又为李盛铎购去，至此，“二孟一黄”三种全为李氏所得，价在四千元以上。剩余二十三种，敬夫让值至七万五千元，但须付现金。叶恭绰闻之，“拟介之公家收购，无应者。不得已，乃欲集同志十人，每人出资五千，将全数购入，以纾杨氏之急，免其为市侩所劫持，以致分散，俟公家能收购时，即照原价归公。其时如杨氏拟再售出，则亦再购入，再归公。如此辗转数次，杨氏所藏可不致分散，公家财力，亦得周转。已定议，且收款矣。其时有数藏书

---

① 参见雷梦辰：《津门书肆记》，《天津文史资料选辑》第34辑，中国人民政治协商会议天津市委员会文史资料研究委员会1986年编印，第116页。

② 1927年冬至日张元济致傅增湘信，《张元济傅增湘论书尺牍》，商务印书馆1983年版，第182—183页。

专家在北京,如不令参与,则必为所破坏,势不能不与商。果也其人佯允从众,而阴向杨氏挑拨,其言曰'此批书固不止此。'杨氏子固不省内容,因为所动,于是磋商两月,迄无结果。不得已,其事遂作罢,他方亦无能谋整批购入者。杨氏久候无办法,旅费渐罄,不得已,乃谋零售。于是某某者遂择其至精者购入,而弃其余。而杨氏零售所得即随手用尽,遂不能在津购屋。"①其后又商量,结果留十五种,还值三万二千元。不成,又数日再商,拟先约八人,每人五千,十三种予以三万九千元亦不成。只得作罢。时东方文化会因内部意见不一,基金会则买书年有限制,张元济所在公司等均不能购买杨氏藏书。张元济曾建议叶恭绰、傅增湘成立保全古书会,然最终亦未成事。1928 年元月,任张作霖安国军政府总理的潘复致电山东省省长林宪祖,要求"阻其续售,或由本省筹款购入"。张元济于上海见报后信以为真,在致傅增湘的信中谓"果尔,则杨氏开门揖盗,迨将不可得矣"。② 时因奉系军阀已日暮穷途,林宪祖并未采取任何措施。其后这二十三种善本陆续售于京津藏书家,惟购书者都为既爱书又财力雄厚者,而如傅增湘等人虽为书痴,因无经济后盾,亦不能如愿,正如他在致张元济信中言"一议不谐,遂不过问。实缘力不能办"③。诸家中刘少山得之最多,周叔弢次之,李盛铎为三种。至 1931 年,除宋本《会稽三赋》未能售出而随九十二种抵押于津行外,其余均已陆陆续续售出,二十余种子集镇阁之宝就此散入诸多藏书家手中。

为明晰这二十六种善本流散原委和归宿情况,特制作下表。表中所列王君九抄单为最早,其次为王献唐,最晚为叶恭绰,从时间上来看,仅仅两年,书价成倍上涨,当时四十四斤面粉售价一元,可见这些善本的价值。

书名	版本	册数	王君九抄价 (1927 年 11 月)	王献唐 抄价	叶恭绰抄价 (1929 年 2 月)	购买者
《孟东野诗集》	北宋本	4	1000 元(已售)			李盛铎
《孟浩然集》	宋本	2	1000 元(已售)			李盛铎

① 叶恭绰:《海源阁藏书》,《遐庵小品·遐庵谈艺录》,北京出版社 1998 年版,第 19—20 页。

② 1928 年元月 31 日张元济致傅增湘信,《张元济傅增湘论书尺牍》,第 184 页。

③ 1928 年 2 月 17 日傅增湘致张元济信,《张元济傅增湘论书尺牍》,第 186 页。

续表

《范文正文集》	宋本	8	2000 元	2300 元	5000 元	潘复
《淮南鸿烈解》	北宋本	12	4500 元	4800 元	6000 元	日人
《云庄四六余话》	北宋本	2	1500 元	2000 元		刘少山
《吕东莱集》	元本	8	1700 元	2000 元	3000 元	无名氏
《王摩诘诗集》	北宋本	6	1600 元	2000 元		周叔弢
《愧郯录》	宋本	6	3000 元	3300 元	4000 元	刘少山
《管子》	宋本	10	3000 元	4000 元	5000 元	日人
《说苑》	北宋本	10	5000 元	5500 元	6000 元	日人
《楚辞》	北宋本	12	7000 元	7500 元	8000 元	刘少山
《山谷老人刀笔》	宋本	10	2000 元	2500 元		刘少山
《孙可之文集》	宋本	2	2000 元	2800 元	2000 元	莫伯骥
《蔡端明集》	宋本	16	6000 元	6500 元	8000 元	刘少山
《黄山谷诗》	宋本	16	2000 元			李盛铎
《会稽三赋》	宋本	1	1000 元	1300 元		无名氏
《韦苏州集》	宋本	6	2000 元	2300 元		沈仲涛
《晋书详节》	宋本	10	1700 元	2000 元		刘少山
《柳先生集》	宋本	24	9000 元	10000 元		王文进
《击壤集》	北宋本	6	2500 元	3000 元	5000 元	日人
《唐四家诗集》	宋本	4	1500 元	1800 元	未标价	周叔弢
《三谢诗》	宋本	1	1500 元	2000 元	1500 元	日人
《陶渊明集》	北宋本	2	3000 元	3500 元	4000 元	周叔弢
《荀子》	宋本	10	4000 元	4200 元	5000 元	日人
《新序》	北宋本	5	5000 元	6000 元	6000 元	周叔弢
《庄子》	宋本	10	3000 元	4000 元	未标价	周叔弢
《王右丞诗集》	宋本				未标价	无名氏
《后村集》			未标价			

附注：

1. 表内书名排列按王君九书单为序。

2. 王君九抄单见《张元济傅增湘论书尺牍》第 181—182 页，即 1927 年 11 月 30 日张元济致傅增湘书。张元济于信中云“昨得王君九兄来信，谓海源阁有宋元本二十六种，捆载到天津出售，并抄来清单一纸。”知君九致信时间为 1927 年 11 月 29 日以前；王献唐书单见王献唐《海源阁藏书之损失与善后处置》(《山东省立图书馆季刊》第一集第一期，1931 年出版)，具体时间未有说明。但据书单上售书数量只比君九少《孟东野诗集》和《孟浩然集》两种来看，则一定在恭绰书单之前，因为恭绰书单只剩下十七种；叶恭绰书单见《张元济傅增湘论书尺牍》第 199—200 页，即 1929 年 2 月 16 日张元济致傅增湘书，则恭绰书单应在此时间之前。

3. 王君九抄单原无册书、无版本标注，根据王献唐和叶恭绰书单及《隅录》补充。《东莱文集》，王献唐书单无册数，据叶恭绰书单补入。《黄山谷诗》王君九书单原无册书，但张元济云“《黄山谷诗》多至十六册亦仅开二千元”，知为16册，见《张元济傅增湘论书尺牍》第181页。

4. 王君九抄单共27种，《后村集》无标价，则惯称曰26种。叶恭绰书单有《王右丞诗集》，王君九王献唐抄单并无，不知恭绰从何而出。综合三家书单，共28种，未标价者两种，分别为王君九抄单《后村集》，叶恭绰书单《王右丞诗集》。

5. 叶恭绰书单，《张元济傅增湘论书尺牍》中云15种，实际为17种，有三种未标价格。

6.《王摩诘诗集》实际为《王摩诘文集》，《隅录》卷四著录“北宋本《王摩诘文集》十卷六册”，从版本及册数来看，王献唐抄单即是此书，而书名王君九和王献唐均误。叶恭绰书单中所录宋本《王右丞诗集》实际是校宋本《王右丞诗集》六卷，《隅录》卷四著录“校宋本《王右丞诗集》六卷一册”，盖因非宋本而为藏书家忽略不计。宋本《后村集》，《隅录》卷五著录“宋本《后村居士集》五十卷十册二函”，为国图收购津行92种之一。王君九抄单未作标价，盖因非《隅录》著录本，当系另一本。《吕东莱集》，《海源阁宋元秘本书目》著录“元本《东莱太史文集》十五卷八册一函”，从册数看，即是此本。《黄山谷诗》，《隅录》卷五著录：“宋本《类编增广黄先生大全文集》五十卷十六册二函”，即此本。

二　杨敬夫第二批运出之书(天津)

1928年10月，杨敬夫又将阁中善本装成十几大箱，运到天津英租界西安道住所中。这批书以经、史善本为主，其中包括镇阁之宝宋本“四经四史”，以及为《隅录》续编所著录的诸多名家校抄本。消息一出，国内舆论再度哗然，中外书贾、藏书家麕集于杨氏之门，络绎不绝，接洽收买，登门观书，以致户限为穿。对于这批书以及连同之前未能完全售出的二十三种子集善本，杨敬夫本欲成批出售，但因开价太高，无人问津，被迫只能零售，其零星出售自1927年一直持续到1949年前。最早购买者为1927年末李盛铎购得“二孟一黄”三种，直到1948年，周叔弢还从藻玉堂王子霖处以三千六百元购到元雪窗本《尔雅》。在对杨氏藏书的瓜分争购中，京津藏书家如周叔弢、傅增湘、叶恭绰、李盛铎、潘明训，实业家刘少山、陈澄中、张乃熊，书贾王子霖、王文进等都曾分得一杯羹。

杨氏运津的这些善本如何处置，在当时成为国人关注的焦点。因为前有皕宋楼藏书为日人购去的事实，国人深恐杨氏藏书再覆其辙。所以，这里有必要对日人购书一说予以澄清。自1929年起，杨书东渡便一直众说纷纭。1929年5月23日，民国政府财务部税务署致总税务司梅乐和训令，要求各海关监督查缉外运旧书①。1930年12月12日《大公报》第三版以《保存古籍——聊城

① 《财务部税务署致总税务司梅乐和训令》，中国第二历史档案馆编《中华民国档案资料汇编》第5辑第1编教育(2)，江苏古籍出版社1994年版，第787—788页。

杨氏藏书禁止售给日人》为题做了专题报道。1930 年 12 月 18 日，南京政府闻知杨氏海源阁藏书以二十万售于日人，即致电行政院云："山东杨氏海源阁所藏宋、元、明善本书多种，现运天津，整批出售，正与日人接洽等语。奉主席令：迅电天津市政府及河北省政府先行制止出售等因。"①内政部亦特电鲁省府加以制止。1930 年 12 月 26 日《大公报》第四版以《聊城杨氏售书真相》报道云："日人甚么郎，亦得去二三焉……外传以二十万售于日人，殊非事实。"同期 1930 年 12 月 29 日刊于《山东省立图书馆季刊》第一集第一期上的王献唐《海源阁藏书之损失与善后处置》又云："传书已卖出矣，有宋椠十二种，最初叶誉虎、张岱珊、梁众异三人合出六万元，杨氏不肯出让，乃以八万元间接售于日本人。其经手者，为北平琉璃厂之王某。"1931 年 2 月 1 日《申报》第八版报道题目为《日人在津收买聊城藏书已有十二种成交，鲁省府设法保存》，云："聊城杨氏海源阁藏书中宋刊世彩堂廖氏本《孟酥集》（此书目误，应为《孟东野集》）、《孟浩然集》、《柳柳州集》等十二种以八万元售于日人。"2 月 11 日《申报》第十一版发表署名清癯的文章《论吾国版籍之沦亡》，作者在感叹大量中国珍贵书版流入异域时，又道："不特唯是。聊城杨氏海源阁之藏书，近亦散亡无余。宋版之《柳柳州集》、《孟浩然集》、《孟东野集》，在津被日人以八万金货之以去，其他可想而知。此为晚清道、咸以后，南北四大藏书家之一，而其子孙犹不保其故物，虽曰兵燹劫灰之余，而亦负有地方文化之责者，不能辞其咎。"1931 年 5 月 19 日《大公报》第四版又登出惊人要闻：《海源阁善本已有卖于日人说》，副题云《全部以四十万押于某银行，并传大部分已由津邮寄大连》。正文云："山东图书馆馆长王献唐得津友函，杨氏由潘复介绍，将海源阁藏书宋元善本，全部以四十万押于某银行，近大部已由津邮寄大连。实已卖出，买者为日人，即将成交。鲁教厅决予严厉警告，在各报声明，此书关系中国文献，山东有优先收买权，在接洽间，任何人不得买卖。又派王献唐赴津调查、王定巧北上。"次日《大公报》第五版又以《海源阁藏书命运如何》为题报道此事。1931 年 5 月 21 日《申报》第七版亦作报道《藏书沦落外国之骇闻》，副题云《由潘复接洽售于日人，大部分已由津寄大连，鲁教厅登报声明警告》。同日《中央日报》第一版以《海源阁藏书又落日人手》为题亦作长篇报道。由于事态严重，再

① 《国民政府文官处致行政院公函》，中国第二历史档案馆编《中华民国档案资料汇编》第 5 辑第 1 编教育(2)，第 788 页。

次引起政府的高度重视。据《中华民国史事日志·中华民国二十年(1931)辛未》云:2月10日,国府下令教育部收买国内收藏家无力珍藏之古籍古物。此令实际上就是为山东聊城杨氏海源阁藏书所发。5月21日《大公报》首版刊出《山东省政府教育厅重要启事》,云:"聊城杨氏海源阁藏书。本厅叠令山东省立图书馆与书主商洽归公家保存,现已略有端倪。忽有以四十万元秘密出售。风传并闻经手者系为某国人待办,事关全国文化,除即日派员赴津查询协商外,特先郑重声明,无论何国人士,应以中华民族之公共文化关系与本省图书馆以优先让渡权。如有不屑之徒甘心为虎作伥,本厅当以古物保存法,严重究办。特此通告。"这个声明在5月22日、24日、25日、26日、27日、28日的《大公报》第一版上又连续刊登六次。事实上,日人对这批藏书的确觊觎良久,但日人究竟购去海源阁藏书多少?杨敬夫是否亲自售于日人?潘复是否参与此事等等则是需要搞清楚的问题。

日人购书并非空穴来风,杨敬夫曾说:"那时住在天津的日本人也曾想染指,日本人表示愿意多出钱出高价,我都严词加以拒绝了。"[①]据现有资料考证,最终日人购去有宋本七种,有六种实际由北平书贾高价倒卖于日人,后来存于当时由日人经营管理的大连满铁图书馆。据日人桥川时雄《宋嘉泰重修三谢诗书后》云:"予曩年(指1934年以前)因事赴辽,访友大连图书馆,馆长柿沼先生暨松崎先生柔甫,乃启秘箧,任予瞻览,内有宋本《三谢诗》一函,谓得自北平坊贾,携来此间求售者。"[②]又郦承铨《记大连图书馆所收海源阁藏宋本四种》云:"当时闻以六万元重价成贸。"[③]这四种分别为《说苑》、《管子》、《淮南鸿烈解》和《三谢诗》,四种价格按1929年从敬夫所开价格合算,最高亦不足两万元,六万元高价则定为书贾谋以暴利卖于日人,这与敬夫的说法完全一致。所以,日人所购此六种(另两种为宋本《荀子》和《康节先生击壤集》)非出于敬夫之手无疑。另一种为宋本《咸淳临安志》一册为日本文求堂所得,其后又高价售回国内[④]。其他如元本《史记集解》零本一册,宋本《本草衍义》四册分别藏

① 李士钊:《聊城海源阁藏书重要史料片断——1966年2月10日在天津访问海源阁第四世主人杨承训(敬夫)先生》,《山东省出版志资料》第1辑,第182页。

② 桥川时雄:《宋嘉泰重修〈三谢诗〉书后》,宋嘉泰重修本《三谢诗》卷末,1934年日人桥川时雄曾据宋本影印,上海古籍出版社1983年影印桥川本。

③ 《文化先锋》第5卷第24期,1946年7月。

④ 参见本章第4节附录2《海源阁藏宋本〈咸淳临安志〉散佚考》。

于日本中央大学图书馆和杏雨书屋，这两种均为民国间流入日本。

潘复酷爱藏书，对海源阁藏书尤其关注。但现在找不到任何关于潘复售书日人的证据。在《大公报》和《申报》等相继登出潘复的传闻后，1931年5月20日、21日、22日，潘复连续三天在《大公报》第二版上刊登《潘复启事》予以澄清："阅报载，海源阁藏书一则涉及贱名，良为诧怪。查海源阁藏书已为鲁殿灵光。鄙人素主张设法保存，留此国粹，嘉惠士林。岂有介绍外人收买之理？报载适于鄙人主张相反，绝无此事实。特此声明。"这个声明亦可证实潘复是无辜的。其实，任何一个爱国有识之士，在面对这些国宝时，他很清楚如何处置，这从以后的行动中，就可清楚地看出。而唯有那些唯利是图的个别书贾才是应该备受指责的。

将部分善本抵押银行，确有此事，但也不是如上述传闻所言。杨敬夫曾想将出售所得用来投资工矿企业。1931年"九一八"之后，杨敬夫将九十二种善本，经北平琉璃厂经理王雨[①]介绍，以八万元的价格，由"平津人士潘复、常朗斋、王绍贤及现任天津市长张廷谔诸氏，组织存海学社，购存于天津盐业银行"。[②] 敬夫原想在投资回收后再行收回，所以敬夫说"抵押到天津盐业银行"。据敬夫云：自已将售书所得大部分都投资到工矿事业及房产上去了，"第一是办工厂，向济南成通纱厂投资两万元。第二在天津置了十五所房产，还投资到河北密云、昌平的天兴金矿一部分(后来被日本人没收)。还有一部分投资于河南淮阴盐店。一小部分不到二年就都赔进去了(共约四五千元)。又投资到一个机制煤球公司几千元。最多的搞了个进出口公司，赔了四五万元"。[③] 由于投

① 王子霖，又名王雨，字子霖，以字行。河北深县人。民国时于琉璃厂西街开店，精通版本鉴定，与王晋卿、王富晋号称"书业三王"。在天津劝业场二楼开设分号。1931年，杨敬夫将92种善本抵押于天津盐业银行时，王子霖为介绍人，但王从中作了手脚。据王江《偷梁换柱》(2002年5月27日《承德日报·文化周刊三版》)云：先是王子霖从保定得杨氏明本苏老泉《嘉祐集》。后知敬夫将92种善本有意出售，子霖与敬夫见面后，发现书单标价十万，上有宋本《汤注陶诗》，开价3500元，遂萌生"掉包"之计。因先前周叔弢曾找过他，弢翁得黄丕烈藏宋本《陶渊明集》，为配齐陶陶室两种，嘱他留心宋本《汤注陶诗》。子霖遂将书单抄写两份，却把一份书单中的《汤注陶诗》换成了《嘉祐集》。随后子霖将抽改书单交于潘复等人，潘复等人研究后决定以八万元购买这批书，并在书单上签字。子霖复将抽改书单交敬夫过目，因敬夫急需资金匆匆浏览后随即签字。按照协议，子霖将书先拉到其下榻的交通旅馆3楼14号房间，第二天下午将钱交付敬夫。当晚，子霖将《汤注陶诗》抽出，换成《嘉祐集》。迨将这批书交于潘复时，《汤注陶诗》已经换成了《嘉祐集》。1933年11月子霖以4000元高价售于周叔弢。今查北图《本馆收购海源阁遗书始末记》，中有《嘉祐集》，而无《汤注陶诗》。又周叔弢手记《历年收得杨氏海源阁旧藏善本目录》及《汤注陶诗》题识均言及此事，证明上述所言不诬。

② 《本馆收购海源阁遗书始末记》，《图书季刊》新第7卷第1、2期合刊，1946年6月。

③ 李士钊：《聊城海源阁藏书重要史料片断——1966年2月10日在天津访问海源阁第四世主人杨承训(敬夫)先生》，《山东省出版志资料》第1辑，第182页。

资均以失败而告终，敬夫欲将这些藏书赎回的计划完全泡汤，这样潘复等人购买九十二种善本就变成了既成事实。[①] 但是我们要说的是，潘复与常朗斋、张廷谔、王绍贤三人，组织成立"存海学社"，以八万元购存津行。这在当时，是需要相当大的魄力和财力的。"存海学社"，顾名思义，就是要保存海源阁遗书，是一个专门为保存海源阁遗书而成立的民间组织。存海学社为首者潘复[②]，作为一个藏书家，潘复对同省杨氏藏书自然十分关注，据敬夫云，"早在张宗昌统治山东时代，潘复就起过意。他曾给张宗昌打电报，想叫张宗昌派兵来强行没收，但张未能照他们的意思办。这是张宗昌时代的山东省省长林宪祖的秘

① 《订补海源阁书目五种·后记》云："他们(指潘复等人)在杨敬夫押入天津盐业银行的九十二种宋元秘本到期无力赎回的时候，毅然组织存海学社，以八万元赎归存海学社所有。"事实上，潘复等人是在一开始为了购买杨氏藏书时就组织了存海学社，并非等杨敬夫无力赎回时才成立该社。《本馆收购海源阁遗书始末记》中所言"购存"一句，已经言明此意。存海学社在购入九十二种善本后，之所以存入津行，是因他们从津行借了钱，这一点，敬夫在《访问记》中已经提到，云"潘复等人向天津盐业银行借的钱"。因而才有抵押的说法。当时可能是敬夫、潘复和津行三家有一个协议，等敬夫收回资金后，再从潘复手中收回九十二种善本，而潘复等人还给书款后也从津行赎回再退书于敬夫。所以敬夫也说"抵押到天津盐业银行"云云，实际上，这中间添了潘复一环。傅增湘《藏园日记》云："辛未三月十三日，到盐业银行看书，迫暮粗毕，其大概别记之。"其"大概别记之"即《海源阁藏书纪略》一文，作于"辛未三月二十四日"，分别发表于《大公报》1931 年 5 月 24 日第三版和《中央日报》5 月 27 日第三版。《藏园日记》和《海源阁藏书纪略》又载《藏园群书题记》第 1089—1095 页。从傅氏上述所记时间来看，则九十二种善本早在"九一八"之前已经存于天津盐业银行了。敬夫于《访问记》中所言："我家的宋元珍本书籍，开始抵押到天津盐业银行是 1931 年'九一八'以后的事。"则敬夫早在"九一八"之前已经由潘复等人购存于津行，只是敬夫在"九一八"之后发现自己的投资失败，无力赎回，才言抵押云云。实际上，这时的所有权已经完全归于潘复等人了。这件事还有一确证，据行政院与海关总署档案《教育部长王世杰致行政院呈文(1934 年 6 月)》中云："现存于盐业银行者，乃杨氏二十年(1931)夏售诸存海学社，由该社押入银行。"这个信息是由当时国立中央图书馆筹备处主任蒋复璁，在亲自前往平津调查海源阁藏书情形之后提供的。蒋氏"遵于十月二日，由京(南京)出发，先赴北平调查，并与存海学社代表张君廷谔晤询一切。至八日抵津，又与存海学社潘君复等会晤。继至盐业银行行库检视……"当时购买书籍所用资金为"据银行及存海学社代表所述，当时购书实价共为二十六万五千元，存海学社集资八万五千元，盐业银行押款十一万元，农业银行七万元"。由于以上均为蒋氏亲自调查所得，当不会有误。见中国第二历史档案馆编《中华民国档案资料汇编》第五辑第一编教育(二)，江苏古籍出版社 1994 年版，第 790 页。又按：据蒋氏所言，实际上，存海学社除集资八万元外，还向盐业银行借款十一万，故云"押款"云云。所以存海学社实际出资十九万五千元。

② 潘复(1883—1936)，原名贞复，字馨航，山东济宁人。清末举人，捐纳知府衔分发江苏候补。民国间供职于奉系军阀张作霖幕府中。先后任山东实业司司长、财政部长，1927 年任国务总理兼交通总长，又任张学良高等顾问，退职后寓居天津。家富藏书。盛昱遗书散出时，购得《策要》等书。与南通张謇研讨郡国利病，于是搜求历代著述、舆地图籍百数十种。得同邑许云峤《方舆考证》稿本，锓木以行世。清帝溥仪曾将南宋绍兴本《资治通鉴》赐一王爷，王爷遂托文德堂主人韩氏装池，韩氏作伪后送归，并将真本售于傅增湘，傅氏又以万元售于潘复，遂后潘复又以宋本《白孔六帖》易傅氏《目录》三十卷，遂为完书，被传为书坛佳话。其藏书处为"宝沈盦"、"花鉴阁"。藏印有"济宁潘复"、"馨航"、"花鉴阁"等。

书长掖县吕海澄的侄子亲自告诉我的……”[①]1928 年，潘复又电复山东省省长林宪祖，要求阻止杨氏继续售书。1931 年 5 月又传出由潘复介绍将杨氏藏书卖给日本人，甚至傅斯年亦认为潘复购买九十二种善本的目的是转卖给日本人[②]等等。总而言之，潘复似乎没有给杨氏和世人留下一个好的印象，而敬夫之所以用王子霖做中介人将九十二种善本转押给津行，大概就是这个原因。但不管怎样，以潘复为首的存海学社为杨氏藏书所做的实际贡献是不能抹杀的。潘复卒于 1936 年，其后主持存海学社的是时任天津市市长的张廷谔[③]。1944 年，存海学社又加入新股，改组为存海学社新记。九十二种善本存于津行期间，管理极严[④]，保存完好。在当时的环境之下，能够使这批藏书一直完好无缺地保存到抗战胜利之时，存海学社功不可没。

1945 年 11 月，国立北平图书馆复员，即拟购藏这批图书。报经教育部长朱家骅批准，拨专款收归国有。时行政院长宋子文视察平津，经与张廷谔市长商洽，并饬该学社同人，将全书作价一千五百万元，交由北平图书馆收藏，手谕云“其原购存该批书籍士绅，热心可嘉，应于北平图书馆内，另辟存海学社，以资纪念”。经行政院驻北平办事处之协助，北图于 1 月 22 日派员携款赴津，交由该社股东张廷谔收存。嗣于 1 月 28 日，按章该社书目点收，并由张廷谔派李家烛秘书代表监点，共九十二种一千二百零七册，分装七大箱，于 2 月 1 日由张廷谔委托杜建时派兵护运到京。北图遵宋院长之意，成立专室，以资纪念，并编出书目。[⑤] 从此流落天津长达十五年的这批海源阁精椠，终归国家典藏，实为中国藏书史上一大幸事。其间，存海学社的成员，从潘复到张廷谔等，都付出了巨大的努力，“存海”之初衷亦得以付诸现实。同时，这也是杨氏善本中至今保存最为完善的最大一批藏书。

---

① 《海源阁访问记》，《大公报》，1931 年 4 月 28 日第 5 版。

② 参见王绍曾：《后记》，《订补海源阁书目五种》，齐鲁书社 2002 年版，第 1420 页。

③ 张廷谔(1890—1973)，字直卿，河北丰润人。1922 年任山东盐运使，1923 年任北洋政府国务院秘书长，1928 年客居天津，经营盐业。1934 年任天津市市长。抗日战争爆发后寓居天津租界。抗战胜利后，再度任天津市市长。

④ 惟傅增湘曾在 1931 年 3 月 13 日观书，归后并撰《海源阁藏书纪略》。2005 年 8 月 24 日下午两点笔者去中国建筑设计研究院历史所(北京)造访傅熹年院士(傅增湘之孙)时，傅熹年说，当时人家根本不让看，托了好多人才好不容易让看一次，而且时间还很紧迫。这说明津行和存海学社的扃闭之紧。

⑤ 参见《本馆收购海源阁遗书始末记》，《图书季刊》新第 7 卷第 1、2 期合刊，1946 年 6 月。

三 杨敬夫第三批运出之书(济南)

1930 年 12 月,杨敬夫将海源阁明清版本两千余种运至济南私宅。运济后,这批书由杨家的朱姓老姨太太和庶母太夫人负责看守。这批书本是秘密运走的,但消息不胫而走。于是各地报纸纷纷报道。省府得聊城方面报告,又深恐流入外域,曾有一度相当之处置。之后,省政府及教育厅,均先后接到内政部、教育部的函令,要求查询此案。省民、教两厅当即派员会查,并妥拟善后保管方法。山东省立图书馆馆长王献唐作为派员之一参与了会查,并亲往济南东兴里杨宅接洽,得其答复,谓聊城所存残余书籍,确已悉数运来,正在定制书箱,因太夫人染病,未暇检视,一旦病愈整理完竣,即再请各界参观。王献唐就保藏办法,间接向寓津的杨敬夫征求意见,敬夫亦欲得其如何保藏之法,嘱其先将图书馆方面意见,开列大纲,以便斟酌。王献唐商承主管长官同意,拟定《杨氏海源阁书籍协议大纲草案》,提出三项办法,请杨氏任选其一:一、杨氏委托图书馆代为保藏法。省府明令书籍所有权为杨氏,成立杨氏海源阁图书委员会,负责保藏经营,由杨敬夫任委员长。二、半捐半卖法。即杨氏减收书价,作半捐半卖性质,图书归图书馆保存,杨氏可享受权益若干。三、平价收买法。此法即照值公买公卖,杨氏亦不能享受特别权益。以上三项,杨氏可以自由选择增减,即完全不同意,而另提他法亦可。甚至概予拒绝,亦不勉强,因书籍为杨氏私有财产。但如卖出,省立图书馆有优先权。

《草案》拟定后,先征求太夫人意见。太夫人及亲信家属,鉴于近年世变,已有顺从之意,对此三项办法均无成见,并为表扬先德,拟在全省文化方面,作一番空前义举。只等主人杨敬夫来济后作出最后决定。1930 年 12 月下旬,王献唐托人将《草案》送交敬夫,但至月末,并无正式答复,仅接到敬夫来函:“顷奉大札,敬悉种种。屡蒙关垂,早铭心版。至协议草案,容另函详答,特先奉闻。”除此而外,敬夫又间接口头表示,俟太夫人病愈,招请重要戚属详细商定后,再行答复。因事关杨氏自身及各方面利益,不能草率行事云云。此事遂搁置数月。期间杨敬夫曾回济南一次,然未与官方会晤,惟曾间接表示可以承认《草案》第三种办法。其亲友以有失家声为由,敬夫又表示可以承认第二种办法,但即使如此,亦需一百万元。官方得知后,欲与会商,然敬夫又匆匆回津。其后,太夫人则不能做主。敬夫亦未能决断此事。[①] 1931 年 5 月,报纸纷

---

① 参见王献唐:《海源阁藏书之损失与善后处置》,《山东省立图书馆季刊》第 1 集第 1 期,第 7—8 页。

纷报道日人购买杨氏藏书一事，再加运济之书亦悬而未决，山东省教育厅遂派省立图书馆馆长王献唐于6月初赴津会晤杨敬夫，商谈解决保藏办法。王献唐到津后，杨敬夫表示与王系旧交，如以朋友立场，可以会谈，若奉政府命令，则无必要。王答复云，系奉山东教育厅命令，遵照国府保存中国文献之意旨办理，本人即站在中国文献立场上，与书主见面，仍托友人致意。后敬夫同意见面，并以盛宴招待。敬夫云，津济市肆上所卖之书，均系劫匪所出，非敝族所为。至于报载抵押四十万元之说，更属子虚乌有。先人藏书艰难，先母在时，见逼于权贵，竟致以性命相殉。将藏书分运津济，完全为谋保藏之安全起见。所有珍秘善本，先运天津，迨至去年，确已发生意外，遂将全部运至济南，而去年损失之书，先后发现于市上者，外人不知，遂谓系敝族所卖，此应首先声明否认者。至于三项保存之法，敬夫所顾虑者，一是第一、二种办法，建筑大规模图书馆，或半捐半卖则需款更巨，政府有此财力否？有把握否？二是现在省政府教育厅及图书馆，以中国文献为重，藏书如收归公家保存，固可无处损失，但一旦各当局如有变迁，则后来者，是否能继续保藏，请问有何保证？三是即以上两项问题，试问政局如有变更，则图书馆安全问题，能有保证否？敬夫种种顾虑，自是有相当理由。王先生答云，一、自己奉山东官府之命令，对于财力一节，无须顾虑，因上有国府，下有省府，藏书价值固属钜数，但以国省之力合办，可无问题。二、省局变更问题，后来者能否注重文献，确难保证。但献唐在职一日，决负一日责。至政局变更，更无把握，惟政局如有变更，后来者如系一坏人，则保存于聊城或天津，亦无法禁阻其攫取，由此点看，则保存于济南或天津，保存于私家均等耳，而济南为一省都会，公家较富于私人，故藏书归公家保存，为比较安全。谈至此，双方意思接近，遂定期再会，细商办法，至欢而散。后又与书主会商数次，书主亦与亲友会商数次。最后王献唐认为，书主已有接受收归公家保存之意。[①]

然而，此事最终未能成事，这虽然不能排除杨敬夫岳父劳之常的施压[②]，

---

① 参见《今后之海源阁存余珍本如何保藏？——王献唐来津与书主接洽，归济后谈访杨敬夫经过》，《大公报》，1931年6月4日第4版。

② 参见《海源阁藏书愿全部出卖鲁省府，半捐半卖索百万元》，《大公报》，1931年3月29日第4版；《海源阁藏书保存问题》，《申报》，1931年2月5日第9版。《申报》云："惟事关重大，须开家族会议解决，并请劳之常来济取决。"可见，劳氏在杨氏家族中的地位。劳之常（1887—1948），字逊五，山东滨州阳信小劳村人。1917年3月任山东河务总局总办，步行考察了山东段黄河治理情况，著《治黄管见》。1919年11月任交通部次长。1924年11月任交通警察总司令兼京汉铁路局局长。1926年1月，复任交通部次长兼京汉铁路局局长。1948年12月病故。见《山东省志·人物志》之滨州阳信部分。

但主人杨敬夫担心亦并不是没有道理。民国间,政局动荡不安,山东尤甚。1930 年以前的现实印证了这一点,而这之后的情形并未得到任何改变。尤其是抗日战争期间,津、济均遭蹂躏。若书以归公,遭劫必不可免。如山东省立图书馆就先后遭晋匪和日军的烧掠等,原藏珍籍文物毁损惨重。抗战期间,王献唐凭一己之力不得不携书远避四川乐山,而以海源阁明清本二千五百余种之多,是不可能运到四川的,如真的存于省立图书馆,恐怕今天我们就不可能再看到这些明清版本了。当局的出发点,无疑是正确的,值得肯定和赞扬的,但现实又是残酷的,不以人的意志为转移的。民国和抗战时期,中国文献遭到了最大的破坏,这又是不争的事实。例如,1932 年上海东方图书馆四十六万余册珍籍一夜之间化为灰烬。以杨氏的经历,短短几年里,其几代先人所积藏书数遭劫毁,敬夫的心有余悸完全是可以理解的。

杨敬夫曾想把存于济南的图书再运回聊城田庄,并开办一处私人图书馆以供人阅览。但最终未能如愿以偿。1942 年,杨敬夫在济南东兴里的房子出售后,敬夫又想把这批书籍运往天津,但是又怕天津再度发生如 1937 年那样的大洪水。最终还是运到北平宣武门内岳父劳之常家暂存。因为只有三间房子,没有办法对其进行整理,由劳之常代管。后来劳氏曾请清平人刘云坪来帮助整理过这些藏书,刘氏家里亦藏有不少明版书,对书颇为内行。当时劳氏居住于宣武门外山东会馆,并和日本人常有来往,他为讨好日本人,曾主张将这些藏书,作为他回山东做汉奸省长的资本,欲以三百万联合储备银行的伪钞卖出去。因敬夫不同意,遂与劳氏发生冲突。后又有人出一千万"联银"伪钞购买,河北省伪政权的民政厅厅长陈凤九,也想让这批书卖给河北,敬夫均予拒绝。时济南人士辛铸九曾以鲁图馆长的身份,到天津找敬夫面谈,想把这些书籍买下来,敬夫仍未答应。但辛氏并未放弃,又继续做劳氏的工作。而劳氏也一直想利用这批书,捞取政治资本,他曾想以此通过日本人跟山东省的汉奸省长马良进行斗争。[①] 劳氏曾威胁敬夫说:"你存在我这里的书不卖不行,如果再坚持不同意,势必使我叫日本人全部拿走。"后来,劳氏还让山东的一个当了长清县县长的汉奸土匪冯寿彭找过敬夫,亦未成功。这期间,敬夫住在天津,

① 马良任伪山东省省长是在 1938 年 3 月至 1939 年 1 月,据敬夫所言,劳氏应该早在此时已经图谋这批书了。

劳氏居于北京，劳氏常打电话让敬夫去北京见面，商量这些书的去处。实际上，在1945年这批书籍运回济南以前，就一直是在劳氏的控制之下。期间藏书有所散佚，1982年，李士钊在济南市文物店裱画组赵玉修师傅处，发现一部钤有“海源阁藏书”印章的明版《嘉祐集》，原系1949年后由日伪时期汉奸省长唐仰杜家里流散出来的，流到唐家的或非此一种。至于如何流进唐家的，这极可能又是劳氏所为。[①] 因而，劳氏在杨氏藏书的流散中，起到了相当大的作用。劳氏之所为，不能辞其咎。

1945年春，在未经杨敬夫允许的情况下，劳之常和辛铸九等谈妥价钱，并作为敬夫的售书代理人和辛氏签订了卖书合同。敬夫得知后，非常气愤，然已无奈。[②] 当时由于运津之九十二种仍然抵押于津行，另有一些零星散本流入北平，再加这批图书亦在北平，且又多人想出高价购买，山东人士痛感本省宝藏沦为外籍。激于义愤，于是由本省人士和住京同乡组成了搜集海源阁书籍委员会，成员有一百余人。本省人士有苗兰亭、辛铸九、成逸庵、张蔚斋、张星五、周履庵等，旅京人士有张馥卿、崔芸青、刘云坪等，遂在济募集捐款三百万，于此年春派张蔚斋、辛铸九等购回济南，存于鳞祥街道德总社楼上。时或包以苇席，或盛于木箱，共计一百四十余件，均有点收目录。惟由北京运至济南时，因下车搬运箱破，稍有散失。该委员会还曾派人往天津以赎回九十二种善本，而银行以为既得奇货，遂不再轻易售出，推诿为原典人业已赎回等。抗战胜利后，山东省政府复员，省主席何思源抵济，对运济之书，相当重视。省教育厅厅长面谕代理省立图书馆馆长罗象临馆长调查海源阁遗书情况。省政府政务厅厅长刘道元对存于道德总社的杨氏藏书亦极为重视，并偕同罗馆长亲往道德总社考查了这批书。期间，刘厅长倡议将这批书籍存入省立图书馆，以便永久保存，裨益于鲁省文化。罗馆长与苗兰亭、辛铸九等多次商榷斡旋，于1945年10月，终于使存于道德总社的杨氏藏书悉数捐入省立图书馆。消息传出，全市文化人士为之庆幸。[③]

---

① 参见《聊城海源阁杨氏藏书刻书简述》，《山东出版志资料》第1辑，第146—147页。

② 参见《海源阁访问记》，《大公报》，1931年4月28日第5版。

③ 山东省教育厅文件《省立图书馆馆长罗象临呈报教育厅奉令调查海源阁书籍前后情形的呈文》，1945年10月社教类社省字1号1册，第1号。藏山东省档案局。又据李士钊《聊城海源阁杨氏藏书刻书简述》云：“当辛铸九任日伪时期山东图书馆长时，曾以七八千元伪钞，把杨氏残存的明清版本一万七千卷，通过杨的岳父买下来，由北平运回济南山东省图书馆收藏。关于这件事情，当时的日伪报纸都曾刊布过。”见《山东出版志资料》第1辑，1984年。邵养轩《海源阁藏书聚散始末记》，《教育短波》（复刊）第1卷第6期，1946年6月。

从辛氏对这批藏书的最终处理结果来看,是应该值得肯定的。但敬夫之所以一直坚持反对劳氏和辛氏达成的这桩交易,也是有道理的,因敬夫担心这些书流入日人手中,而辛铸九又是日伪期间的鲁图馆长。再加上这批书的主人是杨敬夫,并非岳父,因而劳氏这种霸道的"侵权"行为自然要招致书主人的强烈反对。

捐入省立图书馆的这批藏书,因当时以十一战区副长官部驻节图书馆,并未立即入馆,仍存道德总社。到 1946 年 2 月,副长官部奉命结束,房舍腾出,然遂又被其他部别占据。后经罗馆长多方呼吁,才终于让出馆舍。是年初夏,罗馆长带领邵养轩等人用半天工夫将一百四十余包藏书运到图书馆。为慎重起见,即呈请省府刊发"山东省立图书馆点收海源阁书籍之章"一枚,并请派员监收,自 6 月初点收至 8 月完竣,共两千五百一十三种,三万一千一百一十三册(明史残缺不完,未列册数)。其中善本有元本《宋史》、《两汉书》等,而最珍贵者,则为黄丕烈手跋明本《前汉书》和朱彝尊批校精抄本《咸淳临安志》等数种。明版书有四百余种,殿版书甚夥,余则为普通版本。接着开始编目,图书馆拟定先编《海源阁善本书目》和《海源阁善本选志》,再印行《海源阁善本书目专刊》。编目体例按《四库全书总目》四部分类法,并加丛部。在编善本书目时,先检查书之全缺,再辨认版本,继之考核著者,复寻有无章记,终登录各家题跋,根据以上手续,再判定版本之善否。《善本选志》则著录更加细致,除完成上述步骤外,再加考证,如版本之雕刻,书本之转徙,字数之增删,错字之多寡,序跋之辨别等,都审慎分析,最后综合起来,优者入选《善本选志》。负责编纂《善本选志》的是研究辅导部主任路大荒,《海源阁善本书目》则由吴天墀总领。两人都是学者,颇通版本。两目分别由他们负责,可谓深得其人,也就保证了目录的质量。经过两个多月的努力,两目编纂终于完成。《善本书目》著录共五百九十二种,九千八百零二册,三万二千八百二十二卷,其中元版书五种,明精刊本三百八十二种,清精刊本及内府本一百七十五种,精抄本二十二种。《善本选志》著录共六十八种,一千一百四十二册,三千三百六十九卷,元本五种,明精刊本三十八种,评校本五种,清精刊本十二种,精抄本七种,底本一种。两目虽编妥,但由于资费浩大,未能及时付梓。[1]

① 参见邵养轩:《海源阁藏书聚散始末记》,《教育短波》(复刊)第 1 卷第 6 期,1946 年 6 月。

藏于鲁图的这些书籍至今已经六十多年了，但期间仍有损失。1999年，鲁图进行了整理，编成《馆藏海源阁书目》，著录的书目数量与1946年最初存入鲁图时尚差近三百种。如原邵养轩《善本书目》(以下省称邵《目》)中有元本五种，今编书目只有两种，邵氏所云黄跋明本《前汉书》和元本《宋史》、《两汉书》均无其书，今仅见元刻明清递修本《晋书》一百三十卷，元大德建康路儒学刻明清递修本《唐书》二百二十五卷，其他三种则不知去向。明本中今目亦比原来少著录十四种。邵《目》所编均为目验，且有专家主持，当不致有误。奈何现存书籍比原存少了那么多？如果说战乱时期杨氏无力保护还有情可原的话，那么处于和平时期，归公以后为何仍然不能安全保存？杨敬夫曾于1957年将三十七种八十七件杨氏书籍文物捐献于山东省文化部门，后存入鲁图，然现在这些捐献之物亦有阙失，个中缘由不能不让人深思。

除上述三批有组织的外运出售外，1948年秋，杨敬夫曾欲将家中剩余书籍出售给北京书店。当时，王子霖将敬夫家最后一批书存放于法源寺，其中大部分为普本，一些善本则存放于王子霖家中。敬夫要将这些劫后书籍出售，因子霖与敬夫相熟，便由子霖出面组织琉璃厂藻玉堂、文奎堂、文渊阁、多文阁、东来阁、修文堂六家书店合股买下，共计两千万法币。因六家店主的大部分资金为银行贷款，因此急需出手。于是在王子霖主持下，组织了一次拍卖活动，历时一周，地址是文昌会馆，参拍者多为图书馆和书店，北平图书馆馆长赵万里选定了十种书，其中有宋本《范文正公奏议》、元本《文则》、元本《修辞鉴衡》、明本《集杜句诗》、宋本《礼记释文》、抄本《说文解字韵谱》等。当时定价为一千万法币。但是赵万里知道书店大部分为贷款，急于收回资金还贷时，将价格压低至六百万。由于给价过低，终未成交。之后，六家商定把此部分书合价分给个人保存。[①] 这批书，据现在的调查，除元本《修辞鉴衡》藏于上海图书馆外，其余均不知去向。从当时情况看，当不致无端散没。

客观地讲，敬夫外运书籍应该是一个正确明智的选择，是出于对当时社会形势的准确判断，不得已而为之。试想，如果敬夫没有将这些书籍外运的话，以土匪之无知，陶南种子恐怕绝大部分要消失永无。至于外运后出售，敬夫初

---

① 事见魏广洲口述、王书燕整理《海源阁藏书流失辑录补》，《王子霖古籍版本学文集》第3册，上海古籍出版社2006年版，第137页。

时是想先售一部分，等购置房产再将所有书籍运来存放。关于这一点，与敬夫有过密切接触的叶恭绰曾谈及此事："嗣以欲购屋为久居住计，兼藏书计，拟出售一批。"①但其后的形势则敬夫所无能左右。书贾说客盈门，诱以高利，再加劳之常极力怂恿，敬夫又欲通过投资企业赎回书籍，等等，终于无法抵挡诱惑，将手中善本几近售罄。所幸，这些善本大都为识者所得，因而大部分至今还都保存完好。

第三节　民国藏书家与海源阁遗书

众所周知，海源阁所藏大抵来自清初毛晋、钱曾、季振宜、徐乾学，并得顾广圻、黄丕烈等名家校抄，而所散出之书又多是宋元佳椠。所以海源阁遗书之散佚，在京、津乃至全国都引起了极大轰动，形成盛极一时的"海源阁热"。傅增湘描述了当时的情景："厂估奔走四出，西至保定、顺德、大名，东至德州、济南、青岛，风起云涌，竭力穷搜，萃积于平津各肆。而杨氏后裔，以旅居耗产，亦出所藏，以求善价，二三年来，其散出者略已少半。"②但是在这场空前的私家藏书散佚中，真正承担起保护责任的是那些有良知的藏书家和学者。《大公报》社评云："海源阁藏书之散佚，为中国文化史上最新之痛事。鲁人士近日之奔走呼号，尤为沉痛而迫切。吾人年来每听噩耗，如刺肺肝，以为古籍精华，早已荡尽。"③自1927年海源阁藏书开始散佚之时，他们就呼吁保护、收购，为此奔波不息，竭尽全力，甚至不惜倾尽家产，然又乐此不疲，直至新中国成立后的五十年代，又都捐售于国家。可以说，在海源阁藏书散而复聚的过程中，他们起到了至关重要的作用。如果没有他们的努力和付出，我们很难想象海源阁这些"国宝"会落到何种地步。这批人士中，有王献唐、周叔弢、傅增湘、赵万里、潘宗周、莫伯冀、刘少山、张乃熊、沈仲涛、郑振铎、潘复、辛铸九等等，还有一些不知名的人士，难以尽述。这里，择其主要藏书家及学者的有关事迹，撮录于此。这些人士虽然已入九泉，然他们为保护海源阁藏书所作的巨大贡献将永远铭记在人们心间。

---

① 叶恭绰：《海源阁藏书》，《遐庵小品·遐庵谈艺录》，北京出版社1998年版，第19页。

② 傅增湘：《海源阁藏书纪略》，《大公报》，1931年5月24日。

③ 社评：《为海源阁藏书之最后呼吁》，《大公报》，1931年5月21日第2版。

一 王献唐

王献唐(1896—1960),山东日照市人。金石学家、考古学家,精通目录版本学,酷嗜收藏。曾自言:“幼喜藏书,壮而弥笃。频年四方,随在搜集。裒其所藏,约五万卷。家有老屋,庋架储之。横几摊卷,昏晓流连。”[①]1929年8月,他出任鲁图馆长,锐意搜集文物典籍,扩充馆藏。至抗战前夕,馆藏达二十一万多册,金石文物七万余件,筑“奎虚书藏”新楼以储之,创办《山东省立图书馆季刊》,整理出版了《山左先贤遗书》等历史文献,一生著述、编校了上千万字的著作。王献唐对乡邦文献尤为关注,对杨氏藏书的散佚给予了最大关注,倾注了最多心血。为了使海源阁藏书不受损失,他竭尽全力,凭一个知识分子的良知和责任,用尽各种方法,身体力行地予以保护。

首先,他亲往勘查并呼吁全社会关注、保护海源阁藏书。1929年冬,海源阁惨遭土匪毁劫,王献唐亲赴聊城实地调查海源阁破坏状况,取得了大量第一手资料。11月18日,甫一抵聊,即偕同县府各局,组成海源阁藏书清查委员会,在杨氏家人的陪同下,竭七日之力,对劫后残余书籍,逐步点查,亲自登记。这些书籍中,有已标题者,有未标题者,已标者,每与实际不符,如原标宋本,实为明本,此类极多,即于撰写《现存善本书目》之际,就知见所及,分别粗定,并记其行款、印记、题识及收藏源流。时以天寒,手足为僵,呵冻记录。并对其凌乱纷杂,投置地上者,一一为之整理,庋排架上。[②] 杨氏家人甚为感动,为日后商议藏书善后事宜打下了良好的感情基础。返济后,他撰成《聊城杨氏海源阁藏书之过去现在》一文,并发表于当年三月在《山东省立图书馆丛刊》第一种上发表,同期天津《大公报》亦予连载,于是海内外始了解海源阁被劫真相。该文分导言、海源阁藏书之来源、杨氏三世传略、杨氏购书时期及其襄助者、杨氏藏书所在、藏书数目、海源阁藏书之损失及其现状、此次调查情形、现存善本书目、杨氏所刻书籍及藏书印记、赘论等十一部分,是最早全面系统介绍杨氏海源阁藏书的文章。尤其是对海源阁劫后残状的真实记录,揭露了土匪令人发指的罪行。由于此文乃其亲访目睹所记,颇具信服力,遂引起世人关注。此后《大公报》、《中央日报》、《申报》均对此事进行了追踪报道。国府、省府亦三番

---

① 王献唐:《藏书十咏》,《山东省立图书馆季刊》第1集第1期,1931年3月,第79页。

② 参见《聊城杨氏海源阁藏书之过去现在》,《山东省立图书馆丛刊》第1种,第17页。

五次地下令当地有关部门采取措施予以保护。

1930年春，海源阁再遭匪祸。是年冬，杨敬夫将剩余明清本书籍运至济南杨宅存放。王献唐本欲再赴聊城，然当地土匪蜂起，道路阻断。他通过广泛调查，了解到此次土匪洗劫乃杨氏藏书之最大破坏期。对运济之书如何处置，他拟定三种办法。于1930年12月撰成长篇文章《海源阁藏书之损失与善后处置》，刊载于《山东省立图书馆季刊》第一集第一期。为了妥善安置保护杨氏藏书，他多次亲赴济南杨宅和天津敬夫寓所，与主人反复商议，表示此三种办法由杨氏自由选择，如完全不同意而另提他项办法，图书馆亦酌量接受，不过若以财产论，虽系杨氏私有，但就文化言，则属全民族所公有。杨氏如同意第一、第二任何一款，则由政府出资建海源阁藏书楼储之。王献唐并将其列入当年山东省立图书馆工作计划里："本馆近由民众教育馆，划移一部分房舍，拟从中再划出一部，预备将来建筑海源阁。"并在计划之第五条"保护海源阁藏书"中特别说明："此事关系全省文化甚巨。当以全力办理之。"①

王献唐为保护这些藏书，对杨氏可谓苦口婆心，百般劝诫，动之以情，晓之以理，尽了自己最大努力。鉴于当时外界一片斥责杨氏的严峻形势，素以善待人的他唯恐事态激化，使杨氏一怒之下做对吾国吾民不当之举，则处处从杨氏角度考虑，对于杨氏外运书籍，给予了充分体谅，他说：

> 杨氏第一次将善本书籍，迻存天津，系鉴于张宗昌时代地方混乱，其部下时思攫为己有，为保藏及安全起见，不得不如此办理，并非运至天津变卖也。第二次之运存济南，亦实近年匪乱，逼之使然，并无其他用意。从事实上平心论之，两次运书，其行动皆甚为正当；以百千万册之累赘物品，苟非万不得已，谁肯故意移动？其逼而至此者，要宜归罪环境，不能苛责杨氏。盖若无第一次之运书，则此次变乱，陶南善本种子，将从此断绝矣。杨敬夫之为人，据余所知，确为光明笃实，并不如报纸所传之甚。……然今日时势，已非昔比，所希望与杨氏者，一再转其从前固守之眼光，作利己利人永远保藏之处置。同时社会人士，果系爱护书籍，爱护文化，亦当为杨氏设身处地，代谋出路。不宜以不负责任之讥评，空放言论，或逼使当事者于激愤之余，因而打消其"善与人同"之初怀。②

---

① 王献唐：《一年来本馆工作之回顾》，《山东省立图书馆季刊》第1集第1期，第36页。

② 王献唐：《聊城杨氏海源阁藏书之善后处置》，《山东省立图书馆季刊》第1集第1期，第8—9页。

与此同时，王献唐又从公私、正反两方面，申明大义，详说利害，以期打动杨氏，将藏书归诸公家保存。就公共文化而言，书籍为文化所在，应为全民族所有，非为一地一家所有。从物权上，固为杨氏私有，文化上，则吾全民族所公有者也。图书馆乃全省文献总汇，有承继保护之责任。就私人方面，他又从五个方面反复说明：藏书利用上，为使藏书充分发挥作用，以曹溶、周永年等先贤期诸杨氏；从历代私人藏书之厄运上，未有一家能藏至五世不散者，深望杨氏能力矫前人之覆辙；图书收藏由私立转为公共，已是近代藏书之潮流，大势所趋，因公藏有为私藏所不具备的五大优势；从杨氏遭遇来看，治乱之反复，世变之循环，自古皆然，个人无可如何。"如于将来之收藏上，无确切把握，曷若早为之计？"杨氏应审时度势，放眼未来，王献唐云："杨氏世守先业，代有闻人，时已势迁，今非昔比；其保藏方法，似可行之于前，不能施之于后，盖居今世而犹欲钤诸箧衍，深封秘藏，必有大力者负之而趋，势必不能矣。故善承先志者，必默察情势，因时制宜而为之。一方面使利益同沾，祖德远扬，一方面能永远保藏，旧业不坠。此真仁人孝子之所为。"最后，他又从文化角度，指出了杨氏应予承担的责任。献唐云："最后尚有一约，即杨氏如以此项提议，举无一合，欲自行保藏，图书馆敢掬诚声明，绝不干预私人财产。若或日后出售，应以文化关系，予图书馆以优先购买权。如不先公后私，售于任何他人之手，图书馆当以所处地位，执公理与杨氏相周旋，所不敢辞者也！"[①]在献唐的努力之下，杨氏家人颇有顺和之意，而杨敬夫也一度出现缓和迹象。由于各种原因，杨敬夫最终未能迈出实质性的一步，但也绝不敢有出售外人以获高价之举。这在最近发现的杨敬夫致献唐的信中得到证实，敬夫云："献唐仁兄阁下：十九日大函下颁，甚为欣慰。协议草案实含有高压及恐吓意味，弟断不接受。……至四十万归日之说，并无其事。甘犯天下之大不韪，乃肉食者为之，弟尚不佩有资格也。"[②]而献唐之所以为此不辞劳苦，全为保存鲁文化，不使全民族文化蒙受损失。献唐曾云："……事而果成，则是全省全馆之福，私人无丝毫利益可享也。事而不成，亦是全省全馆之不幸，更与私人无涉也。既证明此事，与私人权益无关，其所以辛苦为此者，全是为公共文化设想。即使杨氏以其设想谬

① 王献唐：《聊城杨氏海源阁藏书之善后处置》，《山东省立图书馆季刊》第1集第1期，第18页。

② 1931年5月20日杨敬夫致王献唐信，见李勇慧、张书学《王献唐与海源阁图书之抢救》，《山东档案》，1995年第3期，第37页。

误，唾而弃之，然图书馆在文化上之职责矣！对杨氏私人之苦口婆心亦尽，将来北方文化一线之书脉，悬于杨氏自身，设有不虞，其责任由杨氏自负之，与图书馆无涉；而图书馆亦得藉此有以对全省父老矣！披肝沥胆，言尽于斯。”①1946 年，为世人关注的两千余种海源阁藏书终于归入省馆保藏，实现了王献唐之宿愿。

其次，王献唐在积极与杨氏协商的同时，还留意市肆上散见的海源阁藏书。为防散失，百方罗致，甚至不惜以月薪、借贷购之。1930 年 9 月 11 日，王献唐于济南敬古斋书肆偶得海源阁藏顾千里手校《说文系传》、黄荛圃校《穆天子传》。他在跋黄校《穆天子传》时说道：“时晋军入济，余交卸离馆，将束装旋里，适过敬古斋，出视此书及顾千里手校《说文系传》，展玩未久，炮声隐隐动天外，市语苍黄，瞬息万变。戏谓敬古斋主人，解职得一月修俸，备作资斧。世变𪊲尬，深恐书流域外，能倾囊相易乎？主人与余交久，慨然见许。挟书归寓，篝灯为《系传》校记。宵深人寂，万念怆动，数十里外，方且肉搏血飞也。”②于《海源阁藏书之损失与善后处置》中也谈到了购买顾校《说文系传》的情形：“此书在晋军占据济南时，即已发现，适本馆正在交代。外债累累，势难再为本馆增加一层债务购买此书。但由书友处辗转借来，录入《校语抉录》中。及余交待完毕，欲离济他去，终念此书失之交臂，即告贷亲朋，从而购之。”③在购得这两种珍籍后，于《藏书十咏 · 购书》中云：“黄金脱手了无余，换得陶南镇库书。不学东家权子母，鱼盐柴米姑徐徐。”并于诗下加注云：“黄荛圃手校《穆天子传》，顾千里手校《说文系传》均海源阁故物，近日散出，余倾囊得之。”④为示纪念，还以此命名藏书室和日记名。其于《顾黄书寮日记》卷首语云：“今日得顾千里手校《说文系传》、黄荛圃校《穆天子传》，喜以‘顾黄书寮’名吾藏书之室，自今以往将埋头书寮中矣。行止坐卧，日日记之，即颜其所记名曰‘顾黄书寮日记’。时十九年九月十一日。”⑤王献唐搜购海源阁藏书直到 1948 年。是年元月 25 日，从书贾王子霖处得胡澍手校清乾隆五十三年(1788)咸宁官署刻本

① 王献唐：《聊城杨氏海源阁藏书之善后处置》，《山东省立图书馆季刊》第 1 集第 1 种，第 17—18 页。

② 王献唐：《双行精舍书跋辑存续编》，齐鲁书社 1986 年版，第 130 页。

③ 王献唐：《聊城杨氏海源阁藏书之善后处置》，《山东省立图书馆季刊》第 1 集第 1 种，第 3—4 页。

④ 王献唐：《藏书十咏》，《山东省立图书馆季刊》第 1 集第 1 种，第 79 页。

⑤ 王献唐：《〈顾黄书寮日记〉卷首语》书影一，见丁原基《王献唐日记的文献价值》，《“国家图书馆”馆刊》(台湾)，2001 年第 1 期，第 119 页。

《淮南子》，并《跋》云："客秋养疴故都，藻玉堂主王子霖以海源阁藏宋元本书十数种来看，内有绩溪胡荄甫先生澍手校《淮南鸿烈》，不出杨氏，而勘录甚精，因从收之。胡《跋》谓'东武杨緦卿'云云，'武'，盖'郡'，误。三十七年元月二十五日，呵冻书。"[①]故而，他前后搜求海源阁遗书达二十年之久。然在总共购买的五十一种海源阁遗书中，属于自己的只有两种，余则均为省立图书馆所购，献唐之为公保藏的贡献不言而喻。由于他对于海源阁遗书了解最精最细，当时各地书贾、藏家凡买卖一书，必事先求教之。据《大公报》云："偶有所获，必先求售于图书馆，实乃就正于王氏，以定书值之多寡，故凡海源阁流出之书虽未尽为图书馆所得，而王氏藉此得以什九寓目。"[②]如无力购买，则借之过录，张绍仁手校《梁昭明太子集》，《海源阁宋元秘本书目》著录，当时"物主索三百金，一时未及议价，急取此本照录一过，从午后三时起，至六时毕事，并录前后收藏印记。天热挥汗如雨，笔不停写。鼎丞先生招游大明湖，并往浴室沐浴，均辞之，虽极苦，亦极乐也"[③]。即使已经购到，为防止佚失，亦往往再抄录副本。海源阁藏清乾隆雅雨堂刻本《封氏闻见记》十卷，该本过录朱邦衡、何小山、黄丕烈批校题跋，甚为珍贵，1930年自海源阁佚出后购得，献唐又"嘱玉章兄假录一过"[④]。海源阁藏一粟斋抄本《汪水云诗》，亦复"嘱玉章兄录出"，其"点画一依原本，错误处亦仍之。前后印记并规摹备考，惜未一律耳。其'海源阁'一印旧为山东图书馆购藏，适在案头，以原书旧有此印记，即取而钤之"[⑤]。在购到杨保彝《海源阁宋元秘本书目》底本后，他又抄录副本，以备刊印。[⑥] 如有同好需求，亦代抄之，如得黄丕烈校《穆天子传》后，顾实先生闻之，拟来济借校，献唐感其意诚，移写一本为赠。为使阁书能够传世不泯，还印行海源阁善本二种，如黄校《穆天子传》、《海源阁宋元秘本书目》以及拓印《杨氏海源阁印砚拓本》等。

---

① 王献唐：《双行精舍书跋辑存》，齐鲁书社1983年版，第212页。

② 《海源阁藏书损失详情》，《大公报》，1936年5月5日第5版。

③ 王献唐：《双行精舍书跋辑存续编》，齐鲁书社1986年版，第175页。

④ 王献唐：《双行精舍书跋辑存》，齐鲁书社1983年版，第215页。

⑤ 王献唐：《〈汪水云集〉校勘记》，《双行精舍校汪水云集》，齐鲁书社1984年影印本，第90页。

⑥ 2006年6月29日，上海嘉泰拍卖行曾经拍卖1931年王献唐抄本《海源阁藏书目》，线装一册，纸本。此手抄本根据海源阁藏书传人杨凤阿先生晚岁手订全目为底本，抄录聊城杨氏海源阁所藏宋元善本书目，凡四百余种。当时估价：1000—1200元，最后成交价：6050元。

其三，王献唐购书不遗余力，而为保护这些珍籍更是付出了巨大劳动和代价。“七七”抗战开始，山东首当其冲。为使大量文物、图书免遭劫难，王献唐在政府官员逃散、经费无着的情况下，求亲告友，甚至把自己的收藏卖掉，拼凑运费将馆藏精品十余箱运往四川乐山。一路长途跋涉七千余里，耗时一年多，可谓历尽千辛万苦。在敌机轰炸时，他也守在旁边，别人劝他暂时躲避，他说：“这是山东文献的精华，若有不测，何以对齐鲁父老？只有同归于尽了！”“这些东西是我的生命，一个人不能舍了自己的生命”。他将自己的书室命名为“那罗延室”，“那罗延”梵语谓金刚不坏，取坚牢不破、牢守齐鲁文物之意。抗日战争胜利后，他又亲自将这些文物、图书完好无损地运回济南。献唐为保护齐鲁文献，抛家别子，旷达八年，终至完璧归赵，其功绩，其人格，无以言喻。这批书中就包括海源阁书籍二十种，如明影宋写本《经典释文》三十卷十四册，清初影元抄本《范文正公政府奏议》二卷二册，抄本王芑孙手跋《绛云楼书目》不分卷一册，底本《海源阁宋元秘本书目》不分卷一册，明高丽刊本《东医宝鉴》二十五卷二十五册，旧抄本李尚之等校《大统锦灵经》二卷一册，清乾隆刊黄荛圃手校《封氏闻见记》十卷二册，清初抄本黄荛圃手校《霏雪录》一卷一册，清仁和王氏抄本严铁桥校《北堂书抄》三十一卷四册(残)，朱彝尊抄本《焦螟集》八卷八册，清吴枚庵抄本黄荛圃手校《江淮异人录》不分卷一册，宋本《韦苏州集》四卷二册，清初抄本《吕和叔文集》十卷二册，明南星精舍刊本《稽中散集》十卷四册，元本《朱文公校昌黎先生文集》四十卷《外集》十卷附《集传遗文遗诗》一卷十六册，抄本《六一先生文抄》不分卷一册，清初抄本《汪水云诗抄》不分卷二册，元本《范德机诗集》七卷四册，明嘉靖刊本《许白云先生文集》四卷四册，知不足斋抄本《书林外集》七卷一册等。另有《至堂先生手札》不分卷一册也极为珍贵。现在这批书大部分存于山东省博物馆中，若非献唐竭力护佑，恐早已毁于战火矣。[①]

王献唐对海源阁有着深厚的感情，直到晚年，仍然关注海源阁的命运。他曾呼吁采取有效措施，将海源阁故址推荐为“全国重点文物保护单位”。当他知道“海源阁匾额”和杨以增画像等文物临时存放于李士钊的住所时，竟冒着大风雪前来观赏。正如李士钊所说：“自1930年以来的近40年中，他为海源阁藏书的妥善保藏呕心沥血。……王献唐先生应是杨以增前辈逝世一百年后

① 参见屈万里《载书播迁记》，《屈万里文存》第3册，(台湾)台湾联经出版事业公司1983年版。

的一位知己，他为发扬杨氏三代创业维艰的艰苦卓绝精神做过不懈的努力，杨氏几代人如果地下有知，会感到异常欣愉并额手称庆的。”①

二 傅增湘

作为藏书大家的傅增湘对海源阁藏书的散佚表示了高度关注。他曾数次到津观书，竭力呼吁保护阁书，以免外逸。尽其最大财力，自购善本九种；观书百六十种以上，鉴赏亦最为精细。可以说，傅增湘无论是对其进行保护，还是研究、利用等，都做出了积极的贡献。

痛惜与关注 在海源阁藏书散佚中，去向不明者不计其数，而金石书画之散佚就更多；除流失外，遭毁亡者不少。傅增湘耳闻目睹了海源阁珍籍之散佚毁损情形，其惋惜之情无法形容。宋本《咸淳临安志》在我国只存两部，而海源阁遭劫后，杨氏藏本亦星散人间，“顾昔人所为腐心粹掌、苦索冥搜、勤勤补缀，廑而得完者，杨氏保藏三世，历五六十年，今一旦忽摧毁于凶暴之手，使瓠离断析，终古无合并之望，斯亦深可悼叹也”②。而如《咸淳临安志》例者，正不知多少，正如傅氏于《海源阁藏书纪略》中所言“万本琳琅，遂随剑佩弓刀以俱去矣”。面对海源阁遗书流失之种种惨状，他心情极为沉痛，“余闻其事，私心摧丧，为之不怡者累日，以谓文籍被祸之酷，未有如斯之甚者也。”③

痛惜之余，傅增湘奔走呼吁，竭尽能力，设法保护。1927 年杨敬夫捆载海源阁精本二十六种到天津，敬夫岳父劳之常在津持书求售。傅氏得知消息后，日夜焦虑。为“悯其流落”，乃与叶誉虎、颜骏人诸君成立保全古书会。④ 其保书会是最早成立的保护海源阁藏书的民间组织，并制定了章程，采取措施实施保护。他们拟集资七万五千元，分为十股全数收买剩下的二十三种（“二孟一黄”三种为李盛铎已购），将来再筹印费。由于价格日益攀升，此事亦未能如愿。保书会最终虽然未能实现目标，但傅氏的初衷不言而喻。此后海源阁迭经劫掠，阁书散佚更加严重。傅氏终以一个知识分子的良知，以高屋建瓴之识见，于 1931 年 5 月 24 日在当时最负盛名的《大公报》第三版上发表了三千余字的长文《海源阁藏书纪略》。文章对海源阁遗书如数家珍，于杨氏藏书在清

---

① 《聊城海源阁杨氏藏书刻书简述》，《山东出版志资料》第 1 辑，第 151 页。

② 傅增湘：《藏园群书题记》卷 4，中华书局 1989 年版，第 213—214 页。

③ 傅增湘：《海源阁藏书纪略》，《大公报》第 3 版，1931 年 5 月 24 日。

④ 参见傅增湘：《莆阳居士蔡公文集跋》，《藏园群书经眼录》卷 13，中华书局 1983 年版，第 1133 页。

代藏书史上的地位、藏书源流、藏品内容尤其是“四经四史”做了详细绍介；又记叙津上观书经过，及所观二十九种宋元珍秘，并对时下嗜古之风进行批评：“迩来文教勃兴，嗜书好古衍为风尚，世人偶见古刻旧抄，辄争相骇异，诧为环宝，甚者获其一二，更高自矜异，揭榜征题，此钱牧斋所谓‘吴儿穷眼’者也。”最后面对珍籍的散佚，他强烈呼吁：

> 杨氏之书聚积万签，保藏三世，今乃一朝散佚，海内闻之，罔不叹惋。若欲网罗寻访，使复旧观，诚非易事。然而余所见，则残佚之余，犹存少半，且经史八帙，端勤视为镇库之宝，学人仰为稀世之珍者，幸而尚存，则精华固依然如故也。……所冀当代贤达，高掌远蹠，顾此数千卷之书，实四部之菁英，旷代之鸿宝，几经兵戈水火虫鱼之劫，仅得留贻。若能广集群力，包举无遗，辟馆别储，供人考索，是海源阁虽亡而复存，且视杨氏闭诸箧笥，祇自怡悦者，其用心又加宏焉。嗟夫！鸿名盛业，百载难逢，贞下元启，千钧一发，世有其人乎？余馨香百拜以求之矣！

此文一经发表，便引起极大的社会反响。同期《国闻周报》第八卷第二十一期予以全文转载，并加按语：“在近时对于杨氏海源阁藏书纪述中，当推此为最有权威之著作也。”《大公报》随即在 5 月 25 日发表社评《为海源阁藏书之最后呼吁》：“海源阁藏书之最珍本，今尚存在……甚或散佚在即，此而再失，中国将永不能复得之。是以吾人敢以至诚唤起政府国民，问中国是否尚需要保持文化，是否忍心听此最后几十部国宝散佚？……愿政府迅速切实筹措之。”《中央日报》于 5 月 27 日第三版亦全文转载。其后，政府及藏书家协同努力，善保阁书无虞，终使流落到市面上的善本三百余种陆续归入各公立图书馆。而《海源阁藏书纪略》一文之“公诸海内，益为世人所瞩目。……发聋振聩之功，尤不可没”①。

观书与购书　作为藏书大家，尤其是面对如海源阁遗书这样的“国宝”，傅增湘倾注了极大的热情和关爱。他在《海源阁藏书纪略》中形容自己是“三十年来，目想神游，形诸梦寐”。从 1914 年第一次见到海源阁遗书宋本《孟东野

---

①　参见王绍曾：《后记》，《订补海源阁书目五种》，齐鲁书社 2002 年版，第 1425 页。

诗集》到1941年12月从文禄堂借阅宋婺州吴宅桂堂刊本《三苏文粹》，追随海源阁遗书近三十年。期间无论风雨战火，只要闻说海源阁遗书的蛛丝马迹，他便设法亲瞻目睹。

傅增湘所观藏书大都著录在他的《藏园群书经眼录》中，据统计，傅增湘经眼海源阁遗书总数至少在一百六十种以上，在近现代藏书家中，仅次于周叔弢。就所观内容来看，海源阁所藏精品大都包揽在内，如海源阁镇库之宝"四经四史"中就有宋本《毛诗》、宋本《礼记郑注》、宋本《史记》三种，宋本两《汉书》三种和宋本《三国志》等。子部中有南宋杭州本《新序》、宋浙本《扬子法言》、南宋湖北刻本《南华真经》等。集部中不仅有如宋庆元六年(1200)罗田县庠刊本《离骚草木疏》这样的"初刻本"，而且与"四经四史"齐名的"陶、韦、王、孟"四集之"神品"宋蜀刻本《王摩诘文集》，以及被李盛铎率先购去的宋本精椠"二孟一黄"等皆入帘中。正如他在《海源阁藏书纪略》中所言"如入琅嬛之府，登群玉之山，目不暇给，美不胜收……"。

傅氏最早的较有规模的观书活动是在1927年10月29日，时有海源阁藏宋本二十六种于津求售，得见二十三种[①]。1930年、1931年是海源阁遗书散出最多的两年，这一时期他观书最多。"庚午(1930)初冬，文友书坊收书于顺德，获海源阁所储殆数十部。余急往观之，大率多抄校之本，而残佚居其半。"[②]据《藏园群书经眼录》统计，这一年观书达三十六种，但主要应在文友堂。抵押于天津盐业银行的九十二种精善遗书是傅氏观书的重中之重，为此他先后两次来津。谢国桢说：1931年2月12日，"一夕风雪拥门，吾丈(沅叔)由京来津，策杖剥啄叩扃而至，乃遍观杨氏所藏善本。"[③]其中载于《经眼录》者十五种。1931年3月13日，他又一次"税驾津沽，雅意访延，请于主者，始得寓观"。[④] 在《藏园群书题记·藏园日记》中他详细记录了这次观书活动："到盐业银行看书，迫暮粗毕，其大概别记之。杨氏书凡存宋本三十三种，元本二十三种，校本二十一种，抄本十九种，明本一种。在《楹书隅录》中者六十四种，

① 傅增湘：《〈莆阳居士蔡公文集〉跋》，《藏园群书经眼录》卷13，中华书局1983年版，第1133页。

② 傅增湘：《〈杨子法言〉跋》，《藏园群书题记》卷6，中华书局1989年版，第291—294页。

③ 谢国桢：《瓜蒂庵忆旧题记·江安傅沅叔先生七十寿序》，《瓜蒂庵文集》，辽宁教育出版社1996年版，第264—265页。

④ 傅增湘：《海源阁藏书纪略》，《大公报》，1931年5月24日。

不在目者三十二种。然宋本中如《仪礼》、《春秋经传集解》、《东莱左氏博议》、《脉经》皆赝品，由明本误认耳。元本中如《纂图互注五子》、《程氏遗书》，皆明本也。其精品则有《尚书集传》、抚本《礼记》、前《四史》、《诗说》、《通鉴考异》、《证类本草》、《离骚草木疏》、《骆宾王集》、《韩昌黎集》、《宝晋山林拾遗》，咸为罕秘，绝可宝玩。其校本中荛圃手迹至十四五种，要当与宋元并重。"[①]这次观书其中载于《经眼录》者十七种，有六种未著录具体时间，但因同属津银行九十二种，故观书应在同一时期。除这四次集中观书外，零星观书次数就更多，据《经眼录》观书日期及种数统计，其次数不下六十次。其他尚有书估亲自送书上门索要高价的，有同好送阅的，有借阅的。当时傅氏还任开滦煤矿董事，此乃虚职，所以他就经常利用开董事会之便到津观书。而京城厂肆，则更是常客。正如郑振铎所言："盛伯希、傅沅叔诸君，几无日不坐在琉璃厂古书肆里。"[②]所以对流落于市肆上的海源阁善本，他是肯定不会放过的。

能够亲眼看到这些琳琅秘笈自是大饱眼福，然藏书家最大心愿还是想拥有它们。在经济拮据的情况下，傅增湘倾其最大努力，购得八种，计有宋本三种，元本两种，明刻本一种，明蓝格抄本、清抄元本各一种。他在《藏园居士六十自述》中叹云："第悬价高，莫能多致，断编小帙，聊为尝鼎一脔耳……"[③]

傅增湘所购海源阁藏书第一种为宋蜀刻本《孟东野文集》两卷。1914 年冬，从厂肆购得，此集原十卷，海源阁藏残本五卷，傅氏"仅得首二卷，又不能无离析之憾也"[④]。后来又听说三、四、五卷为完颜景贤收得，则极想"乐昌镜合"，但终未实现。

王十朋注《东坡诗》宋元刊有三，宋泉州本、元建安熊氏本已为傅氏所得，独元虞平斋刊本《增刊校正王状元集注分类东坡先生诗》二十五卷未得。1937 年 12 月，傅氏为得此书不惜以明抄《席上辅谈》（金俊明、黄丕烈跋）、《宾退录》（孙岷自跋）、旧抄《邵氏闻见录》（陈西畇手校）三书从周叔弢手中易得。为得到此书，他"手携往津，郑重相付，于是务本书堂之精椠遂随载归双鉴楼，与泉州市舶、建安熊氏二本鼎峙成三矣"[⑤]。购此书时，正值"七七"卢沟桥事变之

① 傅增湘：《海源阁藏书纪略·附日记一则》，《藏园群书题记》附录二，第 1089 页。
② 郑振铎：《劫中得书记》，《郑振铎全集》卷 6，花山文艺出版社 1998 年版，第 777 页。
③ 傅增湘：《藏园居士六十自述》，南京图书馆藏油印本。
④ 《藏园群书经眼录》卷 12，中华书局 1983 年版，第 1047—1048 页。
⑤ 《藏园群书经眼录》卷 13，第 678 页。

后,"困守危城,架插万笺,环视已为身累,访奇抽秘更复何心?今者丹铅重理,荷良友之嘉惠,忽明珠之见投,自顾衰颓,长逢丧乱,惟此区区之书福差足自娱"①。

1930年春,军阀王冠军将劫取宋元珍本悉数运往保定,北京书估闻讯蜂集保定,其中文友堂购书数种,校宋明抄本《刘子新论》即是其一。十一月,傅氏于文友堂见此全帙,遂以高价一千元购得。② 海源阁书屡经劫难,能保完帙者不多,故傅氏叹曰:"百年转轴,文物沦丧,此戋戋故纸独完好如新,自逭于劫火兵尘之厄,既喜秘笈之得有所归,更冀后人之善世守矣。"③

《周翰林近光集》,虽元时已刊,然未见流传,惟皕宋楼有明刊本,亦不详何时所刻。傅增湘云:"余阅肆二十余年,并传抄本亦未之睹,乃就文津阁传录副本,而讹谬盈纸,兼有缺页,莫由勘正,第取其显然差失者随文更定而已。"④ 1930年冬,"顷于厂中得一旧本,审知为海源阁故物,钤有'谦牧堂藏书记',半页九行行十八字,提行空格尚延旧式,知从元本抄出者"⑤。

除以上四种外,傅氏于1930年还收得宋本《咸淳临安志》二十二卷(残)、元大德刻本《南史》八十卷、《北史》一百卷和明弘治刊本《唐诗品汇》九十卷《拾遗》十卷四种。在收得元本南北史后,张元济曾致信傅增湘云:"闻新得元板南北史。印本尚佳,艳羡,藏园史部驾海源而上之矣。"⑥傅增湘购买海源阁遗书,多在三十年代,而此时正值多事之秋。从这些购书经历中,一方面可以看出他对海源阁遗书遭厄散佚的极度痛苦惋惜心情,另一方面在战局混乱之下,甚至在卢沟发难之时,依然甘冒生命危险亲赴津门购书,一藏书家酷爱善书之心不言而喻。河山破碎,国土沦丧,书生救国无门,或许惟书能聊以慰藉。然而,拥有爱国情怀的傅氏又常常陷入"国将不国,书又奈何"的矛盾之中。铁蹄之下,书生奈何?于国难之中,悉心竭力保护祖国文化遗产,这就是一个有良知的爱国藏书家于国于民的最大贡献。在上述八种中,明抄本《刘子新论》、元

① 《藏园群书经眼录》卷13,第678页。
② 参见雷梦水:《海源阁珍本的散失》,《人民日报》,1983年8月30日第8版。
③ 《藏园群书题记》卷7,中华书局1989年版,第350—355页。
④ 《藏园群书题记》卷16,第811—812页。
⑤ 同上。
⑥ 1931年3月6日张元济致傅增湘信,《张元济傅增湘论书尺牍》,商务印书馆1983年版,第259页。

本王注《东坡诗》、宋本《咸淳临安志》、宋本《孟东野文集》、旧抄本《周翰林近光集》五种善本先后转归国图，其对阁书保护之愿终付现实。

在一些傅增湘的题记和批注中我们还时常可以看到提及书价如“索价八百金”、“索四千五百元”、“索六千元”的字眼，如宋本《愧郯录》为“海源阁藏。丁卯十月廿九日与叶誉虎赴津观书，有劳姓者送阅，索三千五百元”①。这反映了他在购买此书时欲买不能、欲罢不忍的痛苦、矛盾心情。当时海源阁“抄校秘笈，出现海王村者，亦经官馆与私家，购求殆尽。往往一二抄校小帙，而悬价千金，而宋元古刻更无论矣”，因“绌于资”②只能是花最少的钱买到价值最昂、心仪最久的“货”。为买到书，他曾数次找书主杨敬夫、劳之常商议。杨敬夫曾言：“傅增湘曾‘想巧’来夺取我的书，他还多次和劳之常商量过。”③其实，这也反映了傅氏的无奈。1927 年赴津观书时，他极想购买被绍和誉为“宋刻宋人集”中“第一铭心绝品”的宋本《莆阳居士蔡公文集》，却“索六千五百元。其他孤本秘笈尚有宋本《说苑》，索六千元，宋本《新序》，索五千五百元，宋本《淮南鸿烈解》，索五千元……等。与谐价未成，寻为有力者分携以去”④。其遗憾之情，无法言语，所以“第杨氏既有不能终守之虞，外人更时有篡取之意，而其部帙繁重，值价高奇，又非常人之力所能举，吾辈披赏之余，惟有私兴慨叹而已”⑤。

三　周叔弢

周叔弢(1891—1984)，原名周暹，字叔弢，后以字行。生于江苏扬州市的一个书香官宦之家。祖父周馥曾任清朝两广总督，父周学海是清朝进士，精研医学，著有《周氏医学丛书》。弢翁自幼喜好读书，博览诸家。十几岁时就根据张之洞《书目答问》、莫友芝《郘亭知见传本书目》中所载典籍，开始系统收藏图书。弢翁早年经营实业，并把经营所得都用来购书。1949 年后，曾任天津市政协委员会副主席、天津市副市长等职。除经营实业和参加政务外，他将所有

① 《藏园群书经眼录》卷 9，中华书局 1983 年版，第 765 页。

② 傅增湘：《海源阁藏书纪略》，《大公报》，1931 年 5 月 24 日。

③ 李士钊：《聊城海源阁藏书重要史料片断——1966 年 2 月 10 日在天津访问海源阁第四世主人杨承训(敬夫)先生》，《山东出版志资料》，第 182 页。

④ 傅增湘：《〈莆阳居士蔡公文集〉跋》，《藏园群书经眼录》卷 13，第 1133 页。

⑤ 傅增湘：《海源阁藏书纪略》，《大公报》，1931 年 5 月 24 日。

精力都花在收藏上，先后聚书达四万余册，成为近代大藏书家，以藏品之精且富而“崛起北方，与木犀轩、双鉴楼鼎足而立，骎骎且驾而上之”[①]。自 1949 年至 1973 年，先后将其藏书四万余册、文物一千二百六十多件，无偿捐献给国家。

弢翁藏书有着自己独到的旨趣和严格的标准。对于刻本他有一个“五好”的标准：

一、板刻字体好，等于一个人先天体格强健。

二、纸墨印刷好，等于一个人后天营养得宜。

三、题识好，如同一个人富有才华。

四、收藏图记好，宛如一个后天美人薄施脂粉。

五、装潢好，像一个人的衣冠整齐。[②]

对于抄校本也有自己的标准，抄本必出自祖本，校本则是名家手迹。同时，在内容上，又必须是有益于学术。傅增湘深谙同好之道，在《〈自庄严堪勘书图〉序》中有一段传神的叙述：“顾君之收书也，与恒人异趣。好尚虽挚而悬格特严。凡遇刻本，卷帙必取其周完；楮墨务求其精湛；尤重昔贤之题识与传授之渊源；又其书必为经、子古书，大家名著，可以裨学术，供循诵者；至抄校之书，审为流传之祖本或名人之手迹，必精心研考以定其真赝；不幸有俗书恶印，点于涂抹之累，则宁从割舍，不予滥收。设遇铭心绝品，孤行秘本，虽倾囊以偿，割庄以易，而曾不之恤。既收之后，又亟缮完补缀，存其旧装，袭以金粟之笺，盛以香楠之匣，牙签锦帙，芸芬麝馥，宝护周勤。故其藏书不侈宏富之名，而特以精严自励。”[③]因而弢翁收书注重的是文物价值和学术质量，不图量多，而以质取胜。

在海源阁藏书散佚的时期，弢翁没有王献唐、傅增湘等人的震撼人心的长篇文章，他所做的更多的是默默无闻的观书、收购和研究。从弢翁所收诸家善本中，我们发现他对于杨氏藏书，有着特殊的感情和爱好。这里，可以先通过

① 傅增湘：《〈周君叔弢勘书图〉序》，《自庄严堪善本书目》卷首，天津古籍出版社 1985 年版。

② 周珏良：《自庄严堪藏书综述》，《图书馆工作与研究》，1989 年第 3 期。

③ 傅增湘：《〈周君叔弢勘书图〉序》，《自庄严堪善本书目》卷首。

一组数据说明这个问题。根据现有资料,弢翁所见到的、收购的海源阁遗书较任何一位藏书家都多。《隅录》初、续编共著录二百九十六种宋元校抄本,弢翁未见者仅宋本七,金元本十六,明本三,校本四十,抄本十一,共计七十七种,其余一百九十二种全都寓目,凡见者,全都加以批注。此外,在《隅录》初、续编外,还见到宋本六种,元本一种。合计过目者达一百九十九种。可以说,杨氏藏书的精善之本大都经眼过。弢翁共收海源阁遗书五十七种,其中宋本二十二种,金、元、蒙古本十一种,明本三种,抄本七种,校本十四种。据《自庄严堪善本书目》统计,弢翁所藏宋元刻本达一百零八种,其中宋本六十三种,金元本四十五种。而杨氏宋本占了三分之一多,金元本亦有四分之一。由此可以看出海源阁遗书在弢翁的善本藏书中占据着举足轻重的位置。①

对于弢翁购海源阁藏书,好友劳健曾在宋本《周礼郑注》题云:"叔弢近年所收杨氏宋本甲观,于集部则有《陶集》、《王摩诘》;子部则有《庄子》、《庄子全解》、《新序》;史部则有《晋书》。今更冠以此经(《周礼郑注》),四部精华萃于一室,何啻王侯宜其不恤为之举债而偿重价也。"(宋本《周礼郑注》,今藏国图)弢翁何以如此青睐杨氏藏书并不惜举债重价收购之?究其原因,杨氏藏书达到了弢翁的善本标准,符合弢翁的购书旨趣。宋淳熙二年(1175)镇江府学刻公文纸印本《新定三礼图集注》二十卷,小字古雅有致,刻工精整,并有大量木刻插图;初印精美,看上去如新印书一般,用纸为淳熙公文纸背面,饶有趣味;书后有明末清初文学家和藏书家钱谦益跋语;藏印则有明代华夏的"真赏斋"印,清初学者、藏书家徐乾学、季振宜以及海源阁杨氏诸印,名家藏印累累,真如美

---

① 《订补海源阁书目五种·后记》中云"元岳氏荆溪家塾刻本《春秋经传集解》存二十三卷"亦为海源阁遗书,误。弢翁收购的海源阁藏本是宋鹤林于氏家塾楼云阁刻元修本《春秋经传集解》,残本二十三卷,弢翁于此本题识中已经明言"乙亥夏杨君敬夫忽以残本二十三卷见示,为之惊喜过望,以重价收之"。弢翁确实曾收藏一元本岳氏荆溪家塾刻本《春秋经传集解》,但不是海源阁遗书,而是全帙三十卷,这在《弢翁藏书题识》本书题识中亦明确指出:"庚子(1930)春,余从文友堂先得《春秋年表》及《名号归一图》,是年秋从藻玉堂得是书卷十二、十三、卷廿七至卅,计六卷。越岁辛未冬复从肆文堂得卷二至十一、卷十四至廿六,计廿三卷,旧装未改,居然璧合。闻卷一前十年归嘉定徐氏……甲申(1944)十二月廿六日,北平书友陈济川以函来告云:嘉定徐氏藏岳刻《左传》一卷,近在谢刚主(国桢)先生处求售。予闻之,不禁惊喜过望,此正予本所逸。曩日传为毁于兵燹者,今岿然犹在人间也。因驰书刚主为我谋之。……丙戌(1946)十二月姊文孙静厂卒为我以黄金一两易得之。珠还剑合,缺而复完,实此书之厚幸。"所以弢翁所得此元本一是从藻玉堂得六卷,二是从肆文堂得二十三卷,三是从嘉定徐氏得一卷,合得三十卷,初自临清徐坊处散出,与海源阁无关。

人籍脂粉之助而更加靓丽；此书为海源阁的装潢，楠木匣子，制作精良。宋本《新序》十卷，杭州刻本，字体似欧体，刻工方整；纸印精美；前有钱谦益题识，后有黄丕烈三跋和金锡爵、杨绍和跋；藏印有钱谦益、徐乾学、季振宜、黄丕烈及杨氏诸印，可谓流传有绪；其装潢保留了黄丕烈的楠木书匣，并有旧锦套，孙延题签。复翁藏书重装池，其书匣用木极薄，然经过二百年的时间仍然坚固不走样，颜色黑中透紫，颇似紫檀，光泽深藏，通体俊雅之至。这种装潢令好书生色。宋本汤汉注《陶靖节先生诗》四卷，字体俊秀，刻工甚精，黄纸初印，每册首末都有宋金粟山藏经笺上宋人写经护页，书匣是黄丕烈士礼居原物，孙延题签。还有明人董宜阳、项禹揆，清周春、黄丕烈、汪士钟及杨氏藏印。由于此书极为珍贵，叠经名家递藏，其"陶陶"故事，成为藏书史上一大故实。这些例子充分说明弢翁择书之"精严"，如以此"五好"之标准来要求，恐怕没有几家能够赶得上海源阁的。弢翁曾云，历来讲善本书多推崇宋本，因为许多著作的宋本最接近原著，宋本的刊刻艺术也是后世的模范，宋本多由能书者写出后上版，可以当作艺术品来研究和欣赏。宋本书往往注明书版监督雕造者姓名，又往往在书口下端标出刻工姓名，以明责任攸归，不肯苟且从事。宋本往往用好纸……。[①]弢翁所购海源阁藏宋本多达二十多种，就是他极力推崇宋本的最好注脚。抄本中，如明吴宽抄本《山海经》十八卷，弢翁云"白绵纸，半页九行，廿二字，抄本书中上乘"(《隅录》批注)，清初席氏酿华草堂影宋精抄本《五经文字》三卷、《新加九经字样》一卷，弢翁云"白纸精美"，又云"白纸精抄，席氏原装，书品宽大"(《隅录》批注)，它如明末汲古阁影宋精抄本《干禄字书》一册，明崇祯叶奕抄本《李群玉诗集》三卷《后集》五卷等均是抄本中精品。校本中则以黄丕烈校本为主，如黄丕烈校跋旧抄本《衍极》五卷，黄丕烈、沈与文等校跋明抄本《画鉴》一卷，黄丕烈校跋本《春渚纪闻》十卷，黄丕烈、沈钦韩校跋本《河南邵氏闻见前录》二十卷，其他如何煌校《钓矶立谈》一卷，赵清常校本《糖霜谱》一卷等。而且，这些善本的学术价值亦毋庸置疑。所以，杨氏藏书的高质量是弢翁倍加器重和喜爱的基础。惟其如此，举凡杨氏藏书精美者，弢翁始往往不惜借贷购买，在弢翁收藏的经历中，杨氏藏书占据着最为重要的一环。其子周

---

① 参见周珏良：《周叔弢先生的版本目录学》，《文史知识》，1992 年第 2 期。

珏良曾说:"而质量数量提高增加最快的是二十年代中山东聊城杨氏海源阁的藏书由其后人运到天津之后。"①

1927年夏,杨敬夫将阁中二十六种善本书运到天津。弢翁得知后即托人欲求一饱眼福②,然敬夫极守秘密,不轻示人。10月,弢翁终于在天津见到"精美绝伦的"宋本《荀子注》等书③。其后,在屡次观书、购书中,与主人杨敬夫建立了信任友好的关系。如"庚午(1930)十二月复见七十余种,以蜀本《韩文》为最"④。弢翁最早收购的第一种杨氏藏书是宋本《南华真经》,据《历年收得杨氏海源阁旧藏善本目录》记载云:"1931年以前,宋本《南华真经》从文在堂魏子敏处买来,此是收得海源阁书第一部。"⑤但于何时购买并无确切时间。有记载具体时间的,是1928年12月购买宋本《四唐人集》,弢翁《岑嘉州集》题识云:"戊辰(1928)十二月,得海源阁藏《四唐人集》。"⑥可知宋本《南华真经》当在此时间之前。到1943年10月时已经购得五十种。⑦ 最后一种为1948年2月在藻玉堂收得元本《尔雅》一匣。历经二十余年,共收五十七种。这其中,有从书贾及同好处购买或代购者,亦有赠送者。如1936年6月,弢翁从张允亮处以一千元购得宋本《唐求诗集》;1939年9月,弢翁让张氏从邃雅斋代购校本《邵氏闻见后录》和《蜕庵集》两种;1933年从王子霖处得宋本《汤注陶诗》和1948年得元本《尔雅》两种;1940年12月,让赵万里以五百元代购校本《糖霜谱》、《都城纪胜》和《钓矶立谈》三种,又以一千五百元代购《博雅》等;1944年李典臣赠送弢翁元本《注心赋》。从杨敬夫手中直接购得者三十四种,在1929年至1931年之间有十七种。从敬夫处得到的第一部是宋本《新序》,由吕文甫介绍而成。最后两种为1939年2月购得的宋本《毛诗》和金本《通鉴节要》⑧。

① 周珏良:《自庄严堪善本书目·后记》,《自庄严堪善本书目》卷末,天津古籍出版社1985年版。

② 周叔弢在1927年10月30日致徐乃昌的信中云:"闻海源阁书到津,主人极守秘密,不轻示人。徐当挽人绍介一观,以广眼福。"见《弢翁藏书年谱》之"民国十六年丁卯(1927)"条目。李国庆编著、周景良校定《弢翁藏书年谱》,黄山书社2000年版。

③ 周叔弢《〈荀子注〉题识》云"丁卯(1927)十月,得观海源阁藏宋本书于天津,钱氏原本精美绝伦"。《弢翁藏书题识》,《自庄严堪善本书目》,第119页。

④ 《楹书隅录》批语,又见《弢翁藏书年谱》,黄山书社2000年版,第48页。

⑤ 《弢翁藏书年谱》,第49页。

⑥ 《弢翁藏书年谱》,第36页。

⑦ 《历年收得杨氏海源阁旧藏善本目录》,《弢翁藏书年谱》,第49页。

⑧ 《弢翁藏书年谱》,第170页。

尤其值得注意的是敬夫于 1936 年 10 月将明铜活字本赠送给弢翁，这在杨氏追求经济效益的售书经历中绝无仅有。据现有资料，能从敬夫处直接购买到如此之多的善本并有赠送的，惟弢翁一人。何以如此？其子珏良在《我父亲和我》一文中说道："他买书给价公允，遇到真正心爱的书更不惜高价，有时明知书商居奇，他也不计较。他不喜欢巧取豪夺，就是卖方对书的价值估计不够时，他也总是以公平价格收买。海源阁藏书中有一部黄荛圃旧藏的明建业张氏铜活字本《开元天宝遗事》，他向杨氏后人买别的书时曾提起这本书，对方说：'这本书不怎么好，可以送你。'他忙说：'这怎么可以？'结果对方虽说是赠送，他还是依价值送了对方一笔钱才把书拿来。"①尽管是依价收购，但他每当提起此书时仍写敬夫赠送，在《丙子新收书目》中，弢翁就这样记载："《开元天宝遗事》，明活字本，黄跋，海源阁旧藏，敬夫赠，一函，三百元。"②可见，弢翁与那些书贾甚至是某些同行有很大区别的，这也是他赢得敬夫信任的原因所在。

弢翁自 1927 年首次见到海源阁遗书后，每每所见，必于《隅录》初续编和《海源阁宋元秘本书目》上作详细题记。在批注其他书目时，如《汲古阁珍藏秘本书目》亦作注明③。在《自庄严堪善本书目》中，只要是海源阁藏书，必作特定说明。并且还编有专目《历年收得杨氏海源阁旧藏善本目录》，列版本、书名、出处及购书时间等。弢翁的这些题识和批注，不仅著录版本情况，还描写了购书的艰难、一旦拥有的惊喜、欣慰和不能有的遗憾、伤感，字里行间洋溢着一个藏书家的最爱。1937 年 11 月，他于《隅录》中题识曰："十年前读此录，念诸书如天际真人，只涉遐想。近杨氏书有散出者，乃得略见一斑，不能不自矜眼福，惜财力有限，索值太高，未克多有所获，为怅怅也。"④在此，弢翁是把海源阁遗书视作"天际真人"，只能诉诸遐想。后来虽大略见到，然无财力购买，则只能怅怅然饱饱眼福而已。这种矛盾始终贯穿于他的藏书活动中。有求到书后的喜悦，如弢翁对黄藏"陶陶室"两种倾慕已久，1933 年终于尽收囊中，于是"癸

① 《我父亲和书》，《文献》第 21 辑，1984 年 6 月。

② 《弢翁藏书年谱》，黄山书社 2000 年版，第 107 页。

③ 参见周叔弢标注《汲古阁珍藏秘本书目》，载《藏书家》第 12 辑，李国庆迻录。齐鲁书社 2007 年版，第 131—132 页。

④ 《弢翁藏书年谱》，第 53 页。

酉(1933)十一月,《陶诗》来归,'陶陶'散而复合,书此志喜"。"甲戌(1934)春,《庄子全解》归我。秋八月,《周礼》、《山海经》、《东坡词》亦来归,皆孤本也"。"甲戌(1934)冬,《辛词》又来,诚善缘也"。"甲戌(1934)十二月,《梅花字字香》、《梅花百咏》、《长安志》亦归余斋"。(以上均见《隅录》批注)1948年8月,斥资购到元本《尔雅》,"为数年来所心向往者,遂以重值归之,大喜亦大费矣"。[①] 有无力购得的遗憾和惋惜,如"戊寅(1938)九月,见《周易本义》,只饱眼福而已,伤哉"。"《蜕庵集》近为邃雅斋从济南收得,索值奇昂,不能买矣"。"敬夫拟以宋监本《毛诗》归我,力不能收,然《鄱阳集》、《滏水集》己卯二月十七日归我、《阳春白雪》三书终未能忘情也。"(以上均见《隅录》批注)弢翁云:"支硎山人云:'钱物可得,书不可得,虽费当弗校。'此言可谓先获我心。噫!书痴恐终不可医矣。"(《海源阁宋元秘本书目》批注)钱物易得,而书不易得,所以购书即使再费,作为书痴的弢翁亦在所不辞。然如无钱无物,衣食尚不能保证,则亦不能得书,只有徒然叹息。处在战争年代里的弢翁深深体会到这一点,"呜呼!山人之言是太平气象,若今日则书可得,钱物不可得,不禁望洋兴叹而已。"(《海源阁宋元秘本书目》批注)因而在那个时代,购到一部书谈何容易?1937年,弢翁极想购买宋本《毛诗》,然"余度岁之资仅乃足用,实无余力收书,只得婉谢之,两美之合,遂成虚愿,世事如斯,衣食且恐不赡,即见好书胜此者,亦徒唤奈何耳"(《隅录》批注)。1938年12月,金本《通鉴节要》亦是必购之物,但"两年以来,财力极绌,已入不敷出,何能有余钱收书?杨氏书近日见金刻《通鉴节本》,纸印精美,可称绝品,望洋兴叹而已,伤哉"!1939年2月,弢翁终于斥巨资买到金本《通鉴节要》与宋本《毛诗》,叹道"真大费矣"(《隅录》批注)。然书痴之痼疾不可医矣,尤其是当遇到了诸如海源阁收藏的好书时,岂能放过?1948年2月,以三千六百万元在藻玉堂收得元雪窗书院本《尔雅》,弢翁于《戊子新收书目》卷首题云:"今年本无力收书,因见《尔雅》而拼命。"[②] 为了购到海源阁善本,弢翁甚而不惜举债而为之,如"《蜕庵集》、《闻见后录》两书皆归邃雅斋,庚丈(即张允亮)为我谐价,顷始成交易,只得举债收之,并售北京自来水股票以偿债,其痴不可及也"(以上均见《隅录》批注)。尽管如此,他

① 周叔弢:《海源阁宋元秘本书目》批注,《弢翁藏书年谱》,黄山书社2000年版,第54—55页。

② 《弢翁藏书年谱》,黄山书社2000年版,第170页。

仍然列出未来的收购计划，1934 年 11 月，他开列三十种准备购买，1935 年又列出十二种，并云“近日举债收书，力已疲矣，尚有不可不收者数种……”（《海源阁宋元秘本书目》批注）。1936 年元宵，弢翁于《丙子新收书目》卷首题云“负债巨万，尚有力收书耶”？① 然就是在这种异常艰难的情况下，当年，他仍然以一千元收得宋本《唐求诗集》，并为配齐海源阁藏宋于氏刊本《春秋经传集解》二十三卷，又以二百五十元购藏了宋于氏刊本《春秋经传集解》第四十卷。所以，从这些题记中，我们不难想象弢翁购书的艰难。

如果不能购买到，弢翁则时刻惦念着这些善本的去向。1931 年 10 月，弢翁记曰：“杨氏藏书散失，合余所见所知者，盖十存八九，唯宋本《周礼》、《庄子全解》、《山海经》……数种不知落谁氏手，殊悬念耳。”（《隅录》批注）1934 年 11 月，弢翁病起书云：“《续编》之书散失最多，存敬夫手中者极少，所可念者……《蜕庵集》、《阳春白雪》数书未知足迹何如耳。”（《隅录》批注）最使他感到痛惜的是，30 年代初，因财力不够，只能购买宋本《新序》，而眼睁睁看着被日本人购去宋本《荀子》等六种。他在宋本《荀子》题识中不止一次地云：“敬夫索四千五百元，因手中极窘，遂为日人购去，最为痛惜。盖当时财力仅能收《新序》一书也。”又云：“丙子十二月见吕夏卿本于上海，实南宋刻，殊不及此书之可贵，益悔交臂失之矣。”又云：“此人间孤本也，失之可惜。庚辰七月病起书。”（《隅录》批注）后来他又在宋本《新序》题识中曰：“余收此书时，若能举债并《说苑》、《荀子》、《管子》、《淮南子》同收之，岂不大妙乎？余生平务实而不蹈虚，亦自有短处。”（《隅录》批注）现在知道，包括《荀子》在内的这六种宋本被书贾购去后，又转手被日本人买走存放于当时由日人控制下的满铁大连图书馆，抗日战争胜利后，由于种种原因，流出国外，这是弢翁万万想不到的。

弢翁极重海源阁藏书，因而留下很多与海源阁有关的藏书佳话。比如“双南华馆”、“东稼草堂”和“半雨楼”既是弢翁的藏书室名，也是他的藏书印名，但这些名字都颇有来历。“双南华馆”，是为纪念他先后得到两种宋本《庄子》而起的室名，并请刘希淹为其治白文方印一枚。1931 年前，弢翁从文在堂魏子敏处买到宋本《南华真经》，这是他收得海源阁遗书的第一部。此本为南宋初年湖北地区刻本，眉端有宋人手写校记，弢翁云：“白纸精印”，“无补版，纸印比

① 《弢翁藏书年谱》，第 97 页。

《建康实录》为佳。”(《隅录》批注)海源阁还藏有金刻本《壬辰重改吕太尉经进庄子全解》十卷,亦是阁中之宝。此本绍和题宋本,弢翁云:“此是金本,白纸,白口,左右双边,小字极精。”(《隅录》批注)有明“文寿承氏”、“吴元恭氏”及清“季振宜读书”、“徐健庵”等印。传世最早古本。1934 年春,弢翁从敬夫处直接购得。此两部为弢翁子部藏书增添了分量。“苏辛”词合称宋词之“双子星座”。元延祐七年(1320)叶曾南阜书堂刻本《东坡乐府》二卷和元大德三年(1299)广信书院刻本《稼轩长短句》均为传世最早古本,亦为孤本。1934 年弢翁从敬夫处分别购得。元本《东坡乐府》递经明文征明,清季振宜、徐乾学、鲍廷博、黄丕烈诸家收藏,黄氏原匣,白纸精印,黄丕烈题跋。元本《稼轩长短句》,黄丕烈、顾广圻跋,弢翁云“元刻中甲观。大字宽行,行楷古雅,黄纸,黄氏原匣”(《隅录》批注)。弢翁得两书后遂各取书名首字以名其室并请刘希淹治白文方印。“半雨楼”,因所藏北宋蜀刻小字本《王摩诘文集》有“山中一半雨”句,故以诗得名,又请刘希淹治朱文方印。此本经明代袁褧、项墨林递藏,后归汪士钟。弢翁云:“汲古原装,纸印精美,完整无缺。此宋本之神品。”(《隅录》批注)黄丕烈曾藏此集,自署“山中一半雨本”,弢翁取此名盖本于此。此书1930 年得于杨敬夫,1952 年捐献北京图书馆。1982 年,弢翁在子珏良家见到该本影印本后,已经九十二岁高龄的弢翁感而跋云:“宋蜀小字本《王摩诘文集》十卷,汲古阁旧藏,有‘宋本’、‘甲’印可证,‘二泉主人’、‘听松风处’,亦毛氏印,独无毛氏姓名印为可异。此书自艺芸书舍汪氏归海源阁杨氏后,秘藏逾百余年。曩因世变,杨敬夫携阁书至天津,余颇有所得,独此书商之经年,乃蒙割爱。得书之日,欢喜无量。1952 年,余举藏书归之北京图书馆,幸余书之得所。今于珏良家见此本影本,如晤故人,数十年前光景恍然在目。国家重视文物,化身千百,嘉惠士林,可为此书庆,我一人欣然欢呼,乌足以尽之。”①

“陶陶室”的故事,流传颇广。清代藏书家追逐这两种宋本陶诗可谓经历曲折,衍生出很多佳话。先有周春的“礼陶斋”、“宝陶斋”、“梦陶斋”,后有黄丕烈的“陶陶室”,再到海源阁杨氏父子的“四陶居”。杨氏藏书散出,1931 年,弢翁先从敬夫处得宋本《陶渊明集》十卷,而宋本《汤注陶诗》被藻玉堂主人王子霖买去。王子霖知道弢翁历来不愿好书失群,有意居奇抬价,丝毫不让。最后

① 《弢翁藏书年谱》,第 233 页。

于1933年11月以大洋四千元的高价成交(折合市价白面四千袋),使“陶陶”分而复合。不仅如此,弢翁还以当年黄丕烈曾将宋刻施、顾注《和陶诗》二卷置于“陶陶室”内,所以又向杨敬夫买下此本,成为自庄严堪架插之物,遂使复翁旧藏宋版三书聚合一处,恢复士礼居旧观。弢翁曾云“人生几何,异书难遇”[①],确实,如宋本《陶集》这样的“人间孤本”,并非每人每生都能有幸遇到的,所以他不惜高价把其购下,亦不枉此一生了。1952年,弢翁将包括此书在内的善本悉数捐献于北图时,当时的中央文化部副部长郑振铎满腔热情地对他说:“您把最心爱的‘两陶’集都献了出来,真是毫无保留,难得！难得！”[②]可见,海源阁遗书在弢翁心中是多么的重要。

宋鹤林于氏家塾栖云阁刻元修本《春秋经传集解》,原书三十卷,弢翁自杨敬夫处购得残本二十三卷。弢翁购是书可谓一波三折,弢翁云:

> 宋鹤林于氏刊《春秋经传集解》,为海内孤本,世所罕见,不仅纸墨莹洁,光彩夺人,为可贵重。丙寅岁(1926),余始见四卷于北京翰文斋(卷二、卷十七、卷十八、卷廿一),时初从临清徐氏散出,议价未成,卒为德化李氏所得,时时念之不能忘。而项城袁氏所藏一卷(卷廿六),则辗转归庐江刘氏,未之见也。乙亥(1935)夏,杨君敬夫忽以残本二十三卷见示,为之惊喜过望,以重值收之。此书杨氏先德光绪辛丑年(1901)得于北京,当时已逸七卷,制椟乃预为之地,盖以期他日之复合也。余于是亟从李氏购所藏四卷,其值倍于杨氏。十一月游北京,偶过文禄堂,见第十四卷影片,询知原书藏石氏,因挽文禄堂主人王晋青图之,复驰书伯兄上海,乞商刘晦之丈让所藏第廿六卷。丙子(1936)正月,王晋青以石氏书至,已改易旧装,而值更高于李氏;若刘氏之一卷,则秘为鸿宝,坚不肯让,数年来屡以为请,皆拒而不允。其第十卷更无从踪迹,噫,此书或将不能终完耶！余前数年收宋岳氏本《春秋左氏传》,亦偶然配合,凡历三年,其第一卷则失之交臂,且闻于壬申上海闸北之变。今刘氏书散佚过半,剑合珠还之愿,更不可期,得失聚散,固有定数,非人力所能强,第衷心耿耿,终不能不为

① 周叔弢:宋蜀刻本《后山诗注》题识,《弢翁藏书题识》,《自庄严堪善本书目》,天津古籍出版社1985年版,第130页。

② 周珏良:《我父亲和书》,《文献》第21辑,1984年6月。

此书深惋惜耳。[①]

由于杨敬夫忽以残本二十三卷见示，引起他向李氏、石氏、刘氏索购残卷，希望这个海内罕见孤本能够延津剑合，然到1943年作题识时，虽然百般搜求，仍然未能成为完书。直至弢翁于1952年将所藏全部善本捐献北京图书馆后，始知刘氏所藏第二十六卷已归上海图书馆。后来弢翁在全国人大开会时，递一条子给上海市市长陈毅，请将此卷由上图调拨北图，陈毅市长很快答复。至此，终于了却弢翁这桩心事。[②] 从1901年杨氏先德得残本二十三卷，到1952年将二十六卷一册归入上图，相隔五十余年，杨氏先德制椟时预留之地，以期他日复合，在五十二年后的弢翁手里，竟成为事实。这绝不是偶然的巧合，而是弢翁孜孜以求的结果，只有像弢翁这样的书痴也才能深味杨氏“制椟时预为之地”的良苦用心，来完成杨氏先人未能复合的遗愿。弢翁与杨氏可谓异代同心，共同为保存我国文化遗产作出了自己的贡献。

弢翁对海源阁遗书的关注不仅体现于积极购求上，而且在维护上也颇用心。作为一个真正的藏书家，他跟杨氏三代一样，爱护书籍如同爱护头目。元至正六年(1346)吴志淳好古斋刻本《复古编》为传世最早刻本，劫后流入天津某茶叶铺中，索值奇昂，后为藻玉堂主人买走。弢翁于1934年11月以重价购自藻玉堂王子霖，“惜纸经染色，触手即破，乃命工重装，围以素纸，居然面目一新，可便观览，书之寿命亦得延长，固无慊于损旧装矣。”[③]弢翁对于善本的保护原则是恢复旧装，因为只有这样才能无愧于先人的殷勤收藏。杨氏在保护藏书时，以善保旧装著称，这一点令弢翁极为推崇，而对今人的动辄改易大为不满。弢翁在题《纬略》时云：“余所见古书能多存旧装者，当推海源阁，若今人知重此者益鲜矣。”[④]元本《注心赋》，弢翁题识云：“近年颇见杨氏藏书，皆善保旧装，不轻改易，此书则因展转流传，遂横遭割裂，而装池更污损非复旧观，既命工略加补缀，爰记数语以寄慨。”[⑤]此书于1944年由李典臣赠之弢翁，但期

① 《弢翁藏书题识》，《自庄严堪善本书目》，天津古籍出版社1985年版，第111页。

② 参见《弢翁藏书年谱》，《自庄严堪善本书目》，天津古籍出版社1985年版，第102页。

③ 《弢翁藏书题识》，《自庄严堪善本书目》，第113页。

④ 《弢翁藏书题识》，《自庄严堪善本书目》，第123页。

⑤ 《弢翁藏书题识》，《自庄严堪善本书目》，第126页。

间几经转手，“横遭割裂”，“装池更污损”，已经失去了杨氏“旧观”，这让弢翁感到十分痛惜。再如弢翁对于藏书印的处理亦与一般藏书家不同。弢翁制有很多藏书印章，但“在最精本的书上只使用小方形‘周暹’名印，原因就是因为方印小，不会影响书的全貌，如果后人不喜欢，把它去掉了也不至于损书太甚”①。而对有些好书偏要用坏印章坏印色，从而大大损害了原书的形象，弢翁认为这无疑是“佛头着粪”。北宋本《孟东野诗集》本是极善之本，但李盛铎所钤恶印，为书减色（《隅录》批注）。北平吴迪生是民国间著名治印家，著有《清朝内廷御制印泥法》，但他的印泥质量却令人不敢恭维，他制作的印泥往往钤于书上时间不长就要变色。杨敬夫就曾被其蒙骗，弢翁在宋本《寒山子诗》题云：“书中各印试吴迪生印泥未几变黑，顷见海源阁藏书，杨敬夫各印亦如是，想举为吴氏所欺也……诸印变色者，以双氧水涂之，顿复旧观，为之大块，杨氏诸印亦如是。”②从这样一个小小的细节中就可以看出弢翁对海源阁遗书保护何其细致精心。弢翁曾在元本《注心赋》的另一则题识中说过，杨氏书初出时细审之，无一指爪痕，想见当年藏书之谨细，敬夫未克严守此戒，传之者多非真知笃好之人，不知毁却多少好书矣。这里，弢翁在批评敬夫以及后人不知爱书的同时，亦是在表扬杨氏先人的护书功德，正如王绍曾所云：“这件事乍看起来，好像是件小事。但在弢翁看来极不寻常。这一方面体现了弢翁对杨氏藏书的高度评价，另一方面体现了弢翁的精细观察，就连有没有指爪痕这样的问题，也提到保护藏书的原则上来认识。如果不是弢翁对海源阁遗书有着特殊感情和爱好，他能这样吗?!”③

弢翁收藏文物图书，是出于对书的真知笃好，是为了保存民族文化，不致湮没外流。不似那些书贾商人靠倒卖赚取差价，惟利是图。当弢翁得知抵押于天津盐业银行的九十二种善本购归北平图书馆时，他为海源阁遗书得其所而感到庆幸不已，他于《乙酉新收书目》即附言云“海源阁书九十余种，岁暮归北平馆，为好书庆得所也”。④ 弢翁所购杨氏藏书五十七种，除了因为校书与傅

---

① 周珏良：《周叔弢先生的版本目录学》，《文史知识》，1992 年第 2 期。

② 周叔弢：影刻宋本《寒山子诗》题识，《寒山子诗》卷首，1924 年周叔弢影刻宋本。

③ 王绍曾：《周叔弢与海源阁遗书》，《订补海源阁书目五种》，齐鲁书社 2002 年版，第 1360 页。

④ 《弢翁藏书年谱》，《自庄严堪善本书目》，第 161 页。

增湘易出一种外,[1]其余从未转手过,他也从未想过传至子孙,世守私囊。他于1942年在手订书目上给儿孙留下遗言:"生计日艰,书价益贵,著录善本或止于斯矣。此编固不足与海内藏家相抗衡,然数十年精力所聚,实天下公物,不欲吾子孙世守之。四海澄清,宇内无事,应举赠国立图书馆,公之世人,是为善继吾志。倘困于衣食,不得不用以易米,则取平值也可。勿售之私家,致作云烟散,庶不负此书耳。"[2]1949年以后,他实现了这一夙愿,将包括海源阁藏书在内的所有文物书籍都先后捐献给了国家。现在杨氏这些善本安居于国图,如果杨氏先人地下有知,亦当感到欣慰。

四 刘少山、沈仲涛、陈清华、潘宗周等

刘少山(?—1978),名占洪,字少山,以字行,山东掖县人。父刘子山是旧青岛"四大家族"之首,1918年出资创办私营东莱银行,始从事金融业。刘少山曾任东莱银行天津分行经理。喜藏书,遇善本则不惜代价予以购藏。海源阁遗书散出时,他正在天津,积极购求,得到二十种,数量仅次于周叔弢,大都是宋元珍本,如宋本《张先生校正杨氏易传》、宋嘉定四年(1211)新定郡斋刻本《礼记集说》、宋本《附释文互注礼部韵略》、宋刻递修本《舆地广记》、宋本《愧郯录》、宋刻元修本《十二先生诗宗集韵》、宋咸淳廖氏世彩堂刻本《昌黎先生集》、宋本《新刊增广百家详补注唐柳先生文》、宋本《莆阳居士蔡公文集》、元本《山谷老人刀笔》、宋本《云庄四六余话》、元至正十四年(1354)刘氏翠岩精舍刻本《注陆宣公奏议》、《伊川击壤集》等。"四史"之《史记》第二部宋淳熙本《史记集解索隐》亦为少山所得,而最引人注目者为人间孤本宋端平本《楚辞集注》十六卷,当时他以六千五百元高价从敬夫手中购得。购得这批书后,少山悉心保护,并与敬夫相约守秘。据说当年其妻兄闻刘先生藏此精品及另一善本孤本《百川学海》,写信至天津求一睹为快。但为守秘起见刘先生当时矢口否认有此事。对亲属如此,对外人更是秘而不宣。1952年刘少山带头和京、津藏书

---

① 周叔弢易出一种为宋虞平斋刊本《增刊校正王状元集注分类东坡先生诗》二十五卷。事见《弢翁藏书年谱》之"1937年12月"条:"十二日,用所藏杨氏海源阁旧藏王注《苏诗》与傅增湘易得三书。计:明抄《席上辅谈》二本(值五百元),此书有黄丕烈跋及金少章跋,金跋缺一叶;明抄本《宾退录》二本(值二百元),有孙岷自跋;陈西昀校宋本《邵氏见闻录》四本(值三百元)。"此材料取自弢翁自编目录《丁丑新收目录》。亦可见本节傅增湘部分。

② 周珏良:《我父亲和书》,《文献》第21辑,1984年6月。

家一起将自己收藏的二十六种善本全部捐给国家。当时文化部社会文化事业管理局郑振铎局长与刘少山书信往来联系此事，郑振铎在致刘少山信中曾委婉提及《楚辞集注》和《百川学海》两孤本，意怕他不舍得捐出这两部精品，刘少山看信后大笑，说郑局长真内行也。[①] 刘少山保护海源阁遗书并无偿捐献国家，一时成为美谈。

沈仲涛（1891—1980），浙江山阴人。其先祖为乾嘉间以博览群书并藏书之富而闻名浙东的沈复粲（1779—1850），复粲字霞西，藏书室为鸣野山房，撰有《鸣野山房书画记》、《挥刻碑帖》和《鸣野山房书目》等。仲涛受家庭熏染，自幼好读书、藏书。后将经商所得全部购买善本。民国间，藏书家如合肥李氏、江安傅氏、聊城杨氏、常熟瞿氏、吴县潘氏等所藏颇有散出，沈仲涛访旧搜遗，择优选萃，累藏宋、元、明珍本至数千册。1949 年，将所藏择其精善分成两批运往台湾，其中一批随身运到台湾，而另外一批八大箱则不幸随太平轮沉没于台湾海峡。1979 年，沈仲涛以八十九岁高龄，深感世难方殷，守书不易，恐旦夕间往之所聚者容或失之，乃将所贮九十种 1169 册悉数捐赠台北故宫博物院，其中宋版三十二，元版十七。[②] 这批书中有九种为海源阁遗书，分别为宋刻递修本《晋书》三十卷（残）、明刻本《国语》、宋刻本《李学士新注孙尚书内简尺牍》、元刻本《范文正公政府奏议》、元刻本《晦庵先生语录类要》、明仿宋刊十行本《韦苏州集》、元刻本《集千家注批点杜工部诗集》、元刻本《增广注释音辨唐柳先生集》、元刻本《铁崖先生古乐府》，均著录于《“国立故宫博物院”藏沈氏研易楼善本图录》中。然以其损失来看，所购海源阁遗书定不止以上九种。

陈清华（1894—1978），字澄中，湖南祁阳人。曾任中国银行总稽核。清华有嗜书之癖，收藏宋元旧椠极多，又有明清名刻精抄以及名人校跋之本，因以量大质高与周叔弢并称“南陈北周”。民国间以万金购得宋本《荀子注》二十卷，遂以“荀斋”颜其名。陈清华藏海源阁善本有十三种，都是海源阁的精品。宋乾道七年（1171）蔡梦弼东塾刻本《史记集解索隐》一百三十卷，为杨氏“四经四史”之《史记》第一种，其他如宋本《说文解字》、汲古阁影宋抄本《鲍氏集》、元

---

① 参见苗淑菊：《关于〈楚辞集注〉的一段佳话》，《光明日报》，1998 年 10 月 22 日第 6 版《文荟副刊》。苗淑菊为刘少山妻（苗惠芳）妹。

② 参见秦孝仪：《〈“国立故宫博物院”藏沈氏研易楼善本图录〉序》，《“国立故宫博物院”藏沈氏研易楼善本图录》卷首，台湾故宫博物院编辑委员会编印，1986 年版。

刘氏学礼堂刻本《新刊履斋示儿编》、宋刻递修本《扬子法言》、明末汲古阁本《剧谈录》、汲古阁本《东坡词》、《山谷词》、明胡文焕格致丛书本《新刻洗冤录》、汲古阁本《湘山野录》、明抄本《茅亭客话》、清抄本《佩韦斋文集》十六卷《辑闻》四卷等。所藏南宋咸淳廖氏世彩堂刻本《昌黎先生集》四十卷《外集》十卷，颇受人关注。该书先归南海潘宗周，清华因先得廖氏世彩堂刻本《河东先生集》（非海源阁藏书），世人向以韩、柳两家并称，清华则必欲使两集并置一室，于是商诸宗周，愿以大洋两万元购之，或以《韩集》归潘，或以《柳集》归陈，请潘宗周抉择。潘氏忍痛割爱，旷世鸿宝始入"荀斋"。一段佳话，脍炙人口。陈清华于1949年移居香港。在周恩来总理关怀下，经徐森玉之子徐伯郊往返奔走，先后于1956年和1965年分两批从香港把这批书购回，庋藏国图。①

潘宗周(1867—1939)，字明训，广东南海人。经商成巨富，充租界工部局总办。以巨资蓄书，喜藏宋、元古本，得宋版一百零七部、元版六部，均为精品。袁克文曾藏宋刻《礼记正义》，此书为南宋三山黄唐刊本，原曲阜孔继涵旧藏，为海内孤本，诧为罕见，遂购之颜其新居曰"宝礼堂"。张元济为之撰《宝礼堂宋本书录》四册，另编有《宝礼堂书目》。海源阁书散出时，潘氏收得六种，除世彩堂刻本《昌黎先生集》归陈清华外，还有宋本《汉隽》、残宋本《咸淳临安志》、宋本《孟浩然诗集》、元本《增广注释音辨唐柳先生集》、残宋本《丽泽论说集录》。抗日战争期间，其子潘世兹辗转将藏书运抵香港，解放初，全部捐献国家，存于国图。

李盛铎(1858—1935)，字义樵，号木斋，江西德化人。光绪己巳科进士。历官翰林院编修、国史馆协修、出使日本国大使、内阁侍读学士、山西巡抚等，民国间，曾任大总统顾问、参政院参政等职。曾祖李恕，喜藏书，建"木犀轩"。父李明墀又继续搜集。李盛铎为官时购书日勤，出使日本时，多购善本回国。最后收藏宋元善本三百余种。海源阁书散出时，他正寄寓天津，其中"二孟一黄"，即为其捷足先登。"二孟"者为宋本《孟东野诗集》、宋本《孟浩然集》，"一黄"者是宋本《类编增广黄先生大全文集》。宋本《孟浩然集》后归潘宗周。他还得宋本二家注《史记集解》，为杨氏"四经四史"之宋本《史记》第三部。1940

① 参见李致忠、赵前等：《荀斋论丛》，《祁阳陈澄中旧藏善本古籍图录》，国家图书馆、上海图书馆、中国嘉德国际拍卖有限公司合编，上海古籍出版社2006年版。

年，李盛铎将全部藏书售归北京大学图书馆。

邢赞亭(1880—1972)，名之襄，河北南宫人。前清附生，日本东京帝国大学法律系毕业，曾任全国烟酒事务总署总务厅厅长，天津市政府秘书长等职。嗜藏书，所收明版书甚多，且多精品。邢氏得海源阁书有校精抄本《说文解字通释》、校本《吴中纪闻》、校明刻本《新序》、宋本《纂图互注扬子法言》、校本《蔡中郎集》、明抄本《吕衡州文集》六种。校抄本均为名家校抄，如《吴中纪闻》、《蔡中郎集》、《新序》等为荛翁校本，《吕衡州文集》则为钱曾述古堂抄本等。其中校宋本《新序》十卷二册，此书为匪徒抢失分散，邢赞亭先得上册，不及百元，后邃雅斋又收下册，居奇索价四百元，被另一藏书家得去。周叔弢曾力劝归至邢氏，然终因财力不济而让出。[①] 1951 年将其所藏六种与其他藏书一并捐赠北京图书馆。邢氏藏本中，宋本《纂图互注扬子法言》最为重要。邢氏得此本极不容易。此书初于 1930 年流入河北顺德，由琉璃厂肆文友堂购入，然只存二、三两册，另两册则流入天津书肆。傅增湘与文友堂主人魏文厚(字经腴)过从甚密，因借阅两册留置案头匝月。傅氏以此书乃蜀贤名著，欲与所藏豫章本《方言》为侣，因当时无力购之，便与主人约定嗣后归之。其后魏文厚之弟慎甫在津门闻有另二册残帙，急取重金令书贾李会文代买。李氏知此书贵重，于是将重金返还慎甫，私下将此书购归自己。邢赞亭闻之此事，急将此两册购之。待傅氏将二册还于文友堂时，赵万里知之，急索是书，魏氏乃告以与傅氏有夙约。赵氏坚欲为馆中收此书，便又到李氏处取其半，但李氏两册已归邢氏。赵氏非常失望。而邢氏为得全帙亦频促魏氏成交。于是赵氏与邢氏各不相让，魏氏则乘机索要高价，傅氏虽然最先约定，转若毫无关系。最后赵氏与邢氏挽留傅氏斡旋其间。傅氏乃商与赵氏，为成全是书，宜让赞亭收之，自己亦不去再理最初之约。赵氏为成完书而将魏氏二册让出，于是邢氏终得完书，而傅氏又得将完书从容勘读百余日。然傅氏作为最先约定者，却未能获得，抚卷之余，又惘然若失。不过从此事可以看出诸君爱书之挚，癖古之深，辗转百回，终使丰城剑合，合浦珠还，又为书林留一段佳话。

张乃熊(1891—1942)，字芹伯，一作芹圃。父均衡，浙江吴兴南浔人，江南巨富。弱冠即开始收书，二十岁即得万卷。1907 年在南浔筑一园林，称适园，

---

① 参见傅增湘校宋本《新序》题识，《藏园群书经眼录》卷 7，第 540—541 页；周叔弢《〈楹书隅录〉批校》；冀淑英：《致王绍曾书》，《订补海源阁书目五种》，齐鲁书社 2002 年版，第 158 页。

其中六宜阁为藏书之所，有《适园藏书志》。张乃熊承父聚书遗志，大事搜集善本，更为扩大，据《芹圃藏书志》记所藏善本书有宋本八十八种，元本七十四种，明本四百零七种，黄尧圃校跋本一百零一种。张珩(1915—1963)，号希逸，张乃熊弟张乃夔(字仲芈)之子，藏书室曰韫辉斋。抗战南浔沦陷前，祖孙三代人的藏书全部运往上海，后经郑振铎和徐森玉的介绍，卖给南京中央图书馆，南京解放前被运往台湾。1927年海源阁藏书在天津散出时，张钧衡适于此时去世，所以收购杨氏藏书的是张乃熊和张珩，共十二种。张乃熊收有八种，除宋嘉定间姑苏郑氏刻本《添注重校音辨唐柳先生文集》外，余均为校本，校抄本《庆湖遗老集》、校宋本《国语补音》、校本《孤臣泣血录》、校旧抄本《湖山类稿》、校抄本《三十代天师虚靖真君集》，这六种均归台图。校旧抄本《蜀梼杌》和校旧抄本《文房四谱》两种则归国图。此八种均钤有"芹圃收藏"印。张珩所收三种为校旧抄本《庐浦笔记》、校旧抄本《杨公笔录》和校明抄本《西溪丛语》，均钤有"秘韵楼"，"乌程蒋祖诒藏"，"张珩私印"、"希逸"或"韫辉斋图书记"诸印，知由张珩转归蒋汝藻后，带回台湾，现存台图。张氏所收校本多为荛翁手校本，极为珍贵。而蒋汝藻亦是收藏大家，除收此三种外，还收藏宋本《咸淳临安志》残本，后转归国图。

莫伯骥(1878—1958)，字天一，广东东莞人。经商致富，遂致力于藏书。先建"福功书堂"为贮书之所，后来所积达五十万卷，遂更名为"五十万卷楼"。精通目录、版本、校勘之学，收藏宋本三十八种、元本八十种，著有《五十万卷楼藏书目初编》二十二卷。莫氏得杨氏藏书多种，今见于记载者三种，即校宋本《列子》和宋蜀刻本《孙可之文集》、宋淳熙江西刻本《本草衍义》二十卷。莫氏于《五十万卷楼藏书目初编》卷十五题宋本《孙可之文集》云："天降丧乱，海源卷帙，近多散出，此为阁中有名之本，北贾不远千里求售于吾家，秘笈在前，能毋心动。当时杨阁佚书，伯骥所见，不下百十种，所得亦有多种，然实以此为巨擘焉。大弓在弢，美玉韫椟，其可忽尔哉！"除宋本《本草衍义》归日本杏雨书屋外，其余两种均藏国图。

以上各家得书情况，是据现有文字材料，而不见于著录的一定还有不少，如莫伯骥所言"所见不下百十种，所得亦有多种"，然今能查到的确为莫氏所收只有三种。所以各家得书肯定要高于以上所计。其他藏书家谢国桢得荛翁校明本《妮古录》，蒋汝藻得残宋本《咸淳临安志》，赵万里得残宋本《咸淳临安志》，济南张亦轩得顾千里校本《说文解字系传》，张允亮得两种，张子厚得一种等不一而足。此外，书贾的贡献亦不应漠视，虽然他们出于盈利目的，有个别书贾将善本售于外国人，但在客观上还是起到了保护阁书不遭毁佚的作用。这些书贾大都精通版本学，经过他们的努力和周旋，使多数善本流入识者手中，或归入图书馆。由于书籍流通交换需要，他们常常是学者或藏书家的“书友”，甚至是至交，并为士林所尊重。如北平书贾王子霖，他的主顾就是梁启超、周叔弢、傅增湘、赵万里等人。海源阁遗书有不少是通过他的中介，最终大部分归入了公立图书馆。他在《六十年经营回顾》一文中道：“民国十七年(1928)、十八年(1929)中，有一个著名的藏书家杨氏海源阁，将几代人所藏的好书陆续卖出，其中大多数经我介绍卖给藏书家和图书馆等处。……识别海源阁藏书并加以保护是我一生的骄傲，不虚往来人世。”①又如济南止适斋老板王贡忱就得七种，这七种后来全部转归台图。其他如京城文禄堂主人王文进、文友堂魏文厚、邃雅斋董金榜、崇文斋孙瑞卿等，他们虽然也从中牟利，然就保存角度来看，他们的作用委实不小。清末有学人专门作诗颂扬书贾，赞曰：“考订校雠多绩学，收藏赏鉴各名家。典坟总汇供搜讨，吐纳流通亦可佳。”诗下加注曰：“洪北江别藏书家为考订、校雠、收藏、赏鉴、贩卖五类，而鄙薄贩卖。其实若无厂肆之宏大供应，亦无以满足文苑儒林之需要也。”②

我们还要提到的是一些人士虽未直接购藏杨氏藏书，或限于财力仅购数种，但他们也是保护海源阁遗书的功臣。他们时刻关注着这批遗书的去向，亦想方设法购买，但无经济能力，更多的是呼吁保护。这批人士中有叶恭绰、张元济、傅斯年、陶湘、郑振铎、郁达夫、梁启超、胡适等。叶恭绰(1880—1965)，字誉虎，号遐庵，广东番禺人。当海源阁藏书运到天津后，因虑其流失，他积极呼吁公家收存，无应者，乃组织团体拟集资购买③。后来，叶氏南下沪上，又商

① 王子霖：《王子霖古籍版本学文集》第2册，上海古籍出版社2006年版，第91页。

② 器伯：《琉璃厂杂诗》，孙殿起著《琉璃厂小志》，北京古籍出版社1982年版，第344页。

③ 丁原基《王献唐先生维护山东文献之研究》一文披露了最近发现的叶恭绰致王献唐信，信中交代了叶氏操作这一事件的来龙去脉：“杨氏之书，终以归公家全数购藏为宜。惟其时无法可以商榷进行，因拟集合友人十人，每人出五千元，以五万元购其一批，候公家可以收购时，即让与公家，而将其款续购一批。如此辗转数次，可将其善本悉数归公。计已约集将齐，且将各书样本在梁任公家看过，不料同人中颇有主张分书者，而价值一层，杨氏坚持原数(记最后减至六万)，因未成议。同人纷纷索回交款，弟亦南下，嗣遂未与闻，只闻已有四种，已售李氏、周氏、傅氏而已，似至今尚无全单售于日人之事(或云，有数种已售与日本人)，其最著名之四经四史，固犹在也。依弟推测，在津寓之善本，固犹不少。微闻杨氏之观望，由于虑官厅取书而不付款，故最好系觅得一居间人，且明订付款之法，似极易接近及收效，第不知鲁省官厅能否筹得此款耳?”可见，这封信比1927年冬至日张元济致傅增湘信中交代得更为细致(见《张元济傅增湘论书尺牍》，商务印书馆1983年版，第182—183页)。《“国立中央图书馆”馆刊》第25卷第2期，1992年12月，第176页。

与张元济、潘宗周，拟集资四万元，潘氏以为过昂，不得已而作罢。尽管叶氏一无所获，但其为保护海源阁遗书的急公好义、大公无私的精神，永远值得敬佩。张元济(1867—1959)，字筱斋，号菊生，浙江海盐人。近代著名藏书家、出版家、学者。据最近发现的资料来看，张氏当是最早关注海源阁遗书的近代学者。早在1909年7月14日时，他就海源阁藏书事去信请教缪荃孙，9月24日缪氏回音，因担心藏书外流，拟收购之。1910年6月22日，张氏复孙毓修书，询问杨保彝是否作古，其书务请设法保存，切勿任意流入东瀛等。① 海源阁藏书散出时，远在上海的张元济极为关注这批书的去向，曾与傅增湘、叶恭绰、潘宗周、王季烈等多次商议购买之事。如1927年11月30日致信傅增湘，请其赴津观书，并言"最好运动美、日庚款购存，否则分散亦殊可惜矣。"②1929年3月18日，致信胡适谓"顷晤梦翁，云闻诸左右，海源阁杨氏之书已至海上。然否？公如知其所在，望为我介绍，虽不能购，窃欲一观也。"1931年2、3月，又多次与周叔弢通信互告海源阁藏书售出情况。文学家郁达夫亦颇为关注，他说："我所亲见的藏书家，如山东聊城杨氏之海源阁，常熟瞿氏之铁琴铜剑楼，吴兴刘氏之嘉业堂，宋元旧籍各具数百；明清以下之版本，无虑千万，现在则虽不全部被焚，也都已被敌人窃去。"③历史学家傅斯年与杨家有世交，对海源阁藏书尤其关注，他曾与王献唐多次通信，讨论如何处置杨氏藏书。如1931年7月17日致信王献唐云："海源阁书事，弟近方更深知一步，杨氏将书交出，实系卖契，言押者，欺人之谈也。至买者为一团体，潘复在内不错。但此团体钱不足，遂借盐业、农工二行之款，大部盐业，小部农工。其实该二行之重要人，已在该团之内，此团体意在赚钱。常朗斋力言此书不致失落出去，但如此情形，谁能保证耶？……此事兄谓应如何办？弟意最后的办法是：由山东呈请国府，转令该两行，在政府未收买前，如将书令人取出，便将该行严□处分。未知兄以为如何？"④昔曾借书刊印的陶湘亦曾致信献唐曰："昨奉覆书，敬悉尊

① 参见《张元济年谱》之"1909年7月14日"、"1909年9月24日"和"1910年6月22日"三条目。《张元济年谱》，商务印书馆1991年版。

② 1927年11月30日张元济致傅增湘，《张元济傅增湘论书尺牍》，商务印书馆1983年版，第181页。

③ 《图书的惨劫》，《郁达夫书话》，浙江人民出版社1999年版，第289页。

④ 转引自丁原基《王献唐先生维护山东文献之研究》，《"国立中央图书馆"馆刊》第25卷第2期，1992年12月，第176页。

见十三万之书单，乃从前书贾传抄之单。上年弟与傅君在银行寓目，则四经四史均在其中。论海源阁全部，今虽仅仅及半，其精华则十之六以上。缘前有外人搜购甚急，平津寓公合谋抵制之策。适有某银行经理，深明版本之学，始有银团结合，筹借款项，放手搜购，闻且有在外人手中购回者。盖当时为保存起见，不惜重资，于是合资八万元，措款廿万元以上（按月一分二厘），两年来本利滚计，实属不赀。乃日前某经理忽而逝世，接手者意在结束，或可减轻利息，所谓有可乘之机耳。如果贵省确定收存本地方之文献，则付款手续亦有秩序。否则海源大名，不啻鲁灵光殿，流出固不可，散失亦可惜也。"①或许拘于所闻所见，他们的理解不一定与事实相符，但他们的目的都是一样，那就是如何把海源阁遗书保存下来，不致流入国外，无论购买与否，则其爱书护书之精诚义举都令人称赏。

海源阁遗书的散佚虽然集中于北方，但却牵动着大江南北的全国藏书家和学者。盖书籍乃文化之载体，书籍之存亡，事关国家民族文化之大业，因而这些藏书家和学者的呼吁、保护、收购，实际上不仅是个人行为，海源阁遗书能够在当时极端复杂艰难的情形之下，得以大部分保存完好，这些人士的功劳不可磨灭，他们为中华民族文化事业做出了牺牲和贡献。

第四节　归宿

海源阁藏书虽然历经磨难，最终还是大部分回归国家所有。这些藏书，除了个别藏书家至今仍有极少量收藏外，自 1949 年开始，很多藏书家或捐献或出售，已经陆续归入公立图书馆。这些图书馆包括鲁图、国图、鲁博、台图、台湾故宫博物院等。其藏书来源主要由三部分构成：一是成批归入者，二是私家捐售者，三是零星收购者。从数量上讲，以鲁图最多，从质量上则以国图最佳。根据目前掌握的材料，现对各大图书馆收藏海源阁遗书的情况作一整理，以便了解海源阁藏书的当今归宿情况。

归入国图者分为三部分，首先是 1946 年北京图书馆复员后购入的抵押于津行的九十二种善本。其次为 1949 年后，藏书家们捐献或出售者。这部分主

① 丁原基：《王献唐先生维护山东文献之研究》，第 177 页。

要有,周叔弢捐献五十六种(宋本王注《苏诗》易出傅增湘),刘少山捐献二十种,邢赞亭捐献六种,陈清华售归十三种,潘宗周捐献五种,傅增湘八种中有五种转归国图(含蒋汝藻、傅增湘、赵万里等合得《咸淳临安志》残本),莫伯骥转归两种,张乃熊伯侄两人十二种中转归两种,郑振铎捐献一种,以上捐售者共一百一十种。其他均为零星收购者,如宋本《童蒙训》购自崇文斋孙瑞卿,旧抄本《张右史文集》,抗战时购入,直到1949年以后还购到清抄本《燕喜词》等。根据1958年中华书局版《北京图书馆善本书目》、2002年书目文献出版社《北京图书馆古籍善本书目》、王重民《中国善本书提要》、王绍曾《订补海源阁书目五种》、《中华再造善本》等所收海源阁藏书以及作者平时目验收集到的善本记载资料,国图现在共存海源阁藏书二百四十三种(不包含抗战期间运往美国的三十六种)。计经部四十八种,史部四十二种,子部五十九种,集部九十四种。以版本来分,宋本八十三种,元本三十四种,金本一种,明本十种,抄本五十四种(含稿本两种),校本六十种,蒙古本一种。其中著录于《隅录》初续编中都一百六十四种,因而可以说国图保存了海源阁藏书的最精华部分。

归入鲁图的,一是由辛铸九等人捐献的二千余种,二为王献唐等零星购得者,三是杨敬夫捐赠者。据鲁图《馆藏海源阁书目·凡例》著录,现存海源阁藏书为:"历年收集的清顾广圻校、黄丕烈跋清影宋抄本《战国策》三十三卷四册(实为三十二卷。此书《隅录》卷二著录),明嘉靖本《大学衍义补》一百六十卷四十册,清抄本《大明天元玉历详异图说》七卷二册;1945年山东省立图书馆接受辛铸九、苗兰亭、张蔚斋等人捐献海源阁藏书二千一百九十一种二千二百一十七部三万二千三百八十册;1957年6月杨敬夫在全国一届四次人代会期间捐献《海源阁珍藏尺牍》二册、《先都御史公奏疏》二十一册、杨保彝编《海源阁书目》六册、杨保彝著《归瓻斋诗词抄》一册。计有元刻明递修本二种,明刻本三百六十八种,抄本七十八种,清刻本一千七百四十种,民国本二种。……经部二百七十种,史部五百三十八种,子部三百二十七种,集部九百三十七种,丛部一百二十六种。"此与实情小有差异,但总数不差。首先零星收购者并非上述三种,其中顾广圻校、黄丕烈跋清影宋抄本《战国策》由齐鲁大学转归鲁图。另王献唐收购刘松年二十种中,有一部分随王献唐携川返回后归入今鲁博,余则仍留原馆,如《春秋穀梁传》四册(残)和明本《稽中散集》十卷四册(全)就著录于鲁图《馆藏海源阁书目》中。这些均不在辛铸九等人捐献之列。而上述三种外定还有其他零星收购者。杨敬夫捐献者除上述四种外，尚有明绵眇阁本《墨子》和清嘉善谢氏本《荀子》两种，《荀子》著录于《馆藏海源阁书目》中，而《墨子》则未见。再者，《凡例》所云接受辛氏所捐献数目不确。根据1946年罗馆长接受辛捐入馆时的统计数量，与《馆藏海源阁书目》所计亦悬殊甚大。就种数而言，原捐数目比现在所计多三百余种，但册数却又少一千二百多册，个中原因难以查明，只有与当初罗馆长所计目录核对后才能决断。如果说罗馆长当初按丛部子目计算的话，与现在出入则更大。但是有一个可以肯定的事实是，自省立图书馆自接受海源阁书以来，一直是有进有失，如王献唐当初择书赴川后，将未能带走的一批海源阁书存于馆中，到现在所剩寥寥，盖在战乱中有所损失，即使辛氏所捐亦不能保证不失。因而现在能做的就是根据《馆藏海源阁书目》著录实际书目，统计出现存于鲁图的海源阁藏书数量。共计两千一百九十八种，如以内容来分，则经部二百七十种，史部五百三十四种，子部三百二十七种，集部九百三十七种，丛部一百二十六种（含子目二千三百五十二种），以版本来计，元本两种，明刻本三百六十八种，抄本七十六种，校本八种，清刻本一千七百三十九种，民国本五种。

鲁博现存为二十八种，包括两部分，一是由王献唐运往四川之二十种中有十二种运回后转归鲁博（另八种运回后亦应转归鲁博，但现存中未见），二是其余十六种可能为零星所购。计经部五种，史部六种，子部十种，集部七种。宋本二种（其一为宋巾箱本《五经》二册，实为明正德仿宋刻本），元本六种，抄本七种，校本四种，明本八种，清本一种。

归入台湾的分为三处，即台图、台博和台湾大学图书馆。其中台图所藏共六十六种，含两部分，一是由美国国会运台之书，二是零星收购者。在抗战以前北平图书馆所收海源阁遗书中，有三十六种于抗战期间移存美国国会图书馆，五十年代又运往台湾，存于台北“中央图书馆”（现寄存台北故宫博物院）。零星收购者是抗战时期，由当时的“文献保存同志会”对散出的海源阁遗书进行间接收购而致，据《“国立中央图书馆”善本特藏》（“国立中央图书馆”1993编印）之《馆藏简史》云：“抗战时期，对沦陷地区进行大规模抢购，成立‘文献保存同志会’，成员有张寿镛、何炳松、郑振铎、叶恭绰、徐鸿宝五人……总之，经过许多努力，江南著名藏书家如吴兴张氏适园、刘氏嘉业堂，江宁邓氏群碧楼，番禺邓氏风雨楼等旧藏珍本，都被购得，其他如常熟瞿氏铁琴铜剑楼，聊城杨氏海源阁，吴县潘氏滂喜斋，江安傅氏双鉴楼所散出图书亦网罗不少。"这批书存入南京中央图书馆，后又运往美国，1948 年 12 月至翌年 2 月分批运到基隆，后来存于台图。如张乃熊伯侄两人所收十种即由此转归台图。宋刊《添注重校音辨唐柳先生文集》，此本旧有登录资料注明"战时沪购"①，并钤有"芹圃藏书"印，即指抗战时于沦陷区上海自张氏购得，其他如王贡忱七种（校宋本《国语补音》和校本《孤臣泣血录》两种与张氏重出，当由张氏自王氏处购得），谢国桢荛翁校明本《妮古录》一种，莫伯骥一种旧抄本《燕喜词》等均由此途径转归台图。台图所藏均著录于《"中央图书馆"善本书目》、《"国家图书馆"善本书志初稿》、《"中央图书馆"善本题跋真迹》、《北平图书馆善本书目》诸目中。计经部二种，史部十三种，子部十五种，集部三十六种；宋本二种，元本四种，明本十一种，清本二种，抄本二十六种，校本二十一种。台北故宫博物院九种，经部一种，史部两种，子部两种，集部四种；宋本二种，元本五种，明本二种。台湾大学图书馆藏一种为元本《集千家注分类杜工部诗》二十五卷《附文集》二卷，《台湾大学图书馆善本书目》著录。

俄罗斯国家图书馆六种，分别为宋本《荀子》二十卷十册，宋本《说苑》二十卷十册，宋本《管子》二十四卷十册，宋本《淮南鸿烈解》二十一卷十二册，宋本《康节先生击壤集》十五卷六册，宋本《三谢诗》一卷一册。这六种子集善本于 1928 年由日人松琦鹤来京买走，存于大连满铁图书馆②，1945 年，由苏联红军攫走。

其他知见所藏者有，私家为王献唐自购二种，一种校本《穆天子传》传于子

---

① 王绍曾先生就此书之归宿曾函询台图特藏部王秀珍女士，据复此本旧有登录资料注明"战时沪购"字样，并钤有"芹圃藏书"印。见《订补海源阁书目五种》，第 235—236 页。

② 据王子霖回忆，1934 年"去大连，得晤松琦，所购之书还秘藏馆中"。"1945 年，苏联红军出兵东北，大连、旅顺两地同为苏联红军占领。次年，苏联派遣了所谓波波夫调查团到大连满铁图书馆检查图书，名为借阅有关苏联与近东中外资料，依库逐架检查半月之久。当抽出中外各善本图书四千余部册，由日本人大谷武男造册存馆。在这一批所谓借书当中最为世人珍视的是世界闻名的《永乐大典》四十二册，和海源阁旧藏的宋刊子集六种。其后，苏联于 50 年代归还《永乐大典》五六十册，可惜海源阁宋刊子集六种仍未还归，真是憾事。"王子霖：《海源阁珍本流东记》，《王子霖古籍版本学文集》第三册，上海古籍出版社 2006 年版，第 133 页。曾在大连图书馆供职的罗继祖亦云："当时大连满铁图书馆得其宋本《三谢诗》数种。及全国解放，予服务于旅大市图书馆（前身即满铁），求之不见，则已为苏军攫去。"罗继祖：《海源阁藏书》，《枫窗脞语》，中华书局 1983 年版，第 144 页。国家图书馆李致忠在去俄罗斯国家图书馆考察时见过宋本《荀子》等，本欲影印，因资金而罢。

王国华收藏，今存天津图书馆；另一种校本《说文解字系传》则归济南张景栻[①]。张允亮两种，张子厚、谢国桢（旧抄本《大雅集》）、朱光潜[②]、聊城第一中学某教师各一种。公藏者，北大图书馆藏三种，济南市图书馆藏三种，南京图书馆藏一种为宋本《诗集传》八卷（残），山大图书馆藏一种为清稿本《隶辨摘要》二卷，美国国会图书馆藏一种为明万历抄本《艺文类聚》一百卷，辽宁图书馆藏一种为清雍正三年（1725）庐云英刻本《五经图》十二卷，上海图书馆藏七种，北京师范大学图书馆藏二种，成都杜甫草堂博物馆藏一种为元刻本《集千家注分类杜工部诗》二十五卷[③]，台湾大学藏一种，傅斯年图书馆藏一种，聊城市东昌府档案局藏一种，聊城海源阁纪念馆藏三种，日本杏雨书屋一种，日本中央大学图书馆一种。共计三十六种。

据以上所计，海源阁现存藏书共两千五百八十七种，其图书类别及版本分布情况如下：经部三百三十四种，史部六百零六种，子部四百二十五种，集部一千零九十七种，丛部一百二十六种。宋本一百零二种，金本一种，元本五十九种，明本四百零五种，清本一千七百五十四种，民国本五种，校本九十五种，抄本一百六十四种，稿本二种，民国本五种，日本本一种。明清本丛书中，含明本五种，其余皆为清本。如果将此数据和海源阁藏书总数作一比较，那么，海源阁藏书被土匪毁掉或散出后去向不明者共有两千零四十五种，计宋本二十二种，金本三种，元本四十五种，明本三百六十四种，清本一千三百九十九种，抄本一百四十一种，校本六十九种，稿本三种。经部三百六十七种，史部四百二十五种，子部五百零六种，集部八百八十七种。从数量上看，宋、元、明、清各代版本均有损失，明清本尤甚。就版本而言，宋元本虽有近八十种去向不明，然

① 王国华，王献唐之子，王献唐所藏黄丕烈校跋本《穆天子传》一书原存王国华处。据骆伟《清代黄丕烈校跋〈穆天子传〉考评》一文云："笔者曾在山东省图书馆工作了二十多年，亲手整理出该馆善本和海源阁专藏，并于王献唐先生儿子王国华及其家属关系甚恰，他们说此书一直在收藏。"见《图书馆学刊》，2002年第3期。此书今存天津图书馆，《天津图书馆古籍善本图录》定级卷著录（第270、271图）。2008年4月17日下午在与《藏书家》编辑周晶老师电话通话中，周师告知此书归周叔弢，又查《自庄严堪善本书目》和《弢翁藏书年谱》（《年谱》记至1984年弢翁逝世止）均不载此书。而校本《说文解字系传》归济南张景栻则为确证，周师说在张景栻在世时曾经两次目验翻阅过该书，并用一海源阁书箧外装。

② 朱光潜所得一种为《十三经古注》，据《书肆的灾难》云："抗战胜利后北归的朱光潜先生说，他去逛琉璃厂和隆福寺的旧书坊……以廉值购得一部海源阁藏的《十三经古注》。"《姜德明书话》，北京出版社1998年版，第361页。

③ 参见郭大仁《成都市古籍藏书特色研究》，《四川文物》，2001年第1期，第55页。该书卷端钤有"宋存书室"、"臣绍和印"，卷末钤有"杨绍和读过"、"聊城杨氏所藏"印。

其价值则不可小视。但是这些去向不明的书籍并非全部毁佚，存于人间者定有不少，只是限于条件，尚未发现而已。

需要指出的是，并不是所有的海源阁藏书都钤有杨氏藏书印，特别是一些明清本更是这样。在鲁图《馆藏海源阁书目》所著录的图书中大多数都没有杨氏藏印，因为这些是成批购入，故谓海源阁书无疑，但有些零星散落到各大图书馆的就无法肯定是海源阁的。即使有藏印，但如不去翻检，也不会知道是杨氏藏书。所以这也给查找统计海源阁遗书造成不便。上世纪末，由山东大学文史哲研究院王绍曾教授率领弟子费数年查清了海源阁宋元校抄善本三百六十一种，但因当时散佚情况复杂，虽经王先生数年的爬梳清理，尚有二百三十一种不知去向，而且“以上数字并不包括《海源阁书目》中收录现存和目外的宋、元、校、抄在内”①。所以，落实这些散佚善本以及《海源阁书目》著录书不知去向者和大量目外书的归宿实在是一件不容易的事。尽管搜查海源阁遗书是一项颇费时间、精力、财力的工作，同时也需要机缘，但正如王绍曾所说：“海源阁去向不明的书，我以为既未毁于劫火，只要尚存天壤，总有一天会显露人间。”②

此次笔者摸清海源阁遗书去向者共六十六种③，其获取方式主要是通过

---

① 王绍曾：《后记》，《订补海源阁书目五种》，齐鲁书社 2002 年版，第 1413 页。

② 同上。

③ 笔者因课题研究需要，对海源阁遗书的去向尤为关注，循王先生导引之路，常以知见搜求海源阁遗书为治学乐事。这期间，可以说既有“踏破铁鞋无觅处”之苦，更有“得来全不费功夫”之喜。2005 年 11 月，我听聊城大学东昌学院中文系范景华老师说，聊城市东昌府区档案局藏有一部海源阁遗书——明本《嘉祐集》。因这很可能是阁书散出后留在本地的唯一明版书，故局领导视若球璧，非上级领导签字不能目验，几经周折，终于见到该书。书用一海源阁专制函套包封，函面上书“海源阁藏本”，书内卷首海源阁藏印赫然入目。经鉴定，这是明嘉靖太原府刻本。2004 年冬，我在得知上海福州路一书肆正在出售杨绍和序清刻本《临文便览》后，毅然赴沪斥资购得，上有绍和序及“臣绍和印”、“储端华重”两方海源阁藏印，书虽残破，然终归吾有。与此同时，在上海图书馆查阅资料时，又偶然从其网页上查出海源阁藏元至顺四年(1333)集庆路儒学刻本《修辞鉴衡》二卷，不禁喜出望外。此书为传世最早刻本，世上独此一帙，即刻从馆中借出一睹为快。1957 年编《上海图书馆善本书目》卷四著录，说明在此之前已经入藏该馆。2005 年 11 月在北京与山东大学杜泽逊老师一块儿淘书时，他向我提供了沈仲涛收藏海源阁遗书的情况，结果一查《“国立故宫博物院”藏沈氏研易楼善本图录》，其中著录了九种善本，想不到江南沈氏藏书世家这样关注海源阁藏书。2006 年 5 月 11 日，到国图善本部查阅资料时，发现一读者正用一元本《国朝文类》对勘他书，上有海源阁藏印，对查《楹书隅录》，此书果然是海源阁故物。海源阁藏元本《国朝文类》有两种，其中西湖书院本已归国图，不知此本亦入国库矣。被日人购去的存于大连图书馆的子、集宋本六种，究竟流向何处，长期以来一直是个谜，今终于得到王子霖和罗继祖的确证，证明为今俄罗斯国家图书馆所藏。为此笔者特撰《海源阁遗书流入域外考》一文予以澄清。海源阁富藏史部珍本多种，在研读贺次君《史记书录》时，见一宋刻残本《史记集解》为海

目录著录、资料记载和实地考察。台图二十种，其中有王贡忱五种（另两种明本《靖康孤臣泣血录》和明刻本《管子》,《五种》已经著录），其余十六种为元本《大广益会玉篇》、元刻递修本《北史》、抄本《皇朝编年备要》（目外）、明本《吴兴掌故集》（目外）、明本《宋论》（目外）、明本《妮古录》（目外）、抄本《庆湖遗老集》九卷《拾遗》一卷《后集补遗》一卷、明本《梅溪先生文集》（目外）、校抄本《石林居士建康集》、抄本《大雅集》、校抄本《三十代天师虚靖真君集》、抄本《复初斋文集》、明本《六家文选》、明本《古文苑》、元本《文则》、明本《唐百家诗》（目外）。国图十种，为宋刻残本《史记集解》四卷（十六至十九卷）（目外），宋刻递修本《陶靖节先生集》四卷（目外），元刻本《国朝文类》七十卷，另有陈清华七种，分别为宋本《扬子法言》、明本《剧谈录》、明本《东坡词》、明本《山谷词》、明本《新刻洗冤录》、明本《湘山野录》、清抄本《佩韦斋文集》十六卷《辑闻》四卷。上海图书馆七种，为元罗祖禹刻本《诗经旁注》四卷（目外）、宋刻巾箱本《春秋经传集解》二十二卷（残）、宋淳熙二年(1175)严陵郡庠刻递修本《通鉴纪事本末》四十二卷（目外）、元至顺四年(1333)集庆路儒学刻本《修辞鉴衡》二卷、明辽国宝训堂刻本《梁昭明太子文集》五卷、元刘氏日新堂刻本《唐诗鼓吹》十卷（目外）、宋婺州吴宅桂堂刻本《三苏先生文粹》七十卷。鲁博藏一种为宋本《韦苏州集》十卷（存四卷）（目外）。山东省济南市图书馆三种，计有明高丽刻本《东医宝鉴》二十三卷、旧抄本《天下郡国利病书》一百二十卷、日本刻本《唐土名胜图绘》六卷（目外）。[①] 傅斯年图书馆一种为清乾隆四十九年(1784)艺香斋刻本《古金录》四卷（目外）。杜甫草堂一种为元本《集千家注分类杜工部诗》二十五卷（目外）。北京师范大学图书馆二种分别为清光绪刻本《荆州府志》五十八卷

源阁故物，海源阁书目均不著录，后到国图查验此书，竟安然置于架插。这个意外的发现，使现存海源阁宋版史部遗书又增添了一种。王先生于《五种》中指出陈清华曾藏六种，2006年上海古籍出版社出版的《祁阳陈澄中旧藏善本古籍图录》却载有海源阁遗书十三种，且这些现在全部存于国图。2008年8月19日再去上海图书馆，发现又有五种珍贵善本为杨氏遗书，其中三种为目外书。今上图仍在整理馆藏，所以一定还有海源阁遗书未被整理出来。经过长时间不间断地搜求，终于有六十余种的藏所得到落实，亦算稍有所获，但相对于海源阁遗书的散失数量，仍相差天壤。期间笔者亦发现了书贾冒充海源阁遗书以求高价的现象，如2007年年底，笔者从一书贾了解到聊城市东阿县某书贾藏有十三种海源阁遗书，均为散本，钤有“杨印以增”白文方印和“海源阁藏书”朱文方印，当笔者赶到查证时，已经售出十一种，所剩余两种分别为清刻本《四书章句》之《孟子》卷四一册和《钦定春秋左传读本》卷二十九一册。然经鉴定均非海源阁遗书，所钤杨氏两印均系后人伪造。两印一是比原印小，二是笔画极不类。书贾之作伪可见一斑。

① 此三种亦著录于《济南图书馆志》（王金生、郭秀海主编）之第4章《馆藏文献建设》，济南出版社2003年版，第79页。

（目外）和毛晋汲古阁刻本《元人十种诗》五十三卷。聊城东昌府区档案局藏一种明嘉靖太原府刊本《嘉祐集》十五卷（目外），聊城市海源阁纪念馆藏三种为清道光二十七年（1847）魏氏古微堂刻本《海国图志》六十卷，清道光五年（1825）翁氏守福堂刻本《困学纪闻注》二十卷，清刻本《文选》六十卷。其他还有，俄罗斯国家图书馆六种；台北故宫博物院九种，目录见于本节上引。总计经部四种，史部十种，子部十九种，集部三十一种；日本杏雨书屋一种为宋本《本草衍义》，日本中央大学图书馆一种为元本《史记》残一册。宋本十六种，元本十三种，明本十九种，清本五种，抄本十二种（含校本），日本刻本一种。以著录观之，不为海源阁五种书目及王先生《海源阁宋元秘本书目补遗》所著录的目外书有十六种。目内书四十八种中，有四十四种《五种》未能言明去处，有四种言去处有误，今均找到或更正去处。其大宗流向者主要有两部分，一是归入台图的二十种，均著录在《"国家图书馆"善本书志初稿》①中。在此之前，王绍曾曾查到四十六种藏于台图，如此台图至少藏有六十六种海源阁遗书。二是藏于台北故宫博物院的九种，均著录在《"国立故宫博物院"藏沈氏研易楼善本图录》②中。

在以上各本中，很多极为珍贵。如藏于台北故宫博物院的宋刻残本《晋书》。杨氏收藏宋版"四史"，最为珍贵，而宋本《晋书》则被杨氏列为第五史，故杨氏搜罗此书各种版本达五种。宋刻一百三十卷十四行全本，《隅录》、《宋存》、《江目》、《海源阁宋元秘本书目》卷二均予著录，今藏国图，《北京图书馆善本书目》著录；《海源阁书目》又著录明汲古阁本和明周若年万历刻本两种，均去向不明；鲁图又藏一元刻明清递修本，鲁图《馆藏海源阁书目》史部著录，属目外书。今残卷《晋书》海源阁五种书目亦不著录。杨氏何以收藏如此多的宋、元、明、清版《晋书》？绍和于《隅录》卷二题宋本云："昔王厚伯曰：'四史昉于皇帝，五史建于苍籀。'先公旧藏马、班、范、陈四史，皆宋椠，更得此继之，亦足备五史之目矣。"经部中，宋刻巾箱本《春秋经传集解》为传世孤本，古雅可

① 《国家图书馆善本书志初稿》中共著录海源阁藏书三十种，王先生从《初稿》中查到八种，脱二十二种，另两种从《中央图书馆善本书目》查到，亦著录于《初稿》。所以，实际《初稿》中仍有二十种海源阁遗书未能为《五种》检出。

② 参见（台湾）"国立故宫博物院"编辑委员会编著《"国立故宫博物院"藏沈氏研易楼善本图录》，"国立故宫博物院"出版，1986年版。

爰，刊印极精，此书散出后，周叔弢曾经眼，云“黄纸，精”（《隅录》批注）。集部中，鲁博藏宋本《韦苏州集》十卷（存四卷），原为王绍曾著录作明本，即《隅录》卷四著录本，实非，原《隅录》著录本存于台北故宫博物院，鲁博所藏实际就是宋本，且海源阁书目均不著录。虽为残卷，亦甚可珍。宋刻递修本《陶靖节先生集》四卷，传世孤本。版框为 20.7×15cm，半页九行行十五字，小字双行字数同，左右双边，白口。无前后序跋及任何刻梓记录，不知刊刻之具体时地。卷端题“陶靖节先生集卷第几”，卷末附吴仁杰《陶靖节先生年谱》。国图题“宋刻递修本”。审阅全书，残破不堪，不仅缺页，即使已有页中亦常有纸无字，知其损坏严重。卷端题“陶靖节先生集第几”依稀可辨，只有四卷。《年谱》作者，吴仁杰，字斗南，一字南英。先世据洛阳，后居昆山。南宋孝宗淳熙五年(1178)中进士，历官罗田县令、国子学录等①。则此刻必梓于孝宗之时或之后。披检讳字，卷一《劝农》“敬赞德美”，“敬”字缺末笔，避宋太祖祖讳。卷一《荣木》“貞脆慎由人”，“貞”字缺末笔，“貞”字乃北宋第四任皇帝仁宗赵桢之庙讳。如卷三《命子》“桓桓长沙，伊勋伊德”之“桓”字，缺末三笔。避北宋末帝钦宗赵桓之名讳。卷一《赠长沙公族孙》“于穆令族，允構斯堂”，“構”字缺末三笔。“構”乃南宋第一任皇帝高宗赵构之名讳。卷一《荣木》“贞脆慎由人”，“慎”字下注小字“一作御名同音”。又如卷三《命子》“肃矣我祖，慎终如始”之“慎”字缺末笔。南宋第二任皇帝孝宗赵昚，名讳“慎”字。南宋第三任皇帝光宗赵惇，名讳“敦”字。如卷一《荣木》“匪道曷依，匪善奚敦”，“敦”字不避。南宋第四任皇帝宁宗赵扩讳“廓”字，如卷三《饮酒》之第十九首《畴昔苦长饥》“世路廓悠悠”之“廓”字不避。从以上讳字来看，南宋孝宗以前皇帝名讳均避，而孝宗之后又均不避，则知此本当刻于南宋孝宗之时。考宋本中，将吴仁杰《年谱》附于《陶集》之末的合刻本实际上是一个蜀刻本。《直斋书录解题》卷十六著录：“《陶靖节年谱》一卷、《年谱辩证》一卷、《杂记》一卷。吴郡吴仁杰斗南为《年谱》，蜀人张縯季长辨证之，又杂记前贤论靖节语。此蜀本也，卷末有阳休之、宋庠序录、私记，又有治平三年(1066)思悦题，称‘永嘉示以宋丞相刊定之本’。思悦者，不知何人也。”此处专指蜀本《年谱》、《辨证》、《杂记》三卷。殿本《直斋》是清四库馆臣自《永乐大典》所辑出，以聚珍字印行流传。《总目》卷八

① 参见《人物志・儒林・吴仁杰》，《江南通志》卷 163，文渊阁《四库全书》本。

十五《直斋书录解题》提要云“此书久佚，仅永乐大典尚载其完帙，惟当时编辑潦草，讹脱宏多，又卷帙割裂，全失其旧。”固非原本面目也。现存世《直斋》最早可睹者，只有元抄残本四卷（四十七至五十卷），可校大典本。而《陶集》正在元抄残卷中，元抄本著录时，于年谱前有“集十卷”三字。清卢文弨治《直斋》用力最甚，辑成五十六卷，今存稿本亦纠大典本之误不少。此条卢校本亦著录有“集十卷”三字，并卢校注云：“当从馆本去此三字，《通考》亦无之。”①所以，这个蜀本应是集十卷附录年谱三卷本。考宋本中只有蜀本集十卷附录年谱本，因而，残本则极有可能就是蜀本的残帙而已。陶集宋本保存下来的不多，此本的价值在于：陶集宋本中又多了一种，这对治陶集版本以及对陶集的校勘又增加了新的素材。同时，吴《谱》也是首次在宋刻本中出现，这对校勘明清刻本提供了底本。卷末钤有“储端华重”、“东郡杨绍和字彦合鉴藏金石书画之印”、“王雨五十岁经眼善本”、“长乐郑振铎西谛藏本”、“长乐郑氏藏书之印”诸印，知此本散出后递经王子霖和郑振铎收藏，最后归入国图。藏于济南市图书馆的两种域外刻本，亦是极为罕见的刻本。

值得注意的是，在以上笔者所搜罗到的六十余种海源阁遗书中，有十六种为目外书。我们再以入藏鲁图的海源阁明清本为例，这批书共有两千一百九十八种，而见于《海源阁书目》著录者仅为一千九百一十七种，尚有三百余种为目外书。这说明，海源阁的藏书绝不是书目上著录的四千六百余种，在目外，尚有一个可观的藏书集合。在对海源阁遗书的搜罗过程中，还有一些见于著录但却找不到去处的书籍，如宋本《梦溪笔谈》二十六卷六册一函，潘祖荫《滂喜斋藏书记》卷二著录云：“乾道二年（1166）扬州学舍刻……附藏印‘杨绍和读过’、‘东郡杨绍和观’。”此书并不见于海源阁书目著录。杨敬夫于1957年捐献图书文物中有明版绵眇阁刻本《墨子》一部，杨氏目录和鲁图《馆藏海源阁书目》中均不见著录。明本《华阳集》四十八卷八册一函，《宋存书室宋元秘本书目》、《海源阁宋元秘本书目》卷四均予著录，散出后赵万里曾于京都厂肆见之，并借此补缺他本，赵氏于《四部丛刊》本《华阳集》跋云：“此本世极罕见，莫友芝、邵位西书目中俱未著录。尝于厂肆见海源阁旧藏残帙，得补此本阙叶凡七。”元中统二年（1261）平阳段子成刻本《史记集解索隐》一百三十卷三十六册，《宋存

① 参见徐小蛮、顾美华点校此条校语，《直斋书录解题》，上海古籍出版社1987年版，第464页。

书室宋元秘本书目》、《海源阁藏书目》、《海源阁宋元秘本书目》卷二均著录，此书散出后去向不明，但由吴希贤辑汇的《历代珍稀版本经眼图录》（2003 年中国书店版）却载该书书影，上有海源阁印及"康生"印。在 1968 年至 1972 年，康生共到北京文物局文管处三十余次，劫走图书一万二千多册，抑或此书亦在此列。如此者尚有许多，这些著录给我们搜查海源阁遗书提供了线索，只是鉴于篇幅所限，不能一一罗列。

幸运的是，现在保存下来并且已经找到归宿的遗书几乎包含了海源阁藏书的大部精华。昔王献唐曾向杨敬夫建言："古人著书，为其欲人读耳！后世藏书，亦为其欲人读耳！著而不读，则与著书之意背；藏而不读，则与藏书之意背。然使个人自读，不如使多数人共读之。故善藏书者必读书，善读书者，必能推己及人，使人人共读之。"[①]献唐之意无非是希望敬夫化私为公，广开流通之门。如果说在杨氏保存时代未能充分利用这些藏书的话，那么现在杨氏藏书大部分已经归入国立图书馆，就没有理由不好好利用这些藏书。

在对杨氏藏书归宿的调查中，还需要注意的是杨敬夫捐献的图书文物，这些到现在还都保存在鲁图。民国时期，国家政局动荡不安。张宗昌督鲁时，杨氏藏书曾有充公之说，随之阁书又连遭土匪抢劫。其后虽有王献唐百般劝说，然杨敬夫信任不过当局，未将藏书捐献出来。1949 年之后，在新时期、新形势下，敬夫思想有了根本转变。先后两次将家中剩余文物书籍捐献于国家。

1952 年，敬夫曾向聊城专员公署捐献过宋本《四书》、七块端砚、明仇英作山水画四幅、唐寅作仕女图二幅，商代铜钟一具以及名人题字数种。这些文物都由赵新亭专员保存，赵氏在"文革"中被迫害而死，这些文物遂下落不明。[②]

1957 年 6 月 20 日，全国人民代表大会第一届第四次会议在北京召开，会议间隙，山东省地方志座谈会召开，杨敬夫应邀参加了座谈会。会上，敬夫建议山东省地方政府在聊城海源阁故址上建立一座"聊城海源阁杨氏藏书刻书纪念馆"，进而成为对人民群众及其后代进行爱国主义和革命传统教育的场所，同时也实现了杨氏几代先人的心愿。为此，他向政府捐献了珍藏多年的三十八种八十五件书籍文物。敬夫在会上深有感触地说："在辛亥革命以后的

① 王献唐：《海源阁藏书之损失与善后处置》，《山东省立图书馆季刊》第 1 集第 1 期，第 14 页。

② 参见李士钊：《聊城海源阁杨氏藏书刻书简述》，《山东出版志资料》第 1 辑，山东人民出版社 1984 年版，第 146 页。

封建军阀反动统治时期——三十年前的1928年我家历代的藏书就开始失散。……(现在)最值得庆幸的是我家三代先人所苦心孤诣收藏下的珍贵典籍,经过种种变迁之后,目前已大部分辗转集中到国家的收藏机关——北京图书馆和山东省图书馆了。另外使我终生难忘的大事:1947年1月1日在我的故乡聊城被伪顽匪军盘踞了九年之后,生民涂炭,哀鸿盈城。在八路军解放聊城之前,某部政治机关为保护聊城固有文化免遭战争的损害,曾对入城部队发出三项命令,其中第二条就是'保护中国四大藏书家之一海源阁图书馆'。我作为海源阁的后代,对于共产党和人民政府的这种英明措施,真是有说不尽的感激心情!今天我想在这个山东科学教育文学艺术界所举行的盛会上,把我们杨氏三代先人所永世固守,经过三十多年劫后余存下来有关海源阁藏的三十八种八十五件历史文物,献给国家,作为山东地方政府在聊城兴建'海源阁纪念馆'的一点物质基础,其中还包括了杨氏三代先人的遗像和手稿。我想在这个会上当着山东文化界的先进和革命前辈的面前,请赵健民省长代表政府,把这一批历史文物接受下来,将来运回我的故乡聊城公开展览,并进一步做建立纪念馆的准备工作。这不仅表示一个普通公民的一点爱国热忱,也表示一个普通公民对于共产党和人民政府的各项文物政策,包括专门颁布保护聊城海源阁遗址的命令的竭诚拥护!"①山东省委书记、省长赵健民代表政府接受了这批文献。赵省长当场表示,地方政府要尽一切可能贯彻党的保护历史文物政策,在山东省内外努力搜求流散的海源阁藏书,及有关历史文物和其他文献资料,充分利用聊城海源阁遗址,建立一座内容丰富的古文化遗址纪念馆。② 1957年7月1日上午八时,文化部部长郑振铎于政协会议间隙在其办公室接见了杨敬夫。③ 郑振铎说道:"解放后中国著名的海源阁杨氏和铁琴铜剑楼瞿氏两家的珍贵藏书,都已先后归入北京图书馆收藏,这是我们人民国家的一件大事!这件事在解放前的旧中国是做梦也想不到的!如今却都已成为现实。"④

这批珍贵文物包括:杨氏三代画像四幅,"海源阁"藏书楼匾额一方,海源阁藏书铭一轴,《海源阁书目》抄本六册,海源阁藏书印章十一方,《海源阁珍藏

① 李士钊:《聊城海源阁杨氏藏书刻书简述》,《山东出版志资料》第1辑,第160页。

② 参见李士钊:《聊城海源阁杨氏藏书刻书简述》,《山东出版志资料》第1辑,第159—161页。

③ 参见郑尔康提供、陈福康整理《郑振铎1957年日记(四)》,其"七月一日"条云:"八时,到部办公,海源阁主人杨君来谈。"《档案与史学》,2004年第4期。

④ 李士钊:《聊城海源阁杨氏藏书刻书简述》,《山东出版志资料》第1辑,第161页。

尺牍》(手稿)二册及散页二页,杨端勤公奏疏二十一册,杨氏刻《海源阁丛书》五种,杨氏刻图册五种,海源阁藏书二种,藏画四幅,画屏一方,藏碑拓本四种四册,藏宋端砚及盒具四方,古币两枚,杨氏手稿七种。这批文物至今存于鲁图(明本《墨子》未见鲁图《馆藏海源阁书目》著录,当已佚失)。1991 年,海源阁纪念馆虽然建立起来,但这些文物至今未能归还,致使杨敬夫的遗愿未能实现。

海源阁遗书现存各处数量示意图:

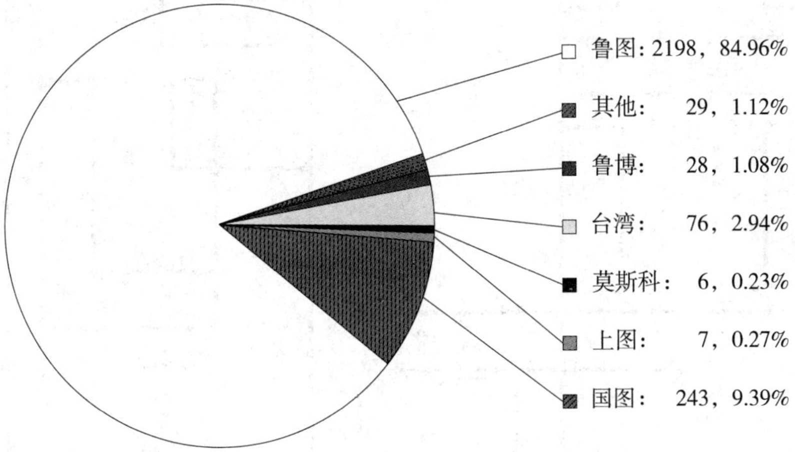

第五节　海源阁的毁坏与重建

伴随着杨氏藏书的聚散兴衰,海源阁亦经历了一个从完好到毁亡再到重建的过程。海源阁自清道光二十年(1840)建成至 1928 年春马鸿逵侵占聊城的八十八年中,可以说一直完好无损。期间虽有辛酉、庚子之乱,但海源阁却安然无恙。原杨宅院凡五进,房舍百余间,内中亭台楼阁具备,建筑宏阔壮丽,为鲁西之冠。(参见:海源阁遗址平面示意图)各室内摆设华美,大有旧时王府气象。[①] 杨保彝好友许玉瑑于清光绪十三年(1887)曾到阁一观,记录了他见到的海源阁:"园葵不惊,庭草交映,油素四尺。依问字之亭,陶瓶七层,成集古

① 参见《大公报》1931 年 3 月 23 号第 5 版:《聊城海源阁》图配文字。

海源阁遗址平面示意图：

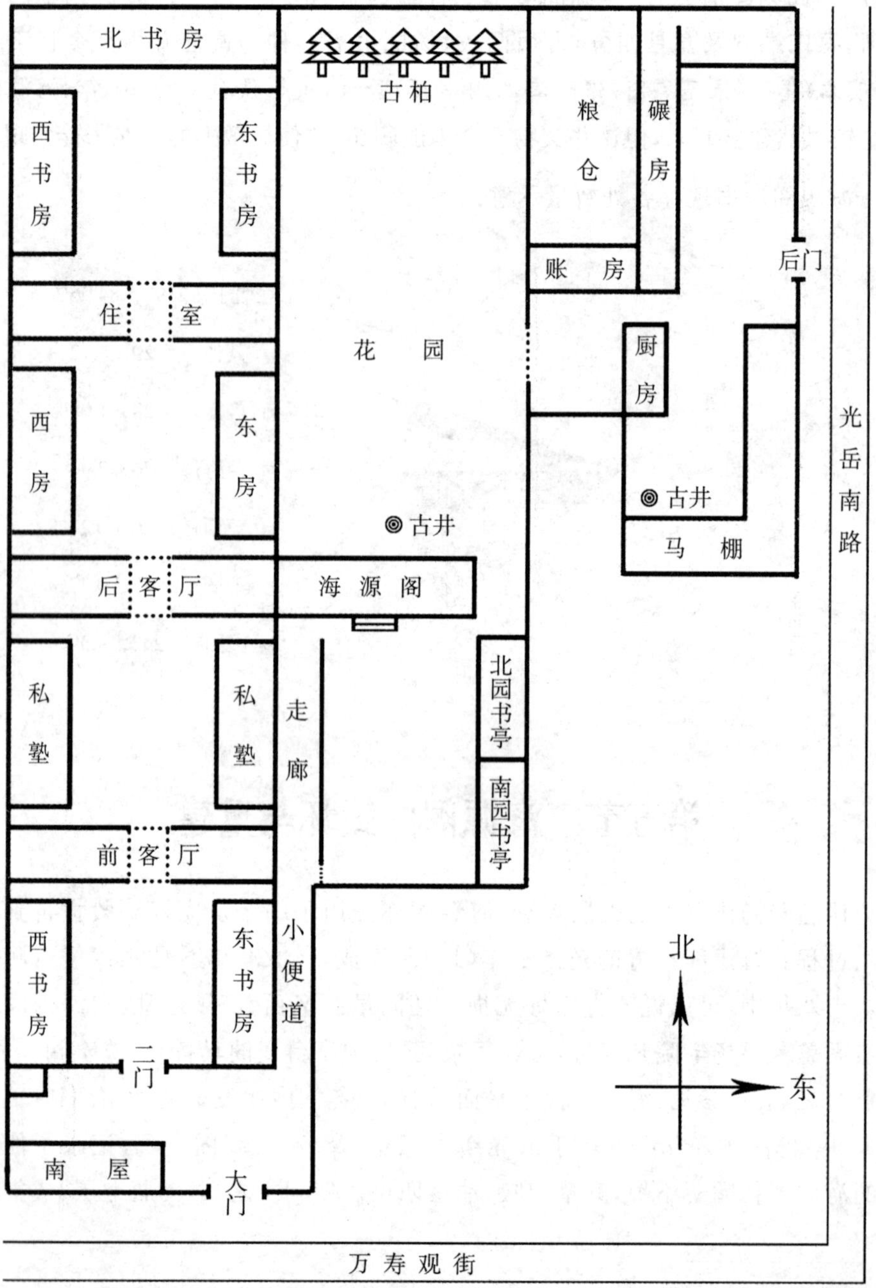
北书房
古柏
粮仓
碾房
西书房
东书房
账房
后门
住室
花园
厨房
西房
东房
光岳南路
古井
古井
马棚
后客厅
海源阁
私塾
私塾
走廊
北园书亭
南园书亭
前客厅
西书房
东书房
小便道
北
二门
东
南屋
大门
万寿观街

之录。”[1]院中安谧，花草相映，在读书亭旁还有层层存放资料“卡片”的无数个“陶瓶”置于架插，可见那时平和恬淡的景象。但随着民国间海源阁连遭劫难，海源阁故址房屋设施等也难逃厄运，迭遭破坏。在经土匪王冠军自 1930 年春盘踞六月之久后，其陈设多被烧毁，以致荒草没膝，瓦砾遍地，凄凉满目。1930 年冬至 1937 年“七七”事变前的八年里，一直沦为韩复榘部队的兵营和司令部，期间，杨氏家具、书橱、书架等遭到严重毁损。当时居住于杨宅附近的李士钊曾进入杨宅，云：“我是 1930 年冬天当杨宅为韩复榘的军队驻用，第三进院子的正房开辟成军队俱乐部，本地的中小学生都可以进去打乒乓球时，才第一次进入这一向被人们视为神秘的院落的。那时，主要的藏书早已经运走，杨氏家祠楼上的那块海源阁匾额也早被摘除不知去向了。但我在驻有军队无线电台的藏书楼东院，发现不少明清版刻古书，其中有大本明刻《左传》，书面有一尺多高，宽有七八寸(约合今 16 开书)，都是用上等白连纸印刷，却被驻军拆开页子糊了门窗和墙壁了。当时杨家的院子还很完整，家庙的门上有锁，第五进院子藏书室也锁着……”[2]1938 年春，日军占领济南，沈鸿烈的山东省政府流亡到聊城，曾在这里安设“主席行辕”。同年夏，流亡政府撤到阳谷县张秋镇后，又作抗战粮食仓库。1938 年 11 月，日军攻陷聊城后，一直为日军和伪治安军的司令部。1945 年 8 月日军撤出后，残余地方伪军赵振华旅和郭培德团与国民党军队部队纠合在一起，又继续霸占海源阁。

1946 年 1 月 1 日，晋冀鲁豫八路军第二纵队宋任穷率部围攻聊城时，残余土匪据阁负隅顽抗，院墙被拆毁。1946 年 12 月 31 日，八路军攻入聊城时，立即派部队把海源阁全院保护起来。1947 年 1 月 1 日，八路军第七纵队杨勇

---

① ［清］许玉瑑：《苏辛合刻序》，《东坡乐府》卷首，清光绪十四年(1888)四印斋重刻本。据宋人黄鉴《杨文公谈苑》(宛委山堂本《说郛》卷六一引)称，杨亿闻白居易“以陶家瓶数千，各题门目，作七层架列置斋中。命诸生采集其事类，投瓶中。倒取之，抄录成书。故其所记时代，多无次序”。又《郡斋读书志》卷十四载：“《六帖》三十卷 右唐白居易撰。以天地事物分门类为声偶，而不载所出书。曾祖父秘阁公为之注，行于世。世传居易作《六帖》，以陶家瓶数千，各题名目，置齐中，命诸生采集其事类，投瓶内。倒取之，钞录成书，故所记时代多无次序云。”即白居易编纂类书之法，用很多陶瓶盛录资料，每瓶盛一门类，按类投瓶，类似今日之“卡片箱”。

② 李士钊：《抢救“海源阁”遗址与古籍书版》，《山东出版志资料》第 1 辑，1984 年第 1 期。又据 1931 年 4 月 28 日《大公报》第 5 版之《海源阁访问记》一文云：“在藏书未运济南时，马鸿逵之第八师增防聊城，有相当损失，第八师去后，八十七旅司令部移入海源阁。”自 1929 年起，马鸿逵追随韩复榘，因而李士钊与《大公报》说法应一致。且均言海源阁藏书此时又有损失。

将军所部，为了维护聊城固有文化遗产免遭战祸损害，遂颁布三项命令，其中第二项为："保护中国四大藏书家之一的海源阁图书馆。"党政军领导机关进城后，中共中央和八路军领导同志朱德、刘伯承、陈毅和中共冀鲁豫区党委书记张霖之等，都曾先后入城视察过海源阁故址，并责令部队和有关部门认真执行三项命令，保护好海源阁这一文化遗迹。1947年1月5日，延安《解放日报》、重庆《新华日报》、邯郸《人民日报》、山东《大众日报》、菏泽《冀鲁豫日报》以及《东北日报》、《晋绥日报》等报刊，都刊发了这一命令和新闻，新华社亦同时向全国播发了这一消息。

1949年后，海源阁成为聊城军分区司令部所在地。李士钊于1953年回聊探亲时，见到杨宅大门上仍然悬挂着"传经北海"匾额。1956年中秋，李士钊再度回家时，匾额已经不见了，原来海源阁三楹楼房的前厦和明柱都被拆掉，屋檐上换成红瓦，门窗亦改变原样，阁前晒书的亭子也改成了宿舍。而原来的储藏明清版本的后院也不见。可见，这期间，地方部队对杨宅和海源阁进行了部分拆迁和改建。李士钊见到这些，曾撰文呼吁保护。1956年12月，山东省人民委员会公布海源阁为第一批"山东全省重点文物保护单位"。1966年秋天，在史无前例的"文革"浩劫之时，具有一百二十六年历史的这座文化遗址作为"四旧"，被彻底拆除。之后，县府利用杨氏原有的砖瓦木料等在原址上建成办公室和机关宿舍。再后，这里成为聊城县委招待所。①

1990年，聊城市第十一届人民代表大会第一次会议做出了修复海源阁的决议。1991年，中共聊城市委、市政府筹资三百万元，在海源阁旧址上恢复建成海源阁藏书楼。新建的海源阁模仿原阁样式。大门正上方是山东省著名书法家蒋维崧书"海源阁"三个大字的红地金字匾额，门前两根红柱镶嵌有胡乔木同志的楹联：一人致力万代受益，四代藏书百世流芳。院内左旁竖立着1947年八路军冀鲁豫政治部进城前发布的保护聊城固有文物的三项命令石碑。右旁立着海源阁重建纪念碑。院中两侧为左右配房，正北为主体两层楼房，中门上高悬杨以增手书"海源阁"三个大字匾额，中门两旁的楹联为"食荐四时新俎豆，书藏万卷小琅嬛"。院中阁房内布置的是有关海源阁的旧图照片、杨氏主人介绍、藏书历史以及所藏所刻的部分书籍，还有沈鹏、刘炳森等众多书法家及当年曾在聊城工作过的赵健民、徐运北等题词。

① 参见李士钊《聊城海源阁杨氏藏书刻书简述》，《山东出版志资料》第1辑，第147—149，168页。

附录:海源阁善本聚散个案研究

海源阁藏宋本《咸淳临安志》散佚考

杭州书志中,以临安三志最古,然《乾道志》、《淳祐志》宋刻已佚,惟《咸淳志》犹在。《咸淳临安志》一百卷,宋潜说友撰。其宋刻本见于著录者共有三部:其一,陆氏皕宋楼藏本。陆藏本先由朱彝尊从海盐胡氏、常州毛氏得宋刻八十卷,抄本十三卷。其后又得刻本三卷,易去抄本二卷,归于黄氏士礼居。士礼居书散佚,先后入苏州汪氏、上海郁氏,再归皕宋楼,今已流至东瀛静嘉堂文库,日人何田罴著《静嘉堂秘笈志》有载。都九十五卷,其中抄补十二卷。其二,丁氏八千卷楼藏本。丁藏本初为昆山徐氏、泰兴季氏所藏,后鲍廷博得之,抄补若干卷,合宋刻二十卷,抄本七十五卷,旋归吴氏拜经楼,又入于八千卷楼,今藏南京图书馆,《江苏国立图书馆在存书目》亦载。其三为杨氏海源阁藏本,杨绍和《楹书隅录》卷二著录。杨藏本为泰兴季氏别一藏本,原存宋刻六十八卷,抄本二十七卷,先归百文敏家,继而杨绍和于清同治五年(1866)获于京师,入之海源阁,现藏国图,共七十八卷,卷七至十、十七至十九、三十三至三十四、四十至四十五、六十一至六十三、七十六、七十七、七十九、九十一至九十七共二十八卷配清抄本。三家藏本中现存惟有海源阁本卷数最少,但却历经波折最多。从此书遭劫到散佚再到聚集,其间分分合合,屡经转手,虽散佚不少,终于大部百川归海。其间又扑朔迷离,疑窦丛生,并出多段藏书佳话。下面笔者仅就所搜材料及知见版本对海源阁藏本的散佚进行梳理考证,以拨开迷雾,溯明源流。

宋本《咸淳临安志》聊城杨氏海源阁藏本,杨绍和得时为九十五卷四十八册,至1975年收归国图时存七十八卷四十册。1929年7月10日,土匪王金发陷东昌,其司令部即设在海源阁藏书楼院内,阁内善本遭劫毁佚不少。王献唐于此年11月抵海源阁查验遭劫遗书时,目睹了《咸淳临安志》的遭毁情形:"宋本《咸淳临安志》残余二册,均散置地上,与乱纸相杂。"并做了著录:"宋本《咸淳临安志》二(残):海源阁藏《咸淳临安志》,系季振宜旧藏,最为珍籍。原九十五卷,四十八册。此次清查,最初只见一本,散置地上乱书中,多方搜检,只得二册。据杨氏家人,谓尚有数册,亦收寻未获。"[1]经此次遭劫后,卷帙庞大的

---

① 王献唐:《聊城杨氏海源阁藏书之过去现在》,《山东省立图书馆丛刊》第1种,第15页。

《咸淳临安志》九十五卷四十八册显然已被分割刨裂，部分卷册首尾受损不少。至于是否流出，从王献唐著录及1930年再次遭劫后之记载来看，恐大部分没有散出，仍存阁内。

1930年，冀匪王冠军再次洗劫海源阁。劫后，王献唐"并闻杨氏宋本《咸淳临安志》八册半箧，为土匪带入民家枕头。后以王军搜查，恐遭连累，即将《临安志》火焚，并将书箧劈碎煮饭。余前往勘查，仅见《临安志》二册，书箧尚存；此次忽又增出四册，颇不可解。"①今国图所存四十册，尚缺八册，当是民家用来枕头并火焚之八册十七卷。又据"此次忽又增出四册，颇不可解"之言，可知此书仍有部分存之阁内，但继后则完全散出。当时匪首王冠军将所攫书籍，运至保定后亦散出。《咸淳临安志》无疑亦在流散之列。那么，《咸淳临安志》自海源阁遭劫后，其散出后的命运究竟怎样？朱士嘉曾云："海源阁书现已散失殆尽，此书流落何处，抑已与时俱灭，均不得知。"②虽然他曾又言在傅增湘处见过二十二卷，但其他册卷分别落在何处则并不知道。那么，除八册十七卷已经烧毁外，余之四十册七十八卷先后辗转于谁？分割于谁？为藏书家及书估所持册卷数各为多少？傅增湘所得到底多少？个中是否存在歧误？我们有必要弄清这些疑团，以明白于世。

关于《咸淳临安志》自遭劫散佚到归于国图之四十册七十八卷的大概情况，王绍曾在《楹书隅录》卷二的"补"中有所介绍：

> 此本王献唐调查登录时仅见残存二册，当于第一次匪乱时散失，先后辗转归于北图。《北京图书馆善本书目》著录，题宋咸淳刻本，存二十四卷（二十二至二十三、二十九至三十二、六十至六十三、六十五至七十四、八十至八十三）。其中六十至六十三配清抄本，十一册，潘捐。亦见《宝礼堂宋本书录》。王晋卿所见者即系此本。惟《文禄堂访书记》未登卷二十九至三十二，谅系一时疏漏。又据《北京图书馆古籍善本书目》著录，存七十八卷，傅玉露、杨绍和跋（卷七至十、十七至十九、三十三至三十四、四十至四十五、六十一至六十三、七十六至七十七、七十九、九十一至九十七配清

① 王献唐：《海源阁藏书之损失与善后处置》，《山东省立图书馆季刊》第1集第1期，第2页。

② 朱士嘉：《宋临安三志版本考》，《文澜学报》第3卷，1937年3月31日出版，浙江省立图书馆编纂组编。

抄本）四十册。据杨绍和跋，此本应有宋椠本六十八卷，抄配者二十七卷，合共九十五卷，四十八册。北图收藏七十八卷，四十册，尚缺十七卷，八册。此七十八卷，除潘氏宝礼堂捐二十四卷外，复有五十四卷，先后为北图所有。其中见于著录，得自傅沅叔者四十八卷（其中二十二卷得自王献唐，十六卷得自赵斐云）。尚有六卷，不知来自何处。①

王先生谓北图所存七十八卷有"潘捐"二十四卷，傅增湘四十八卷，另有六卷无名何处。但"潘捐"二十四卷来自何处未作说明；傅增湘四十八卷以及无名何处之六卷是否准确亦有待考证。

所谓"潘捐"指的是南海藏书家潘宗周所捐。海源阁善本散出时，潘氏积极罗致，残本《咸淳临安志》二十四卷便是其中之一。《宝礼堂宋本书录·史部》著录："……余访求有年，近仅得此残本，存宋刻卷二十二，卷二十三，卷二十九至三十二，卷六十，卷六十五至六十八，卷七十至七十四，卷八十至八十三，凡二十卷。抄本卷六十一至六十三，凡三卷。"此处言二十三卷，是著录之误。与《北京图书馆善本书目》著录"潘捐"者少一卷，即六十九卷，目验此书第六册共包括第六十七卷、六十八卷、六十九卷。《咸淳临安志》为多卷册，谅潘氏统计时一时疏忽所致。那么，这二十四卷从何而来？潘氏并未言明。但考这十一册二十四卷，其每册首卷正文第一卷目下均钤有蒋汝藻父子的藏印，如"密韵楼"、"蒋祖诒读书印"、"乌程蒋祖诒藏"等，可知潘氏这十一册曾藏蒋汝藻密韵楼。蒋汝藻（1877—1954）乃近代著名藏书家，世喜藏书，且精鉴赏，建"密韵楼"以储之，编有《传书堂善本书目》十二卷，著录一千九百多种善本。其子祖诒亦爱藏弆。海源阁藏书散佚时，蒋如藻曾从张钧衡之孙张珩购得遗籍三种，1949 年祖诒携赴台湾，后转归"中央图书馆"。《咸淳临安志》为浙江方志，故蒋氏积极购入。1925 年蒋氏经营失败，藏书大部分归于"涵芬楼"。但尚有部分宋元善本为蒋氏留下，后归潘宗周、郑振铎等人。《临安志》为蒋氏后得，亦归潘氏。

然蒋氏所得又从何而来？考《藏园群书经眼录》卷五曾著录赵万里来傅增湘处持售八册十六卷一事，从中可以理出头绪：

① 王绍曾：《宋本〈咸淳临安志〉补》，《订补海源阁书目五种》，齐鲁书社 2002 年版，第 137 页。又"缚玉露"之"玉"字，当为"王"字。

> 《咸淳临安志》一百卷，宋潜说友撰，残本，存十六卷。……存卷如下：六十、六一抄、六二抄、六三抄、六五至七四、八十、八十三。内只有六十一至六十三抄补，凡三卷。余均刊本(癸酉八月赵万里持售，索八百元)。[①]

“癸酉八月”，即1933年8月，巧合的是，经核对卷次，这八册十六卷均包含在蒋氏十一册二十四卷里。但赵氏这八册并没有直接卖给蒋氏。在《藏园群书题记》卷四中傅氏又记《咸淳临安志》“江君汉珊得九册”，时间为“癸酉嘉平月”，即1933年12月，目验国图所藏赵氏之十六卷八册上均钤有江氏藏印，如“旌德江绍杰汉珊考藏”、“江氏小书巢藏书”等，至于傅氏所记江汉珊得九册，实是误记，因就藏印来看，只这八册上钤有江氏藏印，其他并无。故此知道，在癸酉八月时，这八册还在赵万里手里，但到了癸酉十二月，就卖给了江绍杰[②]。自以上可知，蒋氏十一册中有八册来自江氏，而江氏则购自赵氏，蒋氏购这八册的时间一定是在1933年12月之后。再考蒋氏另外三册八卷(即二十二、二十三卷为第一册，二十九至三十二卷为第二册，八十、八十一卷为第十册)中，其中有一册第二十九卷来自日本文求堂。文求堂是明治至大正天皇年间(清末民国间)坐落在日本东京的一家汉籍专营书店，主人田中庆太郎(1880—1951)是一位汉学者、版本学家，清末民国间曾大量购入中国古籍珍本。孙殿起在《琉璃厂小志》一书中，专门写有《日本书商来京搜书情形》一文，记述了田中庆太郎在中国搜购古籍的经过，而以志书为多；并云田中庆太郎“与当代名流如傅增湘等相友善”。田中庆太郎于1908—1911年居住北京时，与傅增湘交往甚多，并由此对宋元本产生了极大的兴趣。傅氏还亲手书写文求堂的匾额悬挂在东京文求堂的入口处。1929年9月傅氏到日本访书，就由田中相伴。[③] 傅增湘曾云：是书“文求堂书肆得一册”[④]。故此言可信。这一册亦著录在《文求堂善本书目·史部》中：“《咸淳临安志》一卷，宋刊残本　十行二十字　存卷二十九　一册　一百圆。”[⑤]经查验国图藏本，此卷只存八页，余

---

① 傅增湘：《〈咸淳临安志残本〉跋》，《藏园群书经眼录》卷5，中华书局1983年版，第400—401页。

② 江绍杰(1872—?)，字汉珊，安徽旌德人，光绪甲辰(1904)科进士。日本政法大学毕业，曾任江苏省高等检查厅检查长、苏州府知府、民国安徽省省长等职，亦爱藏书。

③ 参见吉少甫《中国的琉璃厂和日本的文求堂·傅增湘与文求堂》，《书林初探》，上海三联书店1995年版，第299页。

④ 傅增湘：《〈咸淳临安志〉残本跋》，《藏园群书题记》卷4，中华书局1989年版，第214页。

⑤ 见严灵峰编辑《书目类编》第86册，(台湾)文成出版社1978年版。

七页则不见。此卷又和卷三十、三十一、三十二合为一册，可见当时是把第二十九卷从整册中拆下来卖的，以此可知书估之唯利是图，而“国宝”受摧残之程度也可想而知。该卷末钤有“密韵楼”、“蒋祖诒读书印”、“乌程蒋祖诒藏”三印。蒋氏购得此卷后随即与另三卷合为一册，以恢复宋本之原装。至于另三册七卷（即第二十九卷除外）购自何处，则尚待考证，但蒋氏当是先有江氏之八册，为配足才购入这三册和日人之第二十九卷的，可能后来又听说此书屡经遭劫，册分多处，实难归一，又因卷帙庞大，才又高价倒给了潘氏。赵氏、江氏、蒋氏、潘氏皆为当时藏界名流，善本于他们之间递藏流转而不失，实为书坛一佳话矣。

“补”中又言北图得自傅沅叔者四十八卷，不确，北图实得自傅氏者只有二十二卷；再言傅沅叔者四十八卷其中得自王献唐二十二卷，得自赵斐云（万里）十六卷，亦误。实际情况是，傅氏二十二卷得自王献唐者十二卷，另十卷得自董廉之，而傅氏根本就没有从赵斐云处购买十六卷。事载《藏园群书经眼录》卷五第四百、四百零一页：

> 《咸淳临安志》一百卷，宋潜说友撰，存二十二卷。……存卷如下：二十、二十一、二十四、二十五、三十三抄、三十四抄、三十五、七十五、七十六抄、七十七抄、七十八抄（此卷应为刻本）、三页又补缀、七十九抄。……此海源阁散出之书，王献唐见之济南肆中，因代为购得，计耗去四百金。前岁曾收得五册，亦刻抄各半，为卷三十六、三十七、三十八、三十九、四十抄、四十一抄、四十二卷抄、四十三卷抄、四十四卷抄、四十五卷抄。今日赵万里又送来八册来看，索金八百，别记之。

以上所言两事，即王献唐为傅增湘购得十二卷、前岁收得五册十卷，此两事又载《藏园群书题记》卷四第二百一十三、二百一十四页：

> 庚午（1931）之秋，……，至腊月将尽，董估廉之携《咸淳临安志》五册见示，阅之颇为心动，缘双鉴楼中地志一门，尚未有宋刊为之领袖，因以重价收之。今岁王君献唐自历下来，言彼中尚有数册求估，遂挽以代为谐价。旋拆去他书，勉筹四百金寄之，又二月而书箧邮至。通计前后所收，凡十有一册，存卷二十、二十一、二十四、二十五、三十三至四十五、七十五

至七十九，通得二十二卷，内刻本十一卷，二十、二十一、二十四、二十五、三十五至三十九、七十五、七十八。余十一卷咸以抄写补入。……癸酉（1933）嘉平月十七日。

统上可知，王献唐为傅增湘代购六册十二卷，傅氏耗四百元，其中抄配者五卷，第七十八卷据核对实为刻本。自购五册十卷一事，是指1931年12月末从书贩董廉之处购得，其中抄配者六卷。此两项相加共十一册二十二卷。众所周知，傅增湘藏书以史部著称，1927年毅然把珍藏数年的日本、朝鲜古刻本卖掉，购得宋淳熙十三年（1186）秘阁缮写进纳本《洪范政鉴》，与"百衲本《通鉴》俪成双鉴，巍然为吾家藏书之冠"[①]。然其地志中尚缺宋刊，颇感遗憾，"因以重价收之"宋本《咸淳临安志》，成为地志中"领袖"。购此书后，他撰出长篇题记，对其详细研究，卷帙、版式、藏印、讳字以及递藏源流等一一数清。如记版本鉴定之精曰："……刊本半页十行，每行二十字，注双行同。版式阔大，高八寸二分，阔六寸。版心上方记字数，下记刊工姓名。收藏有'珊瑚阁珍藏印'、'季沧苇图书记'，又'宝'字白文圆印，别有'高平家藏'、'朝列大夫之章'朱文二印，最为古旧。考'高平家藏'、'朝列大夫之章'二印，皕宋藏本亦有之，知此本为竹垞襞缉所余，复配合以成全帙者也。以汪刻本略校卷数，文字初无大异，每卷改订不过三数事，惟遇玄、匡、貞、署、桓、構、啓、璇诸字，宋本作'庙讳'、'旧讳'或'今上御名'，而汪刻则直书本字而已。其他若'湧'之作'涌'、'鍊'之作'煉'，'汎'之作'泛'，'煙'之作'烟'，'筍'之作'笋'，'茅'之作'峁'，'棲'之作'栖'，'卻'之作'却'，'回'之作'迴'，'浙'之作'淛'，乃结体之异，初无关于宏旨。以是推之，当日振绮堂据宋椠覆刊，其校仇之精审可知矣。"藏书家咸以收藏完帙为美，然此书遭劫后，为数人所持，无法合并，可惜可憾。此书"錋离断析，终古无合并之望，斯亦深可悼叹也。"[②]购是书时，正值军阀混战，平津不靖，国难书厄连绵不断，他心情极为复杂，"呜呼！阳九百六，厄运所遭，商于诳楚，鹑首赐秦，河山破碎且不足论，吾辈独抱此断烂简编，而为之深致惋惜，毋亦顾眉睫而失岱华，徒贻朝菌蟪蛄之诮而已！"于战乱中搜求珍籍实属不易，然毕竟还是得到心仪之物，尽管残缺，"大雪满园，坐琪花玉树中，展玩异书，真所谓清极不知寒矣！"[③]这番甘苦惟书痴才能深味。

① 傅增湘：《〈洪范政鉴〉跋》，《藏园群书经眼录》卷7，中华书局1983年版，第619页。
② 傅增湘：《〈咸淳临安志〉残本跋》，《藏园群书题记》卷4，中华书局1989年版，第213—214页。
③ 傅增湘：《〈咸淳临安志〉残本跋》，《藏园群书题记》卷4，中华书局1989年版，第214页。

至于傅增湘是否购买赵万里送来的八册十六卷呢？经以上考证这十六卷卖给了江氏，并未购买，今还有四证：其一，傅氏于《藏园订补郘亭知见传本书目》卷五下《咸淳临安志》条目“补”中云：“杨氏书劫后流入坊肆，余收得二十二卷，内宋刊本及抄配各半。”于《藏园群书题记·咸淳临安志残本跋》中又言“通计前后所收，凡十有一册……通得二十二卷。”从时间上，1933 年 8 月赵氏持书来售，而嘉平月即 12 月，时傅氏于《题记》中仍言“凡十有一册”，这就证明傅氏根本就没有购买。事实上，书估到藏书家处高价兜售之事，屡见不鲜，这并不能证明就一定成交。而且，十二卷费四百元，十六卷却八百元，显然高出正常价格许多，这对于经济拮据的傅氏来说是无法接受的，只有财大气粗如江氏、蒋氏之流方能买得起，傅氏所能接受的只能是正常价格。在《藏园群书经眼录》及《藏园群书题记》中凡自购或自藏者，傅氏常常详述其得书经过，或以“收得”或“余藏”等字眼以示之，如 1930 年购买海源阁藏元本《南史》、《北史》，《经眼录》均题“海源阁遗籍，庚午岁收得。”而此书只言“送八册来看”、“持售”，尚不能说明归之傅氏。其二，潘宗周《宝礼堂宋本书录》史部第 55、56 页所载亦证此事：“杨氏弆藏，尽被劫掠……闻傅沅叔得卷数相埒，抄刻各半，尚有五十余卷，今不知飘坠何所矣。”潘氏所得二十四卷，而傅氏所得二十二卷，故潘氏言“卷数相埒”，十六卷不在傅氏之内明矣。其三，朱士嘉在《临安三志考》中曾言：“(1936 年)十一月二十三日张乾若(国淦)先生偕余往谒傅沅叔先生，承示宋刻抄配《咸淳志》，系海源阁物。存十一册……(卷数同《藏园群书经眼录》所记，略)共二十二卷。”①朱氏乃亲目所及，故可为一明证矣。其四，目验傅氏所得自王氏和董氏之二十二卷，其卷首卷尾均钤有大量傅氏藏印，如“傅增湘”、“双鉴楼藏书印”、“双鉴楼主人珍藏宋本”、“藏园秘笈”、“沅叔藏宋本”、“双鉴楼”、“沅叔”、“藏园”、“增湘”、“江安傅沅叔藏书印”、“三十岁旧史官”、“傅沅叔藏书”、“校书亦辛勤”等，除此之外其他卷帙(包括赵氏之十六卷)均无傅氏藏印。故傅氏得二十二卷，是为确证。

除潘氏宝礼堂捐二十四卷外，其余五十四卷中，得自傅沅叔者二十二卷，自然“尚有六卷，不知来自何处”的说法也不成立。实际上，七十八卷之中除去潘氏二十四卷和傅氏二十二卷，尚有三十二卷十八册有待考证。据傅增湘云：

---

① 朱士嘉：《临安三志考》，《燕京学报》第 20 期，哈佛燕京学社北平办事处、燕京学报编辑委员会编印，1936 年 12 月出版。

是书据余所知，其尚可踪迹者，自余得十一册外，江君汉珊得九册（实八册），刘君惠之得一册，文求堂书肆得一册，厂市尚流传一册。[①]

十八册中，除刘氏、厂市二册外，还有十六册不知出自何处。

刘体智（1879—1962），字惠之，后改为晦之，晚号善斋老人，安徽庐江人。父刘秉璋（1826—1905）咸丰十年进士，选庶吉士，授编修，为李鸿章部下重臣，官至四川总督。以父荫任晚清户部郎中，经办实业，经营所得用来收藏。不仅是民国时期较有影响的金融家之一，更是著名的大收藏家。以甲骨文、青铜器及善本古籍为大宗，兼及书画瓷器、秦汉玺印、汉魏名碑、明清精墨、古砚鼻烟壶等。藏书楼名“远碧楼”，“小校经阁”，藏书近十万册，其中善本书约两千册，宋版本九部。五十年代初捐献给国家。以刘氏之收藏嗜好，其收藏此书实情理之中，但刘氏所藏一无记载，二无藏印，所藏何册何卷不知，其他十七册（包括厂市一册）则更待考证。从藏印来看，除蒋氏、傅氏、江氏藏印钤盖部分卷册外，并无其他民国藏书家印记。由此可知，此书遭劫散出后，在剩余十余册中，盖不经名家收藏。且从傅氏所记来看，其散出较为分散，也可能流入厂肆，也可能归入个人。不过，在这散落的十八册中，最终却又归于一起，《藏园群书经眼录》卷五著录：

《咸淳临安志》三函 宋潜说友撰　刻本十一册，抄本七册。共三十二卷，内抄本十五卷宋刊本。存卷一至八七、八抄配，卷九至十九九、十、十六至十九抄配，然卷十六图刻本，卷八十四至八十九，卷九十一至九十七抄配。

序首叶版心下有“作头赵某”小字，字不甚可辨。

但究竟是谁将其收购？又在什么时间？傅氏并没交代。对照这十八册三十二卷，正好与藏于国图的除傅氏十一册二十二卷和潘氏十一册二十四卷之外的十八册三十二卷，无论卷数卷次，无论刻本、抄配卷数卷次均相同，这就证明，最终归入国图的正是傅氏所经眼的。

傅增湘曾言：“文字典籍，天下公器，此殊尤绝异之品，宁终必为吾有？”[②]

---

① 傅增湘：《〈咸淳临安志〉残本跋》，《藏园群书题记》卷4，第214页。

② 傅增湘：《双鉴楼藏书续记序》，《藏园群书题记》附录2，中华书局1989年版，第1048页。

“天一散若云烟，海源躏于戎马，‘神物护持’，殆成虚语。”所以，他“信知私家之守，不敌公库之藏矣”。[①] 除 1949 年潘氏所捐十一册二十四卷外，1975 年，其余之二十九册五十六卷终于入归国图收藏。傅增湘等人之愿终付诸现实。

海源阁藏宋本《咸淳临安志》散佚源流附表：

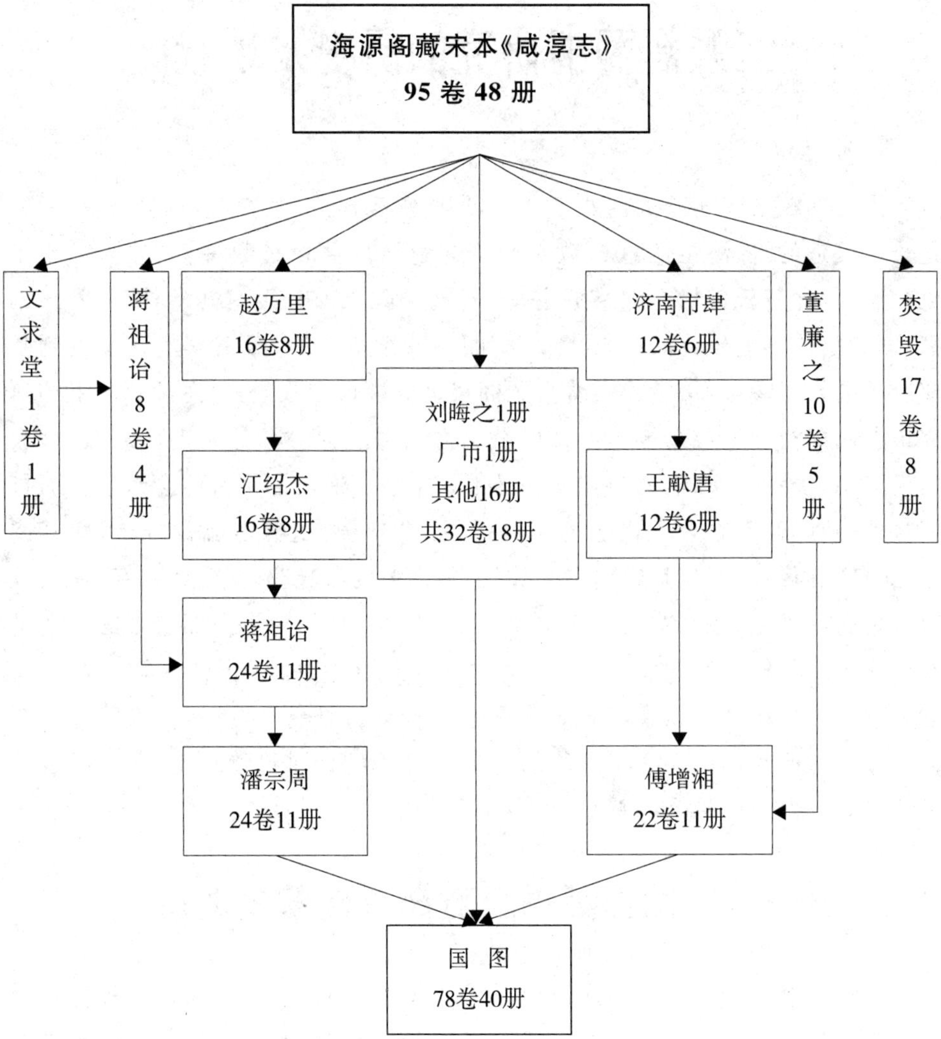

① 傅增湘：《双鉴楼藏书续记序》，《藏园群书题记》附录二，第 1049 页。

第八章

海源阁藏书研究的历史及现状

海源阁藏书安居于阁内八十余年，期间除杨氏之“挚交”能目睹外，一般人是难以接近的，像潘祖荫这样数次观览并曾简单著录过数种善本的，并不多见。因而，除杨氏能够独自鉴赏并著成《楹书隅录》初、续编九卷外，外间藏书家、学者是谈不上研究的。自 1927 年阁书陆续散出后，藏书家们终于见到梦寐以求的人间珍籍，于是伴随着海源阁藏书的散佚和收集，对海源阁藏书的研究也在民国时期形成高潮。海源阁藏书散佚，让人扼腕，然一朝珍籍散出，大白天下，对于藏书家、学者而言又未必不是幸事。傅增湘深有体会地说：“而指疵摘瑕，乃犹赖于吾辈。设令海源高阁，终古长扃，则覆本流行，虽明知其谬失，又乌从而纠之耶！是则阁书之放失，虽为海内所嗟叹，而珍籍仅存，使人人得摩挲而订正之，亦吾辈之私幸也夫！”[①]1949 年以后，对海源阁遗书的研究呈现出一个平稳的过渡期。从二十世纪九十年代开始，由于学术环境的改变，又逐渐形成一个高峰。纵观海源阁藏书七十多年的研究史，实际上呈驼峰式变化轨迹。这期间，以 1949 年以前的王献唐、傅增湘、周叔弢和 1949 年以后的王绍曾等取得的成果令人瞩目。

第一节　民国藏书家对海源阁藏书的研究

民国藏书家之所以能够这样深入地研究，并形成一个高潮，首先得力于他们能够亲验这些善本，或者收购，或者借阅，或者以其他途径观书。在此前提

① 傅增湘：《〈扬子法言〉题记》，《藏园群书题记》卷 6，中华书局 1989 年版，第 291 页。

之下，他们获得的都是前人未做过的第一手研究成果。其次是这些藏书家大都是饱学之士，知书爱书读书，真正懂得其学术价值，因而其版本研究和校勘都是精湛的，且成果显著。如周叔弢和傅增湘对二十多种版本的重新鉴定，纠正了前人之误说。而且在鉴定海源阁善本时运用新的鉴定方法，增加了版本鉴定的科学性和准确性，开拓了版本鉴定的新途径。在利用海源阁善本校勘他书时亦取得了不少成果。这批人士中，有周叔弢、傅增湘、王献唐、王重民、叶恭绰、赵万里、莫伯骥等，即使一些书贾如王文进、王子霖等亦加入了这个行列。可以说正是他们的踊跃参与和积极投入，才使海源阁遗书的研究取得了第一阶段的丰硕成果。

一　著录

当海源阁善本散出并呈现于这些嗜书如命的藏书家面前时，他们首先要作的就是要把自己有幸见到的记录下来，所以藏书家的最先的研究成果是著录。其著录成果大多存于解题目录中，主要有傅增湘的《藏园群书经眼录》和《藏园群书题记》、周叔弢的《弢翁藏书题识》、王文进的《文禄堂访书记》、赵万里的《芸盦群书题记》、王献唐的《双行精舍书跋辑存》正续编、王重民的《中国善本书提要》、张元济的《宝礼堂宋本书录》、雷梦水的《古书经眼录》、王子霖的《古籍善本经眼录》等，而王献唐的《聊城杨氏海源阁藏书之过去现在》、叶恭绰的《海源阁藏书》、赵万里的《海源阁遗书经眼录》、傅增湘的《海源阁藏书纪略》、刘阶平的《杨氏海源阁藏书概略与劫后之保存》、周叔弢的《〈楹书隅录〉批注》、王文进的《〈海源阁藏书目〉批注》、郦承铨的《记大连图书馆所收海源阁藏宋本四种》、北平图书馆的《本馆收购海源阁遗书始末记》等则是著录海源阁遗书的专著。所以从以上诸家著录来看，形成一时的海源阁遗书著录热是名副其实的。

最先著录的是王献唐。海源阁于 1929 年 7 月遭到土匪王金发洗劫，王氏于 11 月亲赴海源阁，进行实地查验，著成《聊城杨氏海源阁藏书之过去现在》一文，对其残余的一百三十二种善本依四部类别进行登录，计宋本五，元本十七，其余为明本及校抄本。其著录包括版本、行款、印记、题识及收藏源流等。该文还首次对海源阁校刻丛书六种和海源阁藏书印二十七种进行了汇总著录。这使人们初步了解海源阁所藏善本和刻书的一些情况。对海源阁善本进行较多著录的还有周叔弢和傅增湘。

弢翁对于海源阁遗书的研究首先是对版本的著录，以批注形式附于《隅录》各书名目录之下。这些批注扼要地记录了海源阁宋元秘本的版式、行款、字体、纸墨、装潢以及题跋者、收藏者等等，并对版刻优劣真赝加以评辨，给后人研究海源阁藏书的版本留下了丰富的遗产。弢翁的这些批注很有特点，简明扼要，简单的只有几个字，详细的有一二百字，但都要言不烦，恰中肯綮。弢翁极注意版本的纸墨、字体、印工、版式、名家题跋、印章等，并以“五好”标准来衡量版本的优劣高下，如谓元本《稼轩长短句》是“元刻中甲观”，是因此本“黄纸，大版心，行楷极雅，荛跋……大字宽行，行楷古雅，黄纸，黄氏原匣”。称宋本《离骚草木疏》为“书中逸品”，则此本“纸印不甚精，版心大，字体极古雅，墨色极浓”等等。但弢翁对版本的评骘又是客观的，并不因为是海源阁或自己收藏就有意夸大它的价值，如北宋本《陶渊明集》十卷“不及瞿氏藏江西刻本”等。在鉴定版本上，弢翁共对十九种版本提出了疑问，其中有十三种正确无误，这十三种的鉴定结论均得到了傅增湘、冀淑英、王绍曾及《北京图书馆善本书目》等的证实（另有二种因去向不明而无法证实）。这十五种分别为宋本《仪礼郑注》，弢翁云“决定其非宋本”；宋本《大戴礼记》，“此元本也”；宋本《东莱左氏博议》，“此明本，书品亦劣”；元本《广韵》（佚），“伪。黄纸，模糊，明本之劣者”；影宋精抄本《干禄字书》和校影宋精抄本《佩觿》两种，杨绍和以为汲古阁影宋精抄本，然弢翁云“行款、版式与万玉堂本刻本同，即据明万玉堂本影抄”；元本《河南程氏遗书》，“明本”；宋本《脉经》，“明本染纸”；宋本《履斋示儿编》，“此书疑是元本，江西刻。行书牌子七行”；宋本《吕太尉经进庄子全解》，“此是金本”；宋本《韦苏州集》，“此是明本”；宋本《范文正公集》（佚），“元本”；宋本《元丰类稿》，“此大德本，与故宫所藏同，故宫本黄纸，此白纸”；元本《重校正唐文粹》，“明本”。元本《苍堐先生金石例》，“黄麻纸初印，当是明刻本”（以上均引自《隅录》批注）。十九种中，只有一种为失误，即宋本《后村居士集》，弢翁云“疑是明初本”，实为宋本（《北京图书馆善本书目》著录）。弢翁在鉴定版本时极为谨慎，如果没有充分证据，则不轻下结论。如元本《王状元集注分类东坡先生集》，弢翁云“有人定此为宋本”；宋本《山谷老人刀笔》，《北京图书馆善本书目》题为元本，弢翁云“疑明本”；明抄本《鬻子》，云“红罗纹纸，疑清抄本”。弢翁对这些版本的研究和鉴定，在版本史上有重要意义。

弢翁批注中还常交代流向归属，如言“日本”，即指当时日本人控制下的满铁大连图书馆;"归澄中",指陈清华;"归东莱",指刘少山;"归庾楼",指张允亮;"归李氏",指李盛铎;"归莫氏",指莫伯骥;"归北"或"北平",指北平图书馆等等。由于当时杨氏善本书散出区域以天津为主,而当时弢翁又一直居津,因而对于这些善本书的去向,他了解的最清楚、最详细,故而此项著录得较多。这对我们了解海源阁藏书的授受源流,很有帮助。如宋乾道本《史记》,弢翁云:"此书余谐价三千二百元已成,为书估王晋卿夺去,六千元归之澄中。"本来弢翁已经谈妥成交,不想书贾王文禄以高价抢先买走,并又以更高的价格倒买给陈澄中。可以想见当时为了这部书几人之间所进行的交易和争夺。影宋精抄本《鲍氏集》,弢翁云:"此书为庾丈收得,欲与余换书未果,今归澄中,颇得善价也。"宋本《孙可之文集》,弢翁云:"此书议价未谐,由王子霖售之莫氏。"如果不是弢翁提及,我们哪里会知道这些发生在当时的鲜为人知的书坛故事。

对版本的著录经历了一个内容由简约笼统到详细严密、著录项目由少到多且愈加规范的过程。譬如清乾隆间《天禄琳琅书目》一般只记锓梓年月、刻书之人及藏印等,但到清末民国间,每举一书,对其版式、行款、讳字、刻工、书牌、字体、纸张、墨色、序跋、篇卷存佚、镌刻时地、抄配递修等等一一登录,甚而对版框尺寸亦精记无差,而傅增湘就是这一著录范式的开拓者和倡导者。由于海源阁散出遗书多为宋元珍籍,这也使他格外关注,从而总是详而又详,精而又精地叙述版本的每个特征。傅氏所记的突出特点在于详细严密,短则数十数百余字,长则一两千字,如《藏园群书经眼录》、《藏园群书题记》所记大都如是,其著录项目譬如上举。其他如题跋,凡为《楹书隅录》所脱者还一一补全。如明刊本《新序》,补绍和脱荛圃跋一则,明抄本《刘子新论》,又录黄跋三则等。除详记上述诸项目外,往往深入正文内部,不厌其详地具体描述版本特征,常给人以历历在目之感。他在著录海源阁遗书时可谓是将这一著录范式做了淋漓尽致的诠释和展现。如宋本《史记》题记云:

《史记集解索隐》一百三十卷,宋乾道七年(1171)建安蔡梦弼东塾刊本,半页十二行,行二十二字,注双行二十八字,白口,左右双栏,版心双鱼尾,下鱼尾记页数。首《史记索隐序》,十二行,二十二字不等,四周双栏。本书首页第一行题"三皇本纪第一上",下空五格,题"史记一上",次行低四格题“小司马氏撰并注”。卷末空一行顶格题“三皇本纪第一上”，下空六格，题“史记一上”。后空一行，空四格题：“建溪蔡梦弼傅卿亲校刻梓于东塾时岁乾道七月春王正上日书”，《序》后空一行题：“建溪蔡梦弼傅卿谨案京蜀诸本校理寘梓于东塾”，《流过表》、《秦楚之际月表》、《汉兴以来诸侯年表》、《乐书》、《历书》后亦均有此二行，《目录》后有一行，文曰：“三峰樵隐蔡梦弼傅卿校正”，《五帝本纪》后有二行，文曰：“建溪三年蔡梦弼傅卿亲校谨刻梓于望道亭”，《周本纪》后同。《殷本纪》后有二行，文曰：“建溪三年蔡梦弼傅卿亲校梓于东塾。”按：此书刻工劲秀，南宋初建本之精者，《史记集解索隐》合刊者以此为最早。杨氏海源阁四经四史之一。辛未三月十三日观书于天津盐业银行库房。①

这则题记非常详细地记录了《史记》宋乾道本的版式特征，尤其是行款格式与牌记，为我们提供了足够的版本信息。傅氏对版本所作的这种全方位立体式的著录模式成为著录版本的典范。在近现代版本目录学家中，能够对版本作如此全面、精细之著录的，尚不多见。

在此基础上，傅氏对海源阁遗书还做了大量动态延伸性的研究。如比勘版本优劣，就是研究性著录的重要内容之一。但他判断版本的品质不只是从纸张、墨色等外部特征，而是着重从文字异同、内容正误等内在因素着手。元本《韩鲁齐三家诗考》六卷，绍和先引张金吾《藏书志》：“刊附胡氏《诗集传纂疏》后。‘《韩诗》韩弈幹正也，谓以其议非而正之。’《玉海》本阙下一句，余异同处颇多。”“是书刻入《玉海》者，舛谬错出，世无善本。”②傅增湘从津行借出此书，并以浙刊本勘之，结果发现：“至文字异同，仅有《韩诗》‘韩弈幹正也’下多‘谓以其议非而正之’一句为胜，此外则脱句佚文触目皆是。《异字异义》一卷中脱失至一百二十条，《遗诗》一卷中脱失十三条，疑为胡氏妄加删削，是远在《玉海》本下，与杨氏所云正相反也。”③南宋蜀刻本《孟东野文集》十卷，傅增湘“尝以此与席刻本相校，目录详简不同，次第略有变易，改正字亦复不少。其尤钜者，卷一《征妇怨》四首，席刻乃误合为二首。昔黄丕烈谓蜀本多误字，不及

① 《藏园群书经眼录》卷3，中华书局1983年版，第165—166页。

② [清]杨绍和：《韩鲁齐三家诗考》题识，《隅录》卷1，清光绪二十年(1894)杨保彝刻本。

③ 《藏园群书题记》卷1，中华书局1989年版，第13页。

小字本之佳。其实此本佳处已不胜举矣。”①

傅增湘对版本的鉴定尤为细致，凡目验一过均能一一检出，共指出杨氏失误之例十四种。海源阁原藏“四经四史”之一宋严州本《仪礼郑注》早已遗失，杨敬夫运书至天津出售的是明本，傅氏虽不明就里，但随即鉴定出此书实为明嘉靖刻本，并言“杨氏所藏，舍此外，尚有《春秋经传集解》、《东莱左氏博议》、《脉经》，皆明本而号为宋刊。《大戴礼记》为元本而号为宋本。”②前人鉴别版刻，往往仅凭字体、刀法、纸张、牌记、前后序跋，而极少刻工等，由于鉴别手段单一，失误很多，即如精通版本的黄丕烈、顾广圻等亦不能幸免。再如牌记及前后序跋为书贾割去，则元翻宋本往往误为宋刻，南宋所刻极易误为北宋本，这也让很多名家大跌眼镜。傅增湘凭其渊博的知识，多种方法俱用，比勘详审，常能指疵摘瑕，胜出前人一筹。北宋本《扬子法言》十三卷《音义》一卷，顾广圻据《音义》后列国子监校勘官衔名，定为北宋治平监本，绍和从之(《隅录》卷三)。然傅增湘据讳字、刻工等定为南宋浙本。如《藏园群书题记》卷六曰：“考卷中宋讳缺避惟谨，然卷五第四页注中‘三桓专鲁’句‘桓’字缺末字，卷三第四页‘君子微慎厥德’句及《音义》第七页注文‘《史记》作慎靓王，《索隐》作顺靓王，或是慎转为顺’，各句‘慎’字均缺末笔，则已入南渡无疑。且审其字迹雕工，虽格体严整，而朴厚之意浸失，当是浙杭重翻之本。至卷二之二、四页，卷四之五页，卷五之五页，则又为后来修补之版，写刻皆粗率，毫无气韵，更显然可判者也。”于此卷则又详记刻工三十二人，并于《藏园群书经眼录》卷七曰：“其刊工吴中、秦显、章忠、李倍等见余藏宋刊《南齐书》，王寿、章忠又见余藏宋本《太玄经》，然则此书为南宋孝、光之际，浙中所刊，非治平监本明矣。”利用刻工鉴定版本虽在十九世纪后期就有，但直至民国才大兴其用，而傅氏运用此法却达到了炉火纯青的地步，其鉴别之精审，令人称道。其他如北宋本《新序》据字体、刻工应为南宋初绍兴间杭州刻本；北宋本《孟东野诗集》审其刀法笔势应为南北宋江西某地官版；元大德本《元丰类稿》因佚去程文海序而绍和误为宋本；明抄本《汪水云诗》据叶万跋应为清叶树廉抄本等鉴定无不精准。

傅氏在分析鉴定版本时同著录一样常常不惜篇幅，以百语千言，详说所以

① 《藏园群书经眼录》卷12，中华书局1983年版，第1047—1048页。

② 《藏园群书经眼录》卷1，第49页。

然。这与周叔弢有大不同，弢翁往往以一两句概括之，如元本《河南程氏遗书》应为明刻本。弢翁《〈楹书隅录〉批校》云："明本"。只两字括之，少言误定之因，即使言其缘由，亦较简洁。再如宋本《元丰类稿》应为元大德八年(1304)丁思敬刻本，弢翁以不足二十字概之。而傅氏则累以百余言详细介绍其版式、刊工、版框、题跋、藏印及"故宫本前有大德八年程文海《序》，题大德刊，《元丰类稿序》，此本佚去，杨氏误认为宋本"等鉴定失误情况，给人以具体翔实之感。它如北宋本《扬子法言》应为南宋浙本等，傅氏则以长篇铆足证据，其结论令人信服，不容置疑。傅增湘每观一书必详细记其版式、行款、讳字、刻工、题跋，兼及收藏印记，梳理版本源流，比勘版本优劣，鉴定版本真伪，王绍曾曾言他"凡所论断，往往凌驾前修，时有发明，足以补《隅录》之疏，正杨氏之失"[1]。实为中肯之言。傅氏购书虽不多，但他的研究却是最细致的，从而为后人留下了宝贵的遗产，这也是傅氏对海源阁遗书的最大贡献。

由著名文史学家王重民编撰的《中国善本书提要》著录了海源阁遗书三十二种，其《续编》又四种。当时这些书除明本《艺文类聚》藏于美国国会图书馆外，其他均藏于北平图书馆，所以王重民的著录是在目验基础之上的。其每书首先依次记载卷册数、《总目》著录卷数、收藏地点、版本性质、行款、版框等，其次间附考证，如版本优劣、版本时地、递藏等，最后迻录藏印和藏书题跋。尤其中间部分的考证，学术价值颇大。如海源阁藏抄本《珊瑚木难》八卷，赵万里《海源阁遗书经眼录》著录云："此书传本转辗自手迹录出，近始有《适园丛书》刻本，此则汪阆源家抄本也。"[2]而《中国善本书提要》则指出是本之优："是书久无刻本，1915年张钧衡始获章授衔所藏旧抄本，刻入《适园丛书》。然墨订阙字，所在而有，校以此本，有可补张刻之处颇多，盖此本虽出于康熙以后，而校缮颇精故也。"[3]《海源阁书目》集部著录旧抄本《沈下贤文集》十二卷，钤有"叶修之印"，对此王重民进行了考证："叶修字祖德，叶林宗长子也。按崇祯四年(1631)，林宗假冯已苍藏《沈集》写本，迻录一份，有崇祯五年(1632)六月校记，载瞿氏《藏书目录》卷十九。崇祯十一年(1638)林宗弟石君从阊门坊中得旧抄本，林宗假来，以别本还之。康熙七年(1668)石君作跋，疑其旧本废于败

---

① 王绍曾：《后记》，《订补海源阁书目五种》，齐鲁书社1983年版，第1425页。

② 赵万里：《海源阁遗书经眼录》(一)，《国立北平图书馆馆刊》第5卷第5号，1940年9月。

③ 《中国善本书提要》，上海古籍出版社1983年版，第293页。

妇之手。林宗还回之本，后归皕宋楼，《藏书志》卷七十著录。此本有叶修印记，而无崇祯四年林宗题记，盖有题记之本，用以归还石君，此本似即假而未归之阊门旧抄本矣。”[①]若非见闻广博，是难以将传抄源流考证得这样清楚的。《中国善本书提要》的一个重要特点是将著录本和《四库》本作比较，不仅在著录时以括号方式注明著录本在《四库总目》中的卷数，而且还在提要中将两本作版本之异同优劣的比较，如果发现《总目》有误说则必以细致考辨而证其谬。明本《欧阳修撰集》八卷，《海源阁书目》集部著录，《中国善本书提要》云：“是集《四库》据明万历间翻永乐本著录，此即永乐间所刻原本也。卷三末刻‘永乐十二年(1414)岁次甲午正月日十代孙齐拜录’一行，书后有唐光祖《跋》云‘永乐四年丙戌(1406)夏四月，会朝廷方访求遗书，齐即伏阙自陈：家有显祖遗文，驰传还家取进，编入《永乐大典》。今复命工锓木，流行于世。书编为三卷，诗文、事迹为四卷，当时陈东所同上之书，亦为掇拾无所失坠，并取附为一卷，合为八卷。’《库》本阙《陈东上书》，故仅七卷。《提要》云：‘永乐丁酉(1417)崇仁知县王克义《序》，乃称齐录前后奏议，次继《飘然集》分为六卷，与光祖《跋》不同，盖词有详略，实即一本。’兹细审光祖《跋》内‘诗文事迹为四卷’七字，是后来剜补，则光祖与王克义所序跋之本，实不相同。更观《奏议》与《飘然集》剞劂不同，尤其明证也。盖齐奏进于朝者仅《奏议》三卷，永乐十二年至十四年(1414—1416)间所刻者，亦仅《奏议》三卷，与所附《陈东上书》而已，光祖《跋》即为此本而作。永乐十五年(1417)，齐又校刻《飘然集》三卷，次《奏议》后，王克义《序》不及附录，故称为六卷也。《奏议》与诗文既合为一编，总题为《欧阳修撰集》，前冠‘总目’，后剜改唐光祖《跋》，俾全书划一，此永乐本之所由成也。”[②]此例即先比较著录本和《四库》本的卷数之别，并通过细审剜改跋语和版刻之不同，纠正了《总目》的两本“实即一本”之错误说法，并理清了永乐本的来龙去脉，其考证不可谓不细。

赵万里在著录海源阁遗书时分作两部分，一是《海源阁遗书经眼录》(一)，刊于1940年9月的《国立北平图书馆馆刊》第五卷第五号上，共著录十种。二是《芸盦群书题记》中著录黄丕烈、顾广圻校明本《蔡中郎集》、黄丕烈校汲古阁

---

① 《中国善本书提要》，上海古籍出版社1983年版，第508页。

② 《中国善本书提要》，第529页。

刻本《中吴纪闻》、宋本《大戴礼记》、顾广圻跋宋本《周礼郑注》、黄丕烈、孙星衍校跋明本《新序》共五种，刊于1945年5、6月的《国立北平图书馆馆刊》第八卷第三号上。《海源阁遗书经眼录》著录较为简明，著录项目为行款、藏印，逐录前贤题跋，虽间有考证，然多简单。而《芸盦群书题记》五种则考证极详。兹举一例，《大戴礼记》十三卷，《隅录》卷一著录为宋本，傅增湘于1930年到天津盐业银行初观是书时惊叹此本"最为罕秘，恐世无二本"[①]，其后在题宋本《仪礼郑注》时，始称"《大戴礼记》为元本而号为宋本"[②]。然因何为元本，傅氏未言缘由，世人遂不知就里，而赵万里对此则一一详考：

半页十行，行二十字。黑口，左右双栏。板心上记大小字数，下方间记刊工姓名。卷各有目，目距上栏低三格，与正文衔接，一如嘉靖间袁氏嘉趣堂本。此至正三十一年嘉兴路总管刘庭干（贞）刻本。传世《戴记》无古于是者。原有郑天佑序，此本夺去，当据《侨吴集》卷七补之。其言曰："海岱刘公庭干以中朝贵官出为嘉兴路总管。政平讼理，发其先府君御史节斋先生所藏书刊诸梓，置之学，《大戴礼》其一也。"是《戴记》之外，尚刊有他书。以余所知，则前于《戴记》者，有至正十四年(1354)刊之《逸周书》，四明黄玠序之。其后十五年(1355)，又刊行《韩诗外传》，钱塘钱维善序之。与此书同时刊行者，则有《吕氏春秋》二十卷，序之者亦为郑天佑。据郑《序》知《吕览》亦为节斋所手校。且知节斋名克诚，亦字居敬，以庭干累赠至礼部尚书。庭干之刊群籍，盖得力于庭训。时节斋已前卒，庭干可谓不辱先志矣。此四书者，版式俱一致。苍厚端劲，字体有赵松雪遗意。除《吕览》外，余皆罕传于世。《韩诗外传》仅内阁大库有之，流归午门历史博物馆者，亦仅全书三分之一。《逸周书》则《恬裕斋书目》著于录。近时故宫博物院文献馆重整内阁遗书，亦得一帙于乱纸堆中。至此书乾隆间德州卢见曾尝得见之，《雅雨堂丛书》本所据校者，即从之出。此外《天禄琳琅书目》所谓宋椠，殆皆冒此本或迳以袁本充之。此帙《楹书隅录》亦误题宋椠。实则卷中字迹疏朗之页，皆后来补版，尚是明初印本。然以较钱

① 《海源阁藏书纪略》，《大公报》，1931年5月24日。

② 《藏园群书经眼录》卷1，中华书局1983年版，第49页。

塘丁氏藏本，不啻虎贲之视中郎矣。卷中缺页，汲古阁主人以别本影抄。卷首目录脱半页，毛氏未摹补，知在毛氏时已不易得全本矣。世无《戴记》真宋槧，此本当以球璧视之。自来目录学家于刘庭干刊传先秦古籍始末，未能确切言之，余故发其凡于此。[①]

赵氏所证可谓言之凿凿：一言郑序佚失，二言此本与他本俱同，三言刘氏刊刻先秦古籍之始末，四言版刻之流传，五言此本之抄配，六言此本之价值，均以实证为基础，于前人所言元本无据只凭直觉者，进一步夯实论据，令人无不信之服之。

这里有必要谈及的还有王子霖的《古籍善本经眼录》[②]和王文进的《文禄堂访书记》[③]。《古籍善本经眼录》著录的善本主要是王子霖于1949年以前所见，其中有海源阁遗书四十种，另在该书附录二《王子霖存民国时期书价表》中著录两种，于《王子霖古籍版本学文集》第三册《日记、信札及其他》中著录大连满铁图书馆子集宋本六种，实际共著录杨氏藏书四十八种。因而，王子霖是除周叔弢、王献唐、傅增湘之外，著录海源阁遗书最多的人。子霖对版本学颇有研究，曾于20世纪60年代著《古籍版本学》一书。《古籍善本经眼录》著录了序跋、行格、版式、纸张和藏印等，有的并加考订按语。史树青云："尤对书中收藏印记一一注明，极便学术研究，为书中一大特色。"[④]《文禄堂访书记》共著录二十八种海源阁藏书，其中宋本十三种，其他为黄丕烈等名家校本。作者王文进虽然是一个书贾，然颇通版本学，所著录项目非常齐全，包括版本、行款、书口、刻工、书牌、避讳、题跋及藏印等。兹举一例宋本《扬子法言》，题云："宋监刻本，半页十行，行十八、九字，注双行二十三字，白口，板心上记字数，下记刊工姓名王用、王慎、王寿……卷中明补刊名俞在，宋讳避至慎字，《音义》后文效等衔名二页……有'宋本'印、'顾千里经眼记'、'秦伯敦父审定'、'汪喜孙'、

① 赵万里：《大戴礼记》题记，《芸盦群书题记》，《国立北平图书馆馆刊》第8卷第3号，1945年5—6月出版。

② 《古籍善本经眼录》，见《王子霖古籍版本学文集》第2册，上海古籍出版社2006年版。

③ 《文禄堂访书记》辑录了文禄堂主人王文进平生经眼的古籍珍本七百余种。王文进(1894—1960)，字晋卿，河北任丘人。20世纪20年代，创建北京琉璃厂文禄堂书店，以经营古旧书籍为业。《文禄堂访书记》，1942年文禄堂书籍铺排印本。

④ 史树青：《文集总序》，《王子霖古籍版本学文集》第1册卷首。

'汪士钟曾读'、'汪宪奎'、'平阳汪氏藏书'、'杨东樵读过'、'彦合读书'、'杨保彝'、'宋存书室'各印。"①尤其是对刻工一项的著录成为鉴定版本的有力证据,如宋嘉定间姑苏郑氏刻本《添注重校音辨唐柳先生文集》四十五卷《外集》二卷,详记刻工姓名二十七个,宋蜀刻本《孟东野诗集》刻工二十四个,宋本《扬子法言》刻工十九个等。王文进还对黄丕烈校本非常重视,著录这些本子时还对《隅录》所脱漏的名家题跋进行辑录。如校影宋抄本《剡录》辑出黄丕烈跋四则、吴骞跋一则,校旧抄本《杨公笔录》不分卷黄跋四则,校明抄本《西溪丛语》黄跋三则,校宋本《道德真经指归》黄跋三则等。王氏将这些黄跋辑成《黄氏手跋遗刊》。王氏对海源阁遗书的关注还表现在专门对《海源阁藏书目》进行批注,其《〈海源阁藏书目〉批注》,除交代藏书归所外,还有版本著录。如宋蜀刻本《孙可之文集》批注曰:"蜀刻六十家十二行廿一字本,与《孟集》不同。"这些著录对研究版本亦有参考价值。

以上所列只是主要的几家,除此还有一些。如《宝礼堂宋本书录》四种,《五十万卷楼藏书目录初编》一种,《记大连图书馆所收海源阁藏宋本四种》等等,虽然数量不多,然其著录极为细致,考证精审,限于篇幅不更赘述。这些著录研究成果,对后人进一步研究海源阁遗书提供了很大帮助。

二 校书

藏书家发挥藏书的最大价值便是校勘。在利用海源阁遗书进行校勘的藏书中,以周叔弢、王献唐、傅增湘为最。

关于弢翁之校书,谢国桢云"公之于学,精通目录,于校雠、鉴赏,兼而有之",又称"凡其庋藏之书,多铭心绝品,手自校勘,丹黄殆遍。所以考辨是非,订正传本之谬误,以续顾、黄版本考勘之学,而本古为今用之旨,传古信今,以津逮学林,用意至笃"②。傅增湘亦曾赞弢翁"治事之隙,不辍丹铅,常观手校群书,皆字画端谨,朱墨鲜妍,颇具义门风格"③。今据《弢翁藏书题识》、《自庄严堪善本书目》及《弢翁藏书年谱》等将弢翁校勘海源阁遗书具体情况辑录出来。自1928年至1944年,弢翁校书共十五种,以对校为主,因为所收海源阁藏本均为精善之本,尤以宋本为主,故而除元本《注心赋》外,其余均为以宋本

① 王文进:《文禄堂访书记》卷3,1942年文禄堂书籍铺排印本影印本。
② 谢国桢:《〈自庄严堪善本书目〉序》,《自庄严堪善本书目》卷首,天津古籍出版社1985年版。
③ 傅增湘:《〈周君叔弢勘书图〉序》,《自庄严堪善本书目》卷首。

校勘他本。在所校他本中以校明本最多，有七种，清本五种。通过校勘，弢翁多次指出明刻之“恶习”，如用宋本《四唐人集》本替劳健校明正德本，“其间字句颇有可校正德本之误者，诚佳刻也”①。取宋本《岑嘉州集》与吴慈培手校明本对勘，“其中颇有佳字，初正吴校者甚多”②。以宋本《杜审言诗集》校明活字本，弢翁云“佳处与宋书棚本合，盖源出宋刻，故为书林所珍视，惟以五、七言分体，紊乱旧序，乃明人刻书之恶习，不足怪矣。活字本每半叶九行，每行十七字，亦与宋本不同”③。如校正文字讹误，以宋本《新序》校明万历程荣刻《汉魏丛书》本，凡增改明本三百许字；弢翁还通过对勘，来比较两本之异同。如以海源阁藏宋本《毛诗》与黄丕烈藏宋本《毛诗》对勘，发现两本并非同一版本④。

傅增湘属于真正的“读书家的藏书家”一类，他观书不是为了风尚趋时，购藏不是为了自守。读书、校书是他的日课，一生校书达一万六千余卷。他利用海源阁所藏宋、元精善之本校勘他书，改正良多。如他充分利用自藏的清初抄本《周翰林近光集》校阅文津阁传录副本，结果发现阁本讹谬盈纸，间有缺页，遂就改正五百余字，并阁本所缺九首诗咸得补正。⑤ 它如宋蜀刻本《孟东野文集》等亦然。但由于很多善本无力购买，只能靠借书校读，如 1930 年借黄荛圃校旧抄本《对床夜话》校《学海》本，发现两者不同者数端，并补订《学海》本文字凡五百八十八字。⑥ 1938 年 11 月从谢国桢处借来旧抄本《大雅集》校罗子经汇刻本，“全书增改删乙通得八百七十五字，举其荦荦大者，如杨铁崖《序》后新刻（罗刻本）脱赖良《跋》一百二十一字，卷二范立《远游篇》脱末一字，卷三李哲《韩之庐》诗中脱三句，卷六张守中《堵无傲过维扬》诗脱第二首……尤难以枚举，皆赖此本补佚订讹，顿复旧观，为之忻慰无已”⑦。其他借阅的还有北宋本《扬子法言》、校宋明抄本《刘子新论》、元元统间刻本《中庵先生刘文简公集》、宋嘉定姑苏郑定刊本《唐柳先生集》等等不一而足。而对于未能借到者则充满遗憾，四史四经之一的宋王叔边刻本《后汉书》，傅氏 1931 年 2 月 12 日观于津行时赞其为

① 周叔弢：《宋本〈岑嘉州集〉题识》，录自《弢翁藏书年谱》，黄山书社 2000 年版，第 36 页。
② 周叔弢：《吴校明本〈岑嘉州集〉题识》，《自庄严堪善本书目》，第 127 页。
③ 周叔弢：《〈杜审言诗集〉题识》，录自《弢翁藏书年谱》，第 38 页。
④ 参见周叔弢：《宋本〈毛诗〉题识》，录自《弢翁藏书年谱》，第 133 页。
⑤ 参见《藏园群书题记》卷 16，中华书局 1989 年版，第 811 页。
⑥ 参见《藏园群书经眼录》卷 19，中华书局 1983 年版，第 1586 页。
⑦ 《藏园群书题记》卷 19，第 968 页。

"盖闽本之最佳者",但"惜未能假校"[①]。由于傅氏对这些善本人之愈深,研之更细,这就为他判定版本优劣,鉴定版本真伪,奠定了坚实的基础。

王献唐亦校书多种。1931年,王献唐为省立图书馆购得海源阁藏一粟斋抄本《汪水云诗》,该本与钱谦益藏云间人旧抄本同出一源,与元刘辰翁批点《湖山类稿》本不同,选法亦迥然有别。这一系统的本子,仅现存可考者就有二十余种,比较纷繁,较好的本子又分散南北,非一人一时所能搜求完备,故他并邀柳诒徵、顾实、王重民诸学者广采善本一同抄校,传为文坛佳话。自己又用海源阁旧藏叶石君抄本《汪水云诗抄》再校一粟斋抄本,并总其成,从而使汪集始有一个迄今比较完善的新版本。同时,他还参照原叶石君抄本以及吴氏绣谷亭、黄氏士礼居、鲍氏知不足斋等名抄佳椠,撰成《汪水云集校勘记》、《汪水云集版本考》和《汪水云事辑》等,对汪水云诗作及其版本进行了比较彻底的清理研究。先是王献唐嘱玉章迻录一粟斋抄本,其后于1931年7月16日,"向晚上灯,手自校雠,由六时起至十一时卒业"[②]。又于1931年11月以知不足斋刻本校之,"二十年十一月八、九两夜,取鲍氏知不足斋刻本《湖山类稿》通校一过,以'献校'二字别之。《类稿》共诗一百六十一篇,此八十三篇,见于《类稿》者三十篇。"[③]再于12月以海源阁藏叶石君抄本较之,"据海源阁藏叶石君抄本再校一过,叶本每半页十行,行十九字。于二十年十二月十八日蒇事。"[④]王献唐校书必广罗异本,以证异同。以他校一粟斋抄本《汪水云诗》为例,参校的除上面提到的鲍刻本和叶抄本两种外,还有黄本、汪本等。如《汪水云诗叙》:"余欲尽其诗,而不胜其抑郁也。"献唐校云:"'诗',叶抄作'卷评之'三字。吴抄作'许之'二字。黄本、鲍刻、《宋遗民录》、汪本作'卷计之',似均不如'诗'字简古。'抑',各本俱作'壹'。"《汪水云诗》作者汪元量,生于南宋末年,早期诗风受江西诗派影响。江西诗派于诗歌之创作,难脱"换骨"、"脱胎"、"点铁成金"等习气,喜熔铸前人词语、典故入诗。先生深晓水云诗风,校勘兹编,于此多所用心。如《长城外》诗,首二句为"饮马长城窟,马烦水枯竭",其中"烦"字,叶抄本、《宋诗抄》,误作"頭"。吴抄本、黄藏本、鲍刻本及《湖山类稿》均作

① 《藏园群书经眼录》卷3,第194页。
② 王献唐:《〈汪水云集〉记》,《双行精舍校汪水云集》,齐鲁书社1984年影印本,第90页。
③ 同上。
④ 王献唐:《〈汪水云集〉记》,《双行精舍校汪水云集》,第89页。

"繁"。献唐按语:"此引曹子建《洛神赋》:'车迨马烦'。作'烦'是。"又如《徐州》诗:"白杨猎猎起悲风,满目黄埃涨太空。野壁山墙彭祖宅,历花粪草项王宫。古今尽付三杯外,豪杰同归一梦中。更上层楼见城郭,乱鸦古木夕阳红。"献堂校云:"'歴'与《宋诗抄》同。叶抄、吴抄作'歴'。鲍刻及吴、黄、鲍三《类稿》作'塺'。按:《楚辞·九歌》:'霾土忽兮塺塺'。又《九歌》云'愈氛雾其如塺'。《集韵》:'塵'也。《说文》作'坶',字亦作'坶',以'塺花'对'粪草'言,作'塺'是。"故而,他校书多所征引,参校比勘,订正讹误。校勘需要学识赡富,盖古籍以刻抄传世,错讹叠生,音韵、语法、典故、地名、避讳、天文、地理、草木虫鱼等无所不通方能言及校勘。献唐校此书时显示了他坚实的训诂基础。如《湖州歌》(九十八首之四十四):"淮水无波似熨蓝"。献唐校云:"'熨',黄本、《宋诗抄》、鲍刻均作'蔚',此与叶抄同。按:杜诗'上有蔚蓝天',字作'蔚'。《艺林伐山》,读'郁'。'蔚'训'茂',训'密',为蓝之状。此云似蔚蓝,殆以蔚蓝为天也。'叞',隶作'尉',或书作'尉'。《说文》:'从上按其下也。从𡰥从火从又,持火所以叞缯也。'《风俗通》:'斗火曰尉。'俗加火为熨。火斗尉缯,所以拓展使平,引伸为平。《后汉书·光武帝》:'廷尉,秦官,听狱为质于朝廷,故曰廷尉,平也。'又《史记·张释之传》:'今既下廷尉,廷尉天下之平也。'字作熨蓝亦通。熨蓝,谓如蓝之熨平,意较亲切。《集韵》、《韵会》,均读熨为郁,郁为古音,与《艺林伐山》'蔚蓝'之'蔚'音同。疑杜诗'蔚蓝'之'蔚',或原本作'熨'也。"可见其小学精通也。又如《汪水云集·绵州》,吴氏绣谷亭抄本于此下注云"一作锦州"。献唐校云:"按:黄本正作'锦州'。按:锦州有二,一在湖南麻阳县,早废。一在辽宁,此诗以时次考之,作于四川。四川无锦州,其成都亦号锦里,锦城、锦官城。前已有《成都》一首,此非再咏成都也。作'锦州'是。"可知献唐熟知地理史事,并善加利用以助校勘。

王献唐曾得清光绪二十一年(1895)清荫堂刻本《林和靖先生集》,跋云:"此书购于北平厂肆,嘱栾调甫先生据海源阁藏黄荛圃校宋本手勘一过。"①清乾隆雅雨堂本《封氏闻见记》十卷,王献唐曾嘱玉章兄假录副本,1930年11月8日,又"以原本对勘,复更正数事"。② 1948年,用张绍仁手校《梁昭明太子

① 《双行精舍书跋辑存续编》,齐鲁书社1986年版,第183页。

② 《双行精舍书跋辑存》,齐鲁书社1983年版,第215页。

集》本，校民国上海涵芬楼影印明辽府刻本，献唐云："前岁匪乱散出，书友屡为余言，今午取来，亦校于辽府刻本上。"[①]《说文系传》四十卷，南唐徐锴撰。是书清代刻本有三：乾隆间汪淑启刻本，马嵰山龙威秘书本，道光间祈寯藻刻本；又民国八年(1919)商务印书馆《四部丛刊》本系据南浔张石铭之影宋写本。以上诸本因辗转写刻，各有讹夺，故清人校勘此书者颇多。献唐据海源阁藏顾广圻校《说文系传》，撰成《说文系传三家校语抉录》，所收三家校语分为：顾校汪刻本、桂馥校汪刻本、王筠校祈刻本。三家并精小学及校勘，然三家校本世不经见，献唐乃就三家校语抉其精要者萃为一篇，为后人治《系传》打下基础，有功士林。

当然，利用海源阁藏书校勘过他书的，定不止于上述三家，其他尚有赵万里、王重民、张元济等，他们的校勘成果大多散见于所著题跋或校本中。校书是藏书研究的一个部分，民国藏书家、学者为此付出了很多劳动，这也是他们对海源阁遗书研究并加以利用的一个重要贡献。

三　对《楹书隅录》的校勘

校勘《楹书隅录》，是周叔弢对海源阁遗书研究的一个特殊贡献。

首先，弢翁在目验核对原书的基础上，对《隅录》进行了文字校对。校勘的内容为杨绍和所作提要和《隅录》所迻录的原书上的前人题跋，尽管杨保彝在刊刻该书时已经校对过，但这些提要和迻录题跋仍然与原书有出入。弢翁每见一书总是将原书与《隅录》所录进行仔细对校，发现杨氏脱误者便进行增补和更正。讹误例，如宋本《周礼郑注》，绍和于《隅录》卷一题云"此本每半叶十三行，行大二十五字，小三十五字"，弢翁改云"此本每半叶十三行，行大二十五六七字，小三十五六字"。验其行格，弢翁说法为是。元本《苍崖先生金石例》十卷《附录》一卷，《隅录》卷三著录，绍和题云"每半页十行，行二十二字"，弢翁经核对原书所题，应为"行二十一字"，知为保彝刊刻时致误。校本《大戴礼记》，《隅录》卷一题识迻录黄丕烈跋，中有"长至日又取卢雅雨本覆校一过"句，弢翁改"日"为"月"；"十一月中偶于书肆得宋刻本"句，弢翁改"宋刻本"为"朱刻本"；"以惠校即据宋本"句，改"宋本"为"朱本"。校影宋精抄本《佩觿》，《隅录》卷一题识迻录毛扆跋，中有"己未五月二日读毕，虞山毛扆"句，弢翁改为

① 《双行精舍书跋辑存续编》，第 175 页。

“五月二十日读毕，海隅毛扆”。宋本《孟浩然诗集》，《隅录》卷四题识迻录黄丕烈跋，中有“余亦断不忍舍者也”句，弢翁谓“忍”字系“肯”字之误。校旧抄本《蜕庵诗集》，《隅录》卷五题识迻录黄丕烈跋，中有“嘉庆丁卯秋七月”句，弢翁云“丁卯”为“丁巳”之误，嘉庆丁卯为嘉庆十二年（1807），丁巳则嘉庆二年（1797），两者相差十年，《隅录》之误不可恕也。脱漏例，宋本《建康实录》，《隅录》卷二题识中有“绍兴十八年荆湖北路安抚使司重别雕印衔名”，弢翁于“绍兴十八年”后补“十一月”三字。宋本《新序》，《隅录》卷三题识中有“在末卷末叶纸背”句，弢翁谓“在”字下有“卷五及”三字。宋本《吕太尉经进庄子全解》，《隅录》卷三著录，弢翁于此标题“宋本”后添“壬辰重改证”五字。元本《东坡乐府》，《隅录》卷五迻录黄跋中有“意以贱直得之”句，弢翁谓“意”字前有“竟”字。校宋名抄本《李群玉诗集》，《隅录》续编卷四迻录黄丕烈题识时于“合上中下三卷目录”下，弢翁谓脱漏“及卷中诗大段相近，惟后集五卷宋刻无目录”十八字。衍例，如宋本《咸淳临安志》，《隅录》卷二题识有“泰兴季振宜沧苇氏珍藏。在卷尾”，据弢翁核对，卷末无此一行。宋本《孟浩然诗集》，《隅录》有“黄氏、顾氏、汪氏各印”句，弢翁谓无“顾氏”二字。宋本《唐求诗集》，《隅录》卷四题识中，绍和云“‘鹿顶山’长印，予藏宋本《三礼图》中亦有之”，弢翁云“《三礼图》已归余，并无‘鹿顶山’三字印”。（以上均见《隅录》批注）上述误例中，有形近致误的，有声近而误的，有些文字虽文意可通，然终非原文，有的将时间搞错，有的因字句讹误而致文意改变，有的因脱衍无法成句，给读者阅读带来困难。弢翁的校勘不但扫除了阅读障碍，也使《隅录》迻录题跋更接近原貌。光绪年间，潘祖荫辑录《士礼居藏书题跋记》就是以《隅录》为基础，其后缪荃孙、章钰等在潘氏基础上又屡次辑录，都不免以讹传讹，而弢翁所作的这番工作则正好可以起到订正作用。因而，弢翁对《隅录》的文字校勘其意义不容小视。

其次，藏书印是交代该书授受源流的主要手段，杨绍和对其相当重视，但间有迻录讹误和脱漏者。弢翁所作的这项工作首先是比较异同，错误者予以纠正。宋本《周礼郑注》，《隅录》著录“秘书少监”、“汪延熙印”、“汪介徽印”、“何绍基印”四方，弢翁依次改为“秘书外监”、“汪印延熙”、“汪印介徽”、“何印绍基”。宋本《说文解字》，《隅录》著录藏印为“古吴毛氏奏叔图书记”、“苏斋”、“绿柳桥西戴大章”、“许瀚之印”、“汪喜孙印”，弢翁改为“中吴毛氏奏叔图书记”、“苏公”、“绿柳桥西戴大郎”、“许瀚私印”、“汪喜荀印”。宋本《陶渊明集》,《隅录》有"太史之印",弢翁改为"太史之裔"。其次是填补空白,绍和于印章遇有辨识不清者常以"□"来代替,弢翁经核对后予以补上。如宋本《周礼郑注》,《隅录》有"高□"印,弢翁鉴别后认为是"高岱"。宋本《新序》,《隅录》有"□翁"印,弢翁谓"翁"字上为"辰"字。再次是绍和迻录藏印时脱漏不少,弢翁则一一增补,此例甚多。旧抄本《说文解字韵谱》,弢翁又增补"顾若霖字雨时"朱文长方、"雨时氏"朱方、"别有天地非人间"朱文长方、"宪奎"白方等九方印章。影元精抄本《字鉴》,弢翁增补"汪印振勳"朱文方、"楳泉"朱方文、"汪士钟印"白方文等七方汪士钟藏印。《隅录》迻录藏印时不著形制,而弢翁则对藏印形制亦一一附后。明抄本《山海经》,《隅录》著录"吴氏"、"原博"、"臣植"、"戴芝农藏书印"等,弢翁鉴别后,谓"吴氏"、"原博"两印系朱文,"臣植"系白方文,"戴芝农藏书印"应为"戴芝农收藏书画印"。因为弄错或漏掉一个印章,都有可能造成递藏过程的混乱或某个环节的空缺。故而弢翁于此特别认真,这表现了弢翁极其严谨的治学精神,即使连这样一个微小的细节都不忽略。

再次,《隅录》在迻录前贤题跋时,亦时有脱漏。弢翁在校勘《隅录》文字的同时,对《隅录》所脱漏的前贤题跋复又增补不少。其中以黄丕烈题跋最多,校宋明抄本《刘子新论》三则,校明抄本《西溪丛语》四则,校宋抄本《宾退录》二则,校宋本《春渚纪闻》十二则,校本《江淮异人录》二则,校明抄本《录异记》二则,校宋本《道德真经指归》四则,校宋明抄本《李群玉诗集》二则,校旧抄本《三十代天师虚靖真君集》二卷《句曲外史杂诗》无卷数一则,共迻录黄丕烈题跋三十五则。其他题跋尚有宋本《庄子全解》文彭一则,明抄本《山海经》田紫芝一则,宋本《花间集》杨保彝一则,校本《南唐书》陆敕先一则等。这些题跋对揭示刻书、校书、递藏等信息都有重要的作用。如校宋明抄本《刘子新论》,弢翁所迻录荛圃三跋,此三跋交代了荛圃用以宋本、明活字本、《子汇》本、《道藏》本等校明抄蓝格《道藏》本,并比较了各本之异同。足见荛圃校书用力之勤、勘定版本之细。需要说明的是,弢翁也是第一个对《隅录》进行校勘的藏书家,直到六十多年后,始有王绍曾才再次对《隅录》进行了校勘。

综上可知,弢翁对于海源阁遗书的研究是全方位的,从遗书到对《隅录》本身的校勘,从版本著录到版本的鉴定,从授受源流到题跋辑录等等,无不用力考究,详细排查。可以说,弢翁是近代对海源阁遗书研究最为全面的学者,而且其研究成果突出,广为同好赞赏。傅增湘云:"若吾叔弢者既如任昉之多藏异本，复兼子才之善思误书，墨庄艺圃之中英绝领袖者，非子而谁属耶？”[①]绝非过誉。

综观民国藏书家对于海源阁遗书的研究，是以著录和校勘为主，尽管限于当时的条件，这些研究是自发的，以个案为主，但仍然涌现出一批令人可喜的成果。另外，还有一些专门研究海源阁遗书聚散史为主的文章，如王献唐《海源阁藏书之损失与善后处置》和《聊城杨氏海源阁藏书之过去现在》、孙似楼《海源阁之今昔》、傅增湘《海源阁藏书纪略》、陈登原《海源阁藏书》和《最近之兵燹与杨氏海源阁》、邵养轩《海源阁藏书聚散始末记》、叶恭绰的《海源阁藏书散佚四处》[②]等等，这些文章的素材大多取自第一手资料，尤其是对海源阁遭劫的绍介，对于了解海源阁藏书散佚的原始真相弥足珍贵。如果比较一下同时期的其他藏书家研究，如陆氏皕宋楼藏书已归日本，瞿氏铁琴铜剑楼藏书归入北平图书馆、上海图书馆，丁氏八千卷楼则归入南京图书馆，一些学者和藏书家看到这些藏书的机会大大减少，研究更谈不上。而海源阁藏书的散佚却给予学者和藏书家得以观赏研究的可能和便利，因而，出现在30年代的海源阁研究热肇自于一个喜忧参半又耐人寻味的历史机缘。

第二节　当代学者对海源阁遗书的研究和贡献

从1949年至1990年代以前，由于众所周知的原因，对海源阁进行研究的不多。这期间，惟有两家需值得注意：一是赵万里主编的《中国版刻图录》，二是近人李士钊的海源阁研究。20世纪90年代以后，学术环境发生了很大变化，海源阁研究亦逐渐得到重视，出现一些如《海源阁研究资料》、《馆藏海源阁书目》、《订补海源阁书目五种》等专著，成果显著。其研究方向主要为著录、资料的搜集以及书目的整理出版。

一　《中国版刻图录》

《中国版刻图录》是一部系统反映中国雕版印刷成就的大型书影图谱，由赵万里主编，1960年文物出版社以珂罗版影印出版，选书五百种，有图版六百

---

① 傅增湘：《〈周君叔弢勘书图〉序》，《自庄严堪善本书目》卷首，天津古籍出版社1985年版。

② 参见叶恭绰：《海源阁藏书散佚四处》，《读书月刊》第1卷第5号，国立北平图书馆编印，1932年2月10日出版。

六十二幅，用宣纸印刷三百部。1961年增订再版。该书选辑中国雕版印刷术发明以后历代雕版印刷的书籍中有代表性的作品的样页，按刻版时代和刻版地区编排，展示了各个时代刻版印刷技术的发展变化。对所选之书，以《叙录》形式进行文字说明，内容为该书版刻特点、版本鉴定的依据、雕版源流、补版先后等。该书收录海源阁遗书四十八种，其中经部十种，史部十种，子部六种，集部二十二种。以版本来划分，宋本三十六种，元本七种（含蒙古本一种），明本五种。所选录者均为海源阁精品，如"四经四史"十三种中有八种入选。它如经部宋本《说文解字》、《附释文互注礼部韵略》、《朱文公订正门人蔡九峰书集传》、《新定三礼图集注》，史部宋本有《建康实录》、《舆地广记》，子部宋本《新序》、《山海经》、《南华真经》，集部宋本中唐集有十种，其他还有宋本《陶集》两种，宋本《离骚草木疏》、《花间集》等。所选元本六种中有五种为传世孤本，如《尔雅》、《梅花字字香》、《梅花百咏》、《东坡乐府》、《稼轩长短句》等。明本中明铜活字本《墨子》和《开元天宝遗事》以及明本《长安志》、《长安志图》都为孤本。金本《庄子全解》和蒙古本《资治通鉴》等亦然。

《中国版刻图录》对于海源阁善本研究的主要贡献在于对其版本的鉴定上，其鉴定依据主要为版框高广、行款、书口、避讳、刻工及纸墨刀法等，鉴定方法常用比较法，因而鉴定版刻结论比前人更加精确具体，并纠正了前人的一些误说。如宋本《监本纂图重言重意互注点校毛诗》，前人均定为宋本，然不言南北，《图录》则云"观纸墨刀法，知是南宋中叶建本"。[①] 宋本《周礼郑注》，《图录》云："宋讳阙笔至'桓'、'完'。刻工沈亨、余竑又刻《广韵》，《广韵》阙笔至'構'字、'昚'字，因推知此书当是南宋初期刻本。"[②]又据牌记"婺州市门巷唐宅刊"等，进一步将此本确定为南宋初刻本。金本《庄子全解》，杨绍和题宋本，《图录》云："观纸墨版式刀法，当是金时平水重翻北宋本。壬辰为金世宗大定十二年(1172)，即宋孝宗乾道八年(1172)。此书除张掖黑水城出北宋残本外，此为传世最古之本。杨氏海源阁旧藏，《楹书隅录》定为宋本，恐不确。"[③]宋本《说文解字》，杨绍和于《隅录》卷一著录云宋本，王文进于《文禄堂访书记》卷一题宋乾道本，周叔弢言"白纸，元公文纸印，比皕宋楼本为佳"（《隅录》批校）。

① 《中国版刻图录》，文物出版社1960年版，《叙录》，第38、39页，《图版》，第187页。

② 《中国版刻图录》，《叙录》，第22页，《图版》，第88、89页。

③ 《中国版刻图录》，《叙录》，第48、49页，《图版》，第257页。

以上诸家对其版刻及修补的著录都很笼统，而《图录》则定为“宋刻宋元递修本”。《图录》鉴定此本时，详列刻工，将其理为前后三期，一期为南宋初叶杭州地区良工，二期为南宋中叶杭州地区补版工人，三期则为宋元之际和元时补版工人，因此，“此书刻于南宋初年，迭经宋元两朝补版。元时版送西湖书院，《西湖书院重整书目》中有《说文解字》一目，盖即此本。清代学者以此书宋讳多不缺笔，定为北宋椠本，以讹传讹，绝非事实。”①这个鉴定结论精准，此后为各家所引用。如李致忠《宋版书叙录》、王肇文《古籍宋元刊工姓名索引》和《北京图书馆善本书目》等均据此说。《图录》鉴定版本力求精准，然如无确切证据，亦并不妄下结论。宋本《花间集》，绍和云“此本为宋淳熙十四年(1187)丁未鄂州使库所刊”②，缪荃孙《艺风堂文集》卷七题“宋刻鄂州本”，而《图录》则题“宋刻公文纸印本”：“纸背淳熙十一年(1184)、十二年(1185)鄂州公文有‘进义副尉本州指使监公使库范’、‘鄂州司户参军戴’字样，前人因定此书为淳熙间鄂州公使库刻本，恐不确。此书原版疑刻于北宋本，中杂南宋初补版。刻工余岩、李浩等，他书亦无征。”③宋本《陶渊明集》，杨绍和沿用了毛晋之“北宋本”的说法，《图录》则定为“宋刻递修本”：“刻工施章、王伸、洪茂、方成皆南宋初年杭州地区良工，绍兴十七年(1147)又刻明州本《徐铉文集》。补版刻工与明州本《白氏六帖》、《文选六臣注》多同，因疑此本亦当为明州本。毛氏《汲古阁秘本书目》定为北宋本，恐不确。”④因而《图录》追求“精准”而又“谨慎”的鉴定版本思想得到了后人的认可和赞赏。如《北京图书馆善本书目》的宋元本鉴定基本上沿用了《图录》结论。这对研究海源阁善本自然也是一个不小的贡献。

二　李士钊与海源阁

李士钊(1916—1991)，原名李世杰，笔名勉生。山东聊城城内叶家园子人。30年代在国立上海音专就读。抗战期间参加创办、编辑华北解放区《抗战日报》，1949年后撰写《武训画传》文稿，历任上海《新民晚报》记者、文化部《文化资料》编辑、山东省地方志办公室主任、《山东省志资料》主编等。1957

① 《中国版刻图录》，文物出版社1960年版，《叙录》，第12页，《图版》，第27页。
② [清]杨绍和：宋本《花间集》题识，《隅录》卷5，光绪二十年杨保彝刻本。
③ 《中国版刻图录》，《叙录》，第34页，《图版》，第214页。
④ 《中国版刻图录》，《叙录》，第21页，《图版》，第19页。

年夏，因对批判《武训传》不满而被错化为右派。1979 年昭雪后，任山东省人民政府参事、省政协委员。他在发掘和整理山东史志资料方面做出了突出的贡献，而对海源阁的研究则是他学术生涯中的一个重要部分。

李士钊与海源阁杨氏渊源有自，感情极深。他出生的叶家园子就在距海源阁杨氏宅第不到四百公尺的一条东西街上，西邻叶家就是杨以增青年受教的业师叶葆的后裔。因而童年时就常常听到世交长辈们谈论杨氏先辈的藏书故事，以及杨以增对叶师生前殁后的尊敬情况。李士钊与杨敬夫的叔弟杨维训、族弟杨有训都是少年时代的挚友。其外祖陈家与杨氏还有亲戚关系，杨敬夫与李氏的母舅陈兰村也很熟悉。李士钊自幼读书爱书，外曾祖陈兆杰所经营的"文英堂"书坊，属于聊城六大刻书坊之一，这于他热衷出版事业研究都有重要的影响。再加上与杨氏家族的亲密关系，自然对于杨氏藏书尤其关注，而且由于这种特殊的地缘、亲缘关系，也使他以后与杨氏第四代主人杨敬夫建立了信任、融洽的关系。杨氏族人和杨敬夫后来多次提供给李士钊第一手资料，为其更深入广泛地研究海源阁奠定了基础。

综观李士钊对于海源阁的研究，可以概括为三个方面：

其一，呼吁保护海源阁文物书籍和遗址。

海源阁藏书遭劫散佚时，李士钊正上高小，不少真实情况都是亲眼目睹。他最早关注海源阁是在 1930 年冬。当海源阁被兵营占据时，他就进入过杨宅，并目睹了杨氏藏书遭毁的情形。30 年代中期，在王献唐的关怀和指导下，他开始搜集有关海源阁历史与文献资料。李士钊于 1938 年 11 月离开聊城，十五年后回到家乡，回来后立即对海源阁旧址进行考察。1956 年中秋节，他再次考察海源阁，发现阁内肆意拆迁，面目已经非同以前。他忧虑焦急，如鲠在喉。回到北京后，立即写了《抢救海源阁遗址与古籍书板》一文，发表于 1956 年 11 月 2 日的《光明日报》第二版上。文章近三千字，回顾了海源阁藏书的历史和海源阁在 1949 年以前屡遭不幸的灾难经历，以及八路军为保护海源阁发出的命令，文章最后呼吁道："在政府大力号召人民保护与保存古今图书的时刻，不由得使我想起清代著名的藏书家杨以增先生，他的珍视民族文化遗产和辛勤收藏的一生，是值得我们后一代从事文化工作的人们所应当认真学习的。我们知道海源阁的藏书是中国人民的宝贵文化财富，但由于过去长期的散失和损毁，今天想恢复它的旧观是不可能的了，但是设法抢救和保护这些具有重大历史意义的古文化遗址还是来得及的。因为他是历代先民辛勤劳动成果中所遗留下来的一点痕迹，为了教育后一代的人们珍视和尊重民族文化遗产，加强从事科学研究工作，我呼吁‘抢救海源阁遗址’是完全有其必要性的。从最近的报纸上知道：目前山东正在举行全省性的文物工作会议，希望能把这一事件列入议程，使之得到适当的解决。”文章发表后，立即引起了国内外有关人士关注和当地有关部门的重视。1956 年 12 月，山东省人民委员会将海源阁藏书楼列为第一批“山东全省重点文物保护单位”。之后，李士钊又与时任山东省文物管理委员会负责人的王献唐一起欲将其推荐为“全国重点文物保护单位”，终因各种原因，未能如愿。

1957 年，杨氏后人将所藏文物书籍捐献给国家后，李士钊与杨敬夫一起呼吁在原海源阁遗址上建立一座“海源阁藏书刻书纪念馆”。杨氏将文物书籍捐献后，他悉心保存于山东省地方志办公室，并作详细著录。1958 年 5 月转入鲁图。“文化大革命”中，海源阁被夷为平地。1972 年 2 月，他在《对于聊城文物工作的点滴意见》一文中又向聊城县革委负责同志提出：“为了亡羊补牢之计，建议在聊城县招待所，原杨氏院内海源阁藏书楼的故址上，树立一座纪念碑，刻上海源阁的简史和 1947 年 1 月 1 日聊城解放前八路军领导机关对入城部队所发布的保护海源阁藏书楼的命令，作为对后代人民宣传毛主席和党中央一贯重视和保护历史文物的政策和毛主席‘古为今用’重要指示的伟大意义。使革命人民知道：海源阁藏书楼的兴建，是聊城在中国文化史上的重大贡献与无上光荣！”1992 年，海源阁纪念馆终于在原址建立起来，李士钊的愿望终于实现。

其二，动员杨氏捐献文物书籍。

1957 年，李士钊由文化部调回山东省从事省地方志工作，筹办定期刊物《山东省志资料》。这期间他见到了杨敬夫和杨维训，并动员杨敬夫、杨维训和杨氏外曾孙李次堂将保存下来的大批文物书籍捐献给国家。1957 年 1 月 21 日《人民日报》第七版发表了他的文章《关于海源阁文物》，对杨敬夫等所保存的一批杨氏重要文献进行了报道。1957 年 6 月 20 日，第一届全国人民代表大会第四次会议在北京召开，山东省地方志委员会曾利用大会的间隙，在北京召开“山东省地方志座谈会”，他邀请定居在天津的杨敬夫参加了座谈会，会上杨敬夫决定向大会捐献一批有关海源阁的重要历史文物和文献资料。1957

年7月，他撰写了《聊城海源阁第四世主人杨敬夫（承训）捐献一批重要历史文物》。1962年8月24日，《光明日报》于第二版对杨敬夫捐献图书文物一事又进行了报道，同日中央人民广播电台"首都报纸和新闻摘要"和全国电台联播节目亦播出该条消息。文章发表后，引起一定社会反响。王献唐对海源阁图书文物的不断发现和杨氏后代的重要捐献，感到庆幸和欣慰。这批文物书籍现在安居于鲁图，可以说与李士钊的努力分不开的。

其三，获取第一手资料，推动海源阁研究。

李士钊除了通过亲眼目睹和亲身经历所得材料之外，于五六十年代曾多次访问杨敬夫，并常和敬夫通信，因而得到了不少第一手资料。1964年前后，杨敬夫曾写给李士钊三封手札。1964年9月以后，杨敬夫又以信件形式先后回复李士钊提出的十九个问题，其题目为：先曾祖端勤公购书的原旨（第二页）；先高祖炳南公手写的"分析书"（第二页）；杨氏四代藏书阁名（第二页）；先曾祖端勤公运书引起的小风波（第二页）；先曾祖端勤公藏书的三个时期（第二页）；关于先曾祖端勤公在肥城所筑"陶南别墅"藏书处（第二页）；关于《海源阁丛书》（第三页）；先曾祖端勤公所著诗词无稿本的原因（第二页）；海源阁藏书三次受到损失情况（第三页）；关于海源阁的晒书（第三页）；梅曾亮与海源阁藏书（第一页）；邓廷桢与海源阁藏书（第一页）；程春海与海源阁藏书（第二页）；关于海源阁藏书印章（第三页）；清末聊城知县陈香圃劫取杨氏藏书阴谋失败（第四页）；关于海源阁所藏宋版世彩堂《韩昌黎集》（第四页）；关于海源阁所藏《三苏文粹》（第三页）；关于《楹书隅录》的刊印（第三页）；关于先曾祖端勤公的佚事（第三页）。1966年2月10日，李士钊赴天津专门访问了杨敬夫，请他谈了自己的历史情况和有关杨氏先人藏书刻书情况。事后撰成《海源阁藏书的重要史料片断》一文。内容包括：杨敬夫青年时代的工作简况；杨氏所藏珍本1928年运往天津；初次接触到的宋元珍本书籍；部分宋元珍本1931年以八万银元押入天津盐业银行；关于宋元珍本与明清版本书籍的归宿；"海源残阁"等印章的来历；续刻《海源阁丛书》及其他等等。以上这些都是极为珍稀的史料。1966年春节，李士钊在北京见到文化部原副部长、国务院古籍整理小组负责人齐燕铭同志。齐部长对撰写《海源阁藏书史》极为关注，勉励他一定要写好这个题目，并予以一切可能提供协助。这之前，王献唐也鼓励他多方面搜集材料，力争写出一部有分量的《聊城海源阁杨氏藏书刻书史》。经过多年积累,《聊城海源阁杨氏藏书刻书简述》一文终于在1973年完成初稿,1977年、1983年又两次增订,并于1984年《山东省出版志资料》第一辑上刊登。此文发表后,李士钊又先后交于聊城地区档案馆、聊城市档案馆保存备案,后被《海源阁研究资料》、《山东省文化志资料》等收入,成为研究海源阁的重要资料。1980年,他的《山东聊城海源阁》一文在吉林社会科学院《社会科学战线》第二期发表,同时还刊发了海源阁的图片和阁主杨以增的《丙舍读书图》。他于1958年撰写的《林则徐致杨以增手札——聊城〈海源阁珍藏尺牍〉所存林则徐致杨以增十七手札》,亦于1983年第四期的《聊城师范学院学报》社科版上发表。不久,这篇重要文献被中央人民广播电台播出。由于这些文献均为第一次刊发,引起了国内外有关人士的注意,有的文章还被国外期刊加以译载。同时,他还协助当时的聊城市档案馆收集到了海源阁散失的明版珍本《嘉祐集》和被杨氏视为"传家宝"的诸葛亮《昔耕帖》及有关颜真卿、苏轼、文天祥等二十二位历史名人所题跋的长卷。

在李士钊撰写的文章中,《聊城海源阁杨氏藏书刻书简述》是一篇研究海源阁的重要文章,在海源阁研究史上具有重要意义。例如,它披露了很多以前从未见过的新材料,如海源阁的建筑格局、规模,海源阁的毁坏过程,海源阁藏书的散出经过,杨敬夫捐献文物书籍的来龙去脉等等。藏印"常惺惺室",是否为杨以增所属一直未有定论,而鲁图现在藏有多种"常惺惺室"抄本是否就是海源阁抄本也不敢确定,李氏在介绍杨氏藏印时,明确将此印归入杨以增目中,这显然是从杨敬夫回复他的信件中获得的确凿证据。这无疑对杨氏印名室名文化和抄书研究提供了新史料。在杨氏刻书方面,除王献唐在《聊城杨氏海源阁藏书之过去现在》中言海源阁丛书六种简目外,李士钊又进行了梳理,比王献唐多出二十二种,虽然只有简目,但毕竟是首次单列专项进行总结。这为以后进行更深入地研究海源阁刻书提供了线索。对杨敬夫运津之书以及抵押于津行的九十二种善本之内幕,杨氏几代刻书过程,宋刻世彩堂本《韩昌黎集》的购书经过,杨氏家人的护书修书等等也都是第一次披露。他还点校了《海源阁珍藏尺牍》中的《林则徐致杨以增十七件手札》,这些手札不仅对研究林则徐的晚年政治生涯、精神面貌,而且对杨以增和林则徐的宦游经历、书事交往研究都有极大帮助。① 李士钊的这些研究成果为后来者进一步深入研究杨氏藏书刻书奠定了基础。近年,海源阁研究方兴未艾,这其中,有许多研究者利用了李士钊所提供的重要文献以及研究成果②。

三 《海源阁研究资料》

《海源阁研究资料》(以下省称为《资料》),聊城师范学院(2002 年改为聊城大学)图书馆曹景英、马明琴主编,1990 年 9 月由山东友谊书社出版,季羡林题字,高志超作序。该书是“迄今为止,国内第一部研究海源阁兴衰历史及其藏书聚散情况”的史料汇编。它以纂辑资料为主,并注意了资料的原始性、真实性、学术性和权威性。内容分四部分:其一,杨氏家世佚事,共录杨如兰、杨兆煜、杨以增、杨绍和、杨保彝等碑铭传记文章以及李士钊《访问海源阁第四

---

① 值得注意的是,李士钊在作这些事情时,是身在异常艰难的处境之下。1957 年后,他被错划成右派,无辜蒙冤二十余年,直到 1979 年才平反昭雪,期间多次受到批斗、抄家,身体和精神受到很大摧残,但他怀着对家乡的一腔热情,仍然为家乡的文化事业呼吁奔走,竭尽全力,在所不辞。他曾形容自己当时的处境和心情是“行无愧怍心常坦,身处艰难气若虹”。1985 年,笔者在济南求学时,因为要写有关武训的一篇文章,曾经多次拜访过老先生,当时他身为山东省政协委员,住在省政协的家属楼上,房间不大,家中生活设施极其简单,但有关蒲松龄、武训和海源阁杨氏等研究资料及手稿却堆满地上、床头、桌上。他精神矍铄,言谈锋利,思维敏捷。一谈起武训所受到的批判以及海源阁所遭受的劫难和毁坏,语气中充满激愤和无奈,并希望年轻人要接过这个接力棒,将未完成的事业继续下去。李士钊于 1991 年去世,逝前将大部分文稿都捐献给了当地政府部门。2005 年秋,当笔者再次在东昌府史志办目睹这些手稿时,感慨万千、唏嘘不已。李士钊自 30 年代起,历时五十余年,对家乡的文化事业倾注了所有心血,逝前没有给子女留下任何遗产。其间,他奔波于京、津、济、聊,在各种场合呼吁保护海源阁,无数次拜访政要、文化名人,调查访问,获得了大量第一手资料,为家乡文化事业无私贡献了自己的所有。其精神无不令人钦佩敬仰。

② 笔者撰写此节内容时参考了李士钊有关海源阁研究的文章,细目如下:

1.《抢救海源阁遗址与古籍书版》,《光明日报》,1956 年 11 月 2 日第 2 版。

2.《关于海源阁文物》,《人民日报》1957 年 1 月 21 日第 7 版。

3.《聊城海源阁第四世主人杨敬夫捐献一批重要历史文物》,1962 年 8 月 24 日《光明日报》第二版。同日中央人民广播电台“首都报纸和新闻摘要”和全国电台联播节目亦播出该条消息。

4.《辞海》之“海源阁”条目,《辞海》,中华书局 1962 年版。共六条:海源阁;海源阁丛书;杨以增;杨绍和;杨保彝;杨敬夫。

5.《聊城海源阁杨氏藏书刻书简述》(初稿写于 1973 年 9 月)、《有关聊城海源阁的四个附录材料》、《聊城海源阁藏书重要史料片断——1966 年 2 月 10 日在天津访问海源阁第四世主人杨承训(敬夫)先生》(1966 年 2 月撰写),《山东出版志资料》第 1 辑,山东人民出版社 1984 年版。

6.《对于聊城文物工作的点滴意见》,并附录海源阁的四个材料。1973 年 2 月 10 日致聊城县革委负责同志信。现存聊城市东昌府档案局。

7.《山东聊城海源阁》,《社会科学战线》,1980 年第 2 期。

8.《林则徐致杨以增手扎——聊城〈海源阁珍藏尺牍〉所存林则徐致杨以增十七手扎》(1958 年撰写),《聊城师范学院学报》,1983 年第 4 期。

世主人杨承训》等十六篇；其二，反映海源阁藏书及流散情况的文章，共录王献唐、刘阶平、傅增湘、陈登原、邵养轩、李士钊、刘文生等人二十篇，除李士钊、刘文生等四篇外，其余均发表于 1949 年以前；其三，有关海源阁藏书的序跋，共录梅曾亮、董康、江标、龙继栋、叶昌炽、王献唐、赵万里、傅增湘、桥川时雄、王重民等十四家题跋，并附吴云涛《聊城出版业对海源阁发生之影响》和马明琴《海源阁藏书的历史地位》两篇研究文章；其四，杨氏文存，共录杨以增和杨绍和的十二篇序跋，杨以增致许瀚八通信，以及林则徐致杨以增手札十七通。《资料》的主要特点是综合性，搜罗广泛。从杨氏六代生平传记到杨氏作品，从杨氏藏书聚散至杨氏藏书序跋等，可以说与海源阁有关的资料无所不包，应有尽有。其中杨氏家族世系生平一部分收集资料最为齐全。如梅曾亮《诰封中宪大夫安襄郧荆道即墨县教谕杨府君墓志铭》等四篇杨兆煜的传记文章对研究杨氏藏书源流极有帮助。海源阁藏书及流散情况一部分亦将当时的主要文章收录进来，如王献唐的《聊城杨氏海源阁藏书之过去现在》、《海源阁藏书之损失与善后处理》两篇力作，傅增湘的《海源阁藏书纪略》、北平图书馆的《本馆收购海源阁遗书始末记》以及李士钊的《杨承训为兴建海源阁纪念馆捐献重要图书文物》等，这些文章是研究海源阁藏书散佚史的最基础的材料。后两部分虽有所脱漏，但最主要的资料也已经收集进来。其中《林则徐致杨以增手札十七通》极为珍贵。需要说明的是，《资料》始编于 20 世纪 80 年代末，在当时条件下，编纂者访遍杨氏宦游过的地方及北京图书馆、南京图书馆等搜集资料，能够辑成这样一部资料汇编已经实属不易，确有筚路蓝缕之功。

《资料》亦稍有不足，主要是漏收问题。尤其是有关海源阁藏书序跋最多，据最近发现的材料来看，民国藏书家的藏书目录中几乎都著录了海源阁遗书，如王文禄的《文禄堂访书记》、雷梦水的《古书经眼录》、周叔弢的《弢翁藏书题识》、莫伯骥的《五十万卷楼藏书目录初编》等等，但《资料》未能将其中有关的海源阁部分编入。即使被选入的亦有不少遗漏，如赵万里除了《海源阁遗书经眼录》外，尚有《芸庵群书题记》，王重民除《中国善本书提要》外，还有《续编》亦有著录。傅增湘的则仅迻录了《藏园群书经眼录》上的九十四篇，而《藏园群书题记》上的十一篇则全部遗漏等。海源阁遗书散佚时，有很多藏书家以通信形式关注着此事，《资料》只迻录了傅增湘和张元济的通信，其实类似通信尚有很多，如张元济与胡适，傅斯年与王献唐，叶恭绰与王献唐，陶湘与王献唐，周叔弢与王文进，周叔弢与张元济等等，这些新发现的通信对了解当时海源阁遗书散失情况都有重要作用。附录部分只迻录了林则徐致杨以增的信件，其实仍有不少信件脱漏，如杨敬夫捐献的其他十三家信札未能选入。即使杨以增的信件亦还有遗漏，如杨以增致丁晏的手札等。关于杨氏几代人的序跋及藏书题识等近来亦有不少发现，如杨以增的《〈六艺堂诗礼七编〉序》、《跋〈刘松岚观察谒虚谷先生墓诗后〉》、海源阁抄本《〈居士集〉题识》等，杨绍和的《〈临文便览〉序》、《〈范德机诗集〉题识》，杨保彝的《重修陶南山庄眉园记》等。第二部分中，尚有《大公报》、《申报》上一些文章，如《海源阁访问记》等都很有价值。随着对海源阁研究的深入，必将还有不少新材料被发现，由于《资料》编辑较早，故有所脱漏当属难免。

另外，《资料》在迻录原文时有讹误疏忽，校勘不精。如《聊城县志·杨保彝传》，"同治庚午"之"庚"字讹作"庚"。《中国善本书提要》之《珊瑚木难》提要中，"按是书六无刻本"之"六"字应为"久"字；《杨至堂致许印林书八通》中"衹以性无他嗜"之"嗜"字，《资料》讹作"嗜"；傅增湘《海源阁藏书纪略》刊于《大公报》时间为 1931 年 5 月 24 日，《资料》误为"5 月 27 日"，《大公报》社评《为海源阁藏书之最后呼吁》刊载时间为 1931 年 5 月 27 日，《资料》误为"5 月 25 日"。实际上这两篇文章有先后之分，即先有傅氏之文，后有《最后呼吁》。《柏枧山房文续集》载梅曾亮《兵部侍郎江南河道总督杨公家传》一文，文后附录杨绍谷、杨绍和题识一篇，原录杨氏兄弟题识都低于正文一格，以示其别于梅氏之文，《资料》在迻录时未作此处理，读者往往误以杨氏题识窜入梅氏文中。另有句读亦时有错误。《资料》原迻录杨以增《重修光岳楼记》之原句为"是达而为名臣，穷而为名儒，其道不同，其应运而生，秉道而为后起之仪型则一也。维岳降神生甫及申区区科第云，云乎哉，都人士生逢圣世，通经学古，践履居先处而修之于家，则孝弟忠信出，而膺廊庙之选，则必思有济天下后世，庶足为岱岳光也"。则句读应为："秉道而为后起之仪"之后加一"，"号；"维岳降神生甫及申区区科第云，云乎哉，"句应为"维岳降神生甫及申区区科第云乎哉？"原录文衍一"云"字；"践履居先处而修之于家，则孝弟忠信出，而膺廊庙之选"句应为"践履居先，处而修之，于家则孝弟忠信，出而膺廊庙之选"。诸讹可为该书一憾，但瑕不掩瑜，《资料》毕竟是最早编成的研究海源阁的资料专著，它为开启研究海源阁提供了最基本的资料，这是颇为难得的。其后由鲁图编辑的《馆藏海源阁书目》和王绍曾、崔国光先生主编的《订补海源阁书目五种》都选录了《资料》中的不少文章。

四　鲁图《馆藏海源阁书目》

该目(以下省称为《馆藏书目》)由鲁图编,主编为任宝桢、王运堂,1999年12月由齐鲁书社出版。冀淑英序,王绍曾序。1930年,海源阁遭劫时,敬夫为防不测,将劫后明清书籍两千余种运往济南,后又运抵北京,1944年济南人士辛铸九等集资由北京购回,并于1945年捐献国家,存于山东省立图书馆。嗣后,省馆初步整理了这批藏书,先后编纂了《山东海源阁书籍目录》和《海源阁善本书目》等。这些书目比较简略,且不规范。1988年,鲁图重新整理这批图书,编纂《馆藏海源阁书目》,1991年编成,1998年以后,又陆续对原编做了修订,增补了省馆历年零星搜集到的海源阁旧藏,并对书目增补牌记、行款、序跋等内容,进而使《馆藏书目》更加完善。

该目著录海源阁藏书共两千一百九十八种,内容分为四部分。开首为图版,包括杨以增像、海源阁全景、杨绍和手迹、藏书印以及海源阁珍藏尺牍和明清版本、海源阁书目书影等。其次为冀淑英序,王绍曾序及本书《凡例》。中间为书目。目录后附录有梅曾亮《海源阁记》、杨以增、杨绍和、杨保彝传记四篇及海源阁藏书散佚文章三篇,为全面了解杨氏及藏书情况等提供了必要的资料。书末又附著者索引、音序书名索引及四角号码书名索引,为检索查阅提供了方便。全书类目设置依照《中国古籍善本书目》,按经、史、子、集、丛五部分类,共设三级类目。各类所收诸书以著者时代先后顺序排列。生卒年无考者,以刻书年代先后顺序排列。其著录项目包括:种次号、书名、卷数、著者、版本、册数、函数、版框尺寸(半页)、装订形式、行款(半页)、版式、版心、鱼尾、牌记、序跋、刻工、避讳、藏印及索书号等。如清道光本《六朝文挈》一目著录云:

1193　《六朝文挈》四卷/[清]许梿评选—清道光五年(1825)许氏享金宝石斋刻套印本—2册(1函);17.3×11.65cm—9行18字,黑口,左右双边,单黑鱼尾,封面题:享金宝石斋藏板,有书牌:道光五年乙酉七月讫功,有"海昌许氏古均阁藏书"、"光乐不疲"、"东郡杨绍和印"、"彦合读书"、"杨保彝"、"许梿经眼印信"、"杨氏海源阁藏"、"许梿"、"珊林隶古"等印。　　1160。

该书按以上著录项目，因而著录极为规范，这对考察版本及递藏源流颇有益处。统观此目，我们对海源阁明清书籍及部分校抄本有了一个大概了解，发现海源阁所藏明清刻本及一些名家校抄本有不少都是极为珍贵的本子。如果按照最新制定的国家善本级别标准来匡算鲁图这些藏书，一级古籍约百余种，二级古籍亦有二百余种，三级则更多。明本三百六十八种中，为《中国古籍善本书目》(以下省称《善目》)著录者有一百五十余种，如以经部为例，《善目》著录者有：清乾隆十年(1745)朱续晫近堂刻本《尚书古文疏证》八卷《朱子古文书疑》一卷①，明万历二十二年(1594)玄鉴室刻本《毛诗郑笺纂疏补协》二十卷《诗谱》一卷，明嘉靖十五年(1536)吕柟刻本《仪礼图》十七卷《仪礼旁通图》一卷，明刻本《春秋经传集解》三十卷，明刻朱墨套印本《四书集注》二十一卷等；而《善目》著录独此一种者亦有很多，如清潘永季撰清乾隆抄本《周易札记》四卷，明万历十八年(1590)陈梦斗等刻本《乡射仪礼节》一卷，宋苏洵批点明纪五常刻本《孟子书》二卷，明嘉靖十五年(1536)秦钺、李舜臣刻十七年(1538)刘储秀重修本《古今韵会举要》三十卷《礼部韵略七音三十六母通考》一卷，清杨氏海源阁抄本《古韵分部谐声》二十一卷②等。这些本子因《善目》只录此一种，故其珍贵自不待言。尽管如此，仍有不少珍本为《善目》所脱漏。经部中，《善目》著录明周梦旸辑注并评点明万历刻本《批点考工记》两种，独缺明万历二十二年河东赵氏刻朱墨套印本，此本为元吴澄考注，明周梦旸批评。《善目》著录明清人士评注明本《檀弓》二卷六种，而南宋诗人谢枋得批点明万历四十四年(1616)吴兴闵齐伋刻朱墨套印本则无。《善目》著录乐书极多，而清光绪十三年(1887)曲阜孔宪兰刻本《圣门礼志》一卷《乐志》一卷(清孔令贻辑)，向为人所器重，《善目》不录。《善目》著录天一阁文物保管所藏清应撝谦撰《古乐书》残本一卷，而鲁图则藏全本反而不著录。如此者，史、子、集部则不胜枚举。尤为可喜的是，从《馆藏书目》中，我们还发现不少海源阁刻本和抄本。以前，人们惯常认为杨氏只以藏书为主，其实杨氏亦崇刻书并勤于抄书，而抄刻如此之多，誉为清季刻书抄书之大家，可谓实至名归。

---

① 《中国古籍善本书目》经部著录此本云："清乾隆十年眷西堂刻本"，该本版心下刻：眷西堂。卷端下题：平阴朱续晫近堂梓。则《善目》与《馆藏书目》实为一本。

② 《中国古籍善本书目》经部著录云："《古韵分部谐声》21卷，清杨氏海源阁抄本，存14卷，一至十四。"(登录号5237)似是另一本。鲁图海源阁特藏书库则为全本，不分卷四册一函，《馆藏书目》著录。

《馆藏书目》亦偶有疏忽，如著录清刻本清姜希辙撰《左传通笺》，而姜希辙所撰应为《左传统笺》，"统"讹作"通"。清乾隆、嘉庆间段氏经韵楼刻本《说文解字注》三十卷《六书音均表》五卷，《馆藏书目》著录为《六书音均表》二卷，"五"讹作"二"。清末海源阁刻本《仪晋观堂诗抄》一卷和《归甋斋诗词抄》一卷，应为二册，《馆藏书目》讹作"八册"。海源阁抄本《北堂书抄》一百二十卷，《馆藏书目》著录云"单黑鱼尾"，"黑"字乃"红"字之误。鱼尾上题"北堂书抄"，下题"益之手校"，次下又题"海源阁"，这是海源阁杨氏抄本的标志，《馆藏书目》则俱以脱去。《河干问答》一卷一册实为清常惺惺室抄本，《馆藏书目》误为刻本。小疵不掩大功，鲁图将沉埋近百年之久的海源阁藏书著录公布于世，此足以有功世人。正如冀淑英于《馆藏书目序》中所云："山东图书馆特藏部同志，群策群力，将省馆专藏之海源劫余群书，编成专目，以供当代学人研究之需，与存世海源旧目相比并，此前人所不敢望者，诚一大盛举，非惟海源之功臣，其记录一代文献之功绩，实堪垂久远。"

五　《订补海源阁书目五种》

《订补海源阁书目五种》（以下省称《五种》），由山东大学王绍曾、杜泽逊、刘心明、王承略和鲁图崔国光整理订补，齐鲁书社 2002 年出版。该书分上、下册，上册共录《楹书隅录》初续编九卷、《楹书隅录》补遗四卷，《宋存书室宋元秘本书目》四卷，《海源阁藏书目》一卷，《海源阁宋元秘本书目》四卷、补遗一卷；下册为《海源阁书目》不分卷、补遗一卷，并附录杨氏传记、海源阁藏书散佚研究文章及序跋信札等三十一篇；书末又附四角号码书名索引；书前则附有图版五十九页，杨氏藏书印四十二方，杨氏书目书影三幅，余有杨以增像、海源阁匾额、《丙舍读书图》等。

海源阁藏书主要由海源阁第一世主人杨以增及其子杨绍和积聚而致。自海源阁第二世主人杨绍和开始对其藏书进行整理爬梳，后又由子杨保彝补辑，先后成善本书目和普本书目五种。这五种书目全面反映了杨氏庋藏之盛。但这些书目自著成后大都沉埋于世。《楹书隅录》和《海源阁藏书目》为光绪间所刻，《海源阁宋元秘本书目》虽有民国间排印本问世，然印数极少，而《宋存书室宋元秘本书目》和《海源阁书目》仅以抄本存世。这五种书目的创编过程、目内书著录情况难以为人所知，目内外书的递藏存佚情况，长期以来，亦并不见学者爬梳整理。自 1987 年起，著名目录版本学家王绍曾教授发凡起例，在友、生的协助下，经过十余年的努力，对杨氏所著五种书目进行了全面整理，撰成皇皇巨著。该书的最大贡献是将沉寂百余年的杨氏所著五种海源阁书目整理点校出版，使世人能够一睹海源阁藏书的本来面貌，重现了杨氏藏书的辉煌，同时亦完善了海源阁的书目体系，从而使海源阁藏书尤其是对杨氏藏书目录的研究更上了一个台阶。

《五种》的研究成果众多，概而言之，主要体现在以下三个方面：

（一） 详细爬梳海源阁书目的编藏原委，对其中三种进行补遗，清理并完善了海源阁藏书的书目体系

杨氏对己之所编目录，除《楹书隅录》外，都不交代编纂原委，这样人们对其目录成书经过便不明就里。王绍曾在整理时，注意了杨氏的这个疏漏，对每一种书目都撰有《整理缘起》和《整理凡例》，详细考证各目的编纂始末。王绍曾还对杨氏三种目录进行了补遗。《隅录》初续编九卷虽然著录了近三百种精善之本，然仍有不少善本脱漏。王绍曾将绍和所脱漏的经诸名家题跋的一百一十三种善本汇为一编，依《隅录》体例，遂成《隅录补遗》。这样，《隅录》三编共著录四百种有题跋的最精善之本。善本简目以《海源阁宋元秘本书目》著录最多，王绍曾在整理过程中，发现仍有一些极重要的善本为保彝脱漏，于是复又增补一百二十三种，共得善本五百九十二种。从而将海源阁所藏善本一网打尽，使人得以目睹杨氏所藏善本全貌。王绍曾还对海源阁普本进行了清理。杨氏普本今存于鲁图，这些普本有很多不被保彝所补编的《海源阁书目》著录，王绍曾经过清理，发现其中有三百二十四种为《海源阁书目》所脱漏，王绍曾则于《海源阁书目》之后编为《补遗》，至此，这些明清版本亦得到较为系统的整理。经过王绍曾的反复整理，不仅体现了杨氏藏书的全貌，而且更以较为周密的考据和严整的体例，将杨氏原目价值提高到了一个新的水平。

（二） 详细统计杨氏藏书数量，对见于书目记载的每一种书的存佚及授受源流进行了细致的考辨

杨氏对所藏善本和普本虽有统计，但因著录不全，所得数字并不能反映杨氏藏书的全豹。王绍曾经过详细排查，得善本凡五百九十二种，一万五千一百七十六卷，普本都三千七百三十八种，十六万四千八百零六卷。二者相加，共得四千三百三十种，十七万九千九百八十二卷（内有部分书不分卷，无法统计卷数，故实际卷数应高于此数）。王绍曾还对书籍的流向进行了清理，只要能够查出归宿的，必加补流传过程及归所。善本中，现存三百六十一种，其中二百六十一种归于北京图书馆（有三十六种于抗战期间移存美国国会图书馆，1951年又转存台图），十种归于台图，六种归于大连图书馆（1946年前后流出馆外），三种归于北京大学图书馆，二十七种归于山东博物馆，另外鲁图、山东大学图书馆、南京图书馆、辽宁省图书馆、美国国会图书馆、台湾大学图书馆各收藏一种，其余几十种仍在各私人藏书家手中。去向不明者二百三十一种。但是这些善本能够保存下来，又凝结了多少藏书家的心血。这些人士，是保存海源阁遗书的功臣，也是中华民族的功臣，王绍曾为他们一一立传，使之名垂后世，当与海源并存不朽。

（三） 广泛收录近代藏书家有关海源阁遗书的题跋，充分反映相关的研究成果，并纠正杨氏原书目的讹误

海源阁藏书散出之后，著名目录版本学家大都寓目过原书，并于鉴赏之余，辄加题记，因而留下了大量的题跋资料，将这些研究资料收集起来，并附录于《隅录》每书之后。王绍曾对这项工作倾注了很多劳动，共迻录题记四百五十二则。这些题记较之杨氏原跋，往往后出转精，其著录内容和体式更加详备，版刻鉴定更加准确，又能补《隅录》题跋之遗、匡前人评跋之疏，故能促使海源阁遗书的研究更加深入。[①]

王绍曾在迻录题跋时，还校正了《隅录》文字及藏书印文脱误，并增补前人评跋。《隅录》虽经绍和父子仔细校理，然鲁鱼亥豕，文字脱漏，间或有之，如据周叔弢题跋就纠正了不少文字之误，亦补入数十则为绍和所脱漏的题跋。王绍曾还是校勘《隅录》的第二人，前已述周叔弢曾经细校出《隅录》不少脱误，王绍曾在通过前贤题跋进行校勘的同时，自己复又校勘，并加校记。如《隅录》卷二宋本《三国志》，绍和题云："往读钱晓征先生《廿一史考异》。"王绍曾校云："钱大昕《廿二史考异》，此作廿一史，系勰卿偶疏。"《隅录》卷三校宋本《说苑》，绍和转录黄丕烈跋中有"宋刻二十二字，行二十字本"句，王绍曾就前一"字"校云："'字'当作'行'。"王绍曾校勘时为弄清事实，常间附考证，如《隅录》卷二著录宋蔡琪家塾刻本《汉书》，其中配本之刻书人姓名，前人莫衷一是。王绍曾于

① 本节《订补海源阁书目五种》的以上成就部分主要参考了杨锦先《再现聊城杨氏海源阁五代藏书的辉煌——〈订补海源阁书目五种〉评介》一文，原文见《书目季刊》第37卷第1期，台湾"中央图书馆"编，2003年6月16日。谨谢。

此做了考证，纠正了杨绍和、王鸣盛、吴骞等人的错误，王绍曾校云："刘之问，名元起，建安人，所刻《汉书》李木斋有藏，现存北京大学图书馆，诸家著录作'同'，作'冏'皆非也。张元济宋景祐本《汉书跋》云：王鸣盛《十七史商榷》、吴骞《愚谷文存》、杨绍和《楹书隅录》均作'之同'，瞿氏《书目》作'之问'，惟王先谦《汉书补注》作'之问'。嘉靖南监本同，但字稍模糊。余见初印宋本，实作'之问'。（《涉园序跋集录》第40页）"《隅录》卷五元本《文选》，绍和转录陈鳣跋时有"托书贾从角直严氏得来者"句，其中王绍曾对"角直"二字进行了考证："'角直'系'甪直'之误。甪直在江苏吴县东，接昆山县界，清为元和县驻地。"王绍曾还将《隅录》所引与原文对勘，发现《隅录》时有讹误，《隅录》所引《四库全书总目》最多，王绍曾则对校《总目》原文亦最多，如《隅录》卷一元本《广韵》，绍和转引《总目》之"知三家之世"句，王绍曾校云："《四库全书总目》'世'作'书'，是。"《隅录》卷五明本《欧阳文忠公集》，绍和转引《总目》有"则选择审矣"句，王绍曾谓"《四库全书总目》原文为'则其选择为最审矣'"。其他如陈振孙《直斋书录解题》、《中国善本书提要》等，如《隅录》卷四宋本《唐求诗集》，绍和按云："《唐山人集》一卷，《书录解题》云：'与顾非熊同时，《艺文志》、《郡斋读书志》、《中兴书目》均不载。'"王绍曾经过核对，发现《直斋书录解题》并未言及《郡斋读书志》、《中兴书目》两书。杨氏有善本目录多种，然常有同一本著录时各目不一致者，王绍曾对此考辨纠误，亦出校记。如《隅录》卷四著录元本《集千家诗分类杜工部诗》，作三十二册，然他目则非，王绍曾校云："此本《宋存书室宋元秘本书目》、《海源阁宋元秘本书目》、《江目》均作二十八册四函，此作三十二册，恐误。"事实上此书今藏台湾大学图书馆，《台湾大学图书馆善本书目》著录，确作二十八册。王绍曾还以《隅录》校他本之误，如《隅录》卷二宋本《咸淳临安志》，绍和转录傅王露题识一则，然《北京图书馆古籍善本书目》著录成"傅玉露"，王绍曾出校记以纠之。王绍曾校勘极为认真，如上校记者有四十余条，如宋本《三谢诗》就有四条，如再加以前贤题跋所校，大概校记足有二百六十余条。王绍曾为使《隅录》有一个高质量的定本，付出了巨大劳动，与弢翁一起堪称杨氏之功臣。杨锦先云："王先生广征博引，把点校、纠谬和保存文献完美的结合，灵活地使用了辑录体，整理出了迄今为止《楹书隅录》及《续编》最有价值的本子，为清代其他私家书目的整理，树立了楷模。如果说杨氏五代主人是祖国文化典籍的功臣，存海学社、王献唐、傅增湘、张元济、赵万里、王重民、周叔弢、叶恭绰、王文进等是海源阁遗书的功臣，王先生则是海源阁遗书的功臣，目录学、藏书史研究的功臣，山左文献整理的功臣。王先生年过九旬，而将此厚礼奉献给文献学界，必将激励后来人把海源阁的研究推向深入，并由此带动文献学各相关领域研究的发展。”[①]以其所作贡献，可谓实至名归。

《订补海源阁书目》可以说是近百年来对海源阁藏书研究尤其是书目整理方面的最主要成果，惠嘉士林，功不可没。但由于这项工程错综浩繁，挂万漏一在所难免。笔者不揣浅陋，因专题研究所涉，亦发现一二问题似可商榷。

首先是迻录题记批注问题

《五种》的一个重要特点就是广录有关海源阁遗书的题跋批注，充分反映相关的研究成果。“将近人诸家题记批注逐一迻录于原有题跋之后，以期与原有题跋互相补充，相得益彰。初步统计，凡迻录近人题记批注四百五十二则。凡《隅录》及《续编》未收之书而有诸家题记者一百十三种，二千七百二十三卷……迻录近人题记批注凡一百三十六则”。[②]“凡《隅录》著录之书而有近人题跋者，咸加迻录；近人题跋有出于《隅录》之外者，则辑为《补遗》”。[③]《五种》所迻录近人题跋者有周叔弢、傅增湘、王文进、李盛铎、刘少山、莫伯骥、王献唐等数人。由于海源阁所散遗书皆为宋元佳椠，藏书家往往积极争购，一书为数人递藏，或一人收藏数种，或一书为书贾割裂成几部分并分为数名藏书家所携，故其所题跋语批注极多，亦极分散。因而这些跋语批注搜罗起来难度颇大，尽管《五种》穷搜博辑，仍然有所脱漏。如雷梦水的《古书经眼录》、赵万里的《芸庵群书题记》等均有若干杨氏藏书题跋。例如，《五种》于《隅录》卷一宋本《周易本义》“补”云：“此本散出后周叔弢曾经眼，去向不明。”下引弢翁题识一篇，实际上，此书雷梦水亦曾经眼，其《古书经眼录》经部首篇即著录此书，并有百五十余字的解题，然这篇题识脱漏。又如《隅录》卷一著录宋本《周礼郑注》，《五种》“补”了周叔弢和《中国版刻图录》的四篇题跋，原书卷末尚有劳健跋一篇，对原书阙页进行抄补的情况给予交代，非常珍贵。《五种》失载。影印

① 杨锦先：《再现聊城杨氏海源阁五代藏书的辉煌——〈订补海源阁书目五种〉评介》，《书目季刊》第37卷第1期，台湾“中央图书馆”编，2003年6月16日。

② 王绍曾：《〈楹书隅录〉整理订补缘起》，《订补海源阁书目五种》，齐鲁书社2002年版，第10页。

③ 王绍曾：《〈楹书隅录〉整理订补缘起》，《订补海源阁书目五种》，第13页。

海源阁遗书的题跋亦有很多,然大多脱漏。今以傅增湘为例具体说明之。

迻录傅氏题记批注有脱漏。王绍曾云:“在近现代藏书家和版本学家中,见到海源阁书最多而有题记的,首推傅沅叔。《藏园群书经眼录》著录了六十七种。”[①]在《五种·后记》中又言:“海源阁散入市肆者,复得从文禄堂、藻玉堂、文友堂等书肆送阅,连同天津盐业银行库房所见、为《藏园群书经眼录》所著录者,共计六十七种,其中六种经校勘后另有跋文,具载《藏园群书题记》。此六十七种……藏园自藏七种,转归北图者四种。”[②]但据查阅核对,《藏园群书经眼录》有题记批注者共一百零二种,《楹书隅录》、《隅录》续编和《补遗》实际迻录《经眼录》题记批注九十七种,脱去五种;《海源阁藏书纪略》尚有傅氏经眼者二十九种,为《五种》脱漏批注者二十五种,其中为《经眼录》所不载者十种;《藏园群书题记》另有跋文者十一种(书目与《经眼录》同),故傅增湘实际经眼海源阁遗书并加题记批注者应为一百一十二种,篇数一百二十三篇(其中在著录他书时附注海源阁遗书者四种四篇)。《五种》共脱漏傅氏题记批注三十种。另傅氏自藏八种而非七种,转归北图者五种而非四种。脱漏《藏园群书经眼录》中题记批注五种分别为:旧抄本《说文解字通释》三十八卷,影抄宋本《石林奏议》十五卷,宋本《丽泽论说集录》十卷,旧抄本《孙烛湖集》二十卷,宋本《新刊国朝二百家名贤文粹》一百九十七卷。其中《丽泽论说集录》有“东郡宋存书室珍藏”之印、《孙烛湖集》有“瀛海仙班”之印,此两书杨氏所编五种书目及王绍曾《补遗》三种均失载。脱漏《海源阁藏书纪略》中批注二十五种分别为:宋本《毛诗》,宋本《尚书蔡氏传》,宋乾道本《史记》,宋本《后汉书》,宋本《三国志》,宋本《诗说》,宋本《春秋名号归一图》,宋本《朱文公家礼》,宋本《汉书》,宋本《后汉书》,宋本《资治通鉴考异》,宋本《两汉博闻》,宋本《方舆胜览》,宋本《证类本草》,宋本《离骚草木疏》,宋本《韩昌黎集》,宋本《骆宾王集》,宋本《元丰类稿》,宋本《宝晋山林集拾遗》,宋本《刘后村集》,元本《乐书》,元本《尔雅》,毛抄《西昆酬唱集》、《石药尔雅》、《汗简》。

迻录题记批注有重复。重复迻录题记批注是指《楹书隅录》和《隅录补遗》中的两个不一样的本子引用了同一个题记或批注。如宋乾道七年(1171)蔡梦

① 王绍曾:《周叔弢与海源阁遗书》,《订补海源阁书目五种》,第1357页。又按:经眼海源阁遗书最多的是周叔弢,见第7章第3节周叔弢部分。

② 王绍曾:《后记》,《订补海源阁书目五种》,第1425页。

弼东塾刻本《史记集解索隐》,《楹书隅录》著录的是清光绪元年(1875)杨保彝影宋抄配(卷三十四)全本,为四经四史之宋本《史记》第一部,海源阁遭劫后,此书散出,先入文禄堂,后归陈清华,再转归北图。而《补遗》中著录的是残本,只存九十二卷,其中卷一百二十至一百二十三配宋淳熙三年(1176)张杅桐川郡斋刻八年(1181)耿秉补刻本,此本为北图收购天津盐业银行九十二种之一。这显然与《隅录》中的全本不同,而且散出后的递藏途径也不同。傅增湘看到的究竟是哪一种呢?傅氏在其《藏园群书经眼录》卷三第一五六、一六六页著录此刻本时所叙版本内容中并未言明,但其提款却言:"辛未三月十三日观于天津盐业银行库房。"这就非常明白地交代了他之所观者为后一种无疑,傅氏题记是针对残本的。既如此,为何在后一种残本中迻录傅氏题记的同时,在前一种全本中也要迻录傅氏同一篇题记呢?细究之,可能是题记中的一句话引起了误会,即傅氏言此书为"杨氏海源阁四经四史之一。"但傅氏此言实误。考《隅录》言"四史"中宋版《史记》有三种,即宋乾道七年蔡梦弼东塾刻清杨保彝光绪抄补本,宋淳熙三年张杅桐川郡斋刻八年耿秉补修本,《史记集解》宋建本。并无此残本。杨敬夫售书时,因同一乾道本已散出不存,就以此残本充四史之数,而傅氏亦未加详审,遂被蒙混。究上所言,傅氏题记应入《补遗》,而重复入《隅录》,则为多此一举。

还有一种是由于版本重复著录带来的题记或批注的重复迻录。如《西昆酬唱集》,此书《隅录》卷五著录,题:影宋精抄本《西昆酬唱集》二卷一册。绍和在题识中定为毛抄本。《五种》于绍和题识后加"补"曰:

> 此本为北图收购盐业九十二种之一,《北京图书馆善本书目》著录,题清初毛氏汲古阁抄本。《海源阁宋元秘本书目》失载。
>
> 傅沅叔云:旧写本,绝精。虞山周桢以宁、云间王图炜彤文注。海源阁遗籍,庚午。(《藏园群书经眼录》卷十八,第一五二页)
>
> 周叔弢云:毛抄,极精。……(《隅录》批注)

此书《宋存书室宋元秘本书目》、《海源阁藏书目》著录,杨绍和并加注已"编入《初编》"。杨敬夫于1928年冬冒雪将宋元校抄十余大箱运至津门,后又于1931年将其九十二种转押给天津盐业银行,1946年北图以一千五百万元将其收购，此为其中之一。1931 年春傅增湘赴津行观书，并于 3 月 24 日写就的《海源阁藏书纪略》中有载：毛抄《西昆酬唱集》以上三书，汲古精写，当与宋刻同珍。《本馆收购海源阁遗书始末记》（北京图书馆）亦著录为汲古阁抄本。这说明《宋存书室宋元秘本书目》、《海源阁藏书目》和《隅录》初编著录的是同一版本，即海源阁藏《西昆酬唱集》只此毛抄本一种，并无他本。所以，傅增湘于庚午年（1930）匆匆所观者亦只能是毛抄本，《藏园群书经眼录》卷十八著录的就是此本。1931 年傅氏两次赴津观书后，就把此书定为毛抄本，《海源阁藏书纪略》著录已明。从《五种》所补材料可知，编者依绍和、周氏所言及《北图》著录定为毛抄，并无歧义。而从《五种》在《隅录》卷五于《西昆酬唱集》条目下"补"入傅氏《藏园群书经眼录》卷十八著录此书的题记来看也是认可傅氏所观就是毛抄本的，故此这个"补"是恰当正确的。需要指出的是同时还应补入《海源阁藏书纪略》中关于此书的批注，因这个批注明白无误地判定此书为毛抄本。

但是，在《隅录补遗》卷四中，《五种》又两次著录此书：

一、《西昆酬唱集》二卷宋杨亿等撰　旧抄本

此本《楹书隅录》、《宋存书室宋元秘本书目》、《海源阁宋元秘本书目》均未收，散出后傅沅叔曾经眼，去向不明。

傅沅叔云：旧写本，绝精。虞山周桢以宁、云间王图炜彤文注。海源阁遗籍，庚午。

二、《西昆酬唱集》二卷宋杨亿撰　清初毛氏汲古阁抄本　一册

此本《楹书隅录》、《宋存书室宋元秘本书目》、《海源阁宋元秘本书目》均未收，北图收购天津盐业银行九十二种之一，《北京图书馆善本书目》著录，题清初毛氏汲古阁抄本二卷一册。

《北图收购始末记》云：汲古阁抄本，有杨氏藏印，一册一匣。

从《补遗》著录来看，第一种题旧抄本，第二种题毛抄本，显然是有意区别两种不同的版本。但问题是第二种毛抄本已经在《隅录》卷五中著录过，从两者均题"北图收购天津盐业银行九十二种之一，《北京图书馆善本书目》著录，题清初毛氏汲古阁抄本二卷一册"来看，两者著录的显然是相同的本子，即都

是毛抄本。既如此，为何还要重复著录？而且《补遗》中所言“《楹书隅录》、《宋存书室宋元秘本书目》均未收”亦属失误。当然，《补遗》著录第一种旧抄本，也是为和《初编》卷五中著录的毛抄本加以区别，但既为区别不同，何以在两个著录中均“补”入傅氏《经眼录》题记，如此傅氏题记所指究竟是旧抄本还是毛抄本？此处显然不能自圆其说。上面我们已证，旧抄本其实就是毛抄本，因而《补遗》所补“两种”实属多此一举。既如此，两次引录傅氏题记就为重复。这种重复著录就版本而言，一是有著录混乱之嫌，二是导致杨氏藏书统计数量上的不确。造成如此问题的原因可能是前后编者不是同一人，互相不通消息，致使前后重出、自相矛盾。重复迻录题跋，如果是以备学术参考之用，则最好加以说明，不然就会有累赘或引起歧义之嫌。

其次是补遗问题

《五种》还对所整理的五种目录均加补注或案语或补遗。如《楹书隅录》、《海源阁宋元秘本书目》加“补”注；《宋存书室宋元秘本书目》、《海源阁藏书目》加“案”语等；如发现目外书则进行补遗，所补共有三种，即《隅录补遗》、《海源阁宋元秘本书目补遗》、《海源阁书目补遗》。这些“补”、“案”和“补遗”对交代说明本书在各目录中的著录情况和本书的版本版式、授受源流等都起到了重要作用，这也是此次订补整理的主要成就之一。杨氏书目有五种之多，由于有些善本时有脱漏不著，又因其中四种为简目不涉考证，而且一书往往在几种书目中重复出现，这就使《五种》撰者在添加“补”注和“案”语时因涉及诸多而难度增大，如不细究所加，就会带来一些问题，最主要问题就是著录项目内容的不一致。

如版本不一致。《隅录补遗》卷三著录“《艺文类聚》一百卷唐欧阳询撰　明万历间抄本 二十册”；《海源阁宋元秘本书目补遗》子部著录“《艺文类聚》一百卷唐欧阳询撰　明万历间刻本二十册”。《五种》于此两书下均加注云：“此书散出后辗转归美国国会图书馆，《中国善本书提要》著录。”则此两书实为一书无疑。《中国善本书提要》著录作“明万历间刻本”，则《隅录补遗》显然失误。《海源阁宋元秘本书目》集部抄本著录“旧精抄本《书林外集》七卷一册”，《五种》于此目下加补云“此本《隅录》未收。散出后由王献唐收归山东省立图书馆，现存山东省博物馆，题清乾隆三十五年(1770)鲍氏知不足斋抄本。”《五种》于《海源阁宋元秘本书目补遗》集部云：“《书林外稿》七卷，元袁士元撰 清知足斋校本，一册（此本王献唐调查登录时尚存海源阁，散出后去向不明）。”《五种》的这个加补依据是王献唐《聊城杨氏海源阁藏书之过去现在》一文，该文著录云：“抄本《书林外稿》七卷一册　鲍以文故物，每页左栏线外，印‘知不足斋正本’六字。”但《海源阁宋元秘本书目补遗》中“清知足斋校本”之句，应为“知不足斋抄本”。从著录来看，这两个本子应是同一个本子。《外稿》实际为《外集》，《四库全书总目》作《书林外集》。

补遗中又以著录流向不一致问题较为突出。《隅录补遗》卷四著录“《周翰林近光集》三卷《扈从诗》一卷元周伯琦撰　清初抄本　一册”；《海源阁宋元秘本书目补遗》集部著录同。《五种》于两书下均加补傅增湘校过，则显然为同一书。然《隅录补遗》云“散出后归北图”，而《海源阁宋元秘本书目补遗》则又云“去向不明”。此书《北京图书馆善本书目》著录，则《海源阁宋元秘本书目补遗》所补为误。《汪水云诗抄》海源阁有两个抄本，一为叶氏清初抄本，一为一粟斋抄本。关于这两个抄本，《隅录》续编、《海源阁宋元秘本书目》和《海源阁宋元秘本书目补遗》分别做了补遗。《隅录》续编卷四著录的两个抄本是：一为“明抄本汪水云诗抄一册不分卷”，二是“旧抄本汪水云诗一册不分卷末有附录数页”。抄本一“补”云：“此本《海源阁宋元秘本书目》失载。王献唐调查登录时尚存海源阁，散出后傅沅叔曾经眼，后归北图。《北平图书馆善本书目》著录，题明抄本，叶万跋。现存北京图书馆，《北京图书馆古籍善本书目》改题清顺治十七年(1660)叶畤、叶晦抄本，叶万跋。”抄本二“补”云：“此本王献唐调查登录时尚存海源阁，即所谓一粟斋抄本。散出后先归王献唐，王氏曾据以校勘，撰为《汪水云集校勘记》、《汪水云集版本考》，又编为《汪水云事辑》。1984年齐鲁书社即以王氏手校本影印问世。原本去向不明。”从这两个加补来看，叶抄本现存北图，而一粟斋抄本散失。《海源阁宋元秘本书目》卷四集部著录云：“旧抄本汪水云诗一卷一册”。这个著录显然是指一粟斋抄本，而且下面《五种》的“补”再次强调：“此本见《隅录》续编卷四。王献唐调查登录时尚存海源阁，散出后由王献唐收归山东省立图书馆，题明一粟斋抄本，黄丕烈校并跋。1984年齐鲁书社影印王氏《双行精舍校汪水云集》。原本去向不明。”《海源阁宋元秘本书目补遗》卷四集部著录云：“汪水云诗抄不分卷”。其“补”云：“宋汪元量撰，清叶畤、叶晦抄本，叶树廉跋，一册（此本散出后傅沅叔曾经眼，《藏园群书经眼录》著录，去向不明。）”“补遗”所指即叶氏清抄本，这个抄本在《隅录》

续编卷四本条目的“补”中已经明确现在保存于北图，而且《北平图书馆善本书目》、《北京图书馆古籍善本书目》的著录也已证实，奈何《海源阁宋元秘本书目补遗》卷四又言“去向不明”？元本《国朝文类》七十卷《目录》三卷，《隅录》卷五著录，《五种》于此目下加补云“此本为北图收购天津盐业银行九十二种之一……《北京图书馆善本书目》题至元、至正间西湖书院刻明修本，朱彝尊题款。”然《五种》于《海源阁宋元秘本书目》卷四集部元本类该目下加补云“此本见《隅录》卷五。散出后去向不明”。则同一本两次加补去向所言不一致。海源阁影宋精抄本《三历撮要》无卷数一册，《隅录》卷三子部著录，《五种》补云“此本散出后归北图”，然《海源阁宋元秘本书目》卷三著录此书时，《五种》又补言“去向不明”。

重复加补问题。重复补遗主要是《海源阁宋元秘本书目》著录该书，而《海源阁宋元秘本书目补遗》复又补遗；同样《楹书隅录》初续编已著录，《隅录补遗》亦再补遗。《补遗》是补前者脱漏之书，既然前者已经著录，就无须再行补遗。它所带来的问题是在统计藏书数量上的溢出。海源阁藏《昭明太子集》两种，一为校本二册者，一为明本亦即明翻宋本四册者。校本，《宋存书室宋元秘本书目》、《海源阁藏书目》、《海源阁宋元秘本书目》集部校本类均著录云“校本《昭明太子集》五卷二册”。此本散出后，傅增湘曾经眼，《藏园群书经眼录》卷十二著录，题嘉靖辽藩宝训堂重梓本，张讱庵绍仁以周满元刻本校过。《隅录补遗》集部云“《海源阁宋元秘本书目》无校本，有明翻宋本《昭明太子集》五卷四册，似是另一本”。此补云《海源阁宋元秘本书目》“无校本”，误，《海源阁宋元秘本书目》集部校本著录。《海源阁宋元秘本书目补遗》集部又著录是书，则属重复著录。校宋本《说苑》二十三卷三册，《隅录》卷三著录，《五种》补云：“此本为北图收购天津盐业银行九十二种之一。《北京图书馆善本书目》著录，题明万历程荣刻《汉魏丛书》本，黄丕烈校并跋，吴翌凤题款。”《隅录补遗》卷三又著录此书云：“此本《楹书隅录》未收，《宋存书室宋元秘本书目》题校宋本，《海源阁宋元秘本书目》题校本《说苑》。北图收购天津盐业银行九十二种之一。《北图善本书目》著录，题明万历程荣刻《汉魏丛书》本，黄丕烈校并跋，吴翌凤题款。”这两个著录显然是指同一本。黄丕烈校跋明抄本《鸣鹤余音》九卷三册，《隅录续编》卷三子部著录，而《隅录补遗》卷四集部又著录。元至正十四年(1354)刘氏翠岩精舍刻本《注陆宣公奏议》十五卷八册，《隅录》卷四著录，《五种》于此目下未加补注，言明去向。《海源阁宋元秘本书目》卷四集部元本类加注云“此本见《隅录》卷四，散出后去向不明”。《海源阁宋元秘本书目补遗》史部又著录云：“《注陆宣公奏议》十五卷宋郎晔撰，元至正十四年刘氏翠岩精舍刻本，杨绍和跋，八册（此本散出后先归刘少山，转归北图，《北图善本书目》著录）。”经核对，《海源阁宋元秘本书目补遗》与《隅录》卷四著录是同一本，则《隅录》卷四、《海源阁宋元秘本书目》卷四集部和《海源阁宋元秘本书目补遗》卷二史部著录亦为同一本。那么，北图所存究竟是不是杨绍和跋元至正本？笔者目验此书，发现其版本特征、题跋等与《隅录》卷四著录悉同，《北京图书馆古籍善本书目》著录，这说明《五种》于《海源阁宋元秘本书目补遗》中正确。如此，《五种》的三个加补问题有二：《海源阁宋元秘本书目补遗》与《隅录》卷四、《海源阁宋元秘本书目》卷四集部加补所言去向不一致；《海源阁宋元秘本书目》卷四集部和《海源阁宋元秘本书目补遗》卷二史部著录系重复著录。

下面就以元本《范德机诗集》为例综合说明之。此书《楹书隅录》不载，另三种目录有载。其海源阁书目著录及“补”、“案”和“补遗”情况悉按原文迻录于此：

1.《〈楹书隅录〉补遗》卷四《集部》：

元本《范德机诗集》七卷元范梈撰　元至元六年(1269)益友书堂刻本　四册

此本《楹书隅录》、《宋存书室宋元秘本书目》均未收，《海源阁宋元秘本书目》著录。王献唐调查登录时尚存海源阁，散出后去向不明。《北京图书馆善本书目》著录此本五册，当是另一本。

王献唐云：有“至元庚辰(1280)良月益友书堂新刊”签记及“赐砚堂图书印”、“映山秘玩”、“查氏映山珍藏书籍印”诸印记。（《聊城杨氏海源阁藏书之过去现在》第三一、三二页）

2.《宋存书室宋元秘本书目》卷四《集部·元明本》：

元本《范德机诗集》七卷四册一函　绍曾案：《江目》未著录。

3.《海源阁宋元秘本书目》卷四《集部·元本》：

元本《范德机集》七卷四册一函　（补）　此本《隅录》未收。　王献唐调查登录时尚存海源阁，散出后由王献唐收归山东省立图书馆，现存山东博物馆，题元至正六年(1346)益友书堂刻本。

4.《海源阁书目》卷四《集部·别集类金元》：

《范德机诗集》七卷（元范梈撰　元至元六年(1269)益友书堂刻本　清杨绍和跋）　四册

按：是书《海源阁宋元秘本书目》著录，是否另一部，无从考证。散出后由王献唐收归山东省立图书馆，现存山东省博物馆。

海源阁藏《范德机诗集》七卷（元范梈撰），元至元六年益友书堂刻本。现藏山东博物馆，笔者目验此书后，发现上述著录存在以下问题：

书名：《海源阁宋元秘本书目》著录为元本《范德机集》七卷四册一函，而其他三目则均为《范德机诗集》，这两种是不是指同一书同一版本？抑或只是书名之别？经目验，实际情况是：此书用一木箱盛之，箱面分别镌一行绿字“元椠范德机集”，又镌一行红字“杨氏海源阁藏书”。而木箱内所盛则为《范德机诗集》七卷四册。故以上所言两种实际就是一种，即《范德机诗集》。《海源阁书目》著录时所加按语犹豫不决：“是书《海源阁宋元秘本书目》著录，是否另一部，无从考证。”其实只要目验此书，问题就会迎刃而解。

刻本：《海源阁宋元秘本书目》著录为元至正六年益友书堂刻本，而其他三目则著录为元至元六年益友书堂刻本。“至元”、“至正”均为元惠宗年号，至元庚辰六年即公元1340年，至正丙戌六年则为1346年。目验此书书牌为：“至元庚辰良月　益友书堂新刊”。故《海源阁宋元秘本书目》所“补”实误。

目录著录：《隅录补遗》言此书“《宋存书室宋元秘本书目》未收”，实误。《宋存书室宋元秘本书目》集部元明本著录，如上所引。

授受源流：《隅录补遗》言此书“王献唐调查登录时尚存海源阁，散出后去向不明”，经查，此书卷一题目下钤有“山东省立图书馆点收海源阁书籍之章”，证明此书确由王献唐收归山东省立图书馆，现存山东博物馆。而《海源阁宋元秘本书目》和《海源阁书目》均已言明去向，其前后著录自相矛盾不言而喻。

其他：如藏印，《隅录补遗》只引王献唐所录三方，尚有："彦和珍玩"、"杨氏海源阁鉴藏印"、"志学"、"孙氏印"、"靖廷"、"靖廷手校"、"臣恭"、"白沙恭氏"、"志学之印"、"德辉馆印"、"恭"、"山东省立图书馆点收海源阁书籍之章"等。这些藏印可以说明此书的递藏源流等。又如版式，《补遗》亦不载，目验版式为：十行二十字，左右双边，双黑口，双黑鱼尾，版心下记页数。再如题跋，《海源阁书目》著录时本已补有"杨绍和跋"，但却不引。绍和跋，对版本、编者及购书情况均做了介绍，且为手写，以白纸黏附于扉页，甚为珍贵。

除以上外，有的补遗还存在以下问题。有混淆抄本、校本的。海源阁藏《对床夜话》两本，一校旧抄本，一旧抄本。前者《隅录》续编卷四和《海源阁宋元秘本书目》卷四校本类均题"校旧抄本《对床夜话》五卷二册"；后者《海源阁宋元秘本书目》卷四抄本类题"旧抄本《对床夜话》五卷二册"。从著录看《隅录》续编卷四和《海源阁宋元秘本书目》卷四校本著录显然指同一本，而《海源阁宋元秘本书目》卷四抄本类当为另一本。《五种》于《隅录》续编卷四该目下"补"云："此本散出后归北图。《国立北平图书馆善本书目》、《中国善本书提要》均有著录。现存台北'中央图书馆'。"《"中央图书馆"善本书目》题乌丝栏旧抄本，过录明祁承㸁跋语，又清黄丕烈手校并跋。《海源阁宋元秘本书目》卷四校本类该目"补"云："此本见《隅录》续编卷四。散出后归北图，《北平图书馆善本书目》、《北图善本书目》均有著录，祁承㸁、张宗楠跋，黄丕烈校并跋。现存台北'中央图书馆'。"这个著录与《隅录》基本一致，但所言《北图善本书目》亦有著录，则误。《北图善本书目》即《北京图书馆善本书目》，北京图书馆编，1959年中华书局排印本，所著录之书均为北图现存书目，而此书既然已经于此之前早已运到台湾，《北图善本书目》就不可能著录此书。这里，《五种》于《海源阁宋元秘本书目》卷四抄本类该目"补"云："此本《隅录》未收。散出后归北图，《北平图书馆善本书目》、《北图善本书目》均有著录，题抄本，张宗𣗳跋，黄丕烈校并跋。现存台北'中央图书馆'。"从《五种》所补来看，此抄本与《隅录》续编卷四和《海源阁宋元秘本书目》卷四校本类著录之校旧抄本完全相同，既然如此，为何又言"此本《隅录》未收"？事实上《隅录》续编卷四已经著录此校旧抄本书，而旧抄本则未著录。《五种》将校旧抄本和旧抄本混为一谈。那么，校旧抄本和旧抄本是否同一本呢？从保彝在同一书目中于校本类和抄本类分别著录来看，显然是两种本子。所以《五种》于此抄本下补云“此本《隅录》未收”，是；而其后又所补，则误。

有作者错乱的。《隅录》续编卷四校宋明抄本《李群玉诗集》三卷《后集》五卷，“补”云：“此本散出后先归周叔弢，转归北图，《自庄严堪善本书目》、《北京图书馆善本书目》均有著录，题明崇祯三年(1630)叶奕抄本，叶奕、黄丕烈跋。《北京图书馆古籍善本书目》著录同，加注：十行十八字。”《海源阁宋元秘本书目》卷四亦“补”云：“此本见《隅录》续编卷四，散出后先归周叔弢，转归北图。《自庄严堪善本书目》、《北图善本书目》著录，题明崇祯三年叶燮抄本，叶燮、黄丕烈校并跋。”两次所“补”，均为同一书无疑，但抄书者却一为叶奕，一为叶燮。叶燮(1627—1703)清文学家。字星期，号已畦，寓居横山，时称横山先生，吴江(今属江苏)人。康熙进士，官宝应令，以忤长官，被参落职。以诗论见称，有《已畦文集》、《已畦诗集》等。叶奕则为明末清初人，字林宗。吴县(今江苏苏州)人。居于洞庭山，好藏奇书，搜访不遗余力。与钱曾极友善，二人各获秘册，即互相传录。历三十余年，遍访海内藏书家。去世后，书籍星散。其宋元刻本，多被后代典卖。《隅录》续编卷四校宋明抄本《李群玉诗集》有叶奕跋云：“崇祯三年庚午八月，从安愚道人抄本手录，二十二日晚完。震泽叶奕。”则此实为叶奕。又《北京图书馆古籍善本书目》著录亦为叶奕。

有补著版本讹误的。《海源阁书目》原著录较为简易，大多不著录版本，《五种》则根据常见书目对不注版本者，一并加注版本名称，以备参考。这是一个既大胆又冒险的做法，既然原本不著录版本，故加补版本就不可能做到百分之百的准确。如《海源阁书目》经部著录《四书说约》三十三卷四册，《五种》加补云：“明鹿善继撰，民国十年(1921)吴兴刘氏刻留余草堂丛书本。”《海源阁书目》于清宣统元年(1909)由杨保彝呈府备案后，已成定本。而加补版本为民国十年(1921)，故此肯定不确。《海源阁书目》集部著录云：“旧抄本《沈下贤文集》十二卷一册”，《五种》加补曰“清抄本”。此本散出后归北图，又转归台图。《北平图书馆善本书目》、《中国善本书提要》均题明抄本，台图《“中央图书馆”善本书目》题旧抄本。三目均未题清抄本，《五种》所补显属臆测。《海源阁书目》集部著录一“明本《欧阳修撰集》七卷二册”，《五种》加补曰“明万历四十二年(1614)欧阳钺刻本”。此补存疑。海源阁藏书散出后，王重民于北平图书馆见到此本，并著录于《中国善本书提要》中，云是集为“永乐间所刻原本也”[①]，亦即永乐十五年(1417)欧阳齐刻本。万历本即据永乐本翻刻，阙《陈东上书》，故仅七卷。至于卷数之异，乃永乐本未将附录《陈东上书》一卷计入，故《海源阁书目》始言“七卷”。《海源阁书目·类书》著录：“校明抄残本《北堂书抄》三十二卷四册。”此书于1930年春海源阁遭劫时由刘松年卖给山东省立图书馆，刘阶平《杨氏海源阁藏书概略与劫后之保存》著录云“抄本《北堂书抄》四册(残)”。1937年抗战开始后，王献唐载书播迁四川，此书随之，屈万里《载书播迁记》著录云：“《北堂书抄》存三十一卷四册清仁和王氏抄本严铁桥校。”此三目所指均为同一本，即三十一卷四册，《海源阁书目》著录为三十二卷当为三十一卷之误。此书经屈万里鉴定，原抄本是谓清仁和王氏抄本，严可均校之，严氏据何本校勘，屈氏并未言明，但《海源阁书目》既然言“校明抄”云云，当以明抄本校清抄残本，故而《五种》加注此书为“明抄本”则误，此是将校本明抄本当成了原抄本。

再次是版本鉴定问题

明末清初，藏书家因重宋元佳椠，于是版本鉴定之学日隆。但因是初起，鉴定手段较为单一，到清中晚期至民国，鉴定方法逐渐丰富，故而失误渐少，但仍然有不少版本被误定，即使是著名的版本学家如黄丕烈、顾广圻等亦不能幸免。清末四大藏书楼皆有解题目录，其中误定版本者屡见不鲜。杨绍和《楹书隅录》亦然。王欣夫曾曰：“惟绍和所附考证殊属寥寥，且多舛讹。”[②]王绍曾对《隅录》中之误例进行了清理，据近人题跋和目验共汇总出二十余例。《隅录》中何以误例如此之多？王绍曾曰：“前人鉴别版刻，仅凭字体、刀法、纸张、牌记、前后序跋，极少利用讳字、刻工，如牌记及前后序跋为书贾割去，则元翻宋本，往往误为宋刻；南宋所刻，极易误为北宋本。而书贾作伪，层出不穷，更易鱼目混珠，以假乱真，即明刻亦可冒充宋本。”[③]所言极是，唯讳字、刻工之说可以商榷。绍和鉴定版本失误原因很多，但他用讳字的用例却极多，并已经成为他鉴定版本的主要手段，这个问题已在第四章第一节详细论述过，于此不再赘言。

---

① 王重民：《中国善本书提要》，上海古籍出版社1983年版，第529页。

② 王欣夫：《王欣夫说文献学》，上海古籍出版社2000年版，第58页。

③ 王绍曾：《〈楹书隅录〉整理订补缘起》，《订补海源阁书目五种》，齐鲁书社2002年版，第10页。

值得注意的是，我们还从《楹书隅录》初编中检出两个用刻工鉴定版本的例子，即《隅录》初编卷三宋本《愧郯录》和《隅录》初编卷四宋本《添注重校音辩唐柳先生文集》。能够用此法鉴定版本，这在当时是极为难得的（见第四章第一节版本鉴定）。

另外，《五种》在指出前人鉴定版本之误时，自身亦间有失误。如宋刻本《韦苏州集》十卷（存四卷），此本今藏鲁博。半页十行，行十八字，左右双边，白口，单鱼尾，中缝鱼尾下记韦几及页数，次下间题刻工，“余”、“余同甫刁”、“同甫刁”等，则实为刻工“余同甫”一人而已。无序跋。首卷题“韦苏州集卷第一”，次行低八格题“苏州刺史韦应物”。目录首页藏印有“安乐堂藏书印”、“子清”、“杨氏海源阁藏”、“臣绍和印”，首卷下有藏印“子清”、“陶南山馆”、“臣绍和印”，卷四末有“东郡杨氏海源阁藏”印记。该书函套上题：“海源阁藏书，旧题宋刻本”。此本杨氏书目五种均不著录，《隅录》卷四著录的是十卷完本，非四卷残本，但《五种》以为十卷完本就是鲁博藏本，实误。《五种》于《隅录》卷四加补此书时云：“此本系杨敬夫在天津出售二十六种之一，辗转为王献唐所得，归山东省立图书馆，题宋临安陈氏书棚本，经鉴定实为明刻。现藏山东省博物馆。”《五种》在此并未说明误定原因，笔者以为似是根据周叔弢所言，因弢翁于《〈隅录〉批校》中针对十卷完本题云：“此是明本。”据考证，十卷本确实为明本，今藏台北故宫博物院，《“国立故宫博物院”藏沈氏研易楼善本图录》著录为明仿宋本，其行款、藏印等与《隅录》著录悉同，毋庸再言。为查明鲁博藏本的真相，笔者于 2006 年 8 月 31 日下午到鲁博目验此本，发现四卷残本内页中夹有一纸签，云：“《韦苏州集》十卷，本缺六卷，仅存四卷，编目与四库总目提要相合。第三叶第七行第四字‘树’字缺末笔。第三叶反面第五行第十一字‘树’字亦缺末笔。第六叶反面第八行第四字，‘树’缺末笔（前人已用小笺记出）。此外‘树’字或缺或不缺，不详举指。按宋临安陈氏书棚本《朱庆余集》‘树’字缺末笔，疑此四卷《韦集》亦是书棚本。半页十行十行八字，惟书棚本例在最后卷尾题名，此本已缺下六卷，无从查究矣。旧题宋刻每疑其妄，海内《韦集》相传最早为明，今见宝书不觉赫然，况韦公步武嵇、阮，抗衡陶、谢，《四库》所举‘流云壮华月’之句，犹其小焉者耳。刘瑛读书记。”可见刘瑛亦将此本当作宋本看待。目验此本与笔者所携国图藏袁克文藏本书影之字迹、版式、版框等悉数相同，知与袁氏藏宋本同为一本。袁本，傅增湘经眼过，云：“宋刊本，半页十行，白口，左右双栏，版心鱼尾上记字数，下方间记刊工姓一字，有余、何、应等字，惟第二卷首记'余同甫刁'四字。宋讳'贞'、'恒'、'徵'、'構'、'完'、'樹'皆为字不成。每卷首尾有'乾隆御览之宝'及'天禄琳琅'小玺。又有'张用礼印'、'周氏子重'、'鄞人周琬'、'青锁仙郎'、'濂溪后裔'、'清白传家'诸印。又'嘉兴双湖戴氏家藏书画印记'朱文大长方印。"又云："按：明刻《韦集》十行十八字者皆称为翻宋本，然以校此本则有三异。宋本目录皆两排并列，明本则改为每题占一行。宋本卷一拟古诗十二首皆衔接而下，明本每首加'其二'、'其三'等字，则行第全移，非复旧观矣。宋本卷八'咏露珠'下脱去原诗二行，又卷八'仙人洞'一首，宋本在一二叶间，明本则附在卷八之尾，于是结题又不得不移前三行矣。至卷中字为明刊讹谬者又不可计。其卷首沈明喆补传宋本无之，则为明本所补盖显然可见，又不足论也。颇疑明本所翻宋本与此同出一源，惟目录及卷一行次有异，余亦大段相同。"①鲁博藏本与傅氏所描述袁本版本特征完全相同。袁本今藏国图，《北京图书馆古籍善本书录》亦著录，题宋刻本。因而，杨氏原题宋刻本不误。又如元本《增刊校正王状元集注分类东坡先生诗》二十五卷，《隅录》卷五著录，王先生以为此本是宋本，而实际为元本（见第四章第一节关于此本的考证）。

《五种》尽管存在以上问题，然与其所取得的成就相比，可以说白璧微瑕。横向比较来看，同为清末四大藏书家的其他三家的书目整理尚未进行。《铁琴铜剑楼藏书目录》虽然出了点校本，但对藏书的存佚和授受源流、纂辑诸家题跋、版本著录和鉴定以及清理并补遗原书目等等均不曾染指，而陆、丁两家到现在连点校本都未有。纵向看，在杨氏之前的如孙星衍的《平津馆鉴藏书记》、张金吾《爱日精庐藏书志》、周中孚的《郑堂读书志》等，在杨氏之后的如叶德辉《郎园读书志》等等都未能整理出点校本，而有的虽然已经点校出版，但其整理力度、研究深度都远远无法与《五种》相比。因而，从这个意义上来说，海源阁书目研究是领先于其他几家或清代私家书目的。

综合以上研究，可以说傅增湘、周叔弢、王献唐、赵万里、王重民、王绍曾、马明琴等人的研究成绩与贡献最多。就研究方向而言，傅增湘、周叔弢、赵万

① 《藏园群书经眼录》卷12，中华书局1983年版，第1042页。

里、王重民等人在著录藏书时最丰，并于版本鉴定上共纠正了前人二十余种版本之错误结论；在海源阁遗书之校勘利用上，以傅增湘、周叔弢、王献唐为最；周叔弢、王绍曾在各书授受源流及归宿方面的调研，最有贡献；李士钊、马明琴等人在资料的收集上，开了先河；周叔弢、王绍曾先后校勘《楹书隅录》，而王绍曾更是史无前例地点校出版了杨氏五种书目。研究著作上，曹景英、马明琴主编的《海源阁研究资料》、鲁图编的《馆藏海源阁书目》、王绍曾、崔国光等整理的《订补海源阁书目五种》三部著作可视为海源阁研究的基础之作。单篇论文，王献唐《聊城杨氏海源阁藏书之过去现在》和《海源阁藏书之损失与善后处置》，傅增湘《海源阁藏书纪略》，李士钊《聊城海源阁杨氏藏书刻书简述》，刘文生《海源阁藏书概述》，李泉《聊城海源阁藏书聚散考略》，王绍曾《周叔弢与海源阁遗书》等都是较有深度、颇有新见的佳作。正是由于上述各家的不同方面的研究，才使海源阁研究有了一个不错的研究局面，亦为后人的研究奠定了一定的基础。

但前人的研究也存在着不足，主要问题就是过于分散，过于侧重于一个方面，系统综合性不够。比如善本个案研究重视不够，刻书研究未能引起足够的重视，藏书利用的研究不够等等。再如对杨氏书目的整理，尽管《五种》下了很大工夫，但五种目录仍嫌分散，尚需要一部如同《天一阁新编目录》那样的能够整合包容杨氏所有藏书的新编目录。对海源阁研究资料的搜集，亦亟待重新整理。近二十多年，虽然常见有海源阁研究的文章，但真正高质量的富有新见的论文极少，大多数论文都是在前人的基础上，东拼西凑，缺少新意。比如近十年来，有关海源阁藏书聚散史的文章足有十余篇，但这些文章参考价值不大。因而，海源阁的研究仍有很大空间尚待发掘开拓。

结　语

清代是中国藏书史上最为辉煌的时期，无论从藏书家人数抑或各家收藏典籍数量上都远远超过前代。二十世纪初，杨守敬在《论〈藏书绝句〉序》中对清代私家藏书状况进行了概括："艺圃腾辉，断推昭代。若绛云楼之未火，述古堂之继兴，文字垂光，灿若球贝，犹未已也。聿观常熟之毛、泰兴之季、昆山之徐、天一阁范氏、澹生堂祁氏、道古楼马氏、得树楼查氏、小读书堆之顾抱冲氏、五砚楼之袁寿阶氏、滋兰堂之朱文游氏、百宋一廛黄荛圃氏、长塘鲍氏、楝亭曹氏、香严书屋周氏、艺芸书舍汪氏、开有益斋朱氏、爱日之庐、碧凤之坊、楹书之录、行素之堂、孙氏之祠堂、影山之草堂、瓶花之斋、稽瑞之楼、拜经之楼、赐书之楼、铁琴铜剑之楼、观海之楼，为世宝称，后先继出。"①若以藏书数量、质量而论，当清初以钱谦益、毛晋、季振宜、徐乾学，清中叶以黄丕烈、汪士钟，清末则以瞿、杨、陆、丁四家为最。清末潘祖荫、翁同龢、江标等虽为藏书大家，但因其子孙不能承其家学，或其他原因，所藏只一代即亡，在藏书史上昙花一现，难与四大家同称。故而，王献唐于《聊城杨氏海源阁藏书之过去现在》云："有清末季，中国私人藏书，有四大家：曰聊城杨氏海源阁，曰常熟瞿氏铁琴铜剑楼，曰归安陆氏皕宋楼，曰钱塘丁氏八千卷楼。"

然清末四家亦有伯仲之分，叶昌炽曾作过比较："读《楹书隅录》，聊城杨氏记其所藏书也，士礼居物居十之五，皆自艺芸归之，其他则汪孟慈家物也。当今惟铁琴铜剑楼可与并峙，皕宋楼可为附庸，余皆自郐以下耳。"②皕宋楼虽号

① 杨守敬：《〈藏书绝句〉序》，《藏书绝句》卷首，古典文学出版社 1957 年版。

② [清]叶昌炽：《缘督庐日记》，清光绪十三年(1887)二月九日条，(台湾)学生书局 1964 年版，第 128 页。

称有宋本二百种，但多有夸张作伪之嫌，故叶德辉云："藏书固贵宋元本以资校勘，而亦何必虚伪。如近人陆心源之以皕宋名楼，自夸有宋本书二百也。然析《百川学海》之各种，强以单本名之，取材亦似太易。况其中有明仿宋本，有明初刻似宋本，有误元刻为辽金本，有宋版明南监印本。存真去伪，合计不过十之二三。自欺欺人，毋乃不可。"[①]傅增湘亦云："吾国近百年来，藏书大家以南瞿北杨并雄，称于海内，以其收藏宏富，古书授受源流咸以端绪。若陆氏之皕宋楼，丁氏之八千卷楼，乃新造之邦，殊未足相提并论也。"[②]陆氏藏书无从媲美瞿、杨，只为"附庸"而已。至于丁氏八千卷楼，其藏书不及另三家精善，则学界早已有定论。[③] 四家中，又以瞿、杨两家同为冠冕，分别代表了南北最高藏书成就。叶德辉云："海内藏书家，固以江南之瞿、山左之杨，为南北两大国。"[④]董康跋《楹书隅录》云："方今中原多故，文献孑遗，陶南世家独能保守无恙，与海虞瞿氏铁琴铜剑楼足相辉映。"从以上诸家言论中，可知"南瞿北杨"在清代乃至于中国藏书史上所拥有的翘楚地位。如将瞿、杨两家再加比较，则杨氏不如瞿氏藏宋元本多[⑤]，就精善而言，则不相伯仲；杨氏对一些明清珍本亦尽行收藏，而瞿氏则基本不收。故两家实又有小别。

和瞿氏铁琴铜剑楼矗立于南方一样，杨氏海源阁则赫然成为"清末北方私家藏书中心"[⑥]、"北方图书之府"[⑦]。1959 年，中国历史博物馆把海源阁和建成于明嘉靖十三年(1534)的位于北京东城南池子大街的"皇史宬"(皇家档案馆)、宁波"天一阁"，以及清乾隆四十年(1775)建成收藏《四库全书》的"文渊阁"等四处，并列为全国公私藏书处的典范。1960 年北京文物出版社出版的《中国版刻图录》，著录海源阁藏宋元善本书籍四十四种。王重民《中国善本书提要》、《中国古籍善本书目》和《北京图书馆古籍善本书目》等亦都著

① [清]叶德辉：《近人藏书侈宋刻之陋》，《书林清话》卷 10，中华书局 1999 年版，第 270 页。

② 傅增湘：《海源阁藏书纪略》，《大公报》，1931 年 5 月 24 日第 3 版。

③ 参见柳诒徵《国立中央大学国学图书馆小史》，本馆排印本，1928 年，第 38—44 页。

④ 《与张菊生同年论借印〈四部丛刊〉书》，《郎园山居文录》卷下，中国古书刊印社 1936 年版，第 20 页。

⑤ 参见第三章第一节最后关于杨氏藏书数字统计，杨氏藏宋元本约三百种左右，瞿氏有三百五十余种。

⑥ 《中国藏书楼》第 3 册，辽宁人民出版社 2001 年版，第 1587 页。

⑦ 傅增湘：《海源阁藏书纪略》，《大公报》，1931 年 5 月 24 日第 3 版。

录了海源阁大量藏书。《第一、二批国家珍贵古籍名录》收录海源阁遗书共一百零七种。1949年，北京图书馆将海源阁藏书和《永乐大典》、《四库全书》等各种珍本一起储存于善本书库，鲁图则专门辟“海源阁特藏书库”加以保藏。现在，杨氏藏书大部分都存于公立图书馆，成为中国宝贵的文化遗产。

宋元以降，藏书一直以南方为盛，但在清末，由于屡被战火，尤其是太平天国期间，江浙一带处于战事中心，致使这一地区的经济文化遭受重创，私人藏书或惨遭焚毁，或流散外地，而这期间就有很多书籍流入北方，使中国私家藏书之地域分布发生了重大改变。而促使南书北移，打破江南私人藏书一统天下的，首为山东聊城杨氏。杨以增在任江南河道总督时所收如汪士钟（苏州）、郁松年（上海）、鲍廷博（杭州）、彭元瑞（江西）、惠周易（苏州）、秦恩复（扬州）等人旧藏，以及杨绍和于京都收藏怡府藏书均为江南著名藏书家家藏之物。袁同礼云：“清代私家藏书，除二三家外，恒再传而散佚，然辗转流播，终不出江南境外者几二百年。迨杨至堂得艺芸书舍之经史佳本，情势始稍变。”①王献唐于《聊城杨氏海源阁藏书之过去现在》中云：“清代私家藏书，初以江浙为中心，辗转流播，终不出江浙境外。迨聊城杨至堂，始得百宋一廛之精本，辇载而东，情势乃稍稍变矣。”“杨氏藏书，半得于北，半得于南，吸取两地精帙，萃于山左一隅，其关于藏书史上地域之变迁，最为重要。以前此‘江浙藏书中心’之格局，已岌岌为之冲破矣。”除杨氏外，一些寓居南方的北方官员学者，如日照许瀚、文登于昌进、诸城刘喜海、临清徐坊等借地利之便，收藏大量江浙一带藏书家散出的藏书，而京津的不少藏书家书贾都到南方访书购书，形成了所谓“南书北移”的热潮。这种状况一直延续至民国，如李盛铎虽是江西德化人，却长期供职京城，晚年居津门。傅增湘也是南方人，但在京城做官，他们均藏书精善宏富。因而，清末乃至民国，北方藏书家的群体崛起，其气势足以与江浙抗衡。而这其中，山东杨氏居其首功，故叶德辉云“南北对峙，惟杨、瞿二家之藏”②。藏书与治学密不可分，随着藏书的北移，也会带来学术的发展和繁荣。由此可见，杨氏海源阁崛起于北方的非凡意义。

① 袁同礼：《清代私家藏书概略》，《图书馆学季刊》，1926年第1卷第1期，第31页。

② [清]叶德辉：《吴门书坊之盛衰》，《书林清话》卷9，中华书局1999年版，第257页。

杨氏海源阁在地域文化的发展中发挥了重要作用。海源阁是以藏书、刻书而闻名于世的，这对以聊城为中心的周围地区藏书业、刻书业都有推动作用。从藏书方面来看，聊城在清末达到高峰，出现了大大小小的藏书家数十人，如清末临清县的徐坊，就藏有宋、元善本几十种，这显然是受到了杨氏的影响。与杨氏家族交往颇厚的东昌几大望族几乎都有藏书。从刻书方面来看，山东刻书源远流长，到清代达到高潮。而聊城刻书也很兴盛，出现了"敬文堂"、"文英堂"、"聚锦堂"、"万育堂"、"福兴堂"等数十家坊店，如"善成堂"的书版，有四百四十多种，"书业德"四百八十多种，所刻印的古书远销到北京、山西、河北等地。这种繁荣景象一直持续到清末民初。"学而优则仕"，海源阁几代主人都以科举入仕，杨以增官居从一品，其官位在清代中晚期的整个聊城是最高的，他的仕途、治学、藏书、刻书以及有口皆碑的人格和优秀的品格，都使他在当地威望极高，影响力极大。可以说，杨氏几代人所凝聚而成的文化对当地文化的影响和发展产生了重要作用。

从文化视角来观照其藏书，则杨氏藏书绵延五代，逐渐积累形成了丰富而独特的海源阁藏书文化。譬如杨氏藏书有政治、经济、学术因素，而杨氏广泛的交往又大大促进了藏书。于藏书管理上，严格有序，养护修缮，措施得法，摸索出一套适合北方环境的护书保养良方。室名与藏印数量多、文化含义丰富深邃。杨氏藏书只进不出，不似某些书贾或藏书家，倒买倒卖，以盈利为目的。杨氏几代将藏书永远保存下去，单从这一点，他们才是真正的藏书家，其祈求永保、秘惜珍藏的心态，又是中国古代藏书家心态的缩影。杨氏嗜宋，又不惟宋，凡具有学术价值的图书和文物尽行搜罗。"贵古不贱今"的"海源"思想是杨氏藏书的理念，而汉、宋"二说不容偏废"则又显示了杨氏治学的包容性。对图书勤于整理研究，先后编著有五种目录，其中《隅录》和瞿、陆、丁三家成为清末四大解题目录之一。杨氏在版本研究、目录著录上卓有贡献。杨氏在刻书上成绩颇丰，重治学、重校勘，又有自己的刻书思想与特点。杨氏藏书在民国间的遭劫和散佚，亦成为私家藏书聚散史研究的典型案例。杨氏几代辛勤聚书复又散佚，以及后来衍生出来的诸多藏书典故，也成就了中国藏书史上的一段段佳话。所有这些，既体现出杨氏自己的藏书文化特点，又折射出中国古代藏书家的文化思想。杨氏海源阁堪称私家藏书文化的典范。中国古代私家藏书历史悠久、文化积淀丰厚，正是由这样的个体文化奠基而成。

总之,杨氏海源阁在清代藏书及文化北移中所发挥的作用,为文化遗产的保存与传承所做出的贡献,以及百年来积蓄而成的海源阁文化等等,都使其在中国藏书史乃至文化学术史上占据一席之地。

参考文献

专著（按音序排列）

A

《爱日精庐藏书志》，［清］张金吾著，中华书局1990年版。

B

《柏枧山房集》，［清］梅曾亮著，清同治三年（1864）杨绍谷、杨绍和补刻本。

《北京大学图书馆藏古籍善本书目》，北京大学图书馆编，北京大学出版社1999年版。

《北京图书馆善本书目》，北京图书馆编，中华书局1959年版。

《北京图书馆古籍善本书目》，北京图书馆编，书目文献出版社1987年版。

《皕宋楼藏书志》，［清］陆心源著，中华书局1990年版。

C

《藏园群书题记》，傅增湘著，上海古籍出版社1989年版。

《藏园群书经眼录》，傅增湘著，中华书局1983年版。

《藏园补订郘亭知见传本目录》，［清］莫友芝著，［清］傅增湘补订，中华书局1993年版。

《藏书家》（珍藏版），齐鲁书社编，齐鲁书社2005年版。

D

《大观太清楼帖宋拓真本》，文物出版社2001年版。

《雕版印刷源流》，洪荣华主编，印刷工业出版社1990年版。

《订补海源阁书目五种》，王绍曾、崔国光等整理，齐鲁书社2002年版。

F

《福建古代刻书》，谢永顺、李珽著，福建人民出版社1997年版。

G

《古籍宋元刊工姓名索引》,王肇文编,上海古籍出版社 1990 年版。
《古籍整理概论》,黄永年著,上海书店出版社 2001 年版。
《古籍目录与中国古代学术研究》,高路明著,江苏古籍出版社 2000 年版。
《古籍珍稀版本知见录》,施廷镛编著,李雄飞校订,北京图书馆出版社 2005 年版。
《古籍版本常谈》,毛春翔著,上海古籍出版社 2002 年版。
《古今典籍聚散考》,陈登原著,上海书店 1983 年版。
《古文献学四讲》,黄永年著,鹭江出版社 2005 年版。
《顾黄书寮杂录》,王献唐编著,齐鲁书社 1984 年版。
《瓜蒂庵文集》,谢国桢著,辽宁教育出版社 1996 年版。
《"国家图书馆"善本书志初稿》,台北"中央图书馆"编印,1996—1999 年。
《国专月刊》,无锡国学专修学校学生自治会编印,第 4 卷第 1 号,1936 年。
《馆藏海源阁书目》,山东省图书馆编,齐鲁书社 1999 年版。

H

《海源阁研究资料》,曹景英著、马明琴主编,山东友谊出版社 1990 年版。
《海源阁文存资料》,张连增著、杨玉堂编,山东省聊城海源阁图书馆印 1997 年版。
《海源阁研究论集》,丁延峰著,中国社会科学出版社 2010 年版。
《汉籍在日本的流布研究》,严绍璗著,江苏古籍出版社 1992 年版。

J

《嘉业堂藏书志》,[清]缪荃孙等著,复旦大学出版社 1997 年版。
《校雠广义》,程千帆、徐有富著,齐鲁书社 1991 年版。
《校雠通义通解》,[清]章学诚著、王重民通解,上海古籍出版社 1987 年版。
《江浙藏书家史略》,吴晗著,中华书局 1981 年版。
《中国近三百年学术史》,梁启超著,东方出版社 2003 年版。
《近三百年古籍目录举要》,严佐之著,华东师范大学出版社 1994 年版。

L

《历史文献》,上海图书馆历史文献研究所编,第 5 辑,上海科学技术文献出版社 2001 年版。
《聊城县志》,[清]靳维熙等纂修,文行出版社印行,清宣统二年(1910)版。
《林则徐日记》,中山大学历史系编著,中华书局 1965 年版。

M

《美国国会图书馆藏中国善本书目》,王重民等著,台湾文海出版社有限公司印行。

《明代书目题跋丛刊》,冯惠民等编,书目文献出版社 1994 年版。
《明代刊工姓名索引》,李国庆编,上海古籍出版社 1998 年版。
《目录学发微》,余嘉锡著,巴蜀书社 1991 年版。
《目录学论文选》,李万健、赖茂生编,书目文献出版社 1985 年版。
《目录学研究》,汪辟疆著,华东师范大学出版社 2000 年版。
《目录学史讲义》,昌彼得著,台湾文史哲出版社 1973 年版。

Q

《千顷堂书目》,[清]黄虞稷撰,瞿凤起、潘景郑整理,上海古籍出版社 2001 年版。
《钦定四库全书总目》,[清]纪昀等著,中华书局 1997 年版。
《钦定天禄琳琅书目》前后编,[清]于敏中、彭元端等著,清光绪十年(1884)长沙王氏刻本。
《清代藏书楼发展史》,谭卓垣著,徐雁译、谭华军校,辽宁人民出版社 1988 年版。
《清史稿》,赵尔巽等著,中华书局 1998 年版。
《清实录》,中华书局 1985 年版。
《清刻本》,黄裳著,江苏古籍出版社 2002 年版。
《清朝野史大观》,李秉新等校勘,河北人民出版社 1997 年版。
《祁阳陈澄中旧藏善本古籍图录》,中国国家图书馆、上海图书馆、中国嘉德国际拍卖有限公司合编,上海古籍出版社 2006 年版。
《全明分省分县刻书考》,杜信孚、杜同书著,线装书局 2001 年版。

R

《日本访书志》,杨守敬著,辽宁教育出版社 2003 年版。

S

《善本书室藏书志》,[清]丁丙著,中华书局 1990 年版。
《山东藏书家史略》,王绍曾、沙嘉孙著,山东大学出版社 1992 年版。
《少室山房笔丛》,[明]胡应麟著,上海书店出版社 2001 年版。
《书目答问补正》,[清]张之洞著,范希曾补正,上海古籍出版社 2001 年版。
《书林清话》,[清]叶德辉著,中华书局 1999 年版。
《〈史记〉版本研究》,张玉春著,商务印书馆 2001 年版。
《宋人别集叙录》,祝尚书著,中华书局 1999 年版。
《宋版书叙录》,李致忠著,北京图书馆出版社 1994 年版。
《隋书·经籍志》,[唐]长孙无忌等著,商务印书馆 1955 年版。

T

《天津盐业银行库存海源阁书目》(一册),抄本,南京图书馆。

《铁琴铜剑楼藏书目录》,[清]瞿镛编纂,上海古籍出版社 2000 年版。

《铁琴铜剑楼研究文献集》,仲伟行等编著,上海古籍出版社 1997 年版。

W

《王子霖古籍版本学文集》,王子霖著,上海古籍出版社 2006 年版。

《万卷精华楼藏书记》,[清]耿文光著,中华书局 1993 年版。

《文津流觞》总第 12 期(陈清华藏书特刊),国家图书馆善本特藏部、国家图书馆经典文化推广中心主办 2005 年。

《文禄堂访书记》,王文进著,1943 年文禄堂书籍铺排印本。

《文史通义校注》,[清]章学诚著,叶瑛校注,中华书局 1985 年版。

《文献学讲义》,王欣夫著,上海古籍出版社 2005 年版。

《文献学概要》,杜泽逊著,中华书局 2001 年版。

《文献通考》,[元]马端临著,中华书局 1996 年版。

《文献学研究》,徐有富、徐昕著,江苏古籍出版社 2002 年版。

《〈文选〉版本论稿》,范志新著,江西人民出版社 2003 年版。

《文渊阁书目》,[明]杨士奇编,商务印书馆 1957 年版。

X

《郋园读书志》,[清]叶德辉著,1928 年南阳叶氏铅印本。

《遐庵谈艺录》,叶恭绰著,北京出版社 1998 年版。

《续修四库全书提要》,王云五主编,台北商务印书馆 1972 年版。

《续修四库全书总目》,中国科学院图书馆整理,齐鲁书社 1999 年版。

Y

《缘督庐日记》,[清]叶昌炽著,(台北)学生书局 1964 年版。

《蛾术轩箧存善本书录》,王欣夫著,上海古籍出版社 2002 年版。

《以礼代理——凌廷堪与清中叶儒学思想之转变》,张寿安著,河北教育出版社 2001 年版。

《蟫庵群书题识》,昌彼得著,台湾商务印书馆 1997 年版。

《越缦堂读书记》,[清]李慈铭著,上海书店出版社 2000 年版。

《余嘉锡说文献学》,余嘉锡著,上海古籍出版社 2001 年版。

《颐志斋感旧诗》,[清]丁晏著,清咸丰五年(1855)颐志斋刻本。

Z

《张元济书札》,张元济著,商务印书馆 1981 年版。

《张元济年谱》,张树年主编,商务印书馆 1991 年版。

《张元济傅增湘论书尺牍》,张元济、傅增湘著,商务印书馆 1983 年版。

《浙江出版史研究》,顾志兴著,浙江古籍出版社 1993 年版。
《直斋书录解题》,[宋]陈振孙著,上海古籍出版社 1987 年版。
《郑樵评传》,徐有富著,南京大学出版社 1998 年版。
《中国版刻图录》,赵万里主编,文物出版社 1990 年版。
《中国出版史料——古代部分》,宋原放主编,湖北教育出版社、山东教育出版社 2002 年版。
《中国善本书提要》,王重民著,上海古籍出版社 1983 年版。
《中国古典文学史料学》,徐有富主编,南京大学出版社 1992 年版。
《中国古代藏书和近代图书史料》,李希泌、张椒华合编,中华书局 1982 年版。
《中国历史藏书论著读本》,徐雁、王燕均合编,四川大学出版社 1990 年版。
《中国私家藏书史》,范凤书著,大象出版社 2001 年版。
《中国藏书楼》,任继愈主编,辽宁人民出版社 2000 年版。
《中国藏书通史》,傅璇琮、谢灼华主编,宁波出版社 2001 年版。
《中国古籍善本书目》,中国古籍善本书目编辑委员会编,上海古籍出版社 1993—1998 年。
《中国历代书目丛刊》(第一辑),现代出版社 1987 年版。
《中国历代年谱总录》(增订本),杨殿珣编,北京图书馆出版社 1996 年版。
《中国文献学资料通检》,蔡贵华编著,中国文史出版社 2004 年版。
《中国著名藏书楼海源阁》,杨朝亮著,山东文艺出版社 2004 年版。
《"中央图书馆"善本书目》(增订本),"中央图书馆"特藏部编,台湾省馆印行 1991 年版。
《治学方法与论文写作》,徐有富著,南京大学出版社 2003 年版。
《自庄严堪善本书目》,冀淑英编,天津古籍出版社 1985 年版。

文章(按发表时间排列)

王献唐:《聊城杨氏海源阁藏书之过去现在》,《山东省立图书馆丛刊》,1930 年 3 月第 1 种。
刘阶平:《杨氏海源阁藏书概略与劫后之保存》,《东方杂志》,1930 年 5 月 25 日,第 28 卷 19 号。
王献唐:《海源阁藏书之损失与善后处置》,《山东省立图书馆季刊》,1931 年第 1 集第 1 期。
《海源阁遭匪劫之情形》,《中央日报》,1931 年 1 月 16 日。
傅增湘:《海源阁藏书纪略》,《大公报》,1931 年 5 月 24 日。
《为海源阁藏书之最后呼吁》,《大公报》,1931 年 5 月 27 日。
纪庸:《海源阁藏书》,《古今》,1944 年 4 月 16 日,第 45 期。
北平图书馆:《本馆收购海源阁遗书始末记》,《图书季刊》,1946 年 6 月,新第 7 卷第 1 至 2 期。
邵养轩:《海源阁藏书聚散始末记》,《教育短波》(复刊),1946 年 6 月,第 1 卷第 6 期。
郦承铨:《记大连图书馆所收海源阁藏宋本四种》,《文化先锋》,1946 年 7 月,第 5 卷第 24 期。
李士钊:《抢救海源阁遗址与古籍书版》,《光明日报》,1956 年 11 月 2 日第 2 版。
李士钊:《关于海源阁文物》,《人民日报》,1957 年 1 月 21 日第 7 版。
李士钊:《聊城海源阁第四世主人杨敬夫捐献一批重要历史文物》,《光明日报》,1962 年 8 月 24

日第2版。

李士钊:《聊城海源阁藏书重要史料片断——1966年2月10日在天津访问海源阁第四世主人杨承训(敬夫)先生》,《山东出版志资料》,山东人民出版社,1984年第1期。

李士钊:《对于聊城文物工作的点滴意见》,1973年2月10日致聊城县革委负责同志信。

李士钊:《聊城海源阁杨氏藏书刻书简述》(初稿写于1973年9月),《山东出版志资料》,1984年第1辑。

高礼熹:《清季藏书四大家考》,《教育资料科学月刊》,1976年第9卷第2期、3期、4、5、6合期,1976年第10卷第1期、2期、3期。

李士钊:《山东聊城海源阁》,《社会科学战线》,1980年第2期。

骆伟:《晚清山左藏书楼——海源阁》,《山东图书馆季刊》,1981年第1期。

骆伟、徐瑛:《林则徐致杨以增书札》(上、下),《文献》,1981年第7、8辑。

刘文生:《海源阁藏书概述》,《聊城文史资料选辑》第1辑,1982年聊城县政协文史组编印。

骆伟:《海源阁与地方志》,《中国地方志通讯》,1983年第2期。

李士钊:《林则徐致杨以增手札——聊城〈海源阁珍藏尺牍〉所存林则徐致杨以增十七手札》(1958年撰写),《聊城师范学院学报》,1983年第4期。

雷梦水:《海源阁珍本的散失》,《人民日报》,1983年8月30日第8版。

陶振纲:《书目书影觅残阁——聊城杨氏旧藏散后新考》,《山东图书馆季刊》,1989年第2期。

刘汉中:《聊城海源阁藏书的散出》,《文献》,1990年第1期。

王绍曾:《海源阁藏书的几个问题》,《山东图书馆季刊》,1990年第2期。

李泉:《聊城海源阁藏书聚散考略》,《文献》,1991年第3期。

杜泽逊:《海源阁藏书目录考略》,《山东图书馆季刊》,1992年第2期。

李秋华:《弢翁购藏海源阁善本题识》,《图书馆工作与研究》,1995年第2期。

李勇慧、张书学:《王献唐与海源阁图书之抢救》,《山东档案》,1995年第3、4期。

王绍曾:《周叔弢与海源阁遗书》,《文献》,1996年第4期。

徐光煦:《从〈楹书隅录〉看杨绍和的多元化目录思想》,《图书馆理论与实践》,1997年第1期。

范翠玲:《聚散有常:海源阁的百年兴衰》,《中国典籍与文化》,1997年第3期。

杨桂珍:《杨氏三世与藏书楼》,《图书馆论坛》,1997年第4期。

叶恭绰:《海源阁藏书》,《遐庵谈艺录》,《遐庵小品》,北京出版社1998年版。

蒋伟国:《屡遭兵燹的海源阁》,《档案与史学》,1998年第3期。

李云:《析海源阁藏书》,《中国典籍与文化》,2000年第2期。

王绍曾:《从海源阁书目整理谈到海源阁藏书聚散》,《藏书家》第1辑,齐鲁书社,1999年出版。

崔国光:《海源阁藏书精品述略》,《烟台师范学院学报》,2002年3月第19卷第1期。

杨秀英:《山东省图书馆的藏书印章》,《图书馆工作与研究》,2003年第3期。

杨锦先:《再现聊城杨氏海源阁五代藏书的辉煌——〈订补海源阁书目五种〉评介》,《书目季刊》,2003年6月16日出版,第37卷第1期。

马明琴:《海源阁杨氏家世》,《东昌望族》,山东省新闻出版局,2003年12月出版。

郝云昌、田金芝:《从杨氏海源阁看清代私人藏书》,《天一阁文丛》,宁波出版社,2004 年第 1 辑。
范景华:《〈东郡傅氏族谱〉中的杨以增佚文两篇》,《文献》,2004 年第 1 期。
毕鲁燕:《海源残阁散世珍籍考略》,《图书馆工作与研究》,2004 年第 2 期。
丁延峰:《海源阁"室名"考述》,《山东图书馆季刊》,2004 年第 4 期。
李桂民:《海源阁藏书略说》,《华夏文化》,2004 年第 4 期。
李贽:《海源阁杨氏藏书历险梗概》,《新编文史笔记丛书》第 3 辑,萧乾主编,中华书局,2005 年出版。
卢丽娜:《海源阁与杨氏家族对我国藏书史的贡献》,《图书馆论坛》,2005 年第 1 期。
张一民:《海源阁藏书楼主人在清江浦的聚书活动》,《聊城大学学报》,2005 年第 1 期。
马明霞、朱秀平:《杨绍和与海源阁》,《图书馆理论与实践》,2005 年第 2 期。
王云:《京杭大运河与海源阁藏书的聚散》,《山东图书馆季刊》,2005 年第 3 期。
丁延峰:《〈藏园群书经眼录〉补正七则》,《图书馆杂志》,2006 年第 8 期。
丁延峰:《海源阁藏抄本考略》,《山东图书馆季刊》,2008 年第 2 期。
李勇慧:《台湾"中央图书馆"所见海源阁原藏秘籍经眼记》,《文献》,2008 年第 3 期。
丁延峰:《海源阁藏校跋本考略》,《天一阁文丛》,2008 年总第 6 辑。
丁延峰:《海源阁宋元善本叙录》,《海源阁》,2009 年第 1 期。
丁延峰:《海源阁杨氏序跋辑考》,《文献》,2010 年第 1 期。
丁延峰:《残宋本吴仁杰〈陶靖节先生年谱〉的文献价值》,《文学遗产》,2010 年第 6 期。
丁延峰:《王子霖与海源阁遗书》,《版本目录学研究》,国家图书馆出版社,2010 年总第 2 期。
丁延峰:《汲古阁毛氏影抄宋本〈鲍氏集〉及其价值》,《图书馆理论与实践》,2010 年第 6 期。
丁延峰:《海源阁杨氏交游考》,《齐鲁文化研究》,2011 年卷。

人 名 索 引

A

B

D

H

K

L

M

N

O

P

Q

R

S

T

W

Y

书 名 索 引

C

D

H

J

K

L

M

N

O

P

Q

R

S

T

W

X

Y

Z

后　记

关注海源阁，缘于有幸拜访一位与海源阁关系极为密切的李士钊先生。先生是海源阁研究专家，与海源阁第四世主人杨敬夫关系非同一般。1984年，我在山东师范大学中文系读书，初冬的一天上午，我随同友人去山东省政协，在红砖楼房四层不大的宿舍里见到了先生。宿舍的地上、床上、桌子椅子上摆满了资料和书，其中就有海源阁的很多资料、文章。先生谈起海源阁藏书的散佚、海源阁惨遭拆毁，痛惜乃至悲愤之情，溢于言表，至今深深留在我的脑海中。作为阁主同乡，自那以后就一直留心海源阁，搜集相关资料。但真正从事学术研究，是从2004年9月进入南京大学中文系攻读博士学位开始的。

2004年4月中旬，当得知考上南大中文系博士研究生时，除了兴奋，感觉这应是一个研究海源阁的机会。于是咨询导师徐有富教授是否可以将海源阁作为一个研究课题，徐老师当即向我推荐山东大学文史哲研究院的杜泽逊教授、王承略教授。该院在王绍曾教授主持下，已经完成了古籍整理项目《订补海源阁书目五种》，这对于进一步研究海源阁打下了坚实的基础。4月底，我去山大拜访两位教授，得到很多指点，并收获一些资料。此后又多次上门讨教，受益良多。后来，虽然曾一度想作傅斯年史料学方面的课题，但最终还是决定研究海源阁。

南大有诸多的名师硕儒，良好的学术氛围，朴实敦厚的学风，以及丰富的图书资料。其治学秉承文献学和文艺学的结合，建立在文献基础上的治学，极有利于做出扎实的学问。沐浴在这样的环境，我的学术视野得到进一步扩展，有茅塞顿开之感。于是，一方面下大力气搜集储备资料，一方面也想把海源阁置于中国藏书史、文化学术史的背景下考量，力图解读、寻绎出一种规律性的东西来,意欲做一个真正的专题研究。

该书初稿是我的博士论文。论文在开题以及写作过程中,得到南大中文系多位师长的关心。我的导师徐有富教授自始至终给予指导。在形成博士论文过程中,先是以个案作为研究起点,撰写了多篇论文,而我每草成一篇,徐师总是在百忙中抽出时间详加批改。形成博士论文后,严格把关,冗长繁琐的初稿上朱墨批校,丹黄满纸,直至出版前,还校勘一过。徐师是一位慈父和严师,为我倾注了很多的心血。

2007 年 7 月,我本有机会去上海等地发展,但最终还是回到我的家乡——海源阁所在地山东聊城市,进入聊城大学文学院任教,一个重要目的就是想继续研究海源阁。学校和院里领导很重视科研,营造了宽松的学术环境,在课题经费等方面又给以大力支持。为使课题做的更深更细,我数度远赴北京、上海、重庆等地,多次考察杨氏故地,访问长者,获得了大量第一手资料。

2009 年 8 月,来到国家图书馆做博士后。因为海源阁的绝大部分善本资料都保存在这里,我如鱼得水,得以对原稿反复修正、补充。尤其是我的导师陈力研究馆员,给了我很多资料和指导,在查阅资料时提供了很多帮助。2010 年 5 月,我突患腰疾,卧床三月,疼痛难忍,苦不堪言。陈师多次叮嘱、鼓励,殷殷关爱之情始终温暖着我。

课题曾在南大获优秀论文、程千帆奖以及江苏省优秀论文等,之后在聊大获国家社科立项,于国图深造期间又获优秀结项,并最终入选《国家哲学社会科学成果文库》,在这一过程中,诸多师长、同仁的指导和帮助非常重要。论文开题时,我将提纲寄给王绍曾先生,先生此时已九十有六,体衰目弱,精力不济,然不嫌拙稿稚嫩粗率,仔细批改。目睹改稿上蜷曲、断续的字迹,我能感到先生写字时手的颤抖。一年之后,先生竟溘然长逝。借此表示我对先生的永远怀念。南开大学著名史学家来新夏教授向来关注海源阁,我主编线装刊物《海源阁》时,先生曾亲撰大作,使弊刊增色生辉。拙著出版之际,我冒昧登门乞序。先生已近鲐背之年,言刚给清华大学刘蔷教授完序后病了半月,我也因此未敢开口。但一个月后,先生寄来了长序,还施以良议。令晚辈感激不尽。我还要感谢为此书给与帮助的诸位专家学者,因不能一一详事,遂列高名于兹:聊城大学文学院石兴泽教授、王连儒教授、苗菁教授,历史文化学院李泉教授,图书馆马明琴老师,聊城海源阁纪念馆张连增馆长等。国家图书馆李致忠研究馆员、索传军教授、王菡编审、赵前研究馆员。南京大学文学院莫砺锋教授、程章灿教授、曹虹教授、武秀成教授、巩本栋教授、徐雁平教授、张宗友副教授，南大图书馆古籍部史梅主任、李燕老师。南京师范大学文学院赵生群教授，南京图书馆沈燮元研究馆员，北京大学信息管理系李国新教授，南开大学古籍所赵伯雄教授，山东大学杜泽逊教授、王承略教授，山东省图书馆崔国光研究馆员、唐桂珍老师，师兄周生杰、武海军、孙振田、罗瑛，贤弟赵鹏翔等，商务印书馆的工作人员。对这些无私襄助，我不胜铭感之至。

这些年来，我将大部分精力放到科研上来。贤惠的妻子支撑起家庭，没有怨言；“吾家有女初长成”，敏学懂事；年迈母亲理解儿子事繁，尽量不扰。这些都给了我前进的力量。感激之中亦常感愧怍与自责。

拙著即将面世了，回想数年来的辛苦与付出，也略感欣慰。少时懵懂，务学亦迟。以迂儒之性，唯有勤苦，始稍成文字。然才疏学浅，讹舛难免。倘蒙方家不吝赐教，吾则幸甚幸甚！

山东聊城　丁延峰

2011 年 11 月 16 日识于京寓古欢斋

图书在版编目(CIP)数据

海源阁藏书研究/丁延峰著. —北京:商务印书馆,2012
(国家哲学社会科学成果文库)
ISBN 978-7-100-08936-4

Ⅰ.①海… Ⅱ.①丁… Ⅲ.①藏书楼—藏书—研究—聊城市 Ⅳ.①G256

中国版本图书馆 CIP 数据核字(2012)第 028660 号

HĂIYUÁNGÉ CÁNGSHŪ YÁNJĪU
海源阁藏书研究
丁延峰 著

商 务 印 书 馆 出 版
(北京王府井大街 36 号 邮政编码 100710)
商 务 印 书 馆 发 行
北京中科印刷有限公司印刷
ISBN 978-7-100-08936-4

2012 年 3 月第 1 版 开本 700×1000 1/16
2012 年 3 月北京第 1 次印刷 印张 41 插页 18
定价:99.00 元